＼正しく書ける　正しく使える／

# 中学全漢字1110

新学習指導要領対応

Gakken

# はじめに

　中学校では、卒業までに常用漢字（普段の生活で使用する漢字の目安として定められたもの）の一般的な読み方を全て学習することになっています。常用漢字２１３６字のうち、１０２６字は小学校で学習します。本書では、中学校で新しく学習する１１１０字をコンパクトにまとめています。

　漢字の学習で大切なことは、最初に学習するときに正しい形を覚えることと、読み方や書き方、使い方がわからなかったときに、すぐに調べることです。

　本書では、筆順を省略せずに一画ずつ示し、注意点も付けていますので、正しい書き方を覚えることができます。また、それぞれの漢字には用例とチェック問題がありますので、正しい使い方がわかり、身につきます。漢検対応級マークも付けており、この一冊で１１１０字をしっかりと学習することができます。

　本書をいつでもそばに置いておき、わからないことがあれば、すぐに調べて、漢字の学習に役立ててください。

学研プラス

# この本の特長

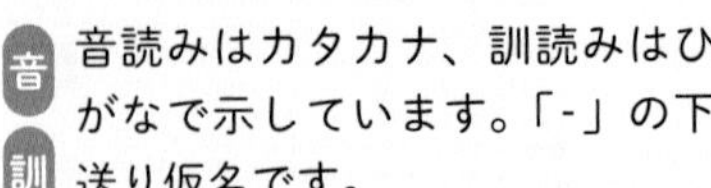

**音 訓** 音読みはカタカナ、訓読みはひらがなで示しています。「-」の下は送り仮名です。
( )は、高校で学習する読み方です。

**胎**　3級　部首 月(にくづき)　9画
音 タイ　訓 —
筆順：胎（はねる／折る／短く止める）
用例：胎児(たいじ)　胎内(たいない)　受胎(じゅたい)　母胎(ぼたい)
問題：
□〔たいじ〕が順調に育つ。
□〔たいない〕の我が子。
□初めての子を〔じゅたい〕する。
□貧困を〔ぼたい〕とした犯罪。

**泰**　準2級　部首 氺(したみず)　10画
音 タイ　訓 —
筆順：泰（最も長く／止める／止める）
用例：泰然自若(たいぜんじじゃく)　泰斗(たいと)　安泰(あんたい)　天下泰平＊(てんかたいへい)
問題：
□〔たいぜんじじゃく〕たる態度。
□文学界の〔たいと〕の作品。
□国家の〔あんたい〕を祈る。
□〔てんかたいへい〕の世の中。※

**堆**　2級　部首 土(つちへん)　11画
音 タイ　訓 —
筆順：堆（右上にはらう／縦棒が凡）
用例：堆積(たいせき)　堆積岩(たいせきがん)　堆肥(たいひ)
問題：
□海底に土砂が〔たいせき〕する。
□〔たいせきがん〕をルーペで見る。
□畑に〔たいひ〕をまく。

**袋**　3級　部首 衣(ころも)　11画
音 (タイ)　訓 ふくろ
筆順：袋（はねる／忘れない／折る）
用例：胃袋(いぶくろ)　紙袋(かみぶくろ)　手袋(てぶくろ)　寝袋(ねぶくろ)
問題：
□〔いぶくろ〕を満たす。
□商品を〔かみぶくろ〕に入れる。
□毛糸の〔てぶくろ〕を買う。
□冬山用の〔ねぶくろ〕を使う。

＊天下泰平＝世が平和でよく治まっていること。　※「天下太平」とも書く。　222

**筆順** 筆順を一画ずつ赤色で示しています。全ての漢字に、書き方の注意点が示してあります。漢字を、バランスよく、わかりやすく書くためのものですので、ぜひ参考にしてください。

**問題** 用例をチェック問題形式で出題しています。正しい使い方がわかり、テスト対策にも役立ちます。

**用例** その漢字を使った例です。
※同じ漢字が重なる場合は、二字目を踊(おど)り字(じ)（々）で書いてもかまいません。

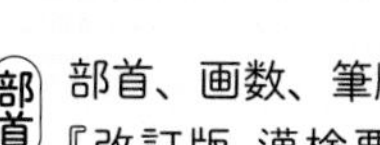

部首 部首、画数、筆順は、『改訂版 漢検要覧 2〜10級対応』（日本漢字能力検定協会）に従っています。辞典、教科書によって、本書と異なる場合があります。

| |
|---|
| 2級 |
| 準2級 |
| 3級 |
| 4級 |

漢検対応級を示しています。

2級 戴 部首 戈（ほこづくり・ほこがまえ） 17画 音 タイ 訓 ——
右にのばす はねる 忘れない
戴冠式＊（たいかんしき） 頂戴（ちょうだい）
□新国王の〔たいかんしき〕を行う。
□お客様から、珍しい品をお土産（みやげ）に〔ちょうだい〕する。

3級 滞 部首 氵（さんずい） 13画 音 タイ 訓 とどこお-る
はねる 筆順に注意
滞在（たいざい） 渋滞（じゅうたい） 停滞（ていたい） 滞り（とどこお）
□ホテルに〔たいざい〕する。
□高速道路が〔じゅうたい〕する。
□作業が〔ていたい〕する。
□式が〔とどこお〕りなく終わる。

4級 替 部首 日（ひらび・いわく） 12画 音 タイ 訓 か-える か-わる
短く止める はらう
交替（こうたい） 代替（だいたい） 着替える（きが） 席替え（せきが）
□選手が〔※こうたい〕する。
□別の品で〔だいたい〕する。
□体操着に〔きが〕える。
□新学期に〔せきが〕えする。

3級 逮 部首 辶（しんにょう・しんにゅう） 11画 音 タイ 訓 ——
つらぬく 一画で書く はねる 止める 止める
逮捕（たいほ） 逮捕状（たいほじょう）
□真犯人を〔たいほ〕する。
□容疑者に〔たいほじょう〕が出される。

タ行 タイ

223 ※「交代」とも書く。 ＊戴冠式＝国王となって初めて王冠（おうかん）をかぶる式。

漢字の総画を示しています。

漢字は音読みの五十音順に並べてあります。ただし、訓読みしかない漢字は、訓読みの五十音順になっています。

＊ 難しい言葉の意味。
※ 他の読み方や書き方。

# 漢字の調べ方

## 音訓索引（おんくんさくいん）

漢字の音読み・訓読みの五十音順で、画数順に並べられているページです。調べたい漢字の音読みか訓読みがわかっている場合は、これを使います。

「あ」から始まります

### 音訓索引（おんくんさくいん）

本書に収められている1110字を、五
同じ音訓の場合は、総画数順に並べてあ
カタカナは音読み、ひらがなは訓読み、
漢字の下の数字は、本書のページを示し


あ

| | | |
|---|---|---|
| ア | 亜 | 46 |
| アイ | 哀 | 46 |
| | 挨 | 46 |
| | 曖 | 46 |
| あい | 藍 | 334 |
| あ-う | 遭 | 214 |
| あお-ぐ | 仰 | 105 |
| あ-かす | 飽 | 302 |
| あかつき | 暁 | 105 |
| あ-がる | 揚 | 328 |
| あきら-める | 諦 | 245 |
| あ-きる | 飽 | 302 |
| アク | 握 | 47 |
| あ-げる | 揚 | 328 |
| あご | 顎 | 78 |
| あこが-れる | 憧 | 179 |
| あさ | 麻 | 312 |
| あざけ-る | 嘲 | 237 |
| あざむ-く | 欺 | 95 |
| あざ-やか | 鮮 | 206 |
| あし | 脚 | 98 |
| あせ | 汗 | 82 |
| あせ-る | 焦 | 178 |
| あた-える | 与 | 326 |
| あつか-う | 扱 | 47 |
| あ-てる | 充 | 166 |
| | 宛 | 47 |
| あと | 痕 | 138 |
| | 跡 | 201 |
| あなど-る | 侮 | 290 |
| あぶら | 脂 | 153 |
| あま | 尼 | 263 |
| あま-い | 甘 | 82 |
| あま-える | 甘 | 82 |
| あま-やかす | 甘 | 82 |
| あみ | 網 | 320 |
| あや-しい | 妖 | 327 |
| | 怪 | 71 |
| あや-しむ | 怪 | 71 |
| あら-い | 荒 | 131 |
| あらし | | |
| あ-らす | | |
| あ-れる | | |
| あわ | | |
| あわ-い | | |
| あわ-せる | | |
| あわ-ただ- | | |
| あわ-てる | | |
| あわ-れ | | |
| あわ-れむ | | |

い

| | | |
|---|---|---|
| イ | | |

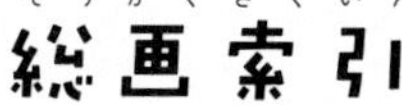

# 総画索引

漢字が総画数の少ない順に並べられているページです。調べたい漢字の部首も、音読み・訓読みもわからない場合は、これを使います。

「1画」から始まります

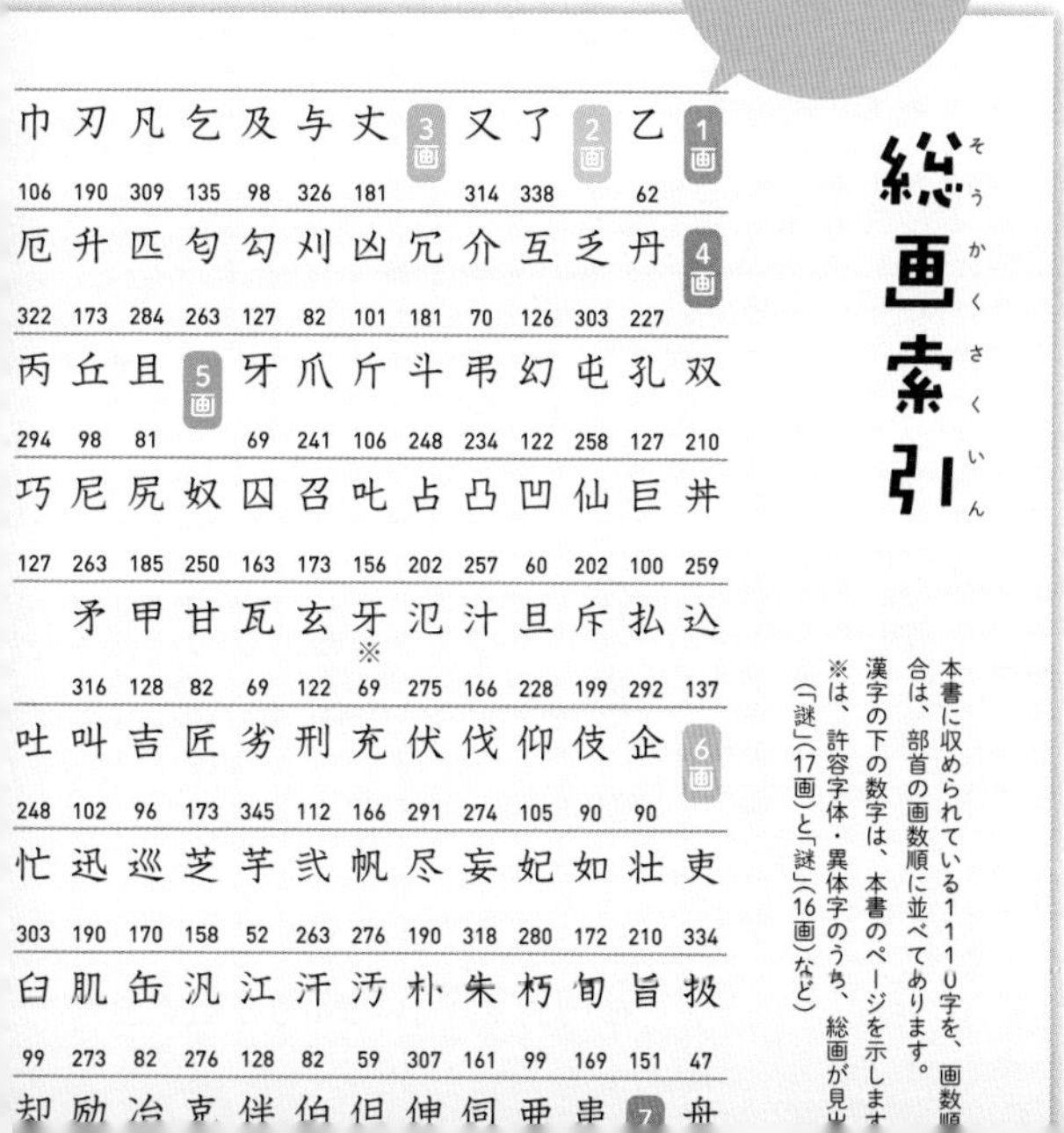

## 総画索引

本書に収められている1110字を、画数順
合は、部首の画数順に並べてあります。
漢字の下の数字は、本書のページを示しま
※は、許容字体・異体字のうち、総画が見出
(「謎」(17画)と「謎」(16画)など)

1画
乙 62
2画
了 338
又 314
3画
丈 181
与 326
及 98
乞 135
凡 309
刃 190
巾 106
4画
丹 227
乏 303
互 126
介 70
冗 181
凶 101
刈 82
勾 127
匂 263
匹 284
升 173
厄 322
双 210
孔 127
屯 258
幻 122
弔 234
斗 248
斤 106
爪 241
牙 69
5画
且 81
丘 98
丙 294
井 259
巨 100
仙 202
凹 60
凸 257
占 202
叱 156
召 173
囚 163
奴 250
尻 185
尼 263
巧 127
込 137
払 292
斥 199
旦 228
汁 166
氾 275
牙※ 69
玄 122
瓦 69
甘 82
甲 128
矛 316
6画
企 90
伎 90
仰 105
伐 274
伏 291
充 166
刑 112
劣 345
匠 173
吉 96
叫 102
吐 248
吏 334
壮 210
如 172
妃 280
妄 318
尽 190
帆 276
弐 263
芋 52
芝 158
巡 170
迅 190
忙 303
扱 47
旨 151
旬 169
朽 99
朱 161
朴 307
汚 59
汗 82
江 128
汎 276
缶 82
肌 273
臼 99
舟
7画
串
亜
伺
伸
但
伯
伴
克
冶
励
却

# もくじ

はじめに …… 3
この本の特長 …… 4
漢字の調べ方 …… 6
音訓索引 …… 9
総画索引 …… 20
漢検索引 …… 34
部首の名前 …… 42
ア行 …… 45
コラム1 漢字の音訓 …… 64
カ行 …… 65
コラム2 部首の種類と名称 …… 140
サ行 …… 141
コラム3 漢字の成り立ち …… 218
タ行 …… 219
コラム4 筆順の基本 …… 260
ナ行 …… 261
コラム5 漢字の画数 …… 266
ハ行 …… 267
コラム6 活字の字体 …… 310
マ行 …… 311
ヤ行 …… 321
ラ行 …… 331
コラム7 熟語の構成 …… 350
ワ行 …… 351
コラム8 特別な読み方をする漢字 …… 354
おもな同音異義語 …… 355
おもな同訓異字 …… 359
小学校で習った全漢字 …… 362

# 音訓索引（おんくんさくいん）

本書に収められている1110字を、五十音順に配列しています。
同じ音訓の場合は、総画数順に並べてあります。
カタカナは音読み、ひらがなは訓読み、「-」の下は送り仮名です。
漢字の下の数字は、本書のページを示します。

## あ

ア　亜　46
アイ　哀　46
挨　46
曖　46
あい　藍　334
あ-う　遭　214
あお-ぐ　仰　105
あ-かす　飽　302
あかつき　暁　105
あ-がる　揚　328
あきら-める　諦　245
あ-きる　飽　302
アク　握　47
あ-げる　揚　328
あご　顎　78
あこが-れる　憧　179
あさ　麻　312
あざけ-る　嘲　237
あざむ-く　欺　95
あざ-やか　鮮　206
あし　脚　98
あせ　汗　82
あせ-る　焦　178
あた-える　与　326
あつか-う　扱　47
あ-てる　充　166
宛　47
あと　痕　138
跡　201
あなど-る　侮　290
あぶら　脂　153
あま　尼　263
あま-い　甘　82
あま-える　甘　82
あま-やかす　甘　82
あみ　網　320
あや-しい　妖　327
怪　71
あや-しむ　怪　71
あら-い　荒　131
粗　208
あらし　嵐　47
あ-らす　荒　131
あ-れる　荒　131
あわ　泡　300
あわ-い　淡　228
あわ-せる　併　294
あわ-ただしい　慌　132
あわ-てる　慌　132
あわ-れ　哀　46
あわ-れむ　哀　46

## い

イ　依　48
威　48
為　48
畏　48
唯　324
尉　49
萎　49
偉　49
椅　50
彙　50
違　50
維　50
慰　51
緯　51
い-える　癒　324

いか-る 怒 250
いき 粋 192
いきどお-る 憤 293
いく 幾 93
い-く 逝 198
いこ-い 憩 116
いこ-う 憩 116
いしずえ 礎 210
いそが-しい 忙 303
いだ-く 抱 299
いた-す 致 230
いた-む 悼 252
イチ 壱 51
イツ 逸 51
いつく-しむ 慈 155
いつわ-る 偽 95
いど-む 挑 235
いな 稲 254
いね 稲 254
いの-る 祈 91
いまし-める 戒 70
い-まわしい 忌 90
い-む 忌 90
いも 芋 52
いや 嫌 120
いや-しい 卑 280
いや-しむ 卑 280
いや-しめる 卑 280
い-やす 癒 324
い-る 煎 203
　 鋳 234
いろど-る 彩 144
イン 咽 52
　 姻 52
　 淫 52
　 陰 53
　 隠 53
　 韻 53

## う

う-い 憂 326
う-える 飢 92
うかが-う 伺 151
うか-ぶ 浮 288
うか-べる 浮 288
うか-れる 浮 288
う-く 浮 288
う-ける 請 199
うす 臼 99
うず 渦 67
うす-い 薄 272
うす-まる 薄 272
うす-める 薄 272
うす-らぐ 薄 272
うす-れる 薄 272
うた 唄 54
うたい 謡 330
うた-う 謡 330
ウツ 鬱 54
う-つ 撃 117
うった-える 訴 209
うで 腕 353
うと-い 疎 209
うと-む 疎 209
うなが-す 促 216
うね 畝 54
うば-う 奪 226
う-まる 埋 313
う-める 埋 313
う-もれる 埋 313
うやうや-しい 恭 104
うら 浦 54
うらな-う 占 202
うら-む 恨 138
うら-めしい 恨 138
うらや-ましい 羨 204
うらや-む 羨 204
うるお-う 潤 171
うるお-す 潤 171
うるし 漆 158
うる-む 潤 171
うるわ-しい 麗 344
うれ-い 愁 165
　 憂 326
うれ-える 愁 165
　 憂 326

## え

エ 依 48
　 恵 112
え 江 128
　 柄 294
　 餌 155
エイ 詠 55
　 影 55
　 鋭 55
えが-く 描 285
エキ 疫 56
えさ 餌 155
エツ 悦 56
　 越 56
　 謁 56
　 閲 57
えら-い 偉 49
えり 襟 108
え-る 獲 77
エン 炎 57
　 怨 57
　 宴 57
　 援 58
　 煙 58
　 猿 58
　 鉛 58
　 縁 59
　 艶 59

お

オ 汚 59
お 尾 282
雄 325
緒 172
オウ 凹 60
押 60
旺 60
欧 60
殴 61
翁 61
奥 61
おうぎ 扇 203
おおう 覆 291
おおせ 仰 105
おか 丘 98
おかす 侵 186
冒 304
オク 憶 62
臆 62
おく 奥 61
おくらす 遅 230
おくる 贈 216
おくれる 遅 230
おこたる 怠 221
おこる 怒 250
おさえる 抑 330
おさえる 押 60
おしい 惜 200
おしむ 惜 200
おす 雄 325
おす 押 60
おそい 遅 230
おそう 襲 166
おそれ 虞 62
おそれる 畏 48
恐 103
おそろしい 恐 103
おだやか 穏 63
おちいる 陥 83
オツ 乙 62
おどかす 脅 104
おとしいれる 陥 83
おどす 脅 104
おどり 踊 329
おとる 劣 345
おどる 踊 329
躍 322
おとろえる 衰 193
おどろかす 驚 105
おどろく 驚 105
おに 鬼 92
おびやかす 脅 104
おぼれる 溺 246
おもむき 趣 162
おもむく 赴 288
および 及 98
およぶ 及 98
およぼす 及 98
おれ 俺 63
おろか 愚 109
おろし 卸 63
おろす 卸 63
オン 怨 57
穏 63
おん 御 101

カ 佳 66
苛 66
架 66
華 66
菓 67
渦 67
嫁 67
暇 67
禍 68
靴 68
寡 68
箇 68
稼 69
か 蚊 69
ガ 牙 69
瓦 69
雅 70
餓 70
カイ 介 70
戒 70
怪 71
拐 71
悔 71
皆 71
塊 72
楷 72
潰 72
壊 72
懐 73
諧 73
ガイ 劾 73
崖 74
涯 74
慨 74
蓋 74
該 75
概 75
骸 75
かえりみる 顧 125
かえる 換 85
替 223

| 読み | 漢字 | ページ |
|---|---|---|
| かお-る | 薫 | 111 |
| かか-える | 抱 | 299 |
| かか-げる | 掲 | 113 |
| かがや-く | 輝 | 94 |
| かかり | 掛 | 78 |
| か-かる | 架 | 66 |
| | 掛 | 78 |
| | 懸 | 122 |
| かき | 垣 | 75 |
| | 柿 | 76 |
| かぎ | 鍵 | 121 |
| カク | 核 | 76 |
| | 殻 | 76 |
| | 郭 | 76 |
| | 較 | 77 |
| | 隔 | 77 |
| | 獲 | 77 |
| | 嚇 | 77 |
| | 穫 | 78 |
| か-く | 描 | 285 |
| か-ぐ | 嗅 | 99 |
| ガク | 岳 | 78 |
| | 顎 | 78 |
| かく-す | 隠 | 53 |
| かく-れる | 隠 | 53 |
| かげ | 陰 | 53 |
| | 影 | 55 |
| がけ | 崖 | 74 |
| か-ける | 架 | 66 |
| | 掛 | 78 |
| | 駆 | 108 |
| | 賭 | 249 |
| | 懸 | 122 |
| かげ-る | 陰 | 53 |
| かご | 籠 | 349 |
| かさ | 傘 | 150 |
| かざ-る | 飾 | 184 |
| かしこ-い | 賢 | 120 |
| かせ-ぐ | 稼 | 69 |
| かた | 肩 | 118 |
| かた-い | 堅 | 119 |
| | 硬 | 133 |
| かたまり | 塊 | 72 |
| かたむ-く | 傾 | 114 |
| かたむ-ける | 傾 | 114 |
| かたよ-る | 偏 | 297 |
| かたわ-ら | 傍 | 305 |
| カツ | 括 | 79 |
| | 喝 | 79 |
| | 渇 | 79 |
| | 葛 | 80 |
| | 滑 | 80 |
| | 褐 | 80 |
| | 轄 | 80 |
| か-つ | 且 | 81 |
| かて | 糧 | 340 |
| かね | 鐘 | 180 |
| か-ねる | 兼 | 118 |
| かの | 彼 | 280 |
| かべ | 壁 | 296 |
| かま | 釜 | 81 |
| | 窯 | 329 |
| | 鎌 | 81 |
| かみ | 髪 | 274 |
| かみなり | 雷 | 332 |
| かめ | 亀 | 92 |
| かも-す | 醸 | 183 |
| から | 唐 | 251 |
| | 殻 | 76 |
| がら | 柄 | 294 |
| から-い | 辛 | 186 |
| か-らす | 枯 | 124 |
| から-まる | 絡 | 333 |
| から-む | 絡 | 333 |
| から-める | 絡 | 333 |
| か-り | 狩 | 161 |
| か-る | 刈 | 82 |
| | 狩 | 161 |
| | 駆 | 108 |
| かれ | 彼 | 280 |
| か-れる | 枯 | 124 |
| かわ-かす | 乾 | 83 |
| かわ-く | 乾 | 83 |
| | 渇 | 79 |
| かわら | 瓦 | 69 |
| か-わる | 換 | 85 |
| | 替 | 223 |
| カン | 甘 | 82 |
| | 甲 | 128 |
| | 汗 | 82 |
| | 缶 | 82 |
| | 肝 | 83 |
| | 冠 | 83 |
| | 陥 | 83 |
| | 乾 | 83 |
| | 勘 | 84 |
| | 患 | 84 |
| | 貫 | 84 |
| | 喚 | 84 |
| | 堪 | 85 |
| | 換 | 85 |
| | 敢 | 85 |
| | 棺 | 85 |
| | 款 | 86 |
| | 閑 | 86 |
| | 勧 | 86 |
| | 寛 | 86 |
| | 歓 | 87 |
| | 監 | 87 |
| | 緩 | 87 |
| | 憾 | 87 |
| | 還 | 88 |
| | 環 | 88 |
| | 韓 | 88 |
| | 艦 | 88 |

鑑 89
ガン 含 89
玩 89
頑 90
かんが-みる 鑑 89
かんば-しい 芳 299
かんむり 冠 83

## き

キ 企 90
伎 90
忌 90
奇 91
祈 91
軌 91
既 92
飢 92
鬼 92
亀 92
幾 93
棋 93
棄 93
毀 93
畿 94
輝 94
騎 94
ギ 宜 94
偽 95
欺 95
儀 95
戯 95
擬 96
犠 96
キク 菊 96
き-く 聴 237
きた-える 鍛 229
きたな-い 汚 59
キチ 吉 96
キツ 吉 96
喫 97
詰 97
きば 牙 69
きも 肝 83
キャ 脚 98
キャク 却 97
脚 98
ギャク 虐 98
キュウ 及 98
丘 98
朽 99
臼 99
糾 99
嗅 99
窮 100
キョ 巨 100
拒 100
拠 100
虚 101
距 101
ギョ 御 101
キョウ 凶 101
叫 102
狂 102
享 102
況 102
峡 103
挟 103
狭 103
恐 103
恭 104
脅 104
矯 104
響 104
驚 105
ギョウ 仰 105
暁 105
凝 105
きら-う 嫌 120
きり 霧 316
き-る 斬 150
きわ-まる 窮 100
きわ-める 窮 100
キン 巾 106
斤 106
菌 106
琴 106
僅 107
緊 107
錦 107
謹 107
襟 108
ギン 吟 108

ク 貢 131
駆 108
グ 惧 108
愚 109
く-いる 侮 71
グウ 偶 109
遇 109
隅 109
くき 茎 112
くさ-い 臭 164
くさ-らす 腐 289
くさり 鎖 142
くさ-る 腐 289
くさ-れる 腐 289
くし 串 110
くじら 鯨 116

| 読み | 漢字 | ページ |
|---|---|---|
| くず | 葛 | 80 |
| くず-す | 崩 | 301 |
| くず-れる | 崩 | 301 |
| くせ | 癖 | 296 |
| くだ-く | 砕 | 143 |
| くだ-ける | 砕 | 143 |
| くちびる | 唇 | 187 |
| く-ちる | 朽 | 99 |
| クツ | 屈 | 110 |
|  | 掘 | 110 |
|  | 窟 | 110 |
|  | 靴 | 68 |
| くつ | 靴 | 68 |
| くつがえ-す | 覆 | 291 |
| くつがえ-る | 覆 | 291 |
| く-む | 酌 | 160 |
| くも-る | 曇 | 259 |
| くや-しい | 悔 | 71 |
| く-やむ | 悔 | 71 |
| く-る | 繰 | 111 |
| くる-う | 狂 | 102 |
| くる-おしい | 狂 | 102 |
| くわ | 桑 | 211 |
| くわ-しい | 詳 | 179 |
| くわだ-てる | 企 | 90 |
| クン | 勲 | 111 |
|  | 薫 | 111 |

け

| 読み | 漢字 | ページ |
|---|---|---|
| ケ | 華 | 66 |
|  | 懸 | 122 |
| ゲ | 牙 | 69 |
| ケイ | 刑 | 112 |
|  | 茎 | 112 |
|  | 契 | 112 |
|  | 恵 | 112 |
|  | 啓 | 113 |
|  | 掲 | 113 |
|  | 渓 | 113 |
|  | 蛍 | 114 |
|  | 傾 | 114 |
|  | 携 | 114 |
|  | 継 | 114 |
|  | 詣 | 115 |
|  | 慶 | 115 |
|  | 憬 | 115 |
|  | 稽 | 115 |
|  | 憩 | 116 |
|  | 鶏 | 116 |
|  | 迎 | 116 |
|  | 鯨 | 116 |
| けが-す | 汚 | 59 |
| けが-らわしい | 汚 | 59 |
| けが-れる | 汚 | 59 |
| ゲキ | 隙 | 117 |
|  | 撃 | 117 |
| けず-る | 削 | 146 |
| けた | 桁 | 117 |
| ケツ | 傑 | 117 |
| けむ-い | 煙 | 58 |
| けむり | 煙 | 58 |
| けむ-る | 煙 | 58 |
| けもの | 獣 | 168 |
| け-る | 蹴 | 166 |
| ケン | 肩 | 118 |
|  | 倹 | 118 |
|  | 兼 | 118 |
|  | 剣 | 118 |
|  | 拳 | 119 |
|  | 軒 | 119 |
|  | 圏 | 119 |
|  | 堅 | 119 |
|  | 嫌 | 120 |
|  | 献 | 120 |
|  | 遣 | 120 |
|  | 賢 | 120 |
|  | 謙 | 121 |
|  | 鍵 | 121 |
|  | 繭 | 121 |
|  | 顕 | 122 |
|  | 懸 | 122 |
| ゲン | 幻 | 122 |
|  | 玄 | 122 |
|  | 弦 | 123 |
|  | 舷 | 123 |
|  | 嫌 | 120 |

| 読み | 漢字 | ページ |
|---|---|---|
| コ | 拠 | 100 |
|  | 股 | 123 |
|  | 虎 | 123 |
|  | 孤 | 124 |
|  | 弧 | 124 |
|  | 枯 | 124 |
|  | 虚 | 101 |
|  | 雇 | 124 |
|  | 誇 | 125 |
|  | 鼓 | 125 |
|  | 錮 | 125 |
|  | 顧 | 125 |
| ゴ | 互 | 126 |
|  | 呉 | 126 |
|  | 娯 | 126 |
|  | 悟 | 126 |
|  | 御 | 101 |
|  | 碁 | 127 |
| こい | 恋 | 346 |
| こ-い | 濃 | 265 |
| こい-しい | 恋 | 346 |
| コウ | 勾 | 127 |
|  | 孔 | 127 |
|  | 巧 | 127 |
|  | 甲 | 128 |
|  | 仰 | 105 |
|  | 江 | 128 |
|  | 坑 | 128 |

抗 128　攻 129　更 129　拘 129　肯 130　侯 130　恒 130　洪 130　荒 131　郊 131　耗 319　貢 131　控 132　梗 132　喉 132　慌 132　硬 133　絞 133　項 133　溝 133　綱 134　酵 134　稿 134　衡 134　購 135

こ-う　乞 135　恋 346　請 199
ゴウ　拷 135　剛 135　傲 136　豪 136
こうむ-る　被 281
こ-える　越 56　超 236
こお-る　凍 251
こ-がす　焦 178
こ-がれる　焦 178
コク　克 136　酷 136
ゴク　獄 137
こ-げる　焦 178
こご-える　凍 251
こし　腰 328
こ-す　越 56　超 236
コツ　滑 80
こと　殊 161　琴 106
ことぶき　寿 162
こば-む　拒 100
こぶし　拳 119
こま　駒 137
こ-む　込 137
こ-める　込 137
こ-もる　籠 349
こよみ　暦 345
こ-らしめる　懲 238
こ-らす　凝 105　懲 238
こ-りる　懲 238
こ-る　凝 105
ころ　頃 137
こわ-い　怖 287
こわ-す　壊 72
こわ-れる　壊 72
コン　昆 138　恨 138　婚 138　痕 138　紺 139　献 120　魂 139　墾 139　懇 139

さ

サ　沙 142　唆 142　詐 142　鎖 142
ザ　挫 143
サイ　采 143　砕 143　宰 144　栽 144　彩 144　斎 144　債 145　催 145　塞 145　歳 146　載 146
ザイ　剤 146
さえぎ-る　遮 159
さが-す　捜 211
さかずき　杯 269
さかのぼ-る　遡 209
サク　削 146　柵 147　索 147　酢 148　搾 148　錯 148
さ-く　咲 148　裂 345
さげす-む　蔑 296
さけ-ぶ　叫 102
さ-ける　裂 345　避 282

| 読み | 漢字 | ページ |
|---|---|---|
| さ-さる | 刺 | 151 |
| さ-す | 刺 | 151 |
| | 挿 | 211 |
| さそ-う | 誘 | 326 |
| サツ | 刹 | 149 |
| | 拶 | 149 |
| | 撮 | 149 |
| | 擦 | 149 |
| さと-す | 諭 | 323 |
| さと-る | 悟 | 126 |
| さび | 寂 | 161 |
| さび-しい | 寂 | 161 |
| さび-れる | 寂 | 161 |
| さまた-げる | 妨 | 303 |
| さむらい | 侍 | 154 |
| さら | 更 | 129 |
| さる | 猿 | 58 |
| さわ | 沢 | 224 |
| さわ-ぐ | 騒 | 215 |
| さわ-やか | 爽 | 212 |
| さわ-る | 触 | 184 |
| サン | 桟 | 150 |
| | 惨 | 150 |
| | 傘 | 150 |
| ザン | 惨 | 150 |
| | 斬 | 150 |
| | 暫 | 151 |
| し | | |
| シ | 旨 | 151 |
| | 伺 | 151 |
| | 刺 | 151 |
| | 祉 | 152 |
| | 肢 | 152 |
| | 施 | 152 |
| | 恣 | 152 |
| | 脂 | 153 |
| | 紫 | 153 |
| | 嗣 | 153 |
| | 雌 | 153 |
| | 摯 | 154 |
| | 賜 | 154 |
| | 諮 | 154 |
| ジ | 侍 | 154 |
| | 慈 | 155 |
| | 餌 | 155 |
| | 璽 | 156 |
| しいた-げる | 虐 | 98 |
| しか-る | 叱 | 156 |
| し-く | 敷 | 289 |
| ジク | 軸 | 156 |
| しげ-る | 茂 | 318 |
| しずく | 滴 | 245 |
| しず-まる | 鎮 | 239 |
| しず-む | 沈 | 238 |
| しず-める | 沈 | 238 |
| | 鎮 | 239 |
| した-う | 慕 | 298 |
| したた-る | 滴 | 245 |
| シツ | 叱 | 156 |
| | 疾 | 156 |
| | 執 | 157 |
| | 湿 | 157 |
| | 嫉 | 157 |
| | 漆 | 158 |
| しの-ばせる | 忍 | 264 |
| しの-ぶ | 忍 | 264 |
| しば | 芝 | 158 |
| しば-る | 縛 | 273 |
| しぶ | 渋 | 167 |
| しぶ-い | 渋 | 167 |
| しぶ-る | 渋 | 167 |
| しぼ-る | 絞 | 133 |
| | 搾 | 148 |
| し-まる | 絞 | 133 |
| | 締 | 244 |
| しめ-す | 湿 | 157 |
| しめ-る | 湿 | 157 |
| し-める | 占 | 202 |
| | 絞 | 133 |
| | 締 | 244 |
| しも | 霜 | 215 |
| シャ | 赦 | 158 |
| | 斜 | 158 |
| | 煮 | 159 |
| | 遮 | 159 |
| ジャ | 邪 | 159 |
| | 蛇 | 160 |
| シャク | 酌 | 160 |
| | 釈 | 160 |
| | 爵 | 160 |
| ジャク | 寂 | 161 |
| シュ | 朱 | 161 |
| | 狩 | 161 |
| | 殊 | 161 |
| | 珠 | 162 |
| | 腫 | 162 |
| | 趣 | 162 |
| ジュ | 寿 | 162 |
| | 呪 | 163 |
| | 需 | 163 |
| | 儒 | 163 |
| シュウ | 囚 | 163 |
| | 舟 | 164 |
| | 秀 | 164 |
| | 臭 | 164 |
| | 袖 | 164 |
| | 執 | 157 |
| | 羞 | 165 |
| | 愁 | 165 |
| | 酬 | 165 |
| | 醜 | 165 |
| | 蹴 | 166 |
| | 襲 | 166 |
| ジュウ | 汁 | 166 |

充 166
柔 167
渋 167
銃 167
獣 168

シュク
叔 168
淑 168
粛 168

ジュク
塾 169

シュン
旬 169
俊 169
瞬 169

ジュン
旬 169
巡 170
盾 170
准 170
殉 170
循 171
潤 171
遵 171

ショ
庶 172
緒 172

ジョ
如 172
叙 172
徐 173

ショウ
升 173
召 173
匠 173
床 174
抄 174
肖 174
姓 196
尚 174
昇 175
沼 175
宵 175
症 175
祥 176
称 176
渉 176
紹 176
訟 177
掌 177
晶 177
焦 178
硝 178
粧 178
詔 178
奨 179
詳 179
彰 179
憧 179
衝 180
償 180
礁 180
鐘 180

ジョウ
丈 181
冗 181
浄 181
剰 182
畳 182
壌 182
嬢 182
錠 183
譲 183
醸 183

ショク
拭 184
殖 184
飾 184
触 184
嘱 185

ジョク
辱 185

しり
尻 185

しる
汁 166

シン
伸 185
芯 186
辛 186
侵 186
津 186
唇 187
娠 187
振 187
浸 187
紳 188
診 188
寝 188
慎 188
審 189
請 199
震 189
薪 189

ジン
刃 190
尽 190
迅 190
甚 190
陣 191
尋 191
腎 191

ス
須 191

す
酢 148

スイ
吹 192
炊 192
帥 192
粋 192
衰 193
酔 193
遂 193
睡 194

穂 194
ズイ 随 194
髄 194
スウ 枢 195
崇 195
すえる 据 195
すかす 透 252
すき 隙 117
すぎ 杉 195
すく 透 252
すける 透 252
すず 鈴 343
すずしい 涼 338
すずむ 涼 338
すすめる 勧 86
薦 205
すそ 裾 196
すたる 廃 269
すたれる 廃 269
すでに 既 92
すべる 滑 80
すます 澄 237
すみ 隅 109
墨 307
すむ 澄 237
する 擦 149
するどい 鋭 55
すれる 擦 149
すわる 据 195

せ

セ 施 152
せ 瀬 196
ゼ 是 196
セイ 姓 196
征 197
斉 197
牲 197
凄 198
逝 198
婿 198
歳 146
誓 198
請 199
醒 199
セキ 斥 199
析 199
脊 200
隻 200
寂 161
惜 200
戚 200
跡 201
籍 201
セツ 刹 149
拙 201
窃 202
摂 202
せばまる 狭 103
せばめる 狭 103
せまい 狭 103
せまる 迫 271
せめる 攻 129
セン 仙 202
占 202
扇 203
栓 203
旋 203
煎 203
羨 204
腺 204
詮 204
践 204
箋 205
潜 205
遷 205
薦 205
繊 206
鮮 206
ゼン 禅 206
漸 206
膳 207
繕 207

ソ 狙 207
阻 208
租 208
措 208
粗 208
疎 209
訴 209
塑 209
遡 209
礎 210
ゾ 曽 212
ソウ 双 210
壮 210
荘 210
捜 211
挿 211
桑 211
掃 212
曹 212
曽 212
爽 212
喪 213
痩 213
葬 213
僧 213
遭 214
槽 214
踪 214
燥 214
霜 215

贈 216
騒 215
藻 215

ゾウ
憎 215
贈 216

そ-う
添 247

そ-える
添 247

ソク
即 216
促 216
捉 216
塞 145

ゾク
俗 217
賊 217

そそのか-す
唆 142

そで
袖 164

ソン
遜 217

## た

タ
太 220

ダ
妥 220
唾 220
蛇 160
堕 220
惰 221
駄 221

タイ
耐 221
怠 221
胎 222
泰 222
堆 222
袋 222
逮 223
替 223
滞 223
戴 223

た-える
耐 221
堪 85

たお-す
倒 251

たお-れる
倒 251

たが-い
互 126

たき
滝 224

たきぎ
薪 189

タク
択 224
沢 224
卓 224
拓 225
託 225
濯 225

た-く
炊 192

ダク
諾 225
濁 226

だ-く
抱 299

たく-み
巧 127

たくわ-える
蓄 232

たけ
丈 181
岳 78

たずさ-える
携 114

たずさ-わる
携 114

たず-ねる
尋 191

たたか-う
闘 255

ただ-し
但 226

たたみ
畳 182

たた-む
畳 182

ただよ-う
漂 284

たつ
竜 336

ダツ
脱 226
奪 226

たて
盾 170

たてまつ-る
奉 299

たな
棚 227

たの-む
頼 333

たの-もしい
頼 333

たま
弾 229
霊 344

たましい
魂 139

だま-る
黙 320

たまわ-る
賜 154

た-める
矯 104

たよ-る
頼 333

だれ
誰 227

たわむ-れる
戯 95

タン
丹 227
旦 228
胆 228
淡 228
嘆 228
端 229
綻 229
壇 230
鍛 229

ダン
旦 228
弾 229
壇 230

## ち

チ
恥 230
致 230
遅 230
痴 231
稚 231
緻 231

ちか-う
誓 198

ちが-う
違 50

ちが-える
違 50

ちぎ-る
契 112

チク
畜 231
逐 232
蓄 232

チツ
秩 232
窒 232

チャク 嫡 233
チュウ 抽 233 衷 233 酎 234 鋳 234 駐 234
チョ 緒 172
チョウ 弔 234 挑 235 彫 235 眺 235 釣 235 貼 236 超 236 跳 236 徴 236 嘲 237 澄 237 聴 237 懲 238
チョク 勅 238 捗 238
チン 沈 238 珍 239 朕 239 陳 239 鎮 239

## つ

つ 津 186
ツイ 椎 240 墜 240
つか 塚 240
つか-う 遣 120
つ-かす 尽 190
つか-まえる 捕 297
つか-まる 捕 297
つ-かる 漬 240
つか-れる 疲 281
つか-わす 遣 120
つ-きる 尽 190
つ-く 突 258
つ-ぐ 継 114
つ-くす 尽 190
つぐな-う 償 180
つくろ-う 繕 207
つ-ける 漬 240
つたな-い 拙 201
つちか-う 培 270
つつ 筒 254
つつし-む 慎 188 謹 107
つつみ 堤 244
つづみ 鼓 125
つな 綱 134
つの-る 募 298
つば 唾 220
つばさ 翼 330
つぶ 粒 337
つぶ-す 潰 72
つぶ-れる 潰 72
つぼ 坪 241
つま 爪 241
つ-まる 詰 97
つ-む 詰 97 摘 245
つむ-ぐ 紡 305
つめ 爪 241
つ-める 詰 97
つや 艶 59
つゆ 露 347
つらぬ-く 貫 84
つる 弦 123 鶴 241
つ-る 釣 235
つるぎ 剣 118

## て

テイ 呈 241 廷 242 抵 242 邸 242 亭 242 貞 243 帝 243 訂 243 逓 243 偵 244 堤 244 艇 244 締 244 諦 245
デイ 泥 245
テキ 摘 245 滴 245
デキ 溺 246
テツ 迭 246 哲 246 徹 246 撤 247
テン 添 247 塡 247 殿 248
デン 殿 248

## と

ト 斗 248 吐 248 妬 248 途 249 渡 249 塗 249 賭 249
ド 奴 250 怒 250

| 読み | 漢字 | ページ |
|---|---|---|
| トウ | 到 | 250 |
| | 逃 | 250 |
| | 倒 | 251 |
| | 凍 | 251 |
| | 唐 | 251 |
| | 桃 | 251 |
| | 透 | 252 |
| | 悼 | 252 |
| | 盗 | 252 |
| | 陶 | 252 |
| | 塔 | 253 |
| | 搭 | 253 |
| | 棟 | 253 |
| | 痘 | 253 |
| | 筒 | 254 |
| | 稲 | 254 |
| | 踏 | 254 |
| | 謄 | 254 |
| | 藤 | 255 |
| | 闘 | 255 |
| | 騰 | 255 |
| ドウ | 洞 | 255 |
| | 胴 | 256 |
| | 瞳 | 256 |
| とうげ | 峠 | 256 |
| と-かす | 溶 | 328 |
| トク | 匿 | 256 |
| | 督 | 257 |
| | 篤 | 257 |
| と-く | 溶 | 328 |
| と-ける | 溶 | 328 |
| と-げる | 遂 | 193 |
| とこ | 床 | 174 |
| トツ | 凸 | 257 |
| | 突 | 258 |
| と-つ-ぐ | 嫁 | 67 |
| とどこお-る | 滞 | 223 |
| となり | 隣 | 341 |
| とな-る | 隣 | 341 |
| との | 殿 | 248 |
| どの | 殿 | 248 |
| とびら | 扉 | 281 |
| と-ぶ | 跳 | 236 |
| とぼ-しい | 乏 | 303 |
| と-まる | 泊 | 271 |
| とむら-う | 弔 | 234 |
| と-める | 泊 | 271 |
| ともな-う | 伴 | 276 |
| とら | 虎 | 123 |
| とら-える | 捉 | 216 |
| と-らえる | 捕 | 297 |
| と-らわれる | 捕 | 297 |
| と-る | 捕 | 297 |
| | 執 | 157 |
| | 撮 | 149 |
| どろ | 泥 | 245 |
| トン | 屯 | 258 |
| | 豚 | 258 |
| | 頓 | 258 |
| ドン | 貪 | 259 |
| | 鈍 | 259 |
| | 曇 | 259 |
| どん | 丼 | 259 |
| どんぶり | 丼 | 259 |

| 読み | 漢字 | ページ |
|---|---|---|
| ナ | 那 | 262 |
| なえ | 苗 | 285 |
| な-える | 萎 | 49 |
| なが-める | 眺 | 235 |
| なぐさ-む | 慰 | 51 |
| なぐさ-める | 慰 | 51 |
| なぐ-る | 殴 | 61 |
| なげ-かわしい | 嘆 | 228 |
| なげ-く | 嘆 | 228 |
| なぞ | 謎 | 262 |
| なつ-かしい | 懐 | 73 |
| なつ-かしむ | 懐 | 73 |
| なつ-く | 懐 | 73 |
| なつ-ける | 懐 | 73 |
| なな-め | 斜 | 158 |
| なべ | 鍋 | 262 |
| なま-ける | 怠 | 221 |
| なまり | 鉛 | 58 |
| なみだ | 涙 | 342 |
| なめ-らか | 滑 | 80 |
| なや-ます | 悩 | 265 |
| なや-む | 悩 | 265 |
| なら-う | 倣 | 300 |
| なわ | 苗 | 285 |
| ナン | 軟 | 262 |

に

| 読み | 漢字 | ページ |
|---|---|---|
| ニ | 尼 | 263 |
| | 弐 | 263 |
| に-える | 煮 | 159 |
| にお-う | 匂 | 263 |
| | 臭 | 164 |
| に-がす | 逃 | 250 |
| にぎ-る | 握 | 47 |
| にく-い | 憎 | 215 |
| にく-しみ | 憎 | 215 |
| にく-む | 憎 | 215 |
| にく-らしい | 憎 | 215 |
| に-げる | 逃 | 250 |
| にご-す | 濁 | 226 |
| にご-る | 濁 | 226 |
| にじ | 虹 | 263 |

| 読み | 漢字 | ページ |
|---|---|---|
| にしき | 錦 | 107 |
| にせ | 偽 | 95 |
| にぶ-い | 鈍 | 259 |
| にぶ-る | 鈍 | 259 |
| に-やす | 煮 | 159 |
| ニュウ | 柔 | 167 |
| ニョ | 如 | 172 |
| ニョウ | 尿 | 264 |
| に-る | 煮 | 159 |
| にわとり | 鶏 | 116 |
| ニン | 妊 | 264 |
| | 忍 | 264 |
| ぬ | | |
| ぬ-う | 縫 | 302 |
| ぬ-かす | 抜 | 274 |
| ぬ-かる | 抜 | 274 |
| ぬ-く | 抜 | 274 |
| ぬ-ぐ | 脱 | 226 |
| ぬぐ-う | 拭 | 184 |
| ぬ-ける | 抜 | 274 |
| ぬ-げる | 脱 | 226 |
| ぬす-む | 盗 | 252 |
| ぬま | 沼 | 175 |
| ぬ-る | 塗 | 249 |

| 読み | 漢字 | ページ |
|---|---|---|
| ネイ | 寧 | 264 |
| ね-かす | 寝 | 188 |
| ねこ | 猫 | 285 |
| ねた-む | 妬 | 248 |
| ねば-る | 粘 | 265 |
| ねむ-い | 眠 | 316 |
| ねむ-る | 眠 | 316 |
| ねら-う | 狙 | 207 |
| ね-る | 寝 | 188 |
| ネン | 捻 | 265 |
| | 粘 | 265 |
| ねんご-ろ | 懇 | 139 |

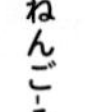

| 読み | 漢字 | ページ |
|---|---|---|
| ノウ | 悩 | 265 |
| | 濃 | 265 |
| のが-す | 逃 | 250 |
| のが-れる | 逃 | 250 |
| のき | 軒 | 119 |
| の-せる | 載 | 146 |
| のど | 喉 | 132 |
| ののし-る | 罵 | 268 |
| の-ばす | 伸 | 185 |
| の-びる | 伸 | 185 |
| の-べる | 伸 | 185 |
| のぼ-る | 昇 | 175 |
| の-る | 載 | 146 |
| のろ-う | 呪 | 163 |

| 読み | 漢字 | ページ |
|---|---|---|
| ハ | 把 | 268 |
| | 覇 | 268 |
| は | 刃 | 190 |
| | 端 | 229 |
| バ | 婆 | 268 |
| | 罵 | 268 |
| ハイ | 杯 | 269 |
| | 排 | 269 |
| | 廃 | 269 |
| | 輩 | 269 |
| バイ | 培 | 270 |
| | 陪 | 270 |
| | 媒 | 270 |
| | 賠 | 270 |
| は-がす | 剝 | 272 |
| はか-る | 諮 | 154 |
| | 謀 | 306 |
| は-がれる | 剝 | 272 |
| ハク | 伯 | 271 |
| | 迫 | 271 |
| | 拍 | 271 |
| | 泊 | 271 |
| | 剝 | 272 |
| | 舶 | 272 |
| | 薄 | 272 |
| は-く | 履 | 335 |
| | 吐 | 248 |
| | 掃 | 212 |
| は-ぐ | 剝 | 272 |
| バク | 漠 | 272 |
| | 縛 | 273 |
| | 爆 | 273 |
| はげ-ます | 励 | 342 |
| はげ-む | 励 | 342 |
| は-げる | 剝 | 272 |
| はさ-まる | 挟 | 103 |
| はさ-む | 挟 | 103 |
| はし | 端 | 229 |
| | 箸 | 273 |
| はじ | 恥 | 230 |
| は-じらう | 恥 | 230 |
| は-じる | 恥 | 230 |
| は-ずかしい | 恥 | 230 |
| はずかし-める | 辱 | 185 |
| はず-む | 弾 | 229 |
| はた | 端 | 229 |
| はだ | 肌 | 273 |
| はだか | 裸 | 332 |
| ハチ | 鉢 | 274 |
| はち | 蜂 | 302 |
| バチ | 罰 | 275 |
| ハツ | 鉢 | 274 |
| | 髪 | 274 |
| バツ | 伐 | 274 |
| | 抜 | 274 |
| | 罰 | 275 |
| | 閥 | 275 |
| はな | 華 | 66 |

| 読み | 漢字 | ページ |
|---|---|---|
| はなす | 離 | 336 |
| はなはだ | 甚 | 190 |
| はなはだしい | 甚 | 190 |
| はなれる | 離 | 336 |
| はねる | 跳 | 236 |
| はば | 幅 | 291 |
| はばむ | 阻 | 208 |
| はま | 浜 | 285 |
| はらう | 払 | 292 |
| はらす | 腫 | 162 |
| はる | 貼 | 236 |
| はれる | 腫 | 162 |
| ハン | 凡 | 309 |
| | 氾 | 275 |
| | 帆 | 276 |
| | 汎 | 276 |
| | 伴 | 276 |
| | 畔 | 276 |
| | 般 | 277 |
| | 販 | 277 |
| | 斑 | 277 |
| | 搬 | 278 |
| | 煩 | 278 |
| | 頒 | 278 |
| | 範 | 278 |
| | 繁 | 279 |
| | 藩 | 279 |
| バン | 伴 | 276 |
| | 蛮 | 279 |
| | 盤 | 279 |

## ひ

| 読み | 漢字 | ページ |
|---|---|---|
| ヒ | 妃 | 280 |
| | 彼 | 280 |
| | 披 | 280 |
| | 泌 | 284 |
| | 卑 | 280 |
| | 疲 | 281 |
| | 被 | 281 |
| | 扉 | 281 |
| | 碑 | 281 |
| | 罷 | 282 |
| | 避 | 282 |
| ビ | 尾 | 282 |
| | 眉 | 282 |
| | 微 | 283 |
| ひいでる | 秀 | 164 |
| ひかえる | 控 | 132 |
| ひき | 匹 | 284 |
| ひく | 弾 | 229 |
| ひざ | 膝 | 283 |
| ひじ | 肘 | 283 |
| ひそむ | 潜 | 205 |
| ひたす | 浸 | 187 |
| ひたる | 浸 | 187 |
| ヒツ | 匹 | 284 |
| | 泌 | 284 |
| ひとみ | 瞳 | 256 |
| ひびく | 響 | 104 |
| ひま | 暇 | 67 |
| ひめ | 姫 | 284 |
| ヒョウ | 拍 | 271 |
| | 漂 | 284 |
| ビョウ | 苗 | 285 |
| | 描 | 285 |
| | 猫 | 285 |
| ひるがえす | 翻 | 309 |
| ひるがえる | 翻 | 309 |
| ヒン | 浜 | 285 |
| | 賓 | 286 |
| | 頻 | 286 |
| ビン | 敏 | 286 |
| | 瓶 | 286 |

## ふ

| 読み | 漢字 | ページ |
|---|---|---|
| フ | 扶 | 287 |
| | 怖 | 287 |
| | 附 | 287 |
| | 訃 | 288 |
| | 赴 | 288 |
| | 浮 | 288 |
| | 符 | 288 |
| | 普 | 289 |
| | 腐 | 289 |
| | 敷 | 289 |
| | 膚 | 289 |
| | 賦 | 290 |
| | 譜 | 290 |
| ブ | 侮 | 290 |
| | 奉 | 299 |
| | 舞 | 290 |
| フウ | 封 | 291 |
| ふえる | 殖 | 184 |
| ふかす | 更 | 129 |
| フク | 伏 | 291 |
| | 幅 | 291 |
| | 覆 | 291 |
| ふく | 吹 | 192 |
| | 拭 | 184 |
| | 噴 | 293 |
| ふくむ | 含 | 89 |
| ふくめる | 含 | 89 |
| ふくらむ | 膨 | 306 |
| ふくれる | 膨 | 306 |
| ふくろ | 袋 | 222 |
| ふける | 更 | 129 |
| ふさ | 房 | 304 |
| ふさがる | 塞 | 145 |
| ふさぐ | 塞 | 145 |
| ふじ | 藤 | 255 |

ふ-す 伏 291
ふ-せる 伏 291
ふた 双 210
蓋 74
ぶた 豚 258
ふち 縁 59
フツ 払 292
沸 292
ふところ 懐 73
ふな 舟 164
ふね 舟 164
ふ-まえる 踏 254
ふ-む 踏 254
ふもと 麓 349
ふ-やす 殖 184
ふ-る 振 187
ふる-う 震 189
ふ-るう 振 187
ふる-える 震 189
ふ-れる 触 184
フン 紛 292
雰 292
噴 293
墳 293
憤 293

## へ

ヘイ 丙 294
併 294
柄 294
塀 294
幣 295
弊 295
蔽 295
餅 295
ヘキ 壁 296
璧 296
癖 296
へだ-たる 隔 77
へだ-てる 隔 77
ベツ 蔑 296
へび 蛇 160
ヘン 偏 297
遍 297

## ほ

ホ 哺 297
捕 297
舗 298
ほ 帆 276
穂 194
ボ 募 298
慕 298
簿 298
ホウ 芳 299
邦 299
奉 299
抱 299
泡 300
封 291
胞 300
俸 300
倣 300
峰 301
砲 301
崩 301
蜂 302
飽 302
褒 302
縫 302
ボウ 乏 303
妄 318
忙 303
坊 303
妨 303
房 304
肪 304
某 304
冒 304
剖 305
紡 305
傍 305
帽 305
貌 306
膨 306
謀 306
ほうむ-る 葬 213
ほお 頬 306
ボク 朴 307
睦 307
僕 307
墨 307
撲 308
ほこ 矛 316
ほこ-る 誇 125
ほころ-びる 綻 229
ほたる 蛍 114
ボッ 坊 303
ボツ 没 308
勃 308
ほどこ-す 施 152
ほのお 炎 57
ほま-れ 誉 327
ほ-める 褒 302
ほら 洞 255
ほり 堀 308
ほ-る 彫 235
掘 110
ほろ-びる 滅 317
ほろ-ぼす 滅 317
ホン 奔 309
翻 309
ボン 凡 309

盆 309
煩 278

マ 麻 312
摩 312
磨 312
魔 312
マイ 昧 313
埋 313
まい 舞 290
ま-う 舞 290
まかな-う 賄 352
まぎ-らす 紛 292
まぎ-らわしい 紛 292
まぎ-らわす 紛 292
まぎ-れる 紛 292
マク 膜 313
まくら 枕 313
ます 升 173
また 又 314
股 123
またた-く 瞬 169
マツ 抹 314
まど-う 惑 352
まぬか-れる 免 318
まぼろし 幻 122
まゆ 眉 282
繭 121
マン 慢 314
漫 314

ミ 眉 282
魅 315
みが-く 磨 312
みことのり 詔 178
みさき 岬 315
みささぎ 陵 339
みじ-め 惨 150
みぞ 溝 133
みだ-ら 淫 52
ミツ 蜜 315
みつ-ぐ 貢 131
みな 皆 71
みにく-い 醜 165
みね 峰 301
ミョウ 妙 316
冥 317
み-る 診 188
ミン 眠 316

む

ム 矛 316
謀 306
霧 316
むか-える 迎 116
むこ 婿 198
むさぼ-る 貪 259
むすめ 娘 317
むな 棟 253
むね 旨 151
棟 253
むらさき 紫 153

め 雌 153
メイ 冥 317
銘 317
めぐ-む 恵 112
めぐ-る 巡 170
めす 雌 153
め-す 召 173
めずら-しい 珍 239
メツ 滅 317
メン 免 318
麺 318

モ 茂 318
も 喪 213
藻 215
モウ 妄 318
盲 319
耗 319
猛 319
網 320
もう-でる 詣 115
モク 黙 320
もぐ-る 潜 205
もち 餅 295
もてあそ-ぶ 弄 347
もど-す 戻 343
もど-る 戻 343
もも 桃 251
もよお-す 催 145
も-らす 漏 349
も-る 漏 349
も-れる 漏 349
モン 紋 320

ヤ 冶 322
や 弥 322
ヤク 厄 322
疫 56
躍 322
や-せる 痩 213

やと-う 屋 124
やなぎ 柳 336
やみ 闇 323
やわ-らか 柔 167 軟 262
やわ-らかい 柔 167 軟 262

**ゆ**

ユ 喩 323 愉 323 諭 323 癒 324
ユイ 唯 324
ユウ 幽 324 悠 324 湧 325 猶 325 裕 325 雄 325 誘 326 憂 326 融 326
ゆか 床 174
ゆ-く 逝 198
ゆ-さぶる 揺 328
ゆ-すぶる 揺 328
ゆ-する 揺 328
ゆ-ずる 譲 183
ゆ-らぐ 揺 328
ゆ-る 揺 328
ゆる-い 緩 87
ゆ-るぐ 揺 328
ゆる-む 緩 87
ゆる-める 緩 87
ゆる-やか 緩 87
ゆ-れる 揺 328

**よ**

ヨ 与 326 誉 327
よい 宵 175
ヨウ 妖 327 庸 327 揚 328 揺 328 溶 328 腰 328 瘍 329 踊 329 窯 329 擁 329 謡 330
よ-う 酔 193
ヨク 抑 330 沃 330 翼 330
よご-す 汚 59
よご-れる 汚 59
よ-む 詠 55
よめ 嫁 67

**ら**

ラ 拉 332 裸 332 羅 332
ライ 雷 332 頼 333
ラク 絡 333 酪 333
ラツ 辣 333
ラン 濫 334 藍 334 欄 334

**り**

リ 吏 334 痢 335 履 335 璃 335 離 336
リツ 慄 336
リュウ 柳 336 竜 336 粒 337 隆 337 硫 337
リョ 侶 337 虜 338 慮 338
リョウ 了 338 涼 338 猟 339 陵 339 僚 339 寮 340 霊 344 療 340 瞭 340 糧 340
リン 厘 341 倫 341 鈴 343 隣 341

**る**

ル 瑠 341
ルイ 涙 342 累 342 塁 342

**れ**

レイ 励 342 戻 343 鈴 343

零 343
霊 344
隷 344
齢 344
麗 344

レキ
暦 345

レツ
劣 345
烈 345
裂 345

レン
恋 346
廉 346
錬 346

ろ

ロ
呂 346
炉 347
賂 347
露 347

ロウ
弄 347
郎 348
浪 348
廊 348
楼 348
漏 349
糧 340
露 347
籠 349

ロク
麓 349

ワイ
賄 352

わ-かす
沸 292

わき
脇 352

ワク
惑 352

わく
枠 352

わ-く
沸 292
湧 325

わず-か
僅 107

わずら-う
患 84
煩 278

わずら-わす
煩 278

わた-す
渡 249

わた-る
渡 249

ワン
湾 353
腕 353

# 総画索引（そうかくさくいん）

本書に収められている1110字を、画数順に配列しています。同じ画数の場合は、部首の画数順に並べてあります。

漢字の下の数字は、本書のページを示します。
※は、許容字体・異体字のうち、総画が見出しの漢字と異なるものです。
（「謎」(17画)と「謎」(16画)など）

| 哺 | 唐 | 哲 | 唇 | 唆 | 唄 | 匿 | 剖 | 剝 | 剤 | 剛 | 剣 | 凍 | 凄 | 准 | 冥 | 兼 |
|---|---|---|---|---|---|---|---|---|---|---|---|---|---|---|---|---|
| 297 | 251 | 246 | 187 | 142 | 54 | 256 | 305 | 272 | 146 | 135 | 118 | 251 | 198 | 170 | 317 | 118 |
| 陥 | 透 | 途 | 逓 | 逐 | 逝 | 華 | 徐 | 峰 | 宵 | 宰 | 宴 | 娘 | 姫 | 娠 | 娯 | 埋 |
| 83 | 252 | 249 | 243 | 232 | 198 | 66 | 173 | 301 | 175 | 144 | 57 | 317 | 284 | 187 | 126 | 313 |
| 挿 | 捜 | 振 | 挫 | 挨 | 拳 | 扇 | 悩 | 悟 | 悦 | 恋 | 恥 | 恣 | 恵 | 恭 | 恐 | 陣 |
| 211 | 211 | 187 | 143 | 46 | 119 | 203 | 265 | 126 | 56 | 346 | 230 | 152 | 112 | 104 | 103 | 191 |
| 浸 | 浦 | 泰 | 殉 | 殊 | 桃 | 桑 | 栓 | 桟 | 栽 | 桁 | 核 | 朕 | 敏 | 捕 | 捗 | 捉 |
| 187 | 54 | 222 | 170 | 161 | 251 | 211 | 203 | 150 | 144 | 117 | 76 | 239 | 286 | 297 | 238 | 216 |
| 租 | 称 | 祥 | 砲 | 眠 | 疲 | 症 | 疾 | 畔 | 畜 | 畝 | 珠 | 烈 | 浪 | 涙 | 浮 | 浜 |
| 208 | 176 | 176 | 301 | 316 | 281 | 175 | 156 | 276 | 231 | 54 | 162 | 345 | 348 | 342 | 288 | 285 |
| 蚊 | 般 | 致 | 脇 | 胴 | 脊 | 脂 | 脅 | 耗 | 翁 | 紋 | 紡 | 紛 | 索 | 粋 | 既 | 秩 |
| 69 | 277 | 230 | 352 | 256 | 200 | 153 | 104 | 319 | 61 | 320 | 305 | 292 | 147 | 192 | 92 | 232 |
| 偽 | 乾 | 11画 | 竜 | 鬼 | 飢 | 隻 | 釜 | 酎 | 酌 | 辱 | 軒 | 貢 | 訖 | 被 | 袖 | 衷 |
| 95 | 83 |  | 336 | 92 | 92 | 200 | 81 | 234 | 160 | 185 | 119 | 131 | 225 | 281 | 164 | 193 |
| 尉 | 寂 | 婆 | 婚 | 堀 | 培 | 堆 | 執 | 唯 | 唾 | 啓 | 喝 | 勘 | 剰 | 偏 | 偵 | 偶 |
| 49 | 161 | 268 | 138 | 308 | 270 | 222 | 157 | 324 | 220 | 113 | 79 | 84 | 182 | 297 | 244 | 109 |
| 陳 | 陰 | 郭 | 逮 | 逸 | 葛※ | 菌 | 菊 | 菓 | 萎 | 彫 | 彩 | 庸 | 庶 | 崩 | 崇 | 崖 |
| 239 | 53 | 76 | 223 | 51 | 80 | 106 | 96 | 67 | 49 | 235 | 144 | 327 | 172 | 301 | 195 | 74 |
| 据 | 控 | 掲 | 掘 | 掛 | 捗※ | 戚 | 悼 | 惜 | 惨 | 惧 | 悠 | 患 | 陵 | 隆 | 陪 | 陶 |
| 195 | 132 | 113 | 110 | 78 | 238 | 200 | 252 | 200 | 150 | 108 | 324 | 84 | 339 | 337 | 270 | 252 |
| 渋 | 渓 | 渇 | 涯 | 淫 | 殻 | 梗 | 曽 | 曹 | 旋 | 斬 | 斜 | 描 | 排 | 捻 | 掃 | 措 |
| 167 | 113 | 79 | 74 | 52 | 76 | 132 | 212 | 212 | 203 | 150 | 158 | 285 | 269 | 265 | 212 | 208 |
| 粘 | 粗 | 符 | 窒 | 眺 | 盗 | 痕 | 瓶 | 猟 | 猛 | 猫 | 爽 | 涼 | 添 | 淡 | 渉 | 淑 |
| 265 | 208 | 288 | 232 | 235 | 252 | 138 | 286 | 339 | 319 | 285 | 212 | 338 | 247 | 228 | 176 | 168 |

| 腺 | 腎 | 腫 | 羨 | 継 | 窟 | 稚 | 禅 | 禍 | 碁 | 睦 | 督 | 睡 | 痴 | 猿 | 献 | 煩 |
|---|---|---|---|---|---|---|---|---|---|---|---|---|---|---|---|---|
| 204 | 191 | 162 | 204 | 114 | 110 | 231 | 206 | 68 | 127 | 307 | 257 | 194 | 231 | 58 | 120 | 278 |
| 賊 | 誉 | 詮 | 詳 | 誇 | 詣 | 詰 | 該 | 触 | 裸 | 裾 | 褐 | 蜂 | 虜 | 虞 | 艇 | 腰 |
| 217 | 327 | 204 | 179 | 125 | 115 | 97 | 75 | 184 | 332 | 196 | 80 | 302 | 338 | 62 | 244 | 328 |
| 頑 | 靴 | 零 | 雷 | 雅 | 鈴 | 鉢 | 鉛 | 酪 | 酬 | 載 | 較 | 跳 | 践 | 跡 | 賄 | 賂 |
| 90 | 68 | 343 | 332 | 70 | 343 | 274 | 58 | 333 | 165 | 146 | 77 | 236 | 204 | 201 | 352 | 347 |
| 蔑 | 徴 | 彰 | 寧 | 寡 | 嫡 | 奪 | 墨 | 塾 | 僚 | 僕 | 14画 | 鼓 | 飽 | 飾 | 頒 | 頓 |
| 296 | 236 | 179 | 264 | 68 | 233 | 226 | 307 | 169 | 339 | 307 |  | 125 | 302 | 184 | 278 | 258 |
| 漫 | 漂 | 滴 | 漬 | 漸 | 漆 | 概 | 暦 | 摘 | 慢 | 憎 | 慕 | 隠 | 遭 | 遮 | 遜 | 遡 |
| 314 | 284 | 245 | 240 | 206 | 158 | 75 | 345 | 245 | 314 | 215 | 298 | 53 | 214 | 159 | 217 | 209 |
| 腐 | 網 | 綻 | 緒 | 綱 | 維 | 箸※ | 箋 | 箇 | 罰 | 端 | 稲 | 碑 | 瘍 | 瑠 | 獄 | 漏 |
| 289 | 320 | 229 | 172 | 134 | 50 | 273 | 205 | 68 | 275 | 229 | 254 | 281 | 329 | 341 | 137 | 349 |
| 餅※ | 餌※ | 需 | 雌 | 閥 | 銘 | 銃 | 酷 | 酵 | 辣 | 踊 | 貌 | 豪 | 誘 | 誓 | 蜜 | 膜 |
| 295 | 155 | 163 | 153 | 275 | 317 | 167 | 136 | 134 | 333 | 329 | 306 | 136 | 326 | 198 | 315 | 313 |
| 幣 | 履 | 寮 | 審 | 墳 | 墜 | 噴 | 嘲 | 嘱 | 勲 | 舗 | 儀 | 15画 | 魂 | 髪 | 駄 | 駆 |
| 295 | 335 | 340 | 189 | 293 | 240 | 293 | 237 | 185 | 111 | 298 | 95 |  | 139 | 274 | 221 | 108 |
| 摩 | 摯 | 撃 | 戯 | 憤 | 憧 | 憬 | 慮 | 憂 | 慶 | 慰 | 遷 | 遵 | 蔽 | 徹 | 影 | 弊 |
| 312 | 154 | 117 | 95 | 293 | 179 | 115 | 338 | 326 | 115 | 51 | 205 | 171 | 295 | 246 | 55 | 295 |
| 稽 | 稼 | 盤 | 監 | 畿 | 璃 | 澄 | 潜 | 潤 | 潰 | 歓 | 槽 | 暫 | 敷 | 撲 | 撤 | 撮 |
| 115 | 69 | 279 | 87 | 94 | 335 | 237 | 205 | 171 | 72 | 87 | 214 | 151 | 289 | 308 | 247 | 149 |
| 謁 | 褒 | 衝 | 膚 | 膝 | 締 | 緊 | 緩 | 縁 | 範 | 箸 | 罷 | 罵 | 窯 | 窮 | 穂 | 稿 |
| 56 | 302 | 180 | 289 | 283 | 244 | 107 | 87 | 59 | 278 | 273 | 282 | 268 | 329 | 100 | 194 | 134 |
| 閲 | 鋳 | 鋭 | 舞 | 輩 | 輝 | 踏 | 踪 | 趣 | 賭※ | 賦 | 賓 | 賠 | 賜 | 誰 | 諾 | 請 |
| 57 | 234 | 55 | 290 | 269 | 94 | 254 | 214 | 162 | 249 | 290 | 286 | 270 | 154 | 227 | 225 | 199 |

総画索引

震 189　霊 344　頬※ 306　餌 155　餅 295　餓 70　駒 137　駐 234　魅 315　黙 320

**16画**

儒 163　凝 105　壌 72　墾 139　壊 182　壇 230

壁 296　嬢 182　薫 111　薪 189　薦 205　薄 272　還 88　避 282　隣 341　憩 116　憶 62　懐 73　憾 87　擁 329　曇 259　濁 226　濃 265

獣 168　獲 77　磨 312　穏 63　篤 257　緯 51　緻 231　縛 273　繁 279　縫 302　膳 207　膨 306　融 326　衡 134　諧 73　諮 154　諦 245

謀 306　諭 323　謡 330　謎※ 262　賢 120　賭 249　醒 199　麺 318　錦 107　錮 125　錯 148　錠 183　錬 346　隷 344　頻 306　頼 333　骸 75

償 180　嚇 77　懇 139　戴 223　擬 96　擦 149　曖 46　濯 225　燥 214　爵 160　犠 96　環 88　療 340　瞳 256　瞭 340　矯 104

**17画**

礁 180　繊 206　翼 330　聴 237　臆 62　謹 107　謙 121　謄 254　謎 262　購 135　轄 80　醜 165　鍵 121　鍛 229　鍋 262　闇 323　霜 215

頻 286　鮮 206　齢 344

**18画**

藤 255　藩 279　藍 334　懲 238　濫 334　璧 296　癖 296　癒 324　瞬 169　礎 210　穫 78　糧 340　繭 121

繕 207　翻 309　襟 108　覆 291　贈 216　鎌 81　鎖 142　鎮 239　闘 255　顎 78　顕 122　騎 94　騒 215　韓 88

**19画**

藻 215　瀬 196

爆 273　璽 156　羅 332　簿 298　繰 111　艶 59　覇 268　譜 290　蹴 166　離 336　霧 316　韻 53　髄 194　鯨 116　鶏 116　麗 344　麓 349

**20画**

懸 122　欄 334　籍 201　譲 183　醸 183　鐘 180　響 104　騰 255

**21画**

艦 88　躍 322　露 347　顧 125　魔 312　鶴 241

**22画**

籠 349　襲 166　驚 105

**23画**

鑑 89

**29画**

鬱 54

# 漢検索引

漢検索引では、本書に収められている一一一〇字を、漢検級の五十音順に配列しています。

訓読みしかない漢字は、訓読みの五十音順になっています。

漢字の下の数字は、本書のページを示します。

## 4級

### あ
握 47　扱 47

### い
依 48　威 48　為 48　偉 49　違 50　維 50　緯 51　壱 51　芋 52　陰 53　隠 53

### え
影 55　鋭 55　越 56　援 58　煙 58　鉛 58　縁 59

### お
汚 59　押 60　奥 61　憶 62

### か
菓 67　暇 67　箇 68　雅 70　介 70　戒 70　皆 71　壊 72　較 77　獲 77　刈 82　甘 82　汗 82　乾 83　勧 86　歓 87　監 87　環 88　鑑 89　含 89

### き
奇 91　祈 91　鬼 92　幾 93　輝 94　儀 95　戯 95　詰 97　却 97　脚 98　及 98　丘 98　朽 99　巨 100　拠 100　距 101　御 101　凶 101　叫 102　狂 102　況 102　狭 103　恐 103　響 104　驚 105　仰 105

### く
駆 108　屈 110　掘 110　繰 111

### け
恵 112　傾 114　継 114　迎 116　撃 117　肩 118　兼 118　剣 118　軒 119　圏 119　堅 119　遣 120　玄 122

### こ
枯 124　誇 125　鼓 125　互 126　抗 128　攻 129　更 129　恒 130　荒 131　項 133　稿 134　豪 136　込 137　婚 138

### さ
鎖 142　彩 144　歳 146　載 146　剤 146　咲 148　惨 150

### し
旨 151　伺 151　刺 151　脂 153　紫 153　雌 153　執 157　芝 158　斜 158　煮 159

釈 160　寂 161　朱 161　狩 161　趣 162　需 163　舟 164　秀 164　襲 166　柔 167　獣 168　瞬 169　旬 169　巡 170　盾 170

召 173　床 174　沼 175　称 176　紹 176　詳 179　丈 181　畳 182　殖 184　飾 184　触 184　侵 186　振 187　浸 187　寝 188

慎 188　震 189　薪 189　尽 190　陣 191　尋 191

す

吹 192

せ

是 196　姓 196　征 197　跡 201　占 202　扇 203

鮮 206

そ

訴 209　僧 213　燥 214　騒 215　贈 216　即 216　俗 217

た

耐 221　替 223　沢 224　拓 225　濁 226

脱 226　丹 227　淡 228　嘆 228　端 229　弾 229

ち

恥 230　致 230　遅 230　蓄 232　跳 236　徴 236　澄 237　沈 238

珍 239

て

抵 242　堤 244　摘 245　滴 245　添 247　殿 248

と

吐 248　途 249　渡 249　奴 250　怒 250　到 250

逃 250　倒 251　唐 251　桃 251　透 252　盗 252　塔 253　稲 254　踏 254　闘 255　胴 256　峠 256　突 258　鈍 259　曇 259

に

弐 263

の

悩 265　濃 265

は

杯 269　輩 269　拍 271　泊 271　迫 271　薄 272　爆 273　髪 274　抜 274

罰 275　般 277　販 277　搬 278　範 278　繁 279　盤 279

ひ

彼 280　疲 281　被 281　避 282　尾 282　微 283　匹 284

描 285　浜 285　敏 286

ふ

怖 287　浮 288　普 289　腐 289　敷 289　膚 289　賦 290　舞 290　幅 291　払 292　噴 293

へ

柄 294　壁 296

ほ

捕 297　舗 298　抱 299　峰 301　砲 301　忙 303　坊 303　肪 304　冒 304　傍 305　帽 305

凡 309　盆 309　ま　慢 314　漫 314　み　妙 316　眠 316　む　矛 316　霧 316　娘 317　も　茂 318　猛 319　網 320　黙 320
紋 320　や　躍 322　ゆ　雄 325　よ　与 326　誉 327　溶 328　腰 328　踊 329　謡 330　翼 330　ら　雷 332　頼 333　絡 333
欄 334　り　離 336　粒 337　慮 338　療 340　隣 341　る　涙 342　れ　隷 344　齢 344　麗 344　暦 345　劣 345　烈 345　恋 346
ろ　露 347　郎 348　わ　惑 352　腕 353
3級
あ　哀 46　い　慰 51　え　詠 55　悦 56　閲 57　炎 57
宴 57　お　欧 60　殴 61　乙 62　卸 63　穏 63　か　佳 66　架 66　華 66　嫁 67　餓 70　怪 71　悔 71　塊 72　慨 74
該 75　概 75　郭 76　隔 77　穫 78　岳 78　掛 78　滑 80　肝 83　冠 83　勘 84　貫 84　喚 84　換 85　敢 85　緩 87
き　企 90　忌 90　軌 91　既 92　棋 93　棄 93　騎 94　欺 95　犠 96　菊 96　吉 96　喫 97　虐 98　虚 101　峡 103　脅 104
凝 105　斤 106　緊 107　く　愚 109　偶 109　遇 109　け　刑 112　契 112　啓 113　掲 113　携 114　憩 116　鶏 116　鯨 116　倹 118
賢 120　幻 122　こ　孤 124　弧 124　雇 124　顧 125　娯 126　悟 126　孔 127　巧 127　甲 128　坑 128　拘 129　郊 131　控 132　慌 132
硬 133　絞 133　綱 134　酵 134　克 136　獄 137　恨 138　紺 139　魂 139　墾 139　さ　債 145　催 145　削 146　搾 148　錯 148　撮 149
擦 149　暫 151　し　祉 152　施 152　諮 154　侍 154　慈 155　軸 156　疾 156　湿 157　赦 158　邪 159　殊 161　寿 162　潤 171　遵 171

如 172　徐 173　匠 173　昇 175　掌 177　晶 177　焦 178　衝 180　鐘 180　冗 181　嬢 182　錠 183　譲 183　嘱 185　辱 185

伸 185　辛 186　審 189

す

炊 192　粋 192　衰 193　酔 193　遂 193　穂 194　随 194　髄 194

せ

瀬 196　牲 197　婿 198　請 199　斥 199　隻 200　惜 200　籍 201　摂 202　潜 205　繕 207

そ

阻 208　措 208　粗 208　礎 210　双 210　桑 211　掃 212　葬 213　遭 214　憎 215　促 216　賊 217

た

怠 221　胎 222　袋 222　逮 223　滞 223　滝 224　択 224　卓 224　託 225　諾 225　奪 226　胆 228　鍛 229　壇 230

ち

稚 231　畜 231　窒 232　抽 233　鋳 234　駐 234　彫 235　超 236　聴 237　陳 239　鎮 239

つ

墜 240

て

帝 243　訂 243　締 244　哲 246

と

斗 248　塗 249　凍 251　陶 252　痘 253　匿 256　篤 257　豚 258

に

尿 264

ね

粘 265

は

婆 268　排 269　陪 270　縛 273　伐 274　帆 276　伴 276　畔 276　藩 279　蛮 279

ひ

卑 280　碑 281　泌 284　姫 284　漂 284　苗 285

ふ

赴 288　符 288　封 291　伏 291　覆 291　紛 292　墳 293

へ

癖 296

ほ

募 298　慕 298　簿 298　芳 299　邦 299　奉 299　胞 300　倣 300　崩 301　飽 302　縫 302　乏 303　妨 303　房 304　某 304　膨 306　謀 306　墨 307　没 308　翻 309

ま

魔 312　埋 313　膜 313　又 314

み

魅 315

め

滅 317　免 318

ゆ

幽 324　誘 326　憂 326

よ

揚 328　揺 328

擁 329　抑 330
ら
裸 332　濫 334
り
吏 334　隆 337　了 338　猟 339　陵 339　糧 340　厘 341
れ
励 342　零 343　霊 344
裂 345　廉 346　錬 346
ろ
炉 347　浪 348　廊 348　楼 348　漏 349
わ
湾 353

**準2級**

あ
亜 46
い
尉 49　逸 51　姻 52　韻 53
う
畝 54　浦 54
え
疫 56　謁 56　猿 58
お
凹 60　翁 61　虞 62
か
渦 67　禍 68　靴 68　寡 68　稼 69　蚊 69　拐 71　懐 73　劾 73　涯 74　垣 75　核 76　殻 76　嚇 77　括 79　喝 79　渇 79　褐 80　轄 80　且 81　缶 82　陥 83　患 84　堪 85　棺 85　款 86　閑 86　寛 86　憾 87　還 88　艦 88　頑 90
き
飢 92　宜 94　偽 95　擬 96　糾 99　窮 100　拒 100　享 102　挟 103　恭 104　矯 104　暁 105　菌 106　琴 106　謹 107　襟 108　吟 108
く
隅 109　勲 111　薫 111
け
茎 112　渓 113　蛍 114　慶 115　傑 117　嫌 120　献 120　謙 121　繭 121　顕 122　懸 122　弦 123
こ
呉 126　碁 127　江 128　肯 130　侯 130　洪 130　貢 131　溝 133　衡 134　購 135　拷 135　剛 135　酷 136　昆 138　懇 139
さ
唆 142　詐 142　砕 143　宰 144　栽 144　斎 144　索 147　酢 148　桟 150　傘 150
し
肢 152　嗣 153　賜 154　璽 156　漆 158　遮 159　蛇 160　酌 160　爵 160　珠 162　儒 163　囚 163　臭 164　愁 165　酬 165　醜 165　汁 166　充 166　渋 167　銃 167　叔 168　淑 168　粛 168　塾 169　俊 169　准 170　殉 170　循 171　庶 172　緒 172　叙 172　升 173　抄 174　肖 174　尚 174　宵 175　症 175　祥 176　渉 176　訟 177　硝 178　粧 178　詔 178

奨 179　彰 179　償 180　礁 180　浄 181　剰 182　壌 182　醸 183　津 186　唇 187　娠 187　紳 188　診 188　刃 190　迅 190

甚 190

す

帥 192　睡 194　枢 195　崇 195　据 195　杉 195

せ

斉 197　逝 198　誓 198　析 199　拙 201　窃 202　仙 202　栓 203　旋 203　践 204　遷 205　薦 205　繊 206　禅 206　漸 206

そ

租 208　疎 209　塑 209　壮 210　荘 210　捜 211　挿 211　曹 212　喪 213　槽 214　霜 215　藻 215

た

妥 220　堕 220　惰 221　駄 221　泰 222　濯 225　但 226　棚 227

ち

痴 231　逐 232　秩 232　嫡 233　衷 233　弔 234　挑 235　眺 235　釣 235　懲 238　勅 238　朕 239

つ

塚 240　漬 240　坪 241

て

呈 241　廷 242　邸 242　亭 242　逓 243　貞 243　偵 244　艇 244　泥 245　迭 246　徹 246　撤 247

と

悼 252　搭 253　棟 253　筒 254　謄 254　騰 255　洞 255　督 257　凸 257　屯 258

な

軟 262

に

尼 263　妊 264　忍 264

ね

寧 264

は

把 268　覇 268　廃 269　培 270　媒 270　賠 270　伯 271　舶 272　漠 272　肌 273　鉢 274　閥 275　煩 278　頒 278

ひ

妃 280　披 280　扉 281　罷 282　猫 285　賓 286　頻 286　瓶 286

ふ

扶 287　附 287　譜 290　侮 290　沸 292　雰 292　憤 293

へ

丙 294　併 294　塀 294　幣 295　弊 295　偏 297　遍 297

ほ

泡 300　俸 300　褒 302　剖 305　紡 305　朴 307　僕 307　撲 308　堀 308　奔 309

ま

麻 312　摩 312

磨 312　抹 314
み　岬 315
め　銘 317
も　妄 318　盲 319　耗 319
や　厄 322
ゆ　愉 323　諭 323　癒 324　唯 324　悠 324　猶 325　裕 325　融 326
よ　庸 327　窯 329
ら　羅 332　酪 333
り　痢 335　履 335　柳 336　竜 336　硫 337　虜 338　涼 338　僚 339　寮 340　倫 341
る　累 342　塁 342
れ　戻 343　鈴 343
わ　賄 352　枠 352

2級
あ　挨 46　曖 46　宛 47　嵐 47
い　畏 48　萎 49　椅 50　彙 50　咽 52　淫 52
う　唄 54　鬱 54
え　怨 57　艶 59
お　旺 60　臆 62　俺 63
か　苛 66　牙 69　瓦 69　楷 72　潰 72　諧 73　崖 74　蓋 74　骸 75　柿 76　顎 78　葛 80　釜 81　鎌 81　韓 88　玩 89
き　伎 90　亀 92　毀 93　畿 94　臼 99　嗅 99　巾 106　僅 107　錦 107
く　惧 108　串 110　窟 110
け　詣 115　憬 115　稽 115　隙 117　桁 117　拳 119　鍵 121　舷 123
こ　股 123　虎 123　錮 125　勾 127　梗 132　喉 132　乞 135　傲 136　駒 137　頃 137　痕 138
さ　沙 142　挫 143　采 143　塞 145　柵 147　刹 149　拶 149　斬 150
し　恣 152　摯 154　餌 155　叱 156　嫉 157　腫 162　呪 163　袖 164　羞 165　蹴 166　憧 179　拭 184　尻 185　芯 186　腎 191
す　須 191　裾 196
せ　凄 198　醒 199　脊 200　戚 200　煎 203　羨 204　腺 204　詮 204　箋 205　膳 207
そ　狙 207　遡 209　曽 212　爽 212　痩 213　踪 214　捉 216　遜 217
た　汰 220　唾 220　堆 222　戴 223　誰 227　旦 228　綻 229
ち　緻 231　酎 234　貼 236　嘲 237　捗 238

つ
椎 240
爪 241
鶴 241

て
諦 245
溺 246
塡 247

と
妬 248
賭 249
藤 255
瞳 256
頓 258
貪 259
丼 259

な
那 262
謎 262
鍋 262

に
匂 263
虹 263

ね
捻 265

は
罵 268
剝 272
箸 273
氾 275
汎 276
斑 277

ひ
眉 282
膝 283
肘 283

ふ
訃 288

へ
蔽 295
餅 295
璧 296
蔑 296

ほ
哺 297
蜂 302
貌 306
頰 306
睦 307
勃 308

ま
昧 313
枕 313

み
蜜 315

め
冥 317
麺 318

や
冶 322
弥 322
闇 323

ゆ
喩 323
湧 325

よ
妖 327
瘍 329
沃 330

ら
拉 332
辣 333
藍 334

り
璃 335
慄 336
侶 337
瞭 340

る
瑠 341

ろ
呂 346
賂 347
弄 347
籠 349
麓 349

わ
脇 352

# 部首の名前

部首とは、辞典を引くために漢字を仲間分けしたものです。

部首と、部首の名前は、辞典によって異なる場合があります。

本書では、『改訂版 漢検要覧 2～10級対応』（日本漢字能力検定協会）をもとにしています。

| 部首 | 名前 | 漢字例 |
|---|---|---|
| 一 | いち | 与・丘 |
| 丨 | ぼう・たてぼう | 串 |
| 丶 | てん | 丹・井 |
| ノ | の・はらいぼう | 乏 |
| 乙・乚 | おつ | 乞・乾 |
| 亅 | はねぼう | 了 |
| 二 | に | 互・亜 |
| 亠 | なべぶた・けいさんかんむり | 享・亭 |
| 人・亻・𠆢 | ひと／にんべん／ひとやね | 伸・介 |
| 儿 | ひとあし・にんにょう | 充・免 |
| 八・ハ | はち／は | 兼 |
| 冖 | わかんむり | 冗・冠 |
| 冫 | にすい | 准・凍 |
| 几 | つくえ | 凡 |
| 凵 | うけばこ | 凶・凸 |
| 刀・刂 | かたな／りっとう | 刃・到 |
| 力 | ちから | 勘・募 |
| 勹 | つつみがまえ | 勾・匂 |
| 匚 | はこがまえ | 匠 |
| 匸 | かくしがまえ | 匹・匿 |
| 十 | じゅう | 升・卓 |
| 卜 | と・うらない | 占 |
| 卩・㔾 | わりふ・ふしづくり | 却・即 |
| 厂 | がんだれ | 厄・厘 |
| 又 | また | 双・叙 |
| 口・口 | くち／くちへん | 召・唯 |
| 囗 | くにがまえ | 囚・圏 |
| 土・土 | つち／つちへん | 堅・壊 |
| 士 | さむらい | 壮・壱 |
| 大 | だい | 奈・奉 |
| 女・女 | おんな／おんなへん | 妥・娘 |
| 子・子 | こ／こへん | 孔・孤 |
| 宀 | うかんむり | 宛・寝 |
| 寸 | すん | 寿・封 |
| 小・⺌ | しょう | 尚 |
| 尸 | かばね・しかばね | 尽・履 |
| 屮 | てつ | 屯 |
| 山・山 | やま／やまへん | 岳・岬 |
| 川・巛 | かわ | 巡 |
| 工・工 | え・たくみ／たくみへん | 巨・巧 |
| 巾・巾 | はば／はばへん・きんべん | 帝・幅 |
| 幺 | よう・いとがしら | 幻・幾 |
| 广 | まだれ | 床・庶 |
| 廴 | えんにょう | 廷 |
| 廾 | こまぬき・にじゅうあし | 弄・弊 |
| 弋 | しきがまえ | 式 |
| 弓・弓 | ゆみ／ゆみへん | 弔・弾 |
| 彑 | けいがしら | 彙 |
| 彡 | さんづくり | 彩・彰 |
| 彳 | ぎょうにんべん | 彼・徹 |
| 心・忄・ | こころ／りっしんべん／ | 忍・悩・ |
| ⺗ | したごころ | 慕 |

| | | |
|---|---|---|
| 戈 | ほこづくり・ほこがまえ | 戒・戚 |
| 戸・戸 | と／とだれ・とかんむり | 戻・扉 |
| 手・扌 | て／てへん | 拳・挑 |
| 攵 | のぶん・ぼくづくり | 攻・敢 |
| 文 | ぶん | 斑 |
| 斗 | とます | 斗・斜 |
| 斤・斤 | きん／おのづくり | 斥・斬 |
| 方・方 | ほう／ほうへん・かたへん | 施・旋 |
| 日・日 | ひ／ひへん | 昇・暇 |
| 曰 | ひらび・いわく | 更・替 |
| 月・月 | つき／つきへん | 朕 |
| 木・木 | き／きへん | 柔・棟 |
| 欠 | あくび・かける | 欺・歓 |
| 止 | とめる | 歳 |
| 歹 | かばねへん・いちたへん・がつへん | 殊・殖 |
| 殳 | るまた・ほこづくり | 殻・殿 |
| 水・氵・氺 | みず／さんずい／したみず | 浮・泰 |

| | | |
|---|---|---|
| 火・火・灬 | ひ／ひへん／れんが・れっか | 炎・煙・烈 |
| 爪・爫 | つめ／つめかんむり・つめがしら | 爪・爵 |
| 牙 | きば | 牙 |
| 牛・牜 | うし／うしへん | 牲・犠 |
| 犬・犭 | いぬ／けものへん | 献・猶 |
| 玄 | げん | 玄 |
| 玉・王 | たま／おう | 璧・琴 |
| 王 | おうへん・たまへん | 環・珍 |
| 瓦 | かわら | 瓦・瓶 |
| 甘 | かん・あまい | 甘・甚 |
| 田・田 | た／たへん | 畝・畔 |
| 疋・⺪ | ひき／ひきへん | 疎 |
| 疒 | やまいだれ | 症・療 |
| 白 | しろ | 皆 |
| 皿 | さら | 盆・監 |
| 目・目 | め／めへん | 眉・眠 |
| 矛 | ほこ | 矛 |
| 矢・矢 | や／やへん | 矯 |
| 旡 | なし・ぶ・すでのつくり | 既 |
| 石・石 | いし／いしへん | 磨・礎 |

| | | |
|---|---|---|
| 示・礻 | しめす／しめすへん | 祈・禅 |
| 禾・禾 | のぎ／のぎへん | 秀・穏 |
| 穴・穴 | あな／あなかんむり | 突・窮 |
| 立・立 | たつ／たつへん | 端 |
| 竹・⺮ | たけ／たけかんむり | 符・筒 |
| 米・米 | こめ／こめへん | 粋・粗 |
| 糸・糸 | いと／いとへん | 索・紹 |
| 缶 | ほとぎ | 缶 |
| 罒 | あみがしら・あみめ・よこめ | 罰・罵 |
| 羊 | ひつじ | 羞・羨 |
| 羽 | はね | 翼・翻 |
| 而 | しかして・しこうして | 耐 |
| 耒 | すきへん・らいすき | 耗 |
| 耳・耳 | みみ／みみへん | 聴 |
| 聿 | ふでづくり | 粛 |
| 肉・月 | にく／にくづき | 肩・胴 |
| 自 | みずから | 臭 |
| 至 | いたる | 致 |
| 臼 | うす | 臼 |
| 舌 | した | 舗 |
| 舟・舟 | ふね／ふねへん | 舟・艇 |

| | | |
|---|---|---|
| 色 | いろ | 艶 |
| 艹 | くさかんむり | 芝・蓄 |
| 虍 | とらがしら・とらかんむり | 虎・虚 |
| 虫・虫 | むし／むしへん | 蛍・蛇 |
| 行・行 | ぎょう／ぎょうがまえ・ゆきがまえ | 衝・衡 |
| 衣・衤 | ころも／ころもへん | 裂・裕 |
| 西・覀 | にし／おおいかんむり | 覆・覇 |
| 角・角 | かく・つの／つのへん | 触 |
| 言・言 | げん／ごんべん | 誉・詰 |
| 豕 | ぶた・いのこ | 豪・豚 |
| 豸 | むじなへん | 貌 |
| 貝・貝 | かい・こがい／かいへん | 貢・販 |
| 赤 | あか | 赦 |
| 走・走 | はしる／そうにょう | 赴・超 |
| 足・⻊ | あし／あしへん | 距・跳 |
| 車・車 | くるま／くるまへん | 輝・轄 |
| 辛 | からい | 辛・辣 |
| 辰 | しんのたつ | 辱 |
| 辶・辶 | しんにょう・しんにゅう | 込・遡 |
| 阝〔右〕 | おおざと | 那・邸 |
| 酉・酉 | ひよみのとり／とりへん | 酪・酷 |
| 釆・釆 | のごめ／のごめへん | 采・釈 |
| 舛 | まいあし | 舞 |
| 麦・麦 | むぎ／ばくにょう | 麺 |
| 金・金 | かね／かねへん | 釜・鉛 |
| 門 | もん・もんがまえ | 閲・闘 |
| 阜 | おか | |
| 阝〔左〕 | こざとへん | 陥・随 |
| 隶 | れいづくり | 隷 |
| 隹 | ふるとり | 雇・雄 |
| 雨・⻗ | あめ／あめかんむり | 雷・需 |
| 斉 | せい | 斉・斎 |
| 革・革 | かくのかわ・つくりがわ／かわへん | 靴 |
| 音 | おと | 韻・響 |
| 頁 | おおがい | 頃・頼 |
| 食・飠・飠 | しょく／しょくへん | 飾・餅 |
| 馬・馬 | うま／うまへん | 驚・駆 |
| 骨・骨 | ほね／ほねへん | 骸・髄 |
| 髟 | かみがしら | 髪 |
| 鬯 | ちょう | 鬱 |
| 鬼・鬼 | おに／きにょう | 魂・魅 |
| 韋 | なめしがわ | 韓 |
| 竜 | りゅう | 竜 |
| 魚・魚 | うお／うおへん | 鮮・鯨 |
| 鳥 | とり | 鶏・鶴 |
| 鹿 | しか | 麗 |
| 麻 | あさ | 麻 |
| 黒 | くろ | 黙 |
| 亀 | かめ | 亀 |
| 歯・歯 | は／はへん | 齢 |
| 鼓 | つづみ | 鼓 |

ア行の漢字

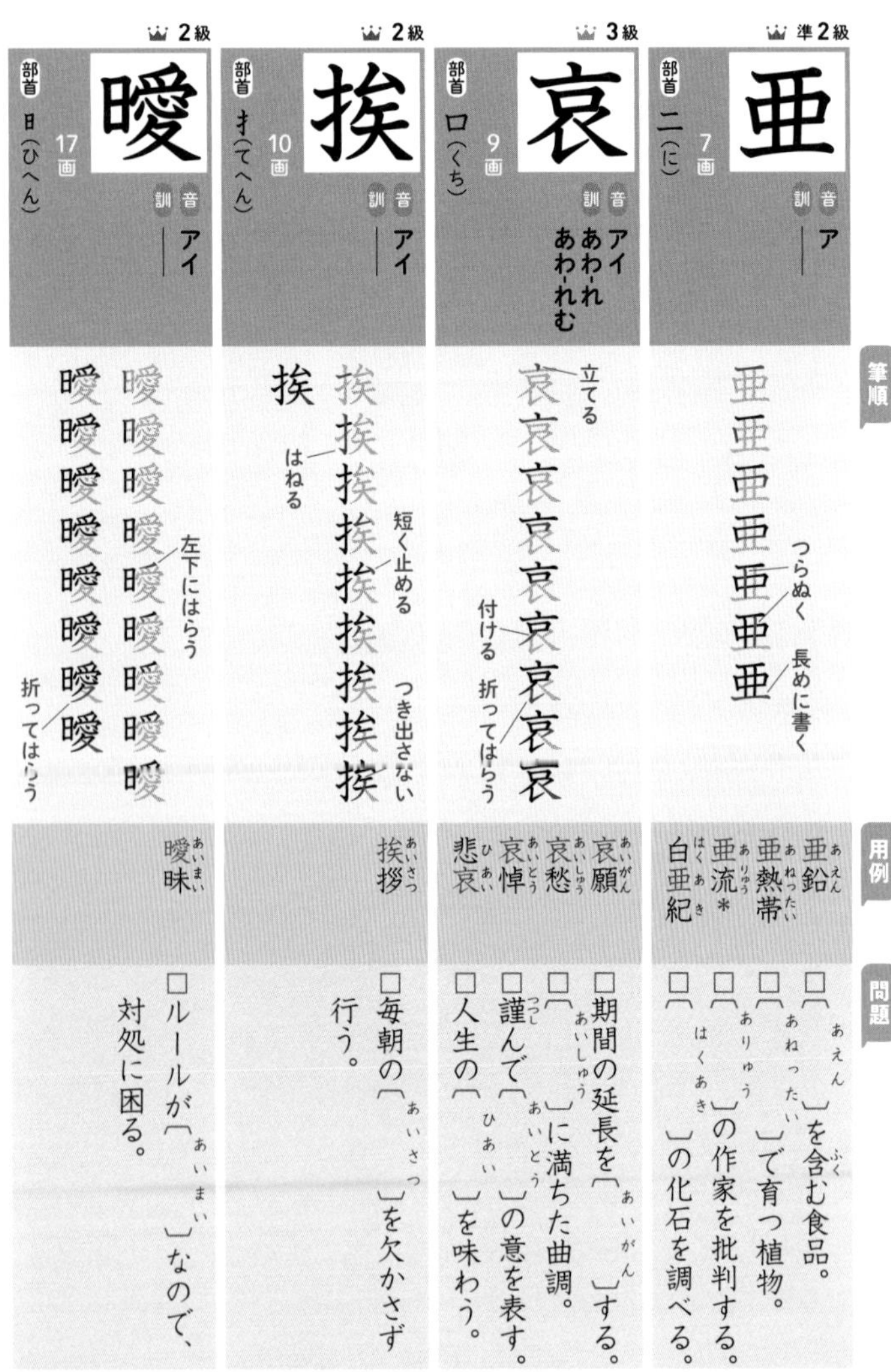

準2級

亜

部首 二（に） 7画

音 ア
訓 ―

筆順 つらぬく 長めに書く

用例
亜鉛（あえん）
亜熱帯（あねったい）
亜流（ありゅう）＊
白亜紀（はくあき）

問題
□（あえん）を含む食品。
□（あねったい）で育つ植物。
□（ありゅう）の作家を批判する。
□（はくあき）の化石を調べる。

3級

哀

部首 口（くち） 9画

音 アイ
訓 あわ-れ　あわ-れむ

筆順 立てる 付ける 折ってはらう

用例
哀願（あいがん）
哀愁（あいしゅう）
哀悼（あいとう）
悲哀（ひあい）

問題
□期間の延長を（あいがん）する。
□（あいしゅう）に満ちた曲調。
□謹（つつし）んで（あいとう）の意を表す。
□人生の（ひあい）を味わう。

2級

挨

部首 扌（てへん） 10画

音 アイ
訓 ―

筆順 はねる 短く止める つき出さない

用例
挨拶（あいさつ）

問題
□毎朝の（あいさつ）を欠かさず行う。

2級

曖

部首 日（ひへん） 17画

音 アイ
訓 ―

筆順 左下にはらう 折ってはらう

用例
曖昧（あいまい）

問題
□ルールが（あいまい）なので、対処に困る。

＊亜流＝独創性がなく，まねしただけのもの。

## 握　4級

部首：扌（てへん）　12画

音：アク
訓：にぎ-る

握（はねる／上の横棒より長く／短く止める）

握手（あくしゅ）
握力（あくりょく）
掌握（しょうあく）＊
把握（はあく）

□有名人と〔あくしゅ〕する。
□〔あくりょく〕を測定する。
□反乱軍を〔しょうあく〕する。
□文章の内容を〔はあく〕する。

## 扱　4級

部首：扌（てへん）　6画

音：―
訓：あつか-う

扱（一画で書く／はねる）

扱う（あつかう）
客扱い（きゃくあつかい）
取り扱う（とりあつかう）

□薬品を注意深く〔あつか〕う。
□〔きゃくあつか〕いに慣れている。
□新製品を取り〔あつか〕う。

## 宛　2級

部首：宀（うかんむり）　8画

音：―
訓：あ-てる

宛（立てる／折ってはらう／曲げてはねる）

宛先（あてさき）
宛名（あてな）
宛てる（あてる）

□〔あてさき〕を間違（まちが）える。
□〔あてな〕を正しく書く。
□友人に〔あ〕てた手紙。

## 嵐　2級

部首：山（やま）　12画

音：―
訓：あらし

嵐（はねる／忘れない）

嵐（あらし）
砂嵐（すなあらし）
山嵐（やまあらし）

□〔あらし〕のような拍手（はくしゅ）。
□〔すなあらし〕に巻かれる。
□〔やまあらし〕が吹（ふ）きすさぶ。

＊掌握＝思いどおりに動かせるように，すっかり自分のものにすること。

## 依　4級

部首：亻（にんべん）　8画

音：イ（エ）
訓：—

筆順：立てる／折ってはらう

用例：依願（いがん）　依然（いぜん）　依存（いそん）※　依頼（いらい）

問題：
□退職を〔いがん〕する。
□〔いぜん〕として変化がない。
□食料を輸入に〔いそん〕する。
□品質の調査を〔いらい〕する。

## 威　4級

部首：女（おんな）　9画

音：イ
訓：—

筆順：忘れない／はねる／忘れない

用例：威圧（いあつ）　威力（いりょく）　脅威（きょうい）　猛威（もうい）

問題：
□〔いあつ〕的な態度をとる。
□シュートが〔いりょく〕を増す。
□〔きょうい〕にさらされる。
□台風が〔もうい〕を振（ふ）るう。

## 為　4級

部首：灬（れんが・れっか）　9画

音：イ
訓：—

筆順：長くはらう／折ってはねる

用例：為政者（いせいしゃ）＊　行為（こうい）　作為（さくい）　人為（じんい）

問題：
□決断力がある〔いせいしゃ〕。
□不謹慎（ふきんしん）な〔こうい〕を慎（つつし）む。
□〔さくい〕の跡（あと）が感じられる。
□〔じんい〕的に雪を降らせる。

## 畏　2級

部首：田（た）　9画

音：イ
訓：おそ-れる

筆順：縦棒が先／長めに書く／折ってはらう

用例：畏敬（いけい）　畏縮（いしゅく）　畏怖（いふ）　畏（おそ）れ

問題：
□〔いけい〕の念を抱（いだ）く。
□社長の面前で〔いしゅく〕する。
□厳しい師匠（ししょう）を〔いふ〕する。
□神仏に〔おそ〕れを感じる。

※「いぞん」とも読む。　＊為政者＝政治を執（と）り行う人物。

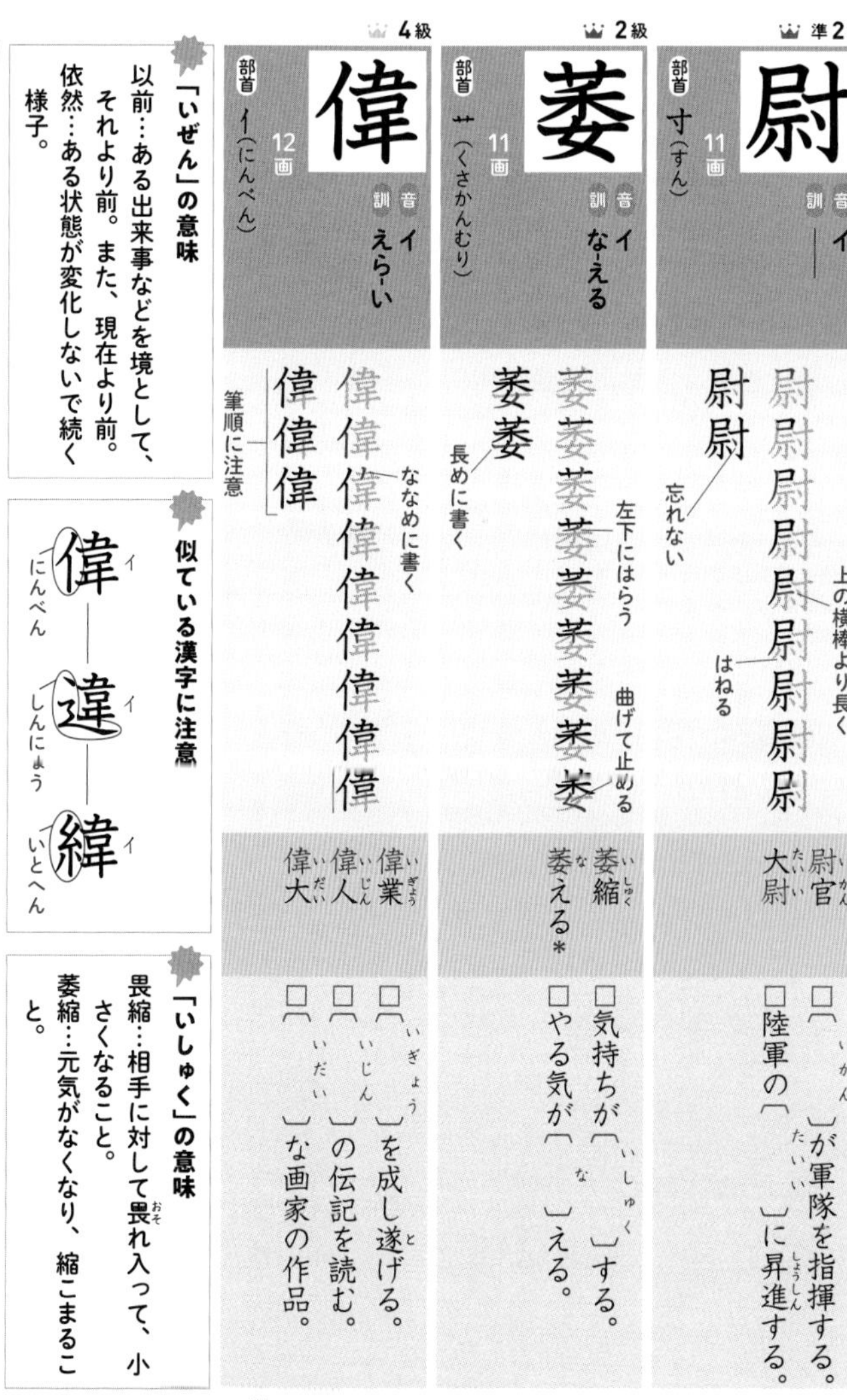

準2級
# 尉
部首 寸（すん） 11画
音 イ
訓 —

書き順の注意：忘れない／上の横棒より長く／はねる

尉官（いかん）
大尉（たいい）

□陸軍の（いかん）が軍隊を指揮する。
□（たいい）に昇進（しょうしん）する。

2級
# 萎
部首 艹（くさかんむり） 11画
音 イ
訓 な-える

書き順の注意：長めに書く／左下にはらう／曲げて止める

萎縮（いしゅく）
萎（な）える*

□気持ちが（いしゅく）する。
□やる気が（な）える。

4級
# 偉
部首 亻（にんべん） 12画
音 イ
訓 えら-い

書き順の注意：ななめに書く／筆順に注意

偉業（いぎょう）
偉人（いじん）
偉大（いだい）

□（いぎょう）を成し遂（と）げる。
□（いじん）の伝記を読む。
□（いだい）な画家の作品。

**「いぜん」の意味**
以前…ある出来事などを境として、それより前。また、現在より前。
依然…ある状態が変化しないで続く様子。

**似ている漢字に注意**
偉（イ）にんべん — 違（イ）しんにょう — 緯（イ）いとへん

**「いしゅく」の意味**
畏縮…相手に対して畏（おそ）れ入って、小さくなること。
萎縮…元気がなくなり、縮こまること。

*萎える＝体や気持ちが衰（おとろ）えて，ぐったりすること。

＊語彙＝ある言語の語句全体。または，ある人が用いる語句全体。

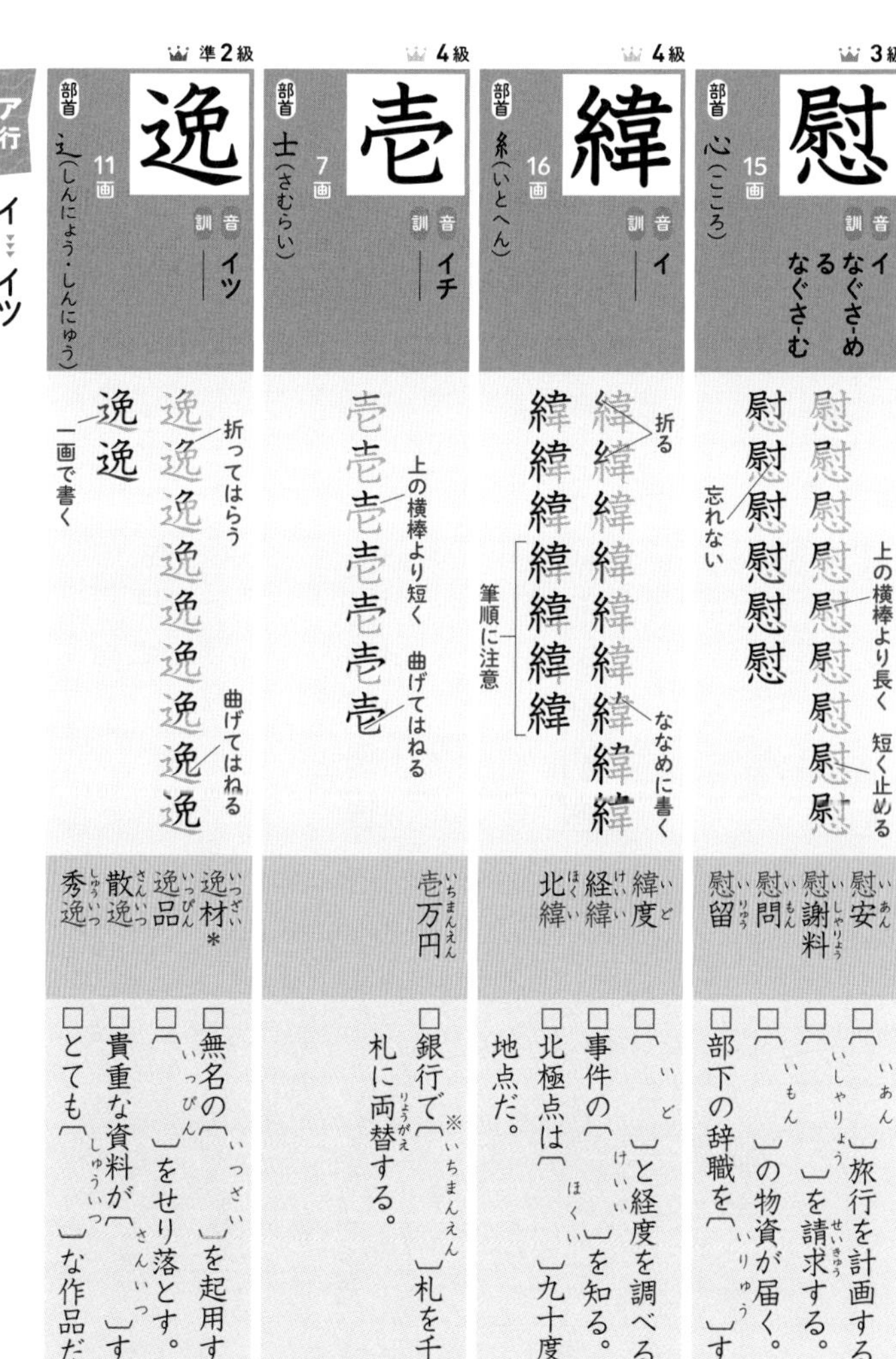

3級
## 慰
部首 心（こころ） 15画
音 イ
訓 なぐさ-める
なぐさ-む

上の横棒より長く　短く止める　忘れない

慰安（いあん）
慰謝料（いしゃりょう）
慰問（いもん）
慰留（いりゅう）

□（いあん）旅行を計画する。
□（いしゃりょう）を請求（せいきゅう）する。
□（いもん）の物資が届く。
□部下の辞職を（いりゅう）する。

4級
## 緯
部首 糸（いとへん） 16画
音 イ
訓 ―

折る　ななめに書く　筆順に注意

緯度（いど）
経緯（けいい）
北緯（ほくい）

□（いど）と経度を調べる。
□事件の（けいい）を知る。
□北極点は（ほくい）九十度の地点だ。

4級
## 壱
部首 士（さむらい） 7画
音 イチ
訓 ―

上の横棒より短く　曲げてはねる

壱万円（いちまんえん）

□銀行で（いちまんえん）※札を千円札に両替（りょうがえ）する。

準2級
## 逸
部首 辶（しんにょう・しんにゅう） 11画
音 イツ
訓 ―

折ってはらう　曲げてはねる　一画で書く

逸材（いつざい）＊
逸品（いっぴん）
散逸（さんいつ）
秀逸（しゅういつ）

□無名の（いつざい）を起用する。
□（いっぴん）をせり落とす。
□貴重な資料が（さんいつ）する。
□とても（しゅういつ）な作品だ。

※「一万円」とも書く。　＊逸材＝とても優（すぐ）れた才能（を持った人）。

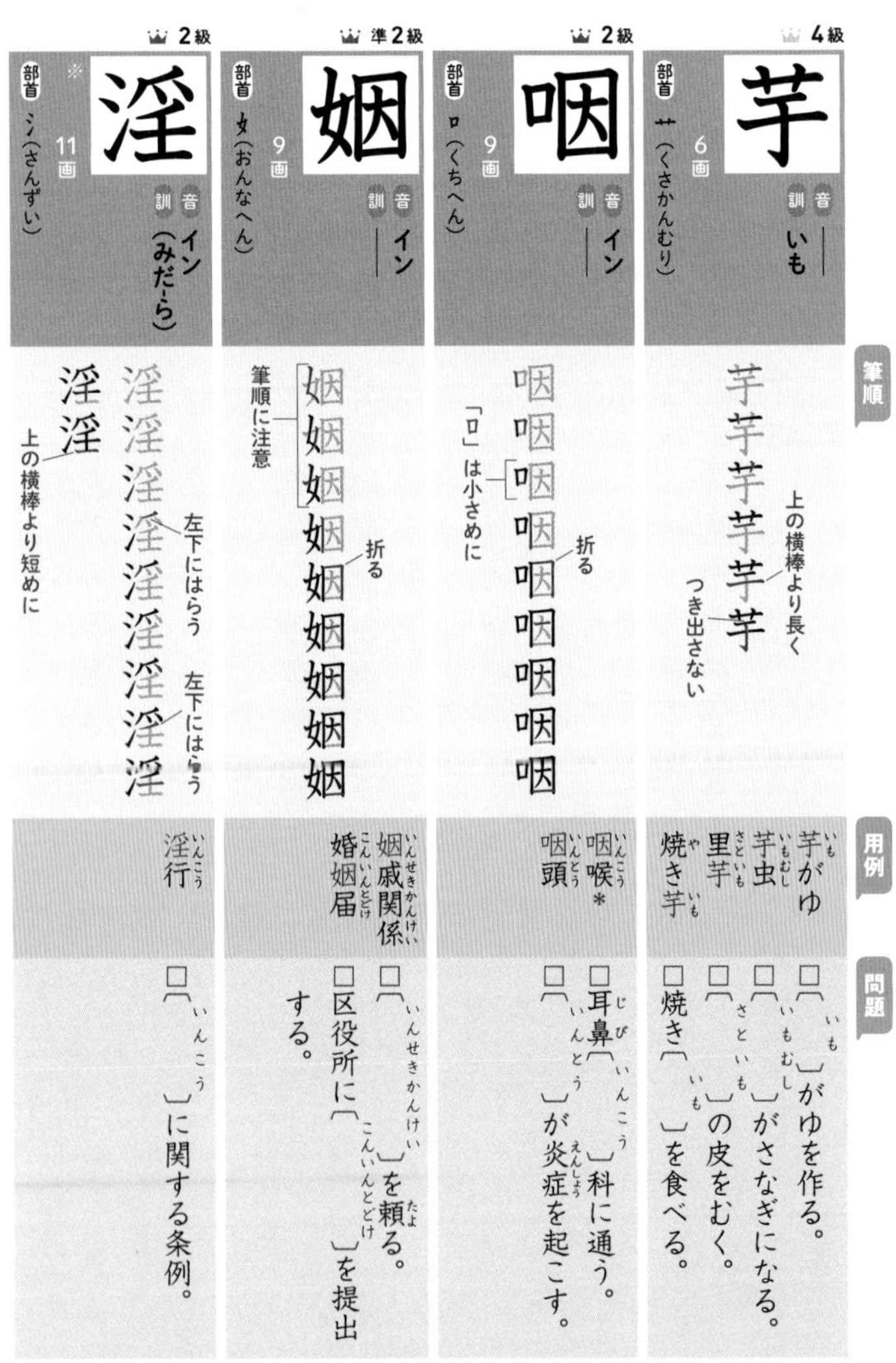

## 芋　4級
部首：艹（くさかんむり）　6画
音：―
訓：いも

筆順：芋（上の横棒より長く／つき出さない）

用例：芋（いも）がゆ　芋虫（いもむし）　里芋（さといも）　焼（や）き芋（いも）

問題：
□（いも）がゆを作る。
□（いもむし）がさなぎになる。
□（さといも）の皮をむく。
□焼き（いも）を食べる。

## 咽　2級
部首：口（くちへん）　9画
音：イン
訓：―

筆順：咽（「口」は小さめに／折る）

用例：咽喉（いんこう）＊　咽頭（いんとう）

問題：
□耳鼻（じび）（いんこう）科に通う。
□（いんとう）が炎症（えんしょう）を起こす。

## 姻　準2級
部首：女（おんなへん）　9画
音：イン
訓：―

筆順：姻（筆順に注意／折る）

用例：姻戚関係（いんせきかんけい）　婚姻届（こんいんとどけ）

問題：
□（いんせきかんけい）を頼（たよ）る。
□区役所に（こんいんとどけ）を提出する。

## 淫　2級
※
部首：氵（さんずい）　11画
音：イン
訓：（みだ-ら）

筆順：淫（左下にはらう／左下にはらう／上の横棒より短めに）

用例：淫行（いんこう）

問題：
□（いんこう）に関する条例。

＊咽喉＝咽頭と喉頭。喉（のど）。　※「滛」も可。

## 陰

4級

部首 阝(こざとへん) 11画

音 イン
訓 かげ・かげ-る

三画で書く／上の横棒より長く／折ってはらう

陰気（いんき）・陰性（いんせい）・光陰（こういん）・日陰（ひかげ）

□〔いんき〕な雰囲気の場所。
□〔いんせい〕の反応を示す。
□〔こういん〕矢のごとし
□〔ひかげ〕で休憩する。

## 隠

4級

部首 阝(こざとへん) 14画

音 イン
訓 かく-す・かく-れる

三画で書く／つき出さない

隠居（いんきょ）・隠匿（いんとく）・隠忍自重（いんにんじちょう）＊・雲隠れ（くもがくれ）

□退職して〔いんきょ〕する。
□犯人を〔いんとく〕する。
□〔いんにんじちょう〕して待つ。
□敵が〔くもがく〕れする。

## 韻

準2級

部首 音(おと) 19画

音 イン
訓 ―

立てる／折る

韻（いん）・韻文（いんぶん）・韻律（いんりつ）・音韻（おんいん）

□詩で〔いん〕を踏む。
□古典の〔いんぶん〕を読む。
□〔いんりつ〕に注意して読む。
□言語の〔おんいん〕を研究する。

### 「かげ」の主な意味

陰…①光の当たらないところ。例 日陰。②物にさえぎられて見えないところ。例 島陰。③人目につかないところ。物の裏側。例 陰口。

影…①物が光をさえぎったとき光と反対側にできる暗い像。例 影法師。②月・星・火などの光。例 星影。③すがた。例 人影。

### 似ている漢字に注意

隠（イン）こざとへん ― 穏（オン）のぎへん

＊隠忍自重＝じっと我慢（がまん）して軽はずみに行動しないこと。

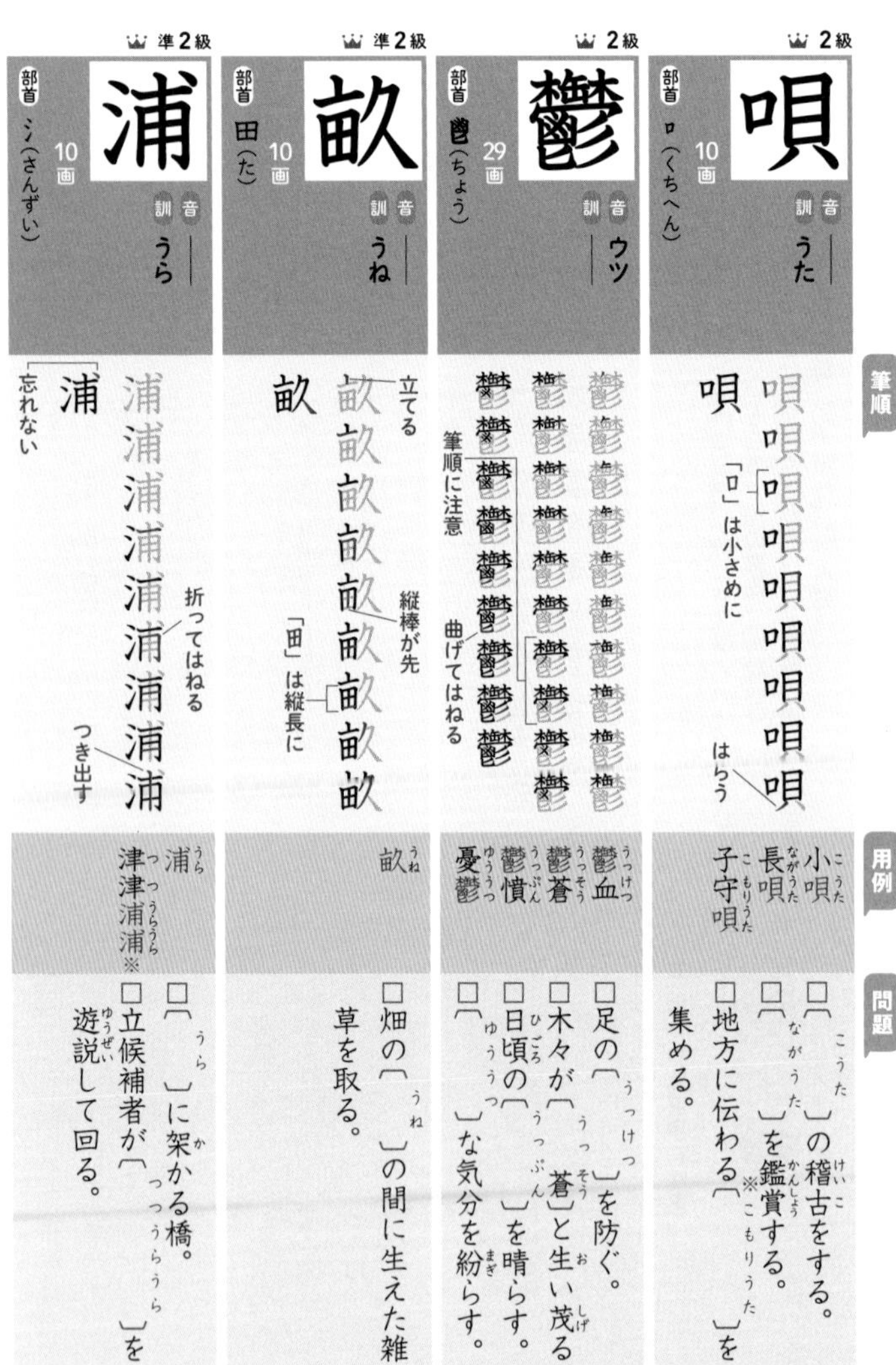

唄 2級
部首 口（くちへん） 10画
音 ―
訓 うた
筆順 「口」は小さめに はらう
用例 小唄（こうた） 長唄（ながうた） 子守唄（こもりうた）※
問題
□〔こうた〕の稽古（けいこ）をする。
□〔ながうた〕を鑑賞（かんしょう）する。
□地方に伝わる〔こもりうた〕※を集める。

鬱 2級
部首 鬯（ちょう） 29画
音 ウツ
訓 ―
筆順 筆順に注意 曲げてはねる
用例 鬱血（うっけつ） 鬱蒼（うっそう） 鬱憤（うっぷん） 憂鬱（ゆううつ）
問題
□足の〔うっけつ〕を防ぐ。
□木々が〔うっ　蒼（そう）〕と生い茂（しげ）る。
□日頃（ひごろ）の〔うっぷん〕を晴らす。
□〔ゆううつ〕な気分を紛（まぎ）らす。

畝 準2級
部首 田（た） 10画
音 ―
訓 うね
筆順 立てる 縦棒が先 「田」は縦長に
用例 畝（うね）
問題
□畑の〔うね〕の間に生えた雑草を取る。

浦 準2級
部首 氵（さんずい） 10画
音 ―
訓 うら
筆順 折ってはねる つき出す 忘れない
用例 浦（うら） 津津浦浦（つつうらうら）※
問題
□〔うら〕に架（か）かる橋。
□立候補者が〔つつうらうら〕を遊説（ゆうぜい）して回る。

※「子守歌」とも書く。 ※「つづうらうら」とも読む。

## 詠 （3級）

部首 言（ごんべん） 12画

音 エイ
訓 (よ-む)

詠詠詠詠詠詠詠詠詠詠詠詠

はらう
折ってはねる

詠嘆（えいたん）＊
朗詠（ろうえい）

□絶景を眺（なが）め、〔えいたん〕する。
□結婚（けっこん）を祝福して、漢詩を〔ろうえい〕する。

## 影 （4級）

部首 彡（さんづくり） 15画

音 エイ
訓 かげ

影影影影影影影影影影影影影影影

「日」は平たく
「彡」の間は均等に書く

影響（えいきょう）
陰影（いんえい）
撮影（さつえい）
影絵（かげえ）

□温暖化の〔えいきょう〕が広がる。
□細かい〔いんえい〕を描（えが）き込む。
□映画の〔さつえい〕をする。
□〔かげえ〕で劇を作る。

## 鋭 （4級）

部首 金（かねへん） 15画

音 エイ
訓 するど-い

鋭鋭鋭鋭鋭鋭鋭鋭鋭鋭鋭鋭鋭鋭鋭

右上にはらう
曲げてはねる

鋭角（えいかく）
鋭敏（えいびん）
鋭利（えいり）
精鋭（せいえい）

□三角形の〔えいかく〕。
□〔えいびん〕な音感を持つ。
□〔えいり〕なナイフ。
□〔せいえい〕を集めたチーム。

### 書き方に注意

鬱 「必」としないように。

### 似ている漢字に注意

浦（うら） さんずい
捕（ホ） てへん
補（ホ） ころもへん

### 送りがなに注意

○ 鋭（するど）い
× 鋭どい
× 鋭るどい

＊詠嘆＝深く感動して声に出すこと。

＊悦楽＝満足して喜び楽しむこと。　＊謁見＝身分の高い人に会うこと。

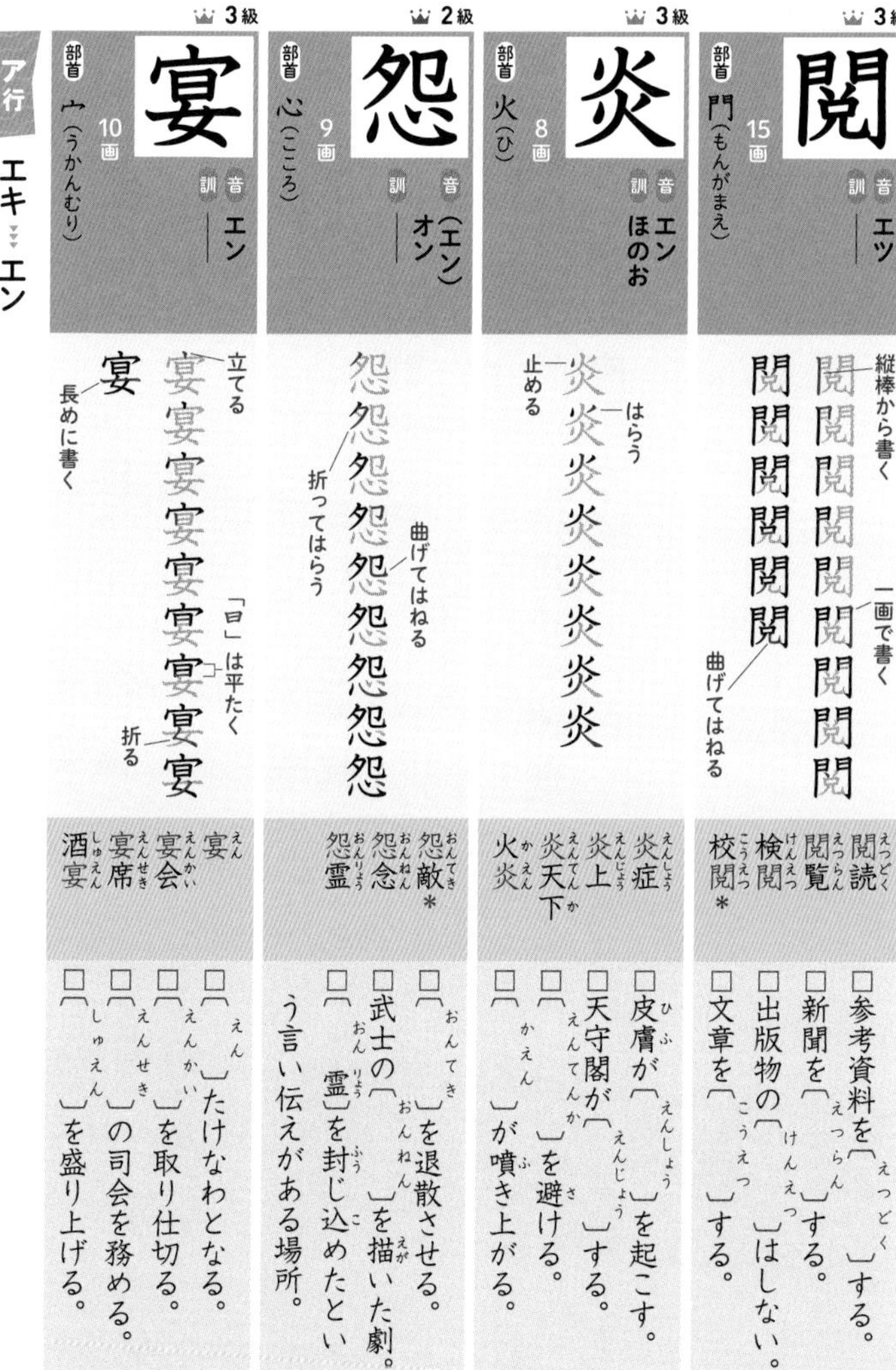

## 閲（3級）

部首：門（もんがまえ）　15画

音：エツ　訓：―

縦棒から書く／一画で書く／曲げてはねる

閲読（えつどく）　閲覧（えつらん）　検閲（けんえつ）　校閲（こうえつ）＊

- □参考資料を〔えつどく〕する。
- □新聞を〔えつらん〕する。
- □出版物の〔けんえつ〕はしない。
- □文章を〔こうえつ〕する。

## 炎（3級）

部首：火（ひ）　8画

音：エン　訓：ほのお

止める／はらう

炎症（えんしょう）　炎上（えんじょう）　炎天下（えんてんか）　火炎（かえん）

- □皮膚（ひふ）が〔えんしょう〕を起こす。
- □天守閣が〔えんじょう〕する。
- □〔えんてんか〕を避（さ）ける。
- □〔かえん〕が噴（ふ）き上がる。

## 怨（2級）

部首：心（こころ）　9画

音：（エン）オン　訓：―

折ってはらう／曲げてはねる

怨敵（おんてき）＊　怨念（おんねん）　怨霊（おんりょう）

- □〔おんてき〕を退散させる。
- □武士の〔おんねん〕を描（えが）いた劇。
- □〔おんりょう〕を封（ふう）じ込（こ）めたという言い伝えがある場所。

## 宴（3級）

部首：宀（うかんむり）　10画

音：エン　訓：―

立てる／長めに書く／「日」は平たく／折る

宴（えん）　宴会（えんかい）　宴席（えんせき）　酒宴（しゅえん）

- □〔えん〕たけなわとなる。
- □〔えんかい〕を取り仕切る。
- □〔えんせき〕の司会を務める。
- □〔しゅえん〕を盛り上げる。

＊校閲＝原稿（げんこう）などの間違（まちが）いを探し，正すこと。　＊怨敵＝恨（うら）みのある敵。「おんでき」とも読む。

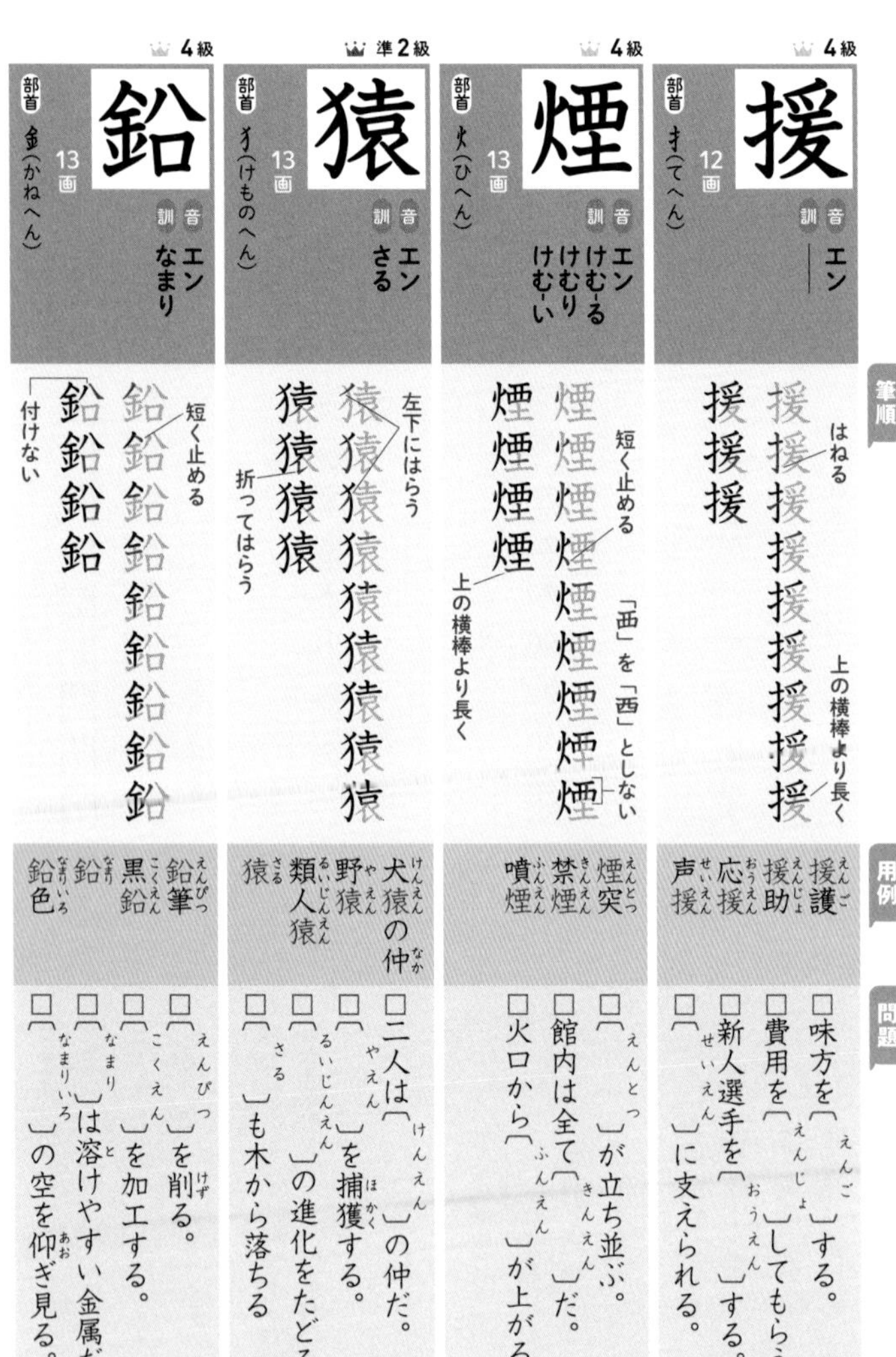

## 援
4級

部首 扌（てへん） 12画
音 エン
訓 ―

筆順: 援援援援援援援援援
はねる
上の横棒より長く

用例:
援護（えんご）
援助（えんじょ）
応援（おうえん）
声援（せいえん）

問題:
□味方を［えんご］する。
□費用を［えんじょ］してもらう。
□新人選手を［おうえん］する。
□［せいえん］に支えられる。

## 煙
4級

部首 火（ひへん） 13画
音 エン
訓 けむ-る、けむり、けむ-い

筆順: 煙煙煙煙煙煙煙煙煙
短く止める
「覀」を「西」としない
上の横棒より長く

用例:
煙突（えんとつ）
禁煙（きんえん）
噴煙（ふんえん）

問題:
□［えんとつ］が立ち並ぶ。
□館内は全て［きんえん］だ。
□火口から［ふんえん］が上がる。

## 猿
準2級

部首 犭（けものへん） 13画
音 エン
訓 さる

筆順: 猿猿猿猿猿猿猿猿猿猿猿
左下にはらう
折ってはらう

用例:
犬猿（けんえん）の仲（なか）
野猿（やえん）
類人猿（るいじんえん）
猿（さる）

問題:
□二人は［けんえん］の仲だ。
□［やえん］を捕獲（ほかく）する。
□［るいじんえん］の進化をたどる。
□［さる］も木から落ちる

## 鉛
4級

部首 金（かねへん） 13画
音 エン
訓 なまり

筆順: 鉛鉛鉛鉛鉛鉛鉛鉛鉛鉛鉛鉛鉛
短く止める
付けない

用例:
鉛筆（えんぴつ）
黒鉛（こくえん）
鉛（なまり）
鉛色（なまりいろ）

問題:
□［えんぴつ］を削（けず）る。
□［こくえん］を加工する。
□［なまり］は溶けやすい金属だ。
□［なまりいろ］の空を仰（あお）ぎ見る。

 4級

# 縁

部首 糸(いとへん) 15画

音 エン
訓 ふち

縁縁縁縁縁縁縁縁縁縁縁縁縁縁縁

折る　はねる　長めに書く

- 縁側(えんがわ)
- 縁故(えんこ)＊
- 縁日(えんにち)
- 額縁(がくぶち)

□猫(ねこ)が［えんがわ］で寝(ね)ている。
□［えんこ］を頼(たよ)りに上京する。
□［えんにち］の屋台を見歩く。
□賞状を［がくぶち］に入れる。

2級

# 艶

部首 色(いろ) 19画

音 (エン)
訓 つや

艶艶艶艶艶艶艶艶艶艶艶艶艶艶艶艶艶艶艶

筆順に注意　「豊」は縦長に書く　曲げてはねる

- 艶(つや)
- 艶消(つやけ)し
- 艶(つや)やか

□石を磨(みが)いて［つや］を出す。
□［つやけ］しの銀の食器。
□［つや］やかな黒髪(くろかみ)をとかす。

4級

部首 氵(さんずい) 6画

音 オ
訓 (けが-す)
(けが-れる)
(けが-らわしい)
よご-す
よご-れる
きたな-い

汚汚汚汚汚汚

上の横棒より長く　一画で書く

- 汚職(おしょく)
- 汚染(おせん)
- 汚点(おてん)
- 汚名(おめい)

□［おしょく］で告発される。
□大気が［おせん］される。
□歴史に［おてん］を残す。
□［おめい］を返上する。

## 似ている漢字に注意

援(エン) てへん ― 媛(エン) おんなへん

## 「縁日(えんにち)」の意味

縁日…神社や寺で、その神仏にゆかりのある供養(くよう)や祭りなどが行われる日。露店(ろてん)が並び、参詣人(さんけいにん)でにぎわう。

## 送りがなに注意

○ 汚(きたな)い
× 汚ない

＊縁故＝血縁(けつえん)など，人と人とのつながり。

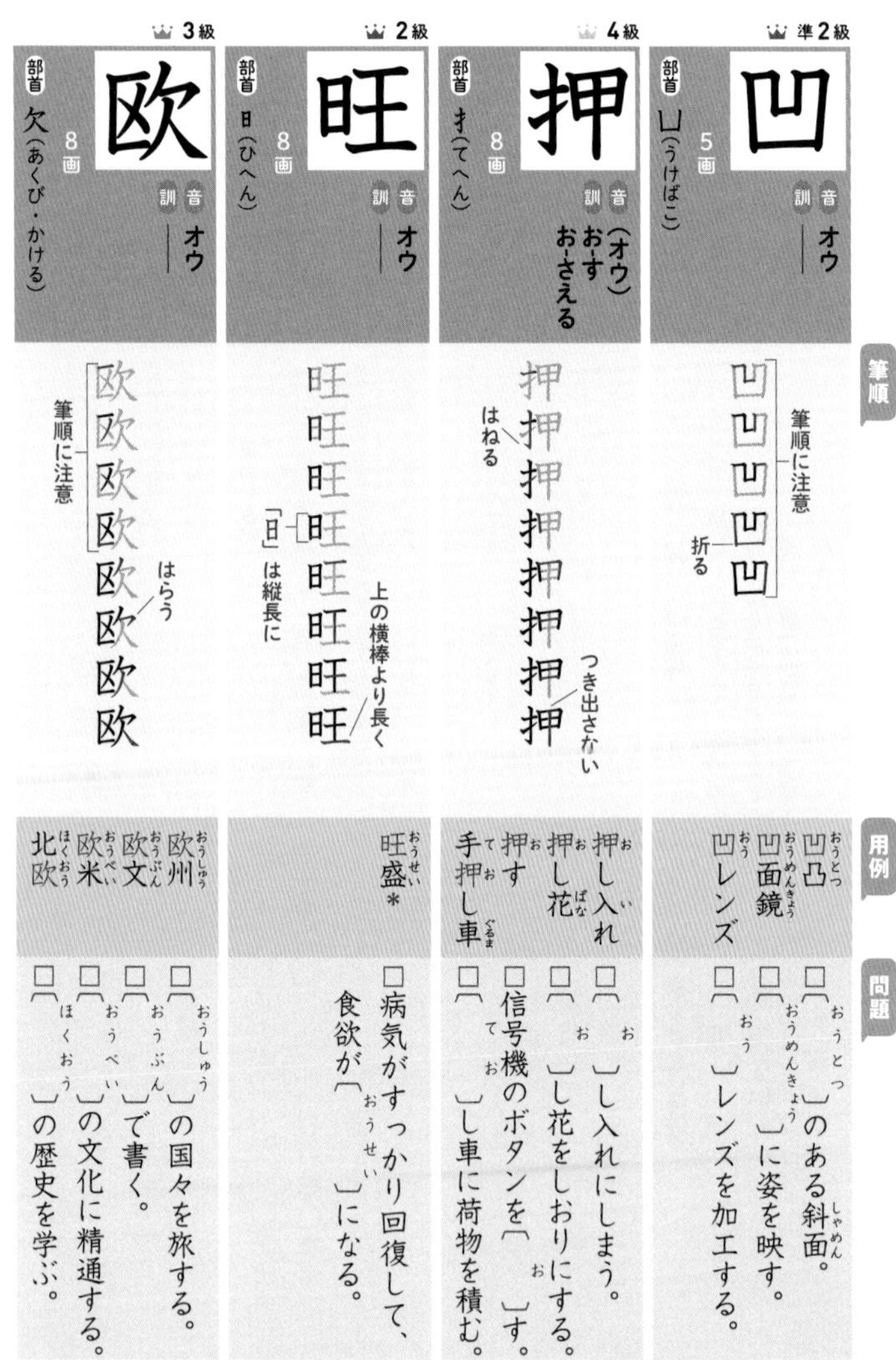


＊旺盛＝活力にあふれていること。

 3級

# 殴

部首 殳（るまた・ほこづくり） 8画

音 （オウ）
訓 なぐ-る

殴殴殴殴殴殴殴殴

筆順に注意
曲げてはねる

殴る（なぐる）

□サンドバッグを力いっぱい〔なぐ〕る。

準2級

# 翁

部首 羽（はね） 10画

音 オウ
訓 ―

翁翁翁翁翁翁翁翁翁翁

付けない
折ってはねる

老翁（ろうおう）

□〔ろうおう〕の能面をかぶった役者が登場する。

4級

# 奥

部首 大（だい） 12画

音 （オウ）
訓 おく

奥奥奥奥奥奥奥奥奥奥奥奥

はらう
ななめに書く

奥様（おくさま）
奥底（おくそこ）
奥の手（おくのて）＊
奥歯（おくば）

□恩師の〔おくさま〕に会う。
□心の〔おくそこ〕を打ち明ける。
□ついに〔おく〕の手を使う。
□〔おくば〕を丁寧（ていねい）に磨（みが）く。

**「凹凸（おうとつ）」の意味**

凹凸…①物の表面のへこんだところと出っ張ったところ。でこぼこ。②不ぞろいで釣（つ）り合いが取れていないこと。

**似ている漢字に注意**

欧（オウ）あくび ― 殴（なぐ（る））るまた

**書き方に注意**

奥 「ク」としないように。

＊奥の手＝とっておきの手段。

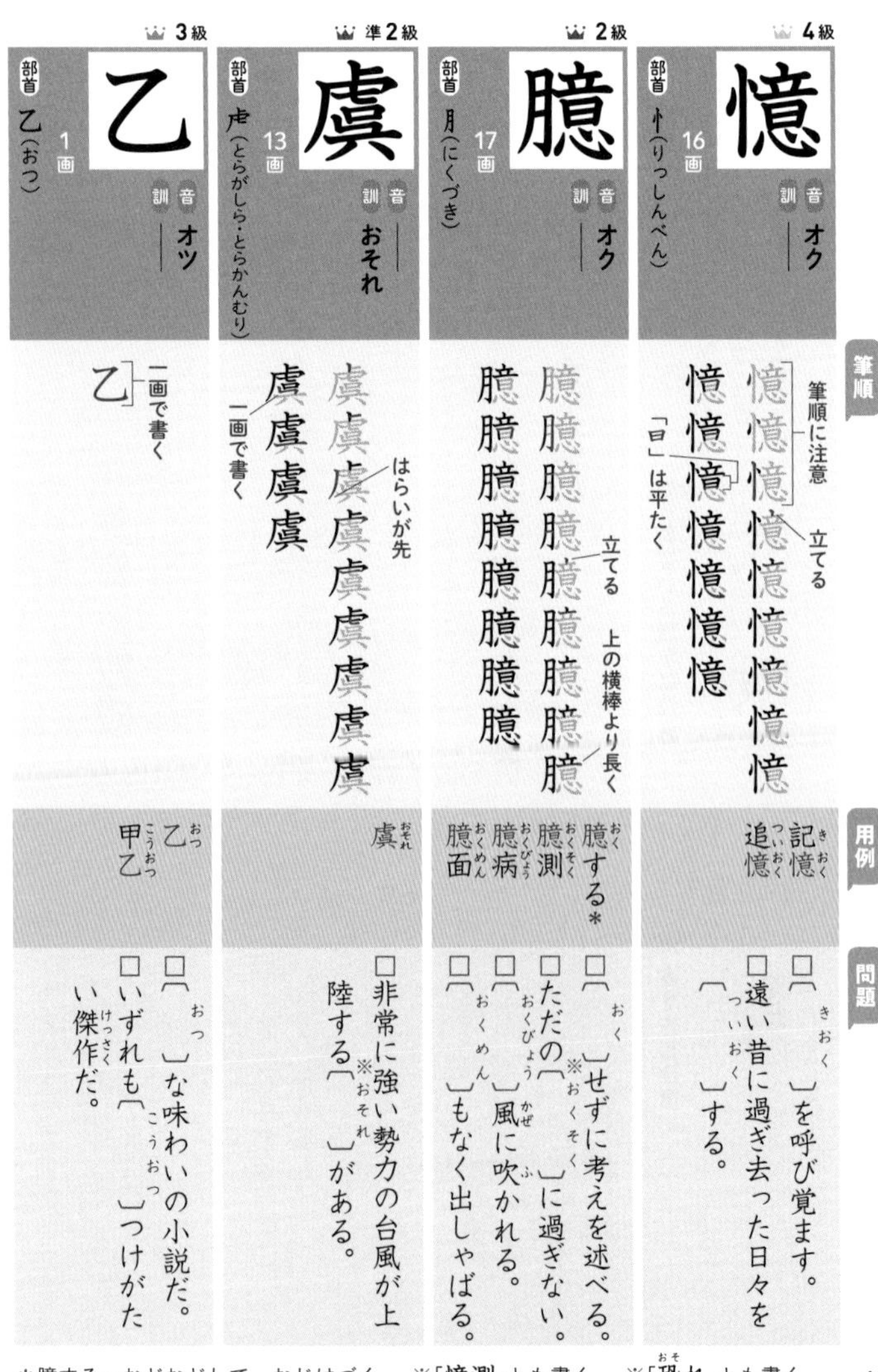

**憶**　4級
部首：忄（りっしんべん）　16画
音：オク　訓：―
筆順：筆順に注意　立てる　「日」は平たく
用例：記憶（きおく）　追憶（ついおく）
問題：
□（きおく）を呼び覚ます。
□遠い昔に過ぎ去った日々を（ついおく）する。

**臆**　2級
部首：月（にくづき）　17画
音：オク　訓：―
筆順：立てる　上の横棒より長く
用例：臆（おく）する＊　臆測（おくそく）　臆病（おくびょう）　臆面（おくめん）
問題：
□（おく）せずに考えを述べる。
□ただの（おくそく）※に過ぎない。
□（おくびょう）風（かぜ）に吹かれる。
□（おくめん）もなく出しゃばる。

**虞**　準2級
部首：虍（とらがしら・とらかんむり）　13画
音：―　訓：おそれ
筆順：はらいが先　一画で書く
用例：虞（おそれ）
問題：
□非常に強い勢力の台風が上陸する（おそれ）※がある。

**乙**　3級
部首：乙（おつ）　1画
音：オツ　訓：―
筆順：一画で書く
用例：乙（おつ）　甲乙（こうおつ）
問題：
□（おつ）な味わいの小説だ。
□いずれも（こうおつ）つけがたい傑作（けっさく）だ。

＊臆する＝おどおどして，おじけづく。　※「憶測」とも書く。　※「恐（おそ）れ」とも書く。

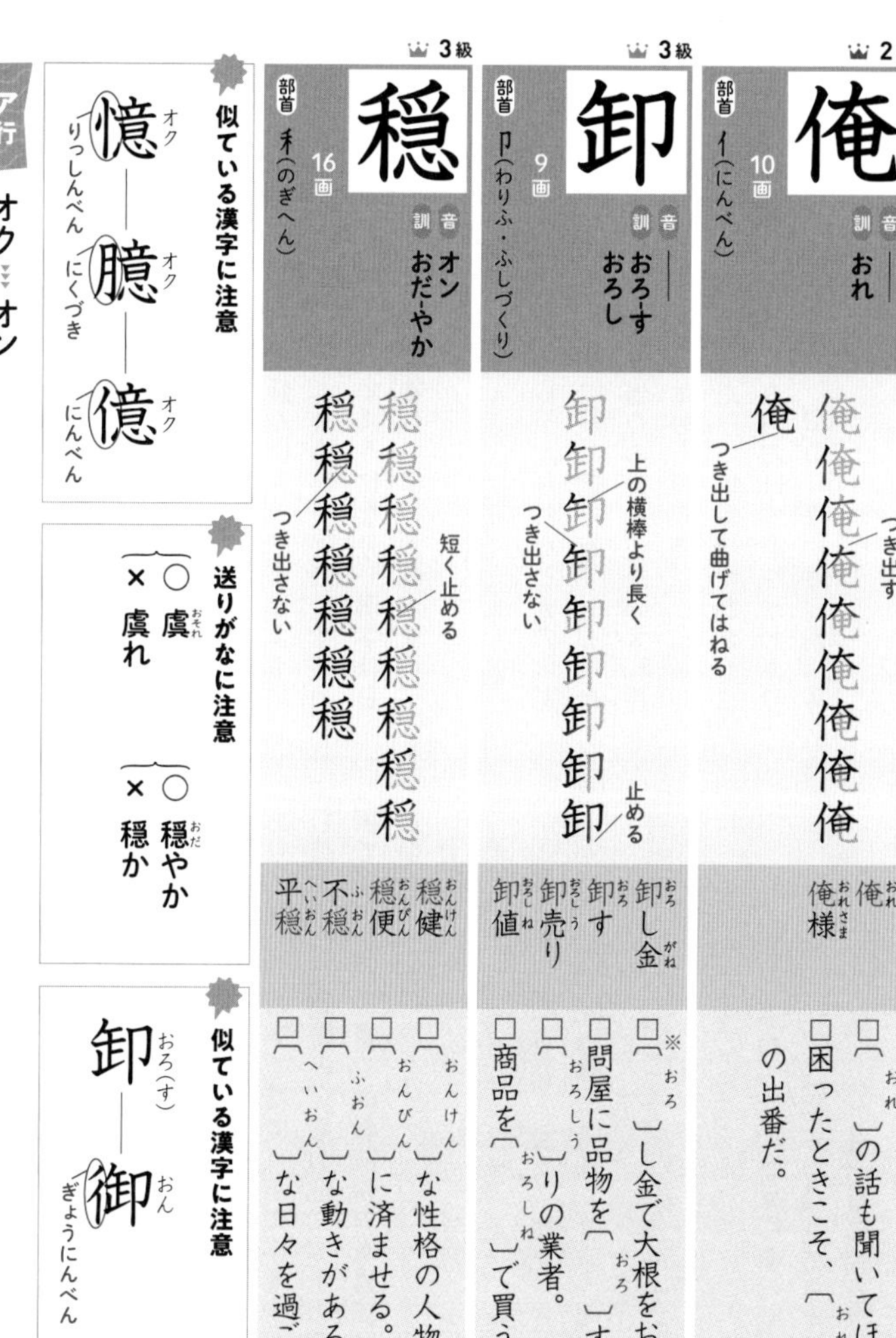

## 俺 2級

部首 亻(にんべん) 10画

音 —　訓 おれ

つき出す / つき出して曲げてはねる

俺（おれ）　俺様（おれさま）

□（おれ）の話も聞いてほしい。
□困ったときこそ、（おれさま）の出番だ。

## 卸 3級

部首 卩(わりふ・ふしづくり) 9画

音 —　訓 おろ-す　おろし

止める / 上の横棒より長く / つき出さない

卸し金（おろしがね）　卸す（おろす）　卸売り（おろしうり）　卸値（おろしね）

□※（おろ）し金で大根をおろす。
□問屋に品物を（おろ）す。
□（おろしう）りの業者。
□商品を（おろしね）で買う。

## 穏 3級

部首 禾(のぎへん) 16画

音 オン　訓 おだ-やか

短く止める / つき出さない

穏健（おんけん）　穏便（おんびん）　不穏（ふおん）　平穏（へいおん）

□（おんけん）な性格の人物。
□（おんびん）に済ませる。
□（ふおん）な動きがある。
□（へいおん）な日々を過ごす。

### 似ている漢字に注意

憶（オク）りっしんべん ― 臆（オク）にくづき ― 億（オク）にんべん

### 送りがなに注意

○ 虞（おそれ）　× 虞れ

○ 穏（おだ）やか　× 穏か

### 似ている漢字に注意

卸（おろ(す)） ― 御（おん）ぎょうにんべん

※「下ろし金」とも書く。

コラム 1

# 漢字の音訓

漢字はもともと古代中国で作られた文字です。文字がなかった日本へ五世紀頃(ごろ)に中国の書物と一緒(いっしょ)に盛(さか)んに入ってくるようになりました。そして、次第(しだい)に漢字の音(おん)を使って日本語を書き表すようになり、漢字は日本の文字として定着していったのです。

## 漢字の「音読み」と「訓読み」

**音**(おん)…漢字が中国から伝えられたときの中国語の発音をもとにした読み方。 例 北(ホク)

**訓**(くん)…漢字の意味に当たる日本古来の大和言葉(やまとことば)(和語)を当てはめた読み方。 例 北(きた)

音読みは読み方だけでは意味がわかりにくく、訓読みは読み方だけで意味がわかります。

例 山(サン/やま)　川(セン/かわ)　海(カイ/うみ)　朝(チョウ/あさ)　耳(ジ/みみ)

## 熟語の読み方

熟語は、全体が音読みか、訓読みになるほかに、音読みと訓読みをまぜる読み方もあります。上の字を音で、下の字を訓で読む読み方を**重箱読み**(じゅうばこよみ)、その逆に、上の字を訓で、下の字を音で読む読み方を**湯桶読み**(ゆとうよみ)といいます。

①音＋音　例 読書(ドクショ)　歩行(ホコウ)　学習(ガクシュウ)　甘味(カンミ)

②訓＋訓　例 田畑(たはた)　塩味(しおあじ)　足音(あしおと)　村人(むらびと)

③音＋訓　例 重箱(ジュウばこ)　台所(ダイどころ)　縁側(エンがわ)　反物(タンもの)

④訓＋音　例 湯桶(ゆトウ)　荷物(にモツ)　見本(みホン)　強気(つよキ)

## 音読みと訓読みでは意味が異なる熟語

例 生物 ｛セイブツ（生きもの）／なまもの（生のままの食べ物）｝

例 初日 ｛ショニチ（物事の最初の日）／はつひ（一月一日の朝日）｝

カ行の漢字

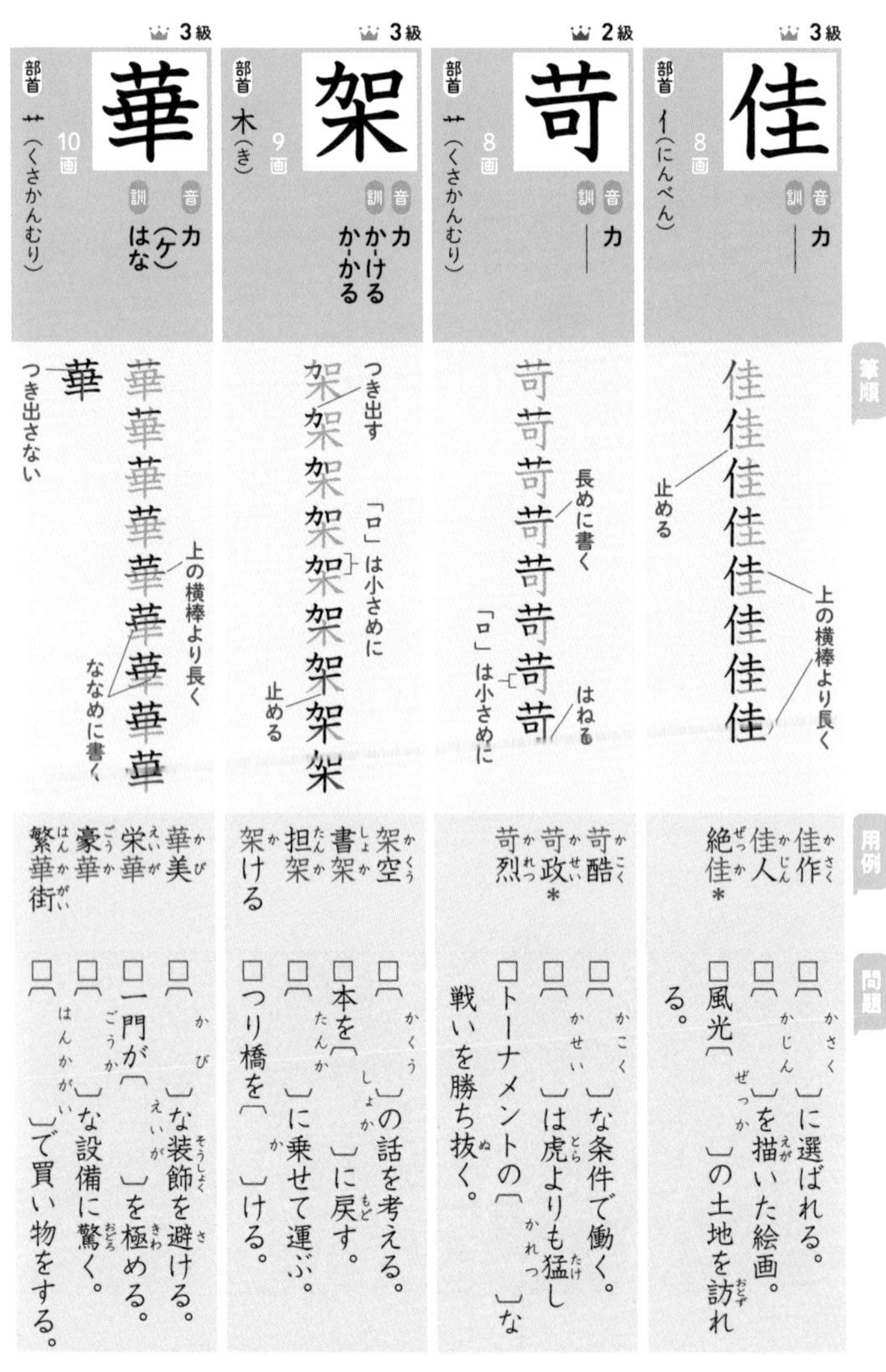

## 佳　3級

部首　亻（にんべん）　8画

音　カ

訓　―

筆順：止める／上の横棒より長く

用例：佳作（かさく）　佳人（かじん）　絶佳（ぜっか）＊

問題：
- □□（かさく）に選ばれる。
- □□（かじん）を描（えが）いた絵画。
- 風光□□（ぜっか）の土地を訪（おとず）れる。

## 苛　2級

部首　艹（くさかんむり）　8画

音　カ

訓　―

筆順：長めに書く／「口」は小さめに／はねる

用例：苛酷（かこく）　苛政（かせい）＊　苛烈（かれつ）

問題：
- □□（かこく）な条件で働く。
- □□（かせい）は虎（とら）よりも猛（たけ）し。
- トーナメントの□□（かれつ）な戦いを勝ち抜（ぬ）く。

## 架　3級

部首　木（き）　9画

音　カ

訓　か-ける　か-かる

筆順：つき出す／「口」は小さめに／止める

用例：架空（かくう）　書架（しょか）　担架（たんか）　架（か）ける

問題：
- □□（かくう）の話を考える。
- 本を□□（しょか）に戻（もど）す。
- □□（たんか）に乗せて運ぶ。
- つり橋を□（か）ける。

## 華　3級

部首　艹（くさかんむり）　10画

音　カ　（ケ）

訓　はな

筆順：上の横棒より長く／ななめに書く／つき出さない

用例：華美（かび）　栄華（えいが）　豪華（ごうか）　繁華街（はんかがい）

問題：
- □□（かび）な装飾（そうしょく）を避（さ）ける。
- 一門が□□（えいが）を極（きわ）める。
- □□（ごうか）な設備に驚（おどろ）く。
- □□□（はんかがい）で買い物をする。

＊絶佳＝風景がすぐれて美しいこと。　＊苛政＝人々を苦しめる政治。

## 菓　4級

部首：艹（くさかんむり）　11画

音：カ
訓：―

筆順：長めに書く／つき出さない

菓子（かし）
茶菓（さか）※
製菓（せいか）
洋菓子（ようがし）

□おいしい〔かし〕を作る。
□〔さか〕をいただく。
□〔せいか〕工場を見学する。
□有名な〔ようがし〕の店。

## 渦　準2級

部首：氵（さんずい）　12画

音：（カ）
訓：うず

筆順：筆順に注意／折ってはねる

渦（うず）
渦潮（うずしお）
渦巻く（うずまく）

□指紋（しもん）の〔うず〕を確かめる。
□大きな〔うずしお〕を見る。
□集中豪雨（ごうう）で〔うずま〕く濁流（だくりゅう）。

## 嫁　3級

部首：女（おんなへん）　13画

音：（カ）
訓：よめ　とつ-ぐ

筆順：折る／立てる／はねる

嫁入り（よめいり）
花嫁（はなよめ）
嫁ぎ先（とつぎさき）
嫁ぐ（とつぐ）

□〔よめい〕りの支度（したく）をする。
□着飾（きかざ）った〔はなよめ〕の写真。
□〔とつ〕ぎ先に結納品（ゆいのうひん）を送る。
□一人娘（むすめ）が〔とつ〕ぐ。

## 暇　4級

部首：日（ひへん）　13画

音：カ
訓：ひま

筆順：はらう／筆順に注意

休暇（きゅうか）
寸暇（すんか）＊
余暇（よか）
暇（ひま）

□しばらく〔きゅうか〕を取る。
□〔すんか〕を惜（お）しんで働く。
□故郷で〔よか〕を過ごす。
□〔ひま〕を持て余す。

※「ちゃか」とも読む。　＊寸暇＝僅（わず）かの暇（ひま）。

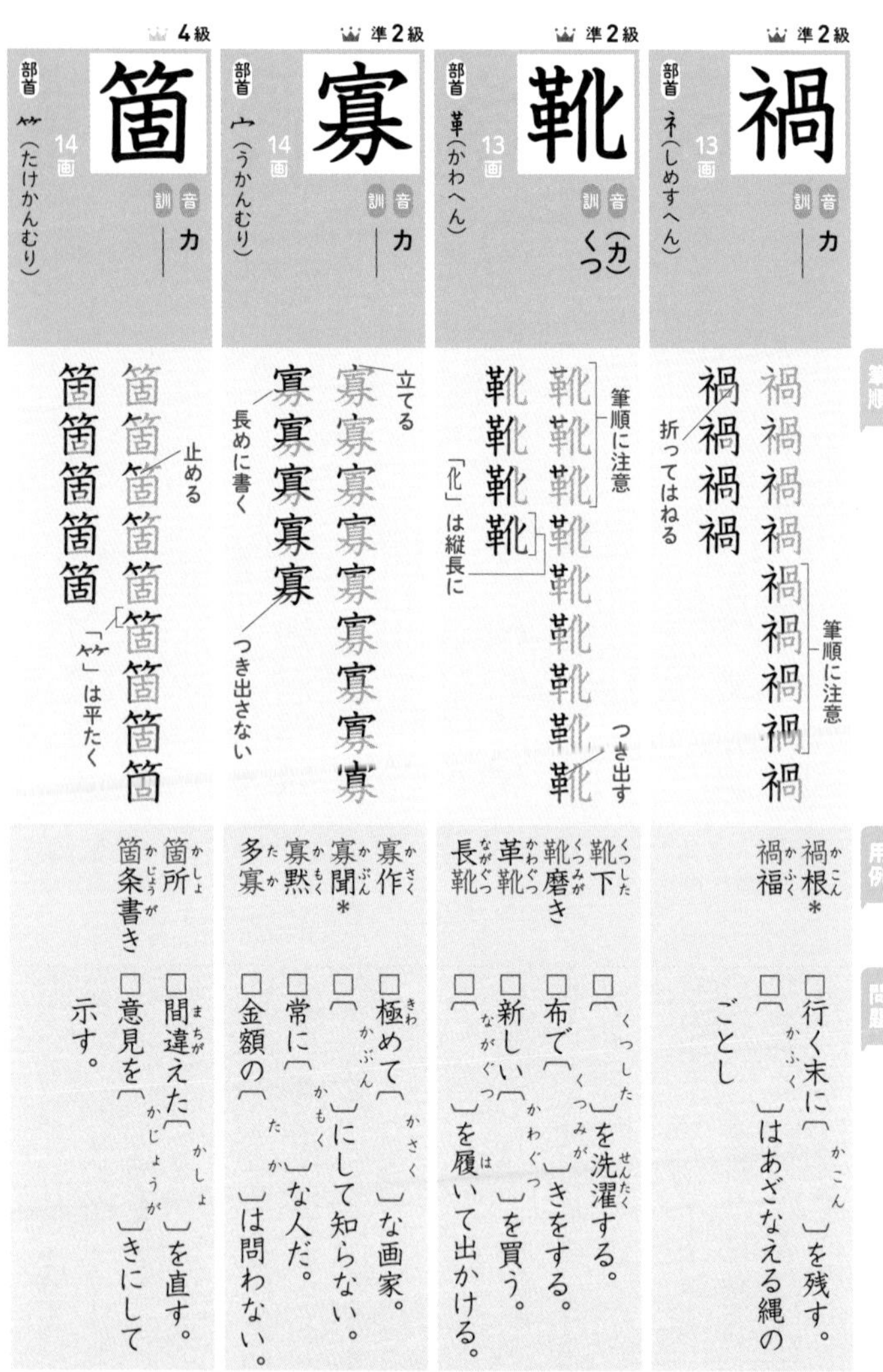

準2級
## 禍
13画
部首 ネ（しめすへん）
音 カ
訓 ―

筆順: 禍禍禍禍禍禍禍禍禍禍禍禍禍（筆順に注意）（折ってはねる）

用例: 禍根＊（かこん）　禍福（かふく）

問題:
□行く末に〔かこん〕を残す。
□〔かふく〕はあざなえる縄のごとし

準2級
## 靴
13画
部首 革（かわへん）
音 （カ）
訓 くつ

筆順: 靴靴靴靴靴靴靴靴靴靴靴靴靴（筆順に注意）（つき出す）（「化」は縦長に）

用例: 靴下（くつした）　靴磨き（くつみが）　革靴（かわぐつ）　長靴（ながぐつ）

問題:
□〔くつした〕を洗濯（せんたく）する。
□布で〔くつみが〕きをする。
□新しい〔かわぐつ〕を買う。
□〔ながぐつ〕を履（は）いて出かける。

準2級
## 寡
14画
部首 宀（うかんむり）
音 カ
訓 ―

筆順: 寡寡寡寡寡寡寡寡寡寡寡寡寡寡（立てる）（長めに書く）（つき出さない）

用例: 寡作（かさく）　寡聞＊（かぶん）　寡黙（かもく）　多寡（たか）

問題:
□極（きわ）めて〔かさく〕な画家。
□〔かぶん〕にして知らない。
□常に〔かもく〕な人だ。
□金額の〔たか〕は問わない。

4級
## 箇
14画
部首 ⺮（たけかんむり）
音 カ
訓 ―

筆順: 箇箇箇箇箇箇箇箇箇箇箇箇箇箇（止める）（「⺮」は平たく）

用例: 箇所（かしょ）　箇条書き（かじょうが）

問題:
□間違（まちが）えた〔かしょ〕を直す。
□意見を〔かじょうが〕きにして示す。

＊禍根＝災（わざわ）いの起こるもと。　＊寡聞＝見聞が狭（せま）くて知識が少ないこと。

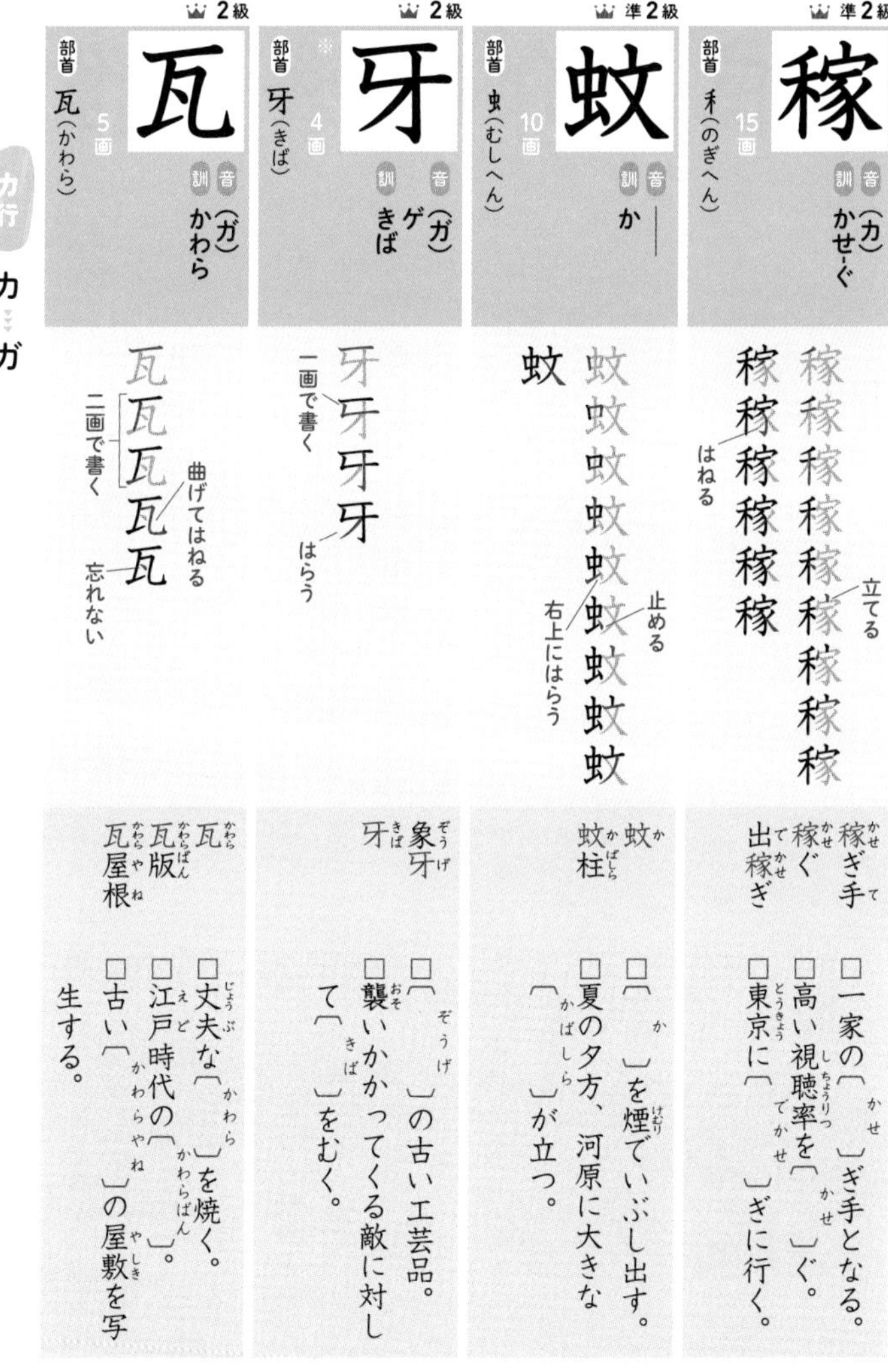

準2級
稼 15画
部首 禾（のぎへん）
音 （カ）
訓 かせ-ぐ

はねる 立てる

稼ぎ手（かせぎて）
稼ぐ（かせぐ）
出稼ぎ（でかせぎ）

□一家の〔かせ〕ぎ手となる。
□高い視聴率（しちょうりつ）を〔かせ〕ぐ。
□東京（とうきょう）に〔でかせ〕ぎに行く。

準2級
蚊 10画
部首 虫（むしへん）
音 ―
訓 か

止める 右上にはらう

蚊（か）
蚊柱（かばしら）

□〔か〕を煙（けむり）でいぶし出す。
□夏の夕方、河原に大きな〔かばしら〕が立つ。

2級
牙※ 4画
部首 牙（きば）
音 （ガ） ゲ
訓 きば

一画で書く はらう

象牙（ぞうげ）
牙（きば）

□〔ぞうげ〕の古い工芸品。
□襲（おそ）いかかってくる敵に対して〔きば〕をむく。

2級
瓦 5画
部首 瓦（かわら）
音 （ガ）
訓 かわら

二画で書く 曲げてはねる 忘れない

瓦（かわら）
瓦版（かわらばん）
瓦屋根（かわらやね）

□丈夫（じょうぶ）な〔かわら〕を焼く。
□江戸（えど）時代の〔かわらばん〕。
□古い〔かわらやね〕の屋敷（やしき）を写生する。

※「牙」（5画）も可。

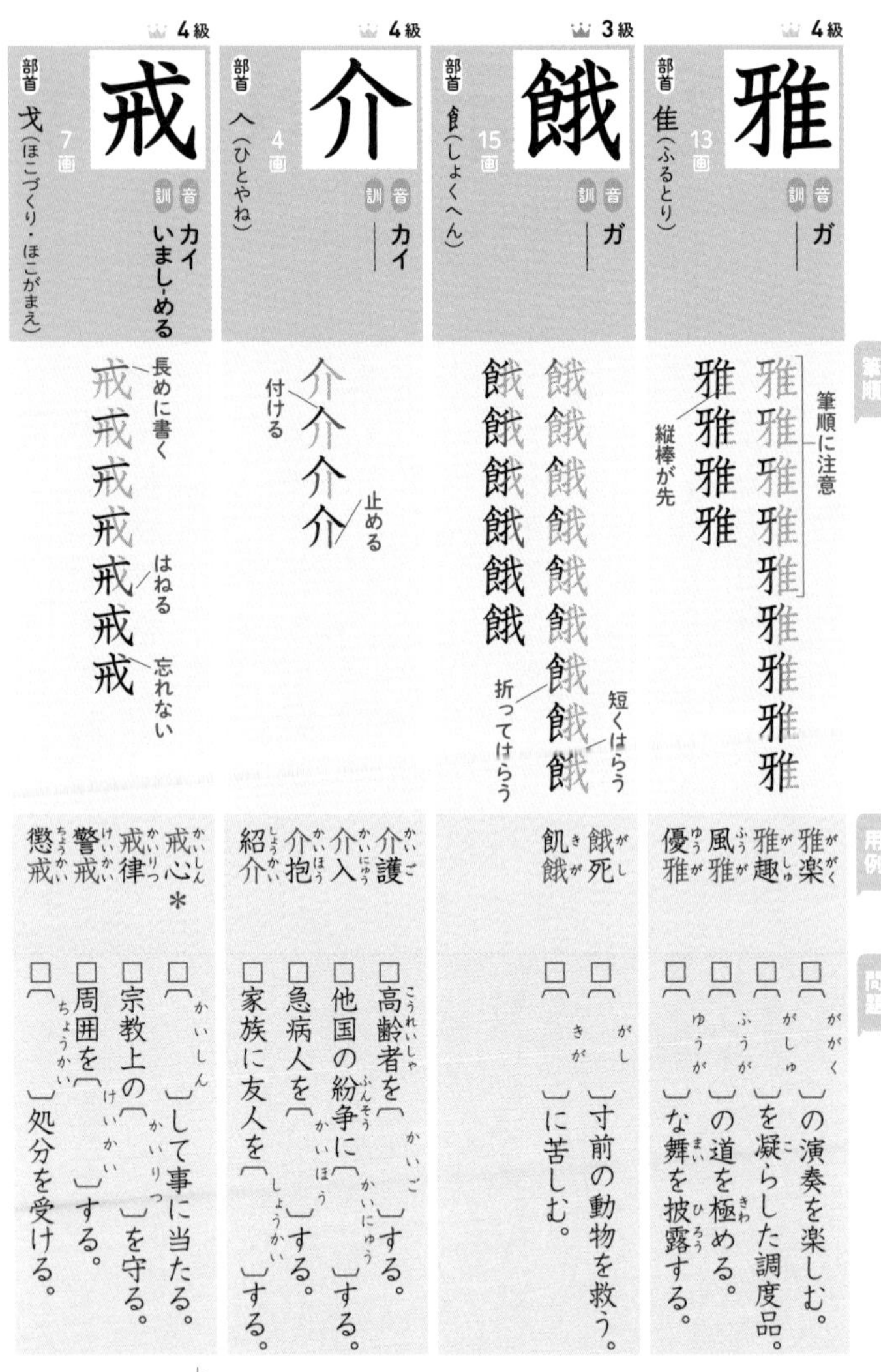

## 雅

4級

部首　隹（ふるとり）　13画

音　ガ

訓　―

筆順に注意

縦棒が先

**用例**

雅楽（ががく）　雅趣（がしゅ）　風雅（ふうが）　優雅（ゆうが）

**問題**

□（ががく）の演奏を楽しむ。

□（がしゅ）を凝らした調度品。

□（ふうが）の道を極（きわ）める。

□（ゆうが）な舞（まい）を披露（ひろう）する。

## 餓

3級

部首　飠（しょくへん）　15画

音　ガ

訓　―

短くはらう

折ってはらう

**用例**

餓死（がし）　飢餓（きが）

**問題**

□（がし）寸前の動物を救う。

□（きが）に苦しむ。

## 介

4級

部首　𠆢（ひとやね）　4画

音　カイ

訓　―

付ける

止める

**用例**

介護（かいご）　介入（かいにゅう）　介抱（かいほう）　紹介（しょうかい）

**問題**

□高齢者（こうれいしゃ）を（かいご）する。

□他国の紛争（ふんそう）に（かいにゅう）する。

□急病人を（かいほう）する。

□家族に友人を（しょうかい）する。

## 戒

4級

部首　戈（ほこづくり・ほこがまえ）　7画

音　カイ

訓　いまし-める

長めに書く

はねる

忘れない

**用例**

戒心（かいしん）＊　戒律（かいりつ）　警戒（けいかい）　懲戒（ちょうかい）

**問題**

□（かいしん）して事に当たる。

□宗教上の（かいりつ）を守る。

□周囲を（けいかい）する。

□（ちょうかい）処分を受ける。

筆順　用例　問題

＊戒心＝心を引き締（し）めて用心すること。

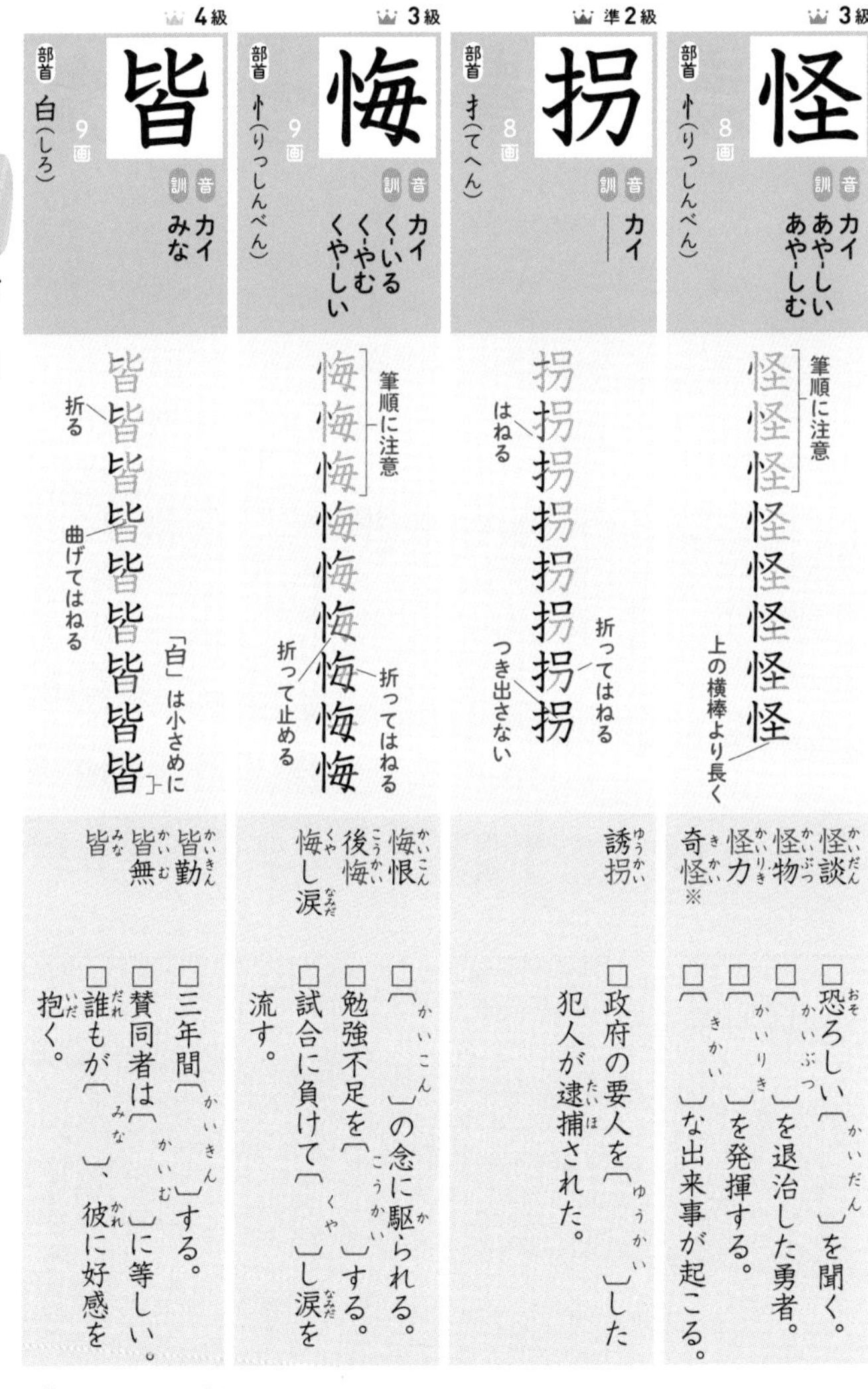

## 怪 3級
部首 忄（りっしんべん） 8画
音 カイ
訓 あや-しい あや-しむ
筆順に注意
上の横棒より長く

怪談（かいだん）
怪物（かいぶつ）
怪力（かいりき）
奇怪（きかい）※

□恐（おそ）ろしい〔かいだん〕を聞く。
□〔かいぶつ〕を退治した勇者。
□〔かいりき〕を発揮する。
□〔きかい〕な出来事が起こる。

## 拐 準2級
部首 扌（てへん） 8画
音 カイ
訓 ―
はねる
折ってはねる
つき出さない

誘拐（ゆうかい）

□政府の要人を〔ゆうかい〕した犯人が逮捕（たいほ）された。

## 悔 3級
部首 忄（りっしんべん） 9画
音 カイ
訓 く-いる く-やむ くや-しい
筆順に注意
折って止める
折ってはねる

悔恨（かいこん）
後悔（こうかい）
悔し涙（くやしなみだ）

□〔かいこん〕の念に駆（か）られる。
□勉強不足を〔こうかい〕する。
□試合に負けて〔くや〕し涙（なみだ）を流す。

## 皆 4級
部首 白（しろ） 9画
音 カイ
訓 みな
折る
曲げてはねる
「白」は小さめに

皆勤（かいきん）
皆無（かいむ）
皆（みな）

□三年間〔かいきん〕する。
□賛同者は〔かいむ〕に等しい。
□誰（だれ）もが〔みな〕、彼（かれ）に好感を抱（いだ）く。


※「きっかい」とも読む。

＊楷書＝点画を崩(くず)さないで書く書体。　※「潰滅」とも書く。

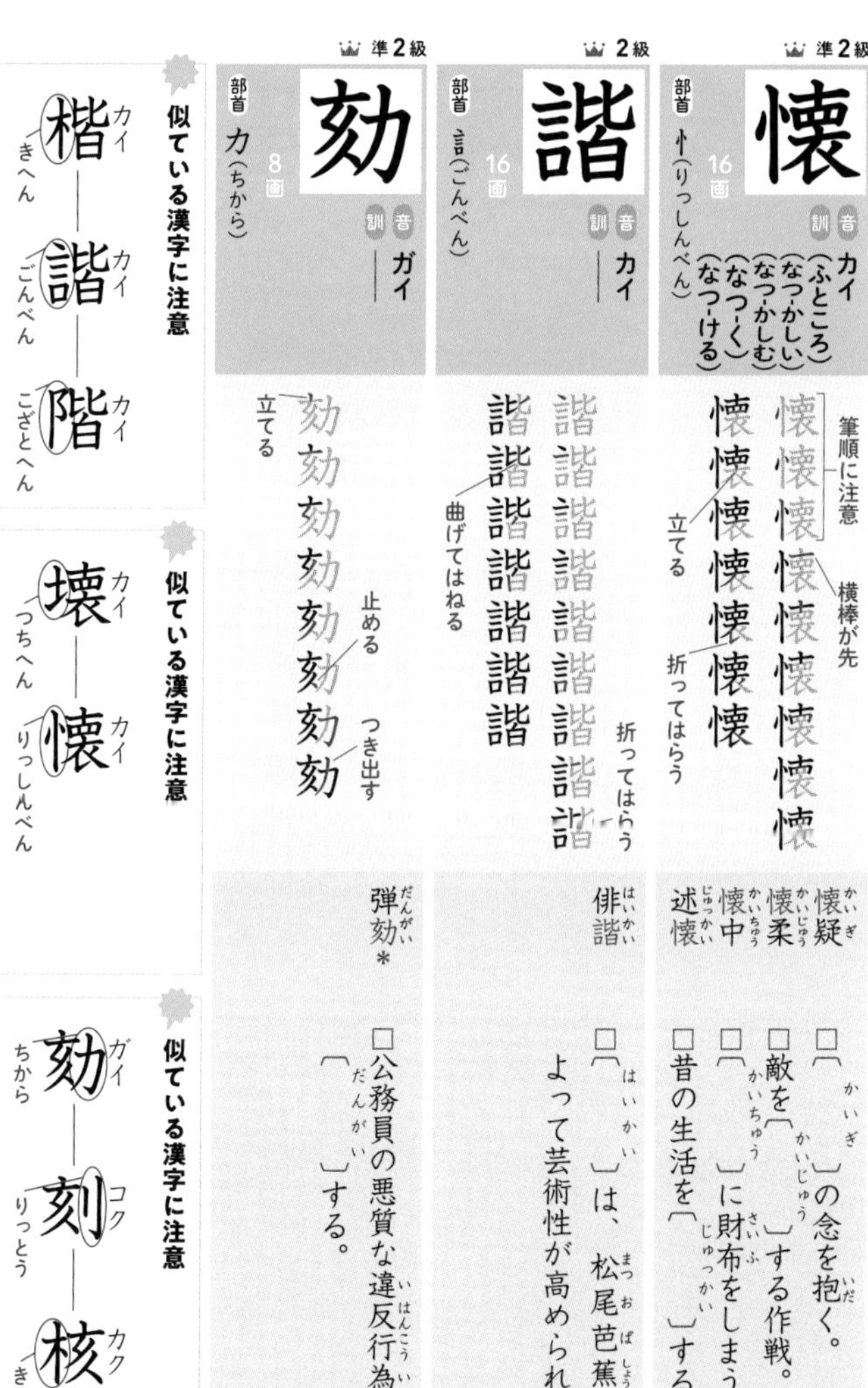

準2級
# 懐
部首 忄(りっしんべん) 16画
音 カイ
訓 (ふところ)(なつ-かしい)(なつ-かしむ)(なつ-く)(なつ-ける)

筆順に注意 横棒が先 立てる 折ってはらう

懐疑(かいぎ) 懐柔(かいじゅう) 懐中(かいちゅう) 述懐(じゅっかい)

□〔かいぎ〕の念を抱(いだ)く。
□敵を〔かいじゅう〕する作戦。
□〔かいちゅう〕に財布(さいふ)をしまう。
□昔の生活を〔じゅっかい〕する。

2級
# 諧
部首 言(ごんべん) 16画
音 カイ
訓 ―

曲げてはねる 折ってはらう

俳諧(はいかい)

□〔はいかい〕は、松尾芭蕉(まつおばしょう)によって芸術性が高められた。

準2級
# 劾
部首 力(ちから) 8画
音 ガイ
訓 ―

立てる 止める つき出す

弾劾(だんがい)＊

□公務員の悪質な違反行為(いはんこうい)を〔だんがい〕する。

似ている漢字に注意
楷(カイ・きへん)―諧(カイ・ごんべん)―階(カイ・こざとへん)

似ている漢字に注意
壊(カイ・つちへん)―懐(カイ・りっしんべん)

似ている漢字に注意
劾(ガイ・ちから)―刻(コク・りっとう)―核(カク・きへん)

＊弾劾＝犯罪や不正について，責任を追及(ついきゅう)することと。

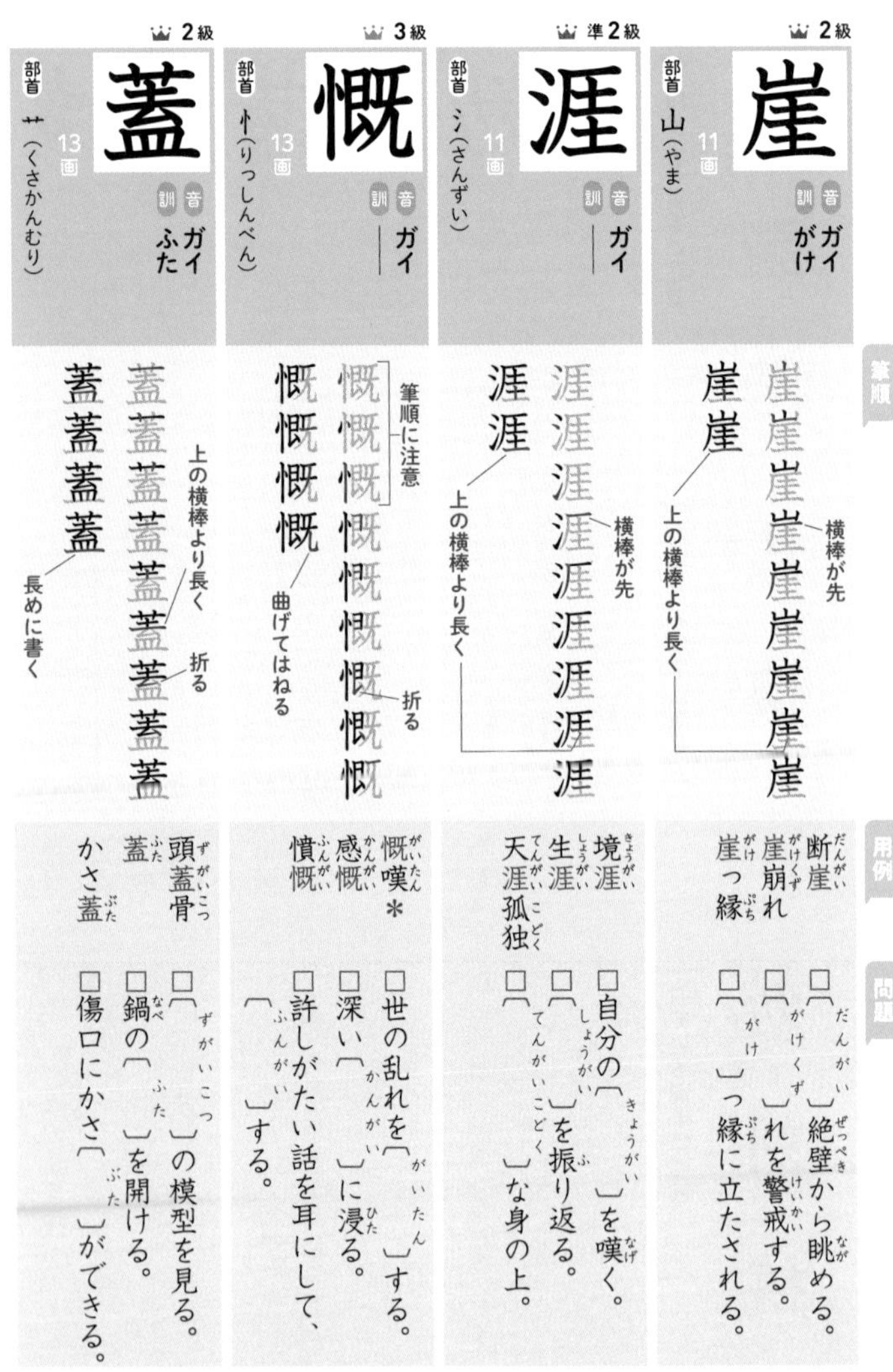

## 崖

2級

11画

部首 山（やま）

音 ガイ
訓 がけ

**筆順**

崖 崖 崖 崖 崖 崖 崖 崖 崖 崖 崖

横棒が先

上の横棒より長く

**用例**

断崖（だんがい）
崖崩れ（がけくず）
崖っ縁（がけぷち）

**問題**

□〔だんがい〕絶壁から眺（なが）める。
□〔がけくず〕れを警戒（けいかい）する。
□〔がけ〕っ縁（ぷち）に立たされる。

## 涯

準2級

11画

部首 氵（さんずい）

音 ガイ
訓 ―

**筆順**

涯 涯 涯 涯 涯 涯 涯 涯 涯 涯 涯

横棒が先

上の横棒より長く

**用例**

境涯（きょうがい）
生涯（しょうがい）
天涯孤独（てんがいこどく）

**問題**

□自分の〔きょうがい〕を嘆（なげ）く。
□〔しょうがい〕を振（ふ）り返る。
□〔てんがいこどく〕な身の上。

## 慨

3級

13画

部首 忄（りっしんべん）

音 ガイ
訓 ―

**筆順**

慨 慨 慨 慨 慨 慨 慨 慨 慨 慨 慨 慨 慨

筆順に注意

折る

曲げてはねる

**用例**

慨嘆（がいたん）＊
感慨（かんがい）
憤慨（ふんがい）

**問題**

□世の乱れを〔がいたん〕する。
□深い〔かんがい〕に浸（ひた）る。
□許しがたい話を耳にして、〔ふんがい〕する。

## 蓋

2級

13画

部首 艹（くさかんむり）

音 ガイ
訓 ふた

**筆順**

蓋 蓋 蓋 蓋 蓋 蓋 蓋 蓋 蓋 蓋 蓋 蓋 蓋

上の横棒より長く

折る

長めに書く

**用例**

頭蓋骨（ずがいこつ）
蓋（ふた）
かさ蓋（ぶた）

**問題**

□〔ずがいこつ〕の模型を見る。
□鍋（なべ）の〔ふた〕を開ける。
□傷口にかさ〔ぶた〕ができる。

＊慨嘆＝悪い状態をひどく嘆（なげ）くこと。

## 該（3級）

部首：言（ごんべん）　13画
音：ガイ
訓：―

筆順：該 該 該 該 該 該 該 該 該 該 該 該 該（立てる・止める）

- 該当（がいとう）
- 該博（がいはく）＊
- 当該（とうがい）

□条件に（がいとう）する人物。
□（がいはく）な知識の持ち主。
□（とうがい）の機関が事件を調査する。

## 概（3級）

部首：木（きへん）　14画
音：ガイ
訓：―

筆順：概 概 概 概 概 概 概 概 概 概 概 概 概 概（「木」は縦長に・折る・止める・曲げてはらう）

- 概算（がいさん）
- 概念（がいねん）
- 概要（がいよう）
- 大概（たいがい）

□費用の（がいさん）を出す。
□時間の（がいねん）について語る。
□計画の（がいよう）を示す。
□休日は（たいがい）家にいる。

## 骸（2級）

部首：骨（ほねへん）　16画
音：ガイ
訓：―

筆順：骸 骸 骸 骸 骸 骸 骸 骸 骸 骸 骸 骸 骸 骸 骸 骸（筆順に注意・止める）

- 骸骨（がいこつ）
- 形骸化（けいがいか）
- 残骸（ざんがい）
- 死骸（しがい）

□（がいこつ）のような姿。
□規則が（けいがいか）する。
□難破船の（ざんがい）。
□動物の（しがい）を葬（ほうむ）る。

## 垣（準2級）

部首：土（つちへん）　9画
音：―
訓：かき

筆順：垣 垣 垣 垣 垣 垣 垣 垣 垣（「日」は小さめに・やや長めに書く）

- 垣（かき）
- 垣根（かきね）
- 生（い）け垣（がき）
- 石垣（いしがき）

□人との間に（かき）を作る。
□（かきね）越しに会話する。
□竹で生け（がき）を作る。
□城の（いしがき）を築く。

＊該博＝学問や知識の範囲（はんい）がとても広いこと。

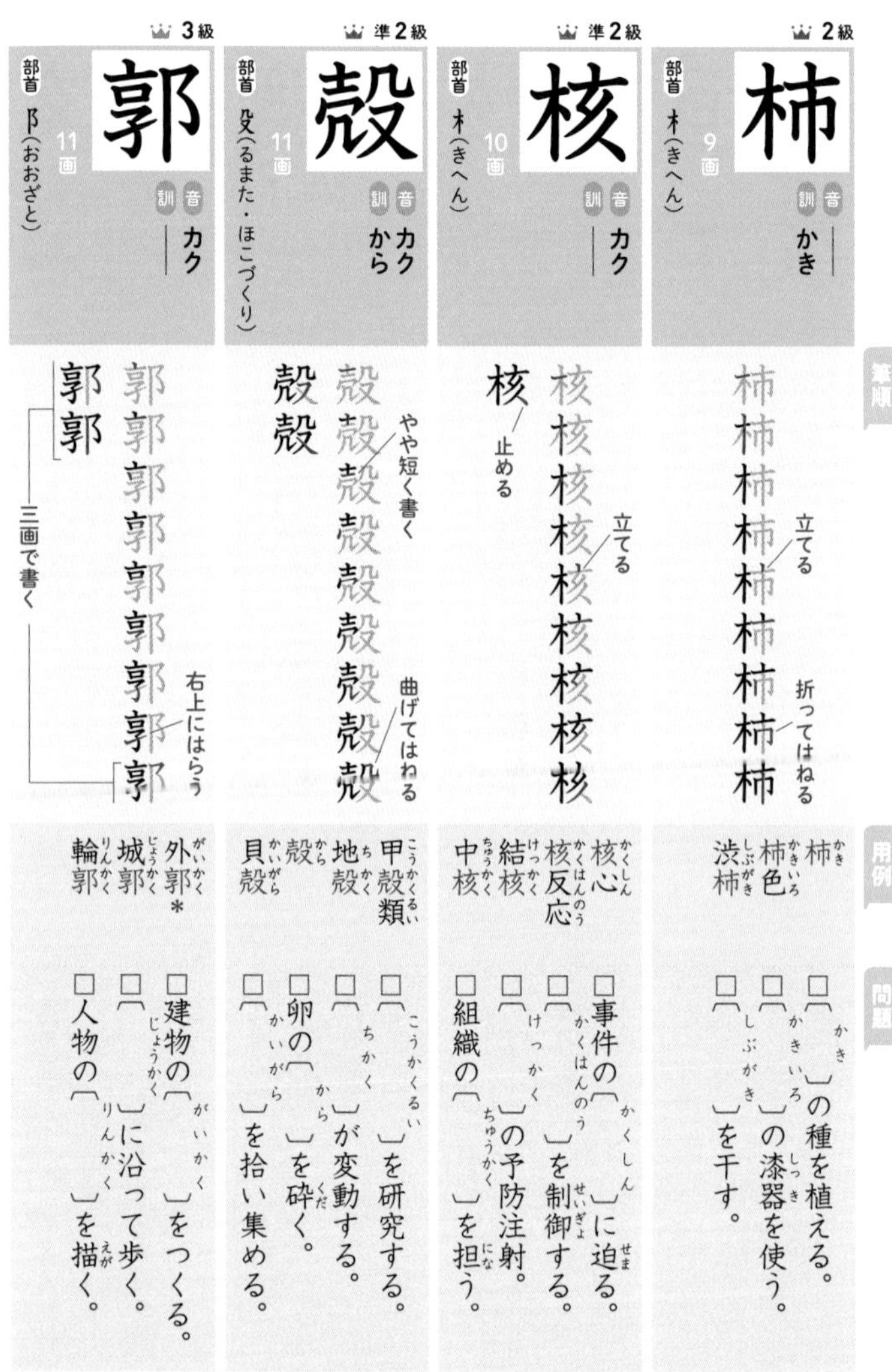


＊外郭＝城や都市などのいちばん外側の囲い。

較差（かくさ）
比較（ひかく）

□最高気温と最低気温の〔かくさ〕を調べる。
□昨年と今年の成績を〔ひかく〕する。

隔絶（かくぜつ）＊
隔離（かくり）
遠隔（えんかく）
間隔（かんかく）

□互（たが）いに〔かくぜつ〕する。
□危険物を〔かくり〕する。
□機械を〔えんかく〕操作する。
□一定の〔かんかく〕を空ける。

獲得（かくとく）
漁獲高（ぎょかくだか）
捕獲（ほかく）
獲物（えもの）

□景品を〔かくとく〕する。
□〔ぎょかくだか〕が落ち込（こ）む。
□猛獣（もうじゅう）を〔ほかく〕する。
□〔えもの〕を捕（と）らえる。

威嚇（いかく）
威嚇射撃（いかくしゃげき）

□動物が敵を〔いかく〕する。
□軍隊が不審（ふしん）な船に向かって〔いかくしゃげき〕をする。

＊隔絶＝遠く離（はな）れて，関係が途絶（とだ）えること。

## 穫　3級

部首：禾（のぎへん）　18画

音：カク
訓：―

筆順：縦棒が先／短く止める

用例：収穫（しゅうかく）／収穫祭（しゅうかくさい）／収穫物（しゅうかくぶつ）

問題：
□穀物を［しゅうかく］する。
□村が［しゅうかくさい］でにぎわう。
□［しゅうかくぶつ］を輸送する。

## 岳　3級

部首：山（やま）　8画

音：ガク
訓：たけ

筆順：長めに書く／折る

用例：岳父（がくふ）＊／山岳（さんがく）

問題：
□［がくふ］の葬儀（そうぎ）を行う。
□兄が撮（と）った［さんがく］の写真を飾（かざ）る。

## 顎　2級

部首：頁（おおがい）　18画

音：ガク
訓：あご

筆順：短くはらう／上の横棒より長く／一画で書く

用例：顎関節（がくかんせつ）／顎（あご）

問題：
□［がくかんせつ］の働きを知る。
□［あご］が外れるほど笑い転げる。

## 掛　3級

部首：扌（てへん）　11画

音：―
訓：か-ける／か-かる／かかり

筆順：はねる／止める

用例：掛け声（かけごえ）／掛け時計（かけどけい）／掛け値（かけね）＊／大掛かり（おおがかり）

問題：
□［か］け声をそろえる。
□大きな［か］け時計。
□［か］け値なしの意見。
□［おおが］かりな装置。

筆順　用例　問題

＊岳父＝妻の父の敬称（けいしょう）。しゅうと。　＊掛け値＝物事を大げさに言うこと。

準2級

## 括

9画

部首 扌(てへん)

音 カツ

訓 ―

括括括括括括括括括

左下にはらう

はねる

括弧(かっこ)
一括(いっかつ)
総括(そうかつ)
包括(ほうかつ)

□〔かっこ〕でくくる。
□〔いっかつ〕して購入(こうにゅう)する。
□意見を〔そうかつ〕する。
□全てを〔ほうかつ〕する。

準2級

## 喝

11画

部首 口(くちへん)

音 カツ

訓 ―

喝喝喝喝喝喝喝喝喝喝喝

「日」は小さめに

「口」は小さめに

曲げてはねる

喝采(かっさい)
喝破(かっぱ)＊
一喝(いっかつ)
恐喝(きょうかつ)

□舞台(ぶたい)で〔かっさい〕を浴びる。
□真実を〔かっぱ〕する。
□〔いっかつ〕して退ける。
□〔きょうかつ〕の罪に問われる。

準2級

## 渇

11画

部首 氵(さんずい)

音 (カツ)

訓 かわ-く

渇渇渇渇渇渇渇渇渇渇渇

「日」は小さめに

曲げてはねる

渇(かわ)く

□辛(から)い食べ物を食べたので、喉(のど)が〔かわ〕く。

### 似ている漢字に注意

穫(カク・のぎへん)―獲(カク・けものへん)

### 似ている漢字に注意

喝(カツ・くちへん)―渇(かわ(く)・さんずい)―褐(カツ・ころもへん)―掲(ケイ・てへん)

### 「かわく」の使い分け

渇く…水が飲みたくなる。例 喉(のど)が渇く。

乾く…水分や湿気(しっけ)がなくなる。例 洗濯物(せんたくもの)が乾く。

＊喝破＝物事の真実を正しく捉(とら)えて，はっきりと言うこと。

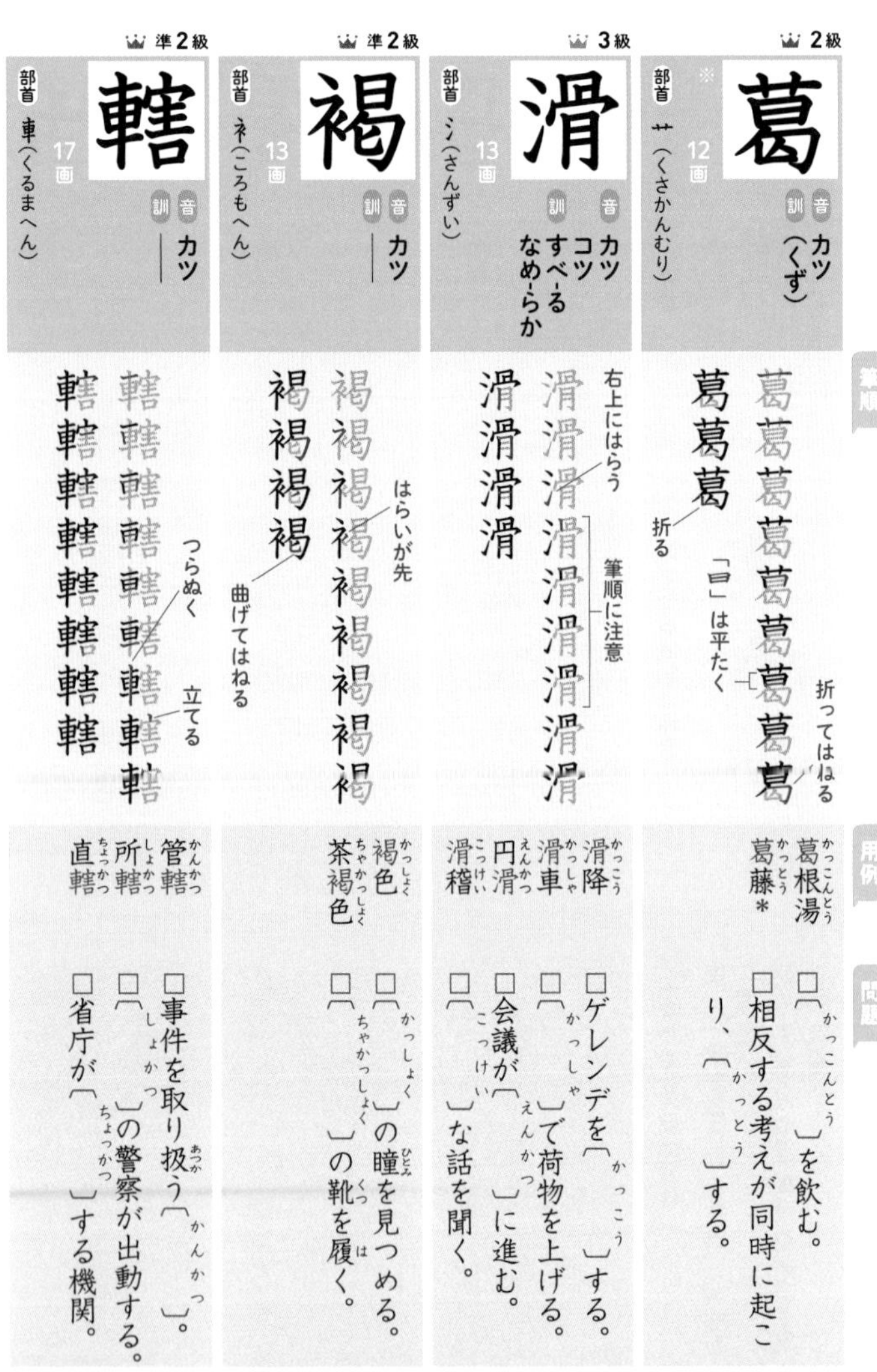

2級
# 葛 ※
部首 艹（くさかんむり） 12画
音 カツ
訓 （くず）
筆順：折ってはねる 「曰」は平たく 折る
用例：葛根湯（かっこんとう） 葛藤（かっとう）＊
□（かっこんとう）を飲む。
□相反する考えが同時に起こり、（かっとう）する。

3級
# 滑
部首 氵（さんずい） 13画
音 カツ コツ
訓 すべ-る なめ-らか
筆順：右上にはらう 筆順に注意
用例：滑降（かっこう） 滑車（かっしゃ） 円滑（えんかつ） 滑稽（こっけい）
□ゲレンデを（かっこう）する。
□（かっしゃ）で荷物を上げる。
□会議が（えんかつ）に進む。
□（こっけい）な話を聞く。

準2級
# 褐
部首 衤（ころもへん） 13画
音 カツ
訓 ―
筆順：はらいが先 曲げてはねる
用例：褐色（かっしょく） 茶褐色（ちゃかっしょく）
□（かっしょく）の瞳（ひとみ）を見つめる。
□（ちゃかっしょく）の靴（くつ）を履（は）く。

準2級
# 轄
部首 車（くるまへん） 17画
音 カツ
訓 ―
筆順：つらぬく 立てる
用例：管轄（かんかつ） 所轄（しょかつ） 直轄（ちょっかつ）
□事件を取り扱（あつか）う（かんかつ）。
□（しょかつ）の警察が出動する。
□省庁が（ちょっかつ）する機関。

※「葛」（11画）も可。　＊葛藤＝相反する感情が絡（から）み合い，どちらを取るかで悩（なや）むこと。

準2級

# 且

部首 一（いち） 5画

音 —
訓 か-つ

（筆順）且 且 且 且 且 ／ 折る ／ 長めに書く

且つ＊

□よく学び、〔か〕つよく遊ぶのが望ましい。

2級

# 釜

部首 金（かね） 10画

音 —
訓 かま

（筆順）釜 釜 釜 釜 釜 釜 釜 釜 釜 釜 ／ はらう ／ 止める

釜（かま）
釜飯（かまめし）
釜（かま）ゆで
茶釜（ちゃがま）

□〔かま〕で米を炊（た）く。
□〔かまめし〕を食べる。
□たこを〔かま〕ゆでにする。
□〔ちゃがま〕で湯を沸（わ）かす。

2級

# 鎌

部首 金（かねへん） 18画

音 —
訓 かま

（筆順）鎌 鎌 鎌 鎌 鎌 鎌 鎌 鎌 鎌 鎌 鎌 鎌 鎌 鎌 鎌 鎌 鎌 鎌 ／ 短く止める ／ つき出す

鎌（かま）
鎌首（かまくび）
鎌倉時代（かまくらじだい）

□相手に〔かま〕を掛（か）ける。
□蛇（へび）が〔かまくび〕をもたげる。
□〔かまくらじだい〕の建造物を訪ね歩く。

### 「かっこう」の意味

滑降…スキーなどで斜面（しゃめん）を滑（すべ）り降りること。
格好…外から見た形。身なり。体裁（ていさい）。

### 似ている漢字に注意

且 か（つ） 付ける
旦 タン 付けない

### 「かま」の使い分け

釜…飯炊（めした）きや湯沸（ゆわ）かしに使う道具。
鎌…草や稲を刈（か）る道具。
窯…物を高温で焼いたり溶（と）かしたりする設備。



＊且つ＝一方では。その上。さらに。

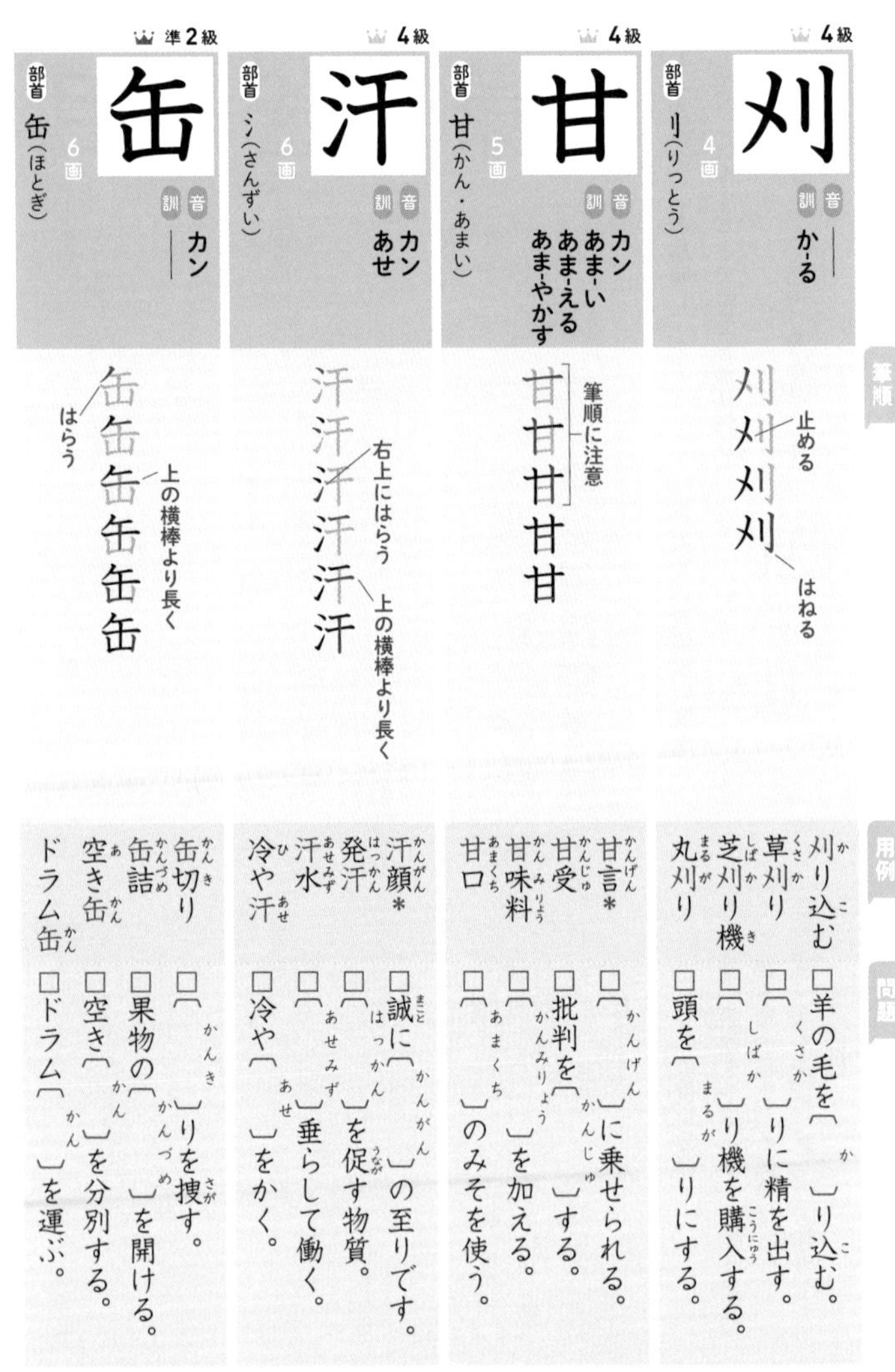

## 刈　4級

部首：刂（りっとう）　4画

音：―
訓：か-る

筆順：刈 刈 刈 刈（止める・はねる）

用例：
- 刈(か)り込(こ)む
- 草刈(くさか)り
- 芝刈(しばか)り機(き)
- 丸刈(まるが)り

問題：
- □羊の毛を〔か〕り込(こ)む。
- □〔くさか〕りに精を出す。
- □〔しばか〕り機を購入(こうにゅう)する。
- □頭を〔まるが〕りにする。

## 甘　4級

部首：甘（かん・あまい）　5画

音：カン
訓：あま-い　あま-える　あま-やかす

筆順：甘 甘 甘 甘 甘（筆順に注意）

用例：
- 甘言(かんげん)＊
- 甘受(かんじゅ)
- 甘味料(かんみりょう)
- 甘口(あまくち)

問題：
- □〔かんげん〕に乗せられる。
- □批判を〔かんじゅ〕する。
- □〔かんみりょう〕を加える。
- □〔あまくち〕のみそを使う。

## 汗　4級

部首：氵（さんずい）　6画

音：カン
訓：あせ

筆順：汗 汗 汗 汗 汗 汗（右上にはらう・上の横棒より長く）

用例：
- 汗顔(かんがん)＊
- 発汗(はっかん)
- 汗水(あせみず)
- 冷(ひ)や汗(あせ)

問題：
- □誠(まこと)に〔かんがん〕の至りです。
- □〔はっかん〕を促(うなが)す物質。
- □〔あせみず〕垂らして働く。
- □冷や〔あせ〕をかく。

## 缶　準2級

部首：缶（ほとぎ）　6画

音：カン
訓：―

筆順：缶 缶 缶 缶 缶 缶（はらう・上の横棒より長く）

用例：
- 缶切(かんき)り
- 缶詰(かんづめ)
- 空(あ)き缶(かん)
- ドラム缶(かん)

問題：
- □〔かんき〕りを捜(さが)す。
- □果物の〔かんづめ〕を開ける。
- □空き〔かん〕を分別する。
- □ドラム〔かん〕を運ぶ。

＊甘言＝口先だけのうまい言葉。　＊汗顔＝恥(は)ずかしくて，顔に汗をかくこと。

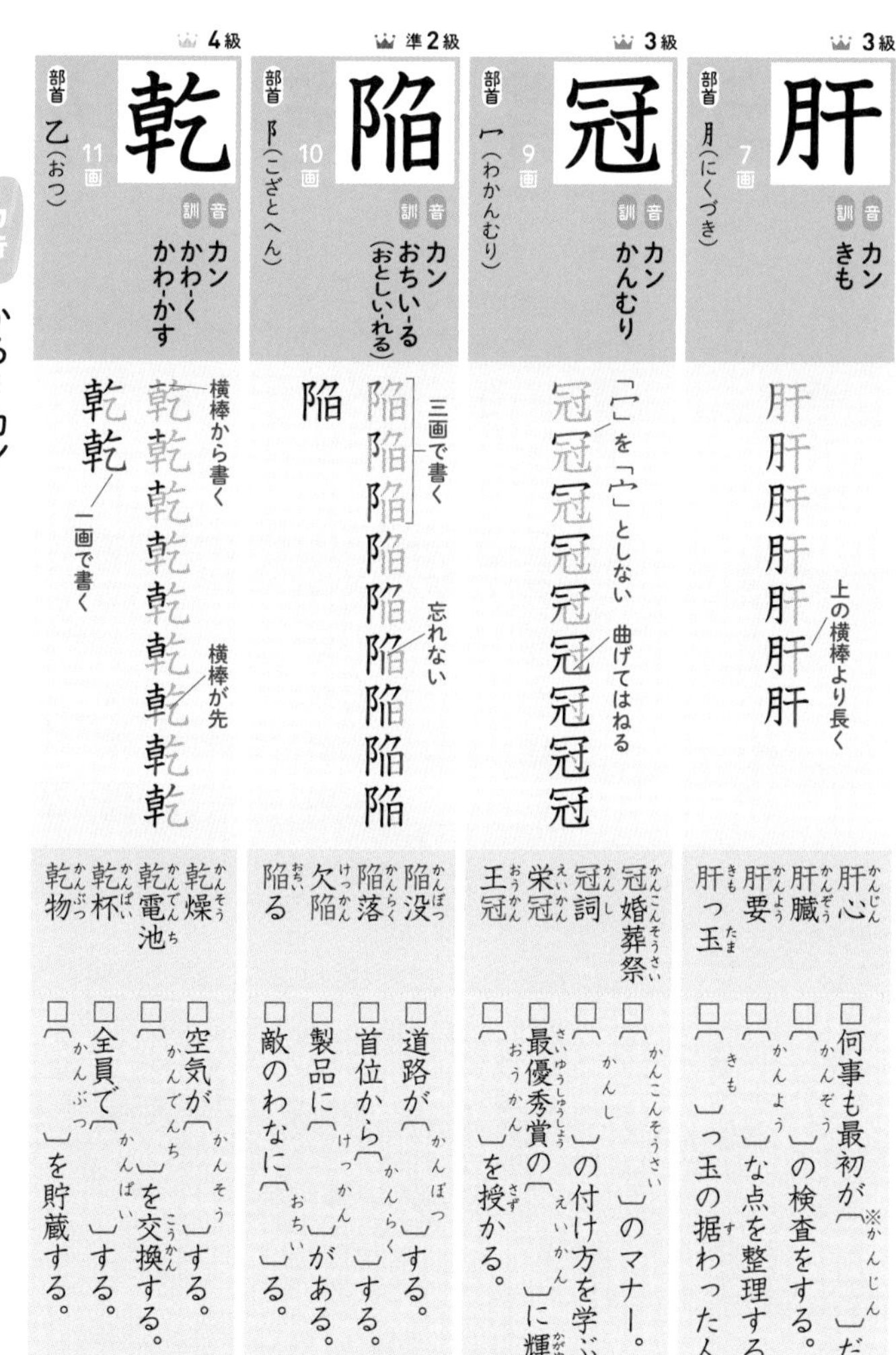

3級
## 肝
部首 月（にくづき） 7画
音 カン
訓 きも
上の横棒より長く
肝心（かんじん）　□何事も最初が［※かんじん］だ。
肝臓（かんぞう）　□［かんぞう］の検査をする。
肝要（かんよう）　□［かんよう］な点を整理する。
肝っ玉（きもったま）　□［きも］っ玉の据わった人。

3級
## 冠
部首 冖（わかんむり） 9画
音 カン
訓 かんむり
「冖」を「宀」としない
曲げてはねる
冠婚葬祭（かんこんそうさい）　□［かんこんそうさい］のマナー。
冠詞（かんし）　□［かんし］の付け方を学ぶ。
栄冠（えいかん）　□最優秀賞（さいゆうしゅうしょう）の［えいかん］に輝（かがや）く。
王冠（おうかん）　□［おうかん］を授（さず）かる。

準2級
## 陥
部首 阝（こざとへん） 10画
音 カン
訓 おちい-る（おとしい-れる）
三画で書く
忘れない
陥没（かんぼつ）　□道路が［かんぼつ］する。
陥落（かんらく）　□首位から［かんらく］する。
欠陥（けっかん）　□製品に［けっかん］がある。
陥る（おちいる）　□敵のわなに［おちい］る。

4級
## 乾
部首 乙（おつ） 11画
音 カン
訓 かわ-く　かわ-かす
横棒から書く
横棒が先
一画で書く
乾燥（かんそう）　□空気が［かんそう］する。
乾電池（かんでんち）　□［かんでんち］を交換（こうかん）する。
乾杯（かんぱい）　□全員で［かんぱい］する。
乾物（かんぶつ）　□［かんぶつ］を貯蔵する。

※「肝腎」とも書く。

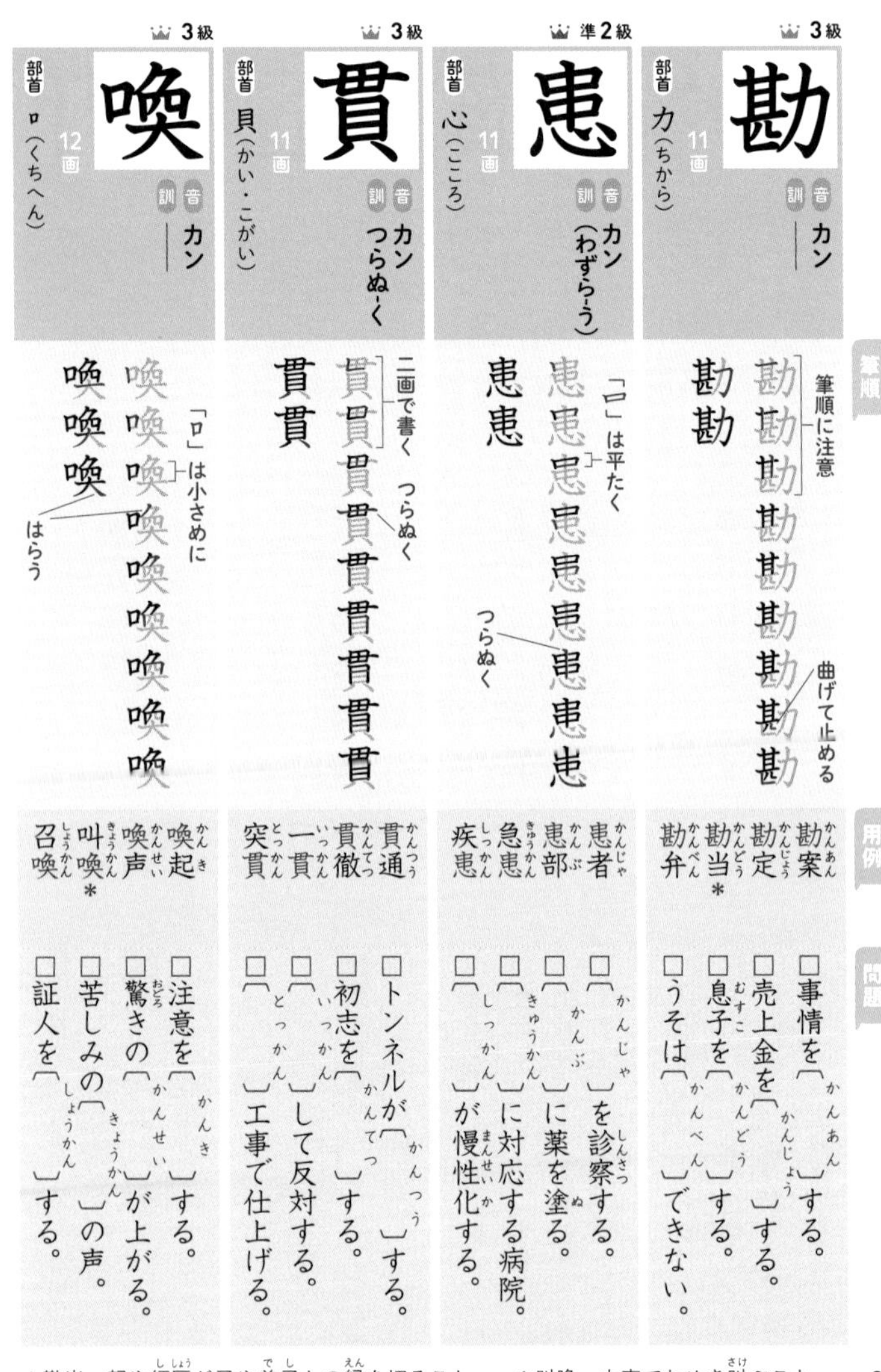

## 勘
3級
部首 力(ちから) 11画
音 カン
訓 ―

筆順
筆順に注意
曲げて止める

用例
勘案(かんあん)
勘定(かんじょう)
勘当(かんどう)＊
勘弁(かんべん)

問題
□事情を〔かんあん〕する。
□売上金を〔かんじょう〕する。
□息子(むすこ)を〔かんどう〕する。
□うそは〔かんべん〕できない。

## 患
準2級
部首 心(こころ) 11画
音 カン
訓 (わずら-う)

筆順
「口」は平たく
つらぬく

用例
患者(かんじゃ)
患部(かんぶ)
急患(きゅうかん)
疾患(しっかん)

問題
□〔かんじゃ〕を診察(しんさつ)する。
□〔かんぶ〕に薬を塗(ぬ)る。
□〔きゅうかん〕に対応する病院。
□〔しっかん〕が慢性化(まんせいか)する。

## 貫
3級
部首 貝(かい・こがい) 11画
音 カン
訓 つらぬ-く

筆順
二画で書く
つらぬく

用例
貫通(かんつう)
貫徹(かんてつ)
一貫(いっかん)
突貫(とっかん)

問題
□トンネルが〔かんつう〕する。
□初志を〔かんてつ〕する。
□〔いっかん〕して反対する。
□〔とっかん〕工事で仕上げる。

## 喚
3級
部首 口(くちへん) 12画
音 カン
訓 ―

筆順
「口」は小さめに
はらう

用例
喚起(かんき)
喚声(かんせい)
叫喚(きょうかん)＊
召喚(しょうかん)

問題
□注意を〔かんき〕する。
□驚(おどろ)きの〔かんせい〕が上がる。
□苦しみの〔きょうかん〕の声。
□証人を〔しょうかん〕する。

＊勘当＝親や師匠(ししょう)が子や弟子(でし)との縁(えん)を切ること。　＊叫喚＝大声でわめき叫(さけ)ぶこと。

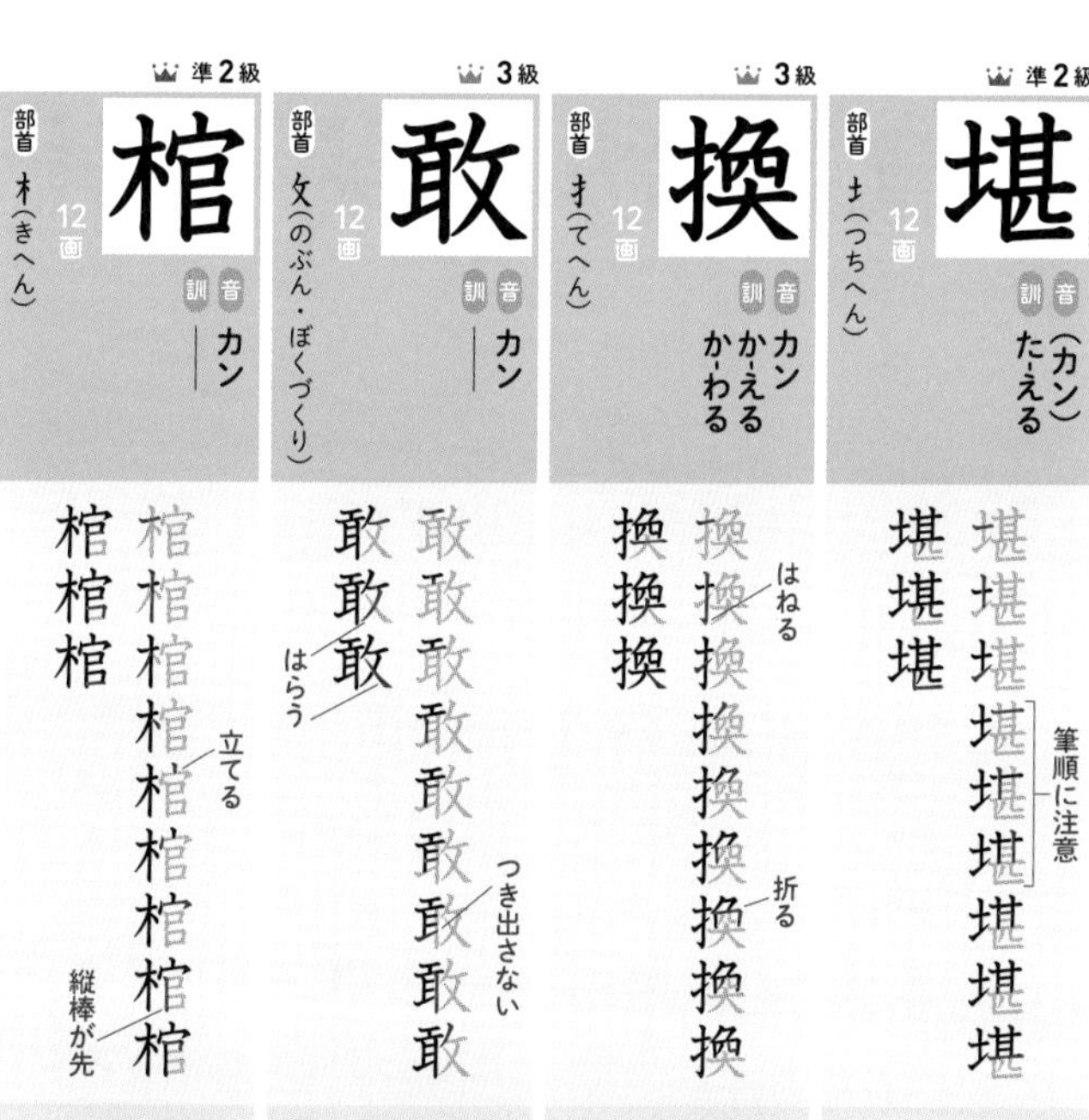


堪(た)える

□聞くに（た）えない、つまらない話だ。

換気(かんき)
換算(かんさん)
交換(こうかん)
変換(へんかん)

□部屋を（かんき）する。
□円をドルに（かんさん）する。
□不良品を（こうかん）する。
□漢字に（へんかん）する。

敢然(かんぜん)
敢闘賞(かんとうしょう)
果敢(かかん)
勇敢(ゆうかん)

□敵に（かんぜん）と立ち向かう。
□大会で（かんとうしょう）をもらう。
□強豪(きょうごう)に、（かかん）に挑(いど)む。
□最後まで（ゆうかん）に戦う。

棺(かん)おけ
出棺(しゅっかん)
石棺(せっかん)

□（かん）おけを運ぶ。
□（しゅっかん）の時刻が迫(せま)る。
□（せっかん）が出土する。

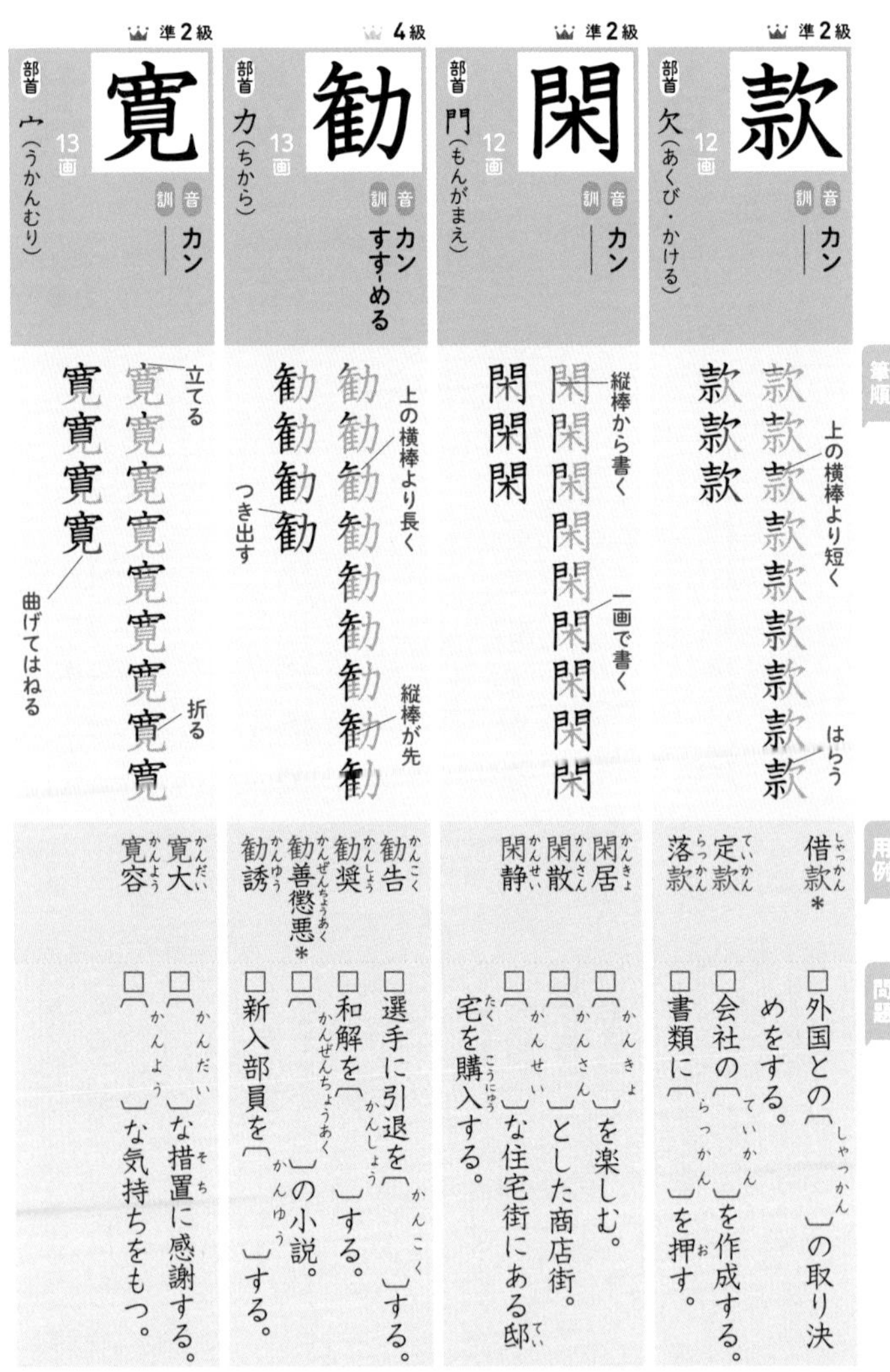

## 款

準2級

部首　欠（あくび・かける）　12画

音　カン

訓　―



用例：借款（しゃっかん）＊　定款（ていかん）　落款（らっかん）

問題：
- □外国との（しゃっかん）の取り決めをする。
- □会社の（ていかん）を作成する。
- □書類に（らっかん）を押す。

## 閑

準2級

部首　門（もんがまえ）　12画

音　カン

訓　―



用例：閑居（かんきょ）　閑散（かんさん）　閑静（かんせい）

問題：
- □（かんきょ）を楽しむ。
- □（かんさん）とした商店街。
- □（かんせい）な住宅街にある邸宅を購入する。

## 勧

4級

部首　力（ちから）　13画

音　カン

訓　すす-める



用例：勧告（かんこく）　勧奨（かんしょう）　勧善懲悪（かんぜんちょうあく）＊　勧誘（かんゆう）

問題：
- □選手に引退を（かんこく）する。
- □和解を（かんしょう）する。
- □（かんぜんちょうあく）の小説。
- □新入部員を（かんゆう）する。

## 寛

準2級

部首　宀（うかんむり）　13画

音　カン

訓　―



用例：寛大（かんだい）　寛容（かんよう）

問題：
- □（かんだい）な措置に感謝する。
- □（かんよう）な気持ちをもつ。

＊借款＝国際間の資金の貸し借り。　＊勧善懲悪＝善い行いを勧め，悪を懲らしめること。

## 歓 （4級）

部首：欠（あくび・かける）　15画

音：カン　訓：—

上の横棒より長く
縦棒が先

- 歓迎（かんげい）
- 歓声（かんせい）
- 歓待（かんたい）
- 交歓会（こうかんかい）

□留学生を〔かんげい〕する。
□思わず〔かんせい〕を上げる。
□手厚く〔かんたい〕される。
□他校との〔こうかんかい〕を開く。

## 監 （4級）

部首：皿（さら）　15画

音：カン　訓：—

縦棒から書く
忘れない
長めに書く

- 監査（かんさ）
- 監視（かんし）
- 監修（かんしゅう）
- 監督（かんとく）

□会計〔かんさ〕を受ける。
□〔かんし〕カメラの映像。
□辞典を〔かんしゅう〕する。
□野球チームの〔かんとく〕。

## 緩 （3級）

部首：糸（いとへん）　15画

音：カン　訓：ゆる-い　ゆる-やか　ゆる-む　ゆる-める

折る
上の横棒より長く

- 緩急（かんきゅう）
- 緩衝（かんしょう）
- 緩慢（かんまん）
- 緩和（かんわ）

□〔かんきゅう〕をつけた投球。
□〔かんしょう〕地帯を設ける。
□動作が〔かんまん〕になる。
□痛みを〔かんわ〕する。

## 憾 （準2級）

部首：忄（りっしんべん）　16画

音：カン　訓：—

筆順に注意
はらいが先
忘れない

- 遺憾（いかん）*

□不祥事（ふしょうじ）について、大臣が〔いかん〕の意を述べる。

*遺憾＝思いどおりにならなくて，残念に思うこと。

＊還暦＝数え年で61歳（さい）になること。

## 鑑

部首　金（かねへん）　23画
音　カン
訓　（かんが-みる）

鑑鑑鑑鑑鑑鑑鑑鑑鑑鑑鑑鑑鑑鑑鑑鑑鑑鑑鑑鑑鑑鑑鑑鑑鑑鑑

つき出さない
短く止める

鑑賞（かんしょう）
鑑定（かんてい）
印鑑（いんかん）
図鑑（ずかん）

□映画を〔かんしょう〕する。
□貴金属を〔かんてい〕する。
□書類に〔いんかん〕を押（お）す。
□植物の〔ずかん〕を見る。

4級

## 含

部首　口（くち）　7画
音　ガン
訓　ふく-む　ふく-める

含含含含含含含

付ける
折ってはらう

含蓄（がんちく）*
含有（がんゆう）
包含（ほうがん）
含（ふく）む

□〔がんちく〕のある名言。
□有害物質を〔がんゆう〕する。
□二つの意味を〔ほうがん〕する。
□糖分を〔ふく〕む飲み物。

2級

## 玩

部首　王（おうへん・たまへん）　8画
音　ガン
訓　—

玩玩玩玩玩玩玩玩

曲げてはねる
上の横棒より長く

玩具（がんぐ）
愛玩（あいがん）

□子供に〔がんぐ〕を与（あた）える。
□動物を〔あいがん〕する。

### 似ている漢字に注意

還（カン）しんにょう —— 環（カン）おうへん

### 似ている漢字に注意

艦（カン）ふねへん —— 鑑（カン）かねへん —— 藍（あい）くさかんむり —— 濫（ラン）さんずい

### 「かんしょう」の意味

鑑賞…芸術作品などを見て味わうこと。
観賞…自然の景色や動植物などを見て楽しむこと。



*含蓄＝表面にはあらわれない，深い意味や味わい。

準2級

# 頑

部首 頁（おおがい） 13画

音 ガン
訓 —

筆順
止める

用例
頑強（がんきょう）
頑健（がんけん）
頑固（がんこ）
頑丈（がんじょう）

問題
□〔がんきょう〕な若者を雇（やと）う。
□〔がんけん〕な体を作る。
□自説を〔がんこ〕に貫（つらぬ）く。
□〔がんじょう〕な骨組みの建物。

3級

# 企

部首 𠆢（ひとやね） 6画

音 キ
訓 くわだ-てる

筆順
付ける
縦棒が先

用例
企画（きかく）
企業（きぎょう）
企図（きと）＊
企（くわだ）て

問題
□展覧会を〔きかく〕する。
□〔きぎょう〕に就職する。
□規模拡大を〔きと〕する。
□〔くわだ〕てを阻止（そし）する。

2級

# 伎

部首 亻（にんべん） 6画

音 キ
訓 —

筆順
横棒が先
はらう

用例
歌舞伎（かぶき）

問題
□舞台上（ぶたいじょう）の〔かぶき〕役者に掛（か）け声をかける。

3級

# 忌

部首 心（こころ） 7画

音 キ
訓 （い-む）（い-まわしい）

筆順
折る
曲げてはねる

用例
忌中（きちゅう）
忌避（きひ）
忌引（きび）き
禁忌（きんき）＊

問題
□〔きちゅう〕の札を掛（か）ける。
□困難な問題を〔きひ〕する。
□〔きび〕きで早退する。
□〔きんき〕に触（ふ）れる発言。

＊企図＝あることを企てること。　＊禁忌＝してはならないとされること。

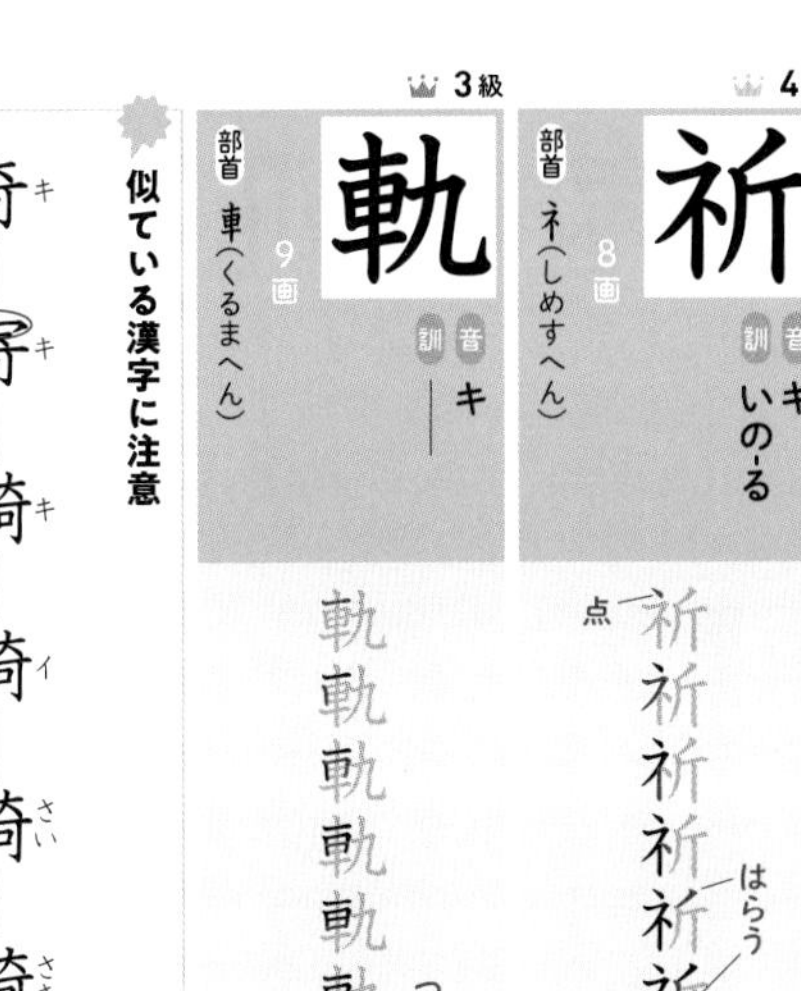

4級

# 奇

部首 大(だい) 8画

音 キ
訓 —

奇奇奇奇奇奇奇奇

長めに書く
はねる

奇遇(きぐう)
奇跡的(きせきてき)
奇妙(きみょう)
数奇(すうき)

□ここで会うとは〔きぐう〕だ。
□〔きせきてき〕に生還(せいかん)する。
□〔きみょう〕な体験をする。
□〔すうき〕な一生を送る。

4級

# 祈

部首 ネ(しめすへん) 8画

音 キ
訓 いの-る

祈祈祈祈祈祈祈祈

点
はらう

祈願(きがん)
祈念(きねん)
祈(いの)り

□合格〔きがん〕のお守り。
□平和を〔きねん〕する式典。
□友人の健康が回復するように〔いの〕りをささげる。

3級

# 軌

部首 車(くるまへん) 9画

音 キ
訓 —

軌軌軌軌軌軌軌軌軌

つらぬく
はらう

軌(き)
軌跡(きせき)
軌道(きどう)
常軌(じょうき)

□＊〔き〕を一(いっ)にする。
□今までの〔きせき〕をたどる。
□衛星が〔きどう〕を外れる。
□〔じょうき〕を逸(いっ)した行動。

## 似ている漢字に注意

奇(キ)—寄(キ)うかんむり—騎(キ)うまへん—椅(イ)きへん—埼(さい)つちへん—崎(さき)やまへん

## 「きせき」の意味

奇跡…普通(ふつう)では考えられない不思議な出来事。
軌跡…①車輪の跡(あと)。②人や物事がたどってきた跡。

＊軌を一にする＝考え方ややり方を同じにすること。

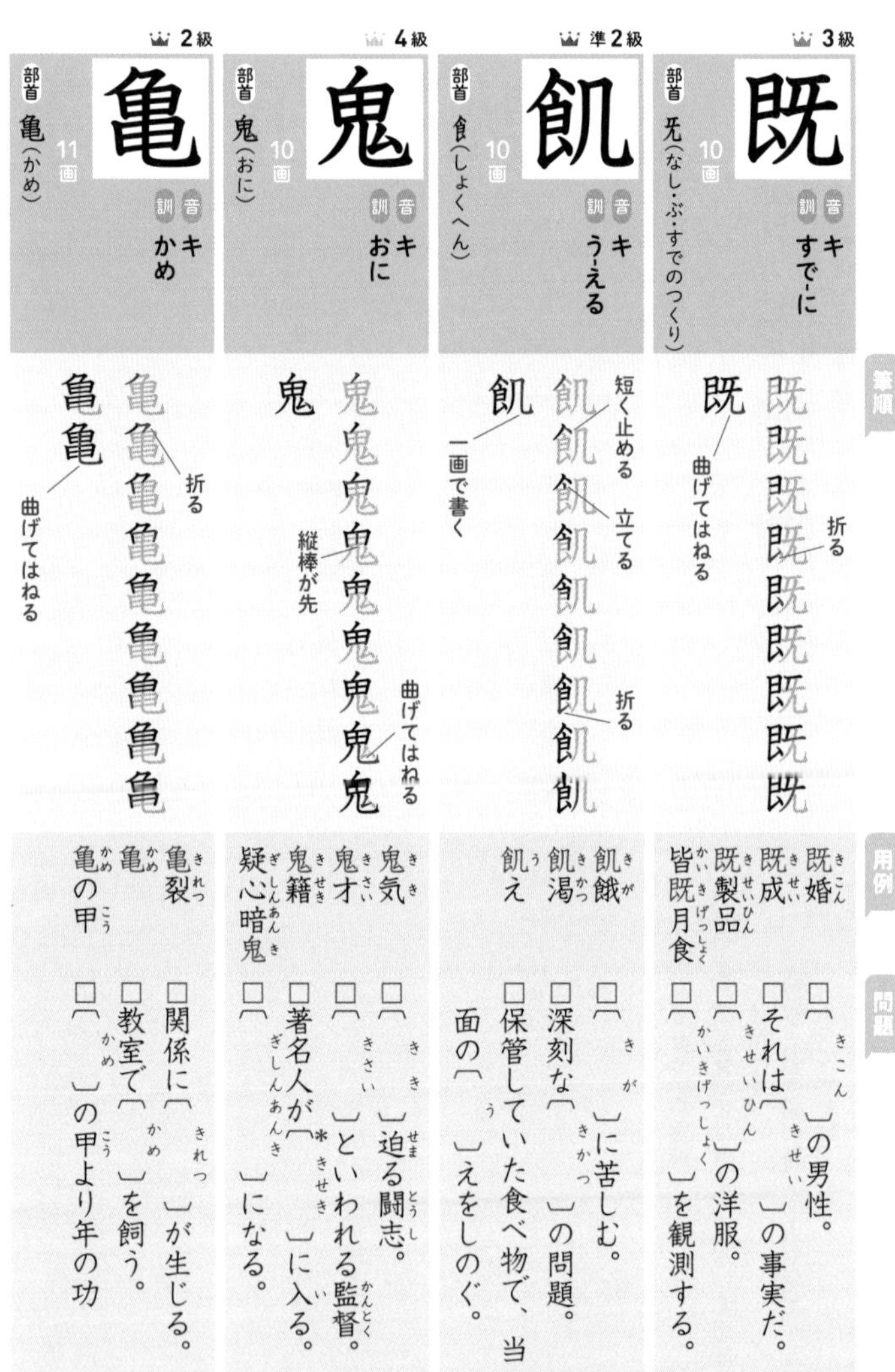

## 既

3級

部首：旡（なし・ぶ・すでのつくり）　10画

音：キ　訓：すで-に

**筆順**



**用例**

既婚（きこん）
既成（きせい）
既製品（きせいひん）
皆既月食（かいきげっしょく）

**問題**

□（きこん）の男性。
□それは（きせい）の事実だ。
□（きせいひん）の洋服。
□（かいきげっしょく）を観測する。

## 飢

準2級

部首：食（しょくへん）　10画

音：キ　訓：う-える

**筆順**



**用例**

飢餓（きが）
飢渇（きかつ）
飢え（う）

**問題**

□（きが）に苦しむ。
□深刻な（きかつ）の問題。
□保管していた食べ物で、当面の（う）えをしのぐ。

## 鬼

4級

部首：鬼（おに）　10画

音：キ　訓：おに

**筆順**



**用例**

鬼気（きき）
鬼才（きさい）
鬼籍（きせき）
疑心暗鬼（ぎしんあんき）

**問題**

□（きき）迫（せま）る闘志（とうし）。
□（きさい）といわれる監督（かんとく）。
□著名人が（＊きせき）に入（い）る。
□（ぎしんあんき）になる。

## 亀

2級

部首：亀（かめ）　11画

音：キ　訓：かめ

**筆順**



**用例**

亀裂（きれつ）
亀（かめ）
亀の甲（かめのこう）

**問題**

□関係に（きれつ）が生じる。
□教室で（かめ）を飼う。
□（かめ）の甲（こう）より年の功

＊鬼籍に入る＝死ぬ。

## 幾
4級　部首 幺（よう・いとがしら）　12画
音 キ　訓 いく

長めに書く　忘れない

幾何学（きかがく）　□〔きかがく〕模様のスカーフ。
幾多（いくた）　□〔いくた〕の困難を克服（こくふく）する。
幾度（いくど）　□〔いくど〕となく挑（いど）む。
幾分（いくぶん）　□今朝は、〔いくぶん〕寒い。

## 棋
3級　部首 木（きへん）　12画
音 キ　訓 ―

筆順に注意　はらう　止める

棋士（きし）　□女流〔きし〕が活躍（かつやく）する。
棋譜（きふ）　□名人戦の〔きふ〕を見る。
将棋（しょうぎ）　□祖父と〔しょうぎ〕を指す。

## 棄
3級　部首 木（き）　13画
音 キ　訓 ―

筆順に注意　長めに書く

棄却（ききゃく）　□上告を〔ききゃく〕する。
棄権（きけん）　□試合を〔きけん〕する。
廃棄物（はいきぶつ）　□放置された〔はいきぶつ〕。
放棄（ほうき）　□権利を〔ほうき〕する。

## 毀
2級　部首 殳（るまた・ほこづくり）　13画
音 キ　訓 ―

筆順に注意　右上にはらう

毀誉褒貶（きよほうへん）＊　□〔きよ〕褒貶（ほうへん）に動じない。
名誉毀損（めいよきそん）　□〔めいよきそん〕で訴（うった）える。

＊毀誉褒貶＝悪く言うことと褒（ほ）めること。

## 畿

2級

部首：田（た）　15画

音：キ　訓：―

筆順（注記）：長めに書く／つらぬく／忘れない

用例：畿内（きない）　近畿（きんき）

問題
- □（きない）の五国を治める。
- □（きんき）地方の名産品。

## 輝

4級

部首：車（くるま）　15画

音：キ　訓：かがや-く

筆順（注記）：折る／つらぬく

用例：輝度（きど）　光輝（こうき）　輝く（かがやく）

問題
- □（きど）の高い画面。
- □（こうき）ある伝統。
- □（かがや）く未来を目指す。

## 騎

3級

部首：馬（うまへん）　18画

音：キ　訓：―

筆順（注記）：縦棒から書く／折ってはねる

用例：騎士（きし）　騎乗（きじょう）　騎馬（きば）　一騎当千（いっきとうせん）

問題
- □王家に仕えた（きし）。
- □名馬に（きじょう）する。
- □（きば）の武者が戦う。
- □（いっきとうせん）のつわもの。

## 宜

準2級

部首：宀（うかんむり）　8画

音：ギ　訓：―

筆順（注記）：立てる／長めに書く

用例：時宜＊（じぎ）　適宜（てきぎ）　便宜（べんぎ）

問題
- □（じぎ）を得た処置。
- □食料を（てきぎ）に持参する。
- □友人に（べんぎ）を図る。

筆順　用例　問題

＊時宜＝時期がちょうどよいこと。

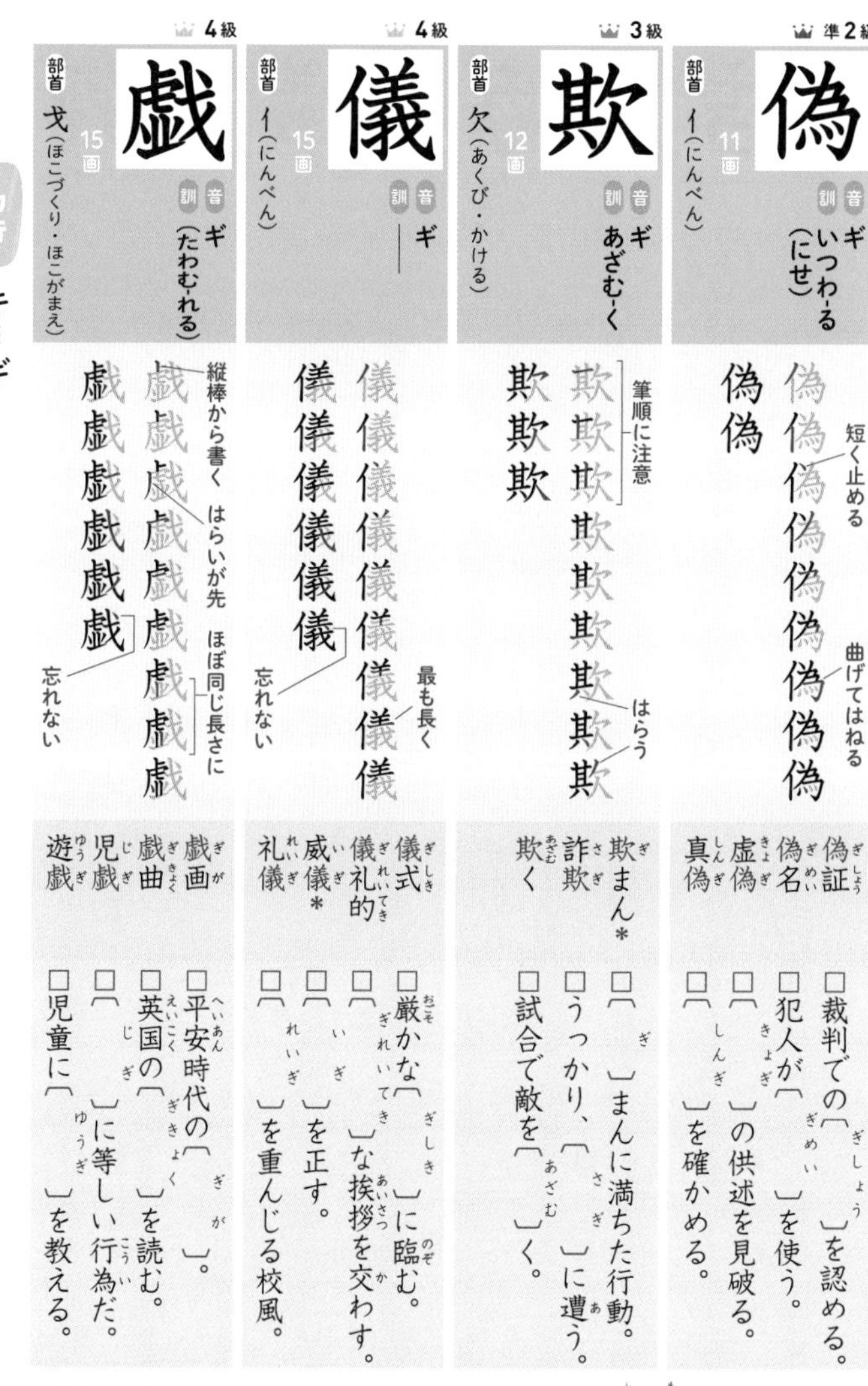

準2級
# 偽
部首 亻（にんべん） 11画
音 ギ
訓 いつわ-る （にせ）

短く止める　曲げてはねる

偽証（ぎしょう）　偽名（ぎめい）　虚偽（きょぎ）　真偽（しんぎ）

□裁判での［ぎしょう］を認める。
□犯人が［ぎめい］を使う。
□［きょぎ］の供述を見破る。
□［しんぎ］を確かめる。

3級
# 欺
部首 欠（あくび・かける） 12画
音 ギ
訓 あざむ-く

筆順に注意　はらう

欺まん*　詐欺（さぎ）　欺く（あざむく）

□［ぎ］まんに満ちた行動。
□うっかり、［さぎ］に遭（あ）う。
□試合で敵を［あざむ］く。

4級
# 儀
部首 亻（にんべん） 15画
音 ギ
訓 ―

最も長く　忘れない

儀式（ぎしき）　儀礼的（ぎれいてき）　威儀（いぎ）*　礼儀（れいぎ）

□厳（おごそ）かな［ぎしき］に臨（のぞ）む。
□［ぎれいてき］な挨拶（あいさつ）を交（か）わす。
□［いぎ］を正す。
□［れいぎ］を重んじる校風。

4級
# 戯
部首 戈（ほこづくり・ほこがまえ） 15画
音 ギ
訓 （たわむ-れる）

縦棒から書く　はらいが先　ほぼ同じ長さに　忘れない

戯画（ぎが）　戯曲（ぎきょく）　児戯（じぎ）　遊戯（ゆうぎ）

□平安（へいあん）時代の［ぎが］。
□英国（えいこく）の［ぎきょく］を読む。
□［じぎ］に等しい行為（こうい）だ。
□児童に［ゆうぎ］を教える。

*欺まん＝欺きだますこと。　*威儀＝礼儀作法にかなった振（ふ）る舞（ま）いや身なり。

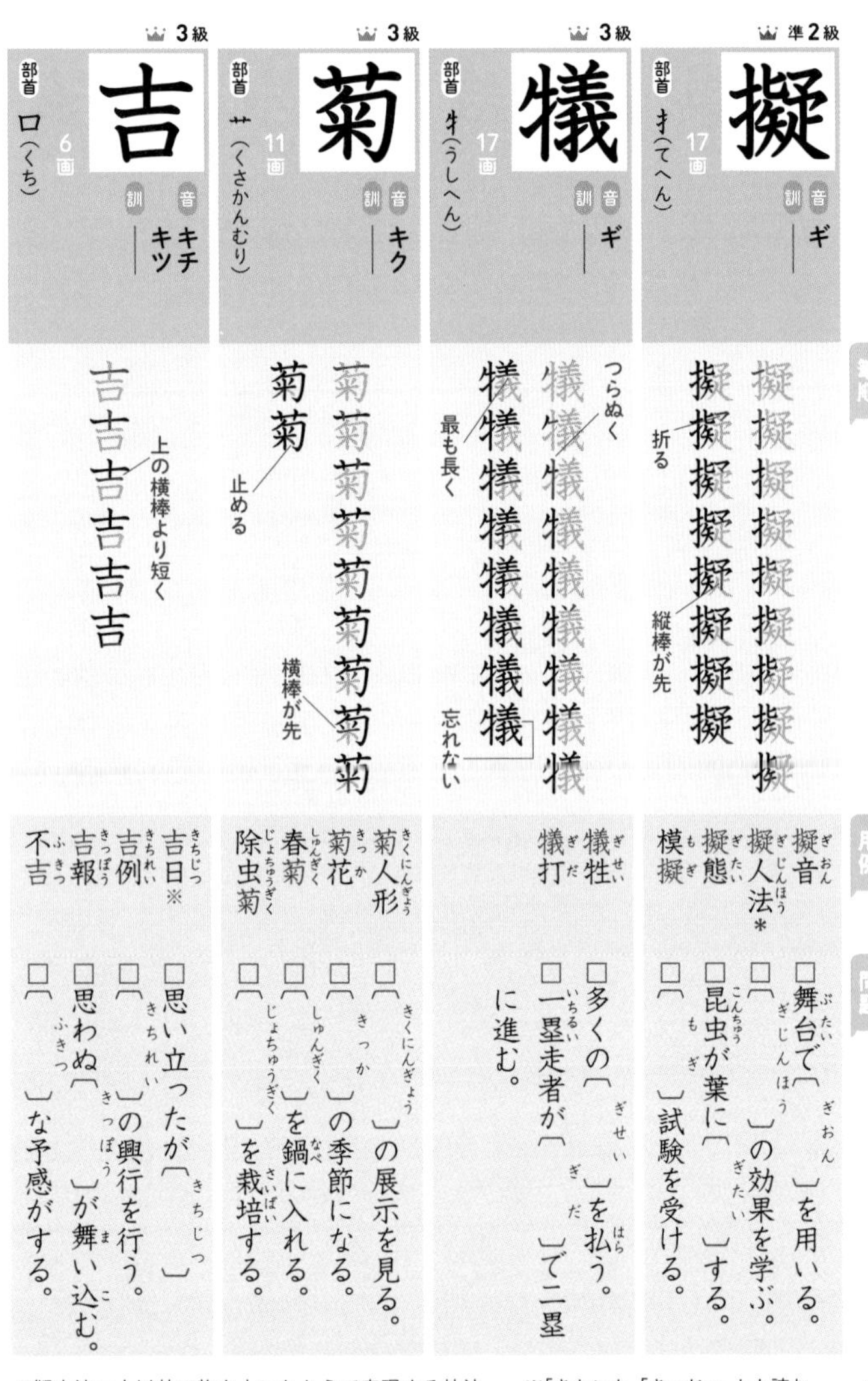

## 擬

準2級

部首：扌（てへん）　17画

音：ギ　訓：—

筆順：擬（折る／縦棒が先）

用例：
- 擬音（ぎおん）
- 擬人法（ぎじんほう）＊
- 擬態（ぎたい）
- 模擬（もぎ）

問題：
- □舞台（ぶたい）で［ぎおん］を用いる。
- □［ぎじんほう］の効果を学ぶ。
- □昆虫（こんちゅう）が葉に［ぎたい］する。
- □［もぎ］試験を受ける。

## 犠

3級

部首：牜（うしへん）　17画

音：ギ　訓：—

筆順：犠（つらぬく／最も長く／忘れない）

用例：
- 犠牲（ぎせい）
- 犠打（ぎだ）

問題：
- □多くの［ぎせい］を払（はら）う。
- □一塁（いちるい）走者が［ぎだ］で二塁に進む。

## 菊

3級

部首：艹（くさかんむり）　11画

音：キク　訓：—

筆順：菊（止める／横棒が先）

用例：
- 菊人形（きくにんぎょう）
- 菊花（きっか）
- 春菊（しゅんぎく）
- 除虫菊（じょちゅうぎく）

問題：
- □［きくにんぎょう］の展示を見る。
- □［きっか］の季節になる。
- □［しゅんぎく］を鍋（なべ）に入れる。
- □［じょちゅうぎく］を栽培（さいばい）する。

## 吉

3級

部首：口（くち）　6画

音：キチ　キツ　訓：—

筆順：吉（上の横棒より短く）

用例：
- 吉日（きちじつ）※
- 吉例（きちれい）
- 吉報（きっぽう）
- 不吉（ふきつ）

問題：
- □思い立ったが［きちじつ］
- □［きちれい］の興行を行う。
- □思わぬ［きっぽう］が舞（ま）い込（こ）む。
- □［ふきつ］な予感がする。

筆順　用例　問題

＊擬人法＝人以外の物を人にたとえて表現する技法。　※「きちにち」「きつじつ」とも読む。

3級

## 喫

部首 口（くちへん） 12画

音 キツ
訓 —

「口」は小さめに
つき出さない

喫煙（きつえん）
喫茶店（きっさてん）
喫（きっ）する＊
満喫（まんきつ）

□〔きつえん〕を禁止する。
□〔きっさてん〕で暇（ひま）を潰（つぶ）す。
□大敗を〔きっ〕する。
□海外旅行を〔まんきつ〕する。

4級

## 詰

部首 言（ごんべん） 13画

音 （キツ）
訓 つ-める
つ-まる
つ-む

上の横棒より短く

詰（つ）め襟（えり）
詰（つ）め物（もの）
折詰（おりづめ）
詰（つ）まる

□〔つ〕め襟（えり）の制服を着る。
□歯の〔つ〕め物が取れる。
□〔おりづめ〕の弁当。
□言葉に〔つ〕まる。

4級

## 却

部首 卩（わりふ・ふしづくり） 7画

音 キャク
訓 —

止める
折る
折ってはねる

却下（きゃっか）
焼却（しょうきゃく）
退却（たいきゃく）
返却（へんきゃく）

□意見を〔きゃっか〕する。
□書類を〔しょうきゃく〕する。
□〔たいきゃく〕の指示を出す。
□本を〔へんきゃく〕する。

### 似ている漢字に注意

擬（ギ）てへん ― 凝（ギョウ）にすい

### 似ている漢字に注意

犠（ギ）うしへん ― 儀（ギ）にんべん ― 議（ギ）ごんべん

### 書き方に注意

却　「阝」としないように。

＊喫する＝よくないことなどを受ける。

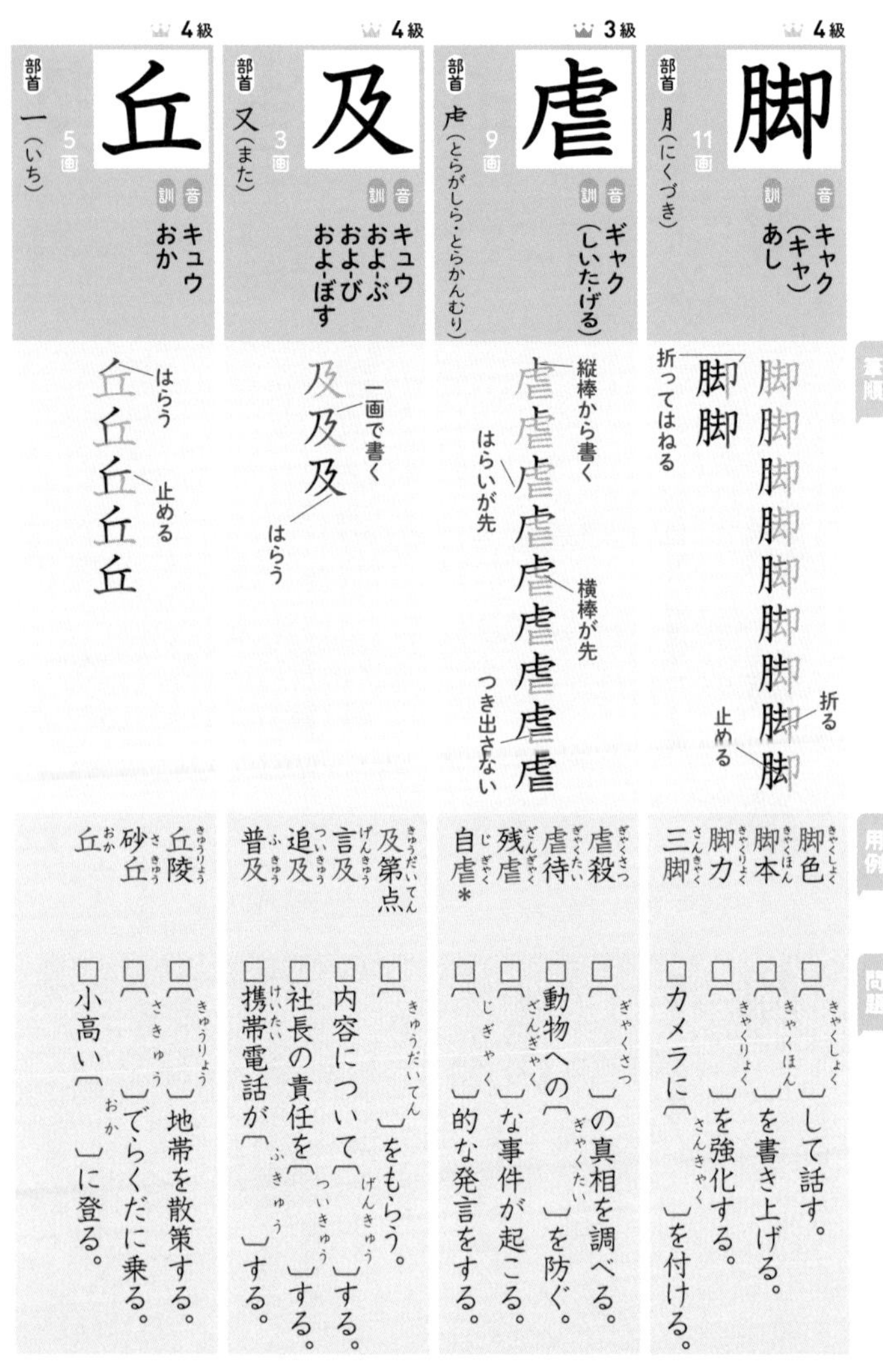


＊自虐＝自分で自分自身をいじめ苦しめること。

4級

# 朽

部首 木（きへん） 6画

音 キュウ
訓 く-ちる

朽 朽 朽 朽 朽 朽

短く止める
一画で書く
つき出さない

朽廃（きゅうはい）
不朽（ふきゅう）
老朽化（ろうきゅうか）
朽ちる（く）

□〔きゅうはい〕した家屋を壊（こわ）す。
□〔ふきゅう〕の名作を読む。
□〔ろうきゅうか〕したビル。
□木製の橋が〔く〕ちる。

2級

# 臼

部首 臼（うす） 6画

音 キュウ
訓 うす

臼 臼 臼 臼 臼 臼

筆順に注意

臼歯（きゅうし）
脱臼（だっきゅう）
臼（うす）
石臼（いしうす）

□〔きゅうし〕ですり潰（つぶ）す。
□肩（かた）を〔だっきゅう〕する。
□餅（もち）を〔うす〕ときねでつく。
□〔いしうす〕でそばをひく。

準2級

# 糾

部首 糸（いとへん） 9画

音 キュウ
訓 —

糾 糾 糾 糾 糾 糾 糾 糾 糾

折る
筆順に注意

糾弾（きゅうだん）
糾明（きゅうめい）＊
紛糾（ふんきゅう）

□汚職（おしょく）を〔きゅうだん〕する。
□不正を〔きゅうめい〕する。
□議論が〔ふんきゅう〕する。

2級

# 嗅※

部首 口（くちへん） 13画

音 キュウ
訓 か-ぐ

嗅 嗅 嗅 嗅 嗅 嗅 嗅 嗅 嗅 嗅 嗅 嗅 嗅

「口」は小さめに
はらう

嗅覚（きゅうかく）
嗅ぐ（か）

□〔きゅうかく〕が鋭（するど）い。
□犬がしきりに門柱の辺りを〔か〕ぎ回る。

＊糾明＝犯罪・不正などを問いただしてはっきりさせること。　※「嗅」(12画)も可。

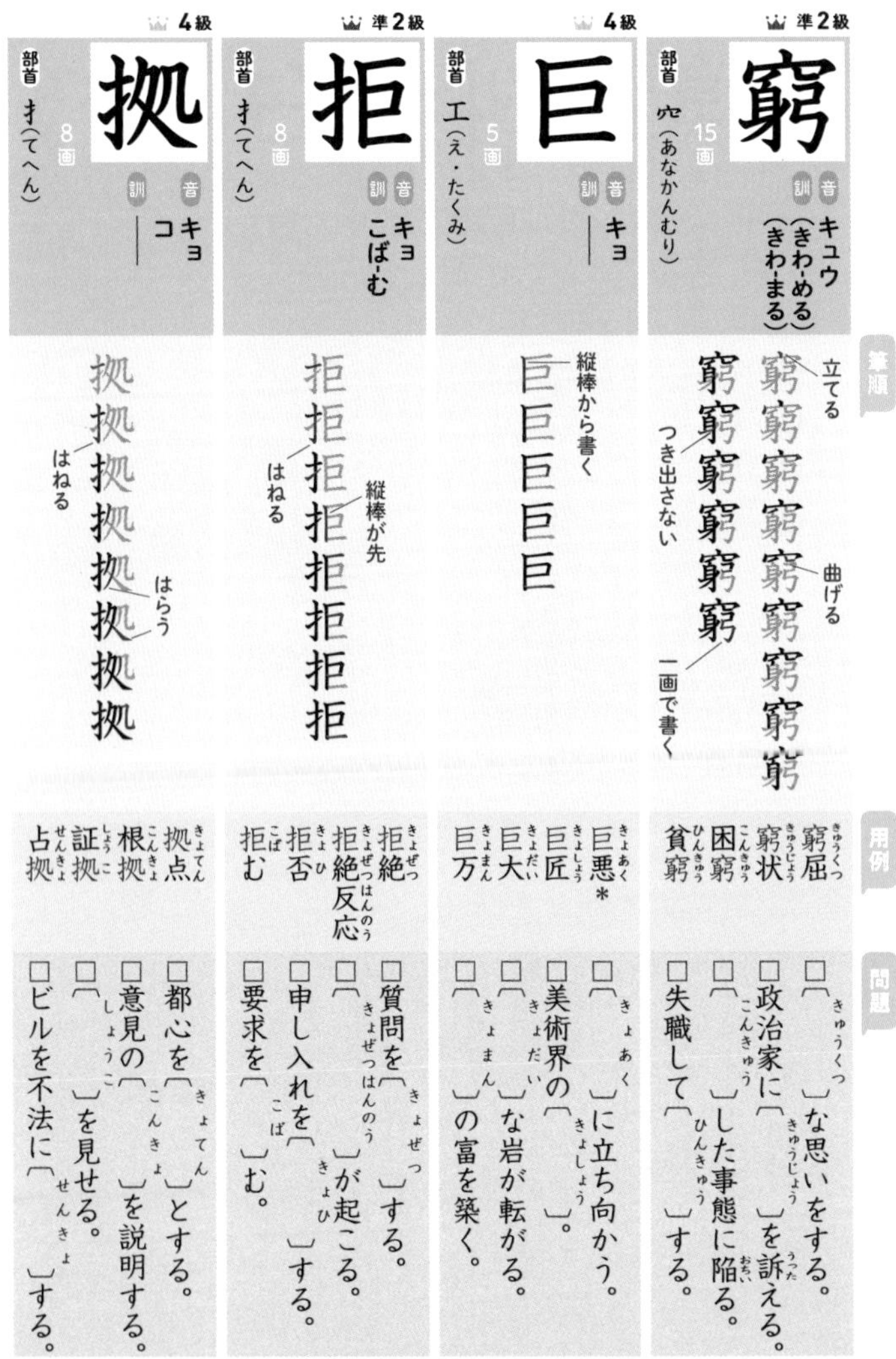


＊巨悪＝大きな力を持つ悪い組織や人物。

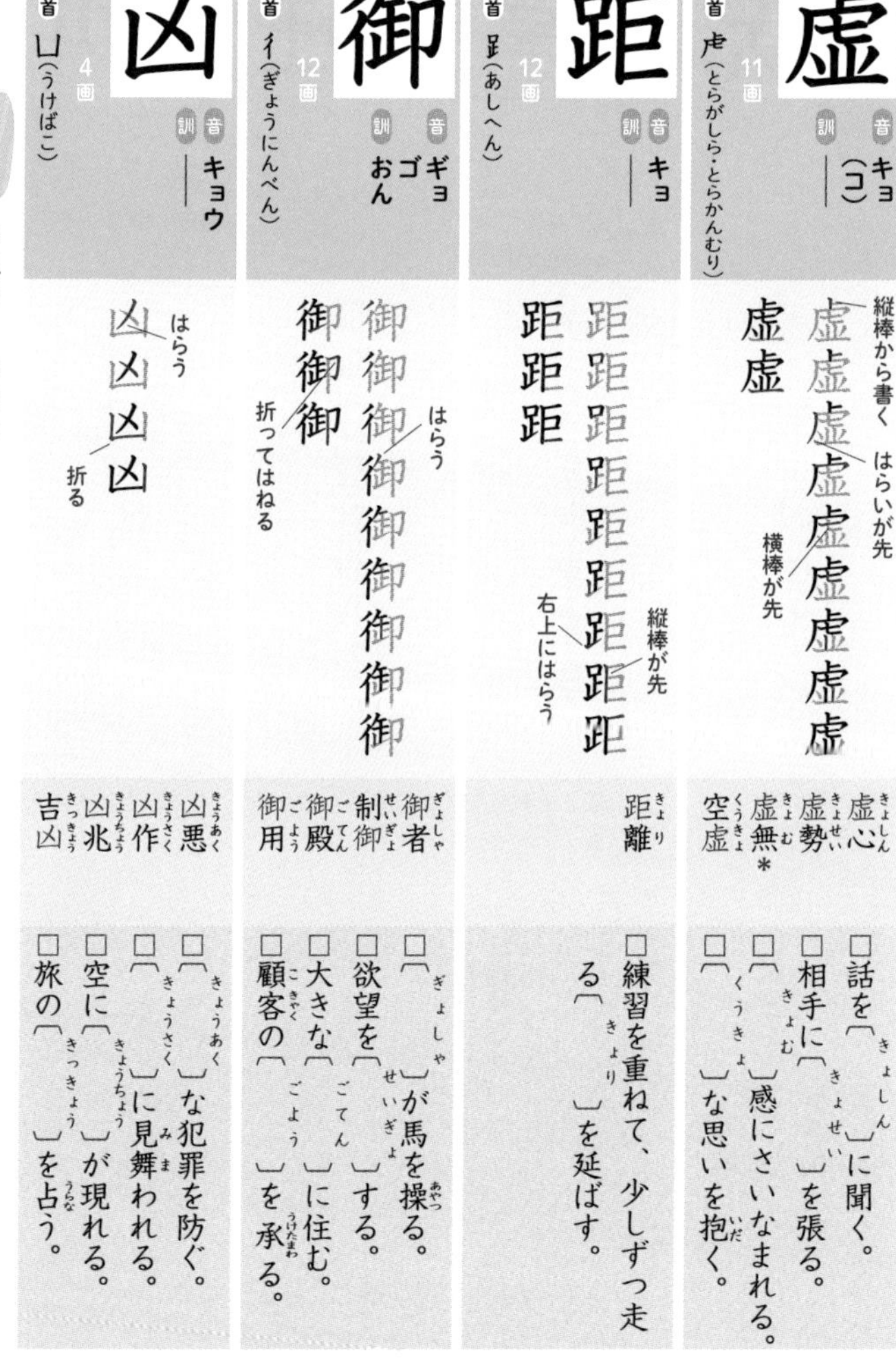

## 虚　3級
部首：虍（とらがしら・とらかんむり）　11画
音：キョ（コ）　訓：―

縦棒から書く　はらいが先　横棒が先

虚心（きょしん）
虚勢（きょせい）
虚無（きょむ）＊
空虚（くうきょ）

□話を〔きょしん〕に聞く。
□相手に〔きょせい〕を張る。
□〔きょむ〕感にさいなまれる。
□〔くうきょ〕な思いを抱（いだ）く。

## 距　4級
部首：𧾷（あしへん）　12画
音：キョ　訓：―

右上にはらう　縦棒が先

距離（きょり）

□練習を重ねて、少しずつ走る〔きょり〕を延ばす。

## 御　4級
部首：彳（ぎょうにんべん）　12画
音：ギョ　ゴ　訓：おん

はらう　折ってはねる

御者（ぎょしゃ）
制御（せいぎょ）
御殿（ごてん）
御用（ごよう）

□〔ぎょしゃ〕が馬を操（あやつ）る。
□欲望を〔せいぎょ〕する。
□大きな〔ごてん〕に住む。
□顧客（こきゃく）の〔ごよう〕を承（うけたまわ）る。

## 凶　4級
部首：凵（うけばこ）　4画
音：キョウ　訓：―

はらう　折る

凶悪（きょうあく）
凶作（きょうさく）
凶兆（きょうちょう）
吉凶（きっきょう）

□〔きょうあく〕な犯罪を防ぐ。
□〔きょうさく〕に見舞（みま）われる。
□空に〔きょうちょう〕が現れる。
□旅の〔きっきょう〕を占（うらな）う。

＊虚無＝何もなくむなしいこと。

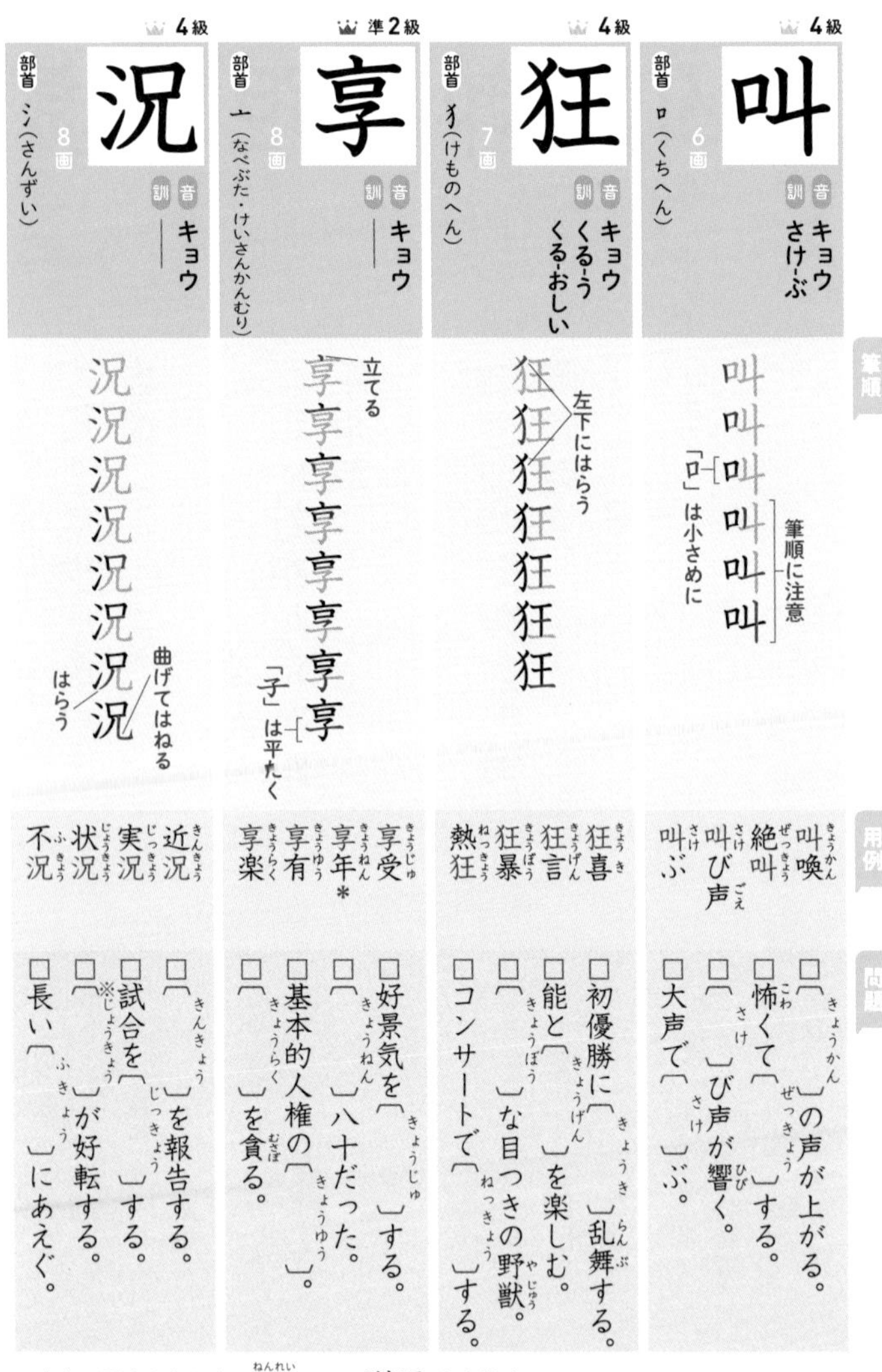

## 叫

4級

部首：口（くちへん）　6画

音：キョウ　訓：さけ-ぶ

**筆順**：叫叫叫叫叫叫（筆順に注意）「口」は小さめに

**用例**：叫喚（きょうかん）　絶叫（ぜっきょう）　叫び声（さけびごえ）　叫ぶ（さけぶ）

**問題**

□［きょうかん］の声が上がる。

□怖くて［ぜっきょう］する。

□［さけ］び声が響く。

□大声で［さけ］ぶ。

## 狂

4級

部首：犭（けものへん）　7画

音：キョウ　訓：くる-う　くる-おしい

**筆順**：狂狂狂狂狂狂狂（左下にはらう）

**用例**：狂喜（きょうき）　狂言（きょうげん）　狂暴（きょうぼう）　熱狂（ねっきょう）

**問題**

□初優勝に［きょうき］乱舞する。

□能と［きょうげん］を楽しむ。

□［きょうぼう］な目つきの野獣。

□コンサートで［ねっきょう］する。

## 享

準2級

部首：亠（なべぶた・けいさんかんむり）　8画

音：キョウ　訓：—

**筆順**：享享享享享享享享（立てる）「子」は平たく

**用例**：享受（きょうじゅ）　享年＊（きょうねん）　享有（きょうゆう）　享楽（きょうらく）

**問題**

□好景気を［きょうじゅ］する。

□［きょうねん］八十だった。

□基本的人権の［きょうゆう］。

□［きょうらく］を貪る。

## 況

4級

部首：氵（さんずい）　8画

音：キョウ　訓：—

**筆順**：況況況況況況況況（曲げてはねる）（はらう）

**用例**：近況（きんきょう）　実況（じっきょう）　状況（じょうきょう）　不況（ふきょう）

**問題**

□［きんきょう］を報告する。

□試合を［じっきょう］する。

□［※じょうきょう］が好転する。

□長い［ふきょう］にあえぐ。

＊享年＝死去したときの年齢（ねんれい）。　※「情況」とも書く。

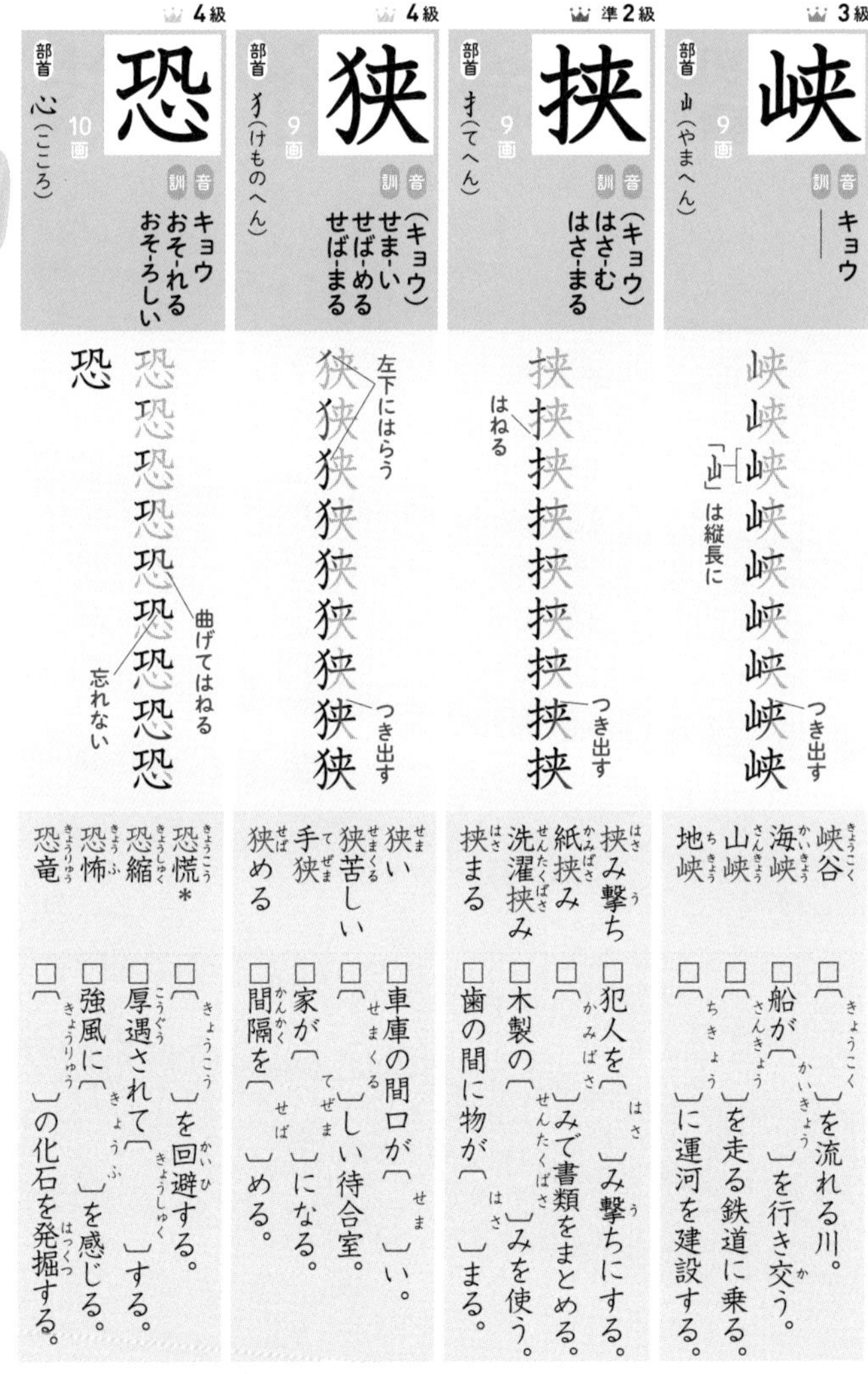

峡 3級
部首 山（やまへん） 9画
音 キョウ
訓 ―

峡谷（きょうこく）　□（きょうこく）を流れる川。
海峡（かいきょう）　□船が（かいきょう）を行き交（か）う。
山峡（さんきょう）　□（さんきょう）を走る鉄道に乗る。
地峡（ちきょう）　□（ちきょう）に運河を建設する。

挟 準2級
部首 扌（てへん） 9画
音 （キョウ）
訓 はさ-む　はさ-まる

挟（はさ）み撃（う）ち　□犯人を（はさ）み撃（う）ちにする。
紙挟（かみばさ）み　□（かみばさ）みで書類をまとめる。
洗濯挟（せんたくばさ）み　□木製の（せんたくばさ）みを使う。
挟（はさ）まる　□歯の間に物が（はさ）まる。

狭 4級
部首 犭（けものへん） 9画
音 （キョウ）
訓 せま-い　せば-める　せば-まる

狭（せま）い　□車庫の間口が（せま）い。
狭苦（せまくる）しい　□（せまくる）しい待合室。
手狭（てぜま）　□家が（てぜま）になる。
狭（せば）める　□間隔（かんかく）を（せば）める。

恐 4級
部首 心（こころ） 10画
音 キョウ
訓 おそ-れる　おそ-ろしい

恐慌（きょうこう）＊　□（きょうこう）を回避（かいひ）する。
恐縮（きょうしゅく）　□厚遇（こうぐう）されて（きょうしゅく）する。
恐怖（きょうふ）　□強風に（きょうふ）を感じる。
恐竜（きょうりゅう）　□（きょうりゅう）の化石を発掘（はっくつ）する。

＊恐慌＝極端（きょくたん）な不況（ふきょう）に陥（おちい）るなどの経済的な大混乱。

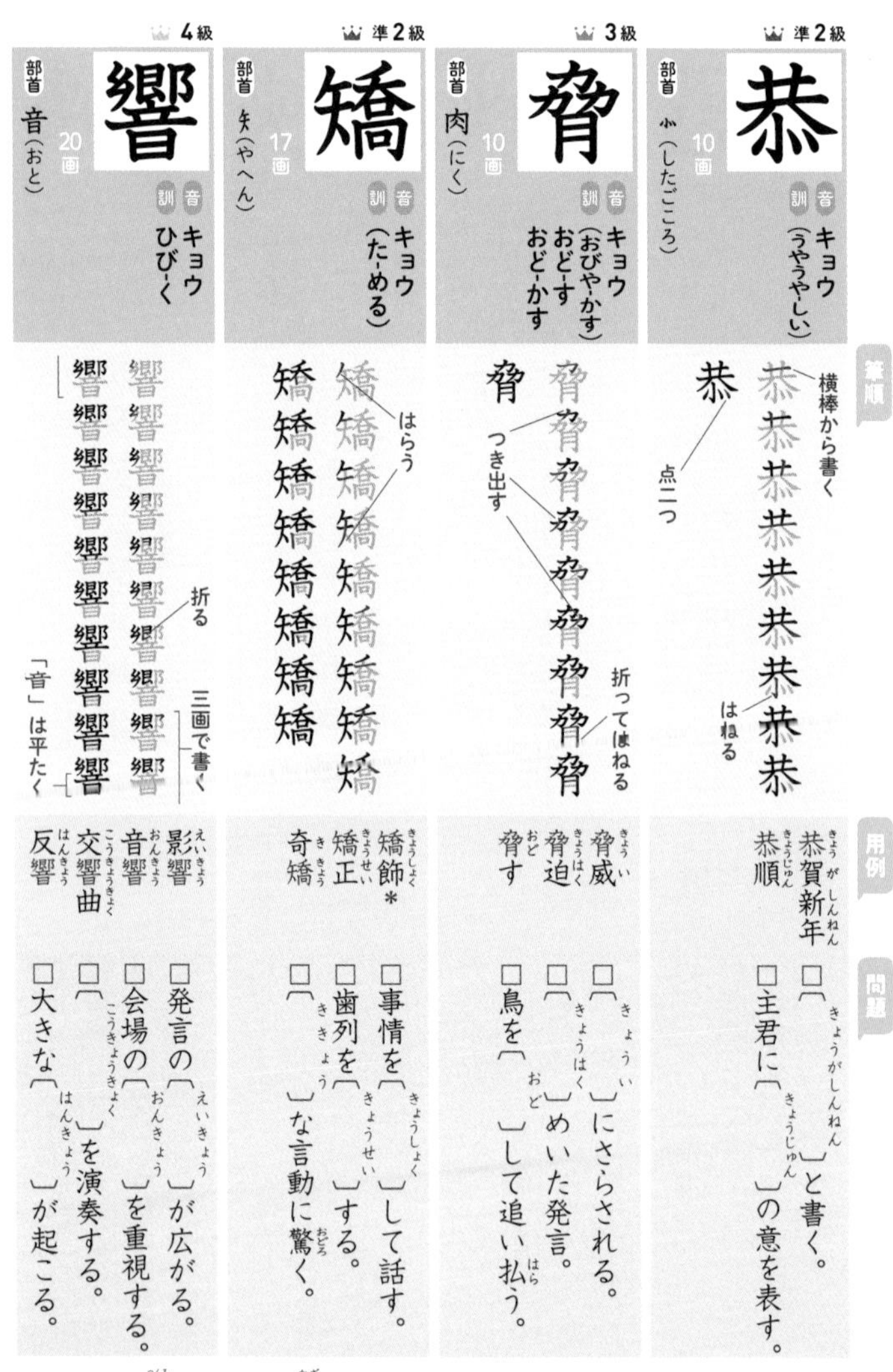


＊矯飾＝取り繕（つくろ）って，上辺を飾（かざ）ること。

 4級

# 驚

部首 馬（うま） 22画

音 キョウ
訓 おどろ-く　おどろ-かす

驚 驚 驚 驚 驚 驚 驚 驚 驚 驚 驚 驚 驚 驚 驚 驚 驚 驚 驚 驚 驚 驚

折ってはねる
縦棒が先

驚異的（きょういてき）
驚嘆（きょうたん）
驚天動地（きょうてんどうち）
驚く（おどろ-く）

□〔きょういてき〕な成績を収める。
□美しさに〔きょうたん〕する。
□〔きょうてんどうち〕の大事件。
□〔おどろ〕くべき事実を知る。

4級

# 仰

部首 亻（にんべん） 6画

音 ギョウ　コウ
訓 あお-ぐ　（おお-せ）

仰 仰 仰 仰 仰 仰

はらう
折る

仰視（ぎょうし）
仰天（ぎょうてん）
信仰（しんこう）
仰ぐ（あお-ぐ）

□大仏を〔ぎょうし〕する。
□びっくり〔ぎょうてん〕する。
□厚い〔しんこう〕を寄せる。
□青天を〔あお〕ぎ見る。

準2級

# 暁

部首 日（ひへん） 12画

音 （ギョウ）
訓 あかつき

暁 暁 暁 暁 暁 暁 暁 暁 暁 暁 暁 暁

忘れない
横棒が先
上の横棒より長く

暁（あかつき）＊

□うまくいった〔あかつき〕には、報酬（ほうしゅう）を支払（しはら）おう。

3級

# 凝

部首 冫（にすい） 16画

音 ギョウ
訓 こ-る　こ-らす

凝 凝 凝 凝 凝 凝 凝 凝 凝 凝 凝 凝 凝 凝 凝 凝

「冫」を「氵」としない
短く止める

凝固（ぎょうこ）
凝視（ぎょうし）
凝縮（ぎょうしゅく）
凝り性（こ-りしょう）

□血液が〔ぎょうこ〕する。
□絵画を〔ぎょうし〕する。
□短く〔ぎょうしゅく〕された話。
□兄は、〔こ〕り性（しょう）だ。

＊暁＝あることが実現した，そのとき。

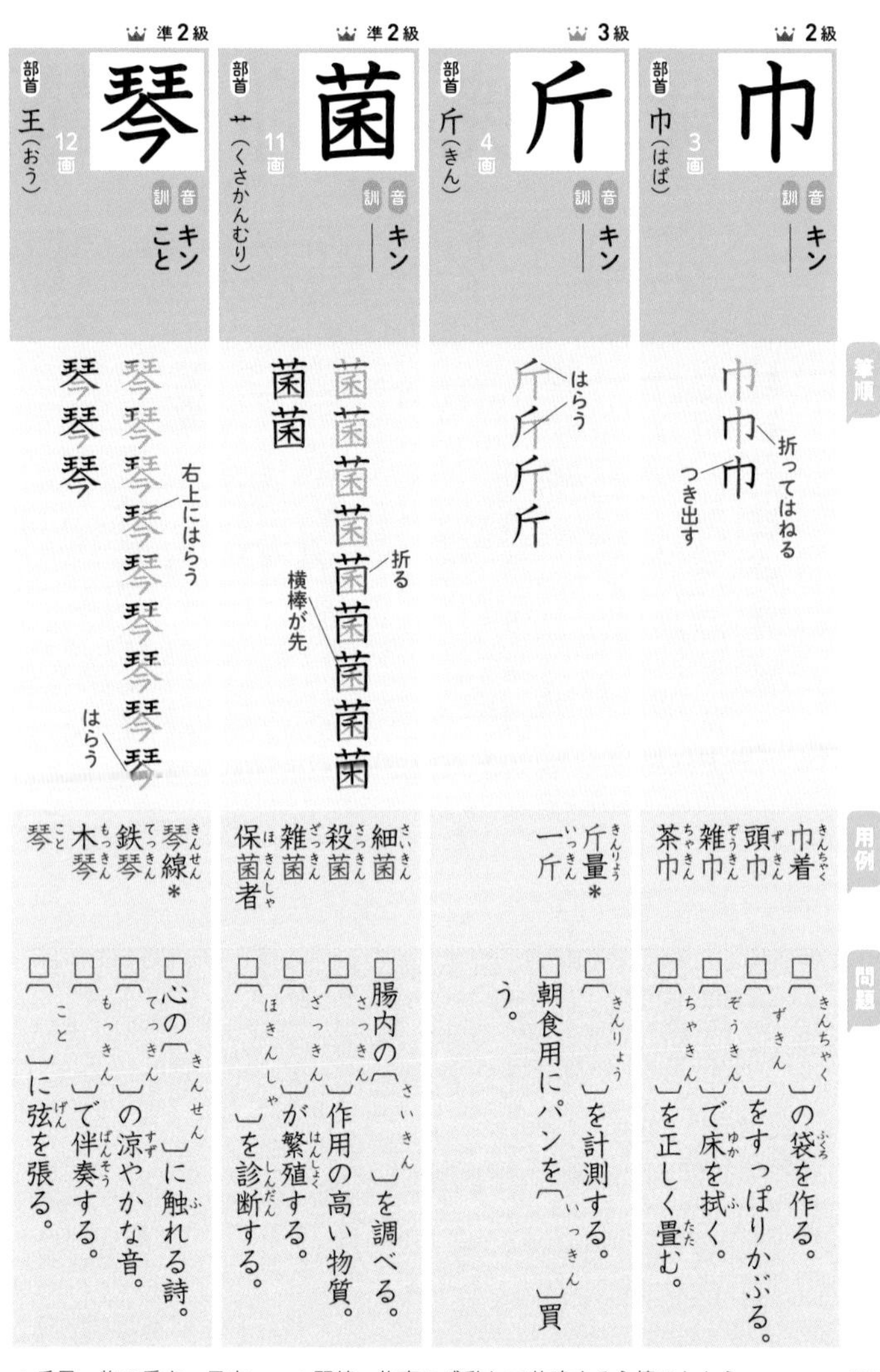

## 巾　2級

部首 巾（はば）　3画

音 キン　訓 ―



用例：巾着（きんちゃく）　頭巾（ずきん）　雑巾（ぞうきん）　茶巾（ちゃきん）

問題：
□（きんちゃく）の袋を作る。
□（ずきん）をすっぽりかぶる。
□（ぞうきん）で床を拭く。
□（ちゃきん）を正しく畳む。

## 斤　3級

部首 斤（きん）　4画

音 キン　訓 ―



用例：斤量（きんりょう）＊　一斤（いっきん）

問題：
□（きんりょう）を計測する。
□朝食用にパンを（いっきん）買う。

## 菌　準2級

部首 艹（くさかんむり）　11画

音 キン　訓 ―



用例：細菌（さいきん）　殺菌（さっきん）　雑菌（ざっきん）　保菌者（ほきんしゃ）

問題：
□腸内の（さいきん）を調べる。
□（さっきん）作用の高い物質。
□（ざっきん）が繁殖する。
□（ほきんしゃ）を診断する。

## 琴　準2級

部首 王（おう）　12画

音 キン　訓 こと



用例：琴線（きんせん）＊　鉄琴（てっきん）　木琴（もっきん）　琴（こと）

問題：
□心の（きんせん）に触れる詩。
□（てっきん）の涼やかな音。
□（もっきん）で伴奏する。
□（こと）に弦を張る。

＊斤量＝物の重さ。目方。　＊琴線＝物事に感動して共鳴する心情のたとえ。

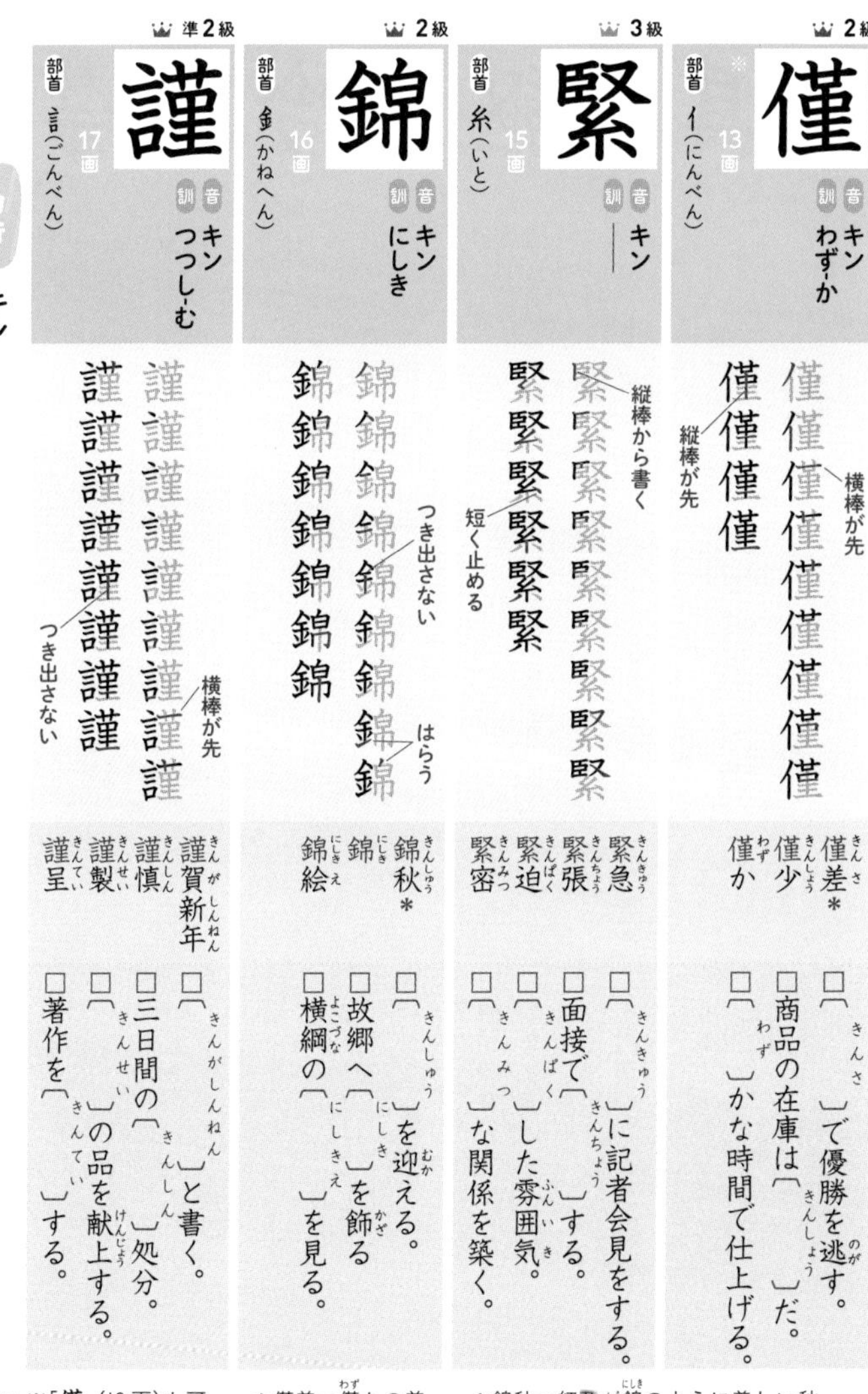

## 僅 2級
※ 13画
部首 亻(にんべん)
音 キン
訓 わず-か

横棒が先 / 縦棒が先

僅差＊
僅少
僅か

□(きんさ)で優勝を逃す。
□商品の在庫は(きんしょう)だ。
□(わず)かな時間で仕上げる。

## 緊 3級
15画
部首 糸(いと)
音 キン
訓 ―

縦棒から書く / 短く止める

緊急
緊張
緊迫
緊密

□(きんきゅう)に記者会見をする。
□面接で(きんちょう)する。
□(きんぱく)した雰囲気。
□(きんみつ)な関係を築く。

## 錦 2級
16画
部首 金(かねへん)
音 キン
訓 にしき

つき出さない / はらう

錦秋＊
錦
錦絵

□(きんしゅう)を迎える。
□故郷へ(にしき)を飾る
□横綱の(にしきえ)を見る。

## 謹 準2級
17画
部首 言(ごんべん)
音 キン
訓 つつし-む

横棒が先 / つき出さない

謹賀新年
謹慎
謹製
謹呈

□(きんがしんねん)と書く。
□三日間の(きんしん)処分。
□(きんせい)の品を献上する。
□著作を(きんてい)する。

※「僅」(12画)も可。　＊僅差＝僅かの差。　＊錦秋＝紅葉が錦のように美しい秋。

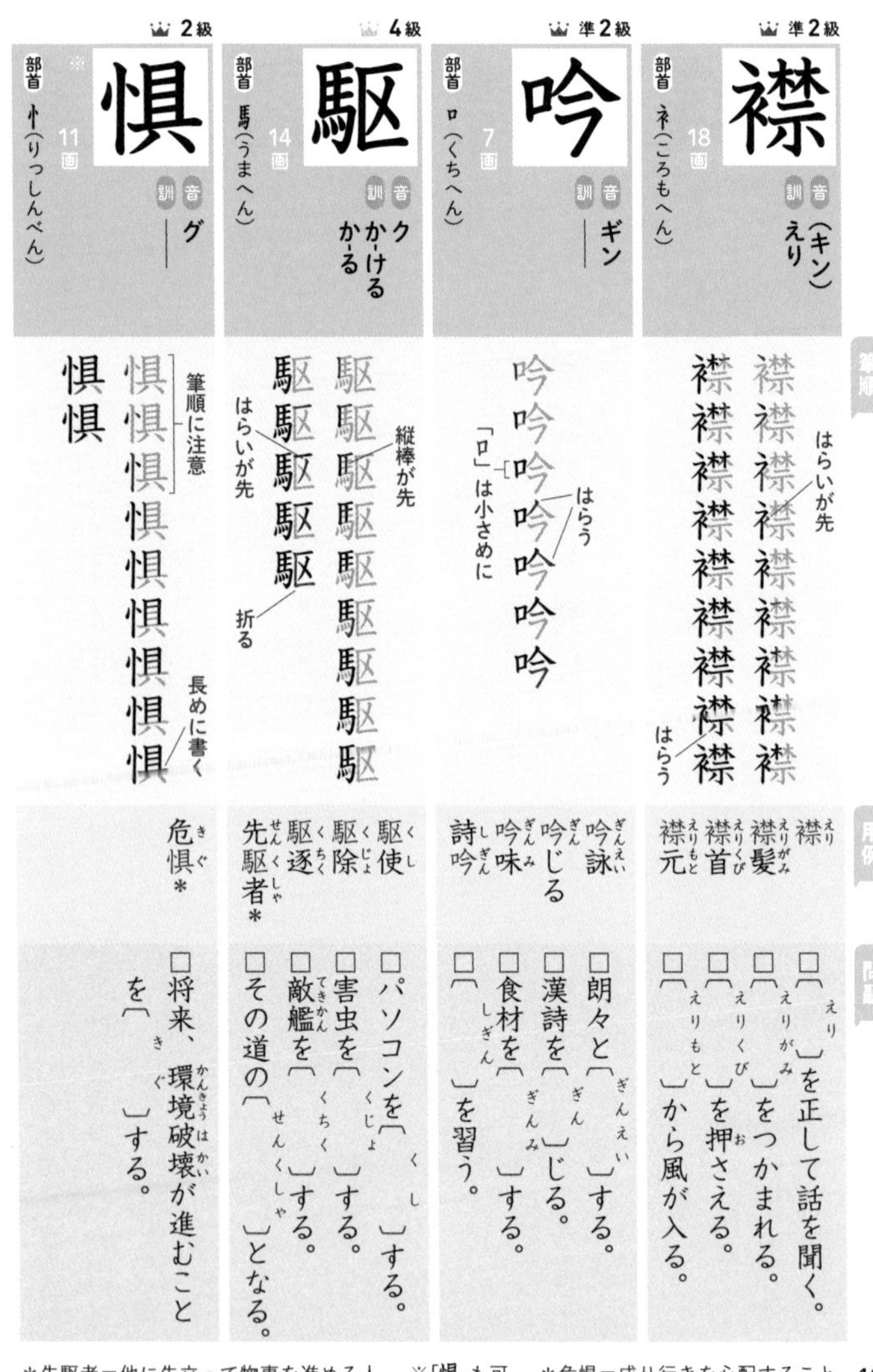

## 襟

準2級

部首　衤（ころもへん）　18画

音　（キン）
訓　えり

筆順（はらいが先／はらう）

用例：襟（えり）　襟髪（えりがみ）　襟首（えりくび）　襟元（えりもと）

問題
- □（えり）を正して話を聞く。
- □（えりがみ）をつかまれる。
- □（えりくび）を押（お）さえる。
- □（えりもと）から風が入る。

## 吟

準2級

部首　口（くちへん）　7画

音　ギン
訓　―

筆順（「口」は小さめに／はらう）

用例：吟詠（ぎんえい）　吟（ぎん）じる　吟味（ぎんみ）　詩吟（しぎん）

問題
- □朗々と（ぎんえい）する。
- □漢詩を（ぎん）じる。
- □食材を（ぎんみ）する。
- □（しぎん）を習う。

## 駆

4級

部首　馬（うまへん）　14画

音　ク
訓　か-ける　か-る

筆順（縦棒が先／はらいが先／折る）

用例：駆使（くし）　駆除（くじょ）　駆逐（くちく）　先駆者（せんくしゃ）＊

問題
- □パソコンを（くし）する。
- □害虫を（くじょ）する。
- □敵艦（てきかん）を（くちく）する。
- □その道の（せんくしゃ）となる。

## 惧 ※

2級

部首　忄（りっしんべん）　11画

音　グ
訓　―

筆順（筆順に注意／長めに書く）

用例：危惧（きぐ）＊

問題
- □将来、環境破壊（かんきょうはかい）が進むことを（きぐ）する。

＊先駆者＝他に先立って物事を進める人。　※「惧」も可。　＊危惧＝成り行きを心配すること。

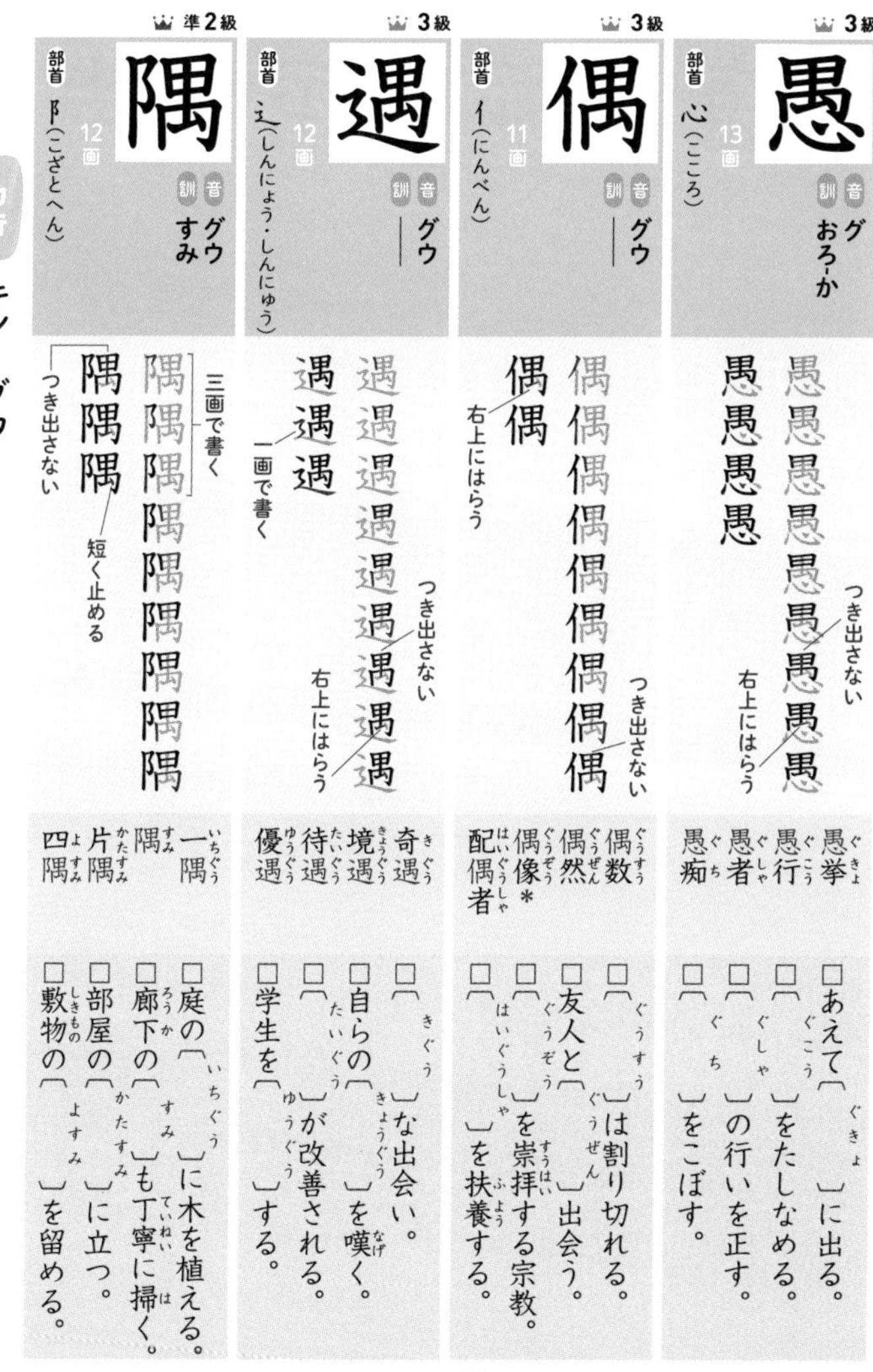

## 愚

3級

部首　心（こころ）　13画

音　グ
訓　おろ-か

つき出さない
右上にはらう

- 愚挙（ぐきょ）
- 愚行（ぐこう）
- 愚者（ぐしゃ）
- 愚痴（ぐち）

- □あえて〔ぐきょ〕に出る。
- □〔ぐこう〕をたしなめる。
- □〔ぐしゃ〕の行いを正す。
- □〔ぐち〕をこぼす。

## 偶

3級

部首　亻（にんべん）　11画

音　グウ
訓　—

右上にはらう
つき出さない

- 偶数（ぐうすう）
- 偶然（ぐうぜん）
- 偶像（ぐうぞう）＊
- 配偶者（はいぐうしゃ）

- □〔ぐうすう〕は割り切れる。
- □友人と〔ぐうぜん〕出会う。
- □〔ぐうぞう〕を崇拝（すうはい）する宗教。
- □〔はいぐうしゃ〕を扶養（ふよう）する。

## 遇

3級

部首　辶（しんにょう・しんにゅう）　12画

音　グウ
訓　—

一画で書く
つき出さない
右上にはらう

- 奇遇（きぐう）
- 境遇（きょうぐう）
- 待遇（たいぐう）
- 優遇（ゆうぐう）

- □〔きぐう〕な出会い。
- □自らの〔きょうぐう〕を嘆（なげ）く。
- □〔たいぐう〕が改善される。
- □学生を〔ゆうぐう〕する。

## 隅

準2級

部首　阝（こざとへん）　12画

音　グウ
訓　すみ

三画で書く
短く止める
つき出さない

- 一隅（いちぐう）
- 隅（すみ）
- 片隅（かたすみ）
- 四隅（よすみ）

- □庭の〔いちぐう〕に木を植える。
- □廊下（ろうか）の〔すみ〕も丁寧（ていねい）に掃（は）く。
- □部屋の〔かたすみ〕に立つ。
- □敷物（しきもの）の〔よすみ〕を留める。


＊偶像＝神や仏の姿をかたどった像。また，憧（あこが）れや尊敬の目あてになるもの。

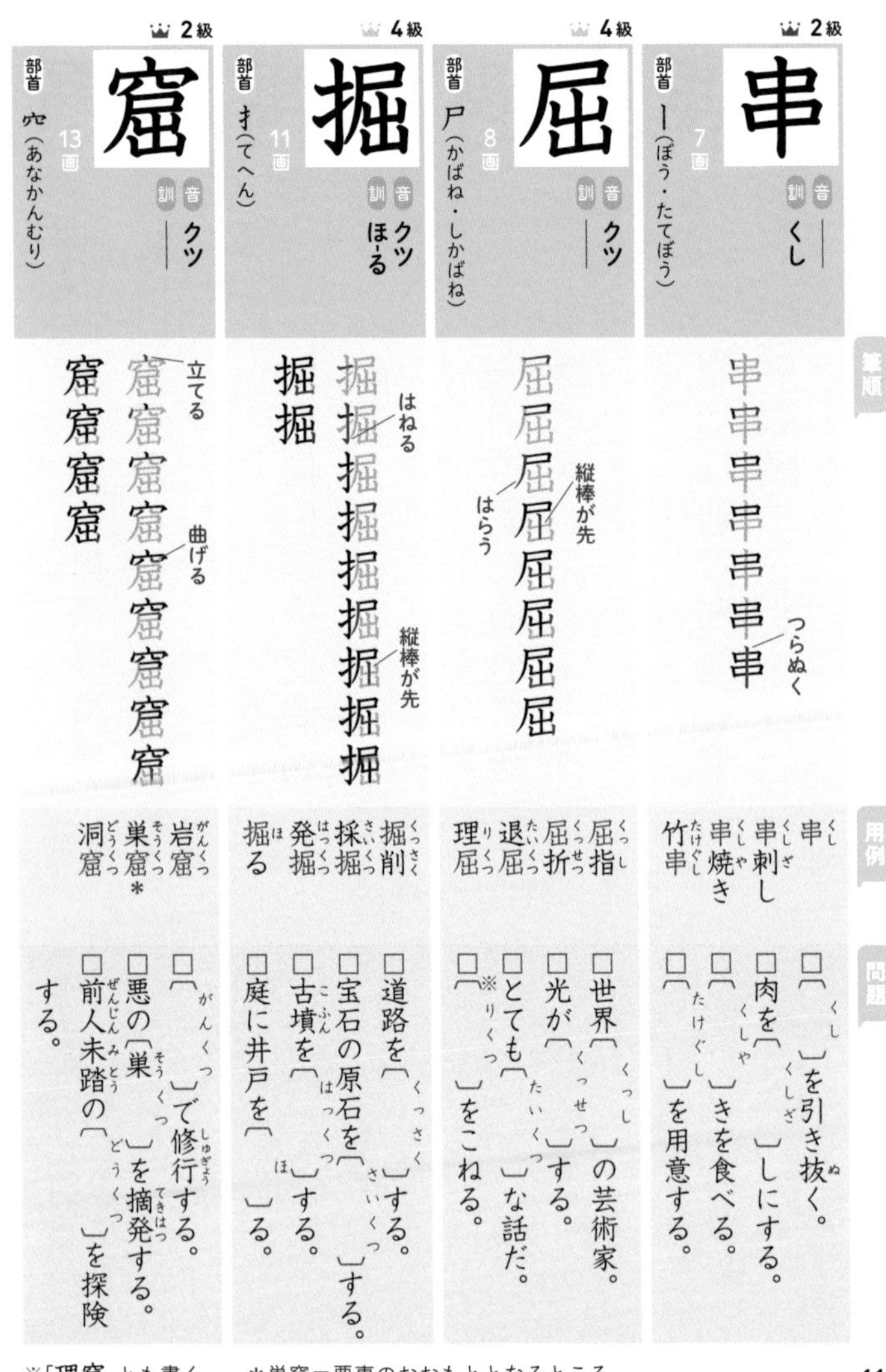

## 串　2級

7画　部首：丨（ぼう・たてぼう）
音：―
訓：くし

筆順：つらぬく

用例：
- 串（くし）
- 串刺し（くしざし）
- 串焼き（くしやき）
- 竹串（たけぐし）

問題：
- □〔くし〕を引き抜（ぬ）く。
- □肉を〔くしざ〕しにする。
- □〔くしや〕きを食べる。
- □〔たけぐし〕を用意する。

## 屈　4級

8画　部首：尸（かばね・しかばね）
音：クツ
訓：―

筆順：縦棒が先／はらう

用例：
- 屈指（くっし）
- 屈折（くっせつ）
- 退屈（たいくつ）
- 理屈（りくつ）

問題：
- □世界〔くっし〕の芸術家。
- □光が〔くっせつ〕する。
- □とても〔たいくつ〕な話だ。
- □〔※りくつ〕をこねる。

## 掘　4級

11画　部首：扌（てへん）
音：クツ
訓：ほ-る

筆順：はねる／縦棒が先

用例：
- 掘削（くっさく）
- 採掘（さいくつ）
- 発掘（はっくつ）
- 掘る（ほる）

問題：
- □道路を〔くっさく〕する。
- □宝石の原石を〔さいくつ〕する。
- □古墳（こふん）を〔はっくつ〕する。
- □庭に井戸を〔ほ〕る。

## 窟　2級

13画　部首：穴（あなかんむり）
音：クツ
訓：―

筆順：立てる／曲げる

用例：
- 岩窟（がんくつ）
- 巣窟＊（そうくつ）
- 洞窟（どうくつ）

問題：
- □〔がんくつ〕で修行（しゅぎょう）する。
- □悪の〔そうくつ〕を摘発（てきはつ）する。
- □前人未踏（ぜんじんみとう）の〔どうくつ〕を探険する。

※「理窟」とも書く。　＊巣窟＝悪事のおおもととなるところ。

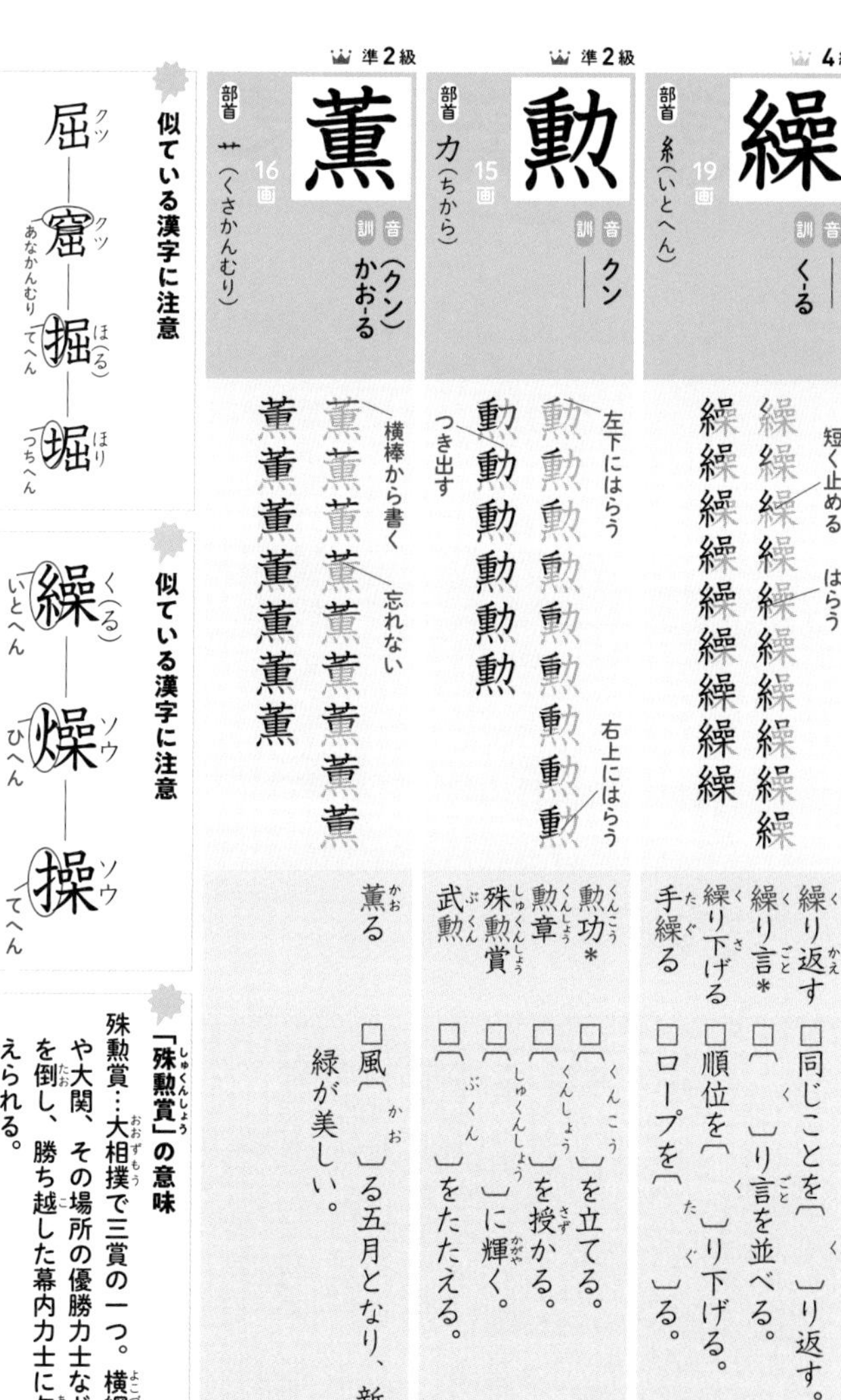

4級 **繰** 部首 糸(いとへん) 19画 音 ― 訓 く-る
繰り返す　□同じことを（く）り返す。
繰り言*　□（く）り言を並べる。
繰り下げる　□順位を（く）り下げる。
手繰る　□ロープを（たぐ）る。

準2級 **勲** 部首 力(ちから) 15画 音 クン 訓 ―
勲功*　□（くんこう）を立てる。
勲章　□（くんしょう）を授かる。
殊勲賞　□（しゅくんしょう）に輝く。
武勲　□（ぶくん）をたたえる。

準2級 **薫** 部首 艹(くさかんむり) 16画 音 （クン） 訓 かお-る
薫る　□風（かお）る五月となり、新緑が美しい。

**似ている漢字に注意**
屈（クツ）―窟（クツ）あなかんむり―掘（ほ(る)）てへん―堀（ほり）つちへん

**似ている漢字に注意**
繰（く(る)）いとへん―燥（ソウ）ひへん―操（ソウ）てへん

**「殊勲賞」の意味**
殊勲賞…大相撲で三賞の一つ。横綱や大関、その場所の優勝力士などを倒し、勝ち越した幕内力士に与えられる。

*繰り言＝繰り返して言う愚痴。　*勲功＝国や主君のために尽くした手柄。

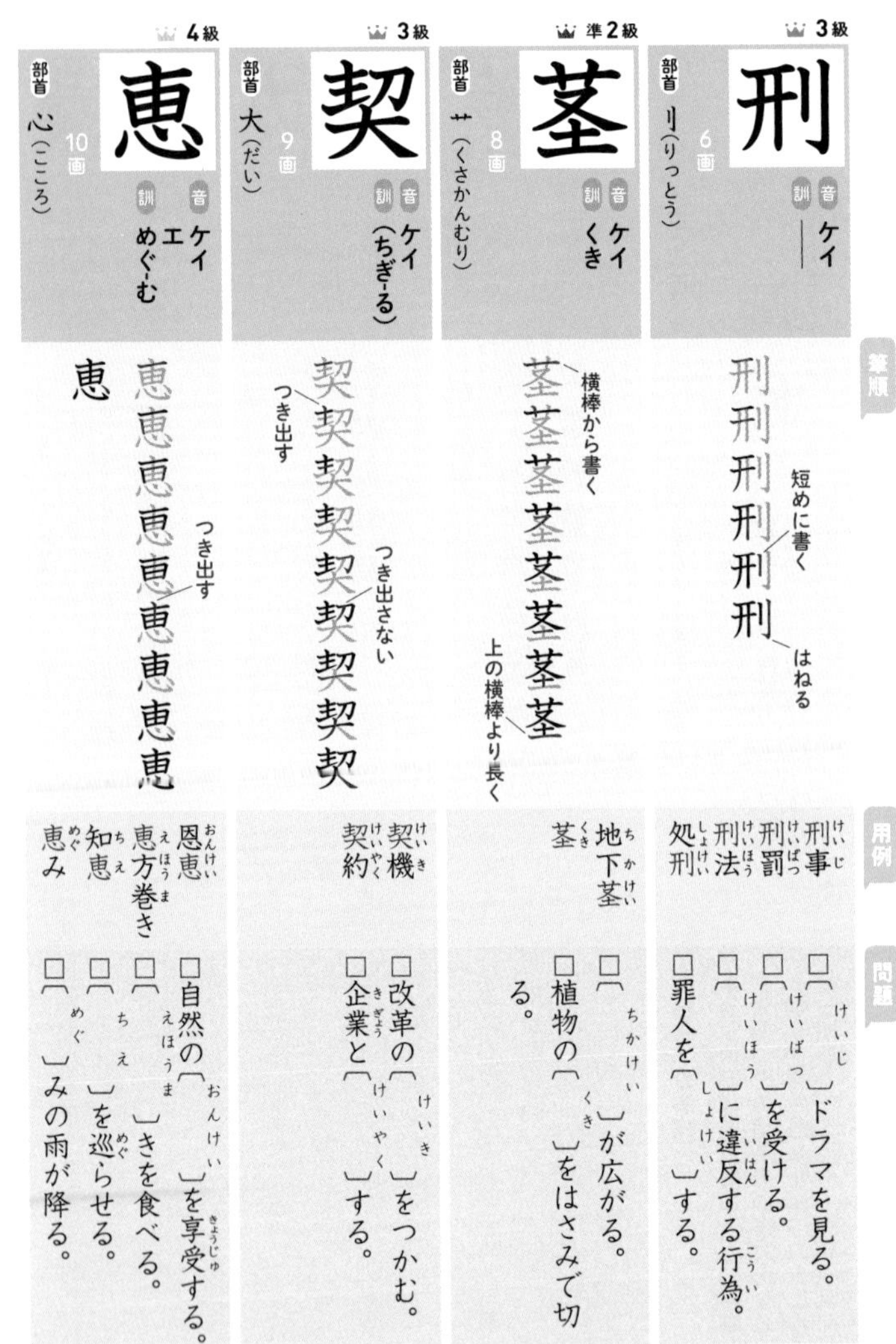

## 刑
3級
部首 刂（りっとう） 6画
音 ケイ
訓 ―

筆順
短めに書く
はねる

用例
刑事（けいじ）
刑罰（けいばつ）
刑法（けいほう）
処刑（しょけい）

問題
□（けいじ）ドラマを見る。
□（けいばつ）を受ける。
□（けいほう）に違反（いはん）する行為（こうい）。
□罪人を（しょけい）する。

## 茎
準2級
部首 艹（くさかんむり） 8画
音 ケイ
訓 くき

筆順
横棒から書く
上の横棒より長く

用例
地下茎（ちかけい）
茎（くき）

問題
□（ちかけい）が広がる。
□植物の（くき）をはさみで切る。

## 契
3級
部首 大（だい） 9画
音 ケイ
訓 （ちぎ-る）

筆順
つき出す
つき出さない

用例
契機（けいき）
契約（けいやく）

問題
□改革の（けいき）をつかむ。
□企業（きぎょう）と（けいやく）する。

## 恵
4級
部首 心（こころ） 10画
音 ケイ
エ
訓 めぐ-む

筆順
つき出す

用例
恩恵（おんけい）
恵方巻（えほうま）き
知恵（ちえ）
恵（めぐ）み

問題
□自然の（おんけい）を享受（きょうじゅ）する。
□（えほうま）きを食べる。
□（ちえ）を巡（めぐ）らせる。
□（めぐ）みの雨が降る。

## 啓
3級
部首 口（くち） 11画
音 ケイ
訓 ―

啓啓啓啓啓啓啓啓啓啓啓
「口」は平たく　はらう

啓示（けいじ）
啓発（けいはつ）＊
天啓（てんけい）
拝啓（はいけい）

□神からの〔けいじ〕を受ける。
□社員を〔けいはつ〕する。
□不意に〔てんけい〕を得る。
□〔はいけい〕で始まる手紙。

## 掲
3級
部首 扌（てへん） 11画
音 ケイ
訓 かか-げる

掲掲掲掲掲掲掲掲掲掲掲
はねる　「日」は小さめに　曲げてはねる

掲載（けいさい）
掲示（けいじ）
掲揚（けいよう）
前掲（ぜんけい）

□記事を雑誌に〔けいさい〕する。
□一覧表を壁（かべ）に〔けいじ〕する。
□国旗を〔けいよう〕する。
□〔ぜんけい〕の文章を参照する。

## 渓
準2級
部首 氵（さんずい） 11画
音 ケイ
訓 ―

渓渓渓渓渓渓渓渓渓渓渓
つき出す　上の横棒より長く

渓谷（けいこく）
渓流（けいりゅう）
雪渓（せっけい）

□〔けいこく〕の自然を味わう。
□〔けいりゅう〕を舟（ふね）で下る。
□〔せっけい〕の写真を撮（と）る。

### 似ている漢字に注意

刑（ケイ）りっとう ― 形（ケイ）さんづくり ― 型（ケイ）つち

### 「けいじ」の意味

刑事…犯罪の捜査（そうさ）などをする警察官。
啓示…神が真理を示すこと。
掲示…人目につく所に掲（かか）げること。

### 書き方に注意

恵　「丶」をつけないように。

＊啓発＝教えにより，より高い認識（にんしき）や理解に導くこと。

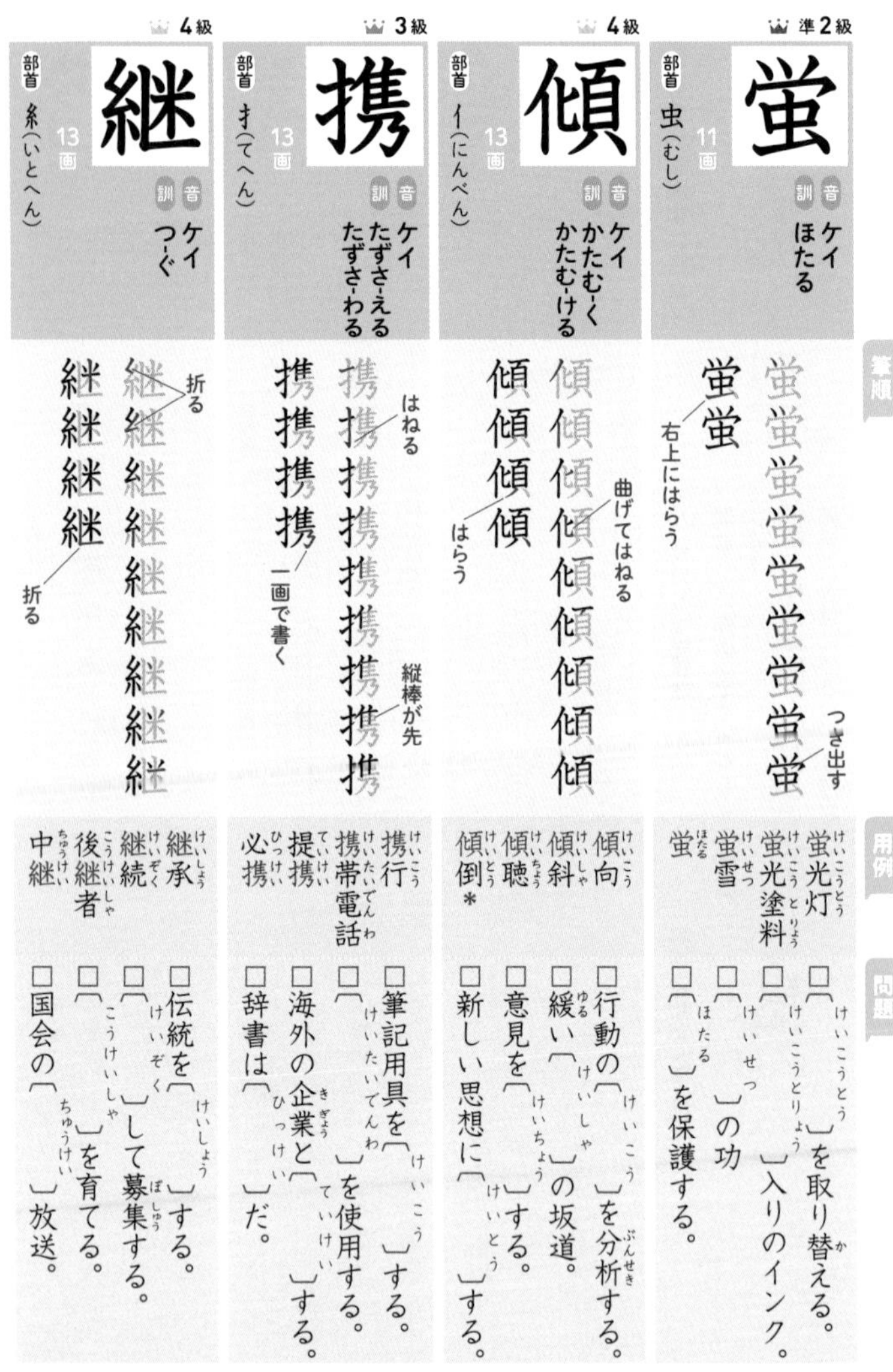

## 蛍

準2級

部首　虫（むし）　11画

音　ケイ
訓　ほたる

筆順　蛍（つき出す）（右上にはらう）

用例
- 蛍光灯（けいこうとう）
- 蛍光塗料（けいこうとりょう）
- 蛍雪（けいせつ）
- 蛍（ほたる）

問題
- □〔けいこうとう〕を取り替(か)える。
- □〔けいこうとりょう〕入りのインク。
- □〔けいせつ〕の功
- □〔ほたる〕を保護する。

## 傾

4級

部首　亻（にんべん）　13画

音　ケイ
訓　かたむ-く　かたむ-ける

筆順　傾（曲げてはねる）（はらう）

用例
- 傾向（けいこう）
- 傾斜（けいしゃ）
- 傾聴（けいちょう）
- 傾倒（けいとう）＊

問題
- □行動の〔けいこう〕を分析(ぶんせき)する。
- □緩(ゆる)い〔けいしゃ〕の坂道。
- □意見を〔けいちょう〕する。
- □新しい思想に〔けいとう〕する。

## 携

3級

部首　扌（てへん）　13画

音　ケイ
訓　たずさ-える　たずさ-わる

筆順　携（はねる）（縦棒が先）（一画で書く）

用例
- 携行（けいこう）
- 携帯電話（けいたいでんわ）
- 提携（ていけい）
- 必携（ひっけい）

問題
- □筆記用具を〔けいこう〕する。
- □〔けいたいでんわ〕を使用する。
- □海外の企業(きぎょう)と〔ていけい〕する。
- □辞書は〔ひっけい〕だ。

## 継

4級

部首　糸（いとへん）　13画

音　ケイ
訓　つ-ぐ

筆順　継（折る）（折る）

用例
- 継承（けいしょう）
- 継続（けいぞく）
- 後継者（こうけいしゃ）
- 中継（ちゅうけい）

問題
- □伝統を〔けいしょう〕する。
- □〔けいぞく〕して募集(ぼしゅう)する。
- □〔こうけいしゃ〕を育てる。
- □国会の〔ちゅうけい〕放送。

＊傾倒＝人や物事に心ひかれ熱中すること。

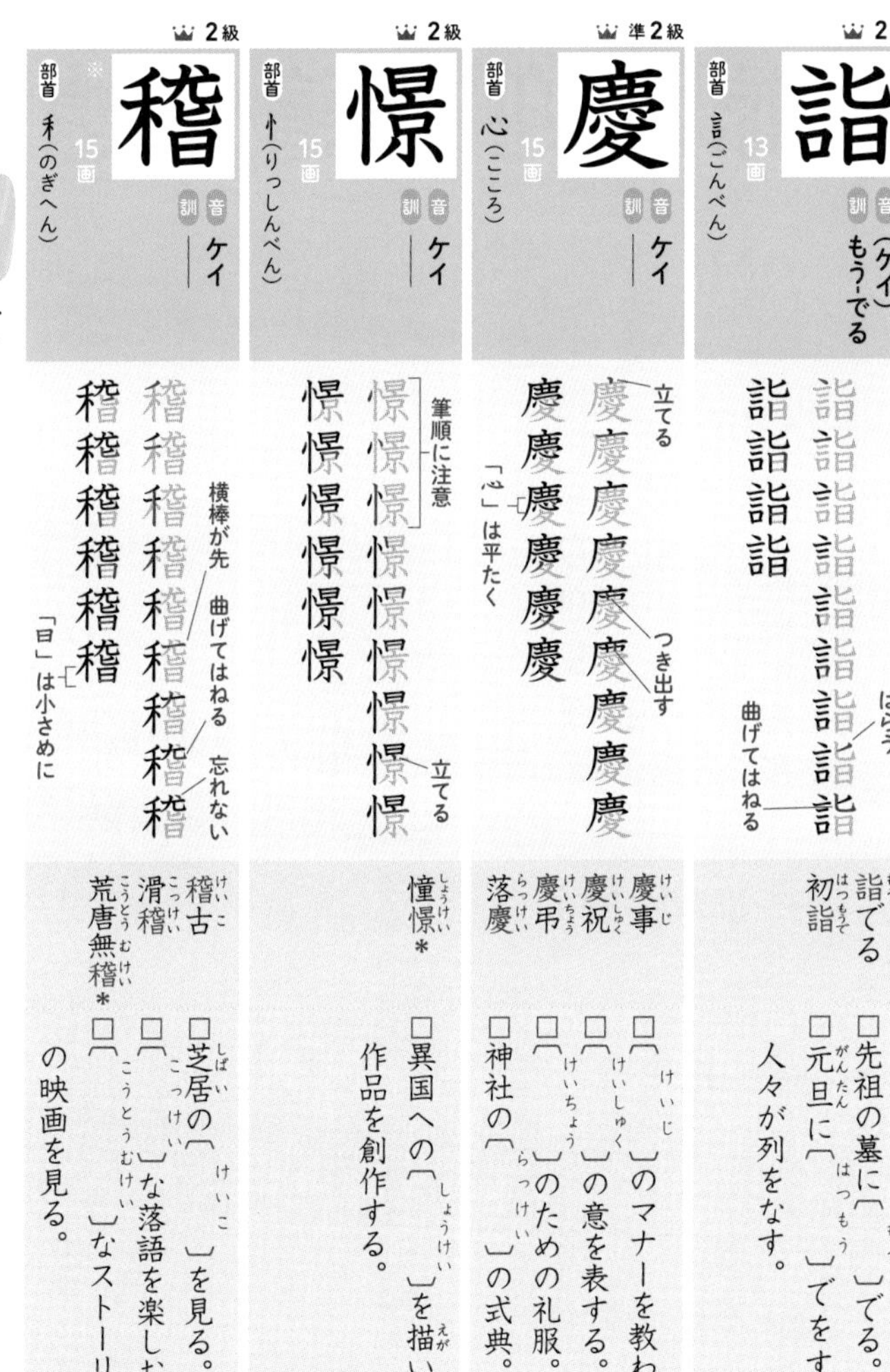

2級
# 詣
部首 言（ごんべん） 13画
音 （ケイ）
訓 もう-でる

はらう
曲げてはねる

詣（もう）でる　□先祖の墓に〔もう〕でる。
初詣（はつもうで）　□元旦（がんたん）に〔はつもう〕でをする人々が列をなす。

準2級
# 慶
部首 心（こころ） 15画
音 ケイ
訓 —

立てる
つき出す
「心」は平たく

慶事（けいじ）　□〔けいじ〕のマナーを教わる。
慶祝（けいしゅく）　□〔けいしゅく〕の意を表する。
慶弔（けいちょう）　□〔けいちょう〕のための礼服。
落慶（らっけい）　□神社の〔らっけい〕の式典。

2級
# 憬
部首 忄（りっしんべん） 15画
音 ケイ
訓 —

筆順に注意
立てる

憧憬（しょうけい）＊　□異国への〔しょうけい〕を描（えが）いた作品を創作する。

2級
# 稽 ※
部首 禾（のぎへん） 15画
音 ケイ
訓 —

横棒が先
曲げてはねる
忘れない
「日」は小さめに

稽古（けいこ）　□芝居（しばい）の〔けいこ〕を見る。
滑稽（こっけい）　□〔こっけい〕な落語を楽しむ。
荒唐無稽（こうとうむけい）＊　□〔こうとうむけい〕なストーリーの映画を見る。

＊憧憬＝憧（あこが）れること。「どうけい」とも読む。　※「稽」(16画)も可。　＊荒唐無稽＝言動がでたらめなこと。

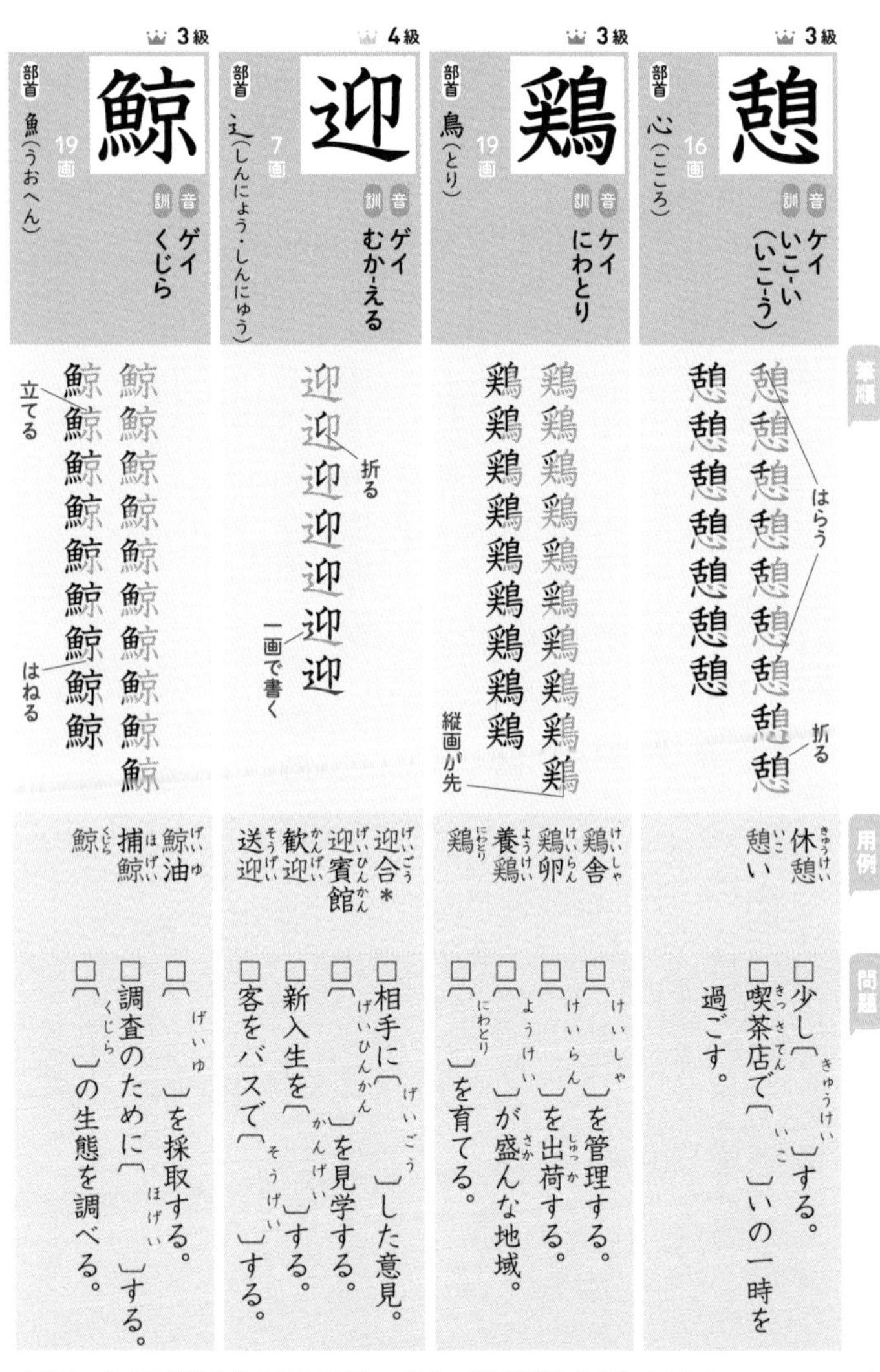

## 憩　3級

部首　心（こころ）　16画

音　ケイ
訓　いこ-い（いこ-う）

筆順　憩（はらう・折る）

用例
休憩（きゅうけい）
憩い（いこい）

問題
□少し〔きゅうけい〕する。
□喫茶店（きっさてん）で〔いこ〕いの一時を過ごす。

## 鶏　3級

部首　鳥（とり）　19画

音　ケイ
訓　にわとり

筆順　鶏（縦画が先）

用例
鶏舎（けいしゃ）
鶏卵（けいらん）
養鶏（ようけい）
鶏（にわとり）

問題
□〔けいしゃ〕を管理する。
□〔けいらん〕を出荷（しゅっか）する。
□〔ようけい〕が盛（さか）んな地域。
□〔にわとり〕を育てる。

## 迎　4級

部首　辶（しんにょう・しんにゅう）　7画

音　ゲイ
訓　むか-える

筆順　迎（折る・一画で書く）

用例
迎合（げいごう）＊
迎賓館（げいひんかん）
歓迎（かんげい）
送迎（そうげい）

問題
□相手に〔げいごう〕した意見。
□〔げいひんかん〕を見学する。
□新入生を〔かんげい〕する。
□客をバスで〔そうげい〕する。

## 鯨　3級

部首　魚（うおへん）　19画

音　ゲイ
訓　くじら

筆順　鯨（立てる・はねる）

用例
鯨油（げいゆ）
捕鯨（ほげい）
鯨（くじら）

問題
□〔げいゆ〕を採取する。
□調査のために〔ほげい〕する。
□〔くじら〕の生態を調べる。

＊迎合＝他人の意見や世の中の風潮に，自分の意見や考えを合わせること。

## 隙

2級

部首 阝(こざとへん) 13画

音 (ゲキ)
訓 すき

三画で書く
縦棒が先

隙(すき)
隙間(すきま)
隙間風(すきまかぜ)

□油断も〔すき〕もない。
□戸の〔すきま〕を埋(う)める。
□〔すきまかぜ〕が入る。

## 撃

4級

部首 手(て) 15画

音 ゲキ
訓 う-つ

つらぬく
「手」は平たく

撃退(げきたい)
撃破(げきは)
攻撃(こうげき)
打撃(だげき)

□敵を〔げきたい〕する。
□強豪(きょうごう)チームを〔げきは〕する。
□〔こうげき〕の手を緩(ゆる)める。
□大きな〔だげき〕を受ける。

## 桁

2級

部首 木(きへん) 10画

音 —
訓 けた

短く止める
はねる

桁数(けたすう)
桁違(けたちが)い＊
桁外(けたはず)れ
橋桁(はしげた)

□〔けたすう〕を間違(まちが)える。
□〔けたちが〕いの面白(おもしろ)さ。
□〔けたはず〕れの安さに驚(おどろ)く。
□〔はしげた〕を強化する。

## 傑

準2級

部首 亻(にんべん) 13画

音 ケツ
訓 —

はらう
筆順に注意

傑作(けっさく)
傑出(けっしゅつ)
傑物(けつぶつ)＊
豪傑(ごうけつ)

□この小説は〔けっさく〕だ。
□〔けっしゅつ〕した才能。
□歴史的な〔けつぶつ〕だ。
□〔ごうけつ〕の伝説を聞く。

＊桁違い＝程度や規模などの差が甚(はなは)だしいこと。　＊傑物＝優(すぐ)れた人物。

## 肩 4級

部首 肉（にく） 8画

音 （ケン） 訓 かた

筆順：肩肩肩肩肩肩肩肩（はらう・折ってはねる）

用例：肩入れ（かたいれ）　肩車（かたぐるま）　肩凝り（かたこり）　肩幅（かたはば）

問題：
□友人に〔かたい〕れする。
□幼児を〔かたぐるま〕する。
□〔かたこ〕りをほぐす。
□〔かたはば〕が広い。

## 倹 3級

部首 亻（にんべん） 10画

音 ケン 訓 —

筆順：倹倹倹倹倹倹倹倹倹倹（はらう・つき出さない）

用例：倹約（けんやく）　節倹（せっけん）

問題：
□〔けんやく〕して生活する。
□なるべく〔せっけん〕して、貯金をしたい。

## 兼 4級

部首 八（はち） 10画

音 ケン 訓 か-ねる

筆順：兼兼兼兼兼兼兼兼兼兼（はらう・つき出す）

用例：兼業（けんぎょう）　兼任（けんにん）　兼務（けんむ）　兼用（けんよう）

問題：
□農業と商店を〔けんぎょう〕する。
□監督（かんとく）を〔けんにん〕する選手。
□外務大臣を〔けんむ〕する。
□晴雨〔けんよう〕の傘（かさ）。

## 剣 4級

部首 刂（りっとう） 10画

音 ケン 訓 つるぎ

筆順：剣剣剣剣剣剣剣剣剣剣（はねる・短めに書く・短く止める）

用例：剣客（けんかく）※　剣道（けんどう）　真剣（しんけん）　短剣（たんけん）

問題：
□江戸（えど）時代の〔けんかく〕。
□〔けんどう〕を習う。
□〔しんけん〕に話し合う。
□〔たんけん〕を保管する。

※「けんきゃく」とも読む。

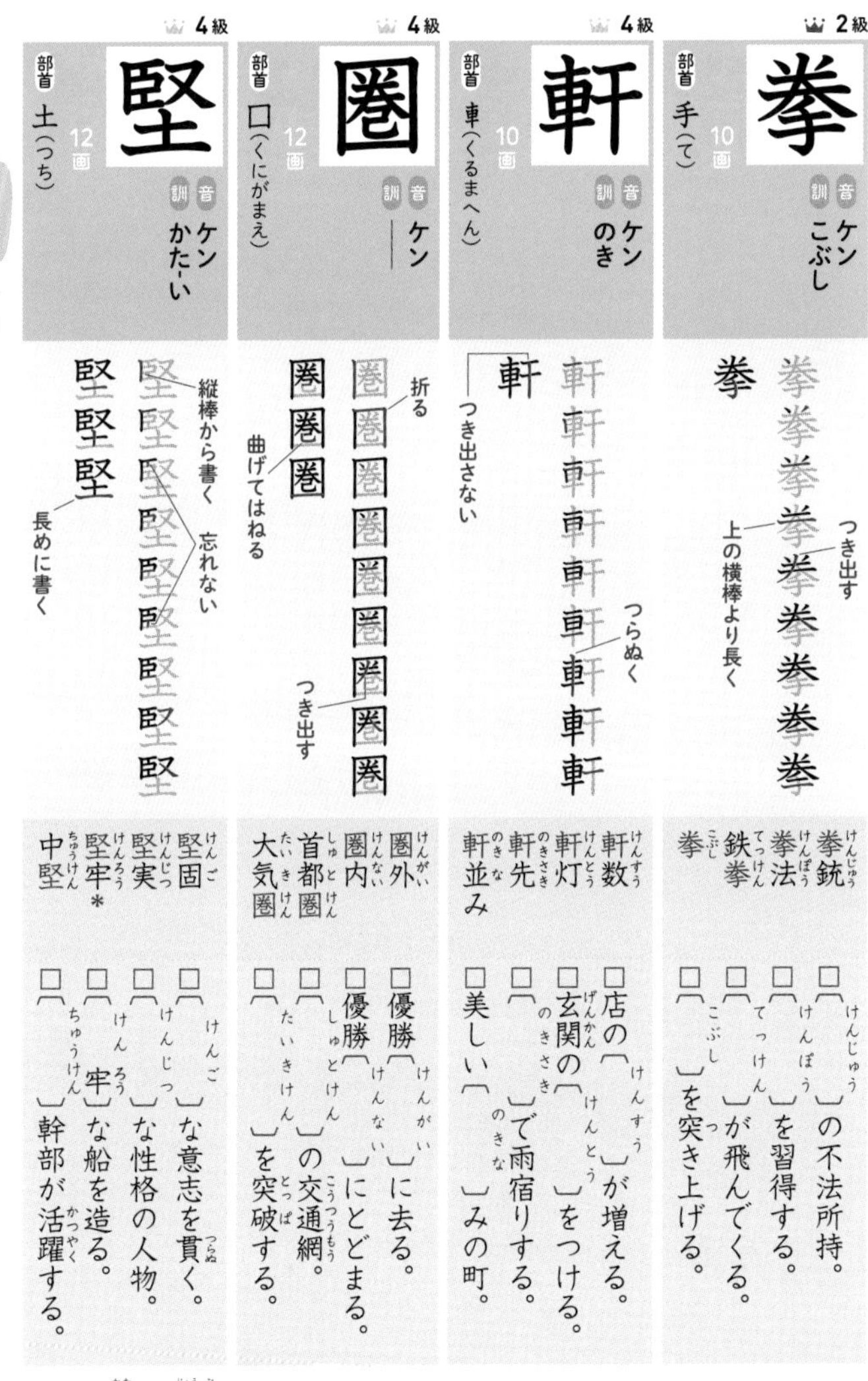

## 拳
2級
部首 手（て） 10画
音 ケン
訓 こぶし

つき出す
上の横棒より長く

拳銃（けんじゅう）
拳法（けんぽう）
鉄拳（てっけん）
拳（こぶし）

□［けんじゅう］の不法所持。
□［けんぽう］を習得する。
□［てっけん］が飛んでくる。
□［こぶし］を突き上げる。

## 軒
4級
部首 車（くるまへん） 10画
音 ケン
訓 のき

つらぬく
つき出さない

軒数（けんすう）
軒灯（けんとう）
軒先（のきさき）
軒並み（のきなみ）

□店の［けんすう］が増える。
□玄関（げんかん）の［けんとう］をつける。
□［のきさき］で雨宿りする。
□美しい［のきな］みの町。

## 圏
4級
部首 囗（くにがまえ） 12画
音 ケン
訓 ——

折る
曲げてはねる
つき出す

圏外（けんがい）
圏内（けんない）
首都圏（しゅとけん）
大気圏（たいきけん）

□優勝［けんがい］に去る。
□優勝［けんない］にとどまる。
□［しゅとけん］の交通網（こうつうもう）。
□［たいきけん］を突破（とっぱ）する。

## 堅
4級
部首 土（つち） 12画
音 ケン
訓 かた-い

縦棒から書く
忘れない
長めに書く

堅固（けんご）
堅実（けんじつ）
堅牢（けんろう）＊
中堅（ちゅうけん）

□［けんご］な意志を貫（つらぬ）く。
□［けんじつ］な性格の人物。
□［けん］牢［ろう］な船を造る。
□［ちゅうけん］幹部が活躍（かつやく）する。

＊堅牢＝堅（かた）くて丈夫（じょうぶ）な様子。

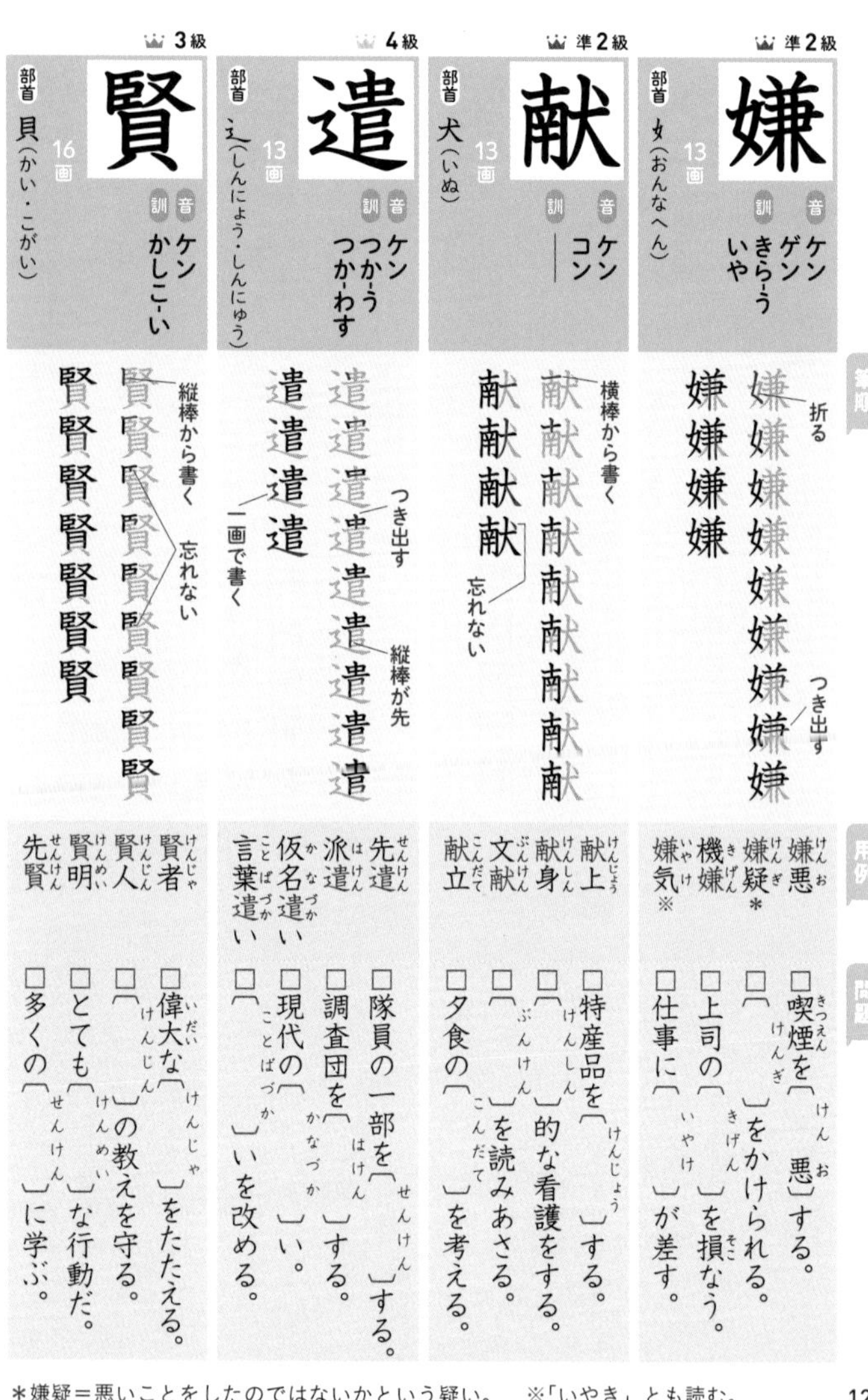

## 嫌

準2級

部首：女（おんなへん）　13画

音：ケン、ゲン

訓：きら-う、いや

筆順：嫌嫌嫌嫌嫌嫌嫌嫌嫌嫌嫌嫌嫌（折る／つき出す）

用例：嫌悪（けんお）、嫌疑（けんぎ）＊、機嫌（きげん）、嫌気（いやけ）※

問題：
- □喫煙（きつえん）を〔けん〕悪（お）する。
- □〔けんぎ〕をかけられる。
- □上司の〔きげん〕を損（そこ）なう。
- □仕事に〔いやけ〕が差す。

## 献

準2級

部首：犬（いぬ）　13画

音：ケン、コン

訓：―

筆順：献献献献献献献献献献献献献（横棒から書く／忘れない）

用例：献上（けんじょう）、献身（けんしん）、文献（ぶんけん）、献立（こんだて）

問題：
- □特産品を〔けんじょう〕する。
- □〔けんしん〕的な看護をする。
- □〔ぶんけん〕を読みあさる。
- □夕食の〔こんだて〕を考える。

## 遣

4級

部首：⻌（しんにょう・しんにゅう）　13画

音：ケン

訓：つか-う、つか-わす

筆順：遣遣遣遣遣遣遣遣遣遣遣遣遣（つき出す／縦棒が先／一画で書く）

用例：先遣（せんけん）、派遣（はけん）、仮名遣い（かなづかい）、言葉遣い（ことばづかい）

問題：
- □隊員の一部を〔せんけん〕する。
- □調査団を〔はけん〕する。
- □現代の〔かなづか〕い。
- □〔ことばづか〕いを改める。

## 賢

3級

部首：貝（かい・こがい）　16画

音：ケン

訓：かしこ-い

筆順：賢賢賢賢賢賢賢賢賢賢賢賢賢賢賢賢（縦棒から書く／忘れない）

用例：賢者（けんじゃ）、賢人（けんじん）、賢明（けんめい）、先賢（せんけん）

問題：
- □偉大（いだい）な〔けんじゃ〕をたたえる。
- □〔けんじん〕の教えを守る。
- □とても〔けんめい〕な行動だ。
- □多くの〔せんけん〕に学ぶ。

＊嫌疑＝悪いことをしたのではないかという疑い。　※「いやき」とも読む。

準2級
# 謙
部首 言（ごんべん） 17画
音 ケン
訓 ―

謙虚（けんきょ）
謙譲語（けんじょうご）
謙遜（けんそん）
恭謙（きょうけん）＊

□謙虚（けんきょ）に忠告を聞く。
□謙譲語（けんじょうご）を用いる。
□謙遜（けんそん）した言い方をする。
□恭謙（きょうけん）な態度に恐縮（きょうしゅく）する。

2級
# 鍵
部首 金（かねへん） 17画
音 ケン
訓 かぎ

鍵盤（けんばん）
鍵（かぎ）
鍵穴（かぎあな）

□ピアノの鍵盤（けんばん）をたたく。
□謎（なぞ）を解く鍵（かぎ）を探す。
□ドアの鍵穴（かぎあな）から部屋の様子をうかがう。

準2級
# 繭
部首 糸（いと） 18画
音 （ケン）
訓 まゆ

繭（まゆ）
繭玉（まゆだま）

□蚕の繭（まゆ）を取る。
□ついた餅（もち）で繭玉（まゆだま）を作り、飾（かざ）る。

**似ている漢字に注意**
嫌（ケン）おんなへん ― 謙（ケン）ごんべん ― 鎌（かま）かねへん

**送りがなに注意**
○ 賢（かしこ）い
× 賢こい
× 賢しこい

**似ている漢字に注意**
鍵（ケン）かねへん ― 健（ケン）にんべん

 ＊恭謙＝慎（つつし）み深く，へりくだること。

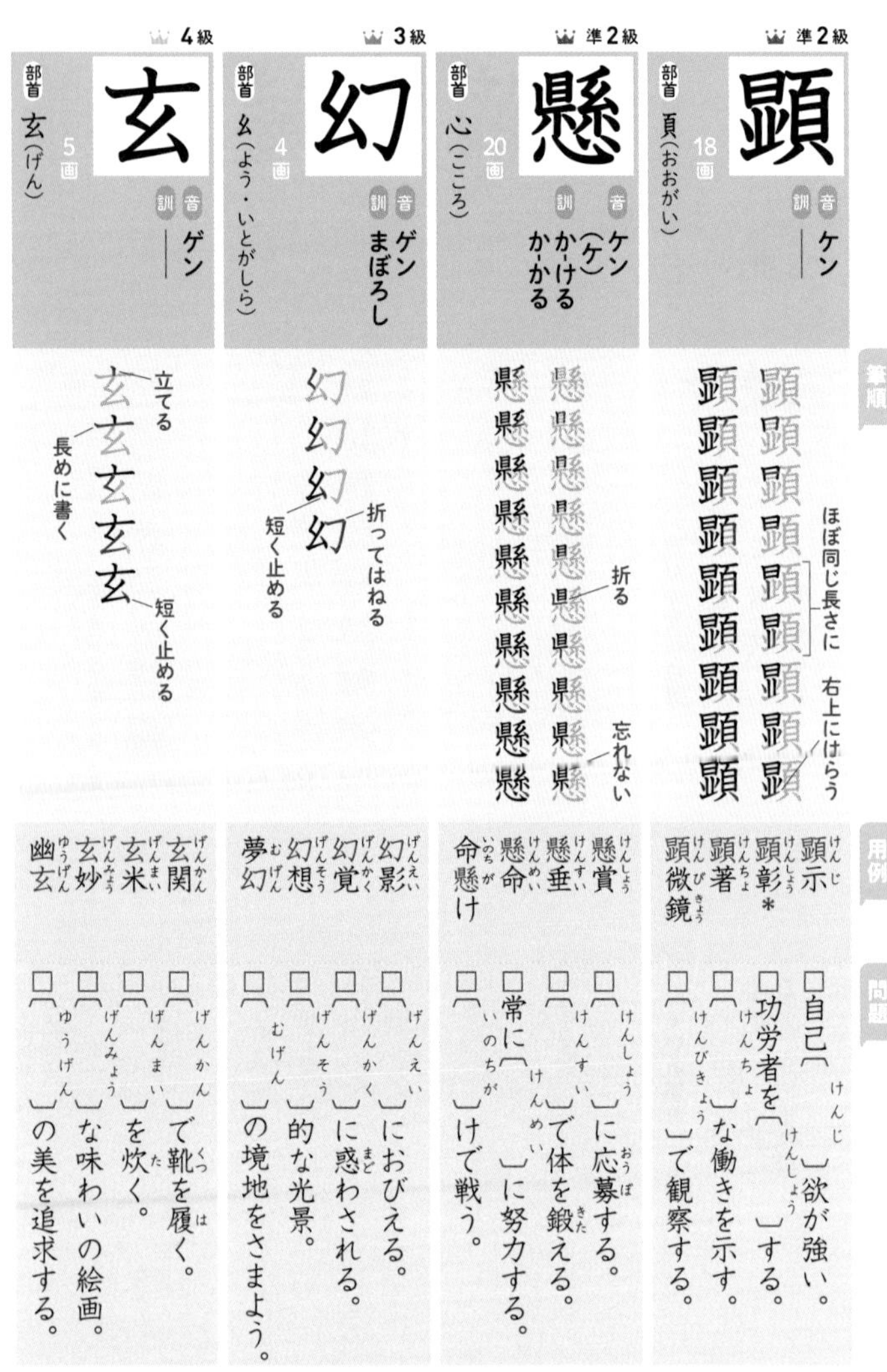

準2級
# 顕
部首 頁(おおがい) 18画
音 ケン
訓 ―

筆順：ほぼ同じ長さに／右上にはらう

用例：顕示(けんじ)　顕彰(けんしょう)＊　顕著(けんちょ)　顕微鏡(けんびきょう)

問題：
□自己［けんじ］欲が強い。
□功労者を［けんしょう］する。
□［けんちょ］な働きを示す。
□［けんびきょう］で観察する。

準2級
# 懸
部首 心(こころ) 20画
音 ケン (ケ)
訓 か-ける　か-かる

筆順：折る／忘れない

用例：懸賞(けんしょう)　懸垂(けんすい)　懸命(けんめい)　命懸(いのちが)け

問題：
□［けんしょう］に応募(おうぼ)する。
□［けんすい］で体を鍛(きた)える。
□常に［けんめい］に努力する。
□［いのちが］けで戦う。

3級
# 幻
部首 幺(よう・いとがしら) 4画
音 ゲン
訓 まぼろし

筆順：折ってはねる／短く止める

用例：幻影(げんえい)　幻覚(げんかく)　幻想(げんそう)　夢幻(むげん)

問題：
□［げんえい］におびえる。
□［げんかく］に惑(まど)わされる。
□［げんそう］的な光景。
□［むげん］の境地をさまよう。

4級
# 玄
部首 玄(げん) 5画
音 ゲン
訓 ―

筆順：立てる／長めに書く／短く止める

用例：玄関(げんかん)　玄米(げんまい)　玄妙(げんみょう)　幽玄(ゆうげん)

問題：
□［げんかん］で靴(くつ)を履(は)く。
□［げんまい］を炊(た)く。
□［げんみょう］な味わいの絵画。
□［ゆうげん］の美を追求する。

＊顕彰＝善行や功績などを広く知らせて表彰すること。

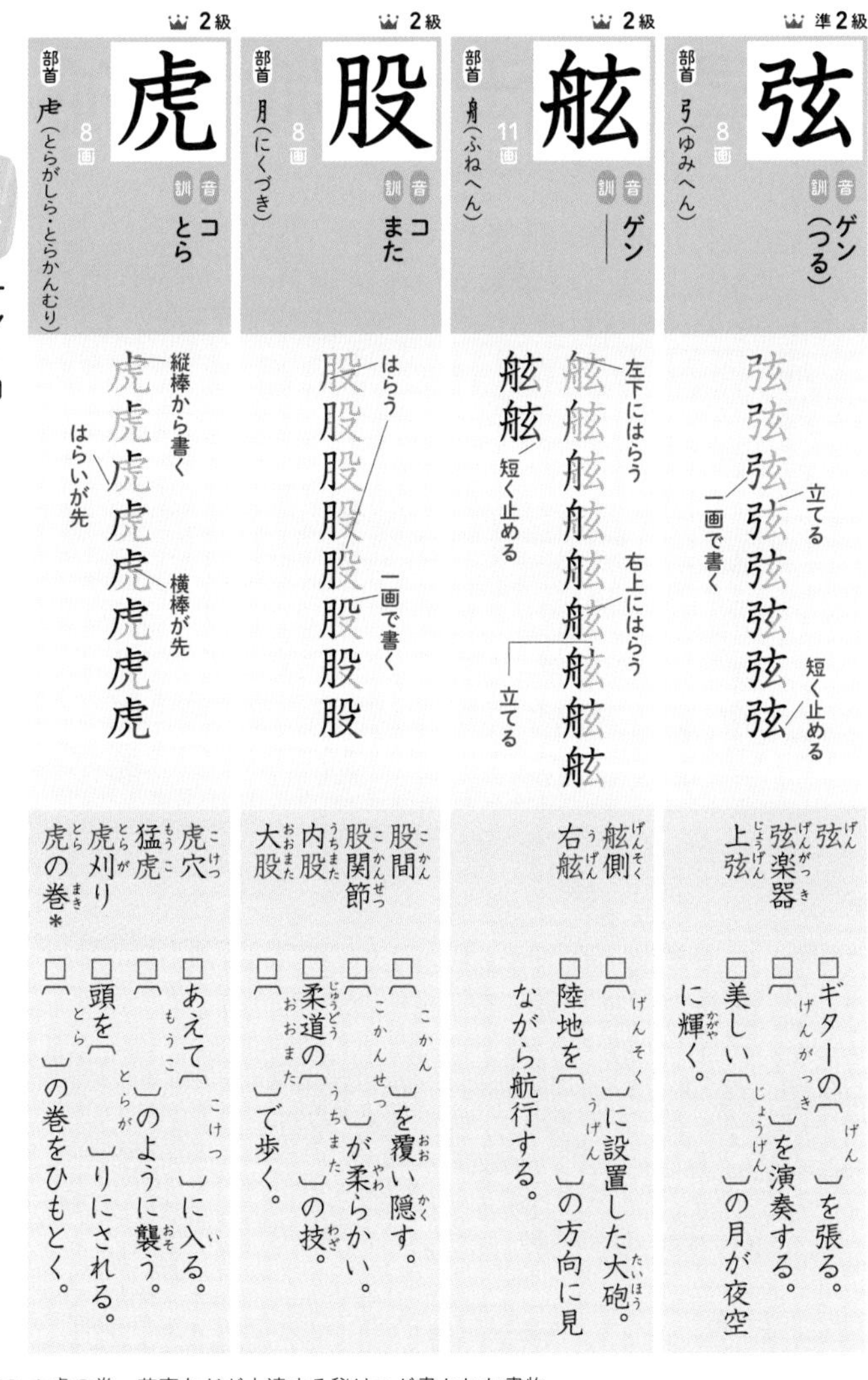

準2級

# 弦

部首 弓（ゆみへん） 8画

音 ゲン
訓 （つる）



弦(げん)
弦楽器(げんがっき)
上弦(じょうげん)

□ギターの〔げん〕を張る。
□〔げんがっき〕を演奏する。
□美しい〔じょうげん〕の月が夜空に輝(かがや)く。

2級

# 舷

部首 舟（ふねへん） 11画

音 ゲン
訓 ―



舷側(げんそく)
右舷(うげん)

□〔げんそく〕に設置した大砲(たいほう)。
□陸地を〔うげん〕の方向に見ながら航行する。

2級

# 股

部首 月（にくづき） 8画

音 コ
訓 また



股間(こかん)
股関節(こかんせつ)
内股(うちまた)
大股(おおまた)

□〔こかん〕を覆(おお)い隠(かく)す。
□〔こかんせつ〕が柔(やわ)らかい。
□柔道(じゅうどう)の〔うちまた〕の技(わざ)。
□〔おおまた〕で歩く。

2級

# 虎

部首 虍（とらがしら・とらかんむり） 8画

音 コ
訓 とら



虎穴(こけつ)
猛虎(もうこ)
虎刈(とらが)り
虎(とら)の巻(まき)＊

□あえて〔こけつ〕に入(い)る。
□〔もうこ〕のように襲(おそ)う。
□頭を〔とらが〕りにされる。
□〔とら〕の巻をひもとく。

＊虎の巻＝芸事などが上達する秘けつが書かれた書物。

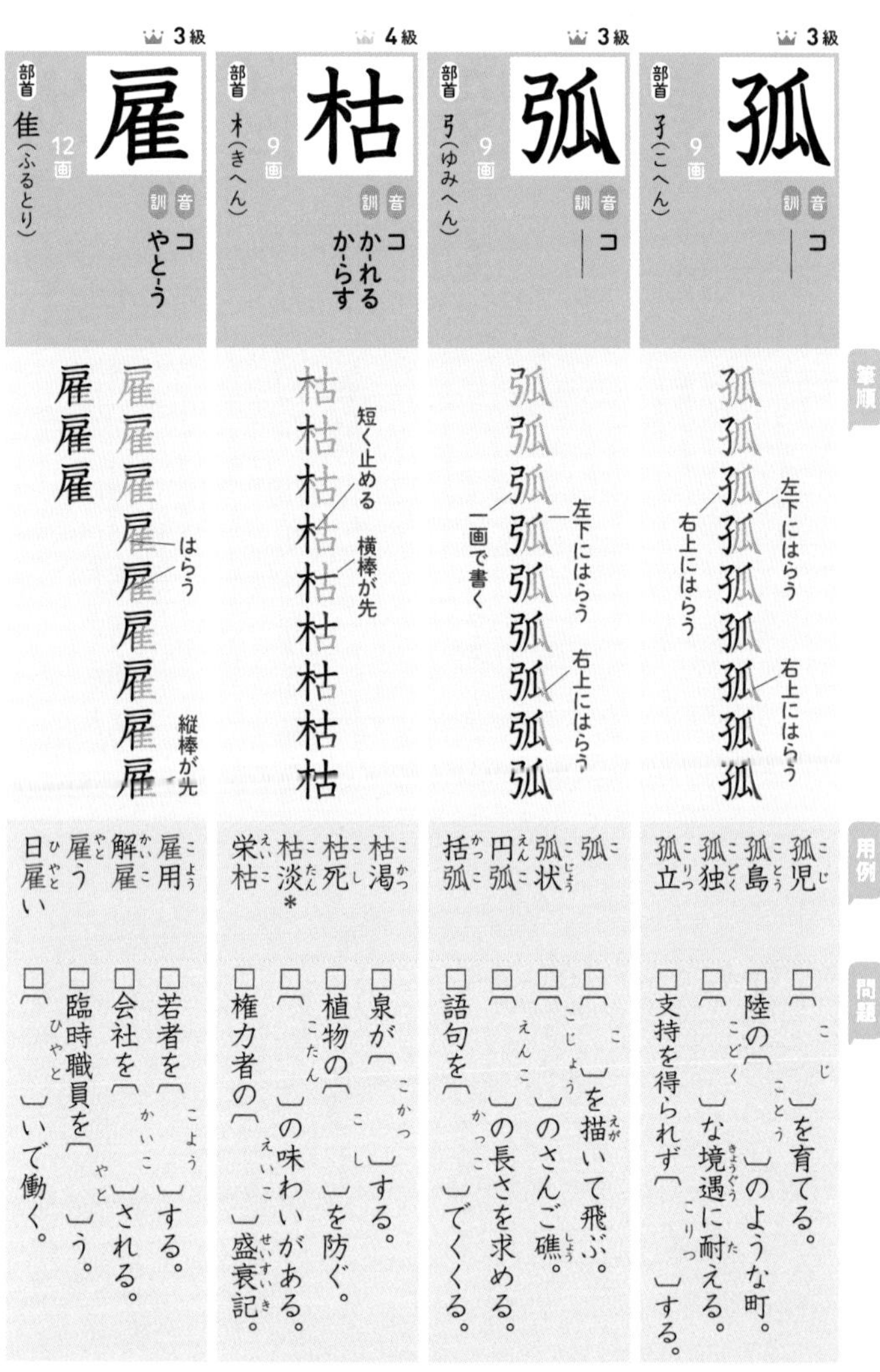

3級
# 孤
音 コ
訓 —
部首 子（こへん） 9画

筆順：右上にはらう／左下にはらう／右上にはらう

用例：
孤児（こじ）
孤島（ことう）
孤独（こどく）
孤立（こりつ）

問題：
□（こじ）を育てる。
□陸の（ことう）のような町。
□（こどく）な境遇（きょうぐう）に耐（た）える。
□支持を得られず（こりつ）する。

3級
# 弧
音 コ
訓 —
部首 弓（ゆみへん） 9画

筆順：一画で書く／左下にはらう／右上にはらう

用例：
弧（こ）
弧状（こじょう）
円弧（えんこ）
括弧（かっこ）

問題：
□（こ）を描（えが）いて飛ぶ。
□（こじょう）のさんご礁（しょう）。
□（えんこ）の長さを求める。
□語句を（かっこ）でくくる。

4級
# 枯
音 コ
訓 か-れる　か-らす
部首 木（きへん） 9画

筆順：短く止める／横棒が先

用例：
枯渇（こかつ）
枯死（こし）
枯淡（こたん）＊
栄枯（えいこ）

問題：
□泉が（こかつ）する。
□植物の（こし）を防ぐ。
□（こたん）の味わいがある。
□権力者の（えいこ）盛衰（せいすい）記（き）。

3級
# 雇
音 コ
訓 やと-う
部首 隹（ふるとり） 12画

筆順：はらう／縦棒が先

用例：
雇用（こよう）
解雇（かいこ）
雇う（やとう）
日雇い（ひやとい）

問題：
□若者を（こよう）する。
□会社を（かいこ）される。
□臨時職員を（やと）う。
□（ひやとい）で働く。

筆順　用例　問題

＊枯淡＝淡々としたなかに深い味わいがあること。

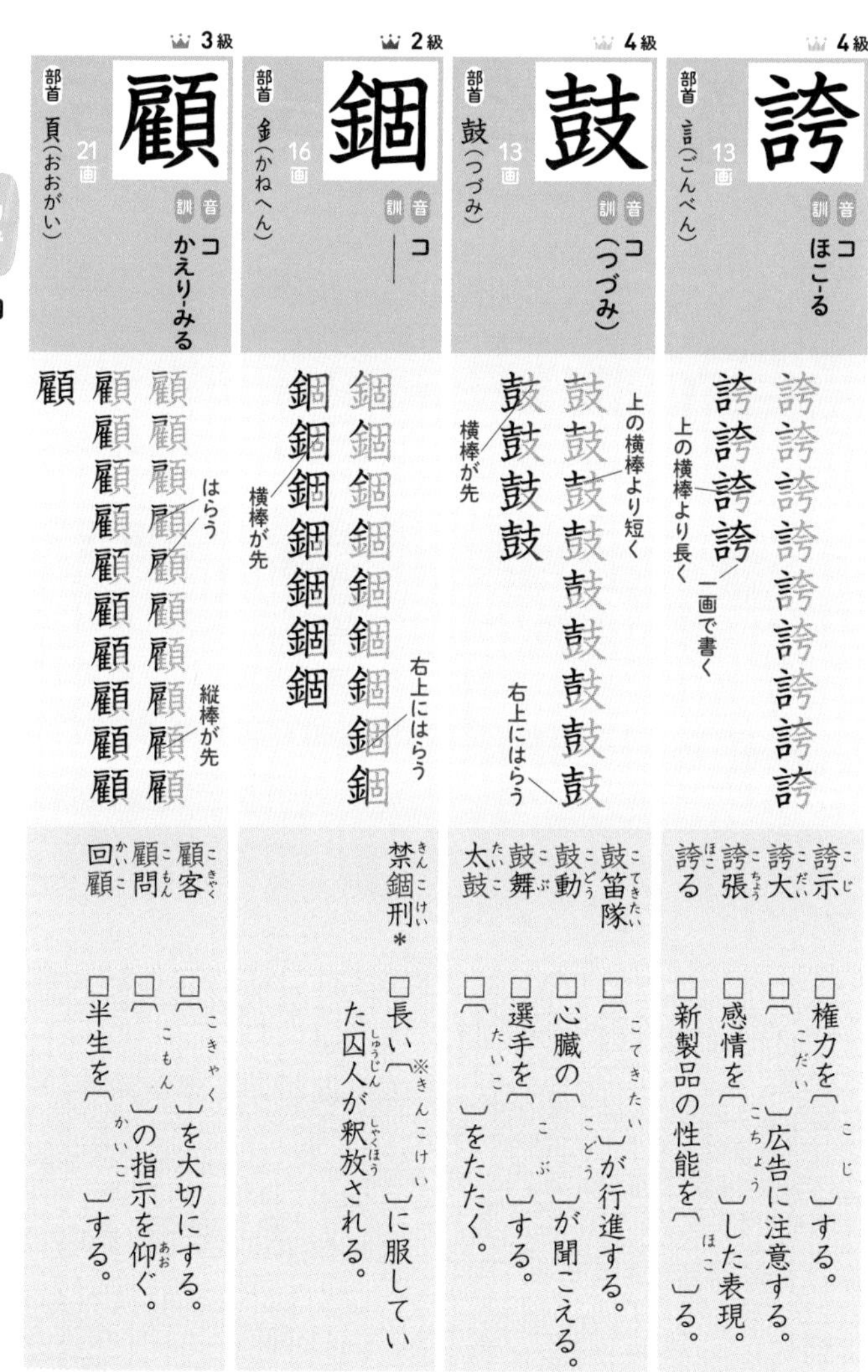


＊禁錮刑＝刑務所に拘置(こうち)するが，労働は強制されない刑罰(けいばつ)。　※「禁固刑」とも書く。

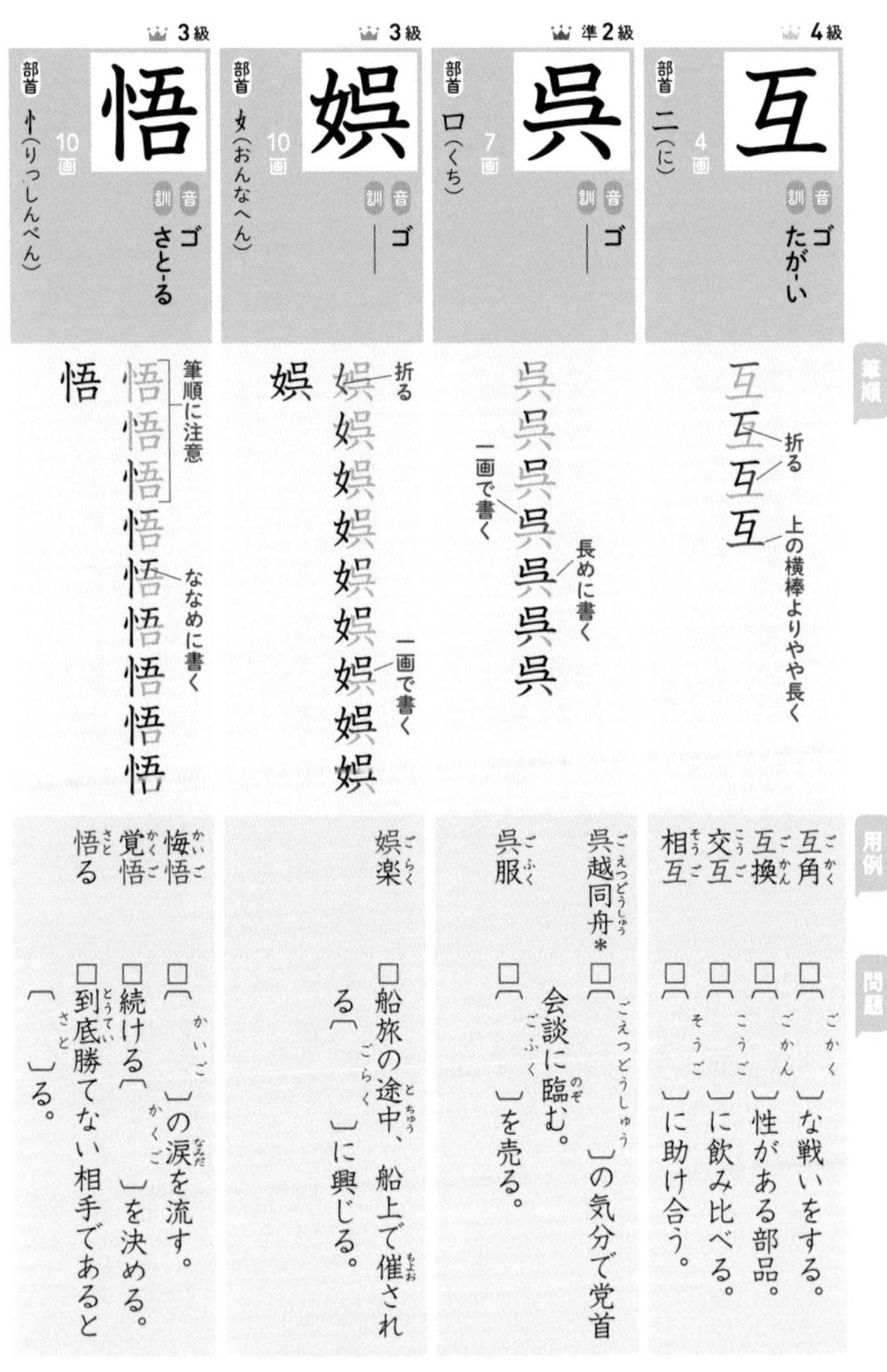


＊呉越同舟＝敵対する者同士が同じ場所に居合わせること。

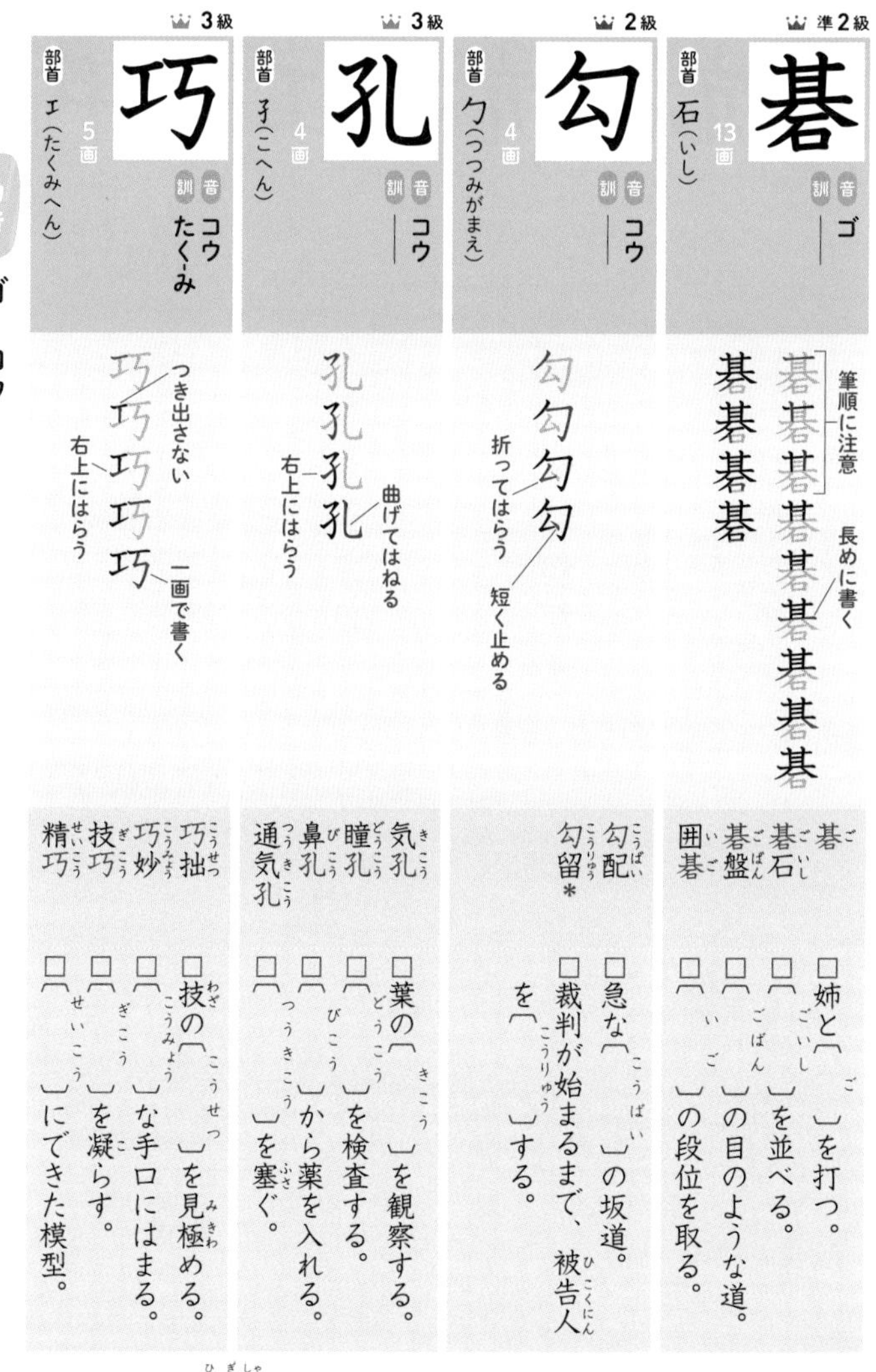

## 碁 準2級

部首 石（いし） 13画
音 ゴ 訓 ―

筆順に注意
長めに書く

碁（ご）
碁石（ごいし）
碁盤（ごばん）
囲碁（いご）

□姉と〔ご〕を打つ。
□〔ごいし〕を並べる。
□〔ごばん〕の目のような道。
□〔いご〕の段位を取る。

## 勾 2級

部首 勹（つつみがまえ） 4画
音 コウ 訓 ―

折ってはらう
短く止める

勾配（こうばい）
勾留（こうりゅう）＊

□急な〔こうばい〕の坂道。
□裁判が始まるまで、被告人（ひこくにん）を〔こうりゅう〕する。

## 孔 3級

部首 子（こへん） 4画
音 コウ 訓 ―

右上にはらう
曲げてはねる

気孔（きこう）
瞳孔（どうこう）
鼻孔（びこう）
通気孔（つうきこう）

□葉の〔きこう〕を観察する。
□〔どうこう〕を検査する。
□〔びこう〕から薬を入れる。
□〔つうきこう〕を塞（ふさ）ぐ。

## 巧 3級

部首 工（たくみへん） 5画
音 コウ 訓 たく-み

つき出さない
右上にはらう
一画で書く

巧拙（こうせつ）
巧妙（こうみょう）
技巧（ぎこう）
精巧（せいこう）

□技（わざ）の〔こうせつ〕を見極（みきわ）める。
□〔こうみょう〕な手口にはまる。
□〔ぎこう〕を凝（こ）らす。
□〔せいこう〕にできた模型。

＊勾留＝裁判所が被疑者（ひぎしゃ）や被告人を一定の場所にとどめておくこと。

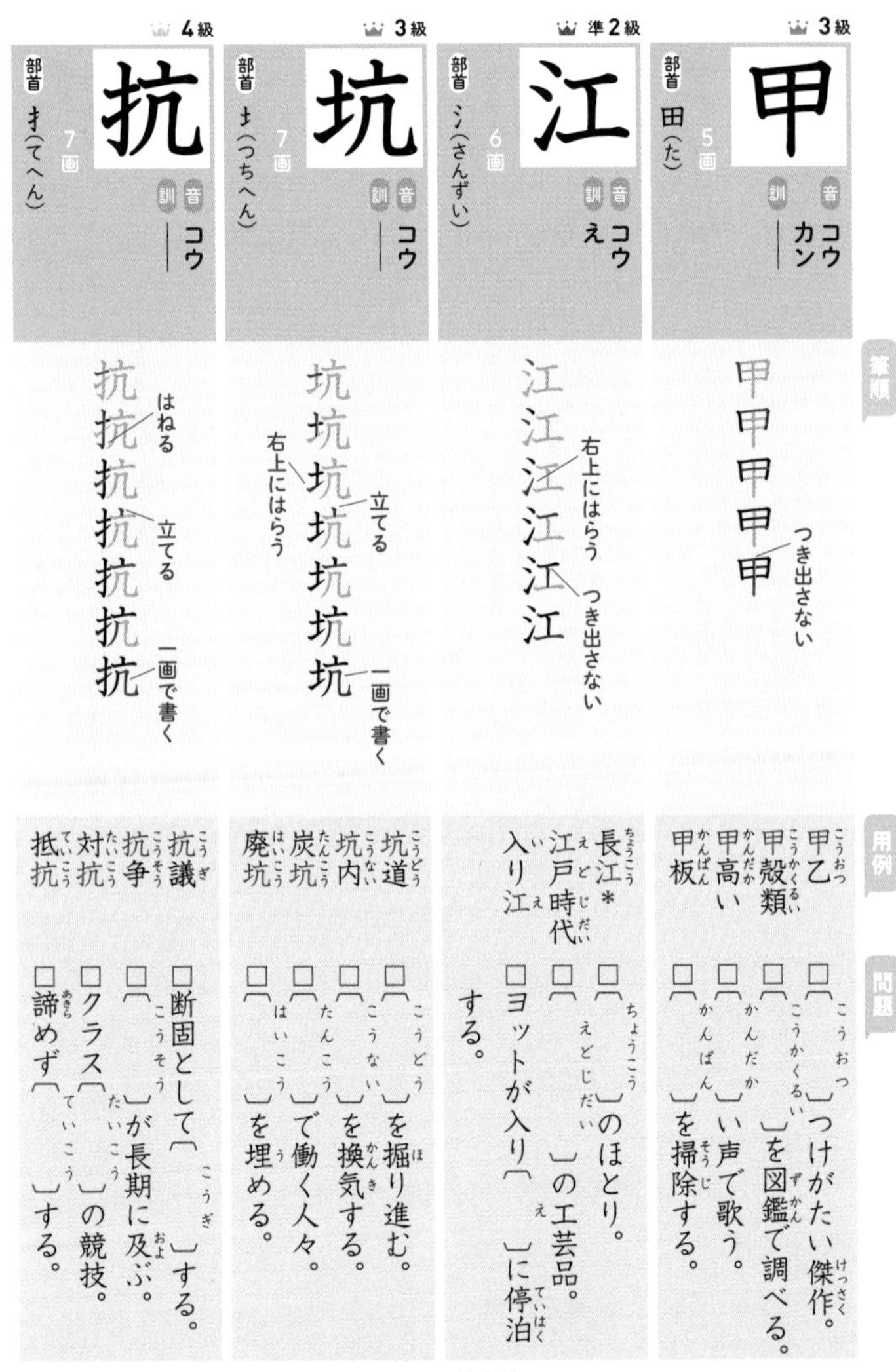



＊長江＝中国大陸を流れるアジア最長の川。揚子江。

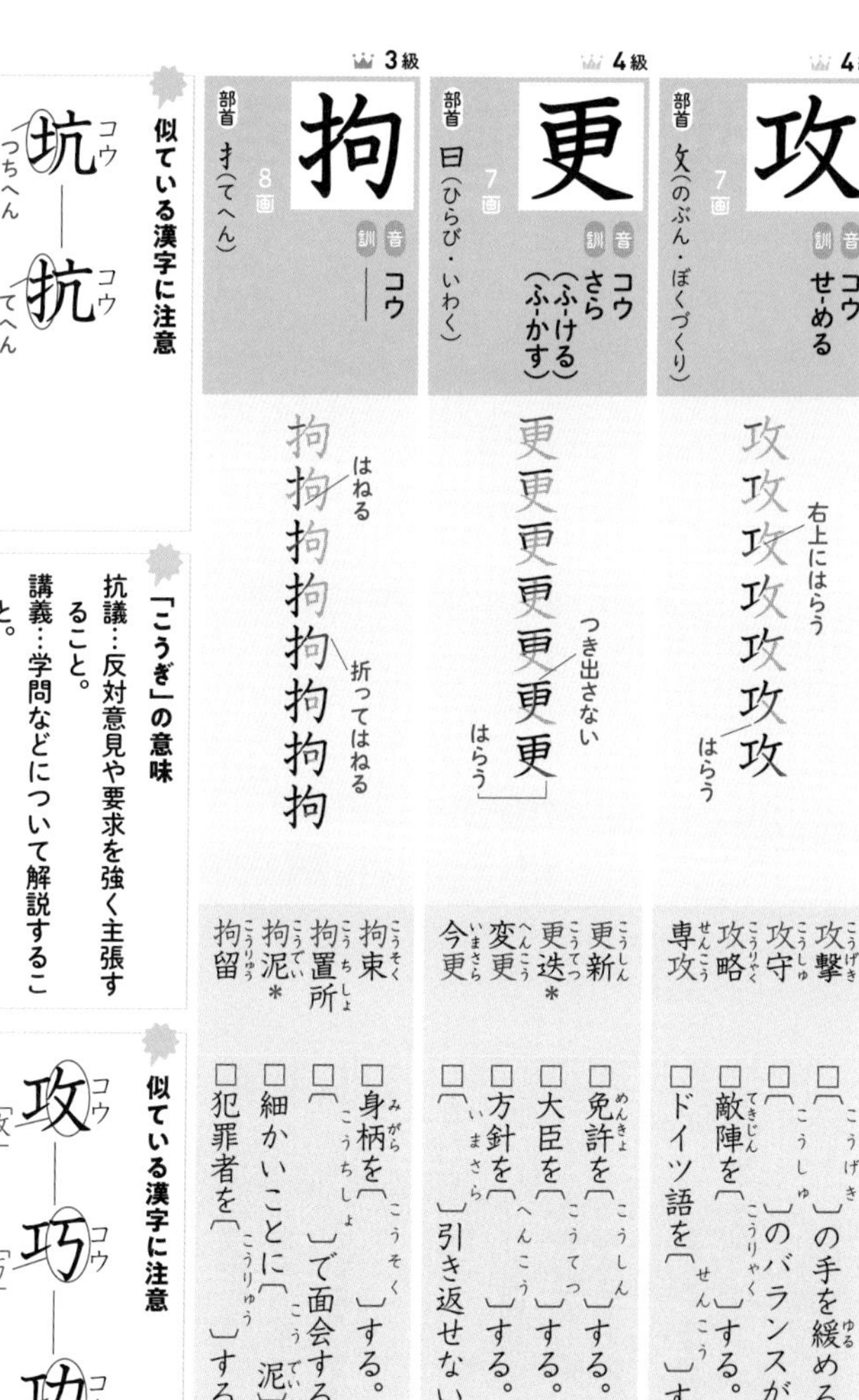

4級

# 攻

部首 攵（のぶん・ぼくづくり） 7画

音 コウ
訓 せ-める

右上にはらう
はらう

攻撃（こうげき）
攻守（こうしゅ）
攻略（こうりゃく）
専攻（せんこう）

□［こうげき］の手を緩（ゆる）める。
□［こうしゅ］のバランスがよい。
□敵陣（てきじん）を［こうりゃく］する。
□ドイツ語を［せんこう］する。

4級

# 更

部首 日（ひらび・いわく） 7画

音 コウ
訓 さら （ふ-ける）（ふ-かす）

つき出さない
はらう

更新（こうしん）
更迭（こうてつ）＊
変更（へんこう）
今更（いまさら）

□免許（めんきょ）を［こうしん］する。
□大臣を［こうてつ］する。
□方針を［へんこう］する。
□［いまさら］引き返せない。

3級

# 拘

部首 扌（てへん） 8画

音 コウ
訓 ―

はねる
折ってはねる

拘束（こうそく）
拘置所（こうちしょ）
拘泥（こうでい）＊
拘留（こうりゅう）

□身柄（みがら）を［こうそく］する。
□［こうちしょ］で面会する。
□細かいことに［こう］泥（でい）する。
□犯罪者を［こうりゅう］する。

**似ている漢字に注意**

坑（コウ）つちへん ― 抗（コウ）てへん

**「こうぎ」の意味**

抗議…反対意見や要求を強く主張すること。
講義…学問などについて解説すること。

**似ている漢字に注意**

攻（コウ）「攵」 ― 巧（コウ）「丂」 ― 功（コウ）「力」

＊更迭＝ある地位や役職にある人を入れ替（か）えること。　＊拘泥＝こだわること。

## 肯

準2級

部首 肉（にく） 8画

音 コウ　訓 —

筆順：縦棒から書く／長めに書く／まっすぐ書く

用例：肯定（こうてい）　首肯（しゅこう）＊

問題

□うわさを（こうてい）する。

□それは、全く（しゅこう）できない意見だ。

## 侯

準2級

部首 亻（にんべん） 9画

音 コウ　訓 —

筆順：長めに書く／上の横棒より長く

用例：侯爵（こうしゃく）　王侯（おうこう）　諸侯（しょこう）

問題

□（こうしゃく）の位を授（さず）かる。

□（おうこう）貴族の歴史。

□（しょこう）が一堂に会する。

## 恒

4級

部首 忄（りっしんべん） 9画

音 コウ　訓 —

筆順：筆順に注意／「日」は小さめに

用例：恒久（こうきゅう）　恒常（こうじょう）＊　恒星（こうせい）　恒例（こうれい）

問題

□（こうきゅう）の平和を願う。

□（こうじょう）的な問題。

□（こうせい）が夜空に輝（かがや）く。

□（こうれい）の行事を行う。

## 洪

準2級

部首 氵（さんずい） 9画

音 コウ　訓 —

筆順：右上にはらう／横棒が先

用例：洪水（こうずい）

問題

□（こうずい）を防ぐためのダムを建設する。

＊首肯＝うなずくこと。　＊恒常＝常に変わらないこと。

4級

# 荒

部首 艹（くさかんむり） 9画

音 コウ
訓 あら-い　あ-れる　あ-らす

横棒から書く　立てる　曲げる

荒天（こうてん）　荒廃（こうはい）　荒野（こうや）　荒波（あらなみ）

□（こうてん）をついて出航する。
□（こうはい）した土地を耕す。
□（こうや）を旅する。
□世間の（あらなみ）にもまれる。

3級

# 郊

部首 阝（おおざと） 9画

音 コウ
訓 —

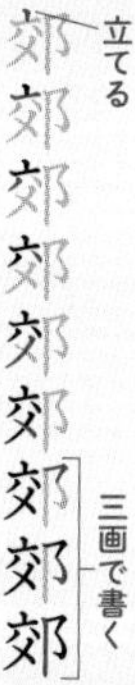

立てる　三画で書く

郊外（こうがい）　近郊（きんこう）

□（こうがい）に住居を構える。
□都市（きんこう）の開発がさらに進む。

準2級

# 貢

部首 貝（かい・こがい） 10画

音 コウ　（ク）
訓 （みつ-ぐ）

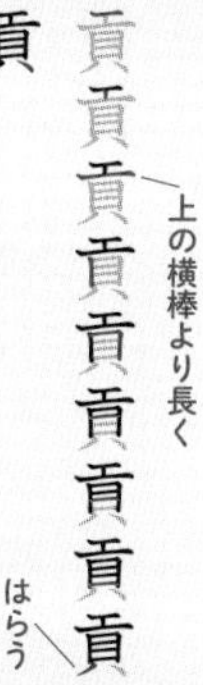

上の横棒より長く　はらう

貢献（こうけん）

□今季の優勝に（こうけん）した選手を表彰（ひょうしょう）する。

## 似ている漢字に注意

侯（コウ）——喉（コウ）——候（コウ）

くちへん　忘れない。

## 「あらい」の使い分け

荒い…①気持ちや態度などが乱暴である。例 気性（きしょう）が荒い。②勢いが激しい。例 波が荒い。

粗い…①隙間（すきま）や粒（つぶ）などが大きい。例 編み目が粗い。②ざらざらしている。例 きめが粗い。③大ざっぱである。例 仕事が粗い。

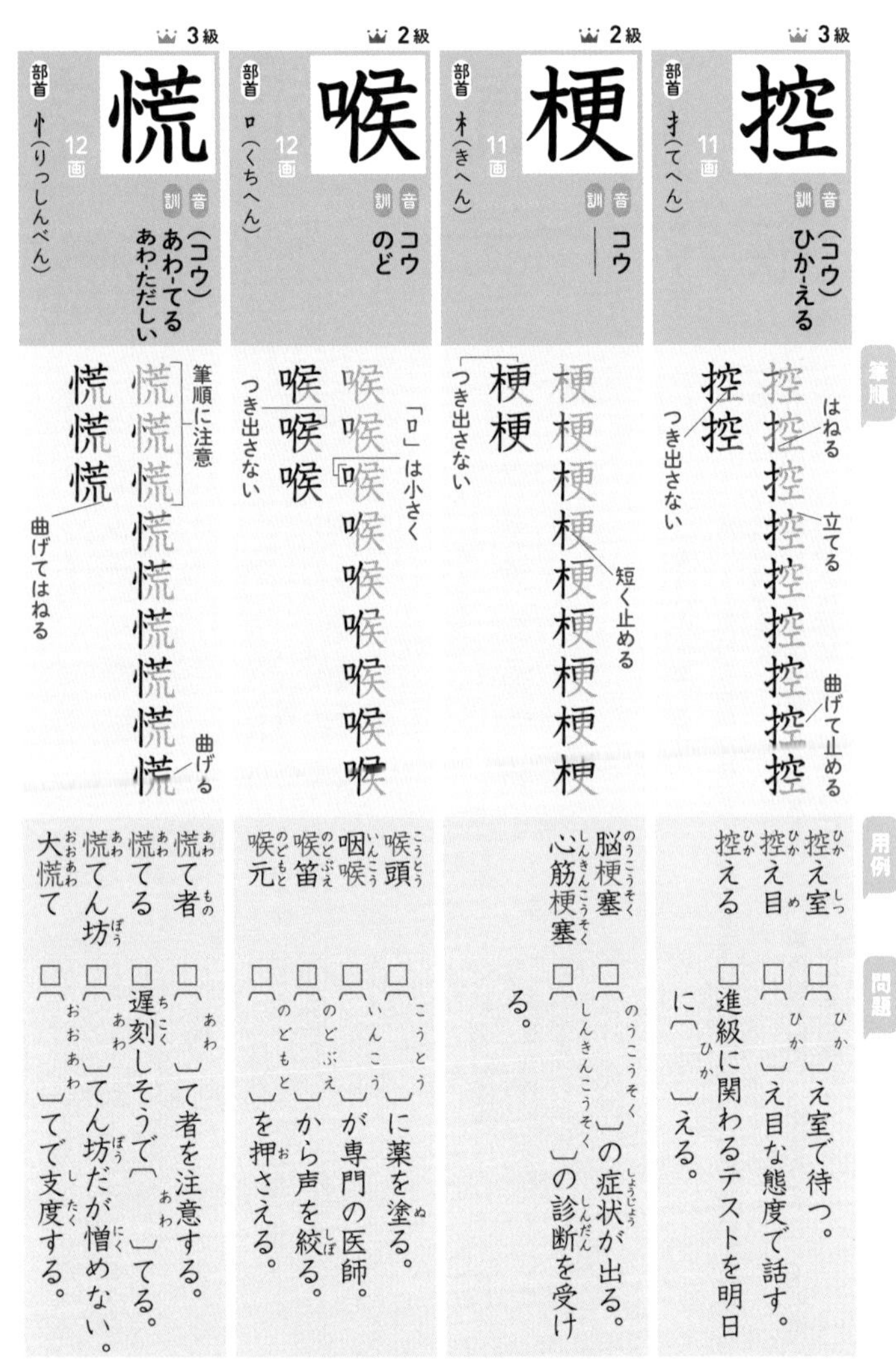

3級
# 控
部首 扌（てへん）11画
音 （コウ）
訓 ひか-える

筆順：控 控 控 控 控 控 控 控 控 控 控（はねる／立てる／曲げて止める／つき出さない）

用例：
控え室（ひかえしつ）
控え目（ひかえめ）
控える（ひかえる）

問題：
□（ひか）え室で待つ。
□（ひか）え目な態度で話す。
□進級に関わるテストを明日に（ひか）える。

2級
# 梗
部首 木（きへん）11画
音 コウ
訓 ―

筆順：梗 梗 梗 梗 梗 梗 梗 梗 梗 梗 梗（短く止める／つき出さない）

用例：
脳梗塞（のうこうそく）
心筋梗塞（しんきんこうそく）

問題：
□（のうこうそく）の症状が出る。
□（しんきんこうそく）の診断を受ける。

2級
# 喉
部首 口（くちへん）12画
音 コウ
訓 のど

筆順：喉 喉 喉 喉 喉 喉 喉 喉 喉 喉 喉 喉（「口」は小さく／つき出さない）

用例：
喉頭（こうとう）
咽喉（いんこう）
喉笛（のどぶえ）
喉元（のどもと）

問題：
□（こうとう）に薬を塗る。
□（いんこう）が専門の医師。
□（のどぶえ）から声を絞る。
□（のどもと）を押さえる。

3級
# 慌
部首 忄（りっしんべん）12画
音 （コウ）
訓 あわ-てる
あわ-ただしい

筆順：慌 慌 慌 慌 慌 慌 慌 慌 慌 慌 慌 慌（筆順に注意／曲げる／曲げてはねる）

用例：
慌て者（あわてもの）
慌てる（あわてる）
慌てん坊（あわてんぼう）
大慌て（おおあわて）

問題：
□（あわ）て者を注意する。
□遅刻しそうで（あわ）てる。
□（あわ）てん坊だが憎めない。
□（おおあわ）てで支度する。

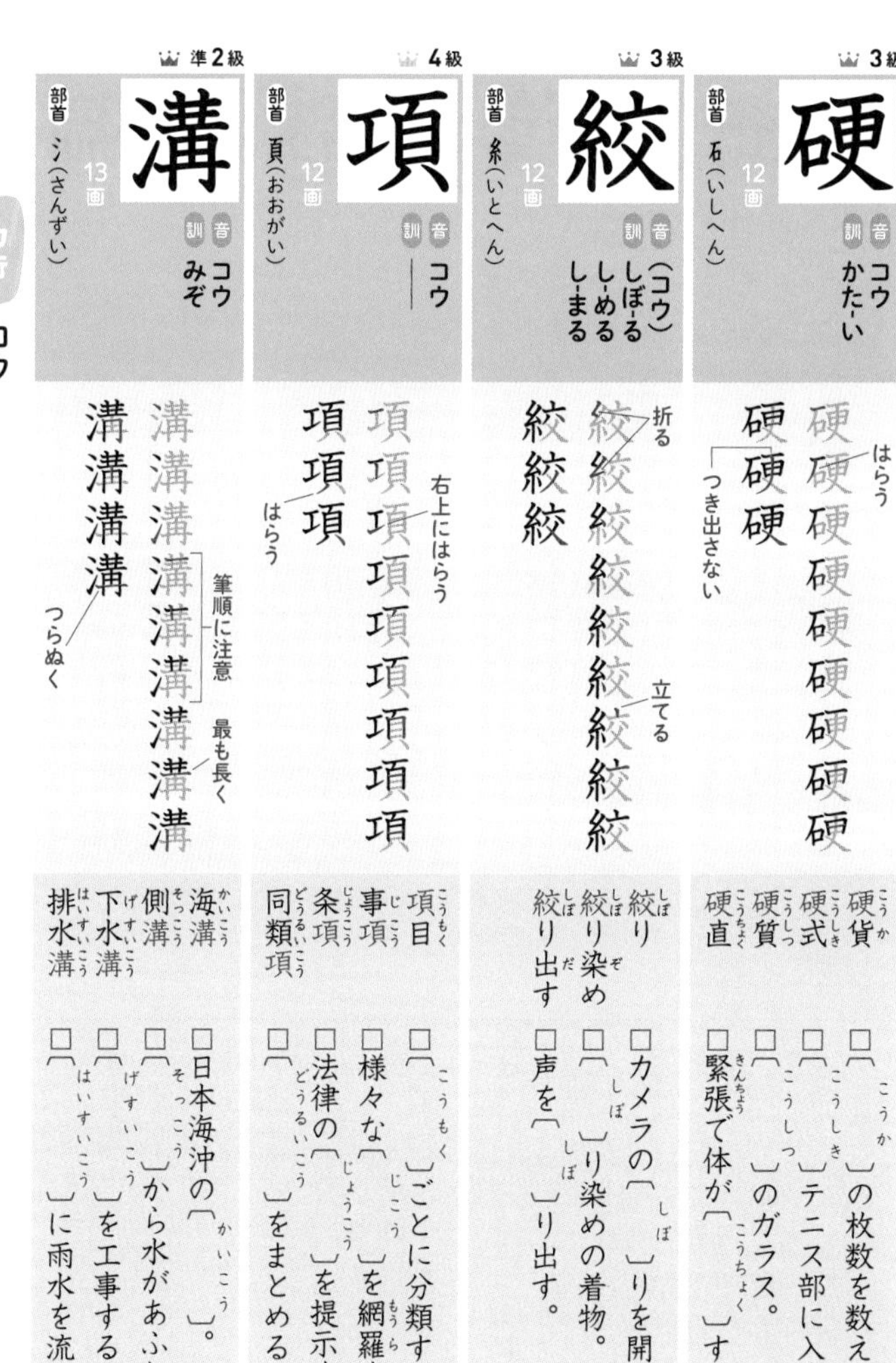

## 硬
3級
部首 石（いしへん） 12画
音 コウ
訓 かた-い

筆順：はらう／つき出さない

硬貨（こうか）
硬式（こうしき）
硬質（こうしつ）
硬直（こうちょく）

□（こうか）の枚数を数える。
□（こうしき）テニス部に入る。
□（こうしつ）のガラス。
□緊張（きんちょう）で体が（こうちょく）する。

## 絞
3級
部首 糸（いとへん） 12画
音 （コウ）
訓 しぼ-る／し-める／し-まる

筆順：折る／立てる

絞（しぼ）り
絞（しぼ）り染（ぞ）め
絞（しぼ）り出（だ）す

□カメラの（しぼ）りを開く。
□（しぼ）り染めの着物。
□声を（しぼ）り出す。

## 項
4級
部首 頁（おおがい） 12画
音 コウ
訓 ―

筆順：右上にはらう／はらう

項目（こうもく）
事項（じこう）
条項（じょうこう）
同類項（どうるいこう）

□（こうもく）ごとに分類する。
□様々な（じこう）を網羅（もうら）する。
□法律の（じょうこう）を提示する。
□（どうるいこう）をまとめる。

## 溝
準2級
部首 氵（さんずい） 13画
音 コウ
訓 みぞ

筆順：筆順に注意／最も長く／つらぬく

海溝（かいこう）
側溝（そっこう）
下水溝（げすいこう）
排水溝（はいすいこう）

□日本海沖の（かいこう）。
□（そっこう）から水があふれる。
□（げすいこう）を工事する。
□（はいすいこう）に雨水を流す。

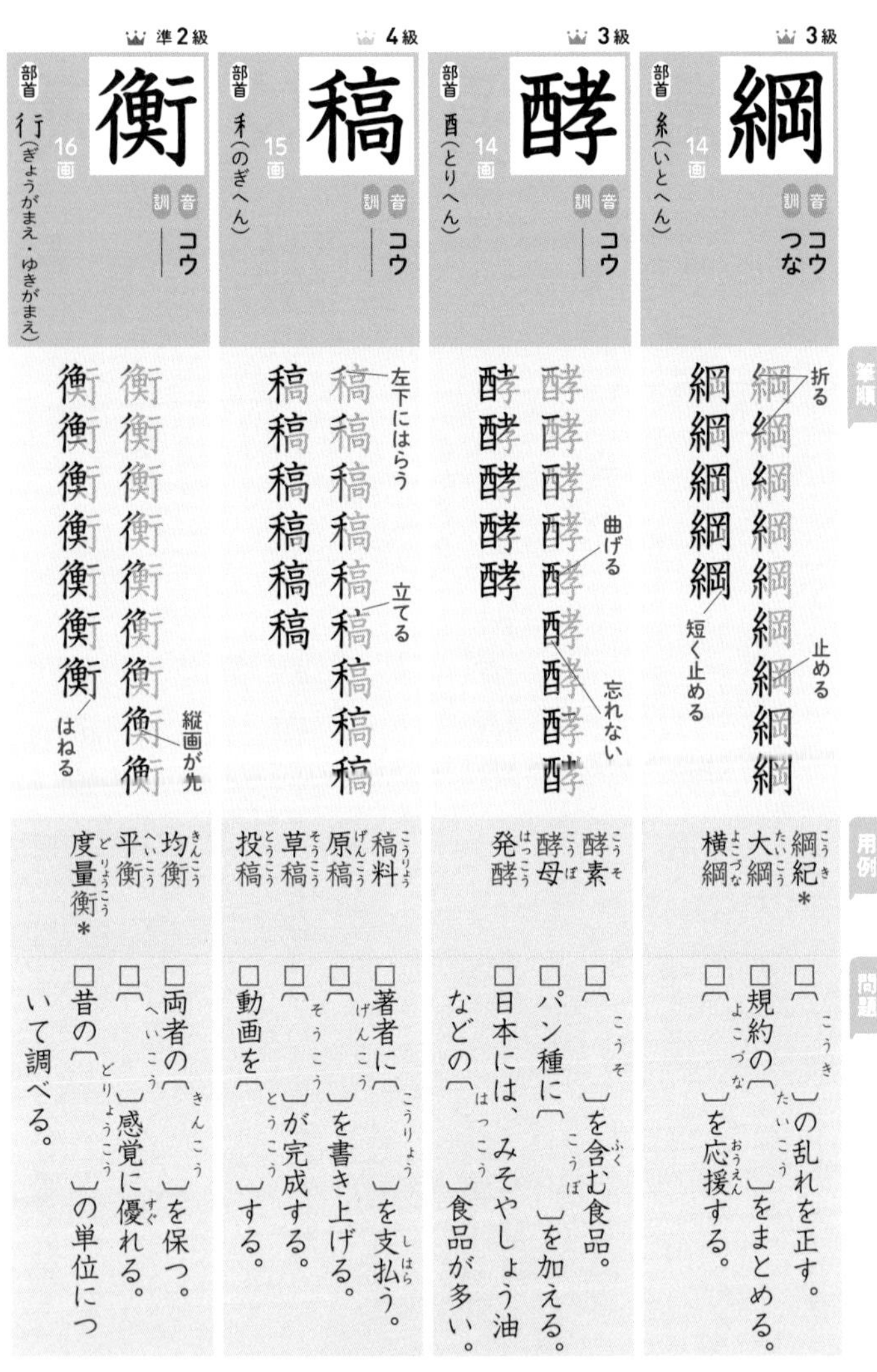

3級

# 綱

部首 糸（いとへん）　14画

音 コウ　訓 つな

筆順：折る／止める／短く止める

用例：綱紀（こうき）＊　大綱（たいこう）　横綱（よこづな）

- □（こうき）の乱れを正す。
- □規約の（たいこう）をまとめる。
- □（よこづな）を応援する。

3級

# 酵

部首 酉（とりへん）　14画

音 コウ　訓 ―

筆順：曲げる／忘れない

用例：酵素（こうそ）　酵母（こうぼ）　発酵（はっこう）

- □（こうそ）を含む食品。
- □パン種に（こうぼ）を加える。
- □日本には、みそやしょう油などの（はっこう）食品が多い。

4級

# 稿

部首 禾（のぎへん）　15画

音 コウ　訓 ―

筆順：左下にはらう／立てる

用例：稿料（こうりょう）　原稿（げんこう）　草稿（そうこう）　投稿（とうこう）

- □著者に（こうりょう）を支払う。
- □（げんこう）を書き上げる。
- □（そうこう）が完成する。
- □動画を（とうこう）する。

準2級

# 衡

部首 行（ぎょうがまえ・ゆきがまえ）　16画

音 コウ　訓 ―

筆順：縦画が先／はねる

用例：均衡（きんこう）　平衡（へいこう）　度量衡（どりょうこう）＊

- □両者の（きんこう）を保つ。
- □（へいこう）感覚に優れる。
- □昔の（どりょうこう）の単位について調べる。

＊綱紀＝国家を治める規律。　＊度量衡＝長さと容積と重さのこと。

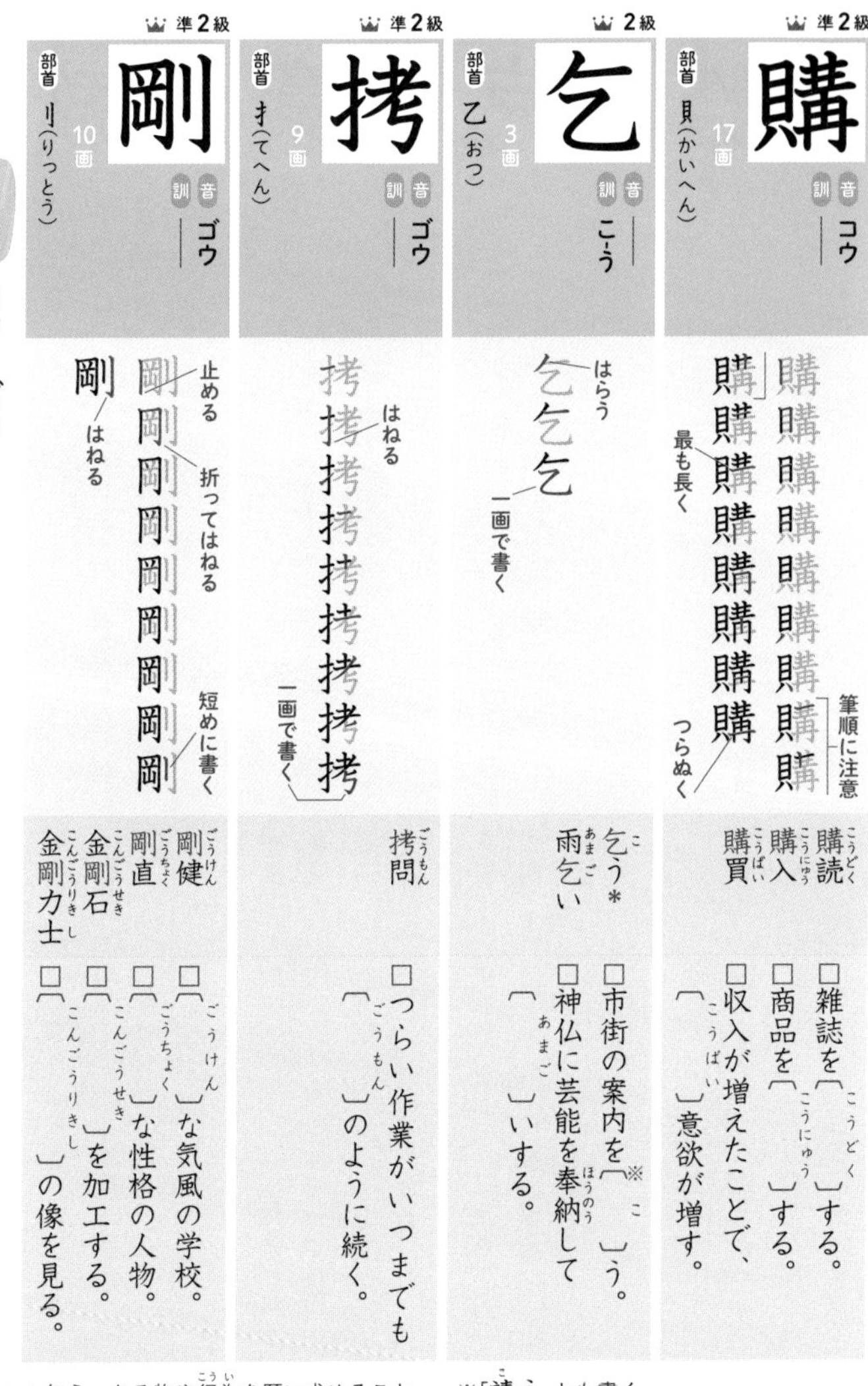

## 購（準2級）
部首 貝（かいへん） 17画
音 コウ
訓 —
筆順に注意　最も長く　つらぬく

購読（こうどく）　購入（こうにゅう）　購買（こうばい）

□雑誌を〔こうどく〕する。
□商品を〔こうにゅう〕する。
□収入が増えたことで、〔こうばい〕意欲が増す。

## 乞（2級）
部首 乙（おつ） 3画
音 —
訓 こ-う
はらう　一画で書く

乞（こ）う＊　雨乞（あまご）い

□市街の案内を〔こ〕※う。
□神仏に芸能を奉納（ほうのう）して〔あまご〕いする。

## 拷（準2級）
部首 扌（てへん） 9画
音 ゴウ
訓 —
はねる　一画で書く

拷問（ごうもん）

□つらい作業がいつまでも〔ごうもん〕のように続く。

## 剛（準2級）
部首 刂（りっとう） 10画
音 ゴウ
訓 —
止める　折ってはねる　短めに書く　はねる

剛健（ごうけん）　剛直（ごうちょく）　金剛石（こんごうせき）　金剛力士（こんごうりきし）

□〔ごうけん〕な気風の学校。
□〔ごうちょく〕な性格の人物。
□〔こんごうせき〕を加工する。
□〔こんごうりきし〕の像を見る。

＊乞う＝ある物や行為（こうい）を願い求めること。　※「請（こ）う」とも書く。

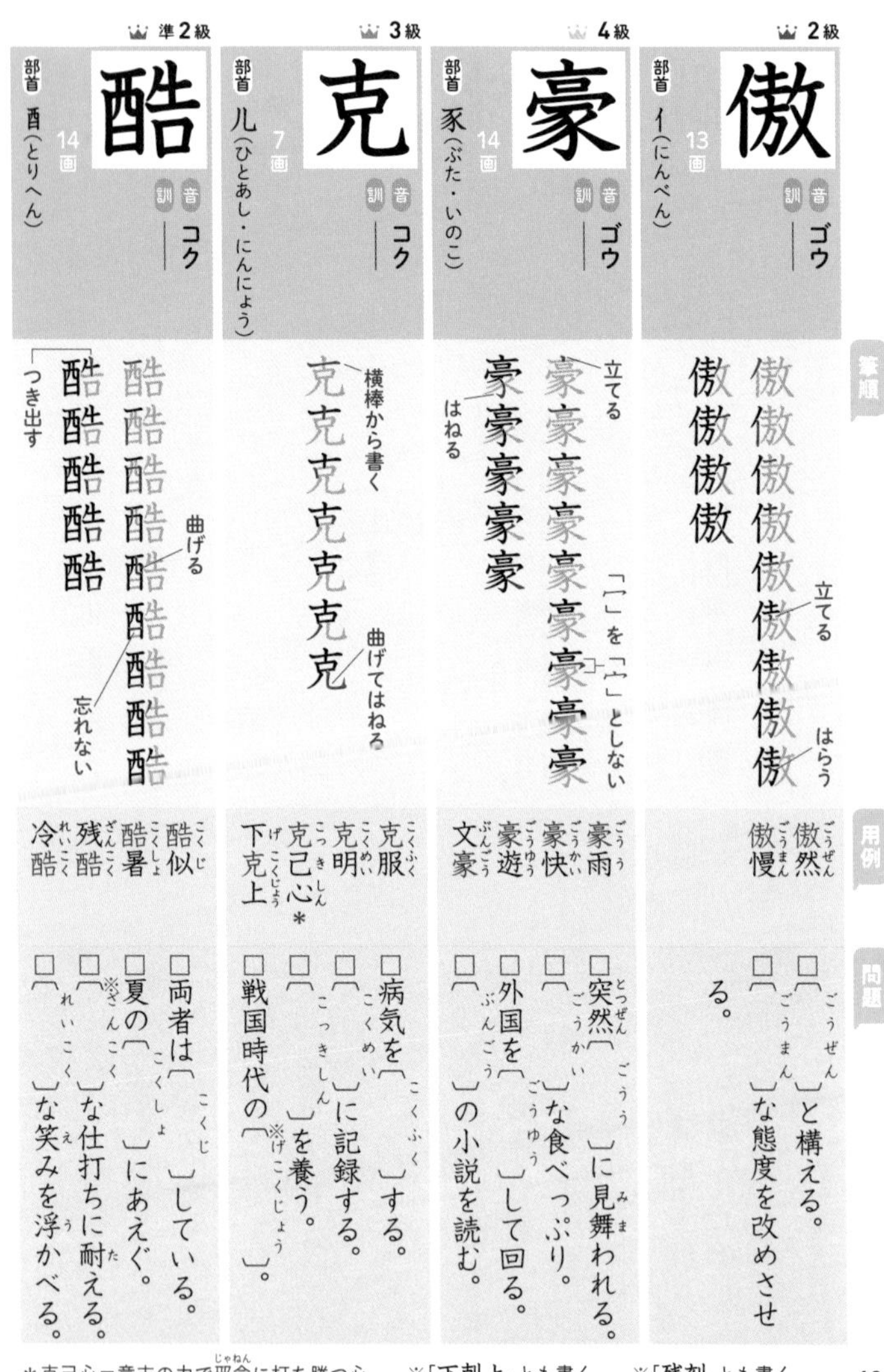

## 傲（2級）

部首 亻（にんべん） 13画

音 ゴウ　訓 —

筆順：傲（立てる／はらう）

用例：傲然（ごうぜん）　傲慢（ごうまん）

問題：
- □（ごうぜん）と構える。
- □（ごうまん）な態度を改めさせる。

## 豪（4級）

部首 豕（ぶた・いのこ） 14画

音 ゴウ　訓 —

筆順：豪（立てる／はねる／「冖」を「亠」としない）

用例：豪雨（ごうう）　豪快（ごうかい）　豪遊（ごうゆう）　文豪（ぶんごう）

問題：
- □突然（とつぜん）（ごうう）に見舞（みま）われる。
- □（ごうかい）な食べっぷり。
- □外国を（ごうゆう）して回る。
- □（ぶんごう）の小説を読む。

## 克（3級）

部首 儿（ひとあし・にんにょう） 7画

音 コク　訓 —

筆順：克（横棒から書く／曲げてはねる）

用例：克服（こくふく）　克明（こくめい）　克己心（こっきしん）＊　下克上（げこくじょう）

問題：
- □病気を（こくふく）する。
- □（こくめい）に記録する。
- □（こっきしん）を養う。
- □戦国時代の（※げこくじょう）。

## 酷（準2級）

部首 酉（とりへん） 14画

音 コク　訓 —

筆順：酷（つき出す／曲げる／忘れない）

用例：酷似（こくじ）　酷暑（こくしょ）　残酷（ざんこく）　冷酷（れいこく）

問題：
- □両者は（こくじ）している。
- □夏の（こくしょ）にあえぐ。
- □（※ざんこく）な仕打ちに耐（た）える。
- □（れいこく）な笑（え）みを浮（う）かべる。

＊克己心＝意志の力で邪念（じゃねん）に打ち勝つ心。　※「下剋上」とも書く。　※「残刻」とも書く。

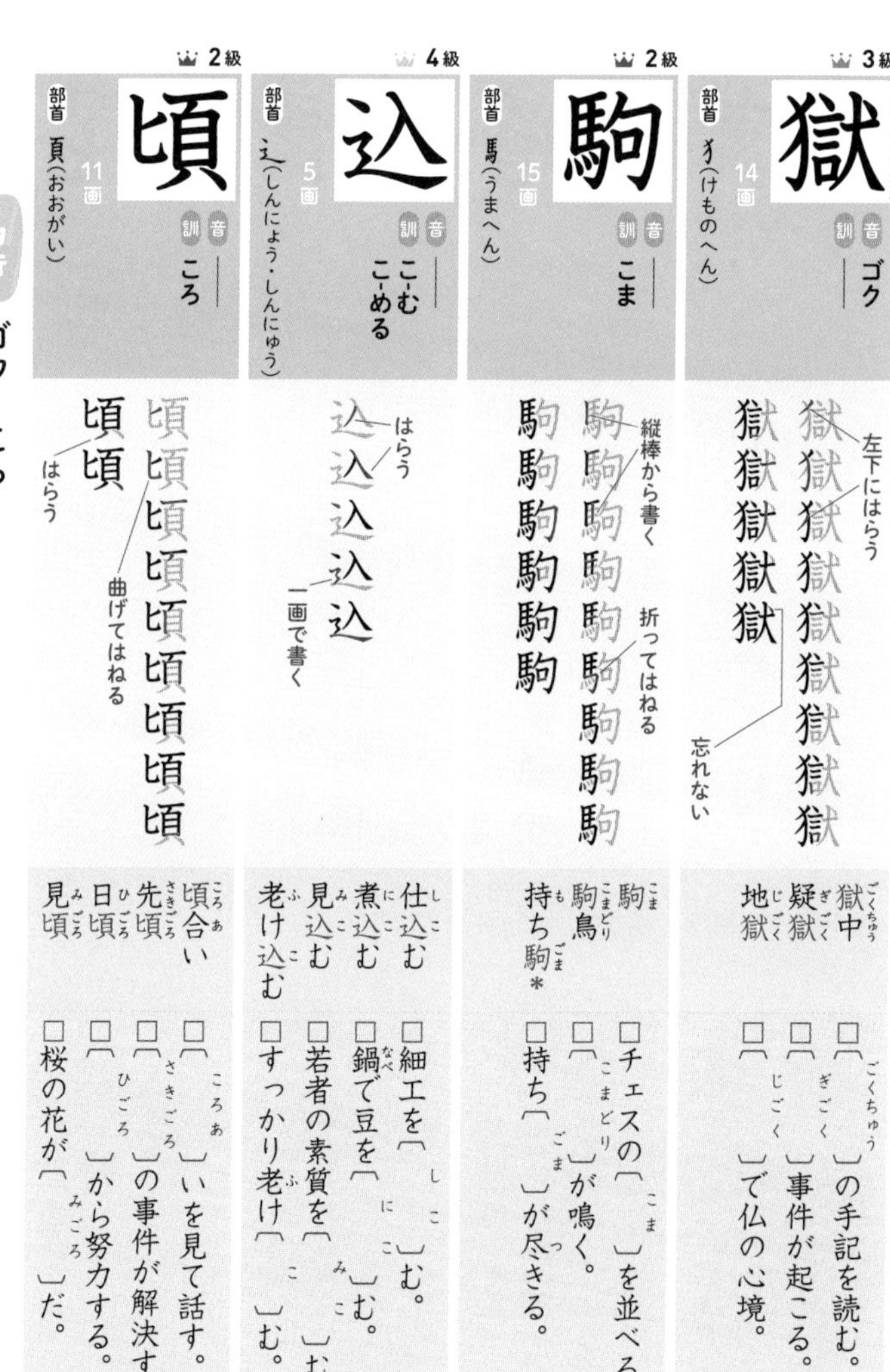

3級 獄 部首 犭(けものへん) 14画 音 ゴク 訓 ―

獄中(ごくちゅう) 疑獄(ぎごく) 地獄(じごく)
□〔ごくちゅう〕の手記を読む。
□〔ぎごく〕事件が起こる。
□〔じごく〕で仏の心境。

2級 駒 部首 馬(うまへん) 15画 音 ― 訓 こま

駒(こま) 駒鳥(こまどり) 持ち駒(もちごま)＊
□チェスの〔こま〕を並べる。
□〔こまどり〕が鳴く。
□持ち〔ごま〕が尽きる。

4級 込 部首 辶(しんにょう・しんにゅう) 5画 音 ― 訓 こ-む こ-める

仕込む(しこむ) 煮込む(にこむ) 見込む(みこむ) 老け込む(ふけこむ)
□細工を〔しこ〕む。
□鍋で豆を〔にこ〕む。
□若者の素質を〔みこ〕む。
□すっかり老け〔こ〕む。

2級 頃 部首 頁(おおがい) 11画 音 ― 訓 ころ

頃合い(ころあい) 先頃(さきごろ) 日頃(ひごろ) 見頃(みごろ)
□〔ころあ〕いを見て話す。
□〔さきごろ〕の事件が解決する。
□〔ひごろ〕から努力する。
□桜の花が〔みごろ〕だ。

＊持ち駒＝必要なときに使えるように用意してある人や物。

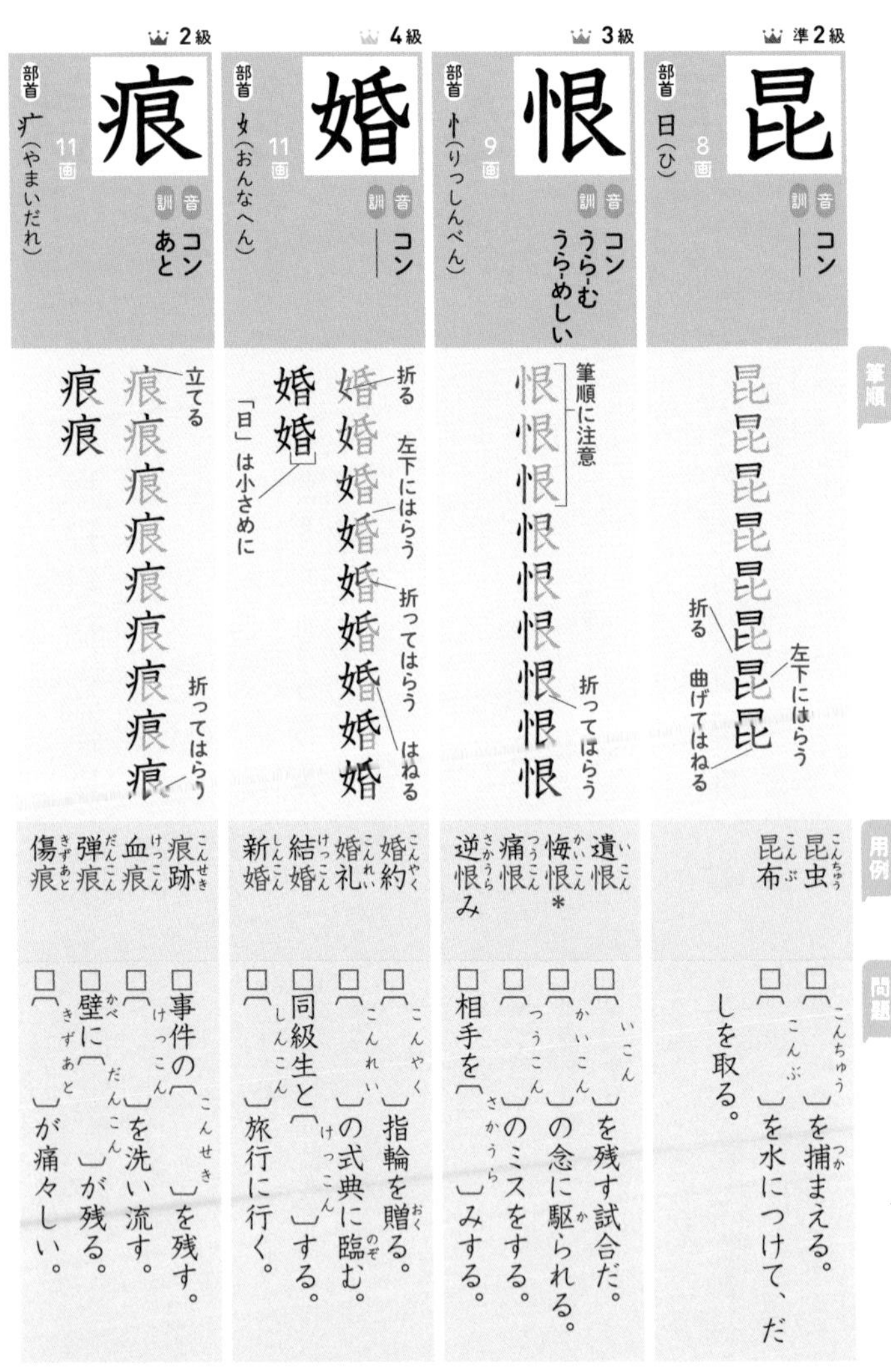

## 昆　準2級

部首 日（ひ）　8画

音 コン
訓 —

筆順：左下にはらう／折る／曲げてはねる

用例：昆虫（こんちゅう）　昆布（こんぶ）

問題
□〔こんちゅう〕を捕（つか）まえる。
□〔こんぶ〕を水につけて、だしを取る。

## 恨　3級

部首 忄（りっしんべん）　9画

音 コン
訓 うら-む　うら-めしい

筆順：筆順に注意／折ってはらう

用例：遺恨（いこん）　悔恨（かいこん）＊　痛恨（つうこん）　逆恨（さかうら）み

問題
□〔いこん〕を残す試合だ。
□〔かいこん〕の念に駆（か）られる。
□〔つうこん〕のミスをする。
□相手を〔さかうら〕みする。

## 婚　4級

部首 女（おんなへん）　11画

音 コン
訓 —

筆順：折る／左下にはらう／折ってはらう／はねる／「日」は小さめに

用例：婚約（こんやく）　婚礼（こんれい）　結婚（けっこん）　新婚（しんこん）

問題
□〔こんやく〕指輪を贈（おく）る。
□〔こんれい〕の式典に臨（のぞ）む。
□同級生と〔けっこん〕する。
□〔しんこん〕旅行に行く。

## 痕　2級

部首 疒（やまいだれ）　11画

音 コン
訓 あと

筆順：立てる／折ってはらう

用例：痕跡（こんせき）　血痕（けっこん）　弾痕（だんこん）　傷痕（きずあと）

問題
□事件の〔こんせき〕を残す。
□〔けっこん〕を洗い流す。
□壁（かべ）に〔だんこん〕が残る。
□〔きずあと〕が痛々しい。

＊悔恨＝失敗を悔（く）やみ，残念に思うこと。

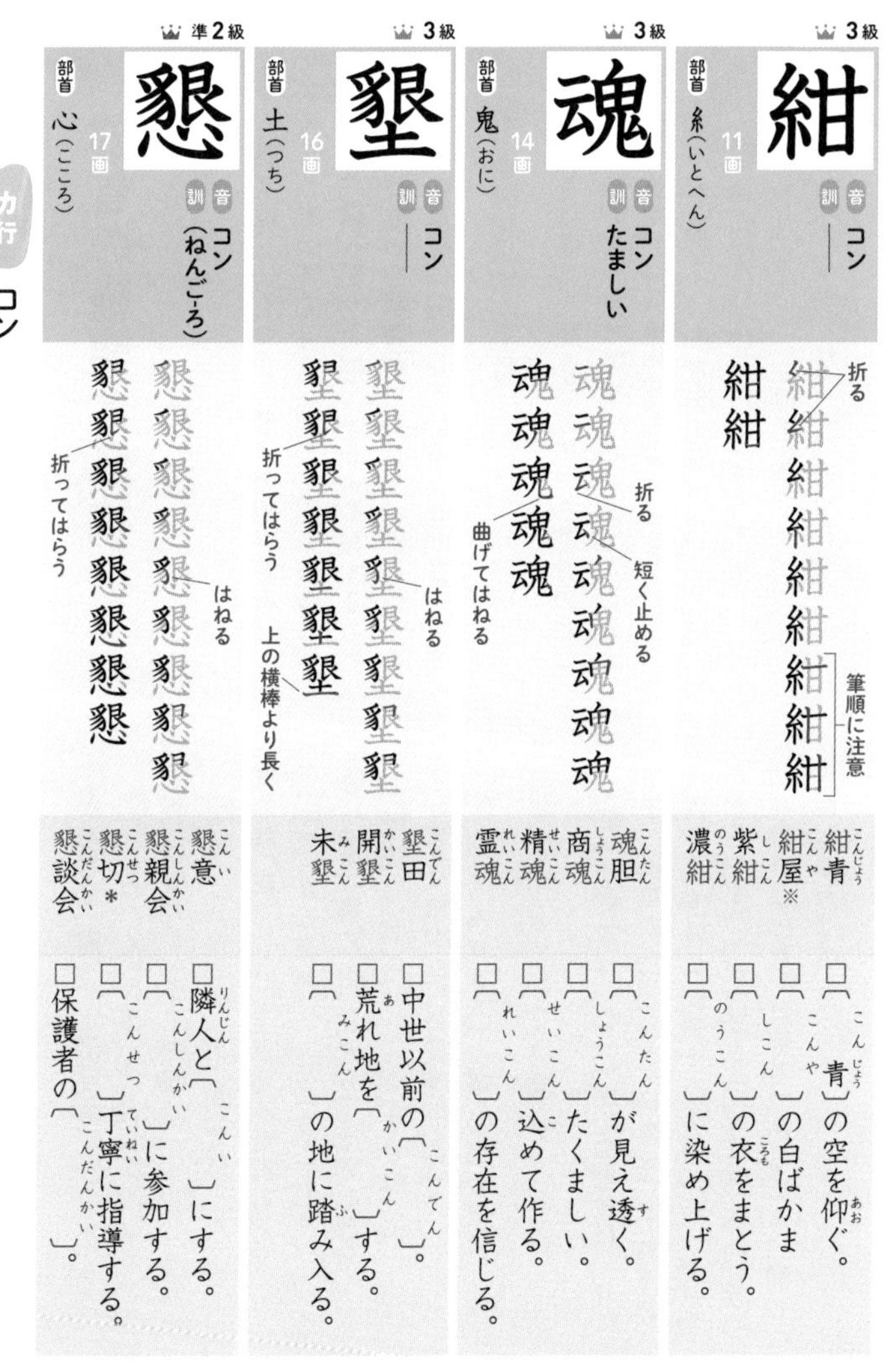

3級
# 紺
部首 糸(いとへん) 11画
音 コン
訓 —

紺青(こんじょう)
紺屋(こんや)※
紫紺(しこん)
濃紺(のうこん)

□[こんじょう]の空を仰(あお)ぐ。
□[こんや]の白ばかま
□[しこん]の衣(ころも)をまとう。
□[のうこん]に染め上げる。

3級
# 魂
部首 鬼(おに) 14画
音 コン
訓 たましい

魂胆(こんたん)
商魂(しょうこん)
精魂(せいこん)
霊魂(れいこん)

□[こんたん]が見え透(す)く。
□[しょうこん]たくましい。
□[せいこん]込(こ)めて作る。
□[れいこん]の存在を信じる。

3級
# 墾
部首 土(つち) 16画
音 コン
訓 —

墾田(こんでん)
開墾(かいこん)
未墾(みこん)

□中世以前の[こんでん]。
□荒(あ)れ地を[かいこん]する。
□[みこん]の地に踏(ふ)み入る。

準2級
# 懇
部首 心(こころ) 17画
音 コン
訓 (ねんご-ろ)

懇意(こんい)
懇親会(こんしんかい)
懇切(こんせつ)＊
懇談会(こんだんかい)

□隣人(りんじん)と[こんい]にする。
□[こんしんかい]に参加する。
□[こんせつ]丁寧(ていねい)に指導する。
□保護者の[こんだんかい]。

※「こうや」とも読む。　＊懇切＝細かいところにまで気を配ること。

# 部首の種類と名称(めいしょう)

## 部首とは

漢字は、いくつかの部分の組み合わせで作られています。その部分の中で、複数の漢字が共通してもち、形の上から分類するもととなるものを部首といいます。部首はその漢字の意味に関係していることが多いです。

## 部首の種類と名称

部首は漢字を組み立てている部分のどこにあるかで、大きく七つに分類することができます。（例の漢字の赤い部分が部首。）

①へん[偏(へん)]　左側の部分
例 体（にんべん）　海（さんずい）

②つくり[旁(つくり)]　右側の部分
例 杉（さんづくり）　利（りっとう）

③かんむり[冠(かんむり)]　上の部分
例 写（わかんむり）　京（なべぶた／けいさんかんむり）

④あし[脚(あし)]　下の部分
例 兄（ひとあし／にんにょう）　熱（れんが／れっか）

⑤たれ[垂(たれ)]　上から左を囲む部分
例 原（がんだれ）　広（まだれ）

⑥にょう[繞(にょう)]　左から下を囲む部分
例 道（しんにょう／しんにゅう）　魅（きにょう）

⑦かまえ[構(かまえ)]　外側を囲む部分
例 間（もんがまえ）　国（くにがまえ）

## 部首を間違(まちが)えやすい漢字

「問」の部首は「口」、「聞」の部首は「耳」です。部首が「門」でないのは、それぞれの漢字の意味に関係するのが「口」「耳」だからです。「視」は「見」、「暦」は「日」、「相」は「目」がそれぞれ部首であるのも、同じ理由によります。

サ行の漢字

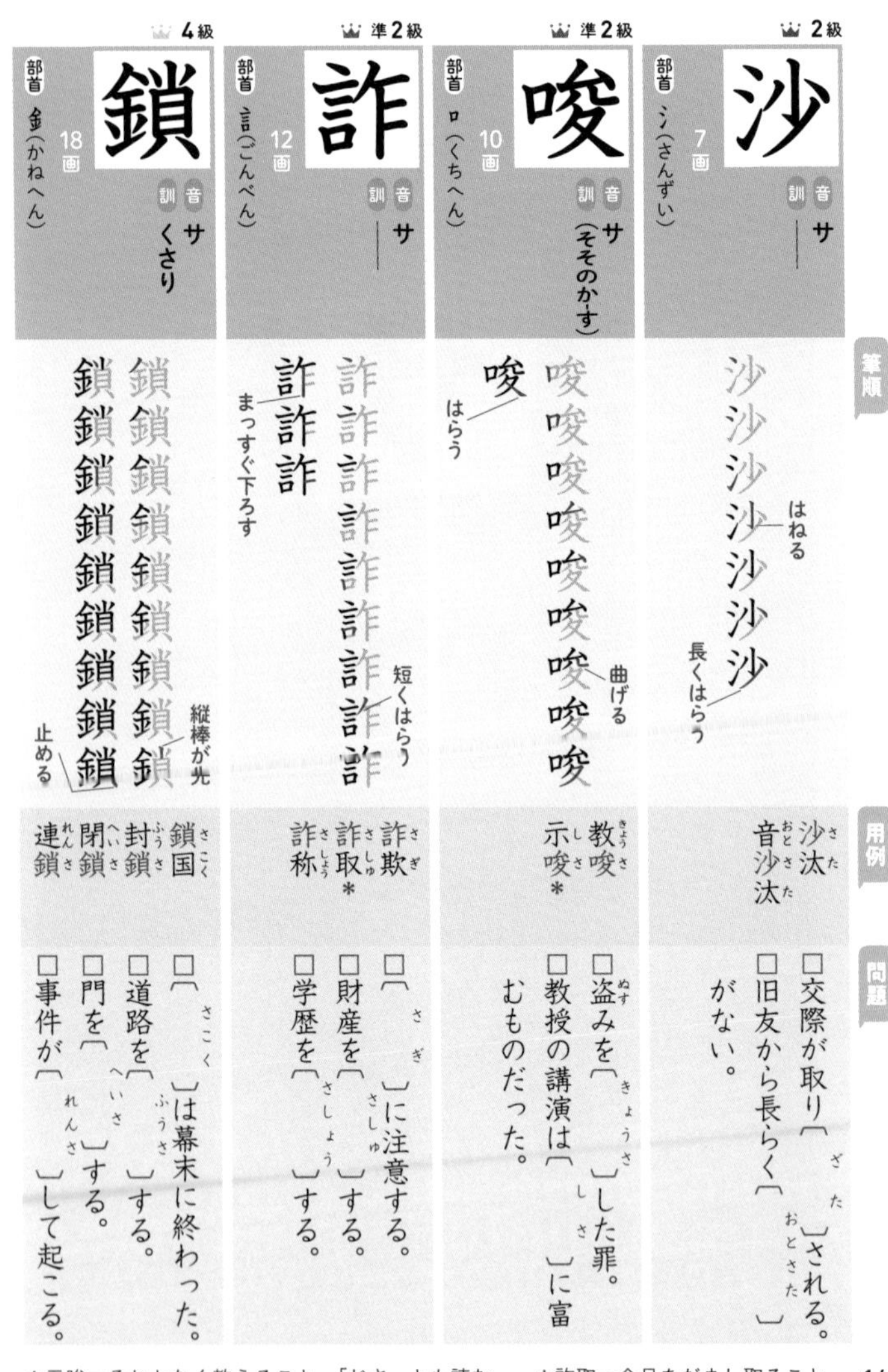

## 沙 2級
部首 氵（さんずい） 7画
音 サ
訓 ——
筆順：沙沙沙沙沙沙沙（はねる・長くはらう）
用例：沙汰（さた）　音沙汰（おとさた）
問題：
□交際が取り（ざた）される。
□旧友から長らく（おとさた）がない。

## 唆 準2級
部首 口（くちへん） 10画
音 サ
訓 （そそのかす）
筆順：唆唆唆唆唆唆唆唆唆唆（はらう・曲げる）
用例：教唆（きょうさ）　示唆（しさ）＊
問題：
□盗（ぬす）みを（きょうさ）した罪。
□教授の講演は（しさ）に富むものだった。

## 詐 準2級
部首 言（ごんべん） 12画
音 サ
訓 ——
筆順：詐詐詐詐詐詐詐詐詐詐詐詐（まっすぐ下ろす・短くはらう）
用例：詐欺（さぎ）　詐取（さしゅ）＊　詐称（さしょう）
問題：
□（さぎ）に注意する。
□財産を（さしゅ）する。
□学歴を（さしょう）する。

## 鎖 4級
部首 金（かねへん） 18画
音 サ
訓 くさり
筆順：鎖鎖鎖鎖鎖鎖鎖鎖鎖鎖鎖鎖鎖鎖鎖鎖鎖鎖（縦棒が先・止める）
用例：鎖国（さこく）　封鎖（ふうさ）　閉鎖（へいさ）　連鎖（れんさ）
問題：
□（さこく）は幕末に終わった。
□道路を（ふうさ）する。
□門を（へいさ）する。
□事件が（れんさ）して起こる。

＊示唆＝それとなく教えること。「じさ」とも読む。　＊詐取＝金品をだまし取ること。

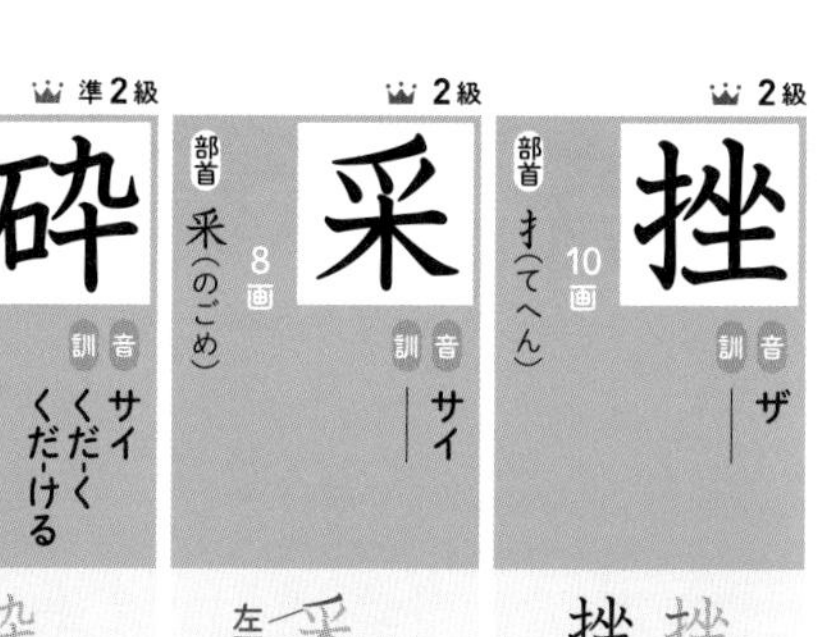

## 挫
2級
部首 扌(てへん) 10画
音 ザ
訓 —

上の横棒より長く
縦棒が先

挫折(ざせつ)
頓挫(とんざ)＊
捻挫(ねんざ)
脳挫傷(のうざしょう)

□(ざせつ)を味わう。
□開発計画が(とんざ)する。
□足首を(ねんざ)する。
□(のうざしょう)を起こす。

## 采
2級
部首 釆(のごめ) 8画
音 サイ
訓 —

左下に長くはらう
左下にはらう

采配(さいはい)
喝采(かっさい)
風采(ふうさい)

□監督が(さいはい)を振る。
□観客の(かっさい)を浴びる。
□(ふうさい)の上がらない人。

## 砕
準2級
部首 石(いしへん) 9画
音 サイ
訓 くだ-く くだ-ける

はらいが先
上にはねる
横棒が先

砕石機(さいせきき)
砕氷船(さいひょうせん)
粉砕(ふんさい)
粉骨砕身(ふんこつさいしん)＊

□岩を(さいせきき)で処理する。
□(さいひょうせん)で航海する。
□古い瓶を(ふんさい)する。
□復興に(ふんこつさいしん)する。

### 似ている漢字に注意

唆(サ) くちへん — 俊(シュン) にんべん — 酸(サン) とりへん

### 「采配(さいはい)を振(ふ)る」の意味

采配を振る…あれこれ指図したり、大勢の人を指揮したりする。(「采配」は、「大将が戦場で家来を指揮するために用いた道具」)

### 送りがなに注意

○ 砕(くだ)ける
× 砕る



＊頓挫＝計画などが急に行き詰(づ)まること。　＊粉骨砕身＝力の限りを尽(つ)くすこと。

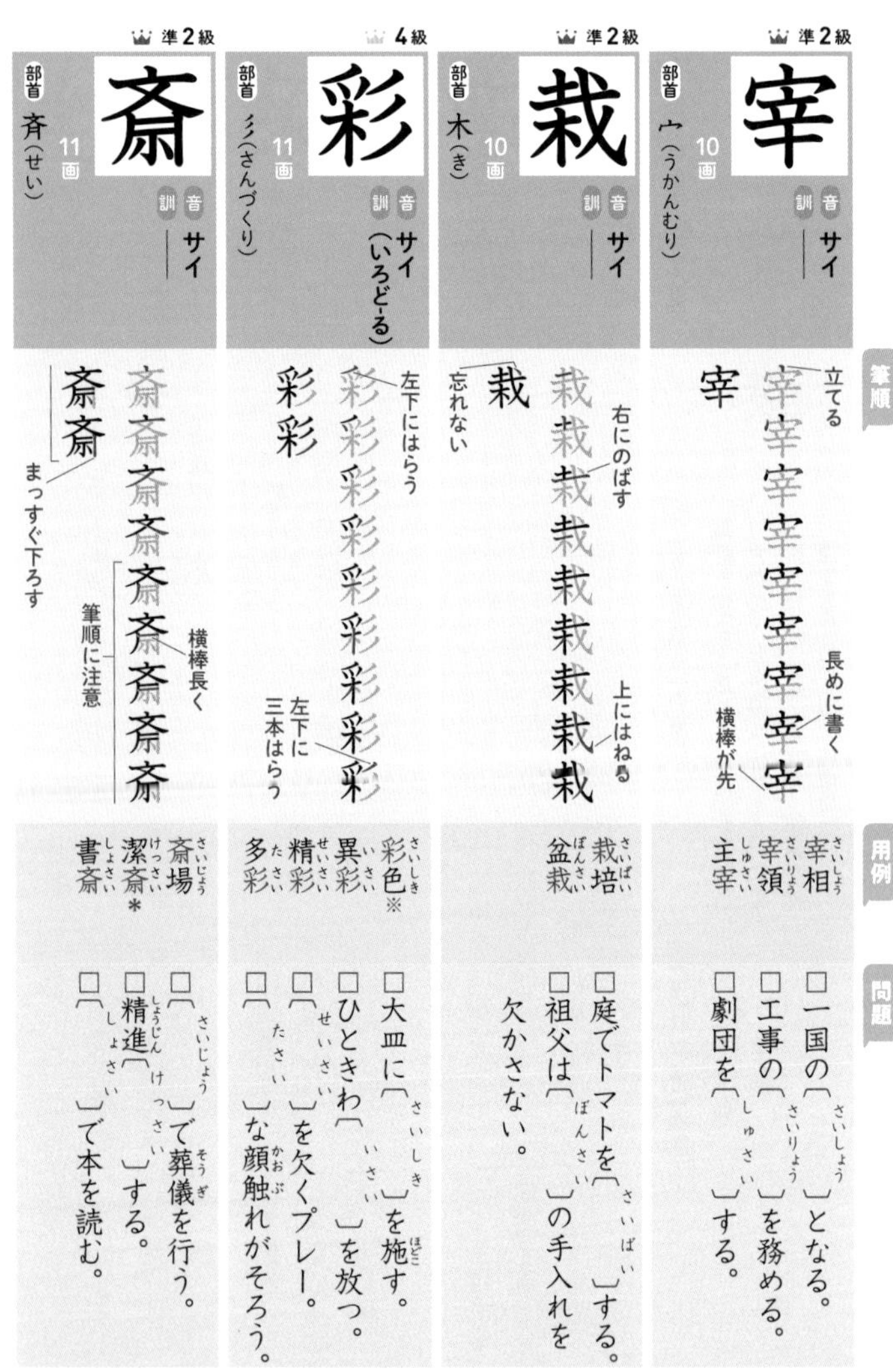

準2級
# 宰
部首 宀（うかんむり） 10画
音 サイ
訓 —

筆順
宰
立てる／長めに書く／横棒が先

用例
宰相（さいしょう）
宰領（さいりょう）
主宰（しゅさい）

問題
□一国の（さいしょう）となる。
□工事の（さいりょう）を務める。
□劇団を（しゅさい）する。

準2級
# 栽
部首 木（き） 10画
音 サイ
訓 —

筆順
栽
右にのばす／上にはねる／忘れない

用例
栽培（さいばい）
盆栽（ぼんさい）

問題
□庭でトマトを（さいばい）する。
□祖父は（ぼんさい）の手入れを欠かさない。

4級
# 彩
部首 彡（さんづくり） 11画
音 サイ
訓 （いろど・る）

筆順
彩
左下にはらう／左下に三本はらう

用例
彩色（さいしき）※
異彩（いさい）
精彩（せいさい）
多彩（たさい）

問題
□大皿に（さいしき）を施す。
□ひときわ（いさい）を放つ。
□（せいさい）を欠くプレー。
□（たさい）な顔触れがそろう。

準2級
# 斎
部首 斉（せい） 11画
音 サイ
訓 —

筆順
斎
横棒長く／筆順に注意／まっすぐ下ろす

用例
斎場（さいじょう）
潔斎（けっさい）＊
書斎（しょさい）

問題
□（さいじょう）で葬儀を行う。
□精進（けっさい）する。
□（しょさい）で本を読む。

※「さいしょく」とも読む。　＊潔斎＝神事・仏事などの前に心身を清めること。

3級

# 債

部首 亻（にんべん） 13画

音 サイ
訓 ―

債債債債債債債債債債債債債

最も長く　短くはらう

債権（さいけん）＊
債務（さいむ）
公債（こうさい）
負債（ふさい）

□（さいけん）を回収する。
□（さいむ）を負う。
□県が（こうさい）を発行する。
□（ふさい）の軽減に努める。

3級

# 催

部首 亻（にんべん） 13画

音 サイ
訓 もよお-す

催催催催催催催催催催催催催

「山」は平たく　筆順に注意　縦棒が先

催促（さいそく）
催眠（さいみん）
開催（かいさい）
主催（しゅさい）

□小遣（こづか）いを（さいそく）する。
□（さいみん）作用のある香り。
□書道展を（かいさい）する。
□コンサートを（しゅさい）する。

2級

# 塞

部首 土（つち） 13画

音 サイ ソク
訓 ふさ-ぐ ふさ-がる

塞塞塞塞塞塞塞塞塞塞塞塞塞

はらう　筆順に注意　はらう

城塞（じょうさい）
要塞（ようさい）
閉塞（へいそく）＊
脳梗塞（のうこうそく）

□堅固（けんご）な（じょうさい）を築く。
□敵の（ようさい）を攻撃（こうげき）する。
□（へいそく）感を打破する。
□（のうこうそく）を治療（ちりょう）する。

**「しゅさい」の意味**

主宰…人々の上に立って、物事を取りまとめること。
主催…中心になって、会などを開くこと。

**似ている漢字に注意**

裁（サイ）―栽（サイ）―載（サイ）―戴（タイ）

**送りがなに注意**

○ 催（もよお）す
× 催おす

サ行 サイ

＊債権＝他の人に請求（せいきゅう）できる財産上の権利。　＊閉塞＝閉（と）ざされて塞がること。

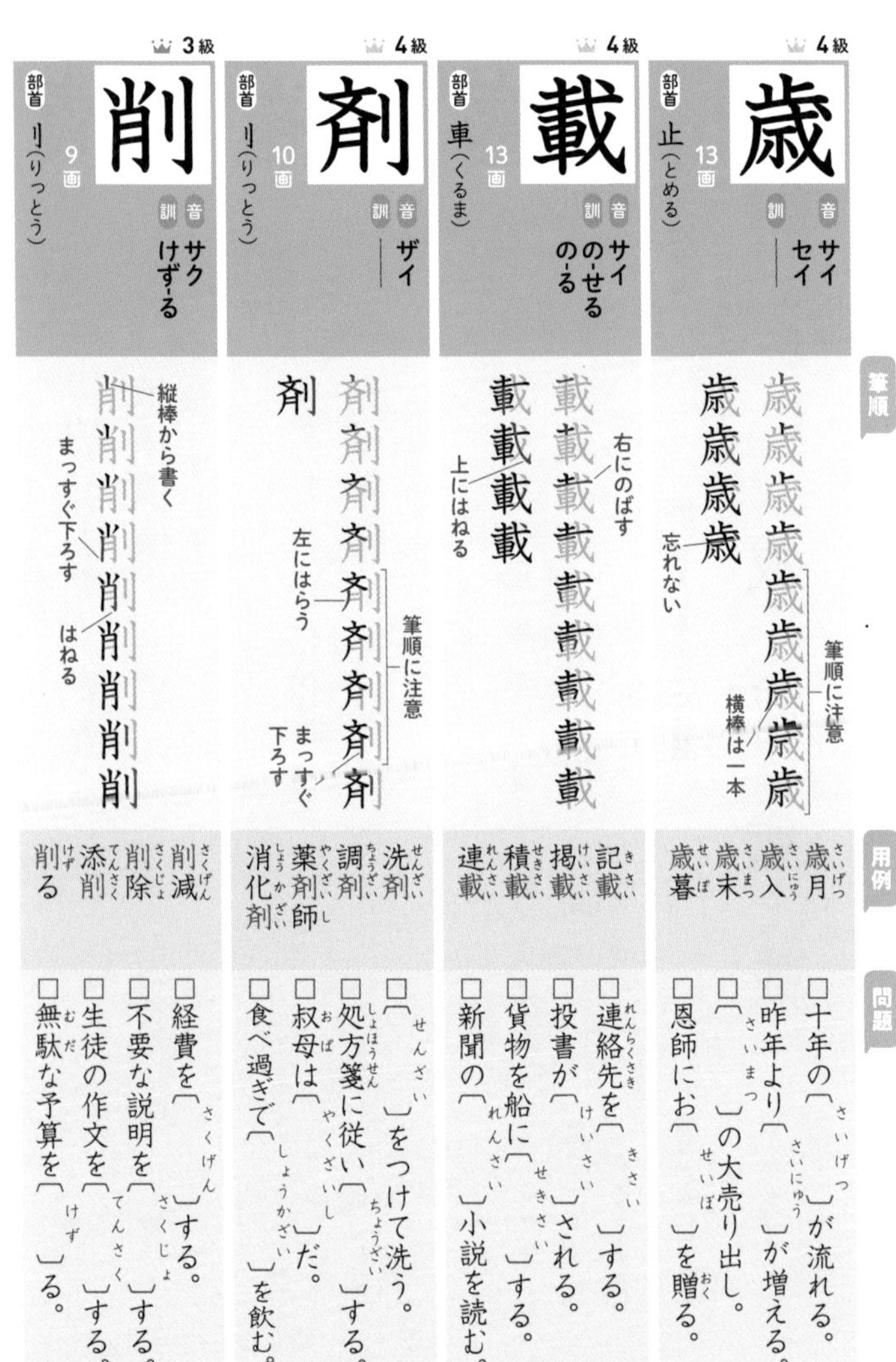

## 歳（4級）
部首：止（とめる）　13画
音：サイ・セイ
訓：―

筆順：忘れない／横棒は一本／筆順に注意

用例：歳月（さいげつ）　歳入（さいにゅう）　歳末（さいまつ）　歳暮（せいぼ）

問題
□十年の（さいげつ）が流れる。
□昨年より（さいにゅう）が増える。
□（さいまつ）の大売り出し。
□恩師にお（せいぼ）を贈（おく）る。

## 載（4級）
部首：車（くるま）　13画
音：サイ
訓：の-せる・の-る

筆順：右にのばす／上にはねる

用例：記載（きさい）　掲載（けいさい）　積載（せきさい）　連載（れんさい）

問題
□連絡先（れんらくさき）を（きさい）する。
□投書が（けいさい）される。
□貨物を船に（せきさい）する。
□新聞の（れんさい）小説を読む。

## 剤（4級）
部首：刂（りっとう）　10画
音：ザイ
訓：―

筆順：左にはらう／まっすぐ下ろす／筆順に注意

用例：洗剤（せんざい）　調剤（ちょうざい）　薬剤師（やくざいし）　消化剤（しょうかざい）

問題
□（せんざい）をつけて洗う。
□処方箋（しょほうせん）に従い（ちょうざい）する。
□叔母（おば）は（やくざいし）だ。
□食べ過ぎで（しょうかざい）を飲む。

## 削（3級）
部首：刂（りっとう）　9画
音：サク
訓：けず-る

筆順：縦棒から書く／まっすぐ下ろす／はねる

用例：削減（さくげん）　削除（さくじょ）　添削（てんさく）　削る（けずる）

問題
□経費を（さくげん）する。
□不要な説明を（さくじょ）する。
□生徒の作文を（てんさく）する。
□無駄（むだ）な予算を（けず）る。

2級

# 柵

部首 木(きへん) 9画

音 サク
訓 ―

柵柵柵柵柵柵柵柵柵
縦棒は二本 つらぬく

柵(さく)
鉄柵(てっさく)

□(さく)を越(こ)えて侵入(しんにゅう)する。
□庭園の周りに(てっさく)を巡(めぐ)らす。

準2級

# 索

部首 糸(いと) 10画

音 サク
訓 ―

索索索索索索索索索索
横棒から書く 短くはらう

索引(さくいん)
検索(けんさく)
思索(しさく)
捜索(そうさく)

□参考書の(さくいん)を見る。
□インターネットでの(けんさく)。
□人生について(しさく)する。
□行方(ゆくえ)不明者の(そうさく)。

似ている漢字に注意

歳(サイ) とめる ― 戚(セキ) ほこづくり

「歳入(さいにゅう)」の意味

歳入…国や地方公共団体などの、一年間の収入の合計。支出の合計は「歳出」という。

似ている漢字に注意

柵(サク) きへん ― 冊(サク・サツ)

「のせる」の使い分け

載せる…①車に物を積む。②物の上に置く。③掲載(けいさい)する。
乗せる…①乗車させる。②計略にかける。③参加させる。

似ている漢字に注意

剤(ザイ)「斉」 ― 削(サク)「肖」 ― 刺(シ)「朿」 ― 剥(ハク)「彔」 ― 剖(ボウ)「咅」 ― 剰(ジョウ)「乗」

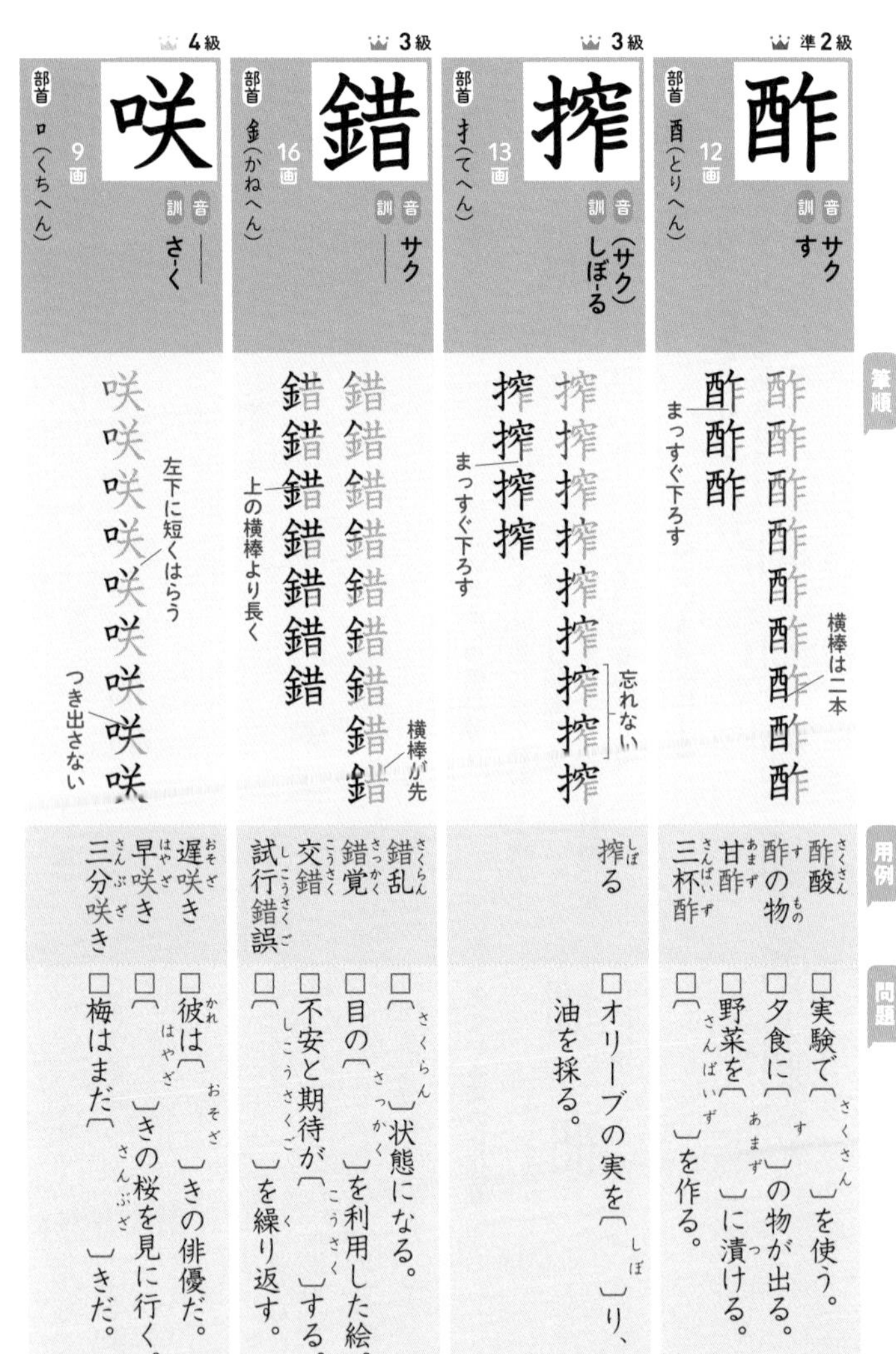

## 酢

準2級

部首　酉（とりへん）　12画

音　サク
訓　す

筆順：横棒は二本／まっすぐ下ろす

用例：酢酸（さくさん）　酢の物（すのもの）　甘酢（あまず）　三杯酢（さんばいず）

問題
□実験で（さくさん）を使う。
□夕食に（す）の物が出る。
□野菜を（あまず）に漬ける。
□（さんばいず）を作る。

## 搾

3級

部首　扌（てへん）　13画

音　（サク）
訓　しぼ-る

筆順：忘れない／まっすぐ下ろす

用例：搾る（しぼる）

問題
□オリーブの実を（しぼ）り、油を採る。

## 錯

3級

部首　金（かねへん）　16画

音　サク
訓　―

筆順：横棒が先／上の横棒より長く

用例：錯乱（さくらん）　錯覚（さっかく）　交錯（こうさく）　試行錯誤（しこうさくご）

問題
□（さくらん）状態になる。
□目の（さっかく）を利用した絵。
□不安と期待が（こうさく）する。
□（しこうさくご）を繰り返す。

## 咲

4級

部首　口（くちへん）　9画

音　―
訓　さ-く

筆順：左下に短くはらう／つき出さない

用例：遅咲き（おそざき）　早咲き（はやざき）　三分咲き（さんぶざき）

問題
□彼は（おそざ）きの俳優だ。
□（はやざ）きの桜を見に行く。
□梅はまだ（さんぶざ）きだ。

## 刹

2級

部首 刂(りっとう) 8画

音 （サツ） セツ
訓 —

刹刹刹刹刹刹刹刹

短く止める
はねる

刹那（せつな）＊

□〔せつな〕的な生き方を反省する。

## 拶

2級

部首 扌(てへん) 9画

音 サツ
訓 —

拶拶拶拶拶拶拶拶拶

右上にはらう
横に三つ並べる

挨拶（あいさつ）

□近所の人と笑顔（えがお）で〔あいさつ〕を交（か）わす。

## 撮

3級

部首 扌(てへん) 15画

音 サツ
訓 と-る

撮撮撮撮撮撮撮撮撮撮撮撮撮撮撮

長めに書く
まっすぐ下ろす

撮影（さつえい）
空撮（くうさつ）
特撮（とくさつ）
撮（と）る

□記念〔さつえい〕をする。
□これは〔くうさつ〕の写真だ。
□〔とくさつ〕映画を見る。
□証明写真を〔と〕る。

## 擦

3級

部首 扌(てへん) 17画

音 サツ
訓 す-る　す-れる

擦擦擦擦擦擦擦擦擦擦擦擦擦擦擦擦擦

立てる
二つ書く
はねる

摩擦（まさつ）
擦（す）り傷（きず）
靴擦（くつず）れ

□皮膚（ひふ）を乾布（かんぷ）〔まさつ〕する。
□膝（ひざ）に〔す〕り傷をつくる。
□〔くつず〕れが痛い。

＊刹那＝非常に短い時間。一瞬（いっしゅん）。

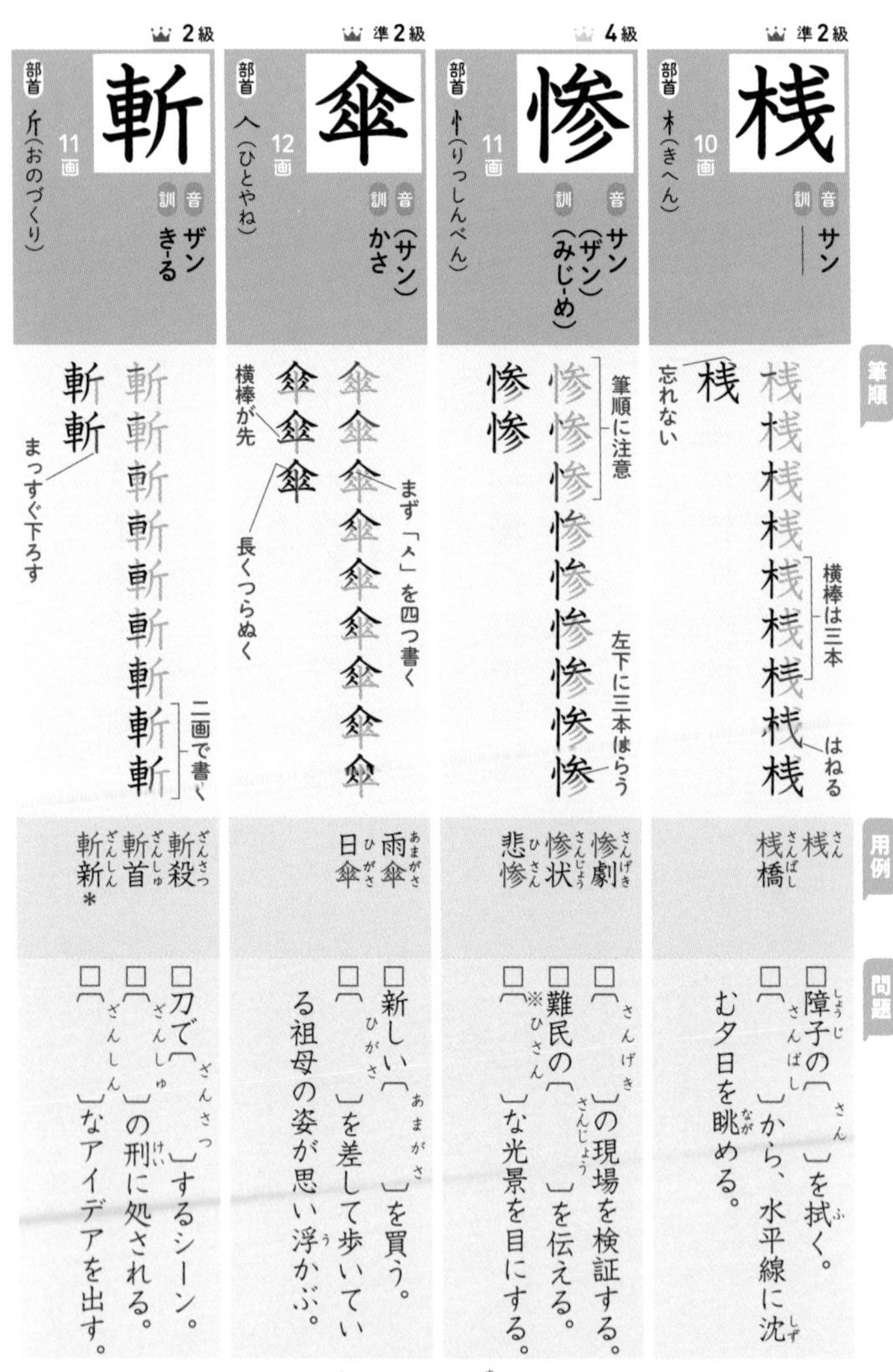


※「悲酸」とも書く。　＊斬新＝発想などが飛び抜(ぬ)けて新しい様子。

3級
# 暫
部首 日（ひ） 15画
音 ザン
訓 ― 
「日」は小さめに
二画で書く
暫時（ざんじ）
暫定的（ざんていてき）＊
□（ざんじ）〔　〕お待ちください。
□損壊（そんかい）部分に（ざんていてき）〔　〕な処置を施（ほどこ）す。

4級
# 旨
部首 日（ひ） 6画
音 シ
訓 （むね） 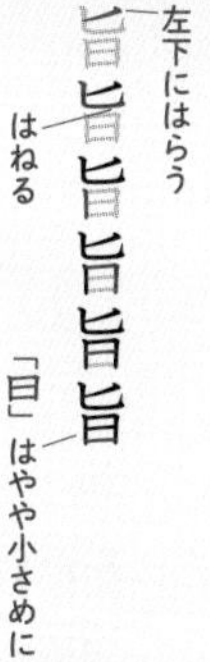
左下にはらう
はねる
「日」はやや小さめに
趣旨（しゅし）
本旨（ほんし）
要旨（ようし）
論旨（ろんし）
□募金（ぼきん）の（しゅし）〔　〕に賛同する。
□会の（ほんし）〔　〕に反する行為（こうい）。
□談話の（ようし）〔　〕をまとめる。
□（ろんし）〔　〕を明らかにする。

4級
# 伺
部首 亻（にんべん） 7画
音 （シ）
訓 うかが-う 
はねる
横棒を忘れない
伺（うかが）う
進退伺（しんたいうかが）い
□先生のご意見を（うかが）〔　〕う。
□（しんたいうかが）〔　〕いを出す。

4級
# 刺
部首 刂（りっとう） 8画
音 シ
訓 さ-す　さ-さる
はねる
止める
はねる 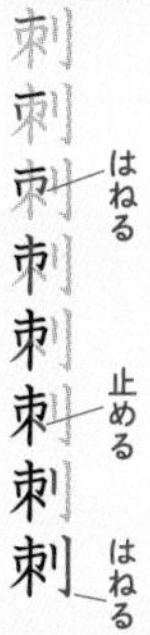
刺客（しかく）※
刺激（しげき）
名刺（めいし）
刺身（さしみ）
□（しかく）〔　〕に襲（おそ）われる。
□食欲が（しげき）〔　〕される。
□（めいし）〔　〕の交換（こうかん）をする。
□あじの（さしみ）〔　〕を食べる。

＊暫定的＝確定するまで，一時的に定めておく様子。　※「しさゃく」とも読む。

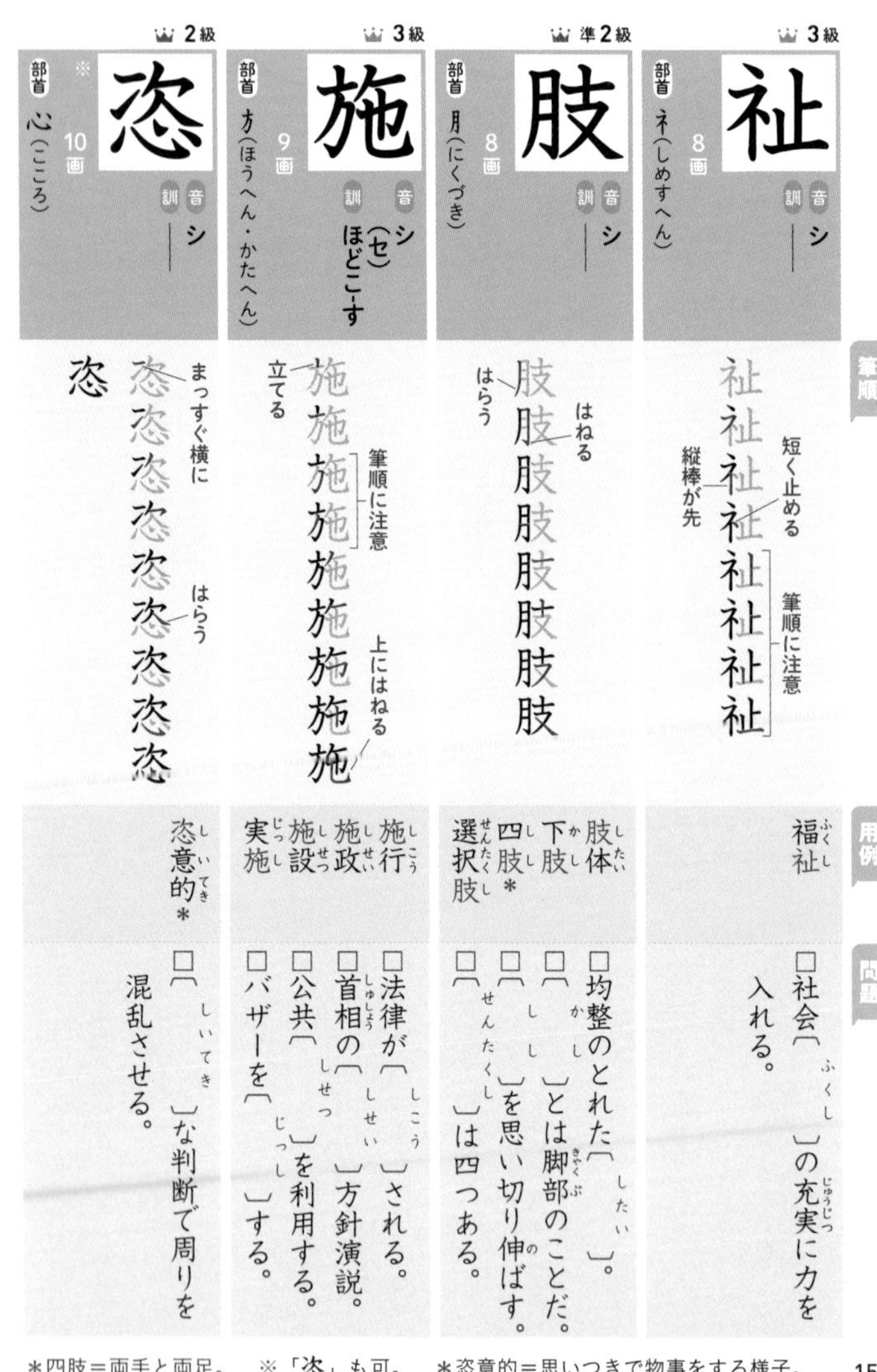

## 祉 3級
部首 ネ（しめすへん） 8画
音 シ
訓 ―

筆順：祉（縦棒が先・短く止める・筆順に注意）

用例：福祉（ふくし）

問題：□社会（ふくし）の充実に力を入れる。

## 肢 準2級
部首 月（にくづき） 8画
音 シ
訓 ―

筆順：肢（はらう・はねる）

用例：肢体（したい）　下肢（かし）　四肢（しし）＊　選択肢（せんたくし）

問題：
□均整のとれた（したい）。
□（かし）とは脚部（きゃくぶ）のことだ。
□（しし）を思い切り伸（の）ばす。
□（せんたくし）は四つある。

## 施 3級
部首 方（ほうへん・かたへん） 9画
音 シ（セ）
訓 ほどこ-す

筆順：施（立てる・筆順に注意・上にはねる）

用例：施行（しこう）　施政（しせい）　施設（しせつ）　実施（じっし）

問題：
□法律が（しこう）される。
□首相（しゅしょう）の（しせい）方針演説。
□公共（しせつ）を利用する。
□バザーを（じっし）する。

## 恣 2級
部首 心（こころ） 10画　※
音 シ
訓 ―

筆順：恣（まっすぐ横に・はらう）　恣

用例：恣意的（しいてき）＊

問題：□（しいてき）な判断で周りを混乱させる。

＊四肢＝両手と両足。　※「恣」も可。　＊恣意的＝思いつきで物事をする様子。

## 脂 4級

部首 月（にくづき） 10画

音 シ
訓 あぶら

左下にはらう / はねる

脂肪（しぼう）　樹脂（じゅし）　脱脂綿（だっしめん）　油脂（ゆし）

□［しぼう］の摂取を控える。
□松やには天然［じゅし］だ。
□清潔な［だっしめん］を使う。
□ごま油は食用の［ゆし］だ。

## 紫 4級

部首 糸（いと） 12画

音 シ
訓 むらさき

右上にはらう / 左下にはらう

紫外線（しがいせん）　紫紺（しこん）　紫色（むらさきいろ）

□［しがいせん］を遮るシート。
□［しこん］の着物を着る。
□［むらさきいろ］の花が咲く。

## 嗣 準2級

部首 口（くち） 13画

音 シ
訓 ―

「口」は小さめに / 縦棒は二本 / 左右につき出さない

嗣子（しし）　嫡嗣（ちゃくし）

□家を継ぐ［しし］の誕生。
□［ちゃくし］とは、跡継ぎとなる子のことだ。

## 雌 4級

部首 隹（ふるとり） 14画

音 シ
訓 め　めす

右上にはらう / 左下にはらう / 筆順に注意

雌伏（しふく）＊　雌雄（しゆう）　雌牛（めうし）　雌花（めばな）

□［しふく］して時機を待つ。
□［しゆう］を決するときだ。
□［めうし］の乳を搾る。
□雄花（おばな）と［めばな］を観察する。

サ行 シ



＊雌伏＝実力を養いながら，活躍（かつやく）の機会を待つこと。

2級
# 摯
部首 手（て） 15画
音 シ
訓 ―
筆順 横棒は二本　はらいが先　最も長く
用例 真摯（しんし）＊
問題 □青年の（しんし）な態度に好感をもつ。

準2級
# 賜
部首 貝（かいへん） 15画
音 （シ）
訓 たまわ-る
筆順 止める　上に付ける　はねる
用例 賜（たまわ）る
問題 □お祝いの言葉を（たまわ）り、ありがとうございます。

3級
# 諮
部首 言（ごんべん） 16画
音 シ
訓 はか-る
筆順 点　「口」は小さめに
用例 諮問（しもん）　諮（はか）る＊
問題 □文部科学省の（しもん）機関。　□修正案を会議に（はか）る。

3級
# 侍
部首 亻（にんべん） 8画
音 ジ
訓 さむらい
筆順 上の横棒より長く　はねる
用例 侍医（じい）　侍従（じじゅう）　侍（さむらい）
問題 □（じい）が殿（との）の脈を診（み）る。　□（じじゅう）となる。　□（さむらい）としての誇（ほこ）り。

＊真摯＝真面目（まじめ）で熱心なこと。　＊諮る＝他の人の意見を聞く。相談する。

 3級

# 慈

部首　心（こころ）　13画

音　ジ

訓　（いつく-しむ）

（筆順）左下に短くはらう　「心」は平たく

慈愛（じあい）
慈雨（じう）
慈善（じぜん）
慈悲（じひ）

□（じあい）に満ちた表情。
□干天（かんてん）の（※じう）。
□（じぜん）事業に打ち込む。
□彼女（かのじょ）は（じひ）深（ぶか）い人だ。

2級

# 餌※

部首　飠（しょくへん）　15画

音　（ジ）

訓　えさ　え

筆順に注意

餌（えさ）
餌食（えじき）
餌付け（えづけ）

□池のこいに（えさ）をやる。
□虎（とら）の（え）食（じき）になる。
□小鳥に（えづ）けする。

**書き方に注意**

賜　「昜」としないように。

**送り仮名に注意**

○　賜（たまわ）る
×　賜わる

**似ている漢字に注意**

侍（ジ）　にんべん
待（タイ）　ぎょうにんべん
持（ジ）　てへん

**似ている漢字に注意**

餌（えさ）「耳」
餅（ヘイ）「并」
飢（キ）「几」
餓（ガ）「我」
飾（ショク）「布」
飽（ホウ）「包」
飼（シ）「司」

**「干天（かんてん）の慈雨（じう）」の意味**

干天の慈雨…①日照り続きの後の、恵（めぐ）みの雨。②待ち望んでいたことの実現や、困っているときのありがたい救いのたとえ。

※「滋雨」とも書く。　※「餌」（14画）も可。

## 璽
準2級

部首：玉（たま）　19画

音：ジ　訓：―

筆順：つき出さない／最も長く／忘れない

用例：御璽（ぎょじ）　国璽（こくじ）

□天皇の印章を（ぎょじ）という。

□（こくじ）とは、国のしるしとして用いる印章のことだ。

## 軸
3級

部首：車（くるまへん）　12画

音：ジク　訓：―

筆順：長くつき出す／まっすぐ下ろす

用例：車軸（しゃじく）　主軸（しゅじく）　地軸（ちじく）　新機軸（しんきじく）

□＊（しゃじく）を流すような豪雨（ごうう）。

□チームの（しゅじく）を担（にな）う。

□南極と北極を結ぶ（ちじく）。

□（しんきじく）を打ち出す。

## 叱
2級 ※

部首：口（くちへん）　5画

音：シツ　訓：しか-る

筆順：曲げてはねる

用例：叱責（しっせき）　叱咤（しった）　叱（しか）る

□部下を厳しく（しっせき）する。

□選手を（しった）激励（げきれい）する。

□不真面目（ふまじめ）な態度を（しか）る。

## 疾
3級

部首：疒（やまいだれ）　10画

音：シツ　訓：―

筆順：立てる／つき出さない

用例：疾患（しっかん）　疾走（しっそう）　疾風（しっぷう）

□呼吸器に（しっかん）がある。

□選手が全力（しっそう）する。

□（しっぷう）が吹（ふ）き荒（あ）れる。

＊車軸を流す＝雨が激しく降る様子のたとえ。　※「𠮟」も可。

4級

# 執

部首 土（つち） 11画

音 シツ シュウ
訓 と-る

執 執 執 執 執 執 執 執 執 執 執

上の横棒より長く
はらいが先
曲げてはねる

執筆（しっぴつ）
執務（しつむ）
執着（しゅうちゃく）
執念（しゅうねん）

□新作の〔しっぴつ〕に取り組む。
□社長は今、〔しつむ〕中だ。
□地位に〔しゅうちゃく〕する。
□勝利への〔しゅうねん〕を見せる。

3級

# 湿

部首 氵（さんずい） 12画

音 シツ
訓 しめ-る しめ-す

湿 湿 湿 湿 湿 湿 湿 湿 湿 湿 湿 湿

縦棒は二本
右下に
左下に

湿地（しっち）
湿度（しつど）
除湿機（じょしつき）
湿り気（しめりけ）

□水鳥が〔しっち〕に集まる。
□今日は〔しつど〕が高い。
□〔じょしつき〕を作動させる。
□土に〔しめ〕り気（け）がある。

2級

# 嫉

部首 女（おんなへん） 13画

音 シツ
訓 ―

嫉 嫉 嫉 嫉 嫉 嫉 嫉 嫉 嫉 嫉 嫉 嫉 嫉

右上に
つき出さない

嫉妬（しっと）

□友人の強運に〔しっと〕心を覚える。

## 「新機軸（しんきじく）」の意味

新機軸…それまでのものとは異なる新しい工夫や方法。

## 「とる」の使い分け

執る…①仕事などをする。例 指揮を執る。②手に持つ。例 筆を執る。

取る…①つかむ。②除く。③身に受ける。④年齢（ねんれい）を重ねる、など広く使う。

捕る…追いかけて捕（つか）まえる。捕（と）らえる。例 キャッチャーフライを捕る。

採る…①探して集める。②選び取る。③人を雇（やと）う。④光を導き入れる。

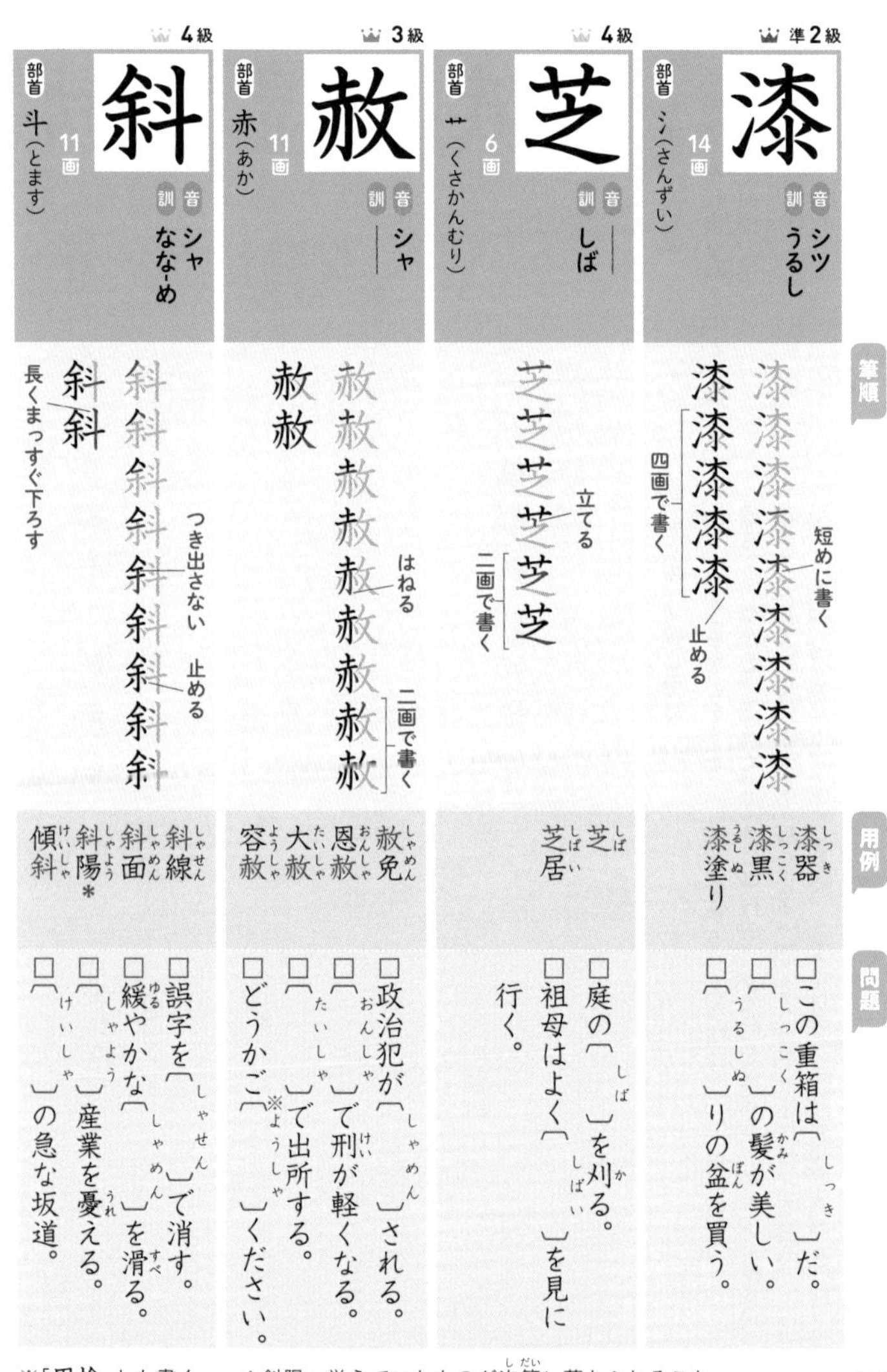

準2級

# 漆

部首 氵（さんずい） 14画

音 シツ
訓 うるし

筆順：短めに書く／四画で書く／止める

用例：漆器（しっき）　漆黒（しっこく）　漆塗り（うるしぬり）

問題
□この重箱は〔しっき〕だ。
□〔しっこく〕の髪（かみ）が美しい。
□〔うるしぬ〕りの盆（ぼん）を買う。

4級

# 芝

部首 艹（くさかんむり） 6画

音 ―
訓 しば

筆順：立てる／二画で書く

用例：芝（しば）　芝居（しばい）

問題
□庭の〔しば〕を刈（か）る。
□祖母はよく〔しばい〕を見に行く。

3級

# 赦

部首 赤（あか） 11画

音 シャ
訓 ―

筆順：はねる／二画で書く

用例：赦免（しゃめん）　恩赦（おんしゃ）　大赦（たいしゃ）　容赦（ようしゃ）

問題
□政治犯が〔しゃめん〕される。
□〔おんしゃ〕で刑（けい）が軽くなる。
□〔たいしゃ〕で出所する。
□どうかご〔※ようしゃ〕ください。

4級

# 斜

部首 斗（とます） 11画

音 シャ
訓 なな-め

筆順：つき出さない／止める／長くまっすぐ下ろす

用例：斜線（しゃせん）　斜面（しゃめん）　斜陽（しゃよう）＊　傾斜（けいしゃ）

問題
□誤字を〔しゃせん〕で消す。
□緩（ゆる）やかな〔しゃめん〕を滑（すべ）る。
□〔しゃよう〕産業を憂（うれ）える。
□〔けいしゃ〕の急な坂道。

※「用捨」とも書く。　＊斜陽＝栄えていたものが次第（しだい）に落ちぶれること。

4級

# 煮

部首 灬（れんが・れっか） 12画

音 （シャ）
訓 に-る に-える に-やす

煮 煮 煮 煮 煮 煮 煮 煮 煮 煮 煮 煮

右上から長くはらう
左下に向けて打つ
右下に向けて三つ打つ

煮物（にもの）
煮やす
雑煮（ぞうに）
生煮え（なまにえ）

□この〔にもの〕はおいしい。
□回答がなく業を〔に〕やす。
□正月に〔ぞうに〕を食べる。
□〔なまに〕えのじゃが芋（いも）。

準2級

# 遮

部首 辶（しんにょう・しんにゅう） 14画

音 シャ
訓 さえぎ-る

遮 遮 遮 遮 遮 遮 遮 遮 遮 遮 遮 遮 遮 遮

立てる
筆順に注意
一画で書く

遮光（しゃこう）
遮断（しゃだん）
遮る（さえぎる）

□カーテンで〔しゃこう〕する。
□交通を一時〔しゃだん〕する。
□相手の話を〔さえぎ〕って、自分のことを話し始める。

3級

# 邪

部首 阝（おおざと） 8画

音 ジャ
訓 ―

邪 邪 邪 邪 邪 邪 邪 邪

筆順に注意
三画で書く

邪悪（じゃあく）
邪推（じゃすい）
邪道（じゃどう）
無邪気（むじゃき）

□〔じゃあく〕な考えを捨てる。
□相手の言葉を〔じゃすい〕する。
□その方法は〔じゃどう〕だ。
□子供の〔むじゃき〕な笑顔（えがお）。

**「恩赦（おんしゃ）」の意味**

恩赦…国の祝いごとなどの際に、特別に犯罪人の刑（けい）を免除（めんじょ）したり、軽減したりすること。「大赦（たいしゃ）」は恩赦の一つ。

**送りがなに注意**

○ 遮（さえぎ）る
× 遮ぎる

**「邪推（じゃすい）」の意味**

邪推…他人の言動を悪い方へ推測すること。ひがみから、相手が自分に対し悪意をもっていると考えること。

＊業を煮やす＝物事が思うように運ばなくて，腹を立てる。

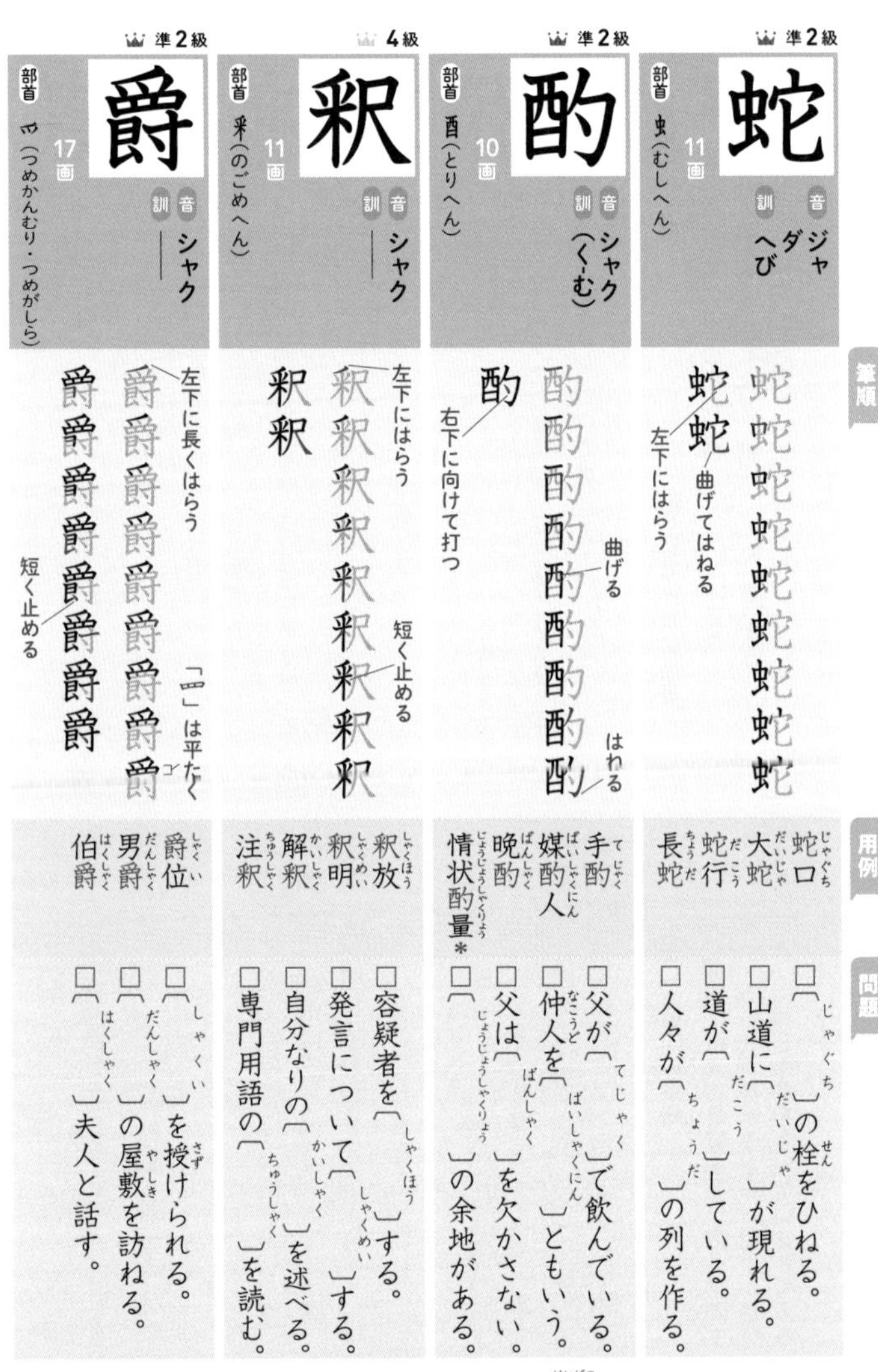

## 蛇

準2級

部首 虫（むしへん） 11画

音 ジャ ダ
訓 へび

筆順：左下にはらう／曲げてはねる

用例：蛇口（じゃぐち）　大蛇（だいじゃ）　蛇行（だこう）　長蛇（ちょうだ）

問題
□（じゃぐち）の栓（せん）をひねる。
□山道に（だいじゃ）が現れる。
□道が（だこう）している。
□人々が（ちょうだ）の列を作る。

## 酌

準2級

部首 酉（とりへん） 10画

音 シャク
訓 （く-む）

筆順：右下に向けて打つ／曲げる／はねる

用例：手酌（てじゃく）　媒酌人（ばいしゃくにん）　晩酌（ばんしゃく）　情状酌量（じょうじょうしゃくりょう）＊

問題
□父が（てじゃく）で飲んでいる。
□仲人（なこうど）を（ばいしゃくにん）ともいう。
□父は（ばんしゃく）を欠かさない。
□（じょうじょうしゃくりょう）の余地がある。

## 釈

4級

部首 釆（のごめへん） 11画

音 シャク
訓 ―

筆順：左下にはらう／短く止める

用例：釈放（しゃくほう）　釈明（しゃくめい）　解釈（かいしゃく）　注釈（ちゅうしゃく）

問題
□容疑者を（しゃくほう）する。
□発言について（しゃくめい）する。
□自分なりの（かいしゃく）を述べる。
□専門用語の（ちゅうしゃく）を読む。

## 爵

準2級

部首 爫（つめかんむり・つめがしら） 17画

音 シャク
訓 ―

筆順：左下に長くはらう／「罒」は平たく／短く止める

用例：爵位（しゃくい）　男爵（だんしゃく）　伯爵（はくしゃく）

問題
□（しゃくい）を授（さず）けられる。
□（だんしゃく）の屋敷（やしき）を訪ねる。
□（はくしゃく）夫人と話す。

＊情状酌量＝裁判官が犯罪の同情すべき事情を認めて，刑罰（けいばつ）を軽くすること。

## 寂

4級

部首：宀（うかんむり）　11画

音：ジャク（セキ）

訓：さび　さび-しい　さび-れる

筆順に注意　止める

- 閑寂（かんじゃく）
- 静寂（せいじゃく）
- 寂しさ（さびしさ）
- 寂れる（さびれる）

□〔かんじゃく〕な住宅街に住む。
□辺りが〔せいじゃく〕に包まれる。
□〔さび〕しさに耐（た）える。
□〔さび〕れた商店街を歩く。

## 朱

4級

部首：木（き）　6画

音：シュ

訓：―

上の横棒より長く　つき出す

- 朱（しゅ）
- 朱肉（しゅにく）
- 朱塗り（しゅぬり）
- 朱筆（しゅひつ）※

□〔しゅ〕に交われば赤くなる
□判子（はんこ）と〔しゅにく〕をそろえる。
□〔しゅぬ〕りの箸（はし）を買う。
□原稿（げんこう）に〔しゅひつ〕を入れる。

## 狩

4級

部首：犭（けものへん）　9画

音：シュ

訓：か-る　か-り

左下にはらう　はねる

- 狩猟（しゅりょう）
- 狩り（かり）

□犬を連れ〔しゅりょう〕に出かける。
□ぶどう〔が〕りに行く。

## 殊

3級

部首：歹（かばねへん・いちたへん・がつへん）　10画

音：シュ

訓：こと

上の横棒より長く　つき出す

- 殊勝（しゅしょう）＊
- 特殊（とくしゅ）
- 殊に（ことに）
- 殊の外（ことのほか）

□〔しゅしょう〕なことを言う。
□〔とくしゅ〕な技術が必要だ。
□桜が〔こと〕に好きだ。
□今日は〔こと〕の外（ほか）暑い。

※「しゅふで」とも読む。　＊殊勝＝けなげで感心なこと。

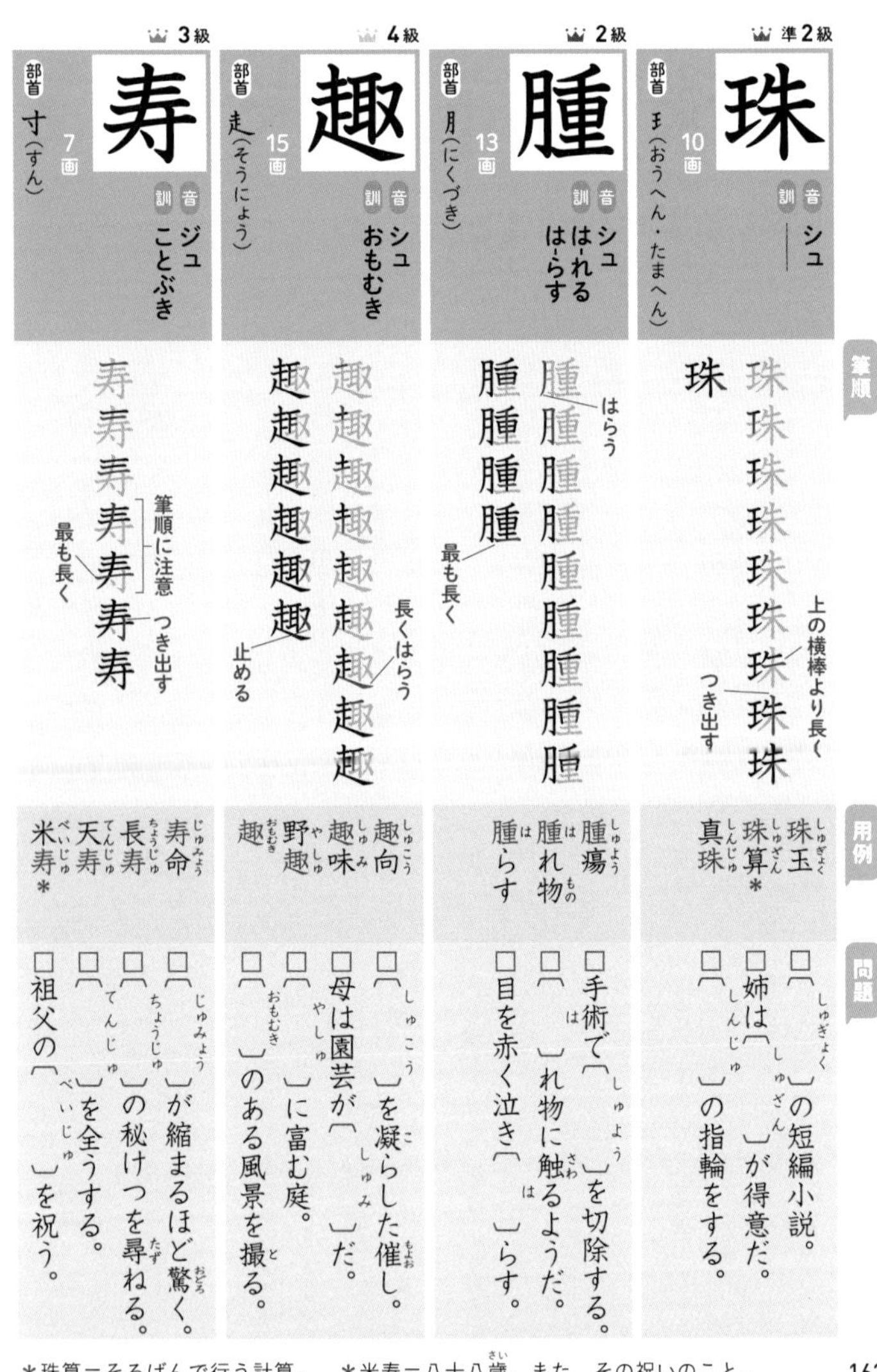



＊珠算＝そろばんで行う計算。　＊米寿＝八十八歳。また，その祝いのこと。

 2級

# 呪

部首 口（くちへん） 8画
音 ジュ
訓 のろ-う

「口」は小さめに
曲げてはねる

呪縛（じゅばく）
呪文（じゅもん）
呪う（のろう）

□罪悪感の〔じゅばく〕を解かれる。
□〔じゅもん〕を唱える。
□不運を〔のろ〕う。

4級

# 需

部首 雨（あめかんむり） 14画
音 ジュ
訓 ―

短めに書く
縦棒は二本

需給（じゅきゅう）
需要（じゅよう）
内需（ないじゅ）
必需品（ひつじゅひん）

□〔じゅきゅう〕のバランスを取る。
□マスクの〔じゅよう〕が高まる。
□〔ないじゅ〕拡大を図（はか）る。
□生活〔ひつじゅひん〕をそろえる。

準2級

# 儒

部首 亻（にんべん） 16画
音 ジュ
訓 ―

短めに書く
縦棒は二本

儒学（じゅがく）
儒教（じゅきょう）
儒者（じゅしゃ）

□〔じゅがく〕の思想を学ぶ。
□孔子（こうし）は〔じゅきょう〕の始祖だ。
□〔じゅしゃ〕が教えを説く。

準2級

# 囚

部首 口（くにがまえ） 5画
音 シュウ
訓 ―

はらう
最後に閉じる

囚人（しゅうじん）
模範囚（もはんしゅう）

□弁護士が〔しゅうじん〕と面会する。
□〔もはんしゅう〕とされて、刑期（けいき）が短くなる。

## 舟　4級

部首：舟（ふね）　6画

音：シュウ
訓：ふね・ふな

**筆順**：舟（はねる／筆順に注意）

**用例**
- 舟運（しゅううん）＊
- 舟行（しゅうこう）
- 舟艇（しゅうてい）＊
- ささ舟（ぶね）

**問題**
- □〔しゅううん〕の便がよい。
- □河口まで〔しゅうこう〕する。
- □大型船から〔しゅうてい〕に移る。
- □ささ〔ぶね〕を川に浮（う）かべる。

## 秀　4級

部首：禾（のぎ）　7画

音：シュウ
訓：（ひい-でる）

**筆順**：秀（短めに／はらいが先／一画で書く／はねる）

**用例**
- 秀逸（しゅういつ）
- 秀才（しゅうさい）
- 秀作（しゅうさく）
- 優秀（ゆうしゅう）

**問題**
- □この論文は〔しゅういつ〕だ。
- □彼女（かのじょ）は〔しゅうさい〕だ。
- □賞を取った〔しゅうさく〕が並ぶ。
- □〔ゆうしゅう〕な成績を収める。

## 臭　準2級

部首：自（みずから）　9画

音：シュウ
訓：くさ-い・にお-う

**筆順**：臭（長めに書く／はらう／はらう）

**用例**
- 臭気（しゅうき）
- 悪臭（あくしゅう）
- 防臭（ぼうしゅう）
- 無臭（むしゅう）

**問題**
- □鼻をつく〔しゅうき〕が漂（ただよ）う。
- □生ごみが〔あくしゅう〕を放つ。
- □炭には〔ぼうしゅう〕効果がある。
- □無味〔むしゅう〕の透明（とうめい）な液体。

## 袖　2級

部首：衤（ころもへん）　10画

音：（シュウ）
訓：そで

**筆順**：袖（はらいが先／長くつき出す）

**用例**
- 袖口（そでぐち）
- 半袖（はんそで）
- 振（ふ）り袖（そで）

**問題**
- □〔そでぐち〕が汚（よご）れる。
- □〔はんそで〕のシャツを着る。
- □振（ふ）り〔そで〕を着て出かける。

＊舟運＝舟（ふね）による交通や輸送。　＊舟艇＝小型の舟。

＊醜聞＝名誉（めいよ）や人格を傷つけるような，よくないうわさ。スキャンダル。

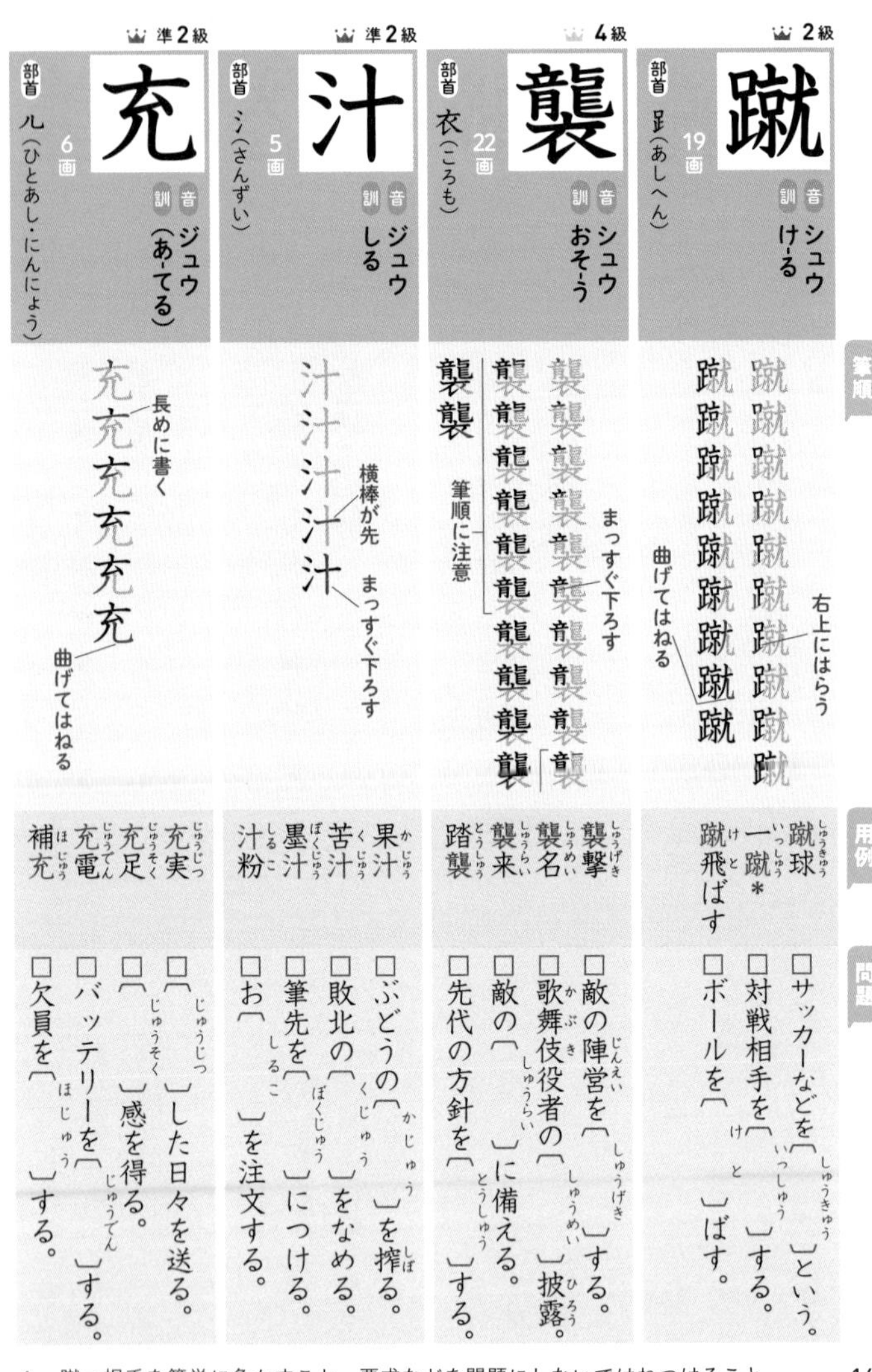

2級
蹴 19画
部首 𧾷（あしへん）
音 シュウ
訓 け-る

筆順
右上にはらう
曲げてはねる

用例
蹴球（しゅうきゅう）
一蹴（いっしゅう）*
蹴飛ばす（けとばす）

問題
□サッカーなどを（しゅうきゅう）という。
□対戦相手を（いっしゅう）する。
□ボールを（けと）ばす。

4級
襲 22画
部首 衣（ころも）
音 シュウ
訓 おそ-う

筆順
まっすぐ下ろす
筆順に注意

用例
襲撃（しゅうげき）
襲名（しゅうめい）
襲来（しゅうらい）
踏襲（とうしゅう）

問題
□敵の陣営（じんえい）を（しゅうげき）する。
□歌舞伎（かぶき）役者の（しゅうめい）披露（ひろう）。
□敵の（しゅうらい）に備える。
□先代の方針を（とうしゅう）する。

準2級
汁 5画
部首 氵（さんずい）
音 ジュウ
訓 しる

筆順
横棒が先
まっすぐ下ろす

用例
果汁（かじゅう）
苦汁（くじゅう）
墨汁（ぼくじゅう）
汁粉（しるこ）

問題
□ぶどうの（かじゅう）を搾（しぼ）る。
□敗北の（くじゅう）をなめる。
□筆先を（ぼくじゅう）につける。
□お（しるこ）を注文する。

準2級
充 6画
部首 儿（ひとあし・にんにょう）
音 ジュウ
訓 （あ-てる）

筆順
長めに書く
曲げてはねる

用例
充実（じゅうじつ）
充足（じゅうそく）
充電（じゅうでん）
補充（ほじゅう）

問題
□（じゅうじつ）した日々を送る。
□（じゅうそく）感を得る。
□バッテリーを（じゅうでん）する。
□欠員を（ほじゅう）する。

＊一蹴＝相手を簡単に負かすこと。要求などを問題にしないではねつけること。

4級

# 柔

部首 木（き） 9画
音 ジュウ ニュウ
訓 やわ-らか やわ-らかい

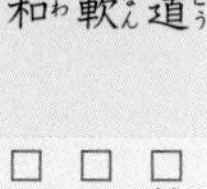
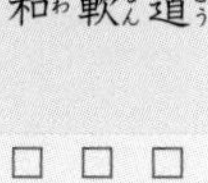
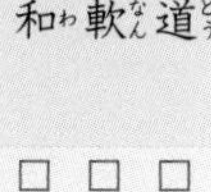
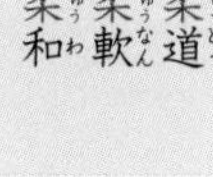
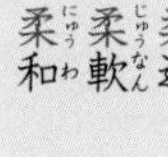
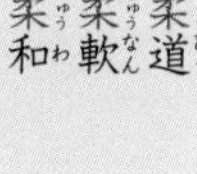
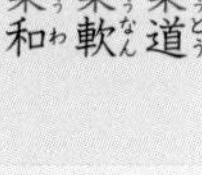
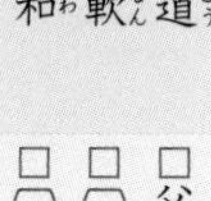
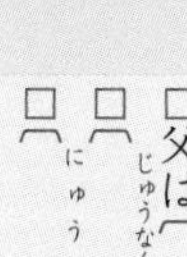
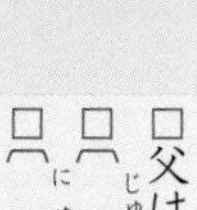
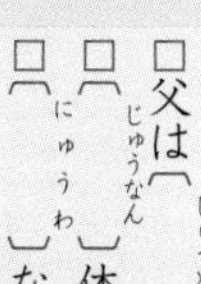


柔道（じゅうどう）
柔軟（じゅうなん）
柔和（にゅうわ）

□父は〔じゅうどう〕二段だ。
□〔じゅうなん〕体操をする。
□〔にゅうわ〕な表情の聖母像。

準2級

# 渋

部首 氵（さんずい） 11画
音 ジュウ
訓 しぶ しぶ-い しぶ-る

長めに書く
向きに注意
渋 渋 向きに注意

渋滞（じゅうたい）
苦渋（くじゅう）
茶渋（ちゃしぶ）
渋（しぶ）る

□事故で交通が〔じゅうたい〕する。
□〔くじゅう〕の決断を下す。
□湯飲みの〔ちゃしぶ〕を取る。
□出資を〔しぶ〕る。

準2級

# 銃

部首 金（かねへん） 14画
音 ジュウ
訓 ―

右上にはらう
曲げてはねる

銃口（じゅうこう）
銃声（じゅうせい）
銃弾（じゅうだん）
猟銃（りょうじゅう）

□〔じゅうこう〕を向ける。
□森に〔じゅうせい〕が響（ひび）く。
□壁（かべ）に〔じゅうだん〕の痕（あと）がある。
□〔りょうじゅう〕を担（かつ）いで出かける。

**書き方に注意**

龔 横棒は三本。二本などにしない。
忘れない

**「くじゅう」の意味**

苦汁…つらい経験。苦しい経験。
苦渋…苦しみ悩（なや）むこと。
○ 苦汁をなめる
× 苦渋をなめる

**送りがなに注意**

○ 柔（やわ）らかい
× 柔かい

＊私淑＝直接教えは受けないが，ひそかにその人を師として，手本とすること。

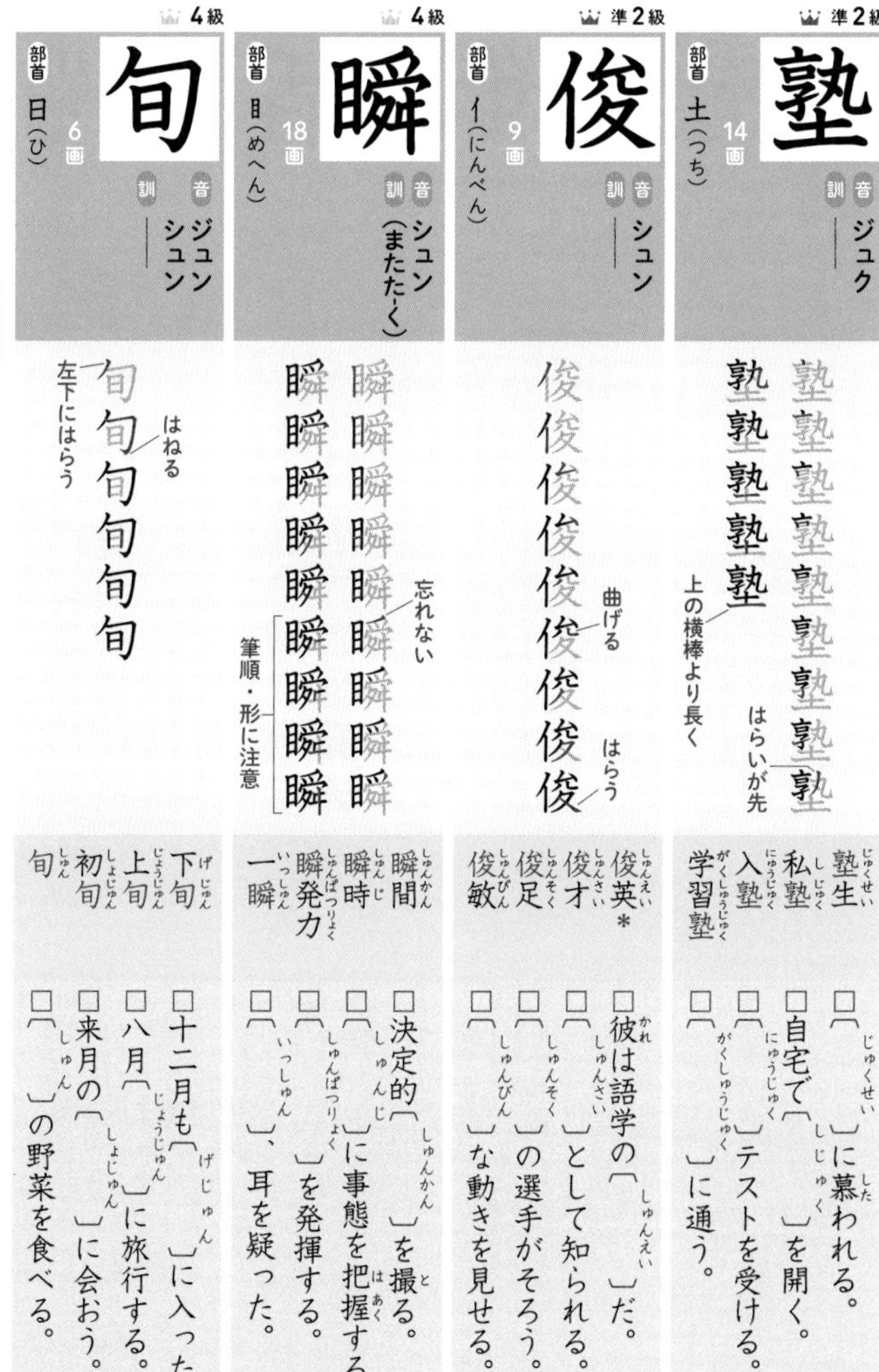

**塾** 準2級
部首 土（つち） 14画
音 ジュク
訓 ―
上の横棒より長く　はらいが先
塾生（じゅくせい）　私塾（しじゅく）　入塾（にゅうじゅく）　学習塾（がくしゅうじゅく）
□（じゅくせい）に慕われる。
□自宅で（しじゅく）を開く。
□（にゅうじゅく）テストを受ける。
□（がくしゅうじゅく）に通う。

**俊** 準2級
部首 亻（にんべん） 9画
音 シュン
訓 ―
曲げる　はらう
俊英（しゅんえい）＊　俊才（しゅんさい）　俊足（しゅんそく）　俊敏（しゅんびん）
□彼は語学の（しゅんえい）だ。
□（しゅんさい）として知られる。
□（しゅんそく）の選手がそろう。
□（しゅんびん）な動きを見せる。

**瞬** 4級
部首 目（めへん） 18画
音 シュン
訓 （またたく）
忘れない　筆順・形に注意
瞬間（しゅんかん）　瞬時（しゅんじ）　瞬発力（しゅんぱつりょく）　一瞬（いっしゅん）
□決定的（しゅんかん）を撮（と）る。
□（しゅんじ）に事態を把握（はあく）する。
□（しゅんぱつりょく）を発揮する。
□（いっしゅん）、耳を疑った。

**旬** 4級
部首 日（ひ） 6画
音 ジュン　シュン
訓 ―
はねる　左下にはらう
下旬（げじゅん）　上旬（じょうじゅん）　初旬（しょじゅん）　旬（しゅん）
□十二月も（げじゅん）に入った。
□八月（じょうじゅん）に旅行する。
□来月の（しょじゅん）に会おう。
□（しゅん）の野菜を食べる。

＊俊英＝才能などが特に優（すぐ）れていること。また，その人。

## 巡

4級

部首：巛（かわ） 6画

音：ジュン　訓：めぐ-る

筆順：巡（二画で書く／長くはらう）

用例：巡回（じゅんかい）　巡業（じゅんぎょう）　巡礼（じゅんれい）　一巡（いちじゅん）

問題：
- □警官が町を〔じゅんかい〕する。
- □劇団が地方〔じゅんぎょう〕をする。
- □四国八十八箇所（かしょ）の〔※じゅんれい〕。
- □打順が〔いちじゅん〕する。

## 盾

4級

部首：目（め） 9画

音：ジュン　訓：たて

筆順：盾（二画で書く／横棒が先）

用例：矛盾（むじゅん）　盾（たて）　後ろ盾（うしろだて）

問題：
- □〔むじゅん〕を指摘（してき）する。
- □〔たて〕を構える。
- □強力な後ろ〔だて〕を得る。

## 准

準2級

部首：冫（にすい） 10画

音：ジュン　訓：―

筆順：准（点は一つ／筆順に注意）

用例：准教授（じゅんきょうじゅ）　批准＊（ひじゅん）

問題：
- □〔じゅんきょうじゅ〕の講義を受ける。
- □和平条約を〔ひじゅん〕する。

## 殉

準2級

部首：歹（かばねへん・いちたへん・がつへん） 10画

音：ジュン　訓：―

筆順：殉（はらう／はねる）

用例：殉死（じゅんし）　殉職（じゅんしょく）

問題：
- □〔じゅんし〕した家臣。
- □警察官が〔じゅんしょく〕する。

筆順　用例　問題

※「順礼」とも書く。　＊批准＝条約に対して，国家が最終的に確認（かくにん）して，同意すること。

準2級

# 循

12画

部首 彳（ぎょうにんべん）

音 ジュン
訓 —

循循循循循循循循循循循循
循循循

二画で書く　横棒が先

循環（じゅんかん）
因循（いんじゅん）

□血液の〔じゅんかん〕がよくなる。
□〔いんじゅん〕な態度でなかなか結論を出さない。

3級

# 潤

15画

部首 氵（さんずい）

音 ジュン
訓 うるお-う　うるお-す　うる-む

潤潤潤潤潤潤潤潤潤潤潤潤潤潤潤
潤潤潤潤潤潤

縦棒が先　はねる

潤沢（じゅんたく）＊
湿潤（しつじゅん）
利潤（りじゅん）
潤う（うるお）

□〔じゅんたく〕な資金で起業する。
□〔しつじゅん〕な気候の土地。
□〔りじゅん〕を追求する。
□雨が降り、大地が〔うるお〕う。

3級

# 遵

15画

部首 辶（しんにょう・しんにゅう）

音 ジュン
訓 —

遵遵遵遵遵遵遵遵遵遵遵遵遵遵遵
遵遵遵遵遵遵

長めに書く　一画で書く　長めに書く

遵守（じゅんしゅ）
遵法（じゅんぽう）

□交通法規を〔※じゅんしゅ〕する。
□〔※じゅんぽう〕精神を教える。

## 特別な読み方

お巡（まわ）りさん…巡査（じゅんさ）（警察官）を親しんで呼ぶ言葉。

## 「因循（いんじゅん）」の意味

因循…①古い習慣や方法に従うばかりで、改めようとしないこと。②決断ができず、ぐずぐずしていること。

## 送りがなに注意

○ 潤（うるお）う
× 潤おう

＊潤沢＝ものが豊富にあること。　※「順守」とも書く。　※「順法」とも書く。

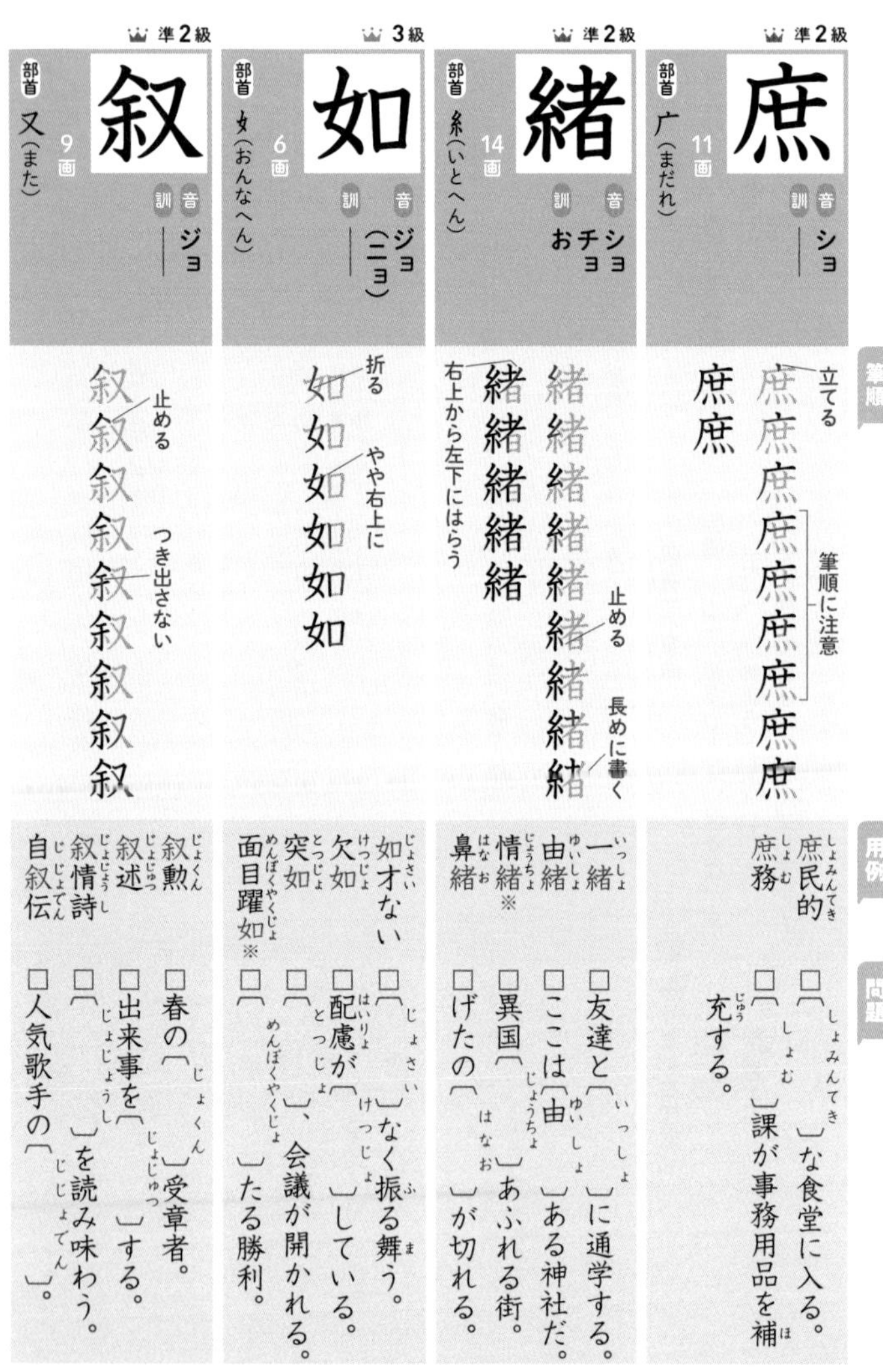

準2級
# 庶
部首 广（まだれ） 11画
音 ショ
訓 ―
筆順：庶庶庶庶庶庶庶庶庶庶庶（立てる／筆順に注意）
用例：庶民的（しょみんてき） 庶務（しょむ）
問題：□（しょみんてき）な食堂に入る。 □（しょむ）課が事務用品を補充（ほじゅう）する。

準2級
# 緒
部首 糸（いとへん） 14画
音 ショ チョ
訓 お
筆順：緒緒緒緒緒緒緒緒緒緒緒緒緒緒（長めに書く／止める／右上から左下にはらう）
用例：一緒（いっしょ） 由緒（ゆいしょ） 情緒（じょうちょ）※ 鼻緒（はなお）
問題：□友達と（いっしょ）に通学する。 □ここは（由緒・ゆいしょ）ある神社だ。 □異国（じょうちょ）あふれる街。 □げたの（はなお）が切れる。

3級
# 如
部首 女（おんなへん） 6画
音 ジョ（ニョ）
訓 ―
筆順：如如如如如如（折る／やや右上に）
用例：如才（じょさい）ない 欠如（けつじょ） 突如（とつじょ） 面目躍如（めんぼくやくじょ）※
問題：□（じょさい）なく振（ふ）る舞（ま）う。 □配慮（はいりょ）が（けつじょ）している。 □（とつじょ）、会議が開かれる。 □（めんぼくやくじょ）たる勝利。

準2級
# 叙
部首 又（また） 9画
音 ジョ
訓 ―
筆順：叙叙叙叙叙叙叙叙叙（止める／つき出さない）
用例：叙勲（じょくん） 叙述（じょじゅつ） 叙情詩（じょじょうし） 自叙伝（じじょでん）
問題：□春の（じょくん）受章者。 □出来事を（じょじゅつ）する。 □（じょじょうし）を読み味わう。 □人気歌手の（じじょでん）。

※「じょうしょ」とも読む。　※「めんもくやくじょ」とも読む。

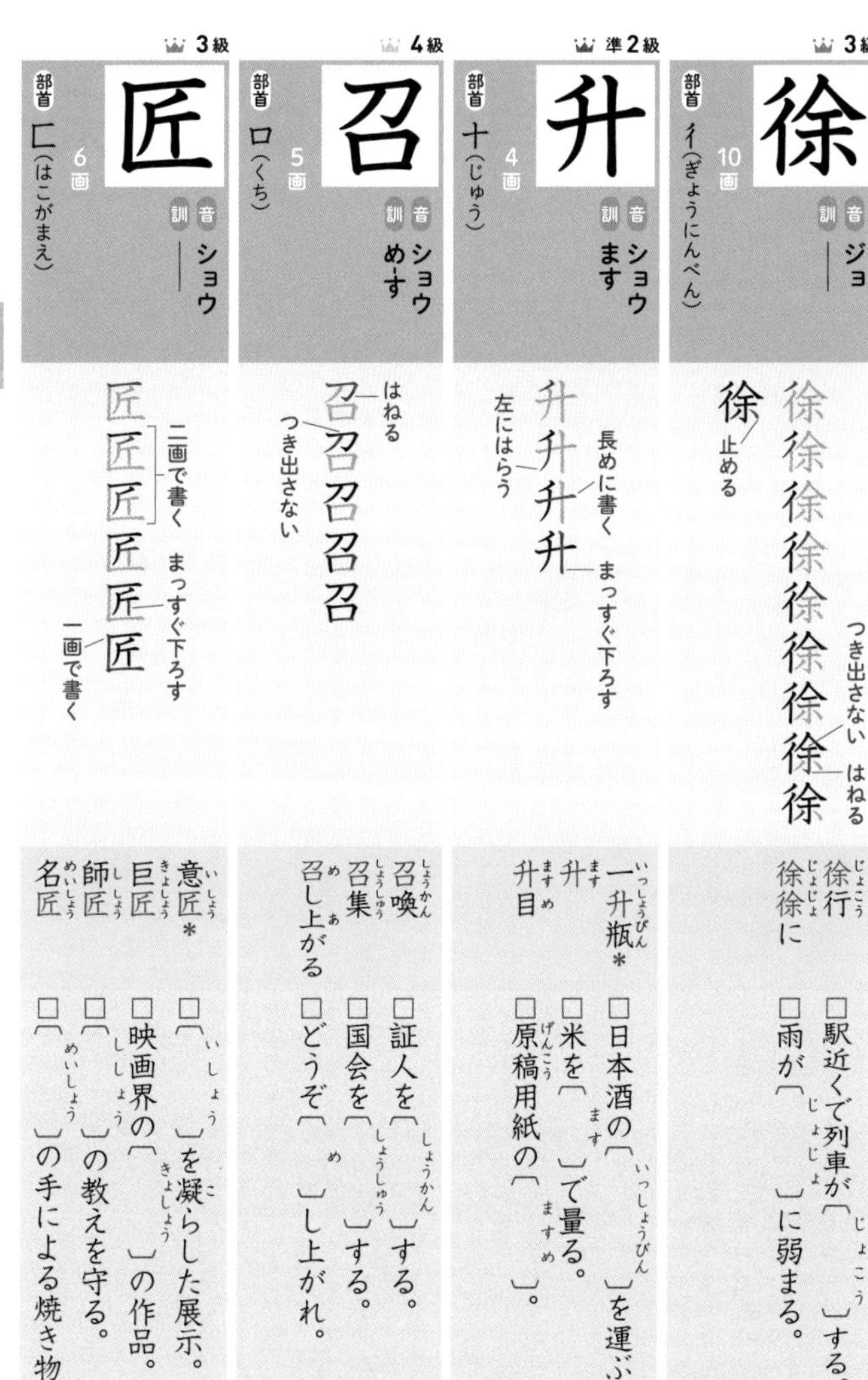




*一升＝約1.8リットル。　*意匠＝作品を作るときなどの創意や工夫。

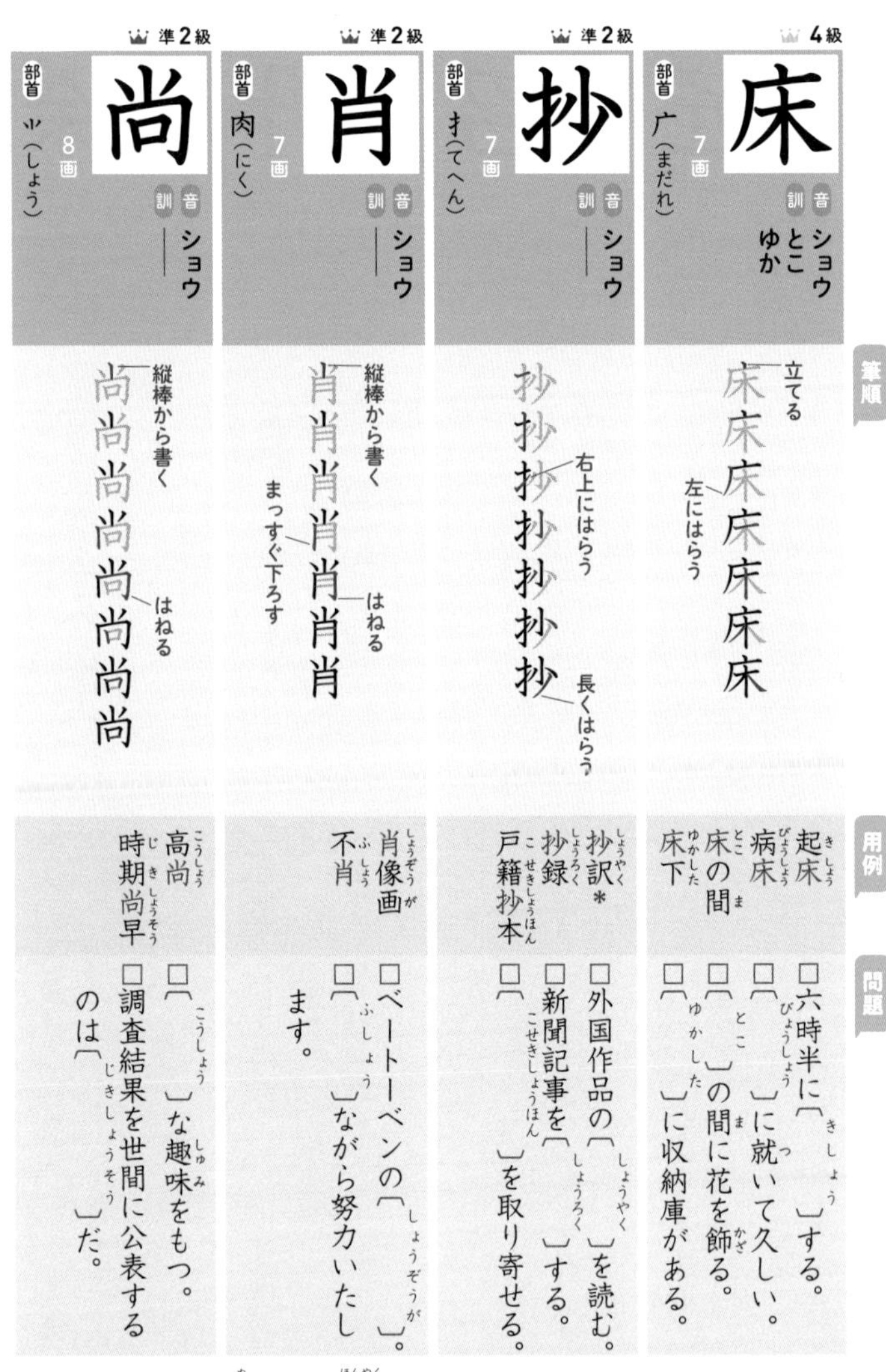

4級
## 床
部首 广(まだれ) 7画
音 ショウ
訓 とこ ゆか

筆順 立てる 左にはらう

用例
起床（きしょう）
病床（びょうしょう）
床の間（とこのま）
床下（ゆかした）

問題
□六時半に［きしょう］する。
□［びょうしょう］に就いて久しい。
□［とこ］の間に花を飾る。
□［ゆかした］に収納庫がある。

準2級
## 抄
部首 扌(てへん) 7画
音 ショウ
訓 —

筆順 右上にはらう 長くはらう

用例
抄訳（しょうやく）*
抄録（しょうろく）
戸籍抄本（こせきしょうほん）

問題
□外国作品の［しょうやく］を読む。
□新聞記事を［しょうろく］する。
□［こせきしょうほん］を取り寄せる。

準2級
## 肖
部首 肉(にく) 7画
音 ショウ
訓 —

筆順 縦棒から書く まっすぐ下ろす はねる

用例
肖像画（しょうぞうが）
不肖（ふしょう）

問題
□ベートーベンの［しょうぞうが］。
□［ふしょう］ながら努力いたします。

準2級
## 尚
部首 ⺍(しょう) 8画
音 ショウ
訓 —

筆順 縦棒から書く はねる

用例
高尚（こうしょう）
時期尚早（じきしょうそう）

問題
□［こうしょう］な趣味（しゅみ）をもつ。
□調査結果を世間に公表するのは［じきしょうそう］だ。

*抄訳＝原文の一部を抜（ぬ）き出して翻訳（ほんやく）すること。またその訳文。

## 昇　3級

部首　日（ひ）　8画

音　ショウ
訓　のぼ-る

筆順に注意　左にはらう　長めに書く

昇格（しょうかく）　昇級（しょうきゅう）　昇進（しょうしん）　上昇（じょうしょう）

□支配人に〔しょうかく〕する。
□〔しょうきゅう〕試験を受ける。
□部長に〔しょうしん〕する。
□気温が〔じょうしょう〕する。

## 沼　4級

部首　氵（さんずい）　8画

音　（ショウ）
訓　ぬま

はねる　つき出さない

沼地（ぬまち）　泥沼（どろぬま）

□〔ぬまち〕にすむ生き物。
□対立は〔どろぬま〕の争いに発展した。

## 宵　準2級

部首　宀（うかんむり）　10画

音　（ショウ）
訓　よい

筆順に注意　まっすぐ下ろす　はねる

宵（よい）の口（くち）＊　宵（よい）の明星（みょうじょう）

□まだ〔よい〕の口だ。
□日没（にちぼつ）後、西の空に明るく輝（かがや）く金星を、〔よい〕の明星（みょうじょう）という。

## 症　準2級

部首　疒（やまいだれ）　10画

音　ショウ
訓　――

立てる　右上に　筆順に注意

症状（しょうじょう）　炎症（えんしょう）　軽症（けいしょう）　後遺症（こういしょう）

□風邪（かぜ）の〔しょうじょう〕が出る。
□傷口が〔えんしょう〕を起こす。
□妹の病気は〔けいしょう〕だった。
□病気の〔こういしょう〕はない。

＊宵の口＝日が暮れて間もないころ。夜のまだふけないころ。

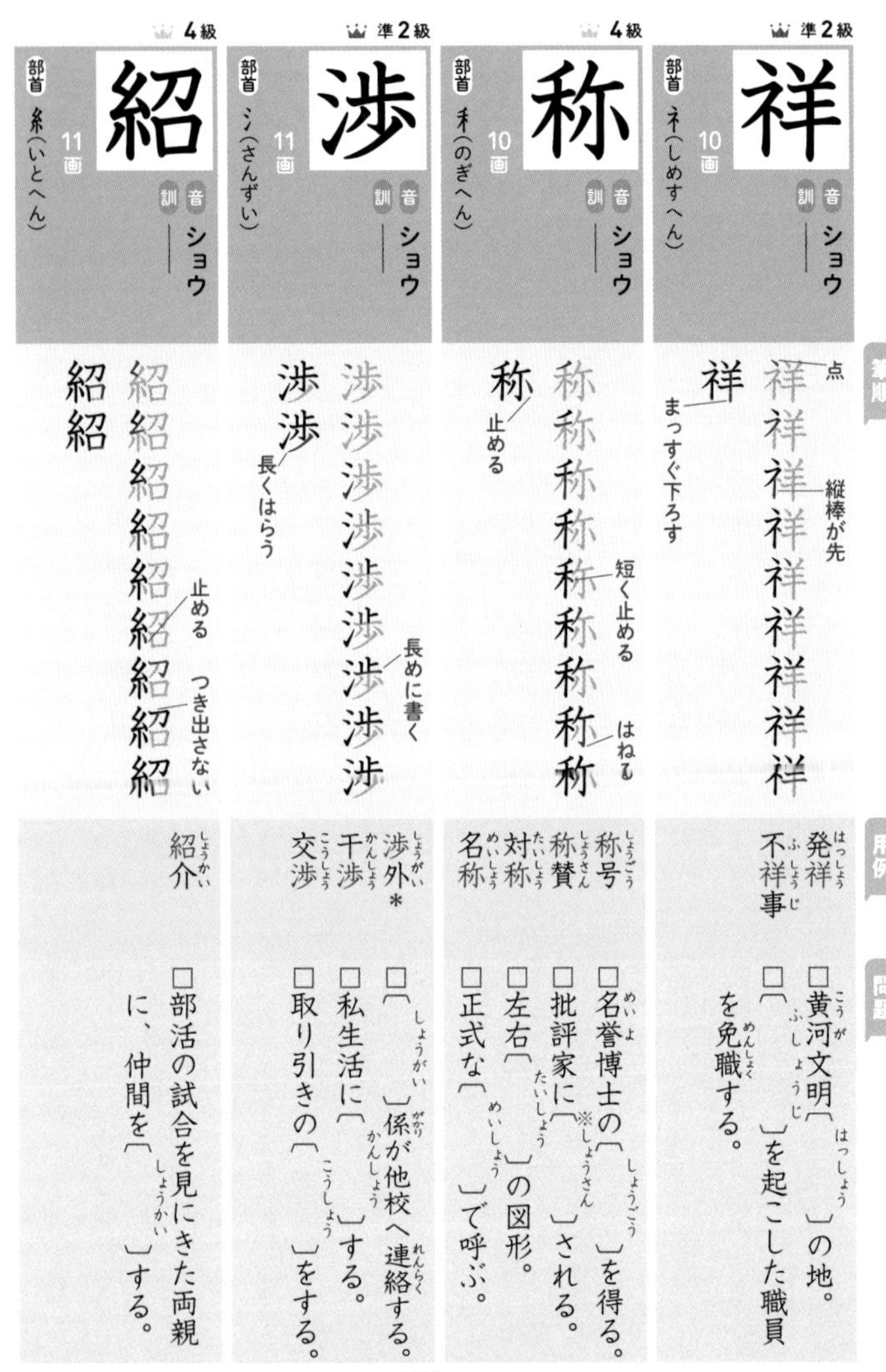

## 祥

準2級

部首 ネ（しめすへん）　10画

音 ショウ　訓 —

筆順：祥 祥 祥 祥 祥 祥 祥 祥 祥 祥（点／縦棒が先／まっすぐ下ろす）

用例：発祥（はっしょう）　不祥事（ふしょうじ）

問題：
□黄河（こうが）文明の〔はっしょう〕の地。
□〔ふしょうじ〕を起こした職員を免職（めんしょく）する。

## 称

4級

部首 禾（のぎへん）　10画

音 ショウ　訓 —

筆順：称 称 称 称 称 称 称 称 称 称（止める／短く止める／はねる）

用例：称号（しょうごう）　称賛（しょうさん）　対称（たいしょう）　名称（めいしょう）

問題：
□名誉（めいよ）博士の〔しょうごう〕を得る。
□批評家に〔しょうさん〕※される。
□左右〔たいしょう〕の図形。
□正式な〔めいしょう〕で呼ぶ。

## 渉

準2級

部首 氵（さんずい）　11画

音 ショウ　訓 —

筆順：渉 渉 渉 渉 渉 渉 渉 渉 渉 渉 渉（長めに書く／長くはらう）

用例：渉外（しょうがい）＊　干渉（かんしょう）　交渉（こうしょう）

問題：
□〔しょうがい〕係（がかり）が他校へ連絡（れんらく）する。
□私生活に〔かんしょう〕する。
□取り引きの〔こうしょう〕をする。

## 紹

4級

部首 糸（いとへん）　11画

音 ショウ　訓 —

筆順：紹 紹 紹 紹 紹 紹 紹 紹 紹 紹 紹（止める／つき出さない）

用例：紹介（しょうかい）

問題：
□部活の試合を見にきた両親に、仲間を〔しょうかい〕する。

筆順　用例　問題

※「賞賛」とも書く。　＊渉外＝外部と連絡（れんらく）や交渉をすること。

準2級

# 訟

部首 言(ごんべん) 11画

音 ショウ
訓 ―

点 付けない

訟

訴訟(そしょう)

□損害賠償(ばいしょう)を求めて〔そしょう〕を起こす。

3級

# 掌

部首 手(て) 12画

音 ショウ
訓 ―

縦棒から書く 「⺌」は平たく 上の横棒より長く

掌

掌握(しょうあく)＊
掌中(しょうちゅう)
車掌(しゃしょう)
分掌(ぶんしょう)

□部下を完全に〔しょうあく〕する。
□実権を〔しょうちゅう〕に収める。
□〔しゃしょう〕さんに尋(たず)ねる。
□業務を二課で〔ぶんしょう〕する。

3級

# 晶

部首 日(ひ) 12画

音 ショウ
訓 ―

三つの「日」の大きさをほぼ同じに

晶

液晶(えきしょう)
結晶(けっしょう)
水晶(すいしょう)

□〔えきしょう〕テレビを買う。
□雪の〔けっしょう〕を見る。
□〔すいしょう〕の置物。

「たいしょう」の意味

対称…互(たが)いに対応して釣(つ)り合っていること。例 左右対称の図形。
対象…働きかける目標となるもの。例 調査の対象。
対照…①二つのものを照らし合わせて比べること。②二つのものを並べたとき、違(ちが)いがはっきりしていること。例 対照的な性格の姉妹(しまい)。

「しょうかい」の意味

紹介…知らない人同士の間に入り、引き合わせること。
照会…問い合わせて確認(かくにん)すること。



＊掌握＝自分の思うままに動かせるようにすること。自分の支配下におくこと。

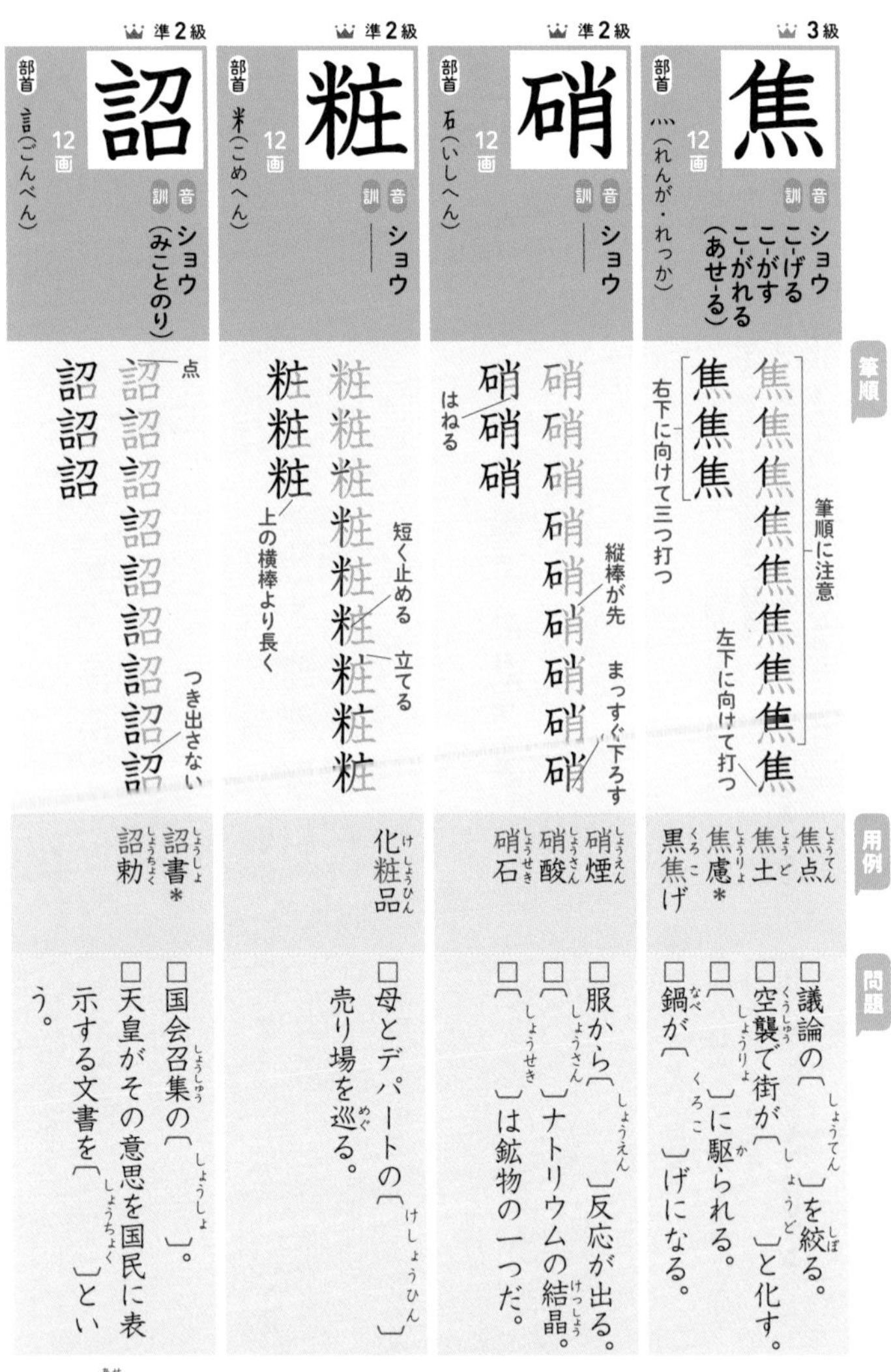


＊焦慮＝焦（あせ）っていらだつ気持ち。　＊詔書＝天皇の言葉を記した公文書。

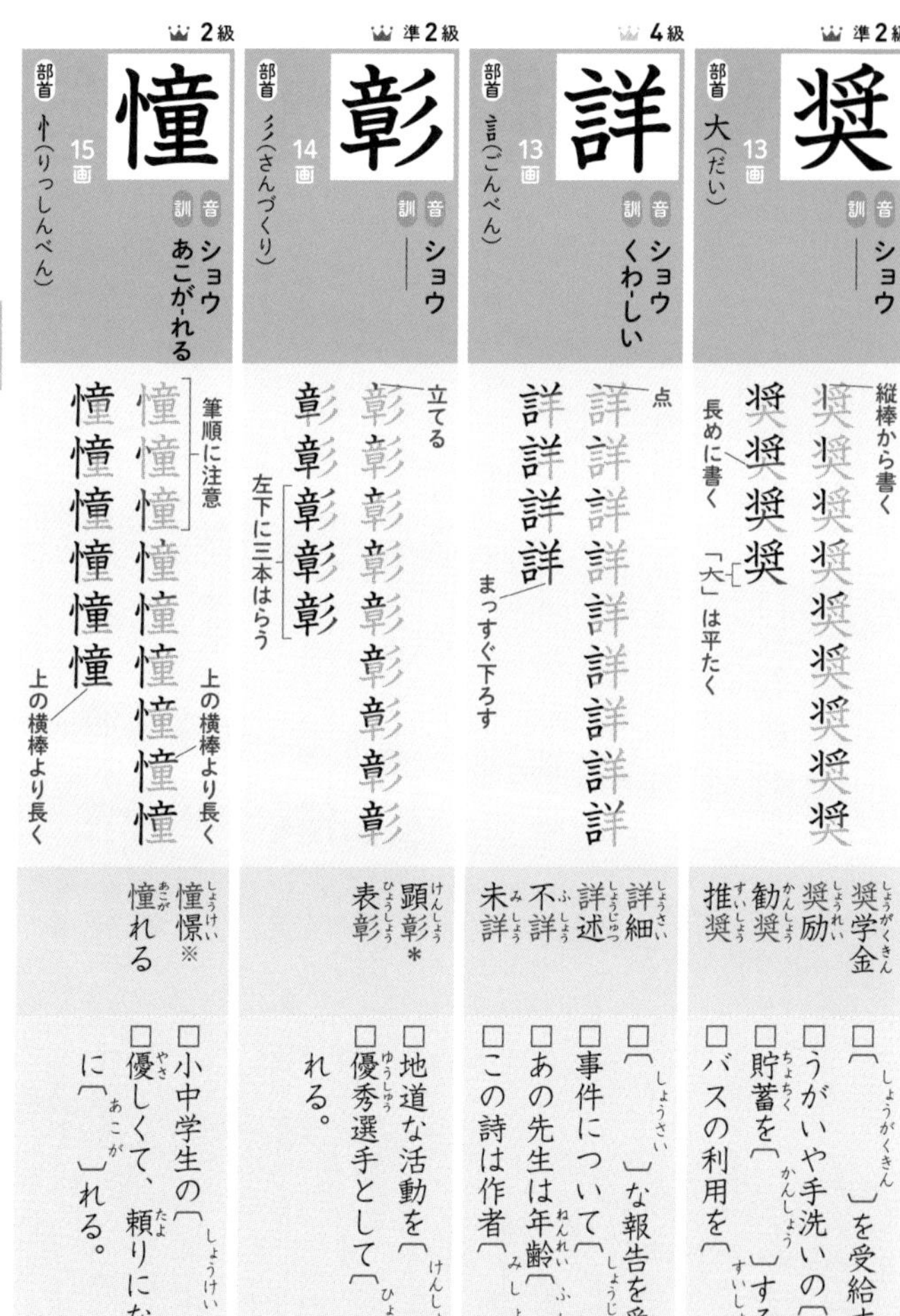

## 奨
準2級　部首 大（だい）　13画
音 ショウ　訓 —

縦棒から書く　長めに書く　「大」は平たく

奨学金（しょうがくきん）　奨励（しょうれい）　勧奨（かんしょう）　推奨（すいしょう）

□（しょうがくきん）を受給する。
□うがいや手洗いの（しょうれい）。
□貯蓄（ちょちく）を（かんしょう）する。
□バスの利用を（すいしょう）する。

## 詳
4級　部首 言（ごんべん）　13画
音 ショウ　訓 くわ-しい

点　まっすぐ下ろす

詳細（しょうさい）　詳述（しょうじゅつ）　不詳（ふしょう）　未詳（みしょう）

□（しょうさい）な報告を受ける。
□事件について（しょうじゅつ）する。
□あの先生は年齢（ねんれい）（ふしょう）だ。
□この詩は作者（みしょう）だ。

## 彰
準2級　部首 彡（さんづくり）　14画
音 ショウ　訓 —

立てる　左下に三本はらう

顕彰（けんしょう）＊　表彰（ひょうしょう）

□地道な活動を（けんしょう）する。
□優秀（ゆうしゅう）選手として（ひょうしょう）される。

## 憧
2級　部首 忄（りっしんべん）　15画
音 ショウ　訓 あこが-れる

筆順に注意　上の横棒より長く　上の横棒より長く

憧憬（しょうけい）※　憧（あこが）れる

□小中学生の（しょうけい）の的。
□優（やさ）しくて、頼（たよ）りになる先輩（せんぱい）に（あこが）れる。

＊顕彰＝隠（かく）れていた善行や功績などを広く知らせて表彰すること。　※「どうけい」とも読む。

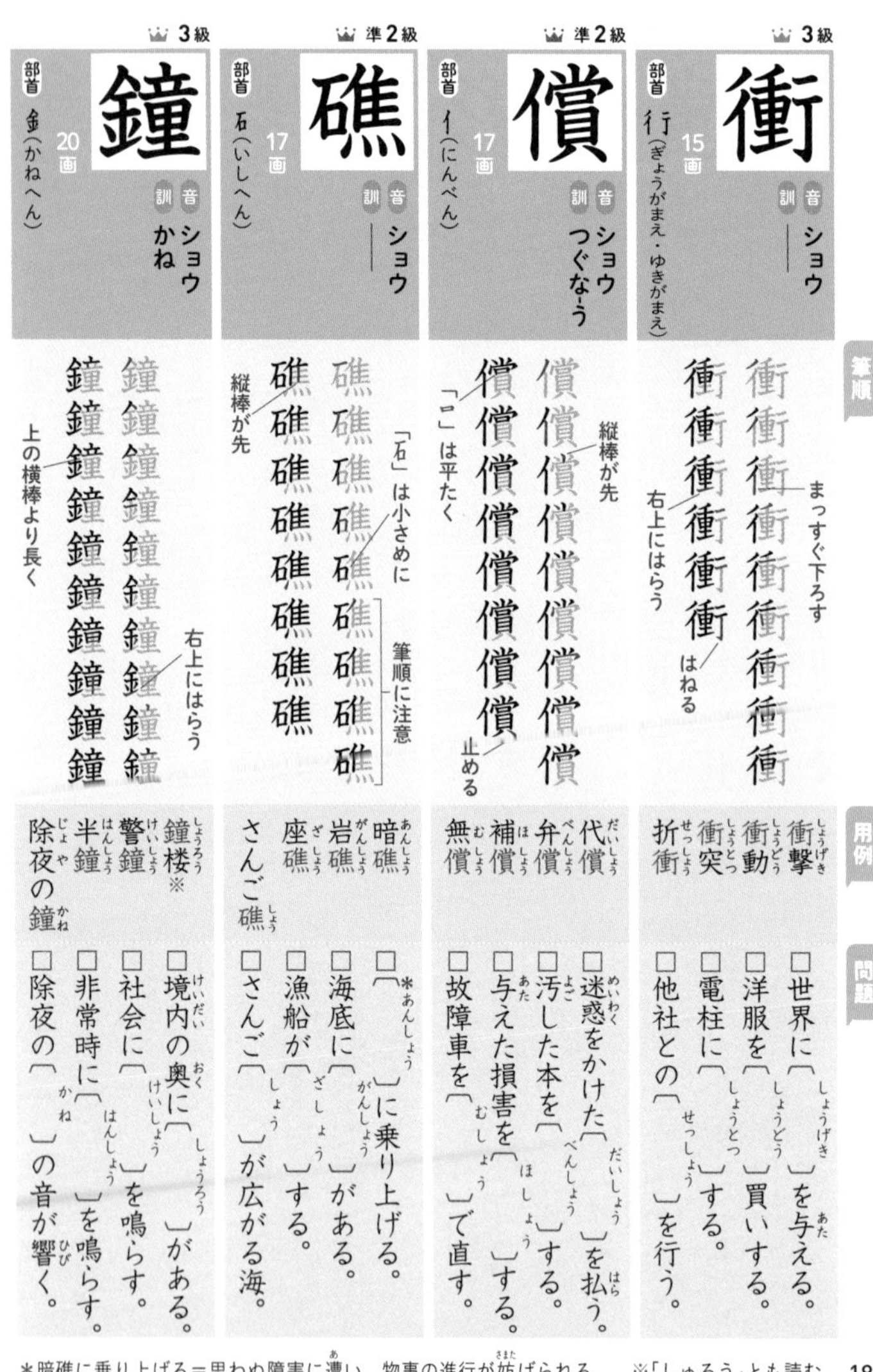

## 衝　3級

部首　行（ぎょうがまえ・ゆきがまえ）　15画

音　ショウ
訓　—

筆順：まっすぐ下ろす／右上にはらう／はねる

用例：衝撃（しょうげき）　衝動（しょうどう）　衝突（しょうとつ）　折衝（せっしょう）

問題
□世界に〔　〕（しょうげき）を与（あた）える。
□洋服を〔　〕（しょうどう）買いする。
□電柱に〔　〕（しょうとつ）する。
□他社との〔　〕（せっしょう）を行う。

## 償　準2級

部首　亻（にんべん）　17画

音　ショウ
訓　つぐな-う

筆順：縦棒が先／「冖」は平たく／止める

用例：代償（だいしょう）　弁償（べんしょう）　補償（ほしょう）　無償（むしょう）

問題
□迷惑（めいわく）をかけた〔　〕（だいしょう）を払（はら）う。
□汚（よご）した本を〔　〕（べんしょう）する。
□与（あた）えた損害を〔　〕（ほしょう）する。
□故障車を〔　〕（むしょう）で直す。

## 礁　準2級

部首　石（いしへん）　17画

音　ショウ
訓　—

筆順：縦棒が先／「石」は小さめに／筆順に注意

用例：暗礁（あんしょう）　岩礁（がんしょう）　座礁（ざしょう）　さんご礁（しょう）

問題
□〔　〕（あんしょう）に乗り上げる。*
□海底に〔　〕（がんしょう）がある。
□漁船が〔　〕（ざしょう）する。
□さんご〔　〕（しょう）が広がる海。

## 鐘　3級

部首　金（かねへん）　20画

音　ショウ
訓　かね

筆順：右上にはらう／上の横棒より長く

用例：鐘楼（しょうろう）※　警鐘（けいしょう）　半鐘（はんしょう）　除夜（じょや）の鐘（かね）

問題
□境内（けいだい）の奥（おく）に〔　〕（しょうろう）がある。
□社会に〔　〕（けいしょう）を鳴らす。
□非常時に〔　〕（はんしょう）を鳴らす。
□除夜の〔　〕（かね）の音が響（ひび）く。

＊暗礁に乗り上げる＝思わぬ障害に遭（あ）い，物事の進行が妨（さまた）げられる。　※「しゅろう」とも読む。

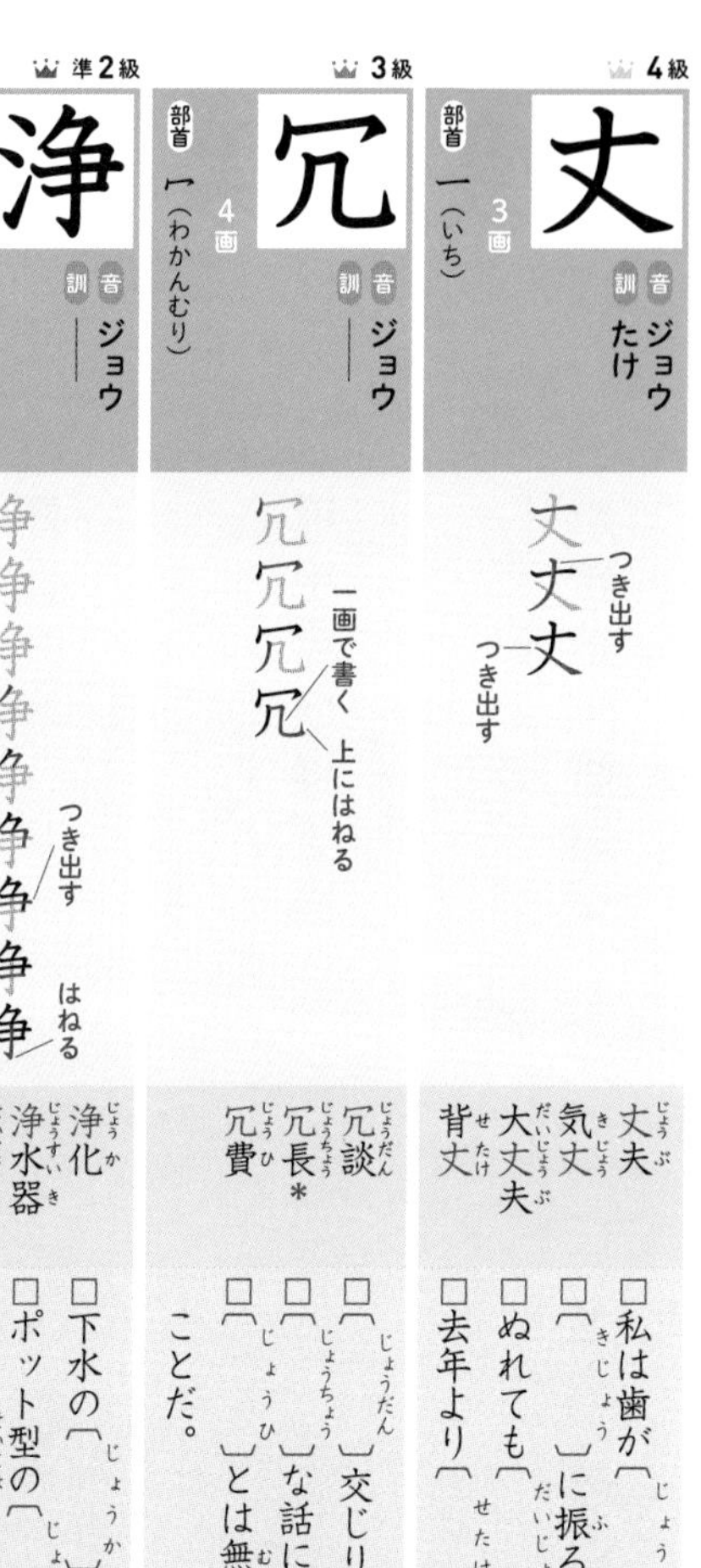

## 丈　4級

部首　一（いち）　3画

音　ジョウ
訓　たけ



丈夫（じょうぶ）
気丈（きじょう）
大丈夫（だいじょうぶ）
背丈（せたけ）

□私は歯が〔じょうぶ〕だ。
□〔きじょう〕に振（ふ）る舞（ま）う。
□ぬれても〔だいじょうぶ〕な紙。
□去年より〔せたけ〕が伸（の）びる。

## 冗　3級

部首　冖（わかんむり）　4画

音　ジョウ
訓　—



冗談（じょうだん）
冗長＊（じょうちょう）
冗費（じょうひ）

□〔じょうだん〕交じりに話す。
□〔じょうちょう〕な話に嫌気（いやけ）が差す。
□〔じょうひ〕とは無駄（むだ）な費用のことだ。

## 浄　準2級

部首　氵（さんずい）　9画

音　ジョウ
訓　—



浄化（じょうか）
浄水器（じょうすいき）
清浄※（せいじょう）
洗浄（せんじょう）

□下水の〔じょうか〕処理施設（しせつ）。
□ポット型の〔じょうすいき〕。
□空気〔せいじょう〕機を買う。
□胃を〔せんじょう〕する。

### 「ほしょう」の意味

補償…与（あた）えた損失を償（つぐな）うこと。
保証…確かであると請（う）け合うこと。
保障…ある地位や状態が損（そこ）なわれないように保護し、守ること。

### 「警鐘（けいしょう）」の意味

警鐘…①危険を知らせ、警戒（けいかい）を促（うなが）すために打ち鳴らす鐘（かね）。
②危険を予告し、注意を促すもの。

### 似ている漢字に注意

丈—文—大

「丈」は、正しく書かないと「文」や「大」に見えるので注意。

＊冗長＝文章や話などが，無駄（むだ）が多くて長いこと。　※「しょうじょう」とも読む。

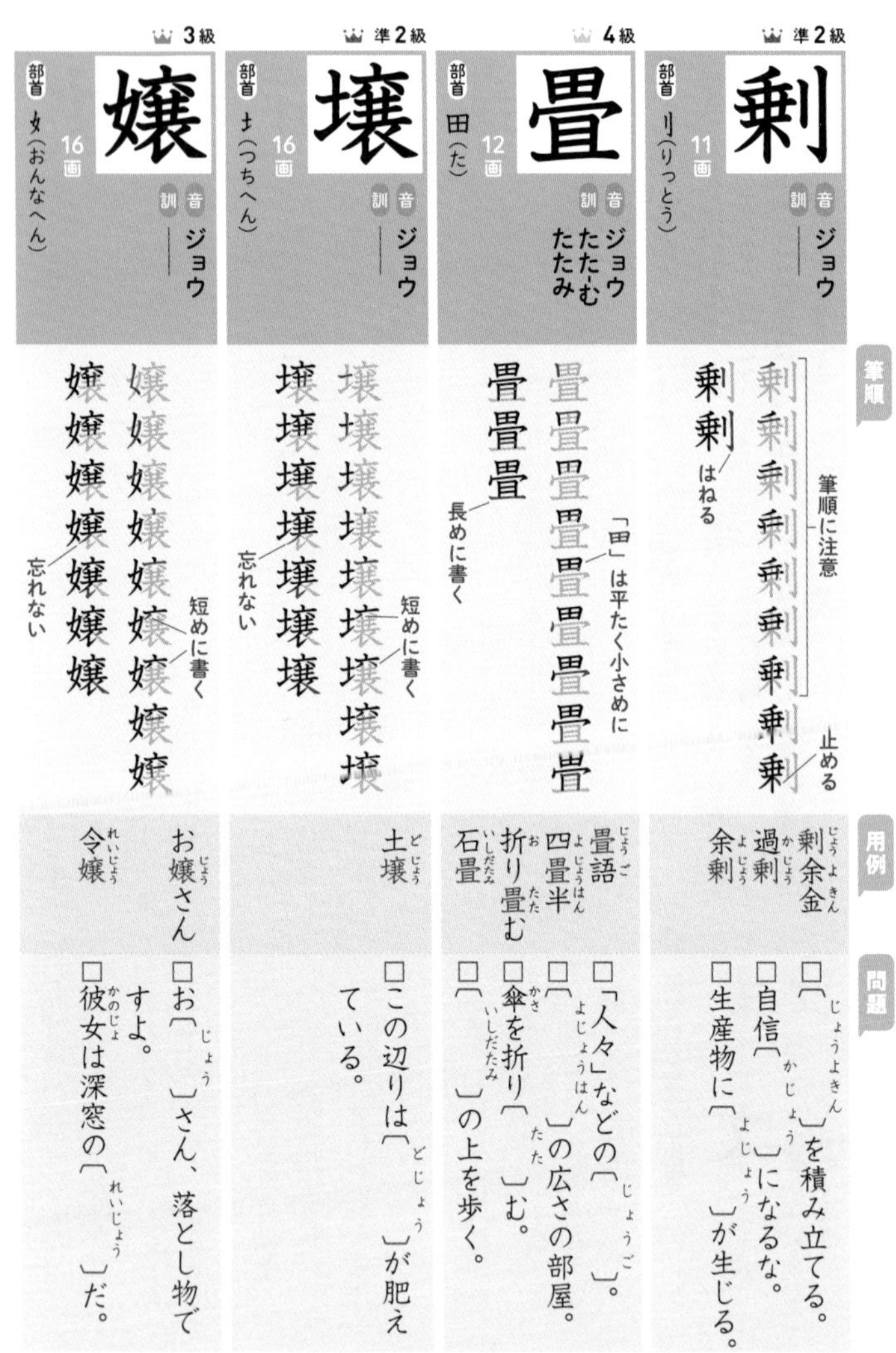

準2級

# 剰

部首 刂（りっとう） 11画

音 ジョウ
訓 ―

筆順

筆順に注意
止める
はねる

用例

剰余金（じょうよきん）
過剰（かじょう）
余剰（よじょう）

問題

□〔じょうよきん〕を積み立てる。
□自信〔かじょう〕になるな。
□生産物に〔よじょう〕が生じる。

4級

# 畳

部首 田（た） 12画

音 ジョウ
訓 たた-む　たたみ

筆順

「田」は平たく小さめに
長めに書く

用例

畳語（じょうご）
四畳半（よじょうはん）
折り畳む（おりたたむ）
石畳（いしだたみ）

問題

□「人々」などの〔じょうご〕。
□〔よじょうはん〕の広さの部屋。
□傘（かさ）を折り〔たた〕む。
□〔いしだたみ〕の上を歩く。

準2級

# 壌

部首 土（つちへん） 16画

音 ジョウ
訓 ―

筆順

短めに書く
忘れない

用例

土壌（どじょう）

問題

□この辺りは〔どじょう〕が肥えている。

3級

# 嬢

部首 女（おんなへん） 16画

音 ジョウ
訓 ―

筆順

短めに書く
忘れない

用例

お嬢さん（おじょうさん）
令嬢（れいじょう）

問題

□お〔じょう〕さん、落とし物ですよ。
□彼女（かのじょ）は深窓の〔れいじょう〕だ。

3級

# 錠

部首 金（かねへん） 16画

音 ジョウ
訓 ―

錠 錠 錠 錠 錠 錠 錠 錠 錠 錠 錠 錠 錠 錠 錠 錠

短く止める
右上にはらう

錠剤（じょうざい）
錠前（じょうまえ）
手錠（てじょう）
南京錠（なんきんじょう）

□（じょうざい）の風邪（かぜ）薬（ぐすり）を飲む。
□戸に（じょうまえ）を取り付ける。
□現行犯に（てじょう）をかける。
□蓋（ふた）に南京（なんきん）（じょう）を付ける。

3級

# 譲

部首 言（ごんべん） 20画

音 ジョウ
訓 ゆず-る

短めに書く
忘れない
短めに書く

譲渡（じょうと）
譲歩（じょうほ）
謙譲語（けんじょうご）
親譲り（おやゆずり）

□建物を他社に（じょうと）する。
□互（たが）いに（じょうほ）する。
□（けんじょうご）を正しく使う。
□彼（かれ）の俊足（しゅんそく）は（おやゆず）りだ。

準2級

# 醸

部首 酉（とりへん） 20画

音 ジョウ
訓 （かも-す）

短めに書く
忘れない

醸成（じょうせい）＊
醸造（じょうぞう）

□よい雰囲気（ふんいき）を（じょうせい）する。
□米から酒を（じょうぞう）する。

**書き方に注意**

畳 「目」や「旦」としないように。

**似ている漢字に注意**

壌（ジョウ）つちへん ― 嬢（ジョウ）おんなへん ― 譲（ジョウ）ごんべん ― 醸（ジョウ）とりへん

**似ている漢字に注意**

錠（ジョウ）かねへん ― 綻（タン）いとへん

＊醸成＝醸造。また，ある雰囲気（ふんいき）や状況（じょうきょう）を徐々（じょじょ）につくり出すこと。

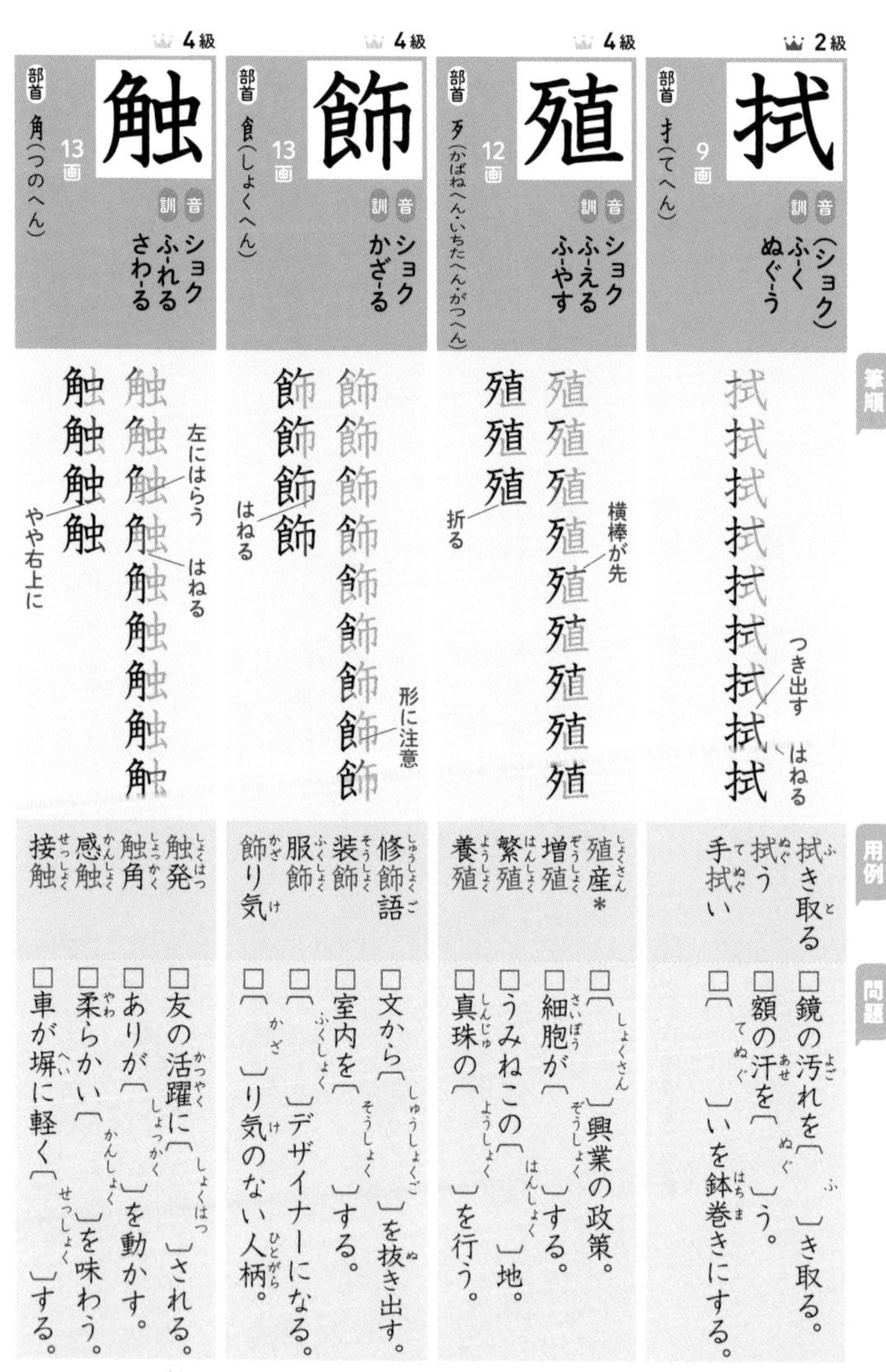

## 拭（2級）

部首：扌（てへん）　9画

音：（ショク）
訓：ふ-く　ぬぐ-う

筆順：つき出す／はねる

**用例**
- 拭(ふ)き取(と)る
- 拭(ぬぐ)う
- 手拭(てぬぐ)い

**問題**
- □鏡の汚(よご)れを（ふ）き取る。
- □額の汗(あせ)を（ぬぐ）う。
- □（てぬぐ）いを鉢巻(はちま)きにする。

## 殖（4級）

部首：歹（かばねへん・いちたへん・がつへん）　12画

音：ショク
訓：ふ-える　ふ-やす

筆順：横棒が先／折る

**用例**
- 殖産(しょくさん)＊
- 増殖(ぞうしょく)
- 繁殖(はんしょく)
- 養殖(ようしょく)

**問題**
- □（しょくさん）興業の政策。
- □細胞(さいぼう)が（ぞうしょく）する。
- □うみねこの（はんしょく）地。
- □真珠(しんじゅ)の（ようしょく）を行う。

## 飾（4級）

部首：食（しょくへん）　13画

音：ショク
訓：かざ-る

筆順：形に注意／はねる

**用例**
- 修飾語(しゅうしょくご)
- 装飾(そうしょく)
- 服飾(ふくしょく)
- 飾(かざ)り気(け)

**問題**
- □文から（しゅうしょくご）を抜(ぬ)き出す。
- □室内を（そうしょく）する。
- □（ふくしょく）デザイナーになる。
- □（かざ）り気(け)のない人柄(ひとがら)。

## 触（4級）

部首：角（つのへん）　13画

音：ショク
訓：ふ-れる　さわ-る

筆順：左にはらう／はねる／やや右上に

**用例**
- 触発(しょくはつ)
- 触角(しょっかく)
- 感触(かんしょく)
- 接触(せっしょく)

**問題**
- □友の活躍(かつやく)に（しょくはつ）される。
- □ありが（しょっかく）を動かす。
- □柔(やわ)らかい（かんしょく）を味わう。
- □車が塀(へい)に軽く（せっしょく）する。

筆順　用例　問題

＊殖産＝産業を盛(さか)んにすること。

## 嘱　3級

部首　口（くちへん）　15画

音　ショク
訓　―

嘱嘱嘱嘱嘱嘱嘱嘱嘱嘱嘱嘱嘱嘱嘱

長くはらう
上より大きめに書く

嘱託（しょくたく）
嘱望（しょくぼう）＊
委嘱（いしょく）

□（しょくたく）社員として働く。
□将来を（しょくぼう）される。
□研究を（いしょく）する。

## 辱　3級

部首　辰（しんのたつ）　10画

音　ジョク
訓　（はずかし-める）

辱辱辱辱辱辱辱辱辱辱

横棒から書く
「辰」は平たく
長めに書く

屈辱（くつじょく）
雪辱（せつじょく）
恥辱（ちじょく）

□（くつじょく）を味わう。
□前の試合の（せつじょく）を果たす。
□人前で（ちじょく）を受ける。

## 尻　2級

部首　尸（かばね・しかばね）　5画

音　―
訓　しり

尻尻尻尻尻

筆順に注意
曲げてはねる

尻込み（しりごみ）
帳尻（ちょうじり）
目尻（めじり）

□危険を感じ（しりご）みする。
□（ちょうじり）を合わせる。
□幼い孫の言葉に（めじり）を下げる。

## 伸　3級

部首　亻（にんべん）　7画

音　シン
訓　の-びる　の-ばす　の-べる

伸伸伸伸伸伸伸

つらぬく
まっすぐ下ろす

伸縮（しんしゅく）
屈伸（くっしん）
追伸（ついしん）
背伸び（せの）

□（しんしゅく）自在の素材を使う。
□膝（ひざ）の（くっしん）運動をする。
□手紙に（※ついしん）を書く。
□（せの）びして大人ぶる。

＊嘱望＝人の将来に期待すること。　※「追申」とも書く。

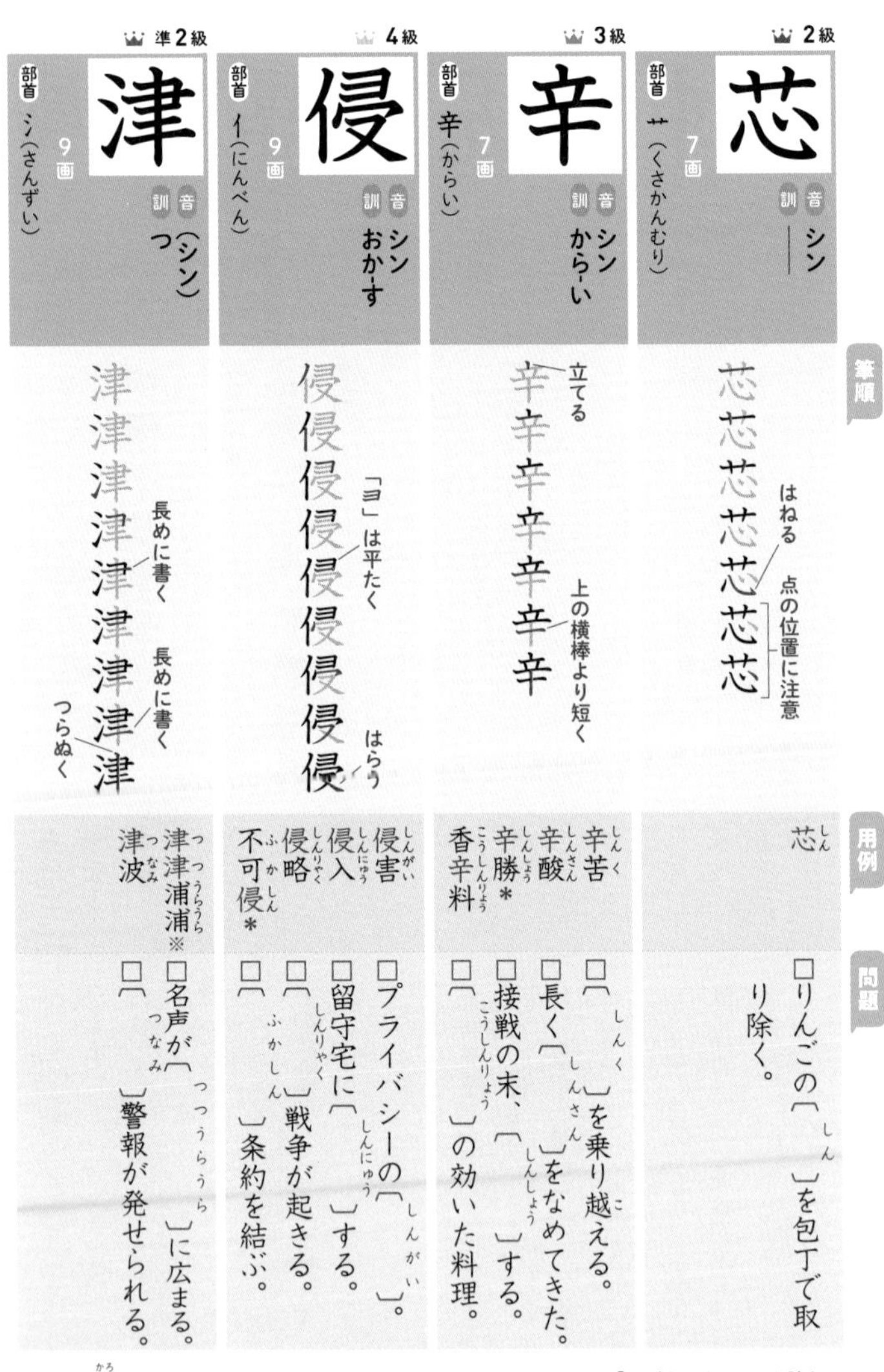

## 芯

2級

部首　艹（くさかんむり）　7画

音　シン
訓　―

筆順

はねる
点の位置に注意

用例

芯（しん）

問題

□りんごの（しん）を包丁で取り除く。

## 辛

3級

部首　辛（からい）　7画

音　シン
訓　から-い

筆順

立てる
上の横棒より短く

用例

辛苦（しんく）
辛酸（しんさん）
辛勝（しんしょう）＊
香辛料（こうしんりょう）

問題

□（しんく）を乗り越（こ）える。
□長く（しんさん）をなめてきた。
□接戦の末、（しんしょう）する。
□（こうしんりょう）の効いた料理。

## 侵

4級

部首　亻（にんべん）　9画

音　シン
訓　おか-す

筆順

「ヨ」は平たく
はらう

用例

侵害（しんがい）
侵入（しんにゅう）
侵略（しんりゃく）
不可侵（ふかしん）＊

問題

□プライバシーの（しんがい）。
□留守宅に（しんにゅう）する。
□（しんりゃく）戦争が起きる。
□（ふかしん）条約を結ぶ。

## 津

準2級

部首　氵（さんずい）　9画

音　（シン）
訓　つ

筆順

長めに書く
長めに書く
つらぬく

用例

津津浦浦（つつうらうら）※
津波（つなみ）

問題

□名声が（つつうらうら）に広まる。
□（つなみ）警報が発せられる。

＊辛勝＝辛（かろ）うじて勝つこと。　＊不可侵＝侵略を許さないこと。　※「つづうらうら」とも読む。

## 唇
準2級

部首 口（くち） 10画

音 （シン）
訓 くちびる

横棒から書く
上の横棒より長く
折ってはらう
「口」は小さめに

唇（くちびる）

□叱（しか）られた子供が〔くちびる〕をとがらす。

## 娠
準2級

部首 女（おんなへん） 10画

音 シン
訓 ―

横棒が先
上の横棒より長く
折ってはらう

妊娠（にんしん）

□嫁（とつ）いだ娘（むすめ）の〔にんしん〕の知らせに、両親が喜ぶ。

## 振
4級

部首 扌（てへん） 10画

音 シン
訓 ふ-る ふ-るう ふ-れる

横棒が先
上の横棒より長く
折ってはらう

振興（しんこう）＊
振動（しんどう）
三振（さんしん）
不振（ふしん）

□地域産業の〔しんこう〕を促（うなが）す。
□窓ガラスが〔しんどう〕する。
□見逃（みのが）しの〔さんしん〕。
□食欲〔ふしん〕を心配する。

## 浸
4級

部首 氵（さんずい） 10画

音 シン
訓 ひた-す ひた-る

「ヨ」は平たく
はらう

浸食（しんしょく）
浸水（しんすい）
浸透（しんとう）
水浸（みずびた）し

□風雨が岩を〔しんしょく〕する。
□大雨で家屋が〔しんすい〕する。
□新方式が〔しんとう〕する。
□床（ゆか）が〔みずびた〕しになる。

＊振興＝学術や産業などが盛（さか）んになること。学術や産業などを盛んにすること。

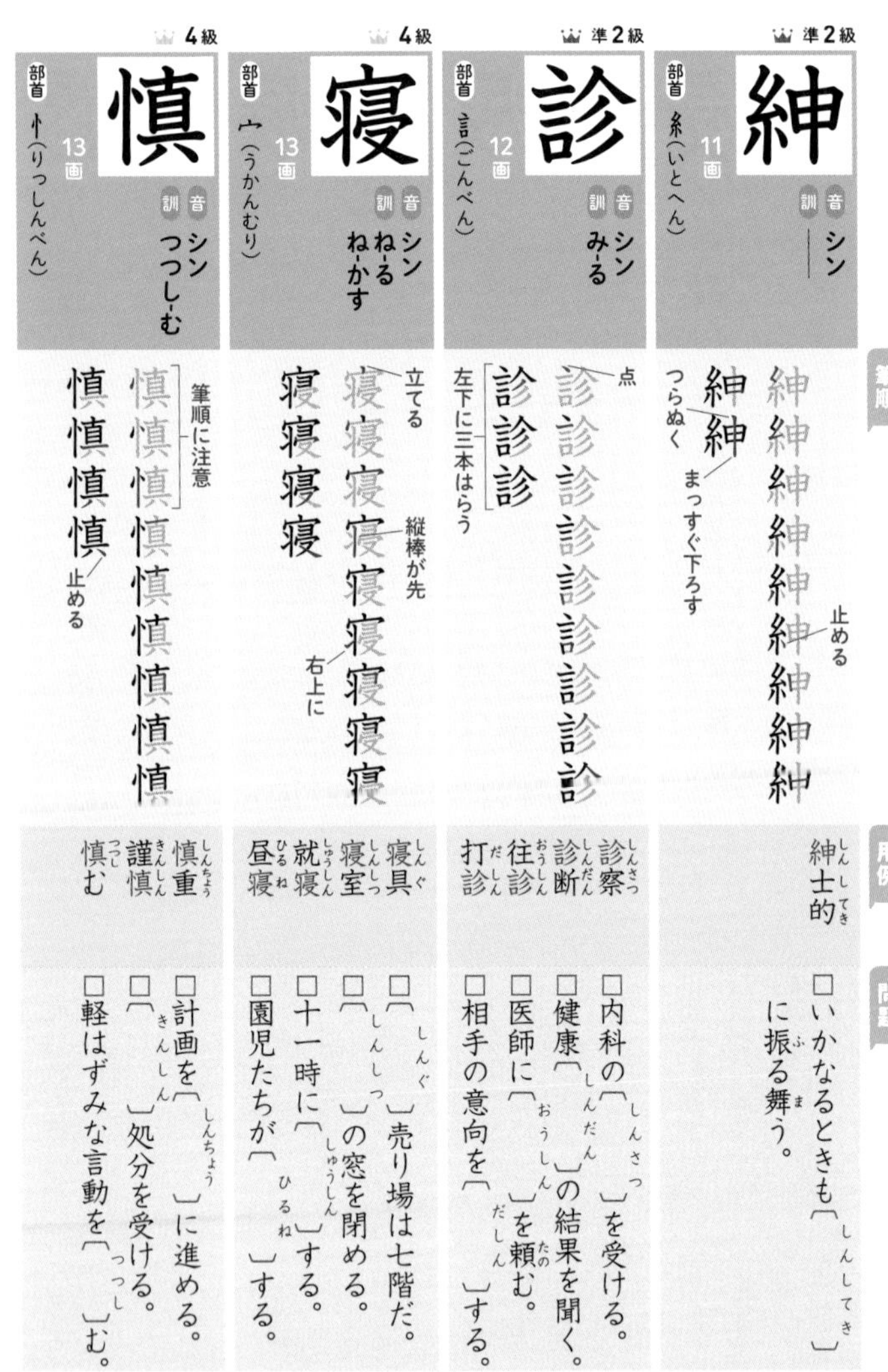

## 紳 準2級
11画　部首 糸（いとへん）
音 シン　訓 ―
筆順：止める／まっすぐ下ろす／つらぬく
用例：紳士的（しんしてき）
問題：□いかなるときも（しんしてき）に振（ふ）る舞（ま）う。

## 診 準2級
12画　部首 言（ごんべん）
音 シン　訓 み-る
筆順：点／左下に三本はらう
用例：診察（しんさつ）、診断（しんだん）、往診（おうしん）、打診（だしん）
問題：
□内科の（しんさつ）を受ける。
□健康（しんだん）の結果を聞く。
□医師に（おうしん）を頼（たの）む。
□相手の意向を（だしん）する。

## 寝 4級
13画　部首 宀（うかんむり）
音 シン　訓 ね-る、ね-かす
筆順：立てる／縦棒が先／右上に
用例：寝具（しんぐ）、寝室（しんしつ）、就寝（しゅうしん）、昼寝（ひるね）
問題：
□（しんぐ）売り場は七階だ。
□（しんしつ）の窓を閉める。
□十一時に（しゅうしん）する。
□園児たちが（ひるね）する。

## 慎 4級
13画　部首 忄（りっしんべん）
音 シン　訓 つつし-む
筆順：筆順に注意／止める
用例：慎重（しんちょう）、謹慎（きんしん）、慎（つつし）む
問題：
□計画を（しんちょう）に進める。
□（きんしん）処分を受ける。
□軽はずみな言動を（つつし）む。

3級

# 審

部首 宀（うかんむり） 15画

音 シン
訓 ――

立てる
長めに書く
短めに書く
長めに書く

審議（しんぎ）
審査（しんさ）
審判（しんぱん）
不審（ふしん）

□提案について〔しんぎ〕する。
□応募（おうぼ）作品を〔しんさ〕する。
□〔しんぱん〕が反則を告げる。
□〔ふしん〕な人物を見かける。

4級

# 震

部首 雨（あめかんむり） 15画

音 シン
訓 ふる-う　ふる-える

横棒が先
上の横棒より長く
折ってはらう

震源（しんげん）
震度（しんど）
地震（じしん）
身震（みぶる）い

□〔しんげん〕は沖合の地点だ。
□〔しんど〕3と発表された。
□〔じしん〕に備える。
□寒くて〔みぶる〕いする。

4級

# 薪

部首 艹（くさかんむり） 16画

音 シン
訓 たきぎ

二画で書く
まっすぐ下ろす

薪水（しんすい）
薪炭（しんたん）
薪（たきぎ）

□〔しんすい〕*の労をとる。
□〔しんたん〕を常備しておく。
□山で〔たきぎ〕を集める。

**書き方に注意**

診
「⺡」としないように、向きに注意。

**送りがなに注意**

○ 慎（つつし）む
× 慎しむ

**「ふしん」の意味**

不審…疑わしく思うこと。
不信…①信用しないこと。②誠実でないこと。③信仰心（しんこうしん）のないこと。
不振…調子が悪く、勢いがないこと。

＊薪水の労＝炊事（すいじ）などの労働。また、人に仕えて苦労を嫌（いや）がらずに働くこと。

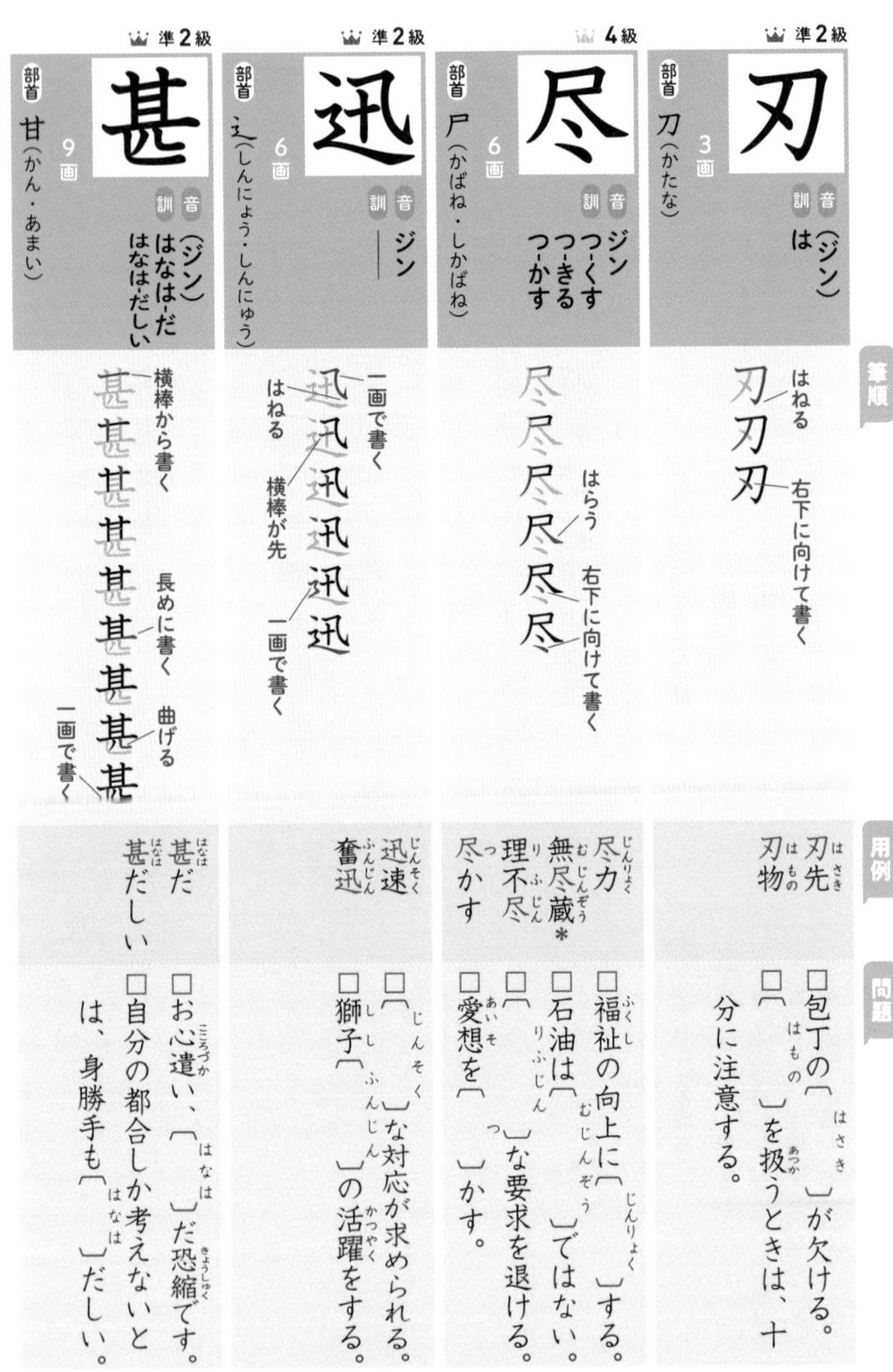

準2級
刃 3画
部首 刀（かたな）
音 （ジン）
訓 は
筆順 はねる／右下に向けて書く
用例 刃先（はさき）　刃物（はもの）
問題 □包丁の〔はさき〕が欠ける。□〔はもの〕を扱うときは、十分に注意する。

4級
尽 6画
部首 尸（かばね・しかばね）
音 ジン
訓 つ-くす　つ-きる　つ-かす
筆順 はらう／右下に向けて書く
用例 尽力（じんりょく）　無尽蔵（むじんぞう）＊　理不尽（りふじん）　尽かす（つかす）
問題 □福祉の向上に〔じんりょく〕する。□石油は〔むじんぞう〕ではない。□〔りふじん〕な要求を退ける。□愛想を〔つ〕かす。

準2級
迅 6画
部首 辶（しんにょう・しんにゅう）
音 ジン
訓 ―
筆順 一画で書く／はねる／横棒が先／一画で書く
用例 迅速（じんそく）　奮迅（ふんじん）
問題 □〔じんそく〕な対応が求められる。□獅子〔ふんじん〕の活躍をする。

準2級
甚 9画
部首 甘（かん・あまい）
音 （ジン）
訓 はなは-だ　はなは-だしい
筆順 横棒から書く／長めに書く／曲げる／一画で書く
用例 甚だ（はなはだ）　甚だしい（はなはだしい）
問題 □お心遣い、〔はなは〕だ恐縮です。□自分の都合しか考えないとは、身勝手も〔はなは〕だしい。

＊無尽蔵＝いくら取ってもなくならないこと。

サ行 ジン▸▸▸ス

## 陣 4級
部首 阝(こざとへん) 10画
音 ジン
訓 —

三画で書く
陣陣陣陣陣陣陣陣陣陣　長めに書く

陣地(じんち)
陣頭(じんとう)
円陣(えんじん)
背水の陣(はいすいのじん)

□敵の(じんち)を奪(うば)う。
□社長が(じんとう)指揮を執(と)る。
□チームで(えんじん)を組む。
□背水の(じん)の覚悟(かくご)で挑(いど)む。

## 尋 4級
部首 寸(すん) 12画
音 ジン
訓 たず-ねる

「ヨ」は平たく
「エ」と「口」を並べる
尋尋尋尋尋尋尋尋尋尋尋　長めに書く

尋常(じんじょう)
尋問(じんもん)
千尋(せんじん)*
尋(たず)ねる

□(じんじょう)ではない精神力。
□警察官に(じんもん)される。
□(せんじん)の谷を渡(わた)る。
□交番で道を(たず)ねる。

## 腎 2級
部首 肉(にく) 13画
音 ジン
訓 —

縦棒から書く
まっすぐ下ろす

腎臓(じんぞう)

□祖父が(じんぞう)の疾患(しっかん)の治(ち)療(りょう)で入院した。

## 須 2級
部首 頁(おおがい) 12画
音 ス
訓 —

左下に三本はらう
止める

急須(きゅうす)
必須(ひっす)

□(きゅうす)に湯を注ぐ。
□合格するための(ひっす)条件を挙げる。

*千尋＝谷や海などが非常に深いこと。また，山などが非常に高いこと。

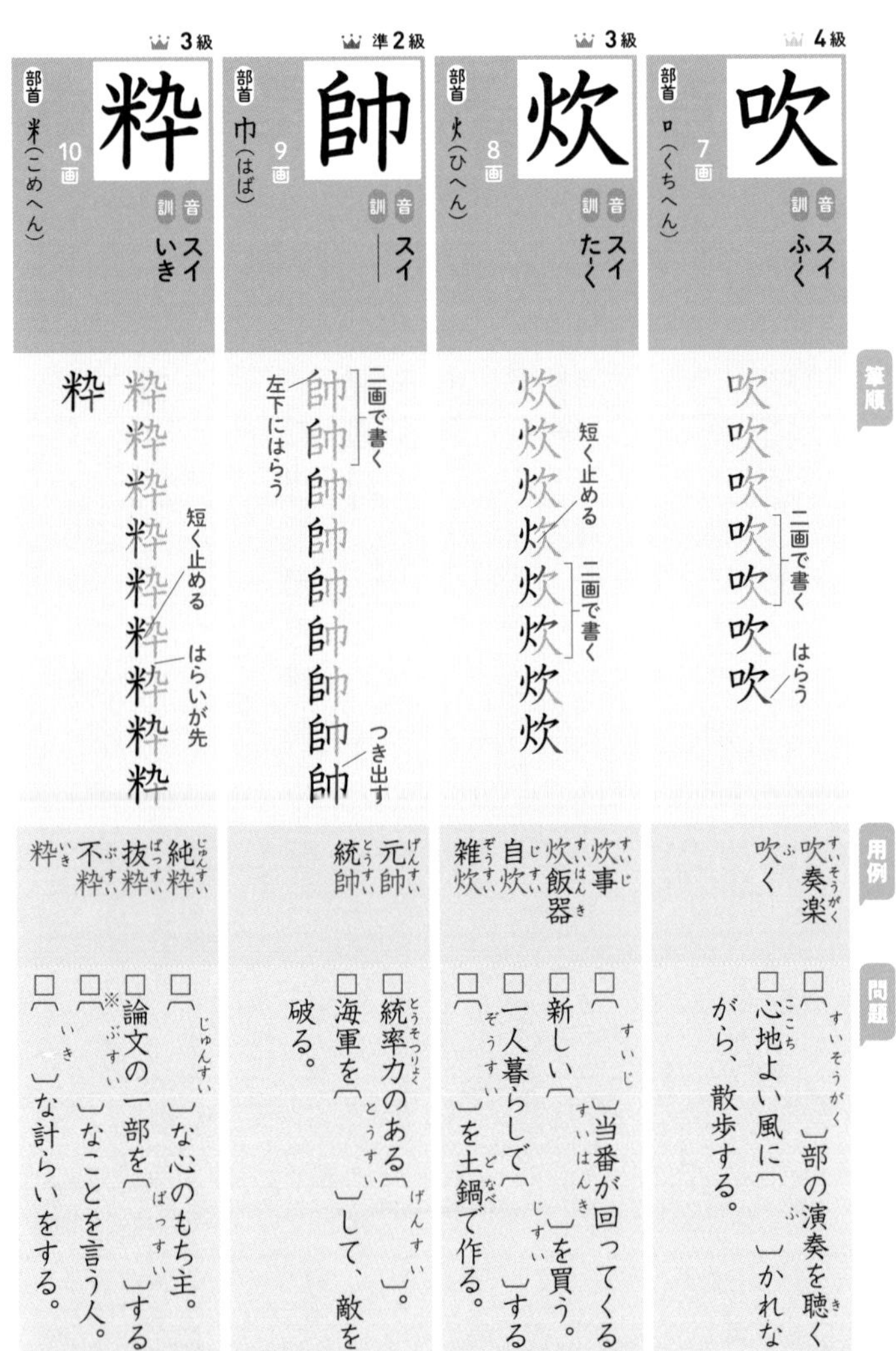

## 吹
4級
部首 口（くちへん） 7画
音 スイ
訓 ふ-く
筆順：二画で書く　はらう
用例：吹奏楽（すいそうがく）　吹く（ふく）
問題：
□〔すいそうがく〕部の演奏を聴く。
□心地よい風に〔ふ〕かれながら、散歩する。

## 炊
3級
部首 火（ひへん） 8画
音 スイ
訓 た-く
筆順：短く止める　二画で書く
用例：炊事（すいじ）　炊飯器（すいはんき）　自炊（じすい）　雑炊（ぞうすい）
問題：
□〔すいじ〕当番が回ってくる。
□新しい〔すいはんき〕を買う。
□一人暮らしで〔じすい〕する。
□〔ぞうすい〕を土鍋で作る。

## 帥
準2級
部首 巾（はば） 9画
音 スイ
訓 ―
筆順：二画で書く　左下にはらう　つき出す
用例：元帥（げんすい）　統帥（とうすい）
問題：
□統率力のある〔げんすい〕。
□海軍を〔とうすい〕して、敵を破る。

## 粋
3級
部首 米（こめへん） 10画
音 スイ
訓 いき
筆順：短く止める　はらいが先
用例：純粋（じゅんすい）　抜粋（ばっすい）　不粋（ぶすい）　粋（いき）
問題：
□〔じゅんすい〕な心のもち主。
□論文の一部を〔ばっすい〕する。
□〔※ぶすい〕なことを言う人。
□〔いき〕な計らいをする。

※「無粋」とも書く。

3級

# 衰

部首 衣（ころも） 10画

音 スイ
訓 おとろ-える

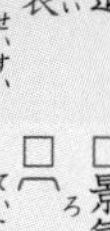

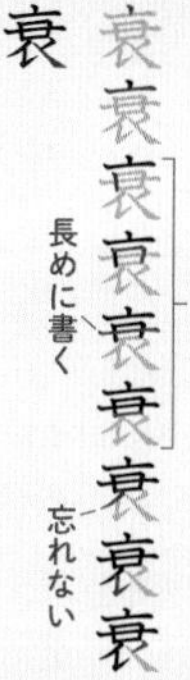

筆順に注意
長めに書く
忘れない

衰弱（すいじゃく）
衰退（すいたい）
老衰（ろうすい）
栄枯盛衰（えいこせいすい）＊

□栄養失調で〔すいじゃく〕する。
□景気の〔すいたい〕を抑（おさ）える。
□〔ろうすい〕により死去する。
□帝国（ていこく）の〔えいこせいすい〕。

3級

# 酔

部首 酉（とりへん） 11画

音 スイ
訓 よ-う

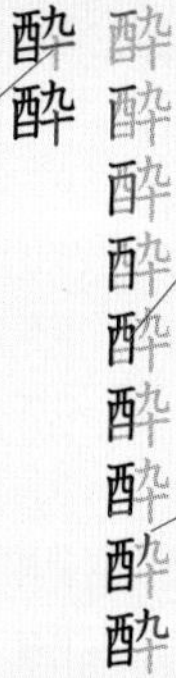

横棒が先
曲げる
はらいが先

心酔（しんすい）
泥酔（でいすい）
麻酔（ますい）
船酔（ふなよ）い

□坂本龍馬（さかもとりょうま）に〔しんすい〕する。
□〔でいすい〕して駅で眠（ねむ）る。
□〔ますい〕の注射を打つ。
□〔ふなよ〕いで横になる。

3級

# 遂

部首 辶（しんにょう・しんにゅう） 12画

音 スイ
訓 と-げる

一画で書く
筆順・形に注意
止める

遂行（すいこう）
完遂（かんすい）
未遂（みすい）

□任務を〔すいこう〕する。
□難しい仕事を〔かんすい〕する。
□暗殺の計画は〔みすい〕に終わった。

## 似ている漢字に注意

帥（スイ）—師（シ）
上に横棒がある。

## 書き方に注意

衰 忘れない
「衣」としないように。

## 送りがなに注意

○ 衰（おとろ）える
× 衰る

○ 遂（と）げる
× 遂る


＊栄枯盛衰＝栄えたり衰（おとろ）えたりすること。

＊午睡＝昼寝(ひるね)をすること。　※「附随」とも書く。　※「真髄」とも書く。

## 枢

準2級

部首 木（きへん）　8画

音 スウ
訓 —

短く止める
止める
一画で書く

枢軸（すうじく）
枢要（すうよう）
中枢（ちゅうすう）

□国家の〔すうじく〕となる都市。
□〔すうよう〕な地位に就く。
□組織の〔ちゅうすう〕で働く。

## 崇

準2級

部首 山（やま）　11画

音 スウ
訓 —

「山」は平たく
上の横棒より長く

崇高（すうこう）
崇拝（すうはい）

□〔すうこう〕な精神のもち主。
□あのロックスターは、多くのファンに〔すうはい〕されている。

## 据

準2級

部首 扌（てへん）　11画

音 —
訓 す-える　す-わる

右上にはらう
横棒が先

据（す）え置（お）く＊
据（す）える
据（す）わる

□運賃を〔す〕え置く。
□部屋に除湿器（じょしつき）を〔す〕える。
□彼（かれ）は肝（きも）が〔す〕わっている。

## 杉

準2級

部首 木（きへん）　7画

音 —
訓 すぎ

短く止める
左下に三本はらう

杉（すぎ）
杉林（すぎばやし）

□樹齢（じゅれい）千年以上の〔すぎ〕の木。
□この辺りには〔すぎばやし〕が広がっている。

＊据え置く＝そのままの状態にしておく。

2級
## 裾
部首 衤(ころもへん) 13画
音 ―
訓 すそ

筆順: 点／はらいが先／横棒が先

用例: 裾(すそ)　裾野(すその)

問題:
□ズボンの（すそ）を縫(ぬ)う。
□富士山(ふじさん)の（すその）を訪(おとず)れる。

3級
## 瀬
部首 氵(さんずい) 19画
音 ―
訓 せ

筆順: まっすぐ下ろす／短く止める

用例: 瀬戸物(せともの)　浅瀬(あさせ)　立つ瀬(たつせ)

問題:
□（せともの）の皿が割れる。
□川の（あさせ）を歩く。
□そう言われては立つ（せ）がない。

4級
## 是
部首 日(ひ) 9画
音 ゼ
訓 ―

筆順: 長めに書く／はらう

用例: 是正(ぜせい)　是認(ぜにん)　是非(ぜひ)　国是(こくぜ)＊

問題:
□不平等を（ぜせい）する。
□その行為(こうい)は（ぜにん）できる。
□（ぜひ）、お越(こ)しください。
□平和共存を（こくぜ）とする。

4級
## 姓
部首 女(おんなへん) 8画
音 セイ　ショウ
訓 ―

筆順: 折る／やや右上に／最も長く

用例: 姓名(せいめい)　旧姓(きゅうせい)　同姓(どうせい)　百姓(ひゃくしょう)

問題:
□自分の（せいめい）を書く。
□母の（きゅうせい）を知る。
□（どうせい）同名の友人がいる。
□（ひゃくしょう）一揆(いっき)について調べる。

＊国是＝国や国民が認めた，政治の基本的な方針。

## 征

4級

部首 彳(ぎょうにんべん) 8画

音 セイ
訓 —

筆順：征 征 征 征 征 征 征 征（筆順に注意）

征伐(せいばつ)
征服(せいふく)
遠征(えんせい)
出征(しゅっせい)

□桃太郎(ももたろう)が鬼(おに)を〔せいばつ〕する。
□敵地を〔せいふく〕する。
□日本チームの海外〔えんせい〕。
□若い兵士が〔しゅっせい〕する。

## 斉

準2級

部首 斉(せい) 8画

音 セイ
訓 —

筆順：斉 斉 斉 斉 斉 斉 斉 斉（立てる／左にはらう／筆順に注意／まっすぐ下ろす）

斉唱(せいしょう)
一斉(いっせい)

□全員で校歌を〔せいしょう〕する。
□子供たちが〔いっせい〕に駆(か)け出す。

## 牲

3級

部首 牛(うしへん) 9画

音 セイ
訓 —

筆順：牲 牲 牲 牲 牲 牲 牲 牲 牲（右上にはらう／最も長く）

犠牲(ぎせい)

□自分の身を〔ぎせい〕にして、子供を助ける。

### 似ている漢字に注意

裾(すそ・ころもへん)―袖(そで)―襟(えり)―被(ヒ)

### 「是非(ぜひ)」の意味

①よいことと、悪いこと。例 是非を問う。
②どうしても。必ず。例 是非来てください。

### 似ている漢字に注意

姓(セイ・おんなへん)―牲(セイ・うしへん)―性(セイ・りっしんべん)

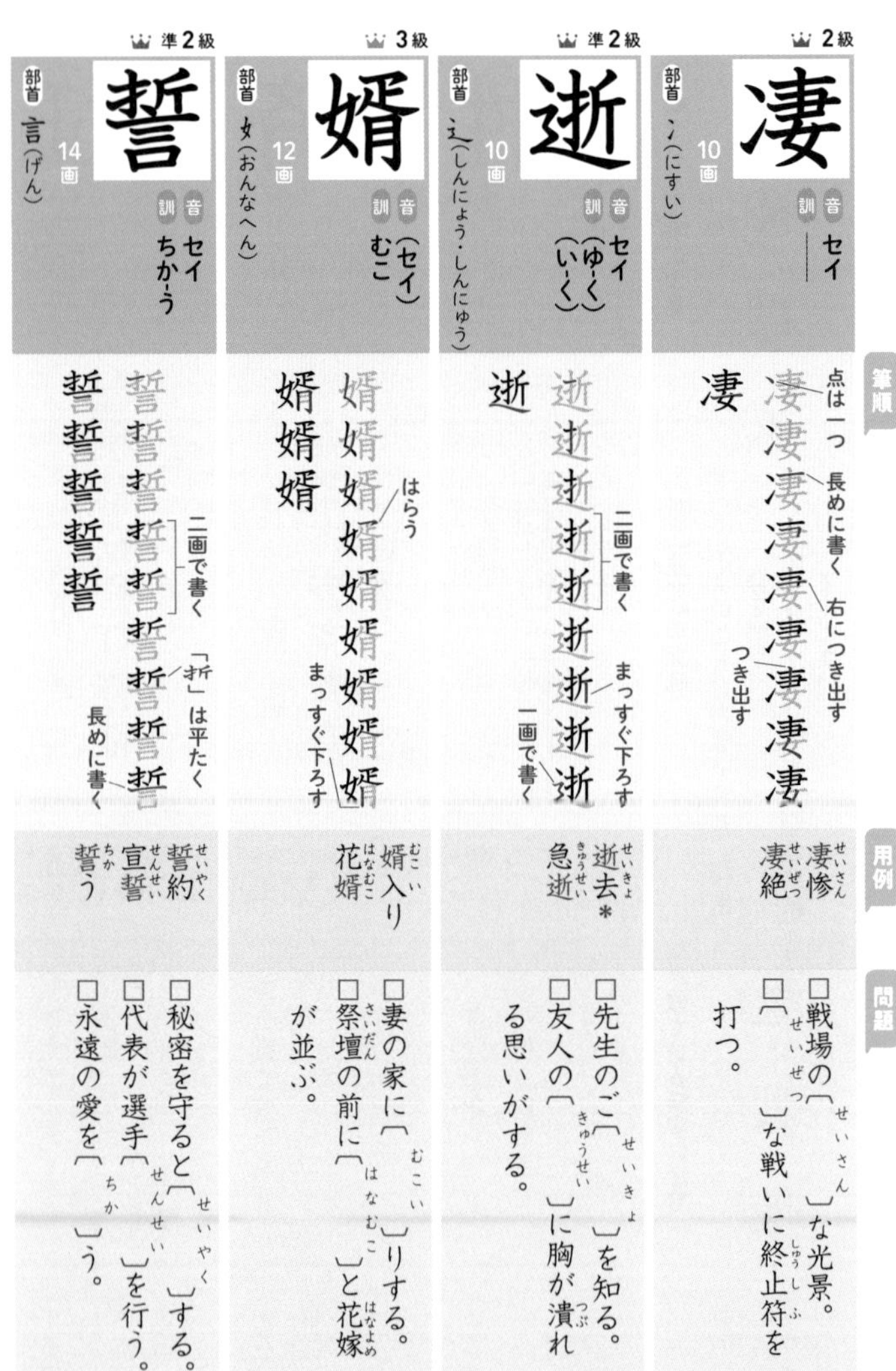

## 凄　2級
10画　部首 氵(にすい)
音 セイ
訓 ——
筆順 点は一つ／長めに書く／右につき出す／つき出す
用例 凄惨(せいさん)　凄絶(せいぜつ)
問題
□戦場の〔せいさん〕な光景。
□〔せいぜつ〕な戦いに終止符(しゅうしふ)を打つ。

## 逝　準2級
10画　部首 辶(しんにょう・しんにゅう)
音 セイ
訓 (ゆ-く)(い-く)
筆順 二画で書く／まっすぐ下ろす／一画で書く
用例 逝去(せいきょ)*　急逝(きゅうせい)
問題
□先生のご〔せいきょ〕を知る。
□友人の〔きゅうせい〕に胸が潰(つぶ)れる思いがする。

## 婿　3級
12画　部首 女(おんなへん)
音 (セイ)
訓 むこ
筆順 はらう／まっすぐ下ろす
用例 婿入(むこい)り　花婿(はなむこ)
問題
□妻の家に〔むこい〕りする。
□祭壇(さいだん)の前に〔はなむこ〕と花嫁(はなよめ)が並ぶ。

## 誓　準2級
14画　部首 言(げん)
音 セイ
訓 ちか-う
筆順 二画で書く／「扌斤」は平たく／長めに書く
用例 誓約(せいやく)　宣誓(せんせい)　誓(ちか)う
問題
□秘密を守ると〔せいやく〕する。
□代表が選手〔せんせい〕を行う。
□永遠の愛を〔ちか〕う。

＊逝去＝他人を敬って，その死をいう言葉。

3級

## 請

部首 言（ごんべん） 15画

音 セイ（シン）

訓 （こ-う） う-ける

点　最も長く　まっすぐ下ろす

請求（せいきゅう）
申請（しんせい）
要請（ようせい）
下請け（したうけ）

□支払いを〔せいきゅう〕する。
□選手登録を〔しんせい〕する。
□援助（えんじょ）の〔ようせい〕を受ける。
□仕事を〔したう〕けに出す。

2級

## 醒

部首 酉（とりへん） 16画

音 セイ

訓 ―

曲げる　最も長く

覚醒（かくせい）

□昏睡（こんすい）状態に陥（おちい）っていた患者（かんじゃ）が〔かくせい〕する。

3級

## 斥

部首 斤（きん） 5画

音 セキ

訓 ―

二画で書く　長めに書く　右下に向けて書く

斥候（せっこう）*
排斥（はいせき）

□〔せっこう〕を敵陣（てきじん）へ向かわせる。
□海外で輸入製品の〔はいせき〕運動が起きる。

準2級

## 析

部首 木（きへん） 8画

音 セキ

訓 ―

短く止める　二画で書く

解析（かいせき）
透析（とうせき）
分析（ぶんせき）

□データの〔かいせき〕を急ぐ。
□人工〔とうせき〕を受ける。
□失敗の原因を〔ぶんせき〕し、今後に生かす。

*斥候＝敵の動静や地形などを探（さぐ）ること。また，そのために派遣（はけん）する兵士。

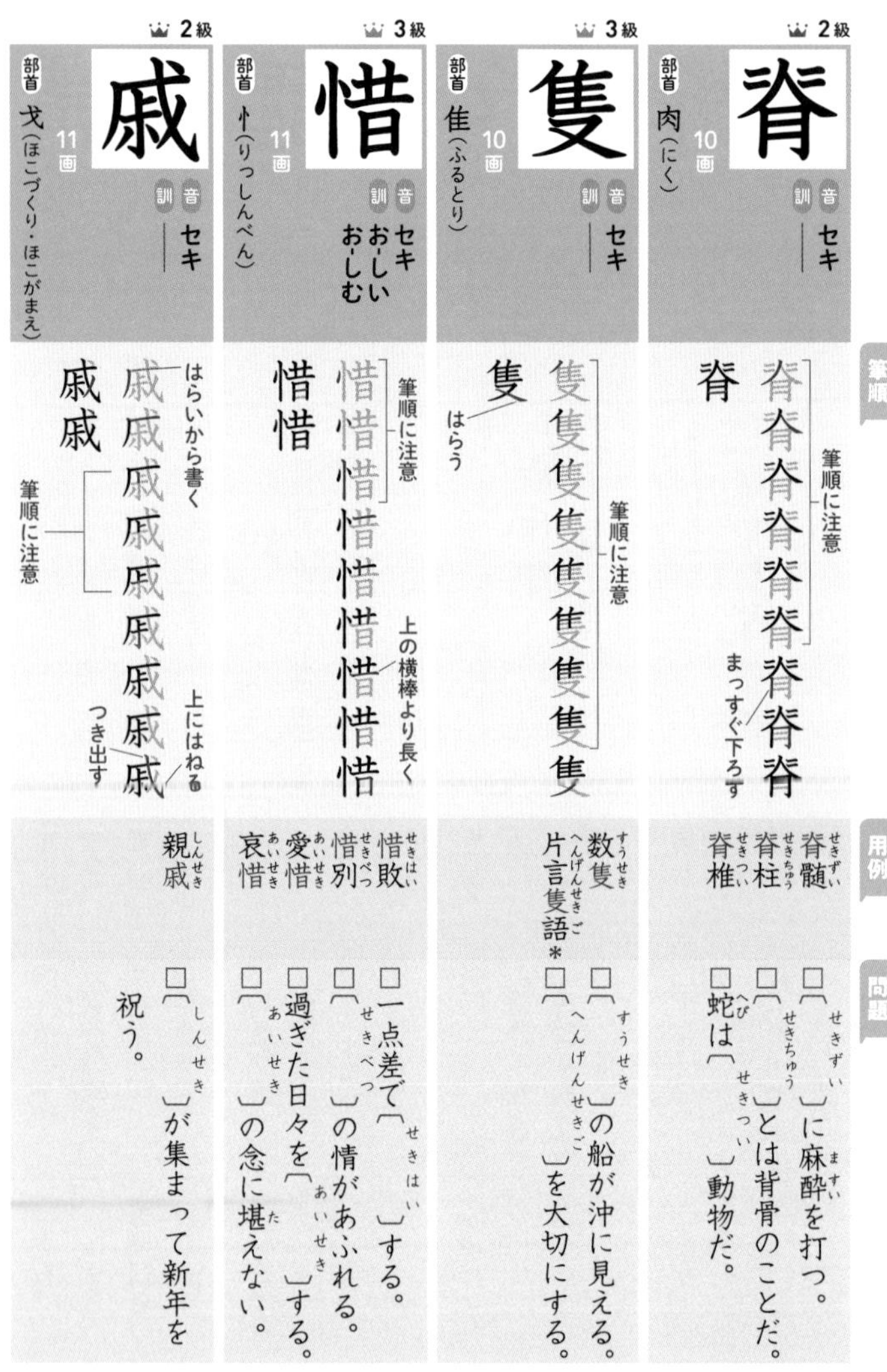

2級

脊

部首 肉（にく） 10画

音 セキ
訓 ―

筆順に注意 まっすぐ下ろす

用例
脊髄（せきずい）　脊柱（せきちゅう）　脊椎（せきつい）

問題
□（せきずい）に麻酔（ますい）を打つ。
□（せきちゅう）とは背骨のことだ。
□蛇（へび）は（せきつい）動物だ。

3級

隻

部首 隹（ふるとり） 10画

音 セキ
訓 ―

筆順に注意 はらう

用例
数隻（すうせき）　片言隻語（へんげんせきご）*

問題
□（すうせき）の船が沖に見える。
□（へんげんせきご）を大切にする。

3級

惜

部首 忄（りっしんべん） 11画

音 セキ
訓 お-しい　お-しむ

筆順に注意 上の横棒より長く

用例
惜敗（せきはい）　惜別（せきべつ）　愛惜（あいせき）　哀惜（あいせき）

問題
□一点差で（せきはい）する。
□（せきべつ）の情があふれる。
□過ぎた日々を（あいせき）する。
□（あいせき）の念に堪（た）えない。

2級

戚

部首 戈（ほこづくり・ほこがまえ） 11画

音 セキ
訓 ―

はらいから書く　筆順に注意　上にはねる　つき出す

用例
親戚（しんせき）

問題
□（しんせき）が集まって新年を祝う。

*片言隻語＝わずかな言葉。ちょっとしたひとこと。

## 跡

4級

13画　部首：⻊（あしへん）

音：セキ　訓：あと

跡跡跡跡跡跡跡跡跡跡跡跡跡

左にはらう／右上にはらう

遺跡（いせき）　追跡（ついせき）　筆跡（ひっせき）　足跡（あしあと）※

□古代（いせき）を発掘する。

□容疑者を（ついせき）する。

□（ひっせき）を鑑定する。

□地面に鹿の（あしあと）がある。

## 籍

3級

20画　部首：⺮（たけかんむり）

音：セキ　訓：—

籍籍籍籍籍籍籍籍籍籍籍籍籍籍籍籍籍籍籍籍

横棒は三本／左下に向けて／短く止める

移籍（いせき）　国籍（こくせき）　在籍（ざいせき）　書籍（しょせき）

□海外チームに（いせき）する。

□日本（こくせき）を取得する。

□千名の学生が（ざいせき）する。

□数冊の（しょせき）を借りる。

## 拙

準2級

8画　部首：扌（てへん）

音：セツ　訓：つたな-い

拙拙拙拙拙拙拙拙

縦棒が先／右上にはらう

拙速（せっそく）＊　拙劣（せつれつ）　巧拙（こうせつ）　稚拙（ちせつ）

□（せっそく）に事を進める。

□作品の出来が（せつれつ）だ。

□技術の（こうせつ）は明らかだ。

□（ちせつ）だが印象的な絵。

### 似ている漢字に注意

脊（セキ）—背（ハイ）

上の部分の形の違（ちが）いに注意。

### 「あいせき」の意味

愛惜…愛するために名残惜（なごりお）しく思うこと。

哀惜…人の死などを悲しみ惜しむこと。

### 書き方に注意

跡　「赤」としないように。

籍　横棒は三本。二本にしない。



※「そくせき」とも読む。　＊拙速＝できばえはよくないが，仕上がりがはやいこと。

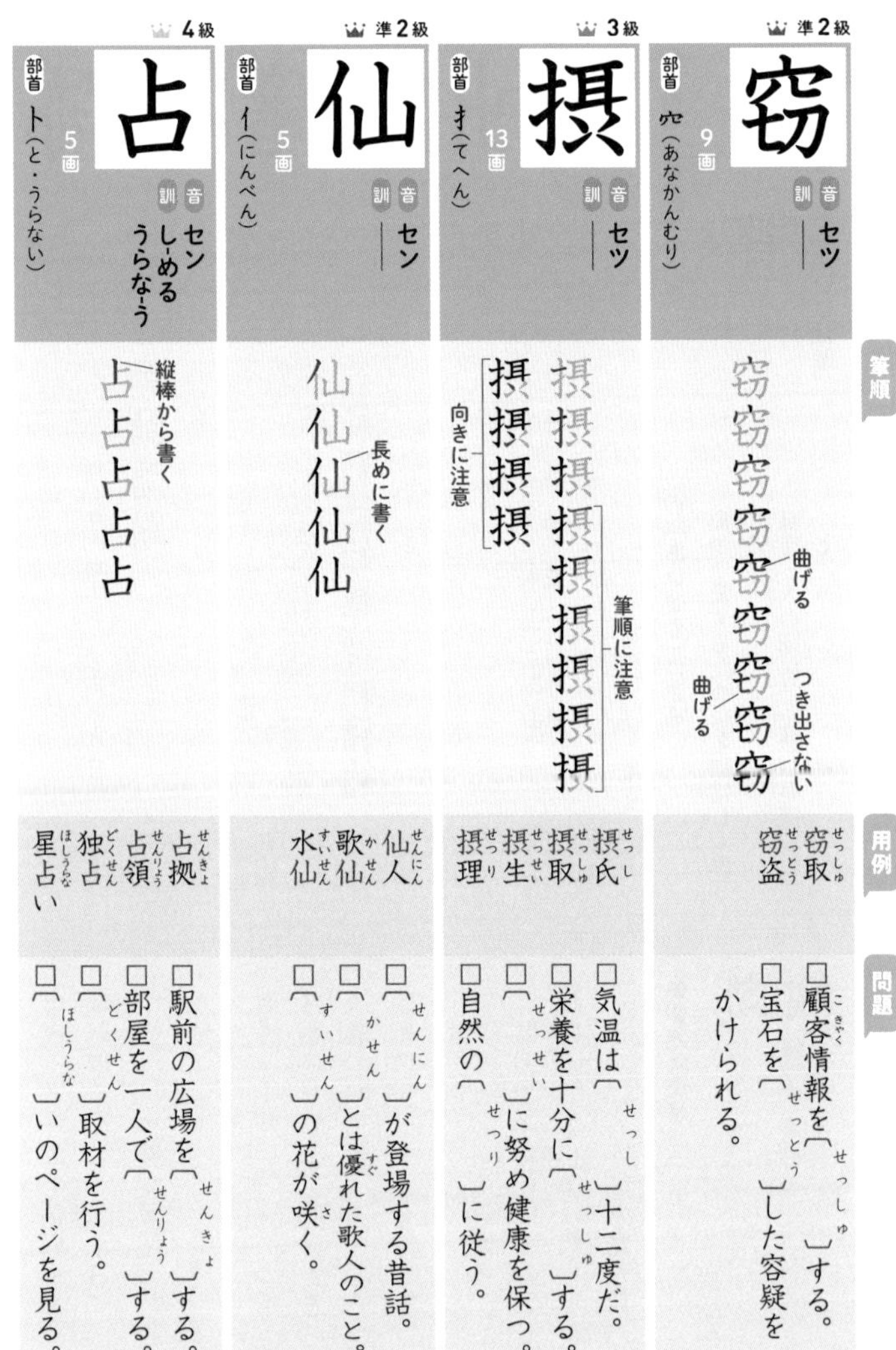

準2級
# 窃
部首 穴（あなかんむり） 9画
音 セツ
訓 ―

筆順：曲げる／曲げる／つき出さない

用例
窃取（せっしゅ）
窃盗（せっとう）

問題
□顧客（こきゃく）情報を〔せっしゅ〕する。
□宝石を〔せっとう〕した容疑をかけられる。

3級
# 摂
部首 扌（てへん） 13画
音 セツ
訓 ―

筆順：筆順に注意／向きに注意

用例
摂氏（せっし）
摂取（せっしゅ）
摂生（せっせい）
摂理（せつり）

問題
□気温は〔せっし〕十二度だ。
□栄養を十分に〔せっしゅ〕する。
□〔せっせい〕に努め健康を保つ。
□自然の〔せつり〕に従う。

準2級
# 仙
部首 亻（にんべん） 5画
音 セン
訓 ―

筆順：長めに書く

用例
仙人（せんにん）
歌仙（かせん）
水仙（すいせん）

問題
□〔せんにん〕が登場する昔話。
□〔かせん〕とは優（すぐ）れた歌人のこと。
□〔すいせん〕の花が咲（さ）く。

4級
# 占
部首 卜（と・うらない） 5画
音 セン
訓 し-める　うらな-う

筆順：縦棒から書く

用例
占拠（せんきょ）
占領（せんりょう）
独占（どくせん）
星占（ほしうらな）い

問題
□駅前の広場を〔せんきょ〕する。
□部屋を一人で〔せんりょう〕する。
□〔どくせん〕取材を行う。
□〔ほしうらな〕いのページを見る。

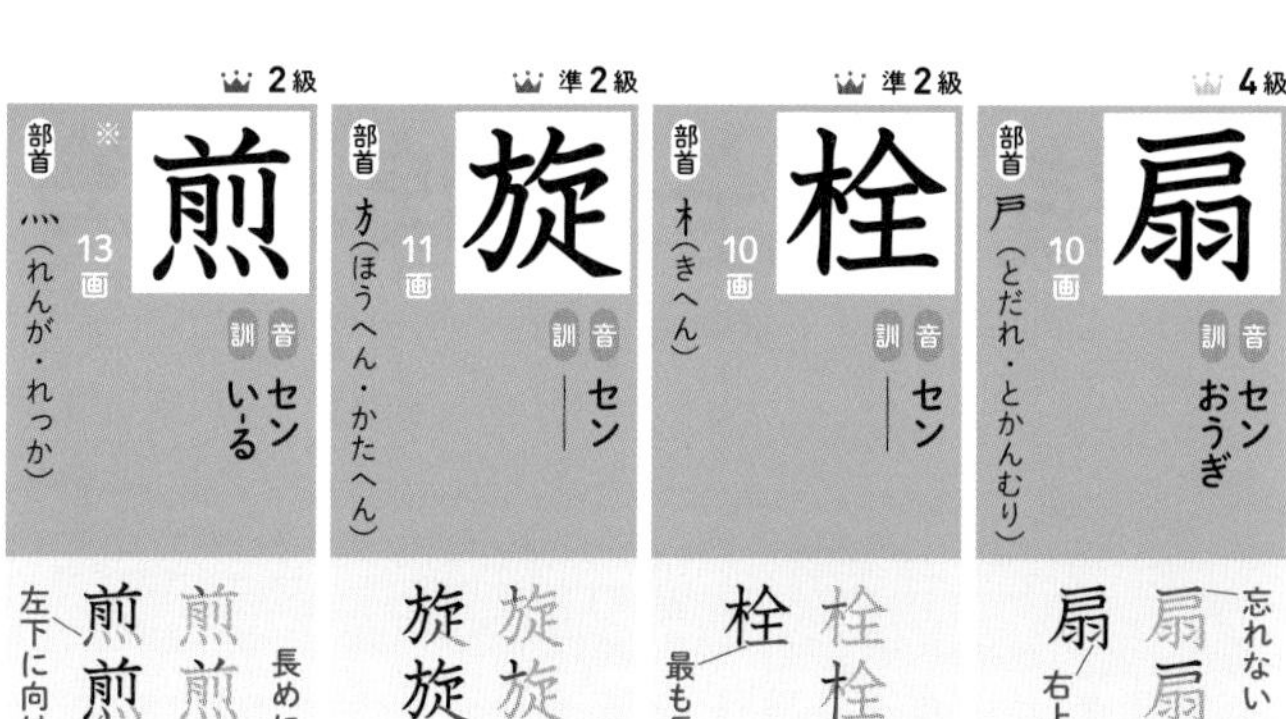


扇 扇 扇 扇 扇 扇 扇 扇 扇 扇 扇
忘れない
右上にはらう
右上にはらう

扇状地（せんじょうち）
扇子（せんす）
扇動（せんどう）＊
扇風機（せんぷうき）

□山裾（やますそ）に〔せんじょうち〕が広がる。
□〔せんす〕を開いてあおぐ。
□市民を〔せんどう〕する演説。
□〔せんぷうき〕を回す。

栓 栓 栓 栓 栓 栓 栓 栓 栓 栓 栓
短く止める
最も長く

栓抜（せんぬ）き
耳栓（みみせん）
元栓（もとせん）
消火栓（しょうかせん）

□〔せんぬ〕きで蓋（ふた）を開ける。
□〔みみせん〕をして、海に入る。
□ガスの〔もとせん〕を開ける。
□道の端（はし）に〔しょうかせん〕がある。

旋 旋 旋 旋 旋 旋 旋 旋 旋 旋 旋 旋 旋
筆順に注意
はらう

旋回（せんかい）
旋風（せんぷう）
旋律（せんりつ）
斡旋（あっせん）

□飛行機が〔せんかい〕する。
□業界に〔せんぷう〕を巻き起こす。
□聞き覚えのある〔せんりつ〕。
□就職を〔斡（あっせん）〕する。

煎 煎 煎 煎 煎 煎 煎 煎 煎 煎 煎 煎 煎 煎
長めに書く
まっすぐ下ろす
左下に向けて
右下に向けて三つ打つ

煎（せん）じ薬（ぐすり）
煎茶（せんちゃ）
煎餅（せんべい）
煎（い）る

□〔せん〕じ薬を飲む。
□食後に〔せんちゃ〕を飲む。
□〔せんべい〕を食べる。
□ぎんなんを〔い〕る。

＊扇動＝人をあおり，ある行動を起こすよう仕向けること。　※「煎」も可。

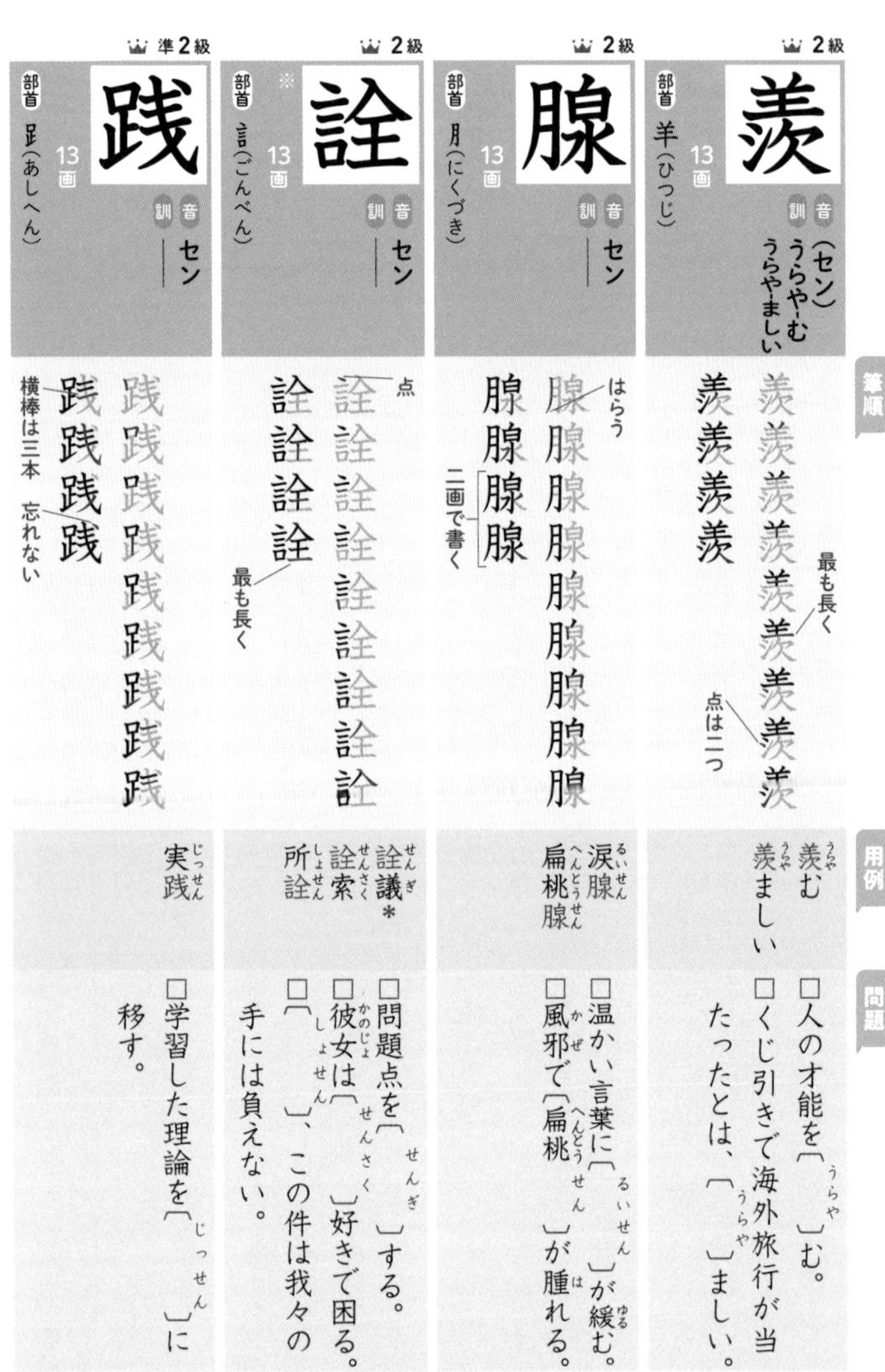

## 羨（2級）
部首 羊（ひつじ） 13画
音 （セン）
訓 うらや-む うらや-ましい

筆順：最も長く／点は二つ

用例：羨(うらや)む　羨(うらや)ましい

問題：
□人の才能を〔うらや〕む。
□くじ引きで海外旅行が当たったとは、〔うらや〕ましい。

## 腺（2級）
部首 月（にくづき） 13画
音 セン
訓 ―

筆順：はらう／二画で書く

用例：涙腺(るいせん)　扁桃腺(へんとうせん)

問題：
□温かい言葉に〔るいせん〕が緩(ゆる)む。
□風邪(かぜ)で〔扁桃(へんとう)せん〕が腫(は)れる。

## 詮（2級）
部首 言（ごんべん） 13画 ※
音 セン
訓 ―

筆順：点／最も長く

用例：詮議(せんぎ)＊　詮索(せんさく)　所詮(しょせん)

問題：
□問題点を〔せんぎ〕する。
□彼女(かのじょ)は〔せんさく〕好きで困る。
□〔しょせん〕、この件は我々の手には負えない。

## 践（準2級）
部首 𧾷（あしへん） 13画
音 セン
訓 ―

筆順：横棒は三本／忘れない

用例：実践(じっせん)

問題：
□学習した理論を〔じっせん〕に移す。

※「詮」も可。　＊詮議＝意見を出し合って相談し，物事を明らかにすること。

2級
箋 14画
部首 ⺮（たけかんむり）
音 セン
訓 ―
長めに書く
忘れない
便箋（びんせん）
付箋（ふせん）
処方箋（しょほうせん）
□花柄の〔びんせん〕を買う。
□書類に〔ふせん〕※を貼る。
□病院で〔しょほうせん〕をもらう。

3級
潜 15画
部首 氵（さんずい）
音 セン
訓 ひそ-む　もぐ-る
つき出す
潜在（せんざい）
潜水艦（せんすいかん）
潜入（せんにゅう）
潜望鏡（せんぼうきょう）
□〔せんざい〕能力を引き出す。
□〔せんすいかん〕が浮上する。
□敵陣に〔せんにゅう〕する。
□〔せんぼうきょう〕で海上を見る。

準2級
遷 15画
部首 辶（しんにょう・しんにゅう）
音 セン
訓 ―
まっすぐ下ろす
つき出す
一画で書く
遷都（せんと）＊
左遷（させん）
変遷（へんせん）
□平安京に〔せんと〕する。
□本社から〔させん〕される。
□流行の〔へんせん〕をたどる。

準2級
薦 16画
部首 艹（くさかんむり）
音 セン
訓 すす-める
縦棒は二本
筆順・形に注意
自薦（じせん）
推薦（すいせん）
□〔じせん〕他薦は問わない。
□〔すいせん〕入学の制度。

サ行　セン

※「牋」（12画）も可。　※「附箋」とも書く。　＊遷都＝都を他の地へ移すこと。

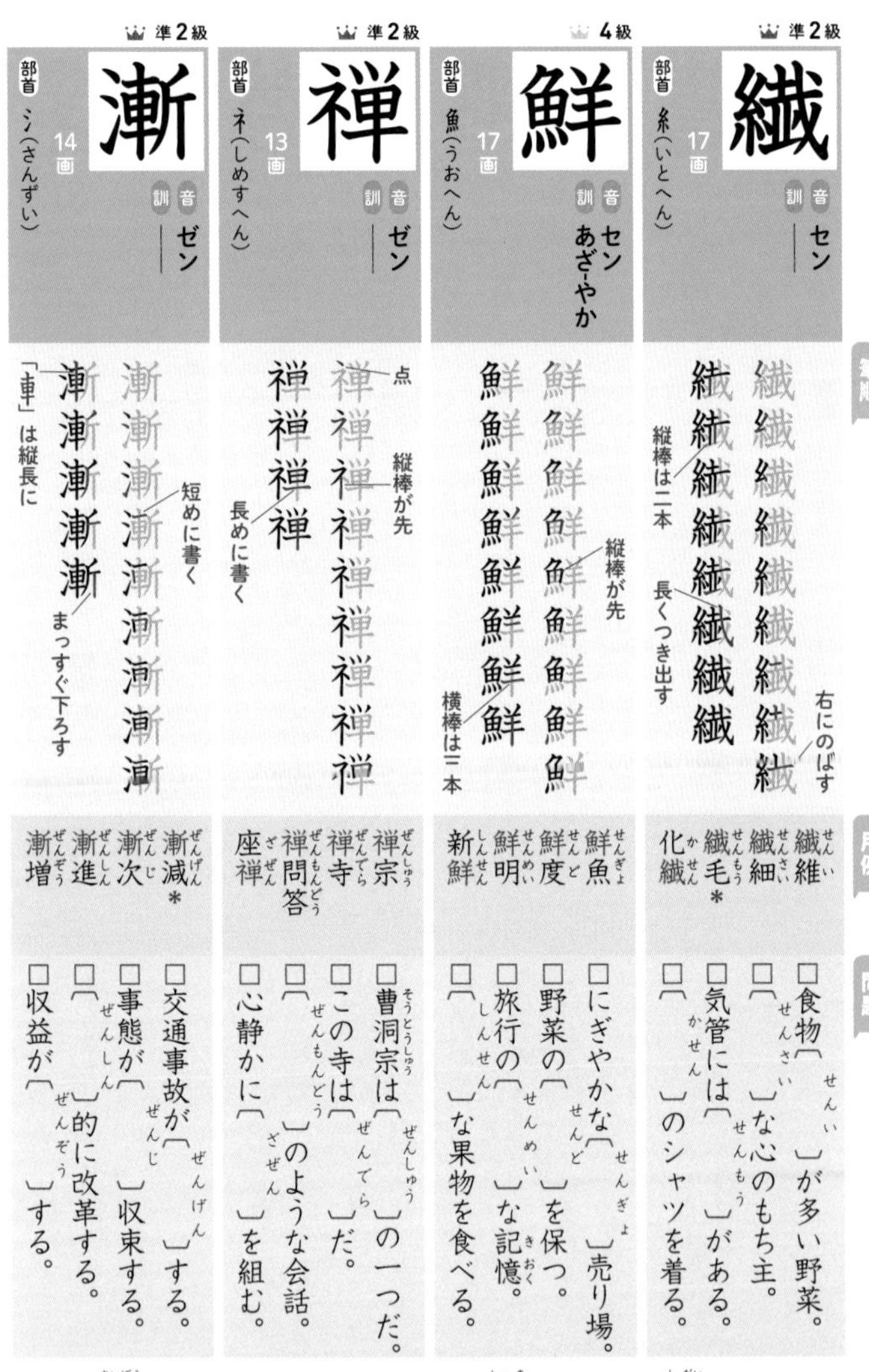

## 繊（準2級）
部首 糸（いとへん） 17画
音 セン　訓 ―
筆順：右にのばす／縦棒は二本／長くつき出す
用例：繊維（せんい）　繊細（せんさい）　繊毛（せんもう）＊　化繊（かせん）
問題：
□食物〔せんい〕が多い野菜。
□〔せんさい〕な心のもち主。
□気管には〔せんもう〕がある。
□〔かせん〕のシャツを着る。

## 鮮（4級）
部首 魚（うおへん） 17画
音 セン　訓 あざ-やか
筆順：縦棒が先／横棒は二本
用例：鮮魚（せんぎょ）　鮮度（せんど）　鮮明（せんめい）　新鮮（しんせん）
問題：
□にぎやかな〔せんぎょ〕売り場。
□野菜の〔せんど〕を保つ。
□旅行の〔せんめい〕な記憶（きおく）。
□〔しんせん〕な果物を食べる。

## 禅（準2級）
部首 ネ（しめすへん） 13画
音 ゼン　訓 ―
筆順：点／縦棒が先／長めに書く
用例：禅宗（ぜんしゅう）　禅寺（ぜんでら）　禅問答（ぜんもんどう）　座禅（ざぜん）
問題：
□曹洞宗（そうとうしゅう）は〔ぜんしゅう〕の一つだ。
□この寺は〔ぜんでら〕だ。
□〔ぜんもんどう〕のような会話。
□心静かに〔ざぜん〕を組む。

## 漸（準2級）
部首 氵（さんずい） 14画
音 ゼン　訓 ―
筆順：短めに書く／まっすぐ下ろす／「車」は縦長に
用例：漸減（ぜんげん）＊　漸次（ぜんじ）　漸進（ぜんしん）　漸増（ぜんぞう）
問題：
□交通事故が〔ぜんげん〕する。
□事態が〔ぜんじ〕収束する。
□〔ぜんしん〕的に改革する。
□収益が〔ぜんぞう〕する。

＊繊毛＝細胞（さいぼう）の表面に密生する，細い毛のような突起（とっき）。　＊漸減＝次第（しだい）に減ること。

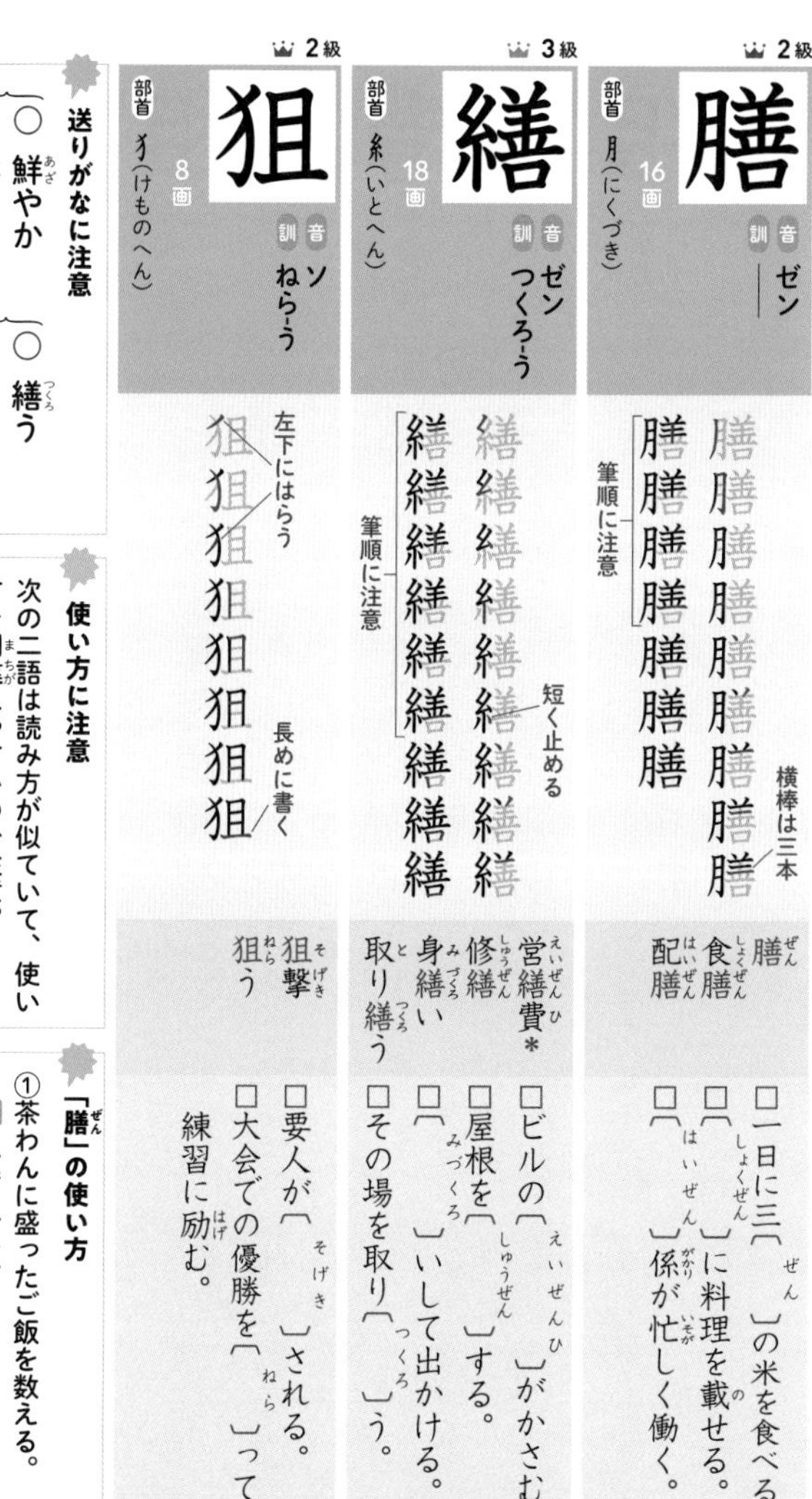

## 膳　2級

16画　部首：月（にくづき）
音：ゼン
訓：—

横棒は三本
筆順に注意

膳（ぜん）
食膳（しょくぜん）
配膳（はいぜん）

□一日に三〔ぜん〕の米を食べる。
□〔しょくぜん〕に料理を載（の）せる。
□〔はいぜん〕係（がかり）が忙（いそが）しく働く。

## 繕　3級

18画　部首：糸（いとへん）
音：ゼン
訓：つくろ-う

短く止める
筆順に注意

営繕費（えいぜんひ）＊
修繕（しゅうぜん）
身繕（みづくろ）い
取り繕（つくろ）う

□ビルの〔えいぜんひ〕がかさむ。
□屋根を〔しゅうぜん〕する。
□〔みづくろ〕いして出かける。
□その場を取り〔つくろ〕う。

## 狙　2級

8画　部首：犭（けものへん）
音：ソ
訓：ねら-う

左下にはらう
長めに書く

狙撃（そげき）
狙（ねら）う

□要人が〔そげき〕される。
□大会での優勝を〔ねら〕って練習に励（はげ）む。

### 送りがなに注意

○鮮（あざ）やか
×鮮か

○繕（つくろ）う
×繕ろう

### 使い方に注意

次の二語は読み方が似ていて、使い方を間違（まちが）えやすいので注意。
・漸次（ぜんじ）…次第（しだい）に。だんだん。
・暫時（ざんじ）…少しの間。しばらく。

### 「膳（ぜん）」の使い方

①茶わんに盛ったご飯を数える。
例 三膳のご飯。
②一対（いっつい）の箸（はし）を数える。
例 二膳の箸。

＊営繕費＝建築物を造ったり修繕したりするのにかかる費用。

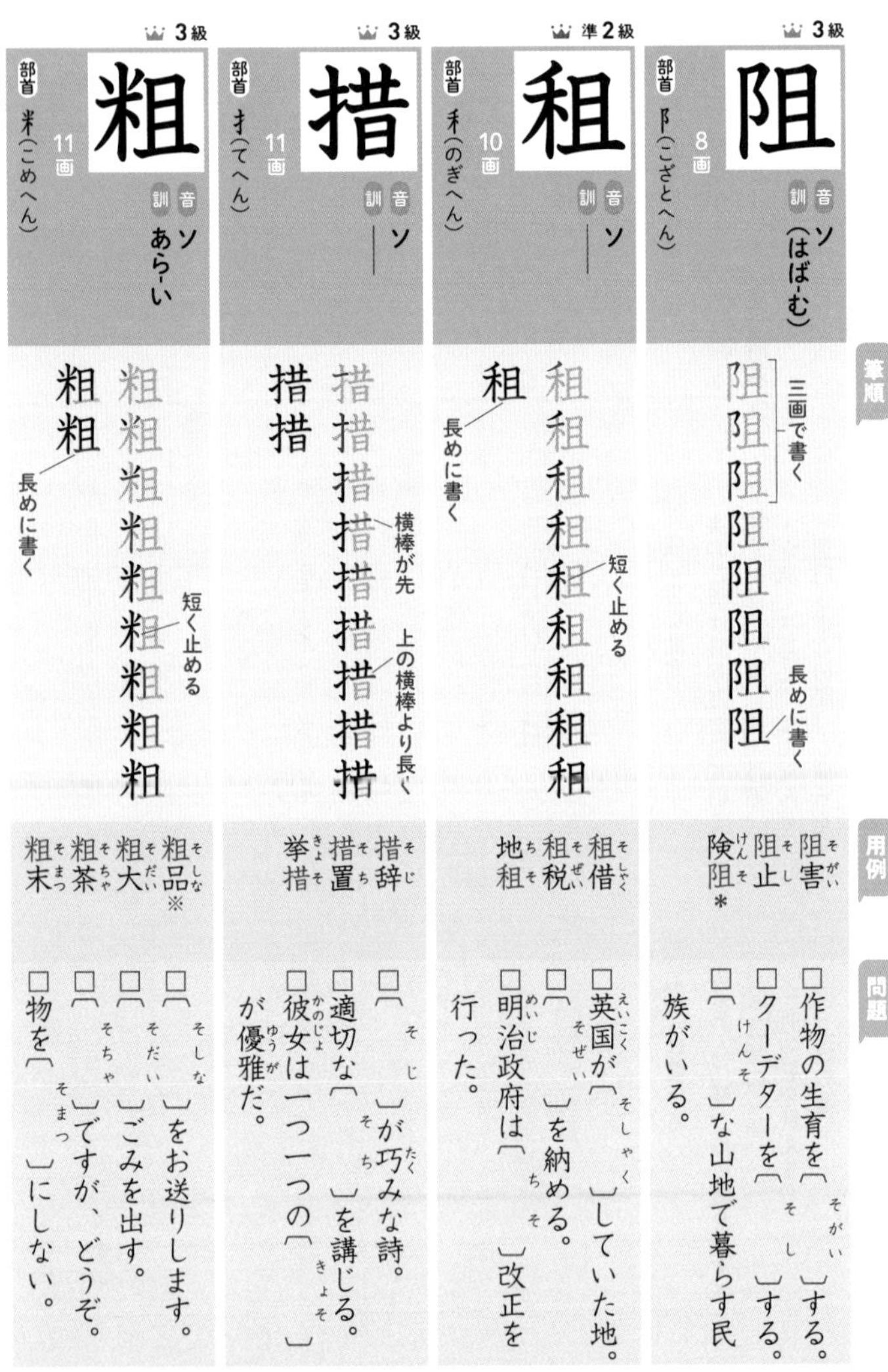

## 阻

3級

部首 阝（こざとへん） 8画

音 ソ

訓 （はば-む）

筆順：三画で書く／長めに書く

用例：阻害（そがい）　阻止（そし）　険阻（けんそ）＊

問題

□作物の生育を〔そがい〕する。

□クーデターを〔そし〕する。

□〔けんそ〕な山地で暮らす民族がいる。

## 租

準2級

部首 禾（のぎへん） 10画

音 ソ

訓 ―

筆順：長めに書く／短く止める

用例：租借（そしゃく）　租税（そぜい）　地租（ちそ）

問題

□英国（えいこく）が〔そしゃく〕していた地。

□〔そぜい〕を納める。

□明治（めいじ）政府は〔ちそ〕改正を行った。

## 措

3級

部首 扌（てへん） 11画

音 ソ

訓 ―

筆順：横棒が先／上の横棒より長く

用例：措辞（そじ）　措置（そち）　挙措（きょそ）

問題

□〔そじ〕が巧（たく）みな詩。

□適切な〔そち〕を講じる。

□彼女（かのじょ）は一つ一つの〔きょそ〕が優雅（ゆうが）だ。

## 粗

3級

部首 米（こめへん） 11画

音 ソ

訓 あら-い

筆順：長めに書く／短く止める

用例：粗品（そしな）※　粗大（そだい）　粗茶（そちゃ）　粗末（そまつ）

問題

□〔そしな〕をお送りします。

□〔そだい〕ごみを出す。

□〔そちゃ〕ですが、どうぞ。

□物を〔そまつ〕にしない。

＊険阻＝山や道などが険しいこと。　※「そひん」とも読む。

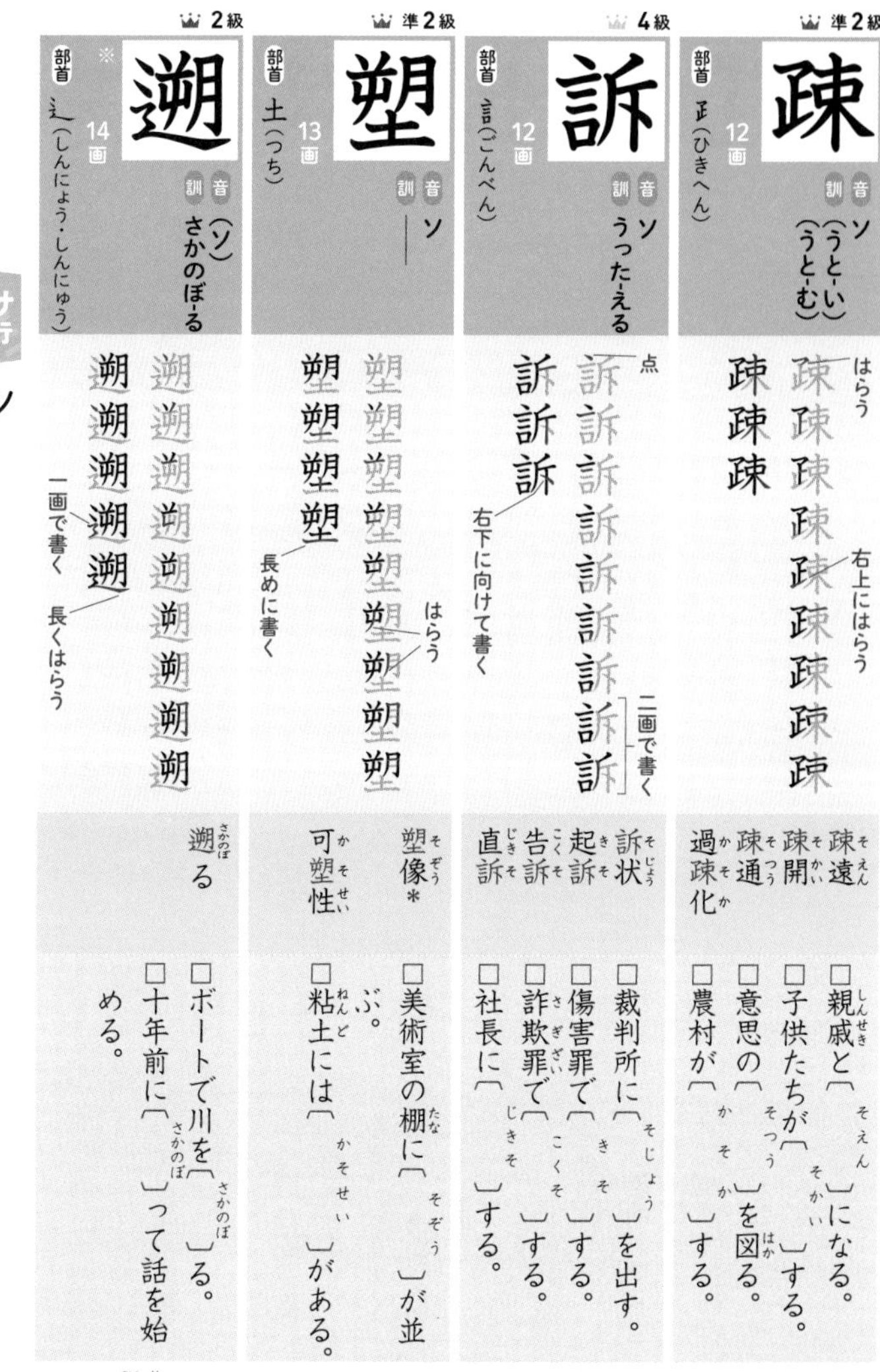

## 疎　準2級

部首：⻊（ひきへん）　12画

音：ソ　訓：（うと-い）（うと-む）

疎遠（そえん）　疎開（そかい）　疎通（そつう）　過疎化（かそか）

□親戚（しんせき）と（そえん）になる。
□子供たちが（そかい）する。
□意思の（そつう）を図（はか）る。
□農村が（かそか）する。

## 訴　4級

部首：言（ごんべん）　12画

音：ソ　訓：うった-える

訴状（そじょう）　起訴（きそ）　告訴（こくそ）　直訴（じきそ）

□裁判所に（そじょう）を出す。
□傷害罪で（きそ）する。
□詐欺罪（さぎざい）で（こくそ）する。
□社長に（じきそ）する。

## 塑　準2級

部首：土（つち）　13画

音：ソ　訓：――

塑像（そぞう）＊　可塑性（かそせい）

□美術室の棚（たな）に（そぞう）が並ぶ。
□粘土（ねんど）には（かそせい）がある。

## 遡　2級

部首：⻌（しんにょう・しんにゅう）　14画　※

音：（ソ）　訓：さかのぼ-る

遡（さかのぼ）る

□ボートで川を（さかのぼ）る。
□十年前に（さかのぼ）って話を始める。

＊塑像＝粘土（ねんど）などで作った像。　※「遡」（13画）も可。

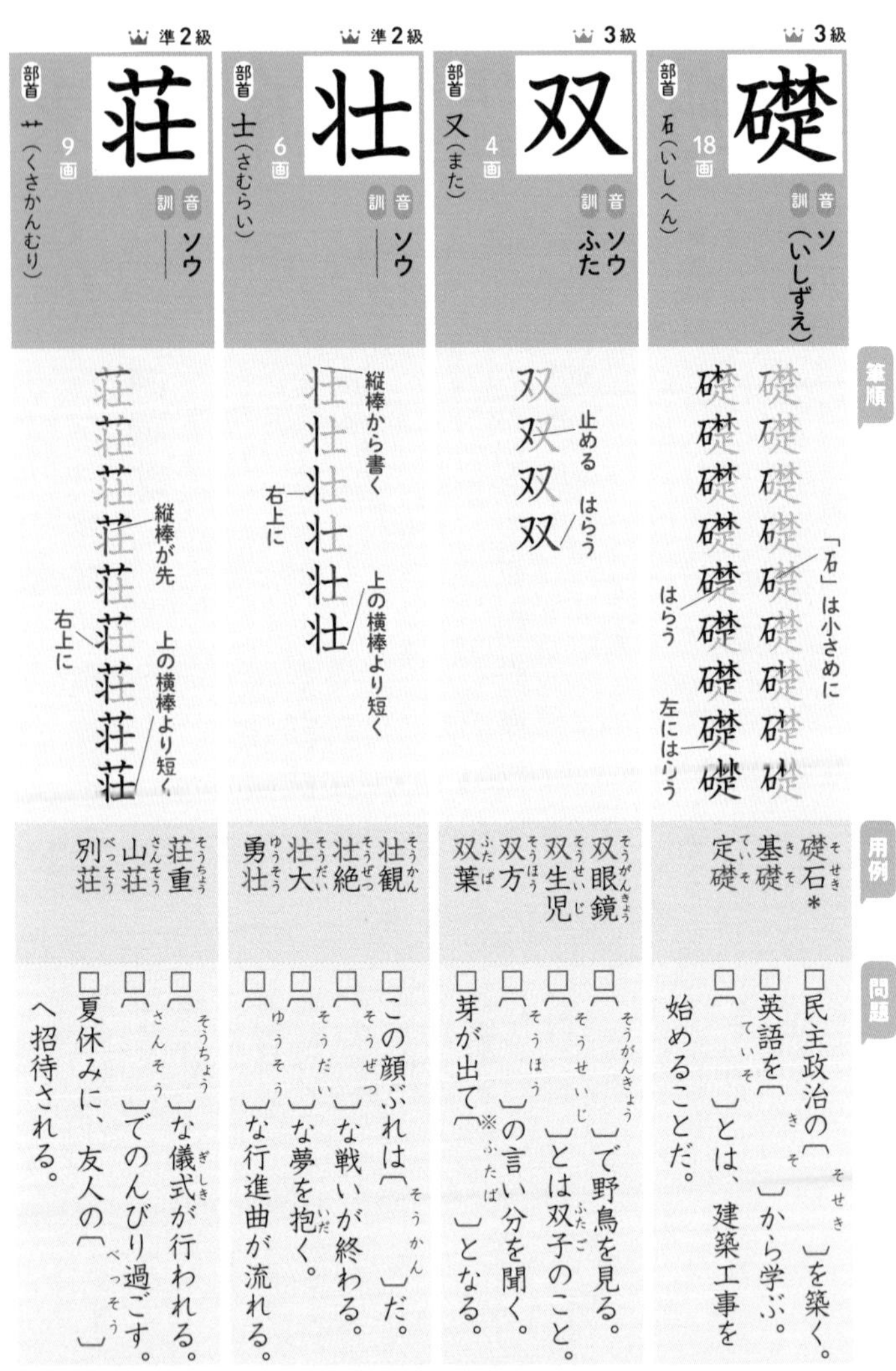


＊礎石＝建物の土台となる石。また，物事の基礎。　※「二葉」とも書く。

準2級

# 捜

部首 扌(てへん) 10画

音 ソウ
訓 さが-す

捜

右上にはらう
つらぬく

捜査(そうさ)
捜索(そうさく)
捜(さが)す

□誘拐(ゆうかい)事件を〔そうさ〕する。
□〔そうさく〕願いを出す。
□迷子を〔さが〕す。

準2級

# 挿

部首 扌(てへん) 10画

音 ソウ
訓 さ-す

挿

まっすぐ下ろす
忘れない

挿入歌(そうにゅうか)
挿話(そうわ)＊
挿(さ)し絵(え)

□ドラマの〔そうにゅうか〕。
□講演の〔そうわ〕が印象に残る。
□この本は〔さ〕し絵が美しい。

3級

# 桑

部首 木(き) 10画

音 (ソウ)
訓 くわ

桑

「木」は平たく
長めに書く

桑(くわ)
桑畑(くわばたけ)

□〔くわ〕の実を摘(つ)む。
□一面に〔くわばたけ〕が広がっている。

**「さがす」の使い分け**

「捜す」と「探す」は普通(ふつう)次のように使い分ける。
・捜す → 見えなくなったもの。
・探す → 欲(ほ)しいもの。

**「さす」の使い分け**

挿す…細長い物を他の物の中に突(つ)き入れる。例 かんざしを挿す。
刺す…先のとがった物を突き入れる。例 針で指を刺す。
差す…①光が照り入る。例 朝日が差す。②ある状態が現れる。例 赤みが差す。
指す…指などで目標とする物や方向などを示す。例 駅の方を指す。



＊挿話＝文章や談話の間にはさむ，本筋とは直接関係のない短い話。エピソード。

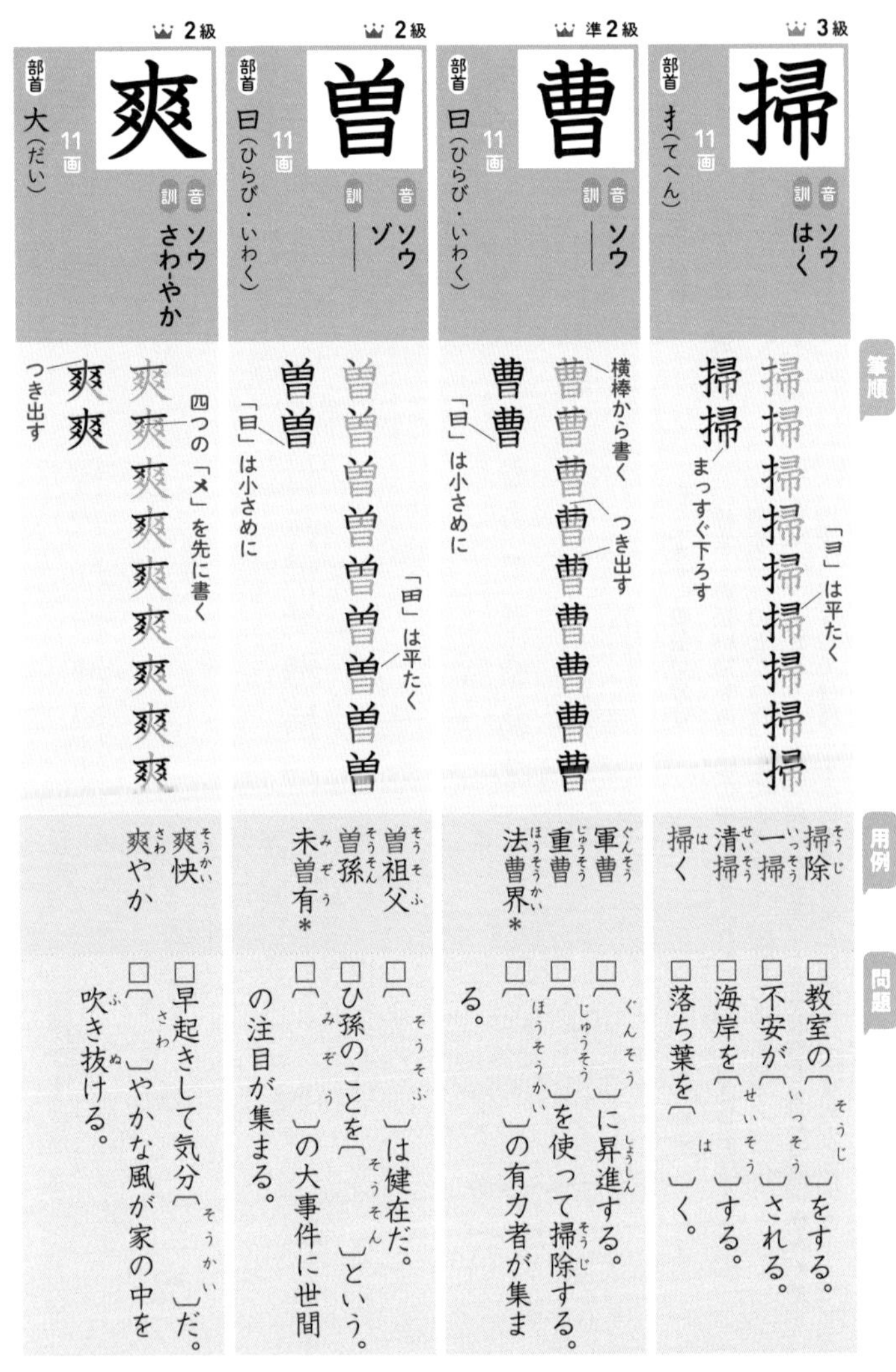

## 掃　3級
部首 扌（てへん）　11画
音 ソウ　訓 は-く

筆順：「ヨ」は平たく／まっすぐ下ろす

用例：掃除（そうじ）　一掃（いっそう）　清掃（せいそう）　掃（は）く

問題：
□教室の〔そうじ〕をする。
□不安が〔いっそう〕される。
□海岸を〔せいそう〕する。
□落ち葉を〔は〕く。

## 曹　準2級
部首 曰（ひらび・いわく）　11画
音 ソウ　訓 ―

筆順：横棒から書く／つき出す／「曰」は小さめに

用例：軍曹（ぐんそう）　重曹（じゅうそう）　法曹界（ほうそうかい）＊

問題：
□〔ぐんそう〕に昇進（しょうしん）する。
□〔じゅうそう〕を使って掃除（そうじ）する。
□〔ほうそうかい〕の有力者が集まる。

## 曽　2級
部首 曰（ひらび・いわく）　11画
音 ソウ・ゾ　訓 ―

筆順：「田」は平たく／「曰」は小さめに

用例：曽祖父（そうそふ）　曽孫（そうそん）　未曽有（みぞう）＊

問題：
□〔そうそふ〕は健在だ。
□ひ孫のことを〔そうそん〕という。
□〔みぞう〕の大事件に世間の注目が集まる。

## 爽　2級
部首 大（だい）　11画
音 ソウ　訓 さわ-やか

筆順：四つの「メ」を先に書く／つき出す

用例：爽快（そうかい）　爽（さわ）やか

問題：
□早起きして気分〔そうかい〕だ。
□〔さわ〕やかな風が家の中を吹（ふ）き抜（ぬ）ける。

＊法曹界＝法律に関係する人々の社会。　＊未曽有＝これまでに一度もなかったこと。

準2級

# 喪

12画　部首 口（くち）

音 ソウ
訓 も

筆順に注意　折ってはらう　長めに書く

喪失（そうしつ）
喪（も）
喪主（もしゅ）
喪服（もふく）

□戦意を〔そうしつ〕する。
□父が死去し〔も〕に服す。
□葬儀（そうぎ）で〔もしゅ〕を務める。
□〔もふく〕に着替（きが）える。

2級

# 痩

12画　部首 疒（やまいだれ）

音 （ソウ）
訓 や-せる

立てる　つらぬく　右上に

痩せ我慢（やせがまん）
痩せる（やせる）

□〔や〕せ我慢（がまん）して笑う。
□運動して〔や〕せる。

3級

# 葬

12画　部首 艹（くさかんむり）

音 ソウ
訓 （ほうむ-る）

長めに書く　左にはらう　左下にはらう

葬式（そうしき）
葬列（そうれつ）
火葬（かそう）
埋葬（まいそう）

□〔そうしき〕に参列する。
□〔そうれつ〕が静かに進む。
□遺体を〔かそう〕する。
□故郷の墓に〔まいそう〕する。

4級

# 僧

13画　部首 亻（にんべん）

音 ソウ
訓 ―

「田」は平たく　「曰」は小さめに

僧院（そういん）＊
高僧（こうそう）
小僧（こぞう）

□奥（おく）の建物は〔そういん〕だ。
□〔こうそう〕の説法を聞く。
□弟はいたずら〔こぞう〕だ。

＊僧院＝寺で僧が住む建物。また，寺院。

＊焦燥＝いらだち，焦（あせ）ること。

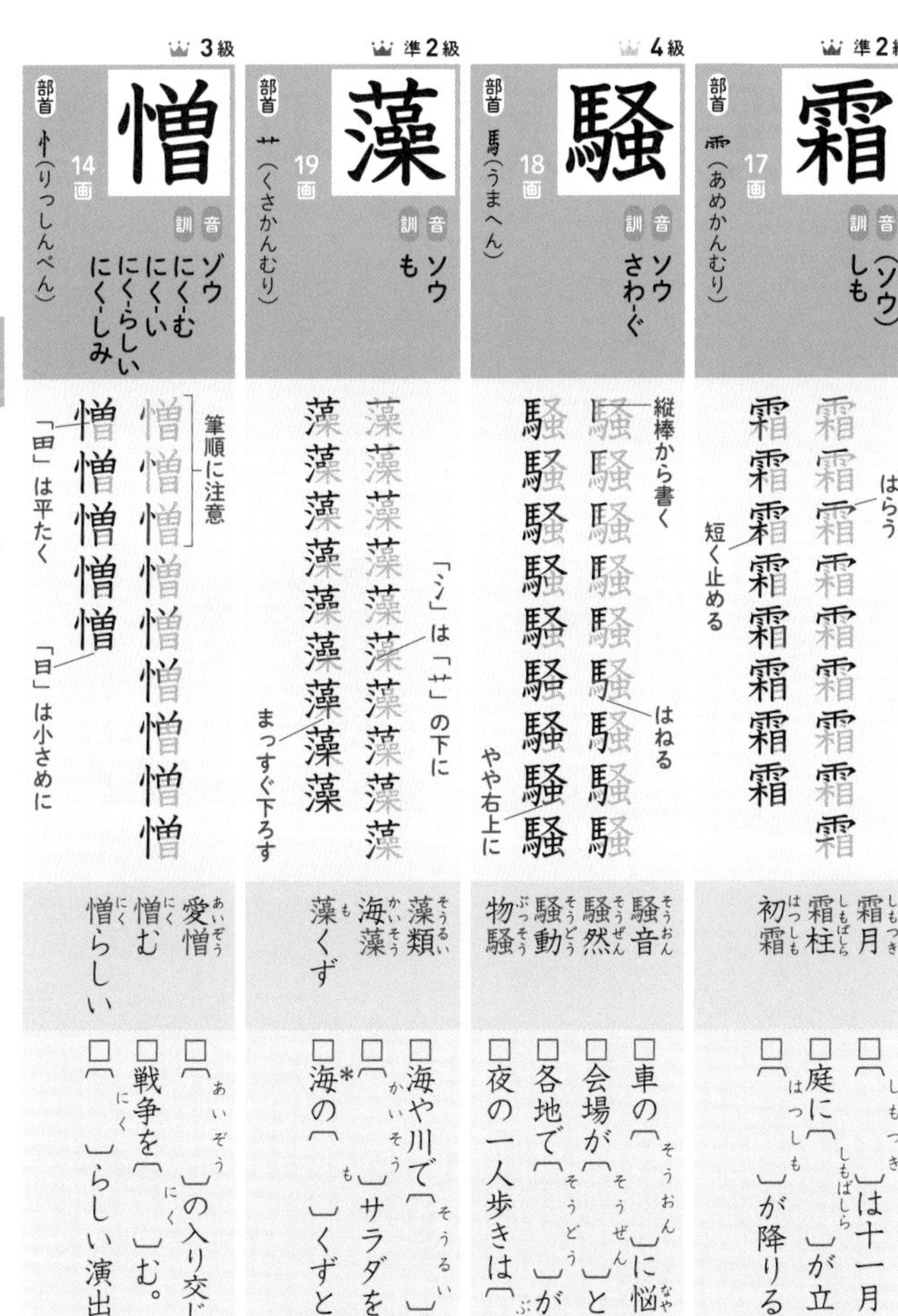

準2級

# 霜

17画　部首　⻗（あめかんむり）

音　（ソウ）
訓　しも

霜霜霜霜霜霜霜霜霜霜霜霜霜霜霜霜霜
（はらう／短く止める）

霜月（しもつき）
霜柱（しもばしら）
初霜（はつしも）

□（しもつき）は十一月のことだ。
□庭に（しもばしら）が立っている。
□（はつしも）が降りる。

4級

# 騒

18画　部首　馬（うまへん）

音　ソウ
訓　さわ-ぐ

騒騒騒騒騒騒騒騒騒騒騒騒騒騒騒騒騒騒
（縦棒から書く／はねる／やや右上に）

騒音（そうおん）
騒然（そうぜん）
騒動（そうどう）
物騒（ぶっそう）

□車の（そうおん）に悩まされる。
□会場が（そうぜん）となる。
□各地で（そうどう）が起こる。
□夜の一人歩きは（ぶっそう）だ。

準2級

# 藻

19画　部首　艹（くさかんむり）

音　ソウ
訓　も

藻藻藻藻藻藻藻藻藻藻藻藻藻藻藻藻藻藻藻
（「氵」は「艹」の下に／まっすぐ下ろす）

藻類（そうるい）
海藻（かいそう）
藻（も）くず

□海や川で（そうるい）を集める。
□（かいそう）サラダを食べる。
□海の（も）くずとなる。*

3級

# 憎

14画　部首　忄（りっしんべん）

音　ゾウ
訓　にく-む　にく-い　にく-らしい　にく-しみ

憎憎憎憎憎憎憎憎憎憎憎憎憎憎
（筆順に注意／「田」は平たく／「目」は小さめに）

愛憎（あいぞう）
憎（にく）む
憎（にく）らしい

□（あいぞう）の入り交じった感情。
□戦争を（にく）む。
□（にく）らしい演出をする。

*（海の）藻くずとなる＝海で死ぬことのたとえ。

※「きそう」とも読む。　＊促成＝農作物などを，人工的に早く生長させること。

 4級

## 俗

部首 亻（にんべん） 9画

音 ゾク
訓 ―

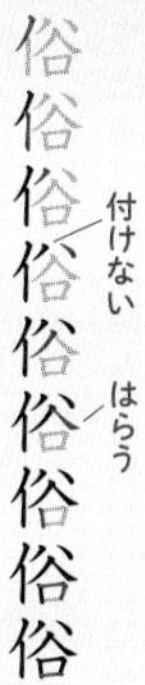

俗 俗 俗 俗 俗 俗 俗 俗 俗（付けない・はらう）

- 俗事（ぞくじ）
- 俗説（ぞくせつ）
- 世俗的（せぞくてき）
- 民俗（みんぞく）

- □〔ぞくじ〕に追われる。
- □それはあくまで〔ぞくせつ〕だ。
- □彼（かれ）は〔せぞくてき〕な人間だ。
- □〔みんぞく〕芸能を研究する。

3級

## 賊

部首 貝（かいへん） 13画

音 ゾク
訓 ―

賊 賊 賊 賊 賊 賊 賊 賊 賊 賊 賊 賊 賊（横棒が先・長くつき出す・忘れない）

- 賊軍（ぞくぐん）
- 海賊（かいぞく）
- 山賊（さんぞく）
- 盗賊（とうぞく）

- □〔ぞくぐん〕を攻（せ）める。
- □〔かいぞく〕が出没（しゅつぼつ）する。
- □〔さんぞく〕に襲（おそ）われる。
- □〔とうぞく〕が捕（と）らえられる。

2級

## 遜※

部首 辶（しんにょう・しんにゅう） 14画

音 ソン
訓 ―

遜 遜 遜 遜 遜 遜 遜 遜 遜 遜 遜 遜 遜 遜（右上にはらう・左下にはらう・一画で書く）

- 遜色（そんしょく）
- 謙遜（けんそん）
- 不遜（ふそん）

- □プロと比べても〔そんしょく〕ない。
- □自分の才能を〔けんそん〕する。
- □〔ふそん〕な態度で嫌（きら）われる。

### 送りがなに注意

○ 促（うなが）す
× 促がす

### 「みんぞく」の意味

民俗…古くから民間に伝承してきた風俗（ふうぞく）や習慣。
民族…言語や歴史、文化などを共有し、同属意識をもつ人々の集団。

### 書き方に注意

賊 ―「戒」としないように。

※「遜」（13画）も可。

# 漢字の成り立ち

## 漢字の分類

中国の後漢時代に、許慎という人物が『説文解字』という書物で、漢字を象形・指事・会意・形声・転注・仮借の六つに分類して説明しました。この分類法は六書といい、現代にも受け継がれています。漢字の成り立ちは原則として次の四つに分類されます。

## 漢字の成り立ちからの分類

**①象形文字**

実際の物の形を描いた絵がもとになってできた字。「象形」の「象」は「かたどる」の意味。 例 日 山 鳥 馬 魚

**②指事文字**

絵で表しにくい事柄を、点や線などによって表した字。「指事」とは事柄を指しめすという意味。 例 一 二 上 下 本

**③会意文字**

二字以上を組み合わせて一つの字にし、新しい意味をもたせた字。「口」と「鳥」を合わせた「鳴」など。「会意」とは意味をあわせること。 例 林 森 男 明 信

**④形声文字**

形（意味）を表す字と、声（音）を表す字を組み合わせて一つの字にし、新しい意味をもたせた字。「金属」の意味を表す「金」と、音を表す「同（ドウ）」を合わせた「銅」など。 例 伯 舶 江 河 草

なお、形声文字の音を表す部分が同時に意味を表す場合もあります。例えば、「晴」は、「日」が意味を表し、「青」は「セイ」の音を表しますが、同時に「澄みきった」の意味も表しています。

タ行の漢字

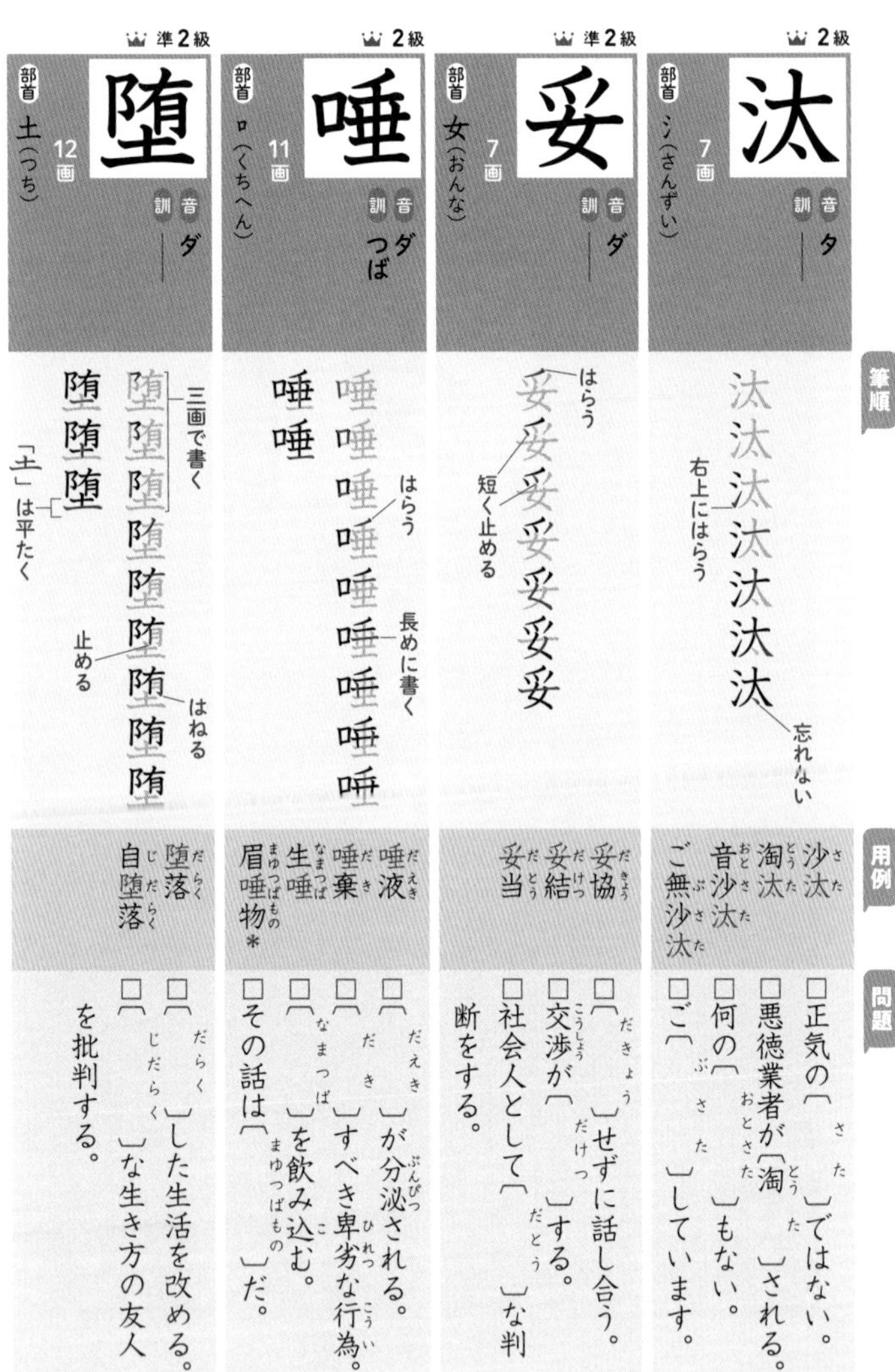

## 汰

2級

部首　氵(さんずい)　7画

音　タ

訓　―

筆順：右上にはらう／忘れない

**用例**

沙汰(さた)
淘汰(とうた)
音沙汰(おとさた)
ご無沙汰(ぶさた)

**問題**

□正気の〔　〕(さた)ではない。
□悪徳業者が〔淘　〕(とうた)される。
□何の〔　〕(おとさた)もない。
□ご〔　〕(ぶさた)しています。

## 妥

準2級

部首　女(おんな)　7画

音　ダ

訓　―

筆順：はらう／短く止める

**用例**

妥協(だきょう)
妥結(だけつ)
妥当(だとう)

**問題**

□〔　〕(だきょう)せずに話し合う。
□交渉(こうしょう)が〔　〕(だけつ)する。
□社会人として〔　〕(だとう)な判断をする。

## 唾

2級

部首　口(くちへん)　11画

音　ダ

訓　つば

筆順：はらう／長めに書く

**用例**

唾液(だえき)
唾棄(だき)
生唾(なまつば)
眉唾物(まゆつばもの)＊

**問題**

□〔　〕(だえき)が分泌(ぶんぴつ)される。
□〔　〕(だき)すべき卑劣(ひれつ)な行為(こうい)。
□〔　〕(なまつば)を飲み込(こ)む。
□その話は〔　〕(まゆつばもの)だ。

## 堕

準2級

部首　土(つち)　12画

音　ダ

訓　―

筆順：三画で書く／「土」は平たく／止める／はねる

**用例**

堕落(だらく)
自堕落(じだらく)

**問題**

□〔　〕(だらく)した生活を改める。
□〔　〕(じだらく)な生き方の友人を批判する。

＊眉唾物＝だまされないように用心しなければならないもの。

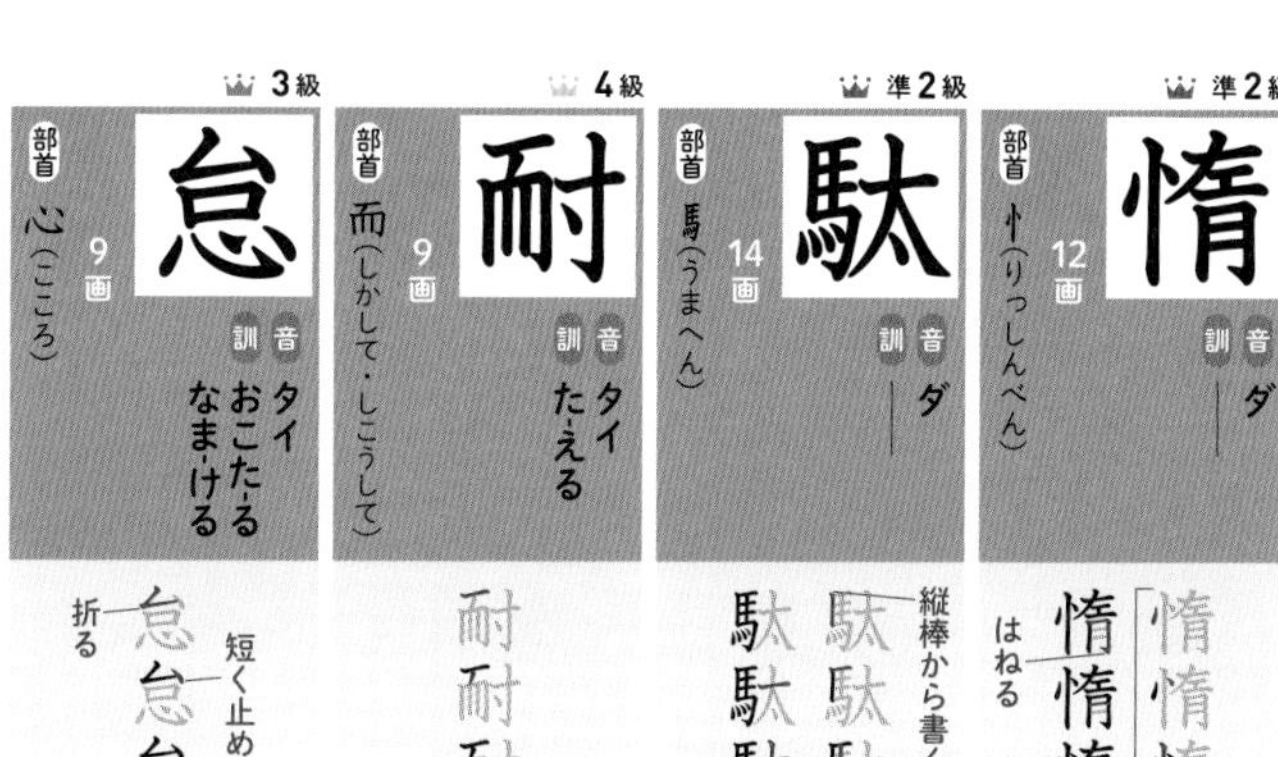

## 惰

準2級

部首 忄（りっしんべん） 12画

音 ダ　訓 ―

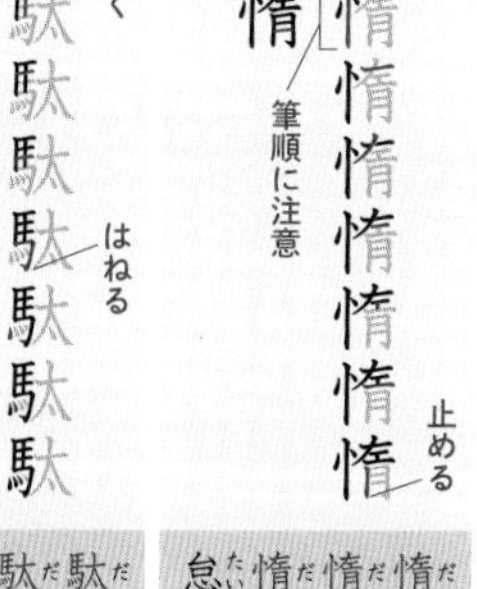


- 惰弱（だじゃく）
- 惰性（だせい）
- 惰眠（だみん）
- 怠惰（たいだ）

□〔だじゃく〕な体を鍛（きた）える。
□〔だせい〕で作業を続ける。
□*〔だみん〕を貪（むさぼ）る
□〔たいだ〕な生活を改善する。

## 駄

準2級

部首 馬（うまへん） 14画

音 ダ　訓 ―

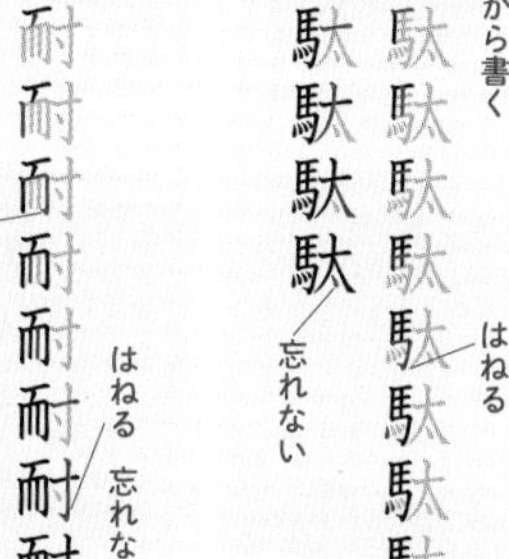


- 駄菓子（だがし）
- 駄作（ださく）
- 駄賃（だちん）
- 無駄（むだ）

□〔だがし〕を食べる。
□この小説は〔ださく〕だ。
□子供にお〔だちん〕を与（あた）える。
□〔むだ〕な手順を省く。

## 耐

4級

部首 而（しかして・しこうして） 9画

音 タイ　訓 た-える

- 耐久力（たいきゅうりょく）
- 耐熱（たいねつ）
- 忍耐（にんたい）
- 耐（た）えがたい

□製品の〔たいきゅうりょく〕を試（ため）す。
□〔たいねつ〕性のグラス。
□〔にんたい〕を要する作業。
□〔た〕えがたい苦痛。

## 怠

3級

部首 心（こころ） 9画

音 タイ　訓 おこた-る　なま-ける

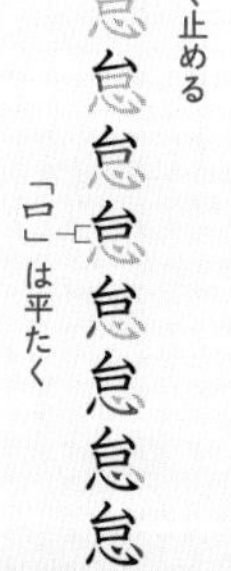


- 怠惰（たいだ）
- 怠慢（たいまん）
- 倦怠感（けんたいかん）*
- 怠け者（なまけもの）

□〔たいだ〕な暮らしぶり。
□職務〔たいまん〕を注意される。
□熱のため〔倦　けんたいかん〕がある。
□〔なま〕け者の節句働き

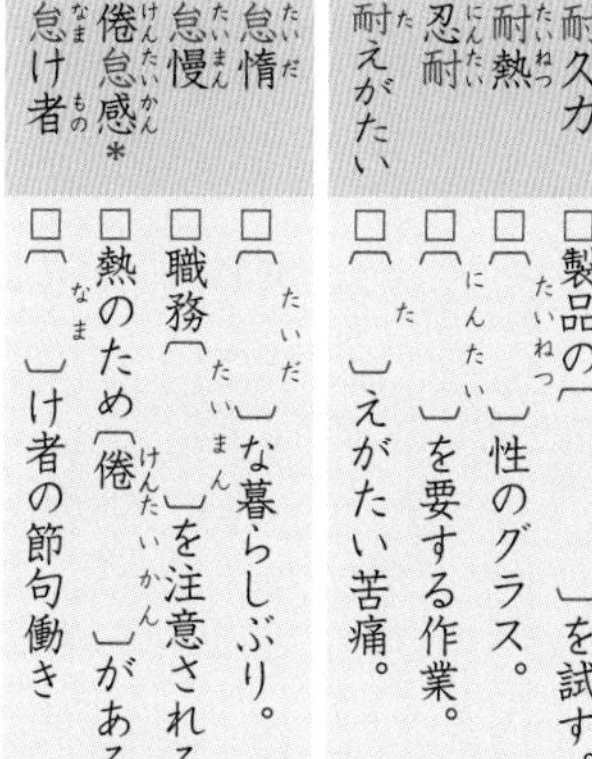

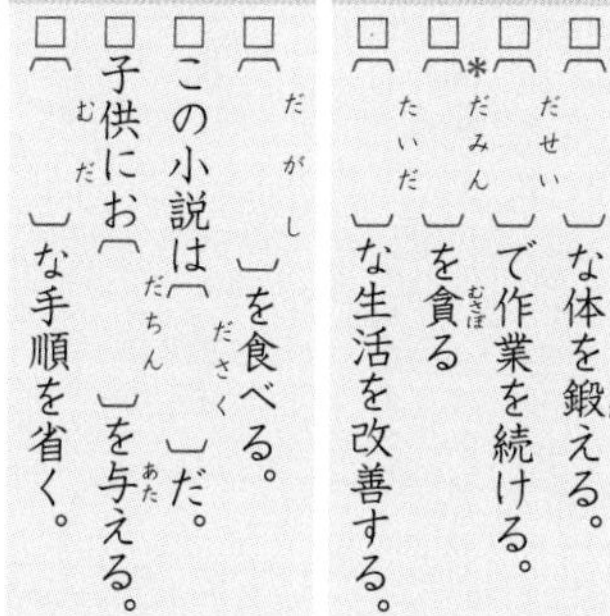

*惰眠を貪る＝すべきことをせず，無駄（むだ）に過ごす。　*倦怠感＝心身が疲（つか）れてけだるい感じ。

## 胎

3級

部首：月（にくづき）　9画

音：タイ　訓：―

筆順：はねる／折る／短く止める

用例：胎児（たいじ）　胎内（たいない）　受胎（じゅたい）　母胎（ぼたい）

問題

- □〔たいじ〕が順調に育つ。
- □〔たいない〕の我（わ）が子。
- □初めての子を〔じゅたい〕する。
- □貧困（ひんこん）を〔ぼたい〕とした犯罪。

## 泰

準2級

部首：氺（したみず）　10画

音：タイ　訓：―

筆順：最も長く／止める／止める

用例：泰然自若（たいぜんじじゃく）　泰斗（たいと）　安泰（あんたい）　天下泰平（てんかたいへい）＊

問題

- □〔たいぜんじじゃく〕たる態度。
- □文学界の〔たいと〕の作品。
- □国家の〔あんたい〕を祈（いの）る。
- □〔※てんかたいへい〕の世の中。

## 堆

2級

部首：土（つちへん）　11画

音：タイ　訓：―

筆順：右上にはらう／縦棒が先

用例：堆積（たいせき）　堆積岩（たいせきがん）　堆肥（たいひ）

問題

- □海底に土砂（どしゃ）が〔たいせき〕する。
- □〔たいせきがん〕をルーペで見る。
- □畑に〔たいひ〕をまく。

## 袋

3級

部首：衣（ころも）　11画

音：（タイ）　訓：ふくろ

筆順：はねる／忘れない／折る

用例：胃袋（いぶくろ）　紙袋（かみぶくろ）　手袋（てぶくろ）　寝袋（ねぶくろ）

問題

- □〔いぶくろ〕を満たす。
- □商品を〔かみぶくろ〕に入れる。
- □毛糸の〔てぶくろ〕を買う。
- □冬山用の〔ねぶくろ〕を使う。

＊天下泰平＝世が平和でよく治まっていること。　※「天下太平」とも書く。

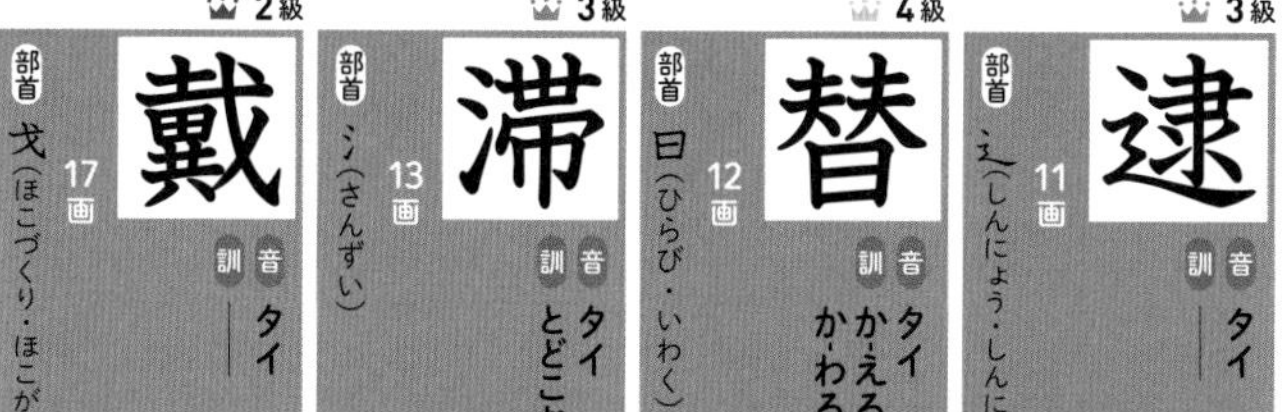

## 逮（3級）

部首：辶（しんにょう・しんにゅう）　11画

音：タイ　訓：―

筆順：つらぬく／はねる／止める／止める／一画で書く

逮捕（たいほ）
逮捕状（たいほじょう）

□真犯人を〔たいほ〕する。
□容疑者に〔たいほじょう〕が出される。

## 替（4級）

部首：日（ひらび・いわく）　12画

音：タイ　訓：か-える　か-わる

筆順：短く止める／はらう

交替（こうたい）
代替（だいたい）
着替（きが）える
席替（せきが）え

□選手が〔※こうたい〕する。
□別の品で〔だいたい〕する。
□体操着に〔きが〕える。
□新学期に〔せきが〕えする。

## 滞（3級）

部首：氵（さんずい）　13画

音：タイ　訓：とどこお-る

筆順：筆順に注意／はねる

滞在（たいざい）
渋滞（じゅうたい）
停滞（ていたい）
滞（とどこお）り

□ホテルに〔たいざい〕する。
□高速道路が〔じゅうたい〕する。
□作業が〔ていたい〕する。
□式が〔とどこお〕りなく終わる。

## 戴（2級）

部首：戈（ほこづくり・ほこがまえ）　17画

音：タイ　訓：―

筆順：右にのばす／はねる／忘れない

戴冠式（たいかんしき）＊
頂戴（ちょうだい）

□新国王の〔たいかんしき〕を行う。
□お客様から、珍（めずら）しい品をお土産（みやげ）に〔ちょうだい〕する。

※「交代」とも書く。　＊戴冠式＝国王となって初めて王冠（おうかん）をかぶる式。

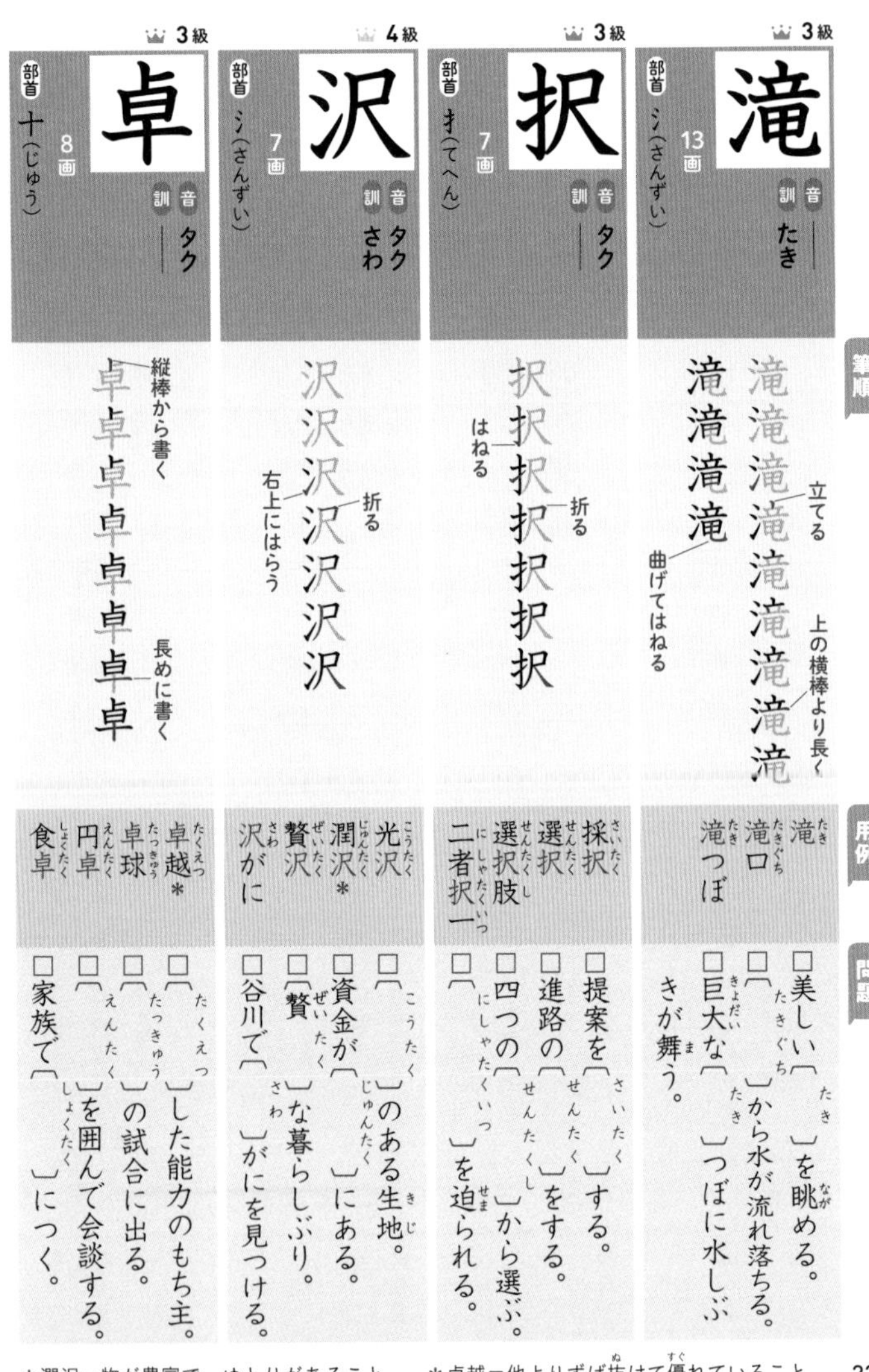

## 滝
3級
13画
部首 氵（さんずい）
音 ―
訓 たき

筆順
上の横棒より長く
立てる
曲げてはねる

用例
滝（たき）
滝口（たきぐち）
滝（たき）つぼ

問題
□美しい〔たき〕を眺（なが）める。
□〔たきぐち〕から水が流れ落ちる。
□巨大（きょだい）な〔たき〕つぼに水しぶきが舞（ま）う。

## 択
3級
7画
部首 扌（てへん）
音 タク
訓 ―

筆順
はねる
折る

用例
採択（さいたく）
選択（せんたく）
選択肢（せんたくし）
二者択一（にしゃたくいつ）

問題
□提案を〔さいたく〕する。
□進路の〔せんたく〕をする。
□四つの〔せんたくし〕から選ぶ。
□〔にしゃたくいつ〕を迫（せま）られる。

## 沢
4級
7画
部首 氵（さんずい）
音 タク
訓 さわ

筆順
右上にはらう
折る

用例
光沢（こうたく）
潤沢（じゅんたく）＊
贅沢（ぜいたく）
沢（さわ）がに

問題
□〔こうたく〕のある生地（きじ）。
□資金が〔じゅんたく〕にある。
□〔贅（ぜいたく）〕な暮らしぶり。
□谷川で〔さわ〕がにを見つける。

## 卓
3級
8画
部首 十（じゅう）
音 タク
訓 ―

筆順
縦棒から書く
長めに書く

用例
卓越（たくえつ）＊
卓球（たっきゅう）
円卓（えんたく）
食卓（しょくたく）

問題
□〔たくえつ〕した能力のもち主。
□〔たっきゅう〕の試合に出る。
□〔えんたく〕を囲んで会談する。
□家族で〔しょくたく〕につく。

＊卓越＝他よりずば抜（ぬ）けて優（すぐ）れていること。　＊潤沢＝物が豊富で，ゆとりがあること。

## 拓

4級
部首 扌(てへん) 8画
音 タク
訓 —



拓殖(たくしょく)
拓本(たくほん)＊
開拓(かいたく)
干拓(かんたく)

□荒(あ)れ地を〔たくしょく※〕する。
□石碑(せきひ)の〔たくほん〕を取る。
□海外市場を〔かいたく〕する。
□湖を〔かんたく〕して農地にする。

## 託

3級
部首 言(ごんべん) 10画
音 タク
訓 —



託児所(たくじしょ)
委託(いたく)
屈託(くったく)
嘱託(しょくたく)

□〔たくじしょ〕に子供を預ける。
□業者に販売(はんばい)を〔いたく〕する。
□〔くったく〕のない笑顔(えがお)。
□〔しょくたく〕社員として勤める。

## 濯

準2級
部首 氵(さんずい) 17画
音 タク
訓 —



洗濯(せんたく)
洗濯機(せんたくき)

□旅先で命の〔せんたく〕をする。
□ドラム式の〔せんたくき〕を購(こう)入する。

## 諾

3級
部首 言(ごんべん) 15画
音 ダク
訓 —



快諾(かいだく)
許諾(きょだく)
受諾(じゅだく)
事後承諾(じごしょうだく)

□相手の〔かいだく〕を得る。
□著作物の引用を〔きょだく〕する。
□要求を〔じゅだく〕する。
□〔じごしょうだく〕を求める。

※「拓植」とも書く。　＊拓本＝石碑などに刻まれた文字や模様を墨(すみ)で紙に写し取ったもの。

## 濁　4級

部首：氵（さんずい）　16画

音：ダク　訓：にご-る　にご-す

筆順：濁　（「罒」を「四」としない／忘れない／折ってはねる）

用例：濁流（だくりゅう）　汚濁（おだく）　清濁（せいだく）　濁す（にごす）

問題：
- □〔だくりゅう〕に飲まれる。
- □水質〔おだく〕に悩む。
- □〔せいだく〕併（あわ）せのむ人物。
- □立つ鳥跡（あと）を〔にご〕さず

## 但　準2級

部首：亻（にんべん）　7画

音：―　訓：ただ-し

筆順：但　（「日」は小さめに／忘れない）

用例：但し（ただし）　但し書き（ただしがき）

問題：
- □参加無料。〔ただ〕し十名まで。
- □契約書（けいやくしょ）の終わりに〔ただ〕し書きを入れる。

## 脱　4級

部首：月（にくづき）　11画

音：ダツ　訓：ぬ-ぐ　ぬ-げる

筆順：脱　（ななめに書く／曲げてはねる）

用例：脱衣所（だついじょ）　脱出（だっしゅつ）　脱線（だっせん）　一肌脱ぐ（ひとはだぬぐ）＊

問題：
- □〔だついじょ〕で着替（きが）える。
- □国外に〔だっしゅつ〕する。
- □話が〔だっせん〕する。
- □仲間のために〔ひとはだぬ〕ぐ。

## 奪　3級

部首：大（だい）　14画

音：ダツ　訓：うば-う

筆順：奪　（縦棒が先／長めに書く／忘れない）

用例：奪回（だっかい）　争奪（そうだつ）　略奪（りゃくだつ）　奪う（うばう）

問題：
- □選手権を〔だっかい〕する。
- □優勝杯（ゆうしょうはい）の〔そうだつ〕戦。
- □金品を〔りゃくだつ〕する。
- □絶景に目を〔うば〕われる。

＊一肌脱ぐ＝その人のために自分の力を貸して，手助けする。

## 棚
準2級

部首 木（きへん） 12画

音 ―
訓 たな

棚上げ*
本棚（ほんだな）
飾り棚（かざりだな）
食器棚（しょっきだな）

□問題を〔たなあ〕げにする。
□〔ほんだな〕に文庫本をしまう。
□飾り〔だな〕に小物を飾る。
□〔しょっきだな〕から皿を出す。

## 誰
2級

部首 言（ごんべん） 15画

音 ―
訓 だれ

誰（だれ）
誰彼（だれかれ）
誰しも（だれしも）
誰一人（だれひとり）

□そこには〔だれ〕もいない。
□〔だれかれ〕の区別なく接する。
□人は〔だれ〕しも孤独（こどく）だ。
□〔だれひとり〕として知らない。

## 丹
4級

部首 丶（てん） 4画

音 タン
訓 ―

丹精（たんせい）
丹念（たんねん）

□〔たんせい〕して育てた盆栽（ぼんさい）。
□年末に家中を〔たんねん〕に掃除（そうじ）する。

### 似ている漢字に注意

但（ただ（し））にんべん ― 旦（タン） ― 担（タン）てへん ― 胆（タン）にくづき

### 似ている漢字に注意

奪（ダツ） ― 奮（フン）

### 「たんせい」の意味

丹精…心を込めて一心にすること。
丹誠…偽（いつわ）りのない心。真心。
端正…姿や動作に乱れがない様子。
端整…顔立ちなどが整って美しい様子。

 *棚上げ＝問題として取り上げるのをしばらくやめること。

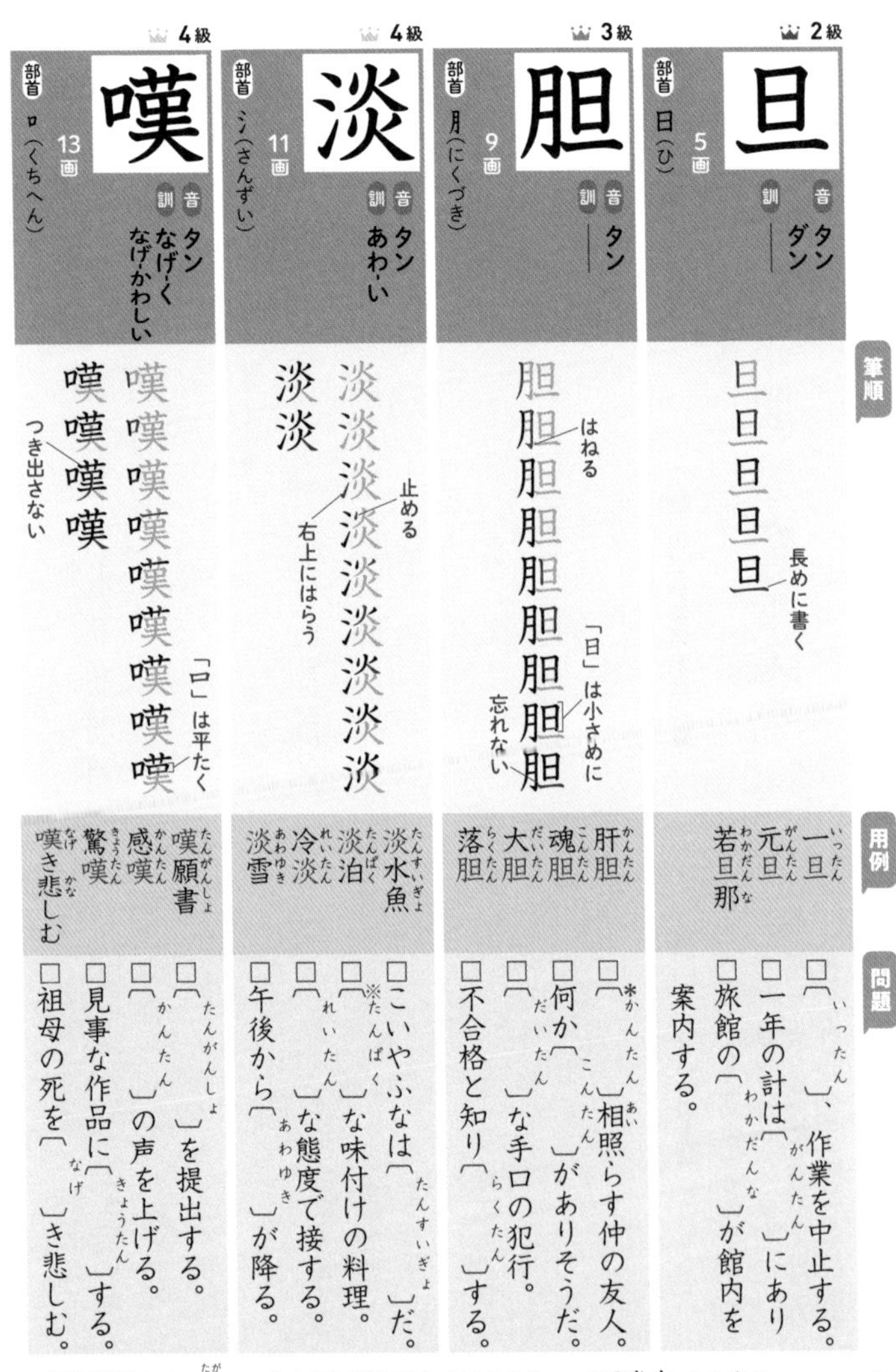

## 旦（2級）

部首：日（ひ）　5画

音：タン、ダン
訓：—

筆順：長めに書く

用例：一旦（いったん）、元旦（がんたん）、若旦那（わかだんな）

問題：
- □（いったん）、作業を中止する。
- □一年の計は（がんたん）にあり
- □旅館の（わかだんな）が館内を案内する。

## 胆（3級）

部首：月（にくづき）　9画

音：タン
訓：—

筆順：はねる／「日」は小さめに／忘れない

用例：肝胆（かんたん）、魂胆（こんたん）、大胆（だいたん）、落胆（らくたん）

問題：
- □（*かんたん）相（あい）照らす仲の友人。
- □何か（こんたん）がありそうだ。
- □（だいたん）な手口の犯行。
- □不合格と知り（らくたん）する。

## 淡（4級）

部首：氵（さんずい）　11画

音：タン
訓：あわ-い

筆順：止める／右上にはらう

用例：淡水魚（たんすいぎょ）、淡泊（たんぱく）、冷淡（れいたん）、淡雪（あわゆき）

問題：
- □こいやふなは（たんすいぎょ）だ。
- □（※たんぱく）な味付けの料理。
- □（れいたん）な態度で接する。
- □午後から（あわゆき）が降る。

## 嘆（4級）

部首：口（くちへん）　13画

音：タン
訓：なげ-く、なげ-かわしい

筆順：「口」は平たく／つき出さない

用例：嘆願書（たんがんしょ）、感嘆（かんたん）、驚嘆（きょうたん）、嘆（なげ）き悲（かな）しむ

問題：
- □（たんがんしょ）を提出する。
- □（かんたん）の声を上げる。
- □見事な作品に（きょうたん）する。
- □祖母の死を（なげ）き悲しむ。

＊肝胆相照らす＝互（たが）いに心を打ち明け親しく付き合う。　※「淡白」とも書く。

## 端　4級

部首：立（たつへん）　14画

音：タン
訓：はし　(は)　はた

端端端端端端端端端端端端端端（短くはらう／はねる）

- 極端（きょくたん）
- 最先端（さいせんたん）
- 片っ端（かたっぱし）
- 道端（みちばた）

□考え方が〔きょくたん〕だ。
□流行の〔さいせんたん〕を行く。
□片っ〔ぱし〕から試食する。
□〔みちばた〕で立ち話をする。

## 綻　2級

部首：糸（いとへん）　14画

音：タン
訓：ほころ-びる

綻綻綻綻綻綻綻綻綻綻綻綻綻綻（はらう／立てる）

- 破綻（はたん）
- 綻（ほころ）ばせる
- 綻（ほころ）びる

□財政が〔はたん〕する。
□愛らしさに顔を〔ほころ〕ばせる。
□古いセーターの袖口（そでぐち）が〔ほころ〕びる。

## 鍛　3級

部首：金（かねへん）　17画

音：タン
訓：きた-える

鍛鍛鍛鍛鍛鍛鍛鍛鍛鍛鍛鍛鍛鍛鍛鍛鍛（右上にはらう／曲げてはねる）

- 鍛錬（たんれん）＊
- 鍛（きた）え上（あ）げる
- 鍛（きた）え抜（ぬ）く

□心身を〔※たんれん〕する。
□一人前に〔きた〕え上げる。
□スポーツ選手の〔きた〕え抜（ぬ）かれた肉体。

## 弾　4級

部首：弓（ゆみへん）　12画

音：ダン
訓：ひ-く　はず-む　たま

弾弾弾弾弾弾弾弾弾弾弾弾（短く止める／一画で書く／つき出さない）

- 爆弾（ばくだん）
- 弾（ひ）き語（がた）り
- 弾（はず）み
- 弾（たま）

□友人の〔ばくだん〕発言に驚（おどろ）く。
□ギターの〔ひ〕き語り。
□転んだ〔はず〕みに捻挫（ねんざ）する。
□ピストルに〔たま〕を込める。

＊鍛錬＝厳しい修行（しゅぎょう）や訓練で心身を鍛（きた）えること。　※「鍛練」とも書く。

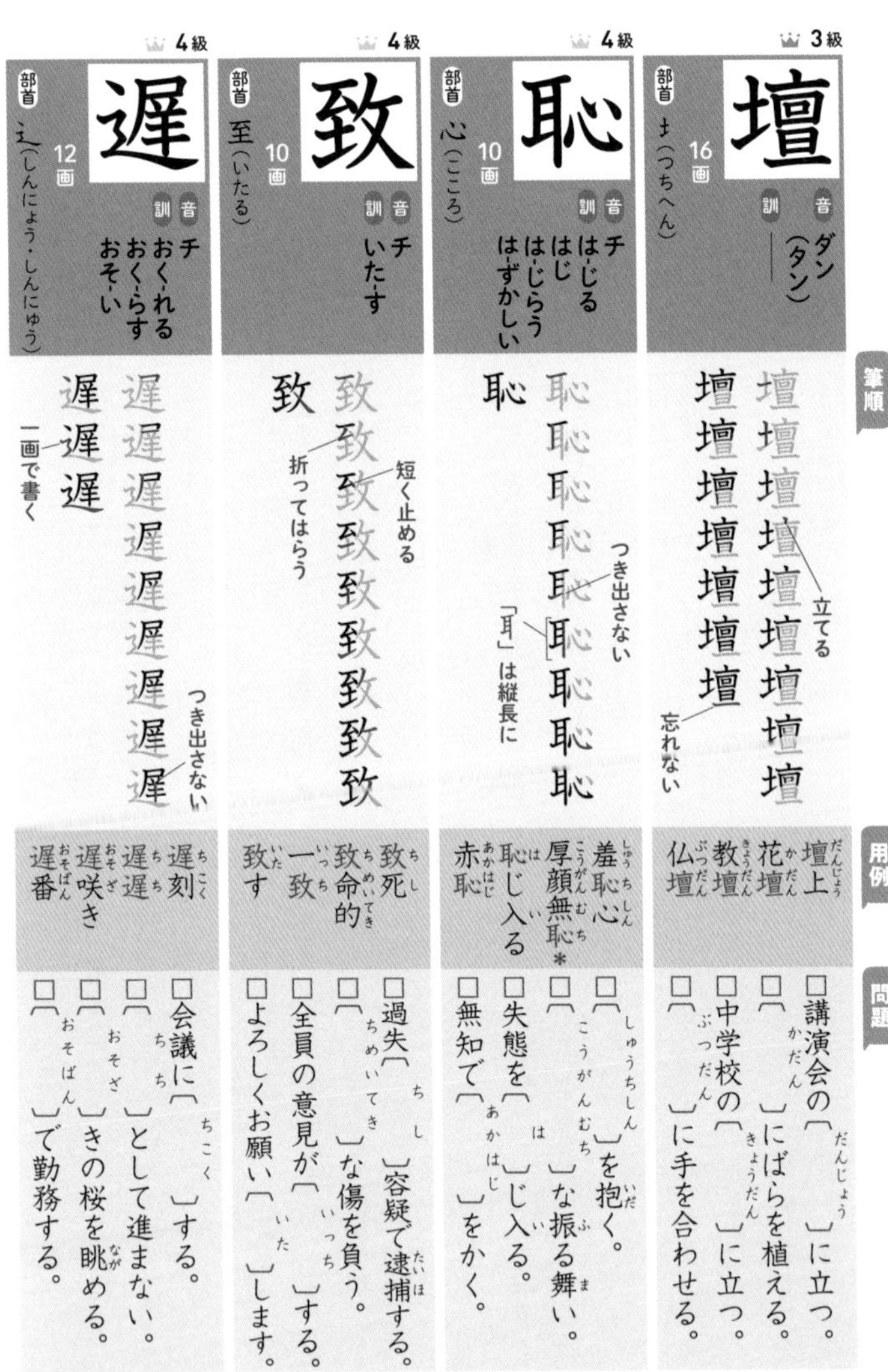

## 壇
3級
部首：土（つちへん）　16画
音：ダン（タン）
訓：―

筆順：立てる／忘れない

用例：壇上（だんじょう）　花壇（かだん）　教壇（きょうだん）　仏壇（ぶつだん）

問題：
- □講演会の（だんじょう）に立つ。
- □（かだん）にばらを植える。
- □中学校の（きょうだん）に立つ。
- □（ぶつだん）に手を合わせる。

## 恥
4級
部首：心（こころ）　10画
音：チ
訓：は-じる　はじ　は-じらう　は-ずかしい

筆順：つき出さない／「耳」は縦長に

用例：羞恥心（しゅうちしん）　厚顔無恥（こうがんむち）＊　恥じ入る（はじいる）　赤恥（あかはじ）

問題：
- □（しゅうちしん）を抱（いだ）く。
- □（こうがんむち）な振（ふ）る舞（ま）い。
- □失態を（は）じ入（い）る。
- □無知で（あかはじ）をかく。

## 致
4級
部首：至（いたる）　10画
音：チ
訓：いた-す

筆順：短く止める／折ってはらう

用例：致死（ちし）　致命的（ちめいてき）　一致（いっち）　致す（いたす）

問題：
- □過失（ちし）容疑で逮捕（たいほ）する。
- □（ちめいてき）な傷を負う。
- □全員の意見が（いっち）する。
- □よろしくお願い（いた）します。

## 遅
4級
部首：辶（しんにょう・しんにゅう）　12画
音：チ
訓：おく-れる　おく-らす　おそ-い

筆順：つき出さない／一画で書く

用例：遅刻（ちこく）　遅遅（ちち）　遅咲き（おそざき）　遅番（おそばん）

問題：
- □会議に（ちこく）する。
- □（ちち）として進まない。
- □（おそざ）きの桜を眺（なが）める。
- □（おそばん）で勤務する。

＊厚顔無恥＝厚かましくて恥を知らない様子。

タ行 ダン▸チク

## 痴 準2級
部首 疒（やまいだれ） 13画
音 チ
訓 ―

書き順：立てる／短く止める／短く止める

痴漢（ちかん）
痴態（ちたい）
音痴（おんち）
愚痴（ぐち）

□［ちかん］行為（こうい）は犯罪だ。
□酔（よ）って［ちたい］をさらす。
□［おんち］を克服（こくふく）する。
□友人に［ぐち］をこぼす。

## 稚 3級
部首 禾（のぎへん） 13画
音 チ
訓 ―

書き順：短く止める／縦棒が先

稚魚（ちぎょ）
稚拙（ちせつ）＊
幼稚（ようち）
幼稚園（ようちえん）

□さけの［ちぎょ］を放流する。
□［ちせつ］な文章を正す。
□［ようち］な考えにあきれる。
□［ようちえん］から一緒（いっしょ）の友人。

## 緻 2級
部首 糸（いとへん） 16画
音 チ
訓 ―

書き順：折ってはらう／短く止める

緻密（ちみつ）
精緻（せいち）

□［ちみつ］な計画を立てる。
□［せいち］を極（きわ）めた工芸品。

## 畜 3級
部首 田（た） 10画
音 チク
訓 ―

書き順：立てる／長めに書く／付ける

畜産業（ちくさんぎょう）
畜生（ちくしょう）＊
家畜（かちく）
牧畜（ぼくちく）

□［ちくさんぎょう］を営む。
□［ちくしょう］にも劣（おと）る行為（こうい）。
□牛や豚（ぶた）は［かちく］だ。
□［ぼくちく］で生計を立てる。

＊稚拙＝子供じみていて下手なこと。　＊畜生－人間以外の動物。獣（けもの）。

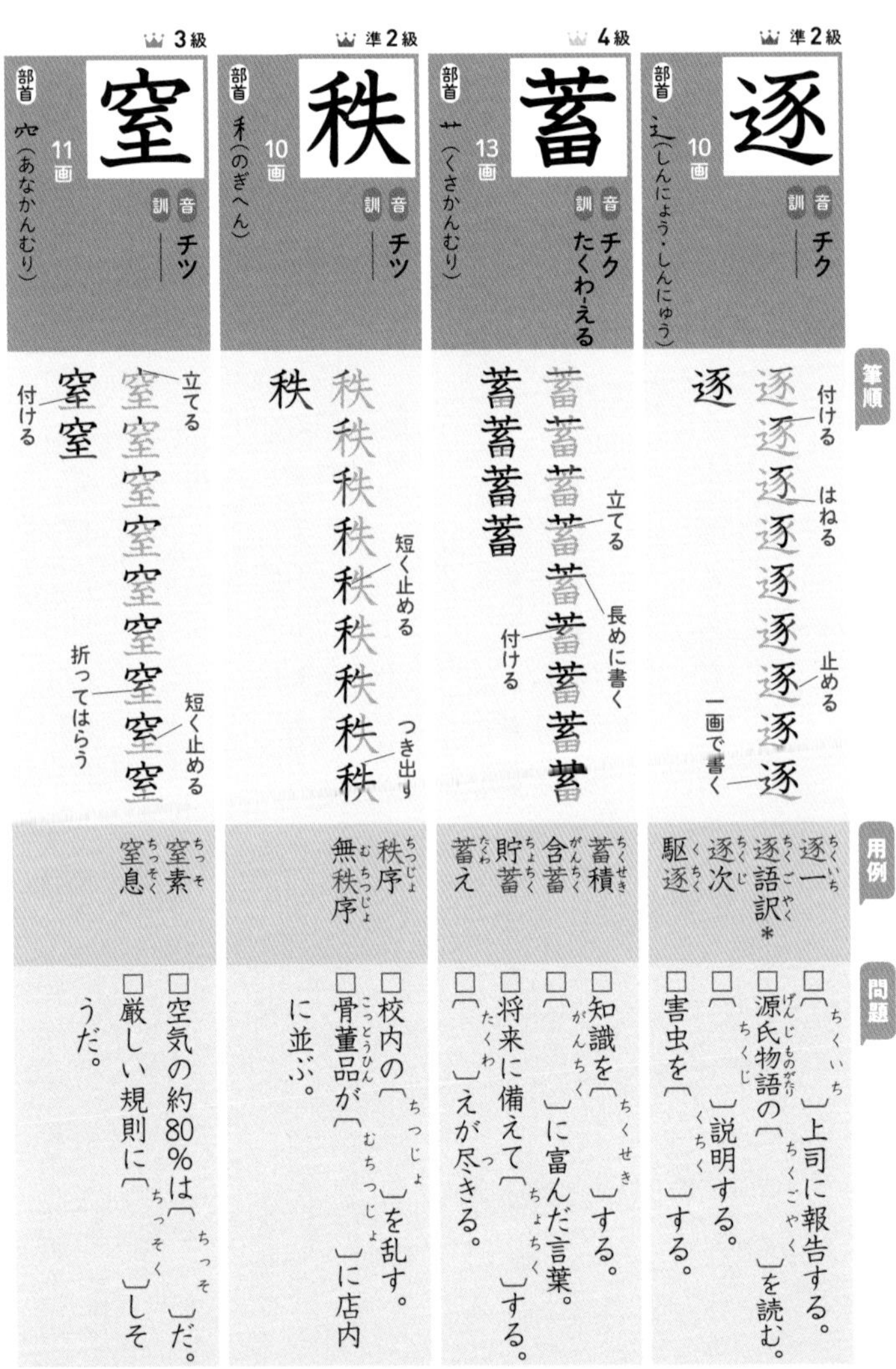

準2級 逐 10画 部首 辶(しんにょう・しんにゅう) 音 チク 訓 ―

用例：逐一（ちくいち）　逐語訳（ちくごやく）＊　逐次（ちくじ）　駆逐（くちく）

問題：
□〔ちくいち〕上司に報告する。
□源氏物語（げんじものがたり）の〔ちくごやく〕を読む。
□〔ちくじ〕説明する。
□害虫を〔くちく〕する。

4級 蓄 13画 部首 艹(くさかんむり) 音 チク 訓 たくわ-える

用例：蓄積（ちくせき）　含蓄（がんちく）　貯蓄（ちょちく）　蓄え（たくわえ）

問題：
□知識を〔ちくせき〕する。
□〔がんちく〕に富んだ言葉。
□将来に備えて〔ちょちく〕する。
□〔たくわ〕えが尽（つ）きる。

準2級 秩 10画 部首 禾(のぎへん) 音 チツ 訓 ―

用例：秩序（ちつじょ）　無秩序（むちつじょ）

問題：
□校内の〔ちつじょ〕を乱す。
□骨董品（こっとうひん）が〔むちつじょ〕に店内に並ぶ。

3級 窒 11画 部首 穴(あなかんむり) 音 チツ 訓 ―

用例：窒素（ちっそ）　窒息（ちっそく）

問題：
□空気の約80%は〔ちっそ〕だ。
□厳しい規則に〔ちっそく〕しそうだ。

＊逐語訳＝外国語や古文の原文を，一語一語忠実に訳すこと。その訳文。

準2級

# 嫡

14画
部首 女(おんなへん)
音 チャク
訓 ―

嫡出子(ちゃくしゅつし)
嫡男(ちゃくなん)
嫡流(ちゃくりゅう)＊

□(ちゃくしゅつし)として生まれる。
□徳川家(とくがわけ)の(ちゃくなん)。
□源氏(げんじ)の(ちゃくりゅう)の血筋。

3級

# 抽

8画
部首 扌(てへん)
音 チュウ
訓 ―

抽出(ちゅうしゅつ)
抽象的(ちゅうしょうてき)
抽選(ちゅうせん)

□植物エキスを(ちゅうしゅつ)する。
□(ちゅうしょうてき)な議論に終わる。
□(ちゅうせん)で三名に海外旅行が当たる。

準2級

# 衷

9画
部首 衣(ころも)
音 チュウ
訓 ―

衷心(ちゅうしん)＊
苦衷(くちゅう)＊
和洋折衷(わようせっちゅう)

□(ちゅうしん)よりおわびします。
□相手の(くちゅう)を察する。
□(わようせっちゅう)の創作料理を出す店。

**送り(おくり)がなに注意**

○ 蓄(たくわ)える
× 蓄わえる
× 蓄る

**似ている漢字に注意**

衷(チュウ) ころも ― 衰(スイ) ころも ― 裏(リ) ころも ― 喪(ソウ) くち

**「和洋折衷(わようせっちゅう)」の意味**

「和洋折衷」…和風と洋風とをうまく取りまぜること。例 和洋折衷のお節料理。

＊嫡流＝一族の中心となる本家の血筋。　＊衷心＝偽(いつわ)りのない心。　＊苦衷＝苦しい心の内。

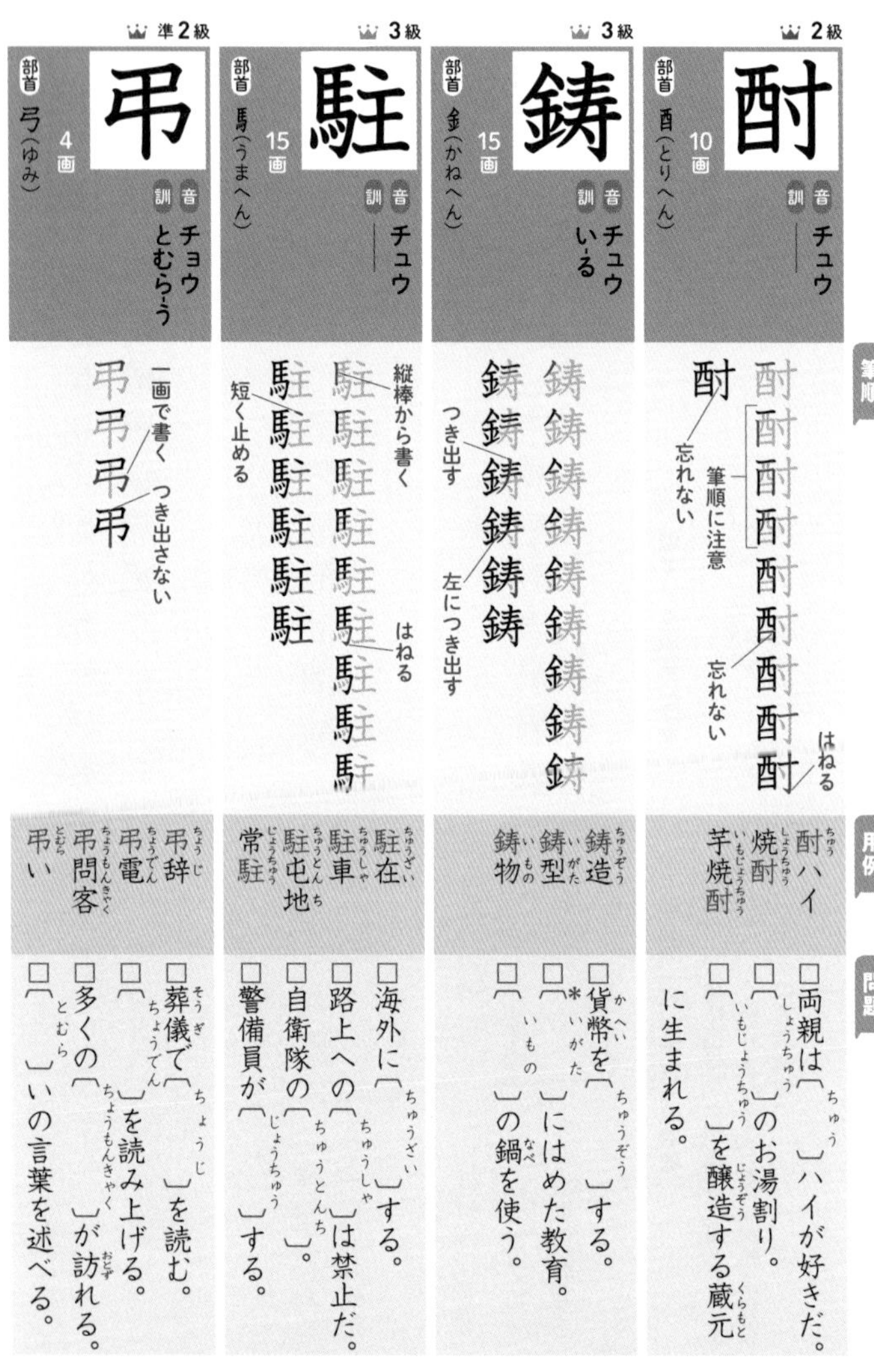

## 酎

2級

部首 酉（とりへん） 10画

音 チュウ　訓 ―

**筆順**

忘れない

筆順に注意

忘れない

はねる

**用例**

酎（ちゅう）ハイ

焼酎（しょうちゅう）

芋焼酎（いもじょうちゅう）

**問題**

□両親は（ちゅう）ハイが好きだ。

□（しょうちゅう）のお湯割り。

□（いもじょうちゅう）を醸造（じょうぞう）する蔵元（くらもと）に生まれる。

## 鋳

3級

部首 金（かねへん） 15画

音 チュウ　訓 い-る

**筆順**

つき出す

左につき出す

**用例**

鋳造（ちゅうぞう）

鋳型（いがた）

鋳物（いもの）

**問題**

□貨幣（かへい）を（ちゅうぞう）する。

□*（いがた）にはめた教育。

□（いもの）の鍋（なべ）を使う。

## 駐

3級

部首 馬（うまへん） 15画

音 チュウ　訓 ―

**筆順**

縦棒から書く

短く止める

はねる

**用例**

駐在（ちゅうざい）

駐車（ちゅうしゃ）

駐屯地（ちゅうとんち）

常駐（じょうちゅう）

**問題**

□海外に（ちゅうざい）する。

□路上への（ちゅうしゃ）は禁止だ。

□自衛隊の（ちゅうとんち）。

□警備員が（じょうちゅう）する。

## 弔

準2級

部首 弓（ゆみ） 4画

音 チョウ　訓 とむら-う

**筆順**

一画で書く

つき出さない

**用例**

弔辞（ちょうじ）

弔電（ちょうでん）

弔問客（ちょうもんきゃく）

弔（とむら）い

**問題**

□葬儀（そうぎ）で（ちょうじ）を読む。

□（ちょうでん）を読み上げる。

□多くの（ちょうもんきゃく）が訪（おとず）れる。

□（とむら）いの言葉を述べる。

＊鋳型にはめる＝ある基準で指導し，人の思想や行動を同じにしてしまう。

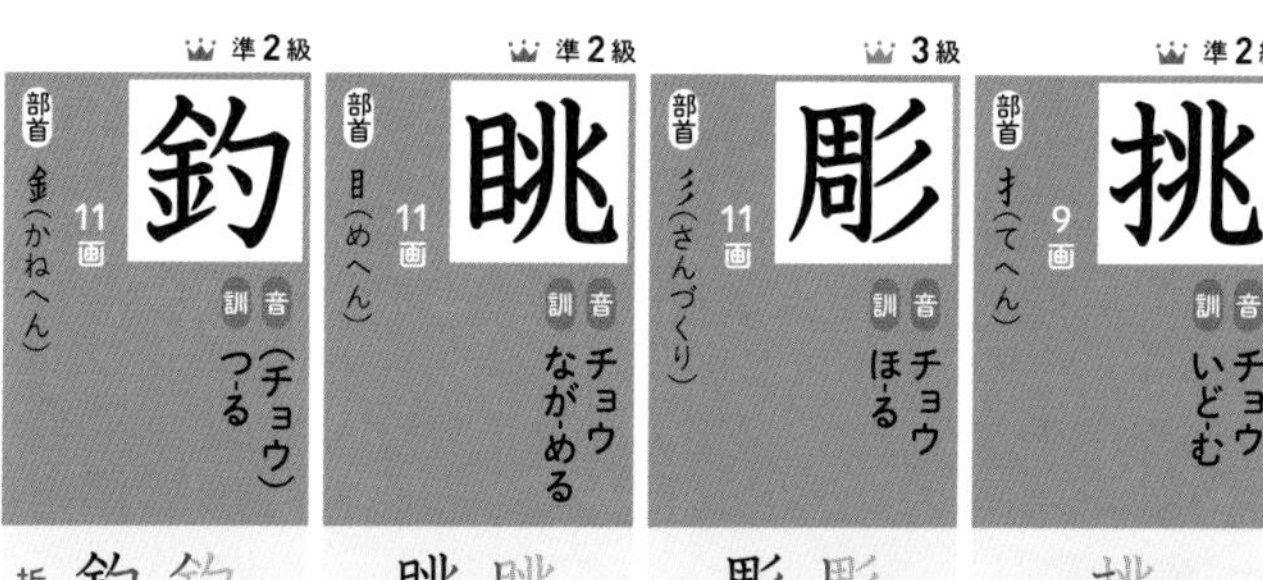


## 挑

挑 扌 扌 扌 挑 挑 挑 挑 挑

止める　曲げてはねる　止める

挑戦(ちょうせん)
挑発(ちょうはつ)
挑(いど)む

□新たなことに〔ちょうせん〕する。
□ライバルの〔ちょうはつ〕に乗る。
□長年のライバルに試合を〔いど〕む。

## 彫

彫 周 周 周 周 周 周 彫 彫 彫 彫

はねる　「彡」の間は均等に書く　左下にはらう

彫刻(ちょうこく)
彫像(ちょうぞう)
木彫(きぼ)り

□仏像を〔ちょうこく〕する。
□噴水(ふんすい)に〔ちょうぞう〕が立つ。
□〔きぼ〕りの熊(くま)をお土産(みやげ)にもらう。

## 眺

眺 目 目 目 目 眺 眺 眺 眺 眺 眺

止める　曲げてはねる　止める

眺望(ちょうぼう)＊
眺(なが)め
眺(なが)め回(まわ)す

□眼下に〔ちょうぼう〕が開(ひら)ける。
□山頂からの〔なが〕めを楽しむ。
□物珍(ものめずら)しそうに周囲を〔なが〕め回す。

## 釣

釣 釣 釣 釣 釣 釣 釣 釣 釣 釣 釣

忘れない　折ってはねる

釣(つ)り合(あ)い
釣(つ)り糸(いと)
釣(つ)りざお
釣(つ)り銭(せん)

□両者の〔つ〕り合いを保つ。
□池に〔つ〕り糸を垂らす。
□新しい〔つ〕りざおを使う。
□〔つ〕り銭をもらう。

＊眺望＝はるかかなたまで見渡(みわた)すこと。また，その眺め。

## 貼　2級

部首　貝（かいへん）　12画

音　チョウ
訓　は-る

筆順：止める／縦棒が先

用例
- 貼付（ちょうふ）
- 貼り紙（はりがみ）
- 貼り付ける（はりつける）

問題
- □切手を〔ちょうふ〕する。
- □バイト募集（ぼしゅう）の〔は〕※り紙。
- □履歴書（りれきしょ）に写真を〔は〕※り付ける。

## 超　3級

部首　走（そうにょう）　12画

音　チョウ
訓　こ-える　こ-す

筆順：付ける／長くのばしてはらう／つき出さない

用例
- 超越（ちょうえつ）
- 超過（ちょうか）
- 超人的（ちょうじんてき）
- 超える（こえる）

問題
- □人知を〔ちょうえつ〕した現象。
- □〔ちょうか〕料金を支払（しはら）う。
- □〔ちょうじんてき〕な活躍（かつやく）をする。
- □想像を〔こ〕※える結末。

## 跳　4級

部首　𧾷（あしへん）　13画

音　チョウ
訓　は-ねる　と-ぶ

筆順：曲げてはねる／止める／止める

用例
- 跳躍力（ちょうやくりょく）
- 跳ね上がる（はねあがる）
- 跳ね返す（はねかえす）
- 跳び越す（とびこす）

問題
- □〔ちょうやくりょく〕のある選手。
- □値段が倍に〔は〕ね上がる。
- □重圧を〔は〕ね返す。
- □水たまりを〔と〕び越（こ）す。

## 徴　4級

部首　彳（ぎょうにんべん）　14画

音　チョウ
訓　――

筆順：右上にはらう／付ける

用例
- 徴収（ちょうしゅう）
- 徴用（ちょうよう）
- 象徴（しょうちょう）
- 特徴（とくちょう）

問題
- □会費を〔ちょうしゅう〕する。
- □軍需（ぐんじゅ）工場に〔ちょうよう〕される。
- □はとは平和の〔しょうちょう〕だ。
- □彼（かれ）の声には〔とくちょう〕がある。

※「張り紙」「張り付ける」とも書く。　※「越える」とも書く。

## 嘲

※ 部首 口（くちへん） 15画

音 チョウ
訓 あざけ-る

嘲嘲嘲嘲嘲嘲嘲嘲嘲嘲嘲嘲嘲嘲嘲

横棒が先　付ける

嘲笑（ちょうしょう）
自嘲（じちょう）*
嘲る（あざけ）

□世間の［ちょうしょう］を浴びる。
□［じちょう］するように笑う。
□裏切り者の失敗を、自業自得（じごうじとく）と［あざけ］る。

2級

## 澄

部首 氵（さんずい） 15画

音 （チョウ）
訓 す-む　す-ます

澄澄澄澄澄澄澄澄澄澄澄澄澄澄澄

付ける　折ってはらう　ななめに書く

澄み切る（す）（き）
澄まし汁（す）（じる）
澄ます（す）

□［す］み切った秋の空。
□［す］まし汁を飲む。
□耳を［す］まして虫の音（ね）を聴（き）く。

4級

## 聴

部首 耳（みみへん） 17画

音 チョウ
訓 き-く

聴聴聴聴聴聴聴聴聴聴聴聴聴聴聴聴聴

横棒が先　つき出さない　付ける

聴覚（ちょうかく）
聴衆（ちょうしゅう）
盗聴器（とうちょうき）
傍聴（ぼうちょう）

□［ちょうかく］は五感の一つだ。
□多くの［ちょうしゅう］の前で話す。
□［とうちょうき］が仕掛（しか）けられる。
□裁判を［ぼうちょう］する。

3級

### 似ている漢字に注意

跳（チョウ）あしへん ― 眺（チョウ）めへん ― 挑（チョウ）てへん

### 似ている漢字に注意

徴（チョウ） ― 懲（チョウ）「心」が付く。 ― 微（ビ）「九」

### 似ている漢字に注意

嘲（チョウ）くちへん ― 潮（チョウ）さんずい



※「嘲」も可。　＊自嘲＝自分で自分を嘲ること。

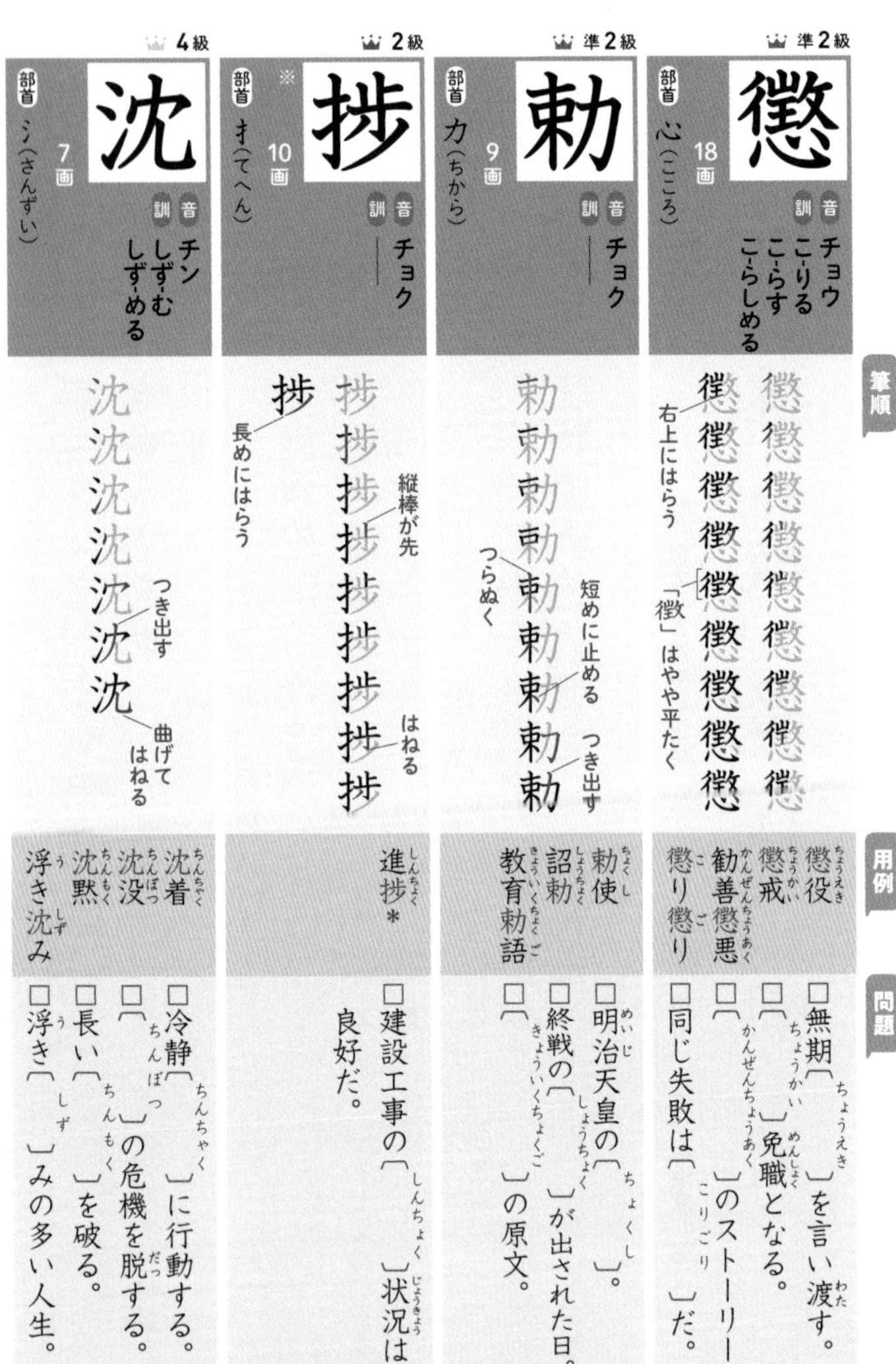


※「捗」(11画)も可。　＊進捗＝物事が進みはかどること。

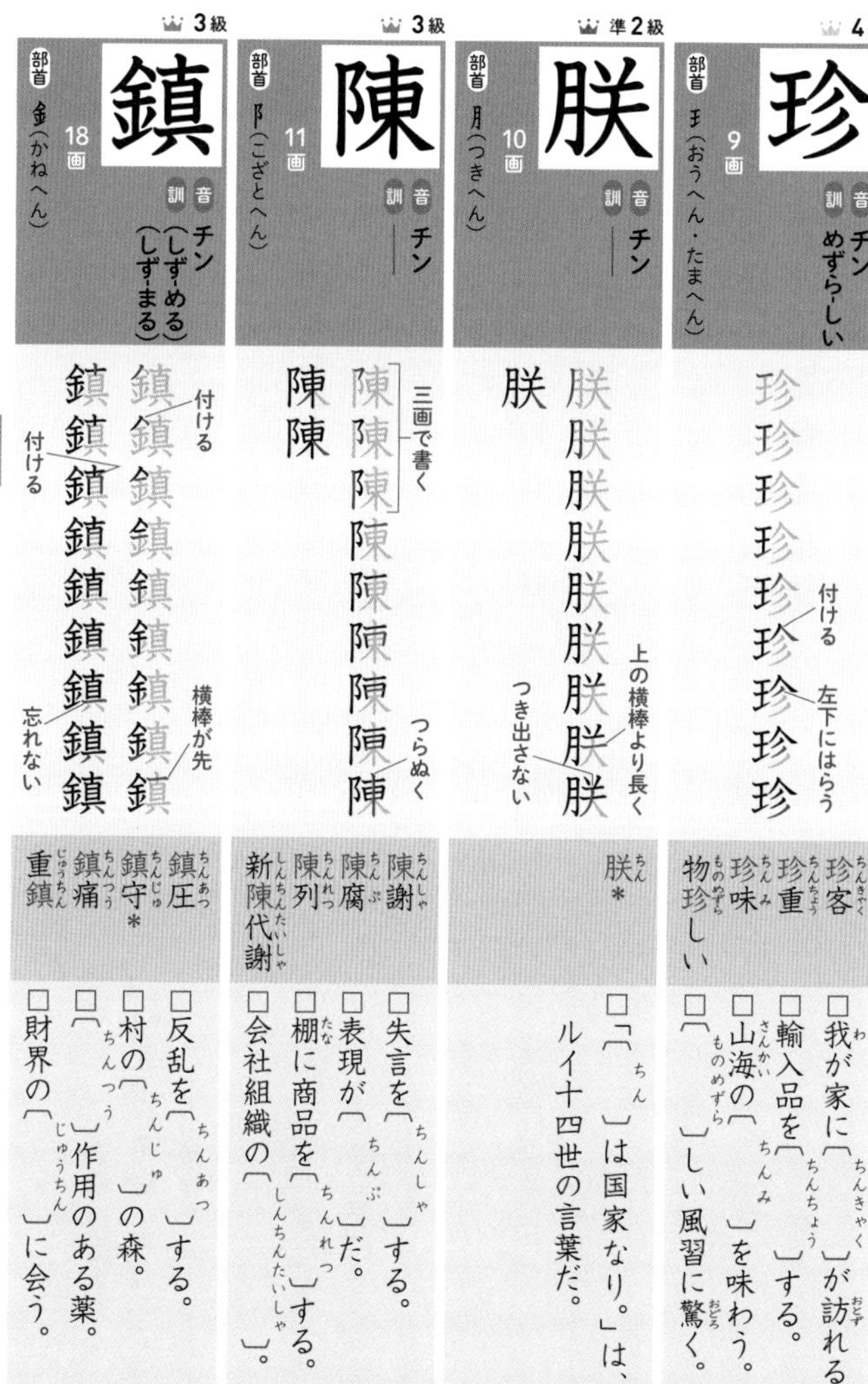


タ行 チョウ～チン

 ＊朕＝皇帝（こうてい）や天皇が自分を指して言う言葉。　＊鎮守＝その土地を守る神を祭った神社。

2級
**椎**　12画　部首：木（きへん）
音：ツイ　訓：―
筆順：椎椎椎椎椎椎椎椎椎椎椎椎（縦棒が先・短く止める）
用例：椎間板（ついかんばん）　椎骨（ついこつ）　脊椎（せきつい）
問題：
□（ついかんばん）ヘルニアの手術。
□（ついこつ）の構造を調べる。
□哺乳類（ほにゅうるい）や魚類、鳥類などは（せきつい）動物だ。

3級
**墜**　15画　部首：土（つち）
音：ツイ　訓：―
筆順：墜墜墜墜墜墜墜墜墜墜墜墜墜墜墜（三画で書く・付ける・はねる）
用例：墜落（ついらく）　撃墜（げきつい）　失墜（しっつい）
問題：
□飛行機が（ついらく）する。
□敵機を（げきつい）する。
□自らの愚（おろ）かな言動で、名誉（めいよ）を（しっつい）する。

準2級
**塚**　12画　部首：土（つちへん）
音：―　訓：つか
筆順：塚塚塚塚塚塚塚塚塚塚塚塚（「冖」を「宀」としない・付ける・はねる）
用例：貝塚（かいづか）　一里塚（いちりづか）＊
問題：
□縄文（じょうもん）時代の（かいづか）を見学する。
□江戸（えど）時代に築かれた（いちりづか）が今も残る。

準2級
**漬**　14画　部首：氵（さんずい）
音：―　訓：つ-ける　つ-かる
筆順：漬漬漬漬漬漬漬漬漬漬漬漬漬漬（つき出す・止める）
用例：漬（つ）け物（もの）　ぬか漬（づ）け　漬（つ）かる
問題：
□白菜の（つ）け物。
□ぬか（づ）けを食べる。
□湯船に（つ）かる。

＊一里塚＝全国の主な街道（かいどう）に一里（約４キロメートル）ごとに土を盛り，樹木を植えた道しるべ。

## 坪
準2級
部首：土（つちへん） 8画
音：―
訓：つぼ

短くはらう　短く止める　つき出さない

坪数（つぼすう）　坪庭（つぼにわ）　建坪（たてつぼ）

□売り地の〔つぼすう〕を調べる。
□趣（おもむき）ある〔つぼにわ〕を眺（なが）める。
□新居の〔たてつぼ〕を決める。

## 爪
2級
部首：爪（つめ） 4画
音：―
訓：つめ　つま

左下にはらう　止める

爪痕（つめあと）　生爪（なまづめ）　爪先（つまさき）　爪はじき

□台風の〔つめあと〕が残る。
□〔なまづめ〕を剝（は）がす。
□〔つまさき〕立ちでのぞき込（こ）む。
□世間から〔つま〕はじきにされる。

## 鶴
2級
部首：鳥（とり） 21画
音：―
訓：つる

つき出して一画で書く　縦棒が先

鶴（つる）　鶴（つる）はし＊　千羽鶴（せんばづる）

□〔つる〕は千年亀（かめ）は万年
□〔つる〕はしを使って掘（ほ）る。
□〔せんばづる〕を折る。

## 呈
準2級
部首：口（くち） 7画
音：テイ
訓：―

「口」は平たく　最も長く

呈（てい）する　謹呈（きんてい）　贈呈（ぞうてい）　露呈（ろてい）

□市場が活況（かっきょう）を〔てい〕する。
□拙著（せっちょ）を〔きんてい〕する。
□花束を〔ぞうてい〕する。
□問題点が〔ろてい〕する。

＊鶴はし＝鶴のくちばしの形に似た，堅（かた）い土や岩を崩（くず）すのに使う道具。

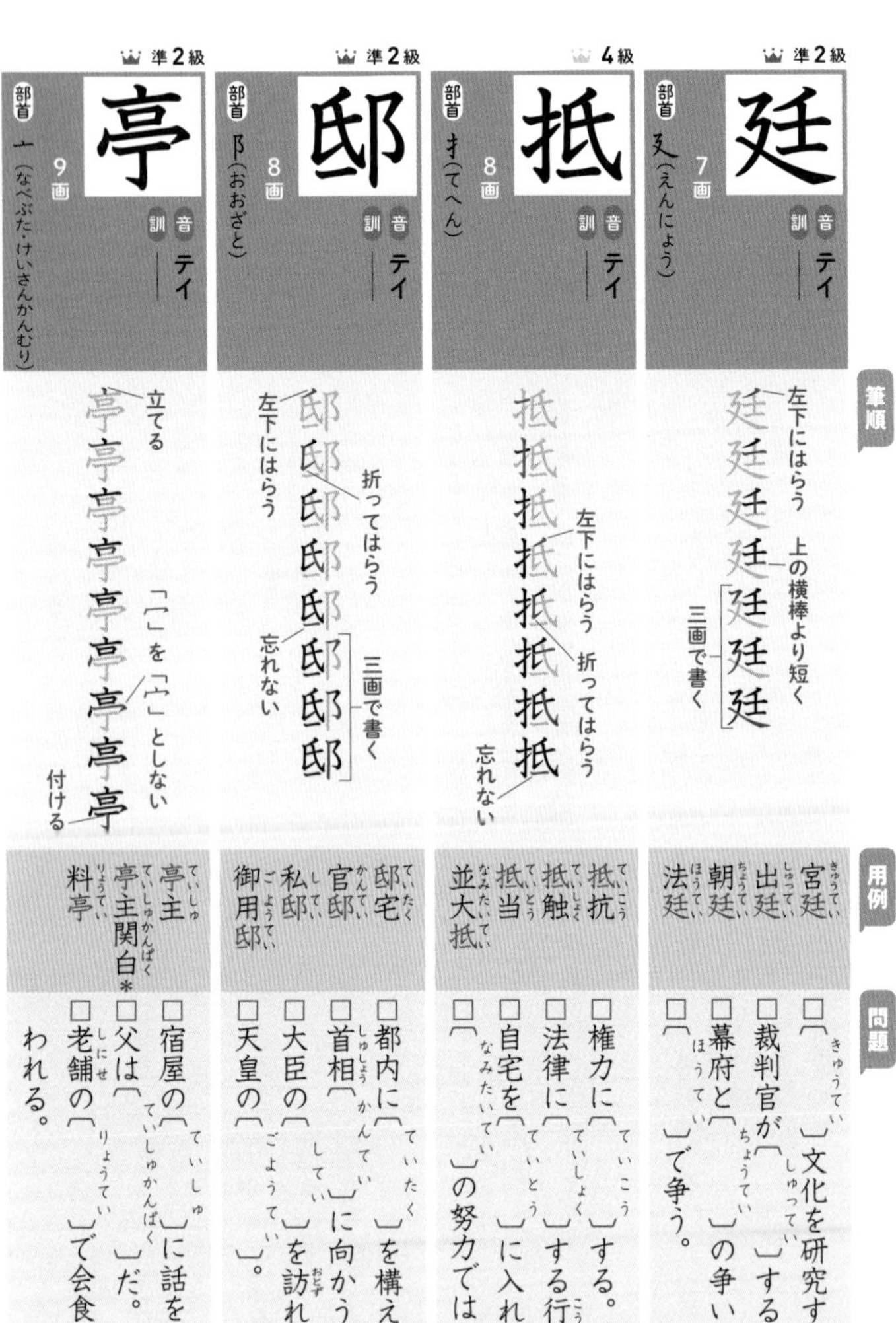


**廷**

用例：宮廷（きゅうてい）　出廷（しゅってい）　朝廷（ちょうてい）　法廷（ほうてい）

問題：
- □〔きゅうてい〕文化を研究する。
- □裁判官が〔しゅってい〕する。
- □幕府と〔ちょうてい〕の争い。
- □〔ほうてい〕で争う。

**抵**

用例：抵抗（ていこう）　抵触（ていしょく）　抵当（ていとう）　並大抵（なみたいてい）

問題：
- □権力に〔ていこう〕する。
- □法律に〔ていしょく〕する行為（こうい）。
- □自宅を〔ていとう〕に入れる。
- □〔なみたいてい〕の努力ではない。

**邸**

用例：邸宅（ていたく）　官邸（かんてい）　私邸（してい）　御用邸（ごようてい）

問題：
- □都内に〔ていたく〕を構える。
- □首相（しゅしょう）〔かんてい〕に向かう。
- □大臣の〔してい〕を訪（おとず）れる。
- □天皇の〔ごようてい〕。

**亭**

用例：亭主（ていしゅ）　亭主関白（ていしゅかんぱく）＊　料亭（りょうてい）

問題：
- □宿屋の〔ていしゅ〕に話を聞く。
- □父は〔ていしゅかんぱく〕だ。
- □老舗（しにせ）の〔りょうてい〕で会食が行われる。

＊亭主関白＝夫が妻に対していばっていること。

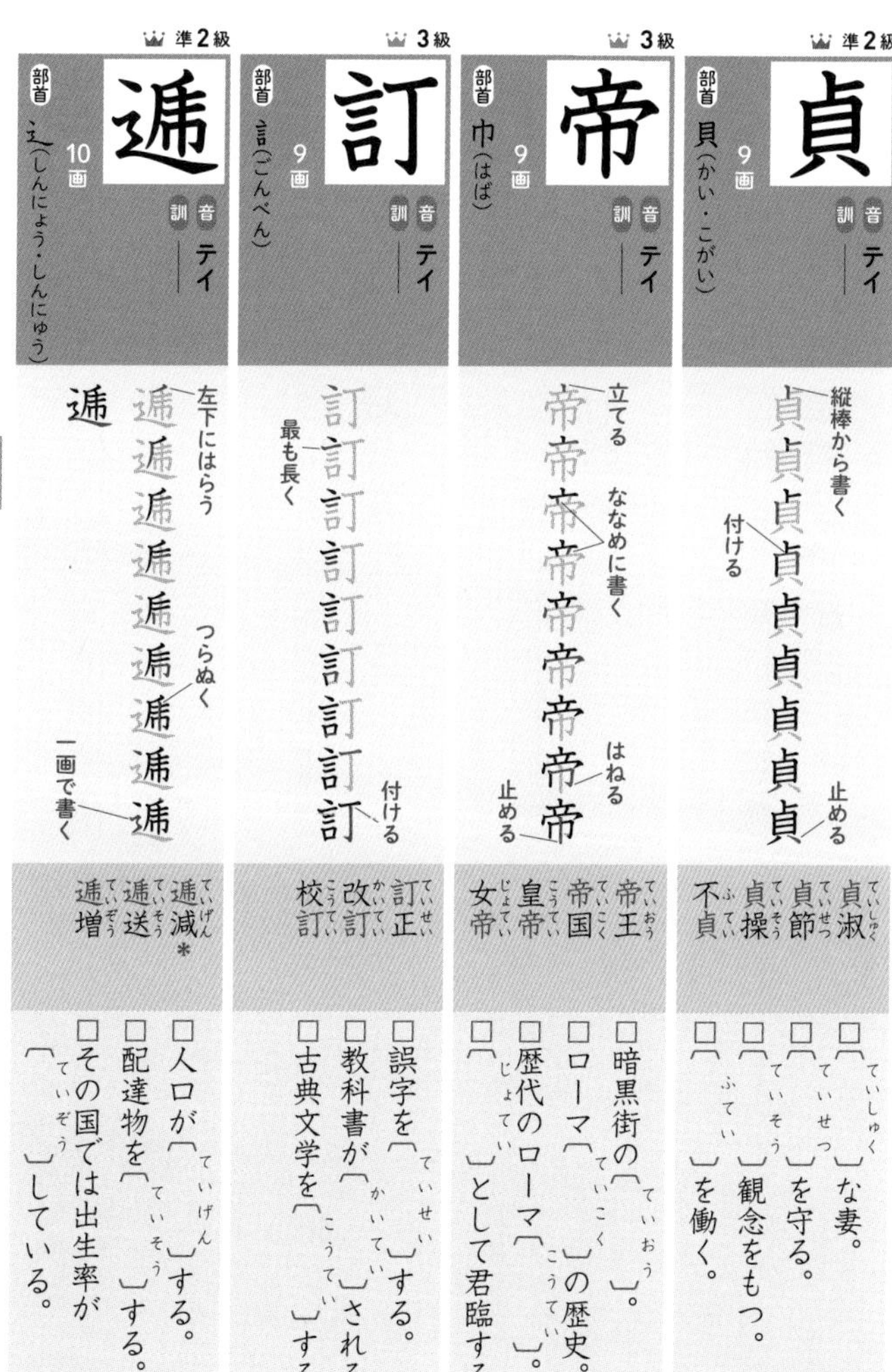

準2級
貞
部首 貝（かい・こがい） 9画
音 テイ
訓 —
縦棒から書く
付ける
止める
貞淑（ていしゅく）
貞節（ていせつ）
貞操（ていそう）
不貞（ふてい）
□〔ていしゅく〕な妻。
□〔ていせつ〕を守る。
□〔ていそう〕観念をもつ。
□〔ふてい〕を働く。

3級
帝
部首 巾（はば） 9画
音 テイ
訓 —
立てる
ななめに書く
はねる
止める
帝王（ていおう）
帝国（ていこく）
皇帝（こうてい）
女帝（じょてい）
□暗黒街の〔ていおう〕。
□ローマ〔ていこく〕の歴史。
□歴代のローマ〔こうてい〕。
□〔じょてい〕として君臨する。

3級
訂
部首 言（ごんべん） 9画
音 テイ
訓 —
最も長く
付ける
訂正（ていせい）
改訂（かいてい）
校訂（こうてい）
□誤字を〔ていせい〕する。
□教科書が〔かいてい〕される。
□古典文学を〔こうてい〕する。

準2級
逓
部首 辶（しんにょう・しんにゅう） 10画
音 テイ
訓 —
左下にはらう
つらぬく
一画で書く
逓減（ていげん）＊
逓送（ていそう）
逓増（ていぞう）
□人口が〔ていげん〕する。
□配達物を〔ていそう〕する。
□その国では出生率が〔ていぞう〕している。


＊逓減＝だんだん減ること。

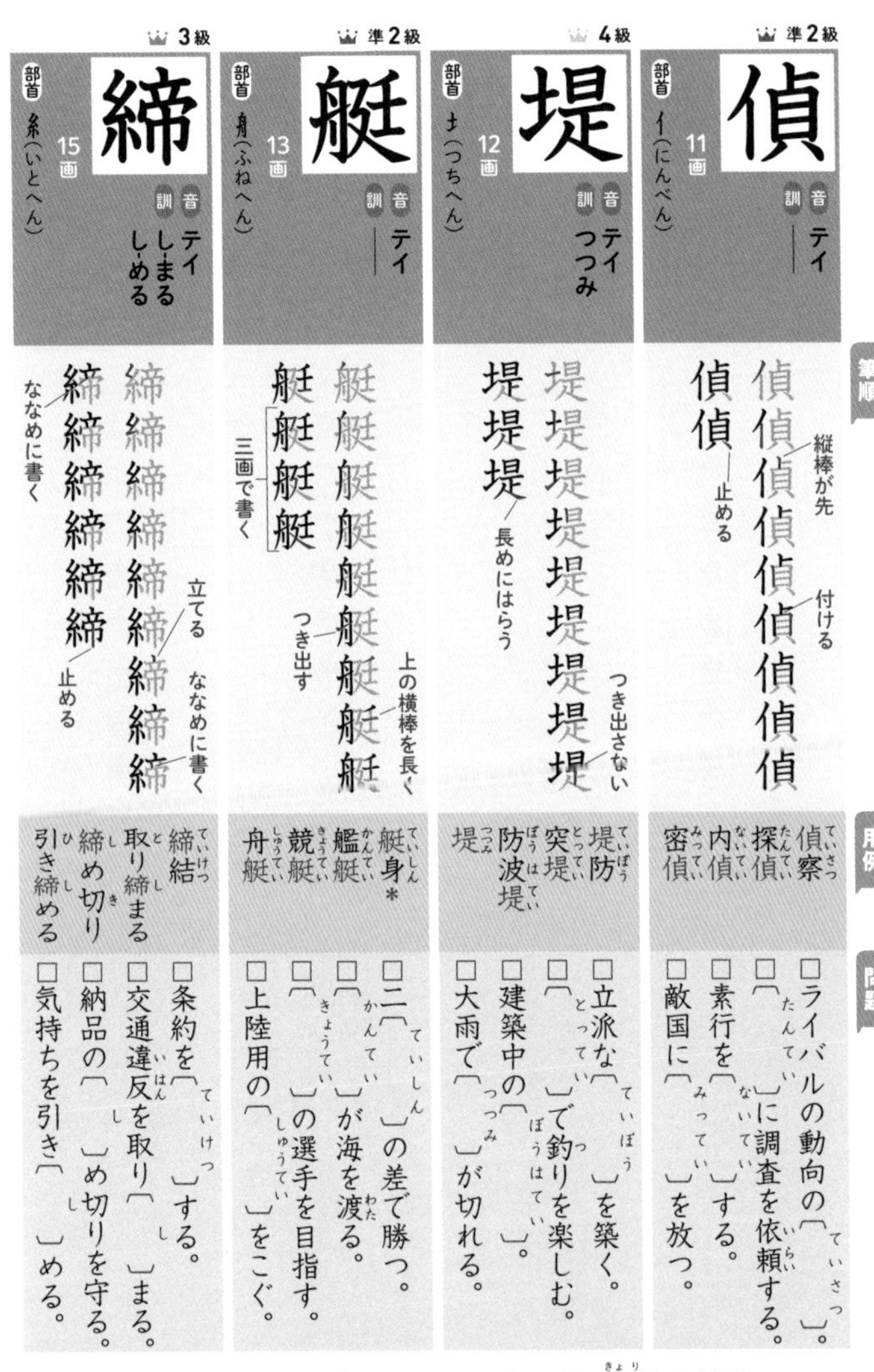

## 偵

準2級

部首：亻（にんべん）　11画

音：テイ
訓：―

**筆順**：縦棒が先／付ける／止める

**用例**：偵察（ていさつ）　探偵（たんてい）　内偵（ないてい）　密偵（みってい）

**問題**
- □ライバルの動向の〔ていさつ〕。
- □〔たんてい〕に調査を依頼（いらい）する。
- □素行を〔ないてい〕する。
- □敵国に〔みってい〕を放つ。

## 堤

4級

部首：土（つちへん）　12画

音：テイ
訓：つつみ

**筆順**：つき出さない／長めにはらう

**用例**：堤防（ていぼう）　突堤（とってい）　防波堤（ぼうはてい）　堤（つつみ）

**問題**
- □立派な〔ていぼう〕を築く。
- □〔とってい〕で釣（つ）りを楽しむ。
- □建築中の〔ぼうはてい〕。
- □大雨で〔つつみ〕が切れる。

## 艇

準2級

部首：舟（ふねへん）　13画

音：テイ
訓：―

**筆順**：上の横棒を長く／つき出す／三画で書く

**用例**：艇身（ていしん）＊　艦艇（かんてい）　競艇（きょうてい）　舟艇（しゅうてい）

**問題**
- □二〔ていしん〕の差で勝つ。
- □〔かんてい〕が海を渡（わた）る。
- □〔きょうてい〕の選手を目指す。
- □上陸用の〔しゅうてい〕をこぐ。

## 締

3級

部首：糸（いとへん）　15画

音：テイ
訓：し-まる　しめる

**筆順**：ななめに書く／立てる／止める／ななめに書く

**用例**：締結（ていけつ）　取（と）り締（し）まる　締（し）め切（き）り　引（ひ）き締（し）める

**問題**
- □条約を〔ていけつ〕する。
- □交通違反（いはん）を取り〔し〕まる。
- □納品の〔し〕め切りを守る。
- □気持ちを引き〔し〕める。

＊艇身＝ボートの長さ。また，ボートレースで，ボート間の距離（きょり）を表す単位。

## 諦　2級

部首 言（ごんべん）　16画

音 テイ　訓 あきら-める

諦 諦 諦 諦 諦 諦 諦 諦 諦 諦 諦 諦 諦 諦 諦 諦

（ななめに書く／はねる／止める／立てる）

諦観（ていかん）　諦念（ていねん）　諦め（あきらめ）　諦める（あきらめる）

□人生を〔ていかん〕する。
□〔ていねん〕の境地に達する。
□〔あきら〕めが悪い性格だ。
□留学を〔あきら〕める。

## 泥　準2級

部首 氵（さんずい）　8画

音 （デイ）　訓 どろ

泥 泥 泥 泥 泥 泥 泥 泥

（左下にはらう／曲げてはねる）

泥縄*（どろなわ）　泥沼（どろぬま）　泥棒（どろぼう）　泥まみれ（どろまみれ）

□〔どろなわ〕式に勉強する。
□内紛（ないふん）が〔どろぬま〕化する。
□〔どろぼう〕を捕（つか）まえる。
□〔どろ〕まみれになって働く。

## 摘　4級

部首 扌（てへん）　14画

音 テキ　訓 つ-む

摘 摘 摘 摘 摘 摘 摘 摘 摘 摘 摘 摘 摘 摘

（立てる／ななめに書く）

摘出（てきしゅつ）　摘発（てきはつ）　指摘（してき）　摘み取る（つみとる）

□腫瘍（しゅよう）を〔てきしゅつ〕する。
□汚職（おしょく）を〔てきはつ〕する。
□問題点を〔してき〕する。
□悪の芽を〔つ〕み取る。

## 滴　4級

部首 氵（さんずい）　14画

音 テキ　訓 しずく（したた-る）

滴 滴 滴 滴 滴 滴 滴 滴 滴 滴 滴 滴 滴 滴

（立てる／ななめに書く）

一滴（いってき）　水滴（すいてき）　点滴（てんてき）　滴（しずく）

□〔いってき〕の酒も飲めない。
□〔すいてき〕が垂れる。
□病院で〔てんてき〕を受ける。
□涙（なみだ）の〔しずく〕がこぼれる。

＊泥縄＝何かが起こってから，慌（あわ）てて対策を立てること。

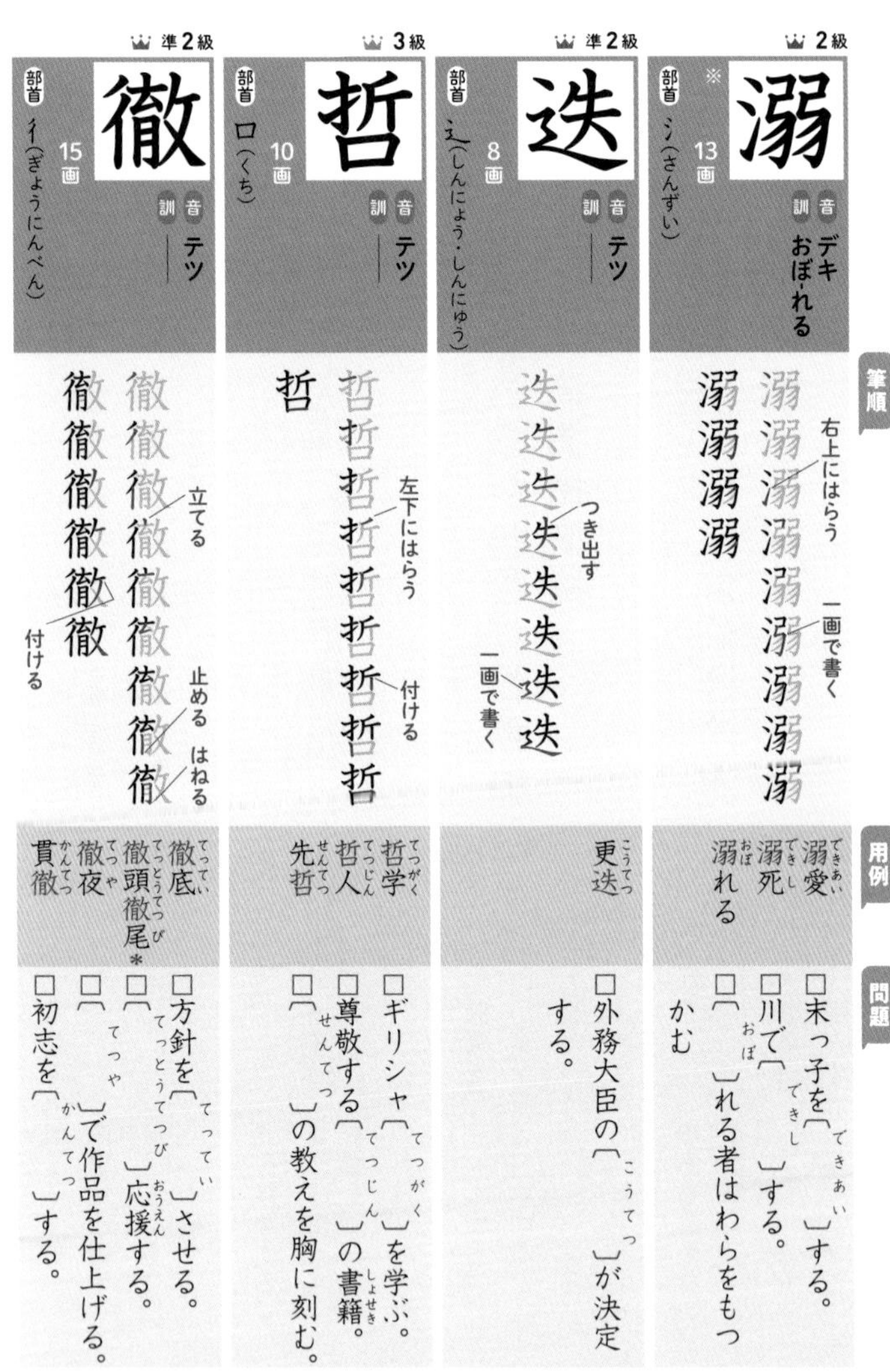

※「溺」も可。　＊徹頭徹尾＝初めから終わりまで変わらない様子。

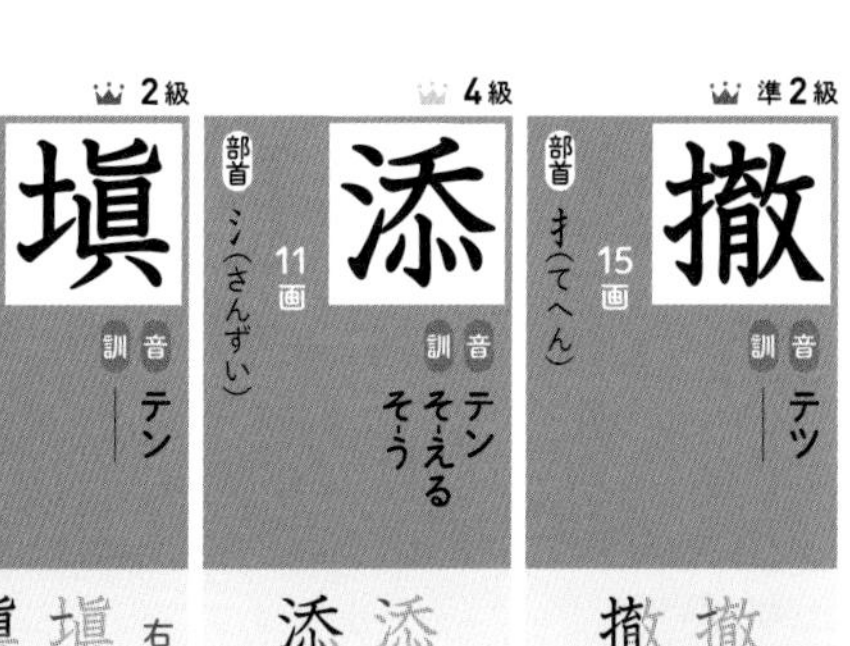

## 撤（準2級）

部首 扌（てへん） 15画
音 テツ
訓 ―

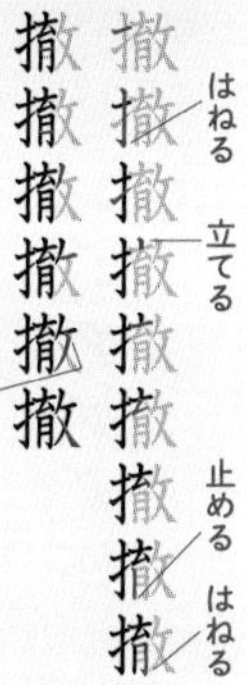

はねる 立てる 付ける 止める はねる

撤回（てっかい） 撤去（てっきょ） 撤退（てったい） 撤廃（てっぱい）

□前言を〔てっかい〕する。
□がれきを〔てっきょ〕する。
□海外市場から〔てったい〕する。
□統制を〔てっぱい〕する。

## 添（4級）

部首 氵（さんずい） 11画
音 テン
訓 そ-える そ-う

左下にはらう 付ける 点二つ

添加物（てんかぶつ） 添削（てんさく） 巻き添え（まきぞえ） 付き添う（つきそう）

□〔てんかぶつ〕を含まない食品。
□答案を〔てんさく〕する。
□事故の巻き〔ぞ〕えを食う。
□病人に付き〔そ〕う。

## 塡（2級）

※
部首 土（つちへん） 13画
音 テン
訓 ―

右上にはらう 折る

装塡（そうてん）＊ 補塡（ほてん）＊

□フィルムを〔そうてん〕する。
□家計の赤字をボーナスで〔ほてん〕する。

### 似ている漢字に注意

逹（テツ） 「关」としない ― 鉄（テツ） ― 送（ソウ）

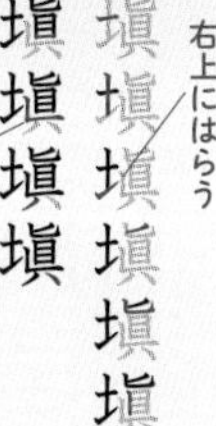

### 似ている漢字に注意

徹（テツ） ぎょうにんべん ― 撤（テツ） てへん

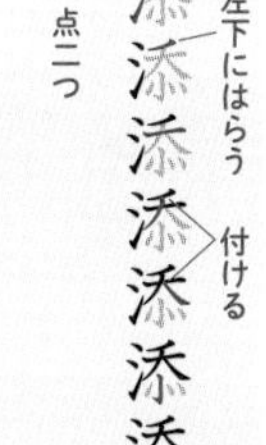

### 書き方に注意

添 「小」や「氺」としない

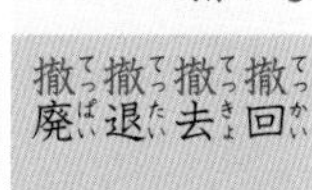

※「塡」も可。　＊装塡＝中に詰（つ）め込（こ）むこと。　＊補塡＝不足分の埋（う）め合わせをすること。

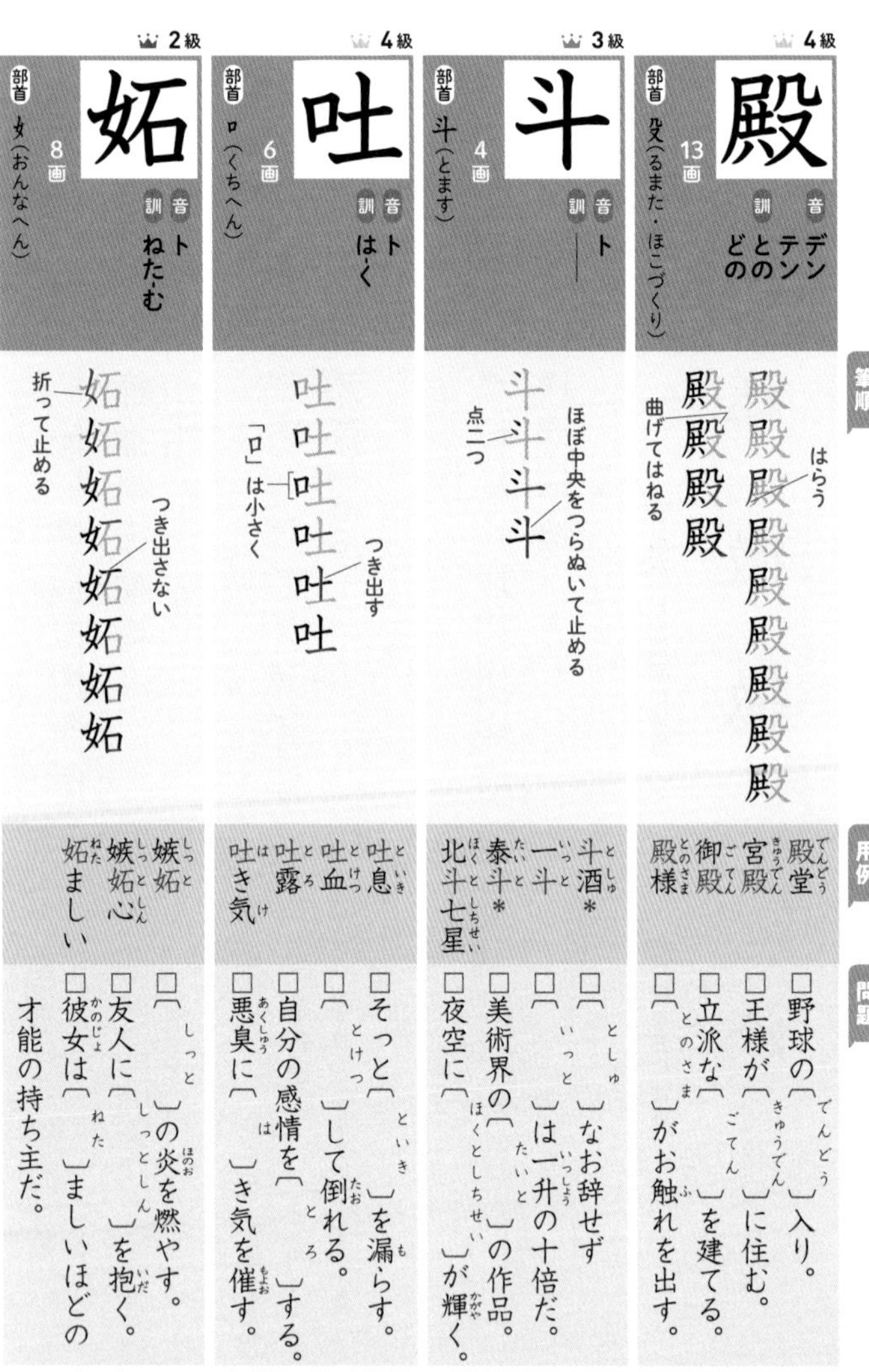

## 殿　4級

部首：殳（るまた・ほこづくり）　13画

音：デン・テン　訓：との・どの

筆順：はらう／曲げてはねる

用例：殿堂（でんどう）　宮殿（きゅうでん）　御殿（ごてん）　殿様（とのさま）

問題
- □野球の（でんどう）入り。
- □王様が（きゅうでん）に住む。
- □立派な（ごてん）を建てる。
- □（とのさま）がお触（ふ）れを出す。

## 斗　3級

部首：斗（とます）　4画

音：ト　訓：—

筆順：ほぼ中央をつらぬいて止める／点二つ

用例：斗酒（としゅ）＊　一斗（いっと）　泰斗（たいと）＊　北斗七星（ほくとしちせい）

問題
- □（としゅ）なお辞せず
- □（いっと）は一升（いっしょう）の十倍だ。
- □美術界の（たいと）の作品。
- □夜空に（ほくとしちせい）が輝（かがや）く。

## 吐　4級

部首：口（くちへん）　6画

音：ト　訓：は-く

筆順：「口」は小さく／つき出す

用例：吐息（といき）　吐血（とけつ）　吐露（とろ）　吐き気（はきけ）

問題
- □そっと（といき）を漏（も）らす。
- □（とけつ）して倒（たお）れる。
- □自分の感情を（とろ）する。
- □悪臭（あくしゅう）に（は）き気を催（もよお）す。

## 妬　2級

部首：女（おんなへん）　8画

音：ト　訓：ねた-む

筆順：折って止める／つき出さない

用例：嫉妬（しっと）　嫉妬心（しっとしん）　妬ましい（ねたましい）

問題
- □（しっと）の炎（ほのお）を燃やす。
- □友人に（しっとしん）を抱（いだ）く。
- □彼女（かのじょ）は（ねた）ましいほどの才能の持ち主だ。

＊斗酒＝多量の酒。　＊泰斗＝特定の分野に優（すぐ）れ，人々の尊敬を集めている人。

 4級

## 途

部首 辶（しんにょう・しんにゅう）　10画

音 ト
訓 ―

途　途途途途途途途途途
（付ける／つき出さない／一画で書く）

途中（とちゅう）
途方（とほう）
前途（ぜんと）
中途（ちゅうと）

□作業を〔とちゅう〕でやめる。
□失業して〔とほう〕に暮れる。
□この計画は〔ぜんと〕多難だ。
□〔ちゅうと〕採用で入社する。

4級

## 渡

部首 氵（さんずい）　12画

音 ト
訓 わた-る　わた-す

渡渡渡　渡渡渡渡渡渡渡渡渡
（立てる／筆順に注意）

渡航（とこう）
過渡期（かとき）＊
譲渡（じょうと）
渡り歩く（わたりあるく）

□〔とこう〕の手続きをする。
□社会が〔かとき〕を迎える。
□全財産を子に〔じょうと〕する。
□世界を〔わた〕り歩く。

3級

## 塗

部首 土（つち）　13画

音 ト
訓 ぬ-る

塗塗塗塗　塗塗塗塗塗塗塗塗塗
（付ける／つき出さない）

塗装（とそう）
塗布（とふ）
塗料（とりょう）
上塗り（うわぬり）

□外壁（がいへき）の〔とそう〕工事を行う。
□傷口に薬を〔とふ〕する。
□蛍光（けいこう）〔とりょう〕を使う。
□恥（はじ）の〔うわぬ〕りをする。

2級

## 賭 ※

部首 貝（かいへん）　16画

音 （ト）
訓 か-ける

賭賭賭賭賭賭賭賭　賭賭賭賭賭賭賭賭
（長くはらう／短く止める）

賭け（かけ）
賭け事（かけごと）

□一世一代の〔か〕けに出る。
□〔か〕け事に興じてばかりの生活を改める。

＊過渡期＝新しい状態に移り変わる途中（とちゅう）の時期。　※「賭」（15画）も可。

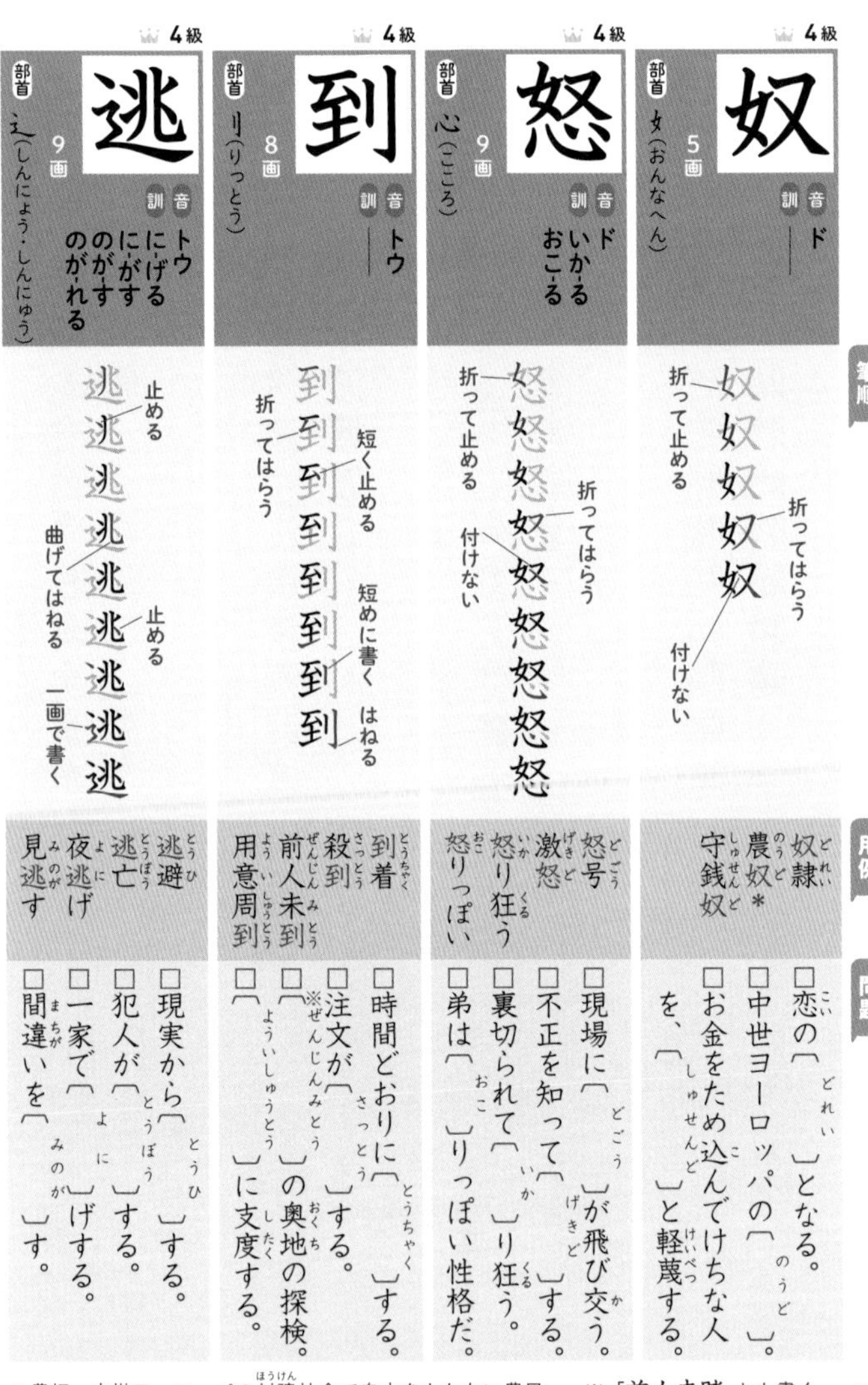

4級

## 奴

部首 女（おんなへん） 5画

音 ド
訓 ―

筆順：折って止める／折ってはらう／付けない

用例：奴隷（どれい）　農奴（のうど）＊　守銭奴（しゅせんど）

問題
□恋の〔どれい〕となる。
□中世ヨーロッパの〔のうど〕。
□お金をため込んでけちな人を、〔しゅせんど〕と軽蔑（けいべつ）する。

4級

## 怒

部首 心（こころ） 9画

音 ド
訓 いか-る　おこ-る

筆順：折って止める／折ってはらう／付けない

用例：怒号（どごう）　激怒（げきど）　怒り狂う（いかりくるう）　怒りっぽい（おこりっぽい）

問題
□現場に〔どごう〕が飛び交（か）う。
□不正を知って〔げきど〕する。
□裏切られて〔いか〕り狂（くる）う。
□弟は〔おこ〕りっぽい性格だ。

4級

## 到

部首 刂（りっとう） 8画

音 トウ
訓 ―

筆順：折ってはらう／短く止める／短めに書く／はねる

用例：到着（とうちゃく）　殺到（さっとう）　前人未到（ぜんじんみとう）　用意周到（よういしゅうとう）

問題
□時間どおりに〔とうちゃく〕する。
□注文が〔さっとう〕する。
□〔ぜんじんみとう〕※の奥地（おくち）の探検。
□〔よういしゅうとう〕に支度（したく）する。

4級

## 逃

部首 辶（しんにょう・しんにゅう） 9画

音 トウ
訓 に-げる　に-がす　のが-す　のが-れる

筆順：止める／曲げてはねる／止める／一画で書く

用例：逃避（とうひ）　逃亡（とうぼう）　夜逃げ（よにげ）　見逃す（みのがす）

問題
□現実から〔とうひ〕する。
□犯人が〔とうぼう〕する。
□一家で〔よに〕げする。
□間違（まちが）いを〔みのが〕す。

＊農奴＝中世ヨーロッパの封建（ほうけん）社会で自由をもたない農民。　※「前人未踏」とも書く。

## 倒（4級）

部首 亻（にんべん） 10画

音 トウ
訓 たお-れる・たお-す

はねる／折ってはらう／短く止める

- 倒産（とうさん）
- 圧倒的（あっとうてき）
- 卒倒（そっとう）
- 共倒れ（ともだおれ）

- □大企業が〔とうさん〕する。
- □〔あっとうてき〕な強さを見せる。
- □驚いて〔そっとう〕する。
- □無理な争いで〔ともだお〕れする。

## 凍（3級）

部首 冫（にすい） 10画

音 トウ
訓 こお-る・こご-える

「冫」を「氵」としない／つらぬく

- 凍結（とうけつ）
- 冷凍（れいとう）
- 凍り付く（こおりつく）
- 凍え死に（こごえじに）

- □寒さで湖が〔とうけつ〕する。
- □〔れいとう〕食品を使う。
- □恐怖のあまり〔こお〕り付く。
- □〔こご〕え死にしそうな寒さ。

## 唐（4級）

部首 口（くち） 10画

音 トウ
訓 から

立てる／つき出す

- 唐突（とうとつ）
- 遣唐使（けんとうし）
- 荒唐無稽（こうとうむけい）＊
- 唐草模様（からくさもよう）

- □〔とうとつ〕に笑い出す。
- □〔けんとうし〕の歴史を調べる。
- □あまりにも〔こうとうむけい〕だ。
- □〔からくさもよう〕の風呂敷（ふろしき）。

## 桃（4級）

部首 木（きへん） 10画

音 トウ
訓 もも

止める／止める／曲げてはねる

- 桃源郷（とうげんきょう）
- 白桃（はくとう）
- 桃色（ももいろ）
- 桃の節句（もものせっく）

- □〔とうげんきょう〕を夢見る。
- □〔はくとう〕を食べる。
- □〔ももいろ〕のワンピース。
- □三月三日は〔もも〕の節句だ。

＊荒唐無稽＝根拠（こんきょ）がなく，でたらめであること。

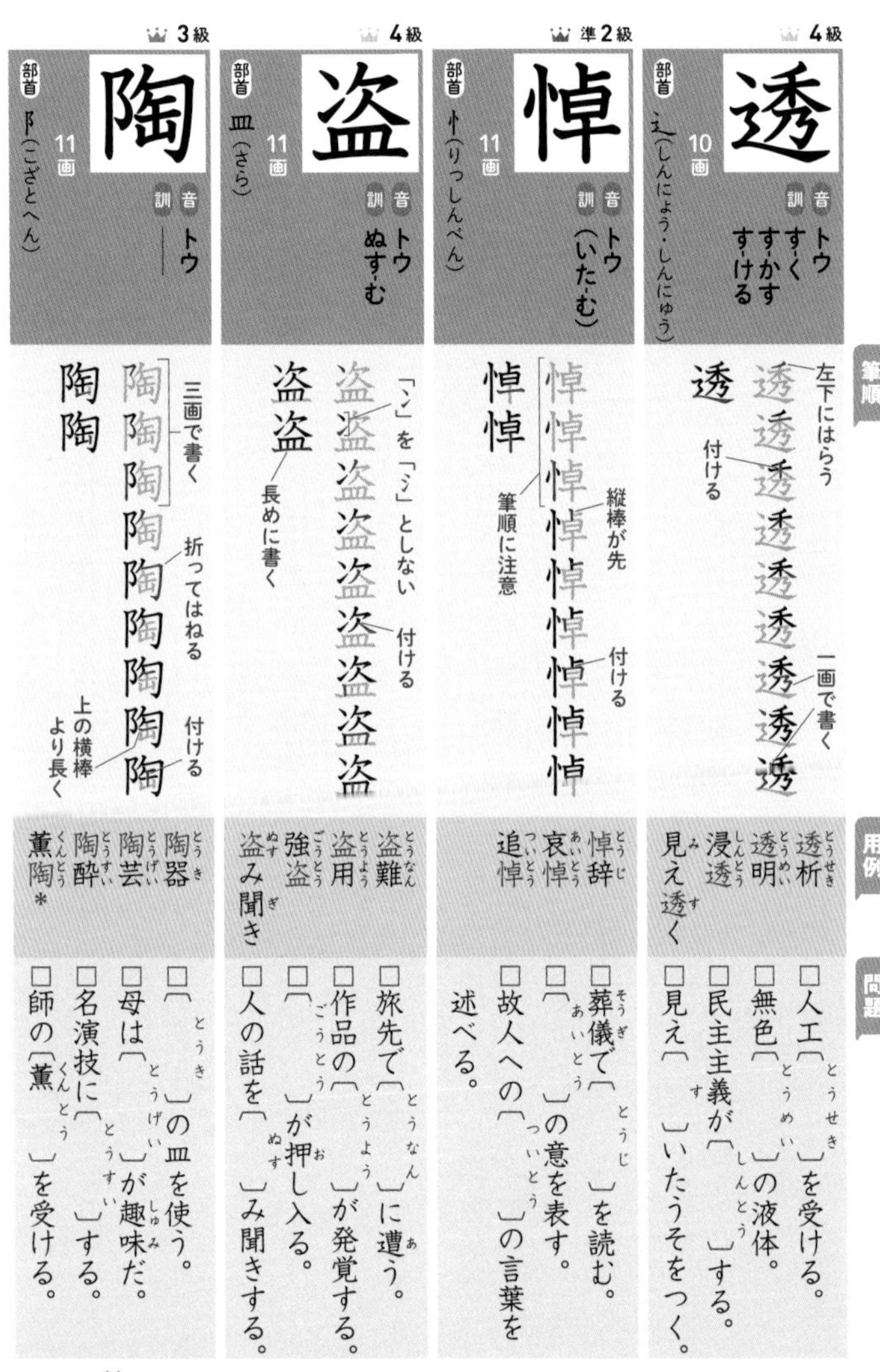

## 透　4級

部首　辶（しんにょう・しんにゅう）　10画

音　トウ

訓　す-く　す-かす　す-ける

筆順：透（左下にはらう／付ける／一画で書く）

用例：透析（とうせき）　透明（とうめい）　浸透（しんとう）　見え透（す）く

問題

□人工（とうせき）を受ける。

□無色（とうめい）の液体。

□民主主義が（しんとう）する。

□見え（す）いたうそをつく。

## 悼　準2級

部首　忄（りっしんべん）　11画

音　トウ

訓　（いた-む）

筆順：悼（縦棒が先／筆順に注意／付ける）

用例：悼辞（とうじ）　哀悼（あいとう）　追悼（ついとう）

問題

□葬儀（そうぎ）で（とうじ）を読む。

□（あいとう）の意を表す。

□故人への（ついとう）の言葉を述べる。

## 盗　4級

部首　皿（さら）　11画

音　トウ

訓　ぬす-む

筆順：盗（「冫」を「氵」としない／付ける／長めに書く）

用例：盗難（とうなん）　盗用（とうよう）　強盗（ごうとう）　盗（ぬす）み聞（ぎ）き

問題

□旅先で（とうなん）に遭（あ）う。

□作品の（とうよう）が発覚する。

□（ごうとう）が押（お）し入る。

□人の話を（ぬす）み聞きする。

## 陶　3級

部首　阝（こざとへん）　11画

音　トウ

訓　――

筆順：陶（三画で書く／折ってはねる／付ける／上の横棒より長く）

用例：陶器（とうき）　陶芸（とうげい）　陶酔（とうすい）　薫陶（くんとう）＊

問題

□（とうき）の皿を使う。

□母は（とうげい）が趣味（しゅみ）だ。

□名演技に（とうすい）する。

□師の（くんとう）を受ける。

＊薫陶＝優（すぐ）れた人格によって，他の人をよい方向に導くこと。

4級

# 塔

12画

部首 土（つちへん）

音 トウ
訓 —

塔 塔 塔 塔 塔 塔 塔 塔 塔 塔 塔 塔

右上にはらう
付ける

塔婆（とうば）
石塔（せきとう）
金字塔（きんじとう）＊

□お墓に〔とうば〕を立てる。
□寺の境内（けいだい）にある〔せきとう〕。
□学界に〔きんじとう〕を打ち立てる。

準2級

# 搭

12画

部首 扌（てへん）

音 トウ
訓 —

搭 搭 搭 搭 搭 搭 搭 搭 搭 搭 搭 搭

はねる
付ける

搭載（とうさい）
搭乗（とうじょう）
搭乗券（とうじょうけん）

□新機能を〔とうさい〕したスマホ。
□乗客が〔とうじょう〕する。
□飛行機の〔とうじょうけん〕。

準2級

# 棟

12画

部首 木（きへん）

音 トウ
訓 むね（むな）

棟 棟 棟 棟 棟 棟 棟 棟 棟 棟 棟 棟

つき出す
短く止める

棟梁（とうりょう）
病棟（びょうとう）
棟上げ（むねあ）
別棟（べつむね）

□大工の〔とう梁（りょう）〕になる。
□外科〔びょうとう〕に入院する。
□〔むねあ〕げの儀式（ぎしき）を行う。
□〔べつむね〕に客室を造る。

3級

# 痘

12画

部首 疒（やまいだれ）

音 トウ
訓 —

痘 痘 痘 痘 痘 痘 痘 痘 痘 痘 痘 痘

立てる
短く止める
短くはらう

種痘（しゅとう）
水痘（すいとう）
天然痘（てんねんとう）

□〔しゅとう〕の痕（あと）が残る。
□水ぼうそうを〔すいとう〕という。
□〔てんねんとう〕の予防接種。

＊金字塔＝後の世まで残る，優（すぐ）れた業績。

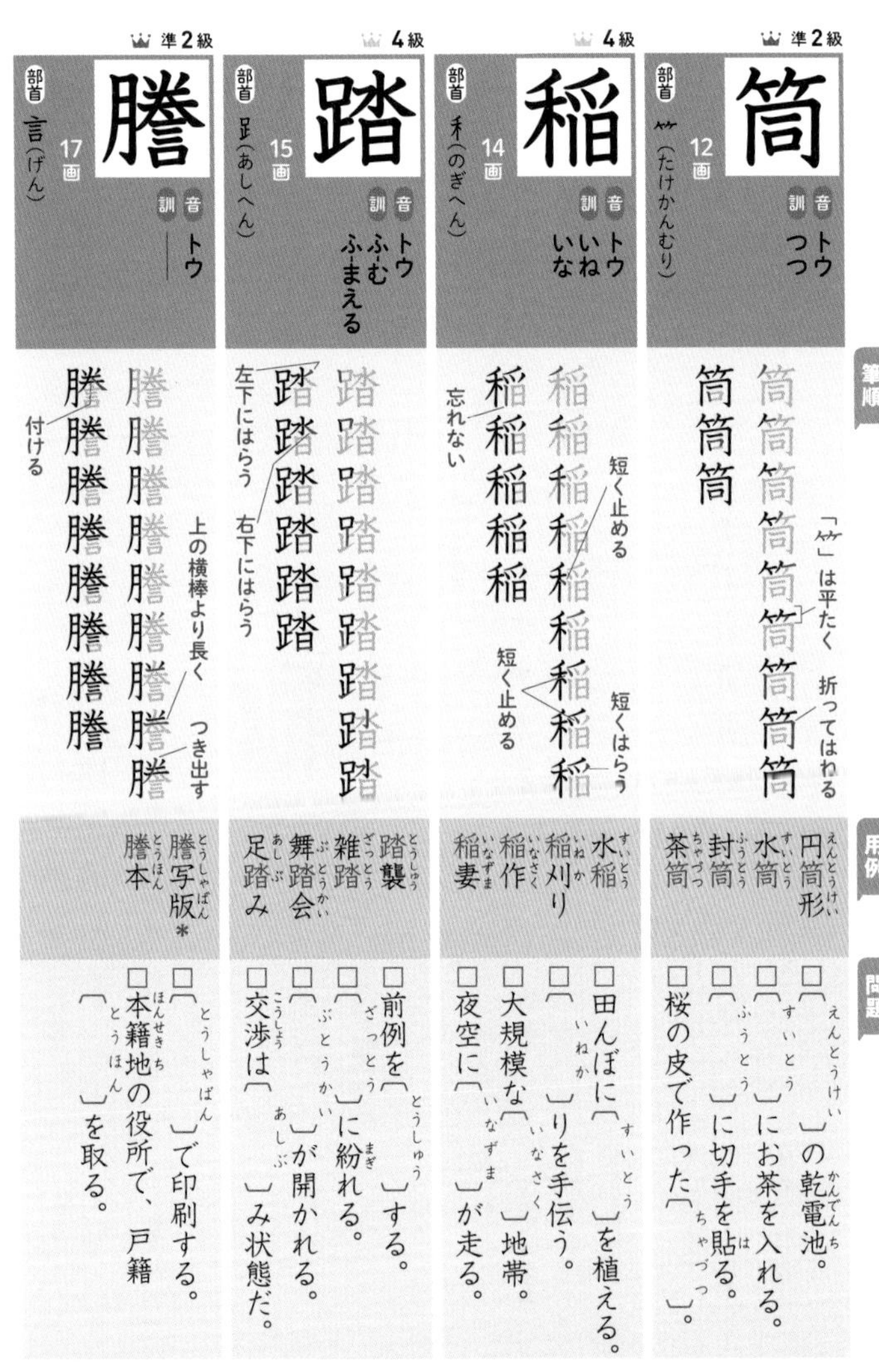

## 筒
準2級
部首 ⺮（たけかんむり） 12画
音 トウ
訓 つつ

筆順：「⺮」は平たく　折ってはねる

用例：円筒形（えんとうけい）　水筒（すいとう）　封筒（ふうとう）　茶筒（ちゃづつ）

問題
□〔えんとうけい〕の乾電池。
□〔すいとう〕にお茶を入れる。
□〔ふうとう〕に切手を貼る。
□桜の皮で作った〔ちゃづつ〕。

## 稲
4級
部首 禾（のぎへん） 14画
音 トウ
訓 いね　いな

筆順：短く止める　短く止める　短くはらう　忘れない

用例：水稲（すいとう）　稲刈り（いねかり）　稲作（いなさく）　稲妻（いなずま）

問題
□田んぼに〔すいとう〕を植える。
□〔いねか〕りを手伝う。
□大規模な〔いなさく〕地帯。
□夜空に〔いなずま〕が走る。

## 踏
4級
部首 ⻊（あしへん） 15画
音 トウ
訓 ふむ　ふまえる

筆順：右下にはらう　左下にはらう

用例：踏襲（とうしゅう）　雑踏（ざっとう）　舞踏会（ぶとうかい）　足踏み（あしぶみ）

問題
□前例を〔とうしゅう〕する。
□〔ざっとう〕に紛れる。
□〔ぶとうかい〕が開かれる。
□交渉は〔あしぶ〕み状態だ。

## 謄
準2級
部首 言（げん） 17画
音 トウ
訓 ―

筆順：つき出す　上の横棒より長く　付ける

用例：謄写版（とうしゃばん）＊　謄本（とうほん）

問題
□〔とうしゃばん〕で印刷する。
□本籍地の役所で、戸籍〔とうほん〕を取る。

＊謄写版＝原紙に鉄筆などで字や絵をかき，ローラーでこすりインクをにじみ出させて転写する，手軽な印刷機。

2級

# 藤

部首 艹(くさかんむり) 18画

音 トウ
訓 ふじ

上の横棒より長く　つき出す

葛藤（かっとう）
藤色（ふじいろ）
藤棚（ふじだな）

□心に（かっとう）が生じる。
□（ふじいろ）のセーター。
□満開を迎えた（ふじだな）を観賞する。

4級

# 闘

部首 門(もんがまえ) 18画

音 トウ
訓 たたか-う

縦棒から書く　一画で書く

闘争（とうそう）
格闘（かくとう）
戦闘（せんとう）
孤軍奮闘（こぐんふんとう）

□権力（とうそう）を繰り返す。
□難題と（かくとう）する。
□激しい（せんとう）を交える。
□新天地で（こぐんふんとう）する。

準2級

# 騰

部首 馬(うま) 20画

音 トウ
訓 ―

上の横棒より長く　つき出す　縦棒から書く　折ってはねる

騰貴（とうき）
高騰（こうとう）
沸騰（ふっとう）
暴騰（ぼうとう）

□物価の（とうき）に驚く。
□地価が（こうとう）する。
□お湯が（ふっとう）する。
□株価が（ぼうとう）する。

準2級

# 洞

部首 氵(さんずい) 9画

音 ドウ
訓 ほら

折ってはねる　右上にはらう

洞窟（どうくつ）
洞察力（どうさつりょく）＊
空洞化（くうどうか）
洞穴（ほらあな）※

□（どうくつ）遺跡が発見される。
□鋭い（どうさつりょく）の持ち主。
□国内産業の（くうどうか）。
□熊が（ほらあな）で冬眠する。



＊洞察力＝よく観察して奥底（おくそこ）まで見抜（みぬ）く力。　※「どうけつ」とも読む。

## 胴 4級
部首 月（にくづき） 10画
音 ドウ
訓 ―

筆順：胴（はねる／折ってはねる）

用例：胴上げ　胴衣　胴体　胴乱＊

問題：
□監督を〔どうあ〕げする。※
□救命〔どうい〕を身に着ける。
□飛行機が〔どうたい〕着陸する。
□〔どうらん〕に植物を入れる。

## 瞳 2級
部首 目（めへん） 17画
音 ドウ
訓 ひとみ

筆順：瞳（立てる／ななめに書く／つき出さない）

用例：瞳孔　瞳

問題：
□暗い場所で〔どうこう〕が開く。
□〔ひとみ〕を凝らして落とし物を捜す。

## 峠 4級
部首 山（やまへん） 9画
音 ―
訓 とうげ

筆順：峠（縦棒が先／少しはなす）

用例：峠　峠道

問題：
□今年の暑さも〔とうげ〕を越した。
□家族旅行で〔とうげみち〕をドライブする。

## 匿 3級
部首 匸（かくしがまえ） 10画
音 トク
訓 ―

筆順：匿（はらいが先／一画で書く）

用例：匿名　隠匿　秘匿

問題：
□〔とくめい〕による投稿。
□物資を〔いんとく〕する。
□取材源の〔ひとく〕の原則。

※「胴揚げ」とも書く。　＊胴乱＝採集した植物を入れる容器。

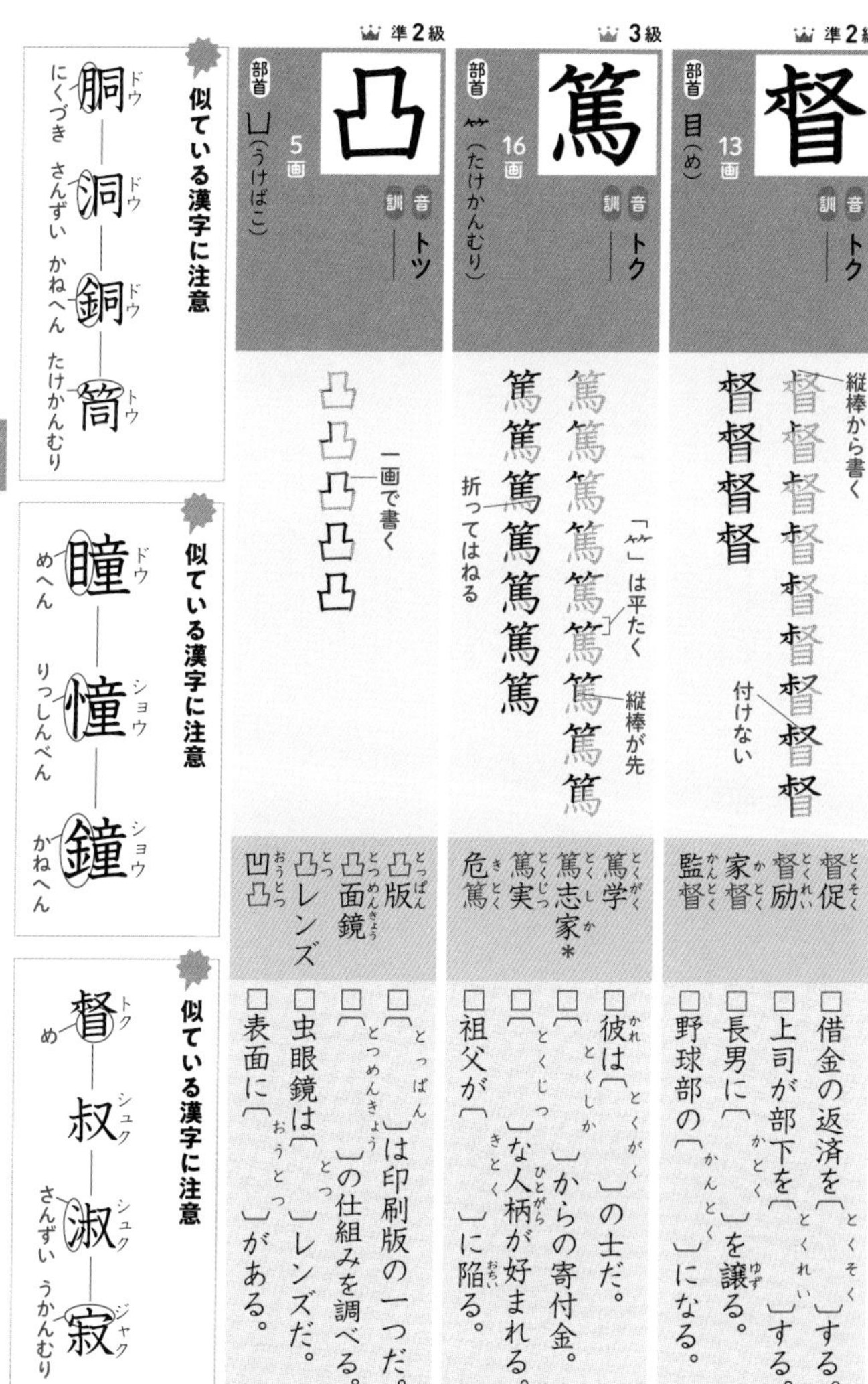

## 督

準2級

部首 目（め）　13画

音 トク　訓 ―

縦棒から書く　付けない

督促（とくそく）　督励（とくれい）　家督（かとく）　監督（かんとく）

□借金の返済を［とくそく］する。
□上司が部下を［とくれい］する。
□長男に［かとく］を譲（ゆず）る。
□野球部の［かんとく］になる。

## 篤

3級

部首 ⺮（たけかんむり）　16画

音 トク　訓 ―

「⺮」は平たく　縦棒が先　折ってはねる

篤学（とくがく）　篤志家（とくしか）＊　篤実（とくじつ）　危篤（きとく）

□彼（かれ）は［とくがく］の士だ。
□［とくしか］からの寄付金。
□［とくじつ］な人柄（ひとがら）が好まれる。
□祖父が［きとく］に陥（おちい）る。

## 凸

準2級

部首 凵（うけばこ）　5画

音 トツ　訓 ―

一画で書く

凸版（とっぱん）　凸面鏡（とつめんきょう）　凸レンズ（とつ）　凹凸（おうとつ）

□［とっぱん］は印刷版の一つだ。
□［とつめんきょう］の仕組みを調べる。
□虫眼鏡は［とつ］レンズだ。
□表面に［おうとつ］がある。

### 似ている漢字に注意

胴（ドウ）にくづき ― 洞（ドウ）さんずい ― 銅（ドウ）かねへん ― 筒（トウ）たけかんむり

### 似ている漢字に注意

瞳（ドウ）めへん ― 憧（ショウ）りっしんべん ― 鐘（ショウ）かねへん

### 似ている漢字に注意

督（トク）め ― 叔（シュク） ― 淑（シュク）さんずい ― 寂（ジャク）うかんむり



＊篤志家＝社会奉仕（ほうし）に熱心で，進んで協力する人。

4級
突
部首 穴（あなかんむり） 8画
音 トツ
訓 つ-く
筆順 立てる 曲げて止める
用例 突進（とっしん） 突然（とつぜん） 激突（げきとつ） 衝突（しょうとつ）
問題
□目標に向けて〔とっしん〕する。
□〔とつぜん〕、姿を消す。
□電柱に〔げきとつ〕する。
□互（たが）いの意見が〔しょうとつ〕する。

準2級
屯
部首 屮（てつ） 4画
音 トン
訓 ―
筆順 左下にはらう つき出す 曲げてはねる
用例 屯田兵（とんでんへい）* 駐屯（ちゅうとん） 駐屯地（ちゅうとんち）
問題
□北海道（ほっかいどう）の〔とんでんへい〕の歴史。
□軍隊が〔ちゅうとん〕する。
□自衛隊の〔ちゅうとんち〕。

3級
豚
部首 豕（ぶた・いのこ） 11画
音 トン
訓 ぶた
筆順 左下にはらう 右下にはらう 付ける はねる
用例 豚（とん）カツ 養豚業（ようとんぎょう） 豚肉（ぶたにく） 子豚（こぶた）
問題
□〔とん〕カツを食べる。
□〔ようとんぎょう〕を営む。
□〔ぶたにく〕を使った料理。
□〔こぶた〕が生まれる。

2級
頓
部首 頁（おおがい） 13画
音 トン
訓 ―
筆順 左下にはらう 曲げてはねる
用例 頓知（とんち） 頓着（とんちゃく） 頓服薬（とんぷくやく） 整理整頓（せいりせいとん）
問題
□〔とんち〕を働かせる。
□金銭に〔とんちゃく〕しない。
□〔とんぷくやく〕を飲む。
□部屋を〔せいりせいとん〕する。

＊屯田兵＝明治時代（めいじ），北海道（ほっかいどう）の警備・開拓（かいたく）と共に農業も行った兵。

## 貪 2級

部首 貝(かい・こがい) 11画

音 ドン
訓 むさぼる

付ける／止める

貪欲(どんよく)＊
貪(むさぼ)り食(く)う

□〔どんよく〕に地位を求める。
□飢(う)えたライオンが獲物(えもの)を〔むさぼ〕り食う。

## 鈍 4級

部首 金(かねへん) 12画

音 ドン
訓 にぶ-い にぶ-る

左下にはらう／曲げてはねる

鈍感(どんかん)
鈍器(どんき)＊
鈍痛(どんつう)
愚鈍(ぐどん)

□味覚が〔どんかん〕な人。
□〔どんき〕で殴(なぐ)られる。
□腹部に〔どんつう〕を覚える。
□彼(かれ)は〔ぐどん〕な男だ。

## 曇 4級

部首 日(ひ) 16画

音 ドン
訓 くも-る

「日」は平たく／上の横棒より長く／短く止める

曇天(どんてん)
薄曇(うすぐも)り
花曇(はなぐも)り

□〔どんてん〕の中、出かける。
□今日は〔うすぐも〕りだ。
□〔はなぐも〕りの日が続く。

## 丼 2級

部首 丶(てん) 5画

音 ―
訓 どんぶり どん

上の横棒よりやや長く／忘れない

丼勘定(どんぶりかんじょう)
丼飯(どんぶりめし)
牛丼(ぎゅうどん)
天丼(てんどん)

□〔どんぶりかんじょう〕で済ませる。
□〔どんぶりめし〕を平らげる。
□〔ぎゅうどん〕を注文する。
□昼食に〔てんどん〕を食べる。


＊貪欲＝非常に欲が深いこと。　＊鈍器＝凶器(きょうき)として使われる，硬(かた)くて重いもの。

コラム 4

# 筆順の基本

筆順は、長い年月をかけて、このように書くのが最もよいと伝わってきたもので、美しくきちんとした字を書くための書きやすい順序です。

## 筆順の二大原則

**●上から下へ**

例 三→一二三　言→、亠亠亠言

**●左から右へ**

例 川→丿川川　心→、心心心

## 筆順の原則（二大原則は、さらに以下の原則に分けられる。）

**①横画が先**

例 十→一十　用→冂月月用

**②中央が先**

例 小→亅小小　承→了手承承承

**③外側が先**

例 同→冂冂同　間→門門間　司→丁司司

**④左払い（ひだりばら）が先**

例 父→八ク父　文→亠ナ文　放→方方放

**⑤貫く（つらぬ）縦画は最後**

例 中→口中　事→亖亖事　半→丷丷半

**⑥貫く横画は最後**

例 母→ロ母母　冊→冂冊冊　毎→𠂉毎毎

**⑦横画と左払いが交わる場合**

**・左払いが長い字は横画が先**

例 左→一ナ左　友→一ナ友　存→一ナ存

**・左払いが短い字は左払いが先**

例 右→ノナ右　有→ノナ有　希→产产希

以上は原則なので、例外もあります。

①の例外　**横画があと**　例 田→冂田田

②の例外　**中央があと**　例 火→丶丷火

⑥の例外　**貫く横画が先**　例 世→一廿世

ナ
行の漢字

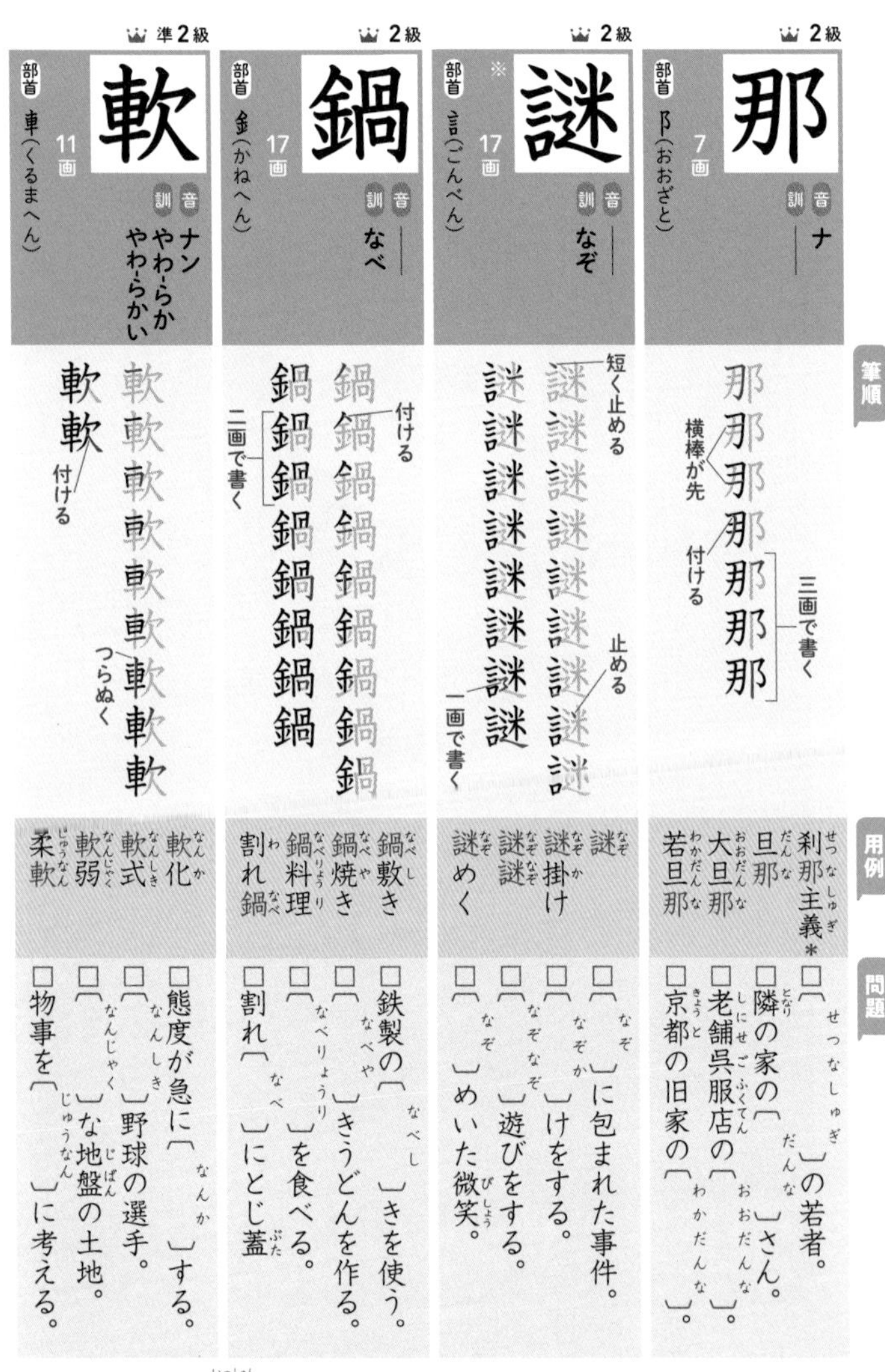


＊刹那主義＝現在の一瞬の快楽を追求する考え方。　※「謎」(16画)も可。

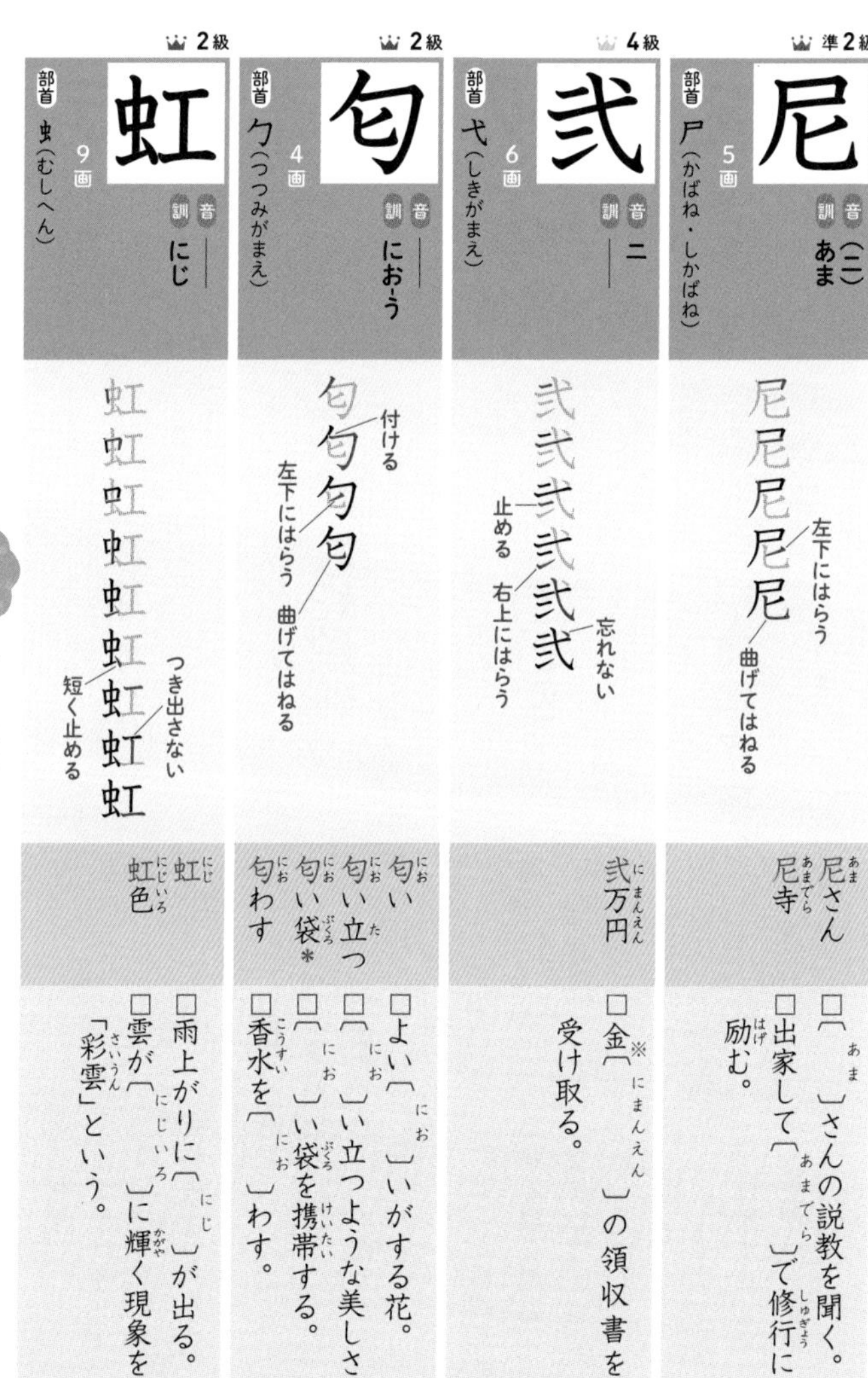


ナ行
ナ▸にじ

※「二万円」とも書く。　＊匂い袋―よい匂いのするものを入れた袋。

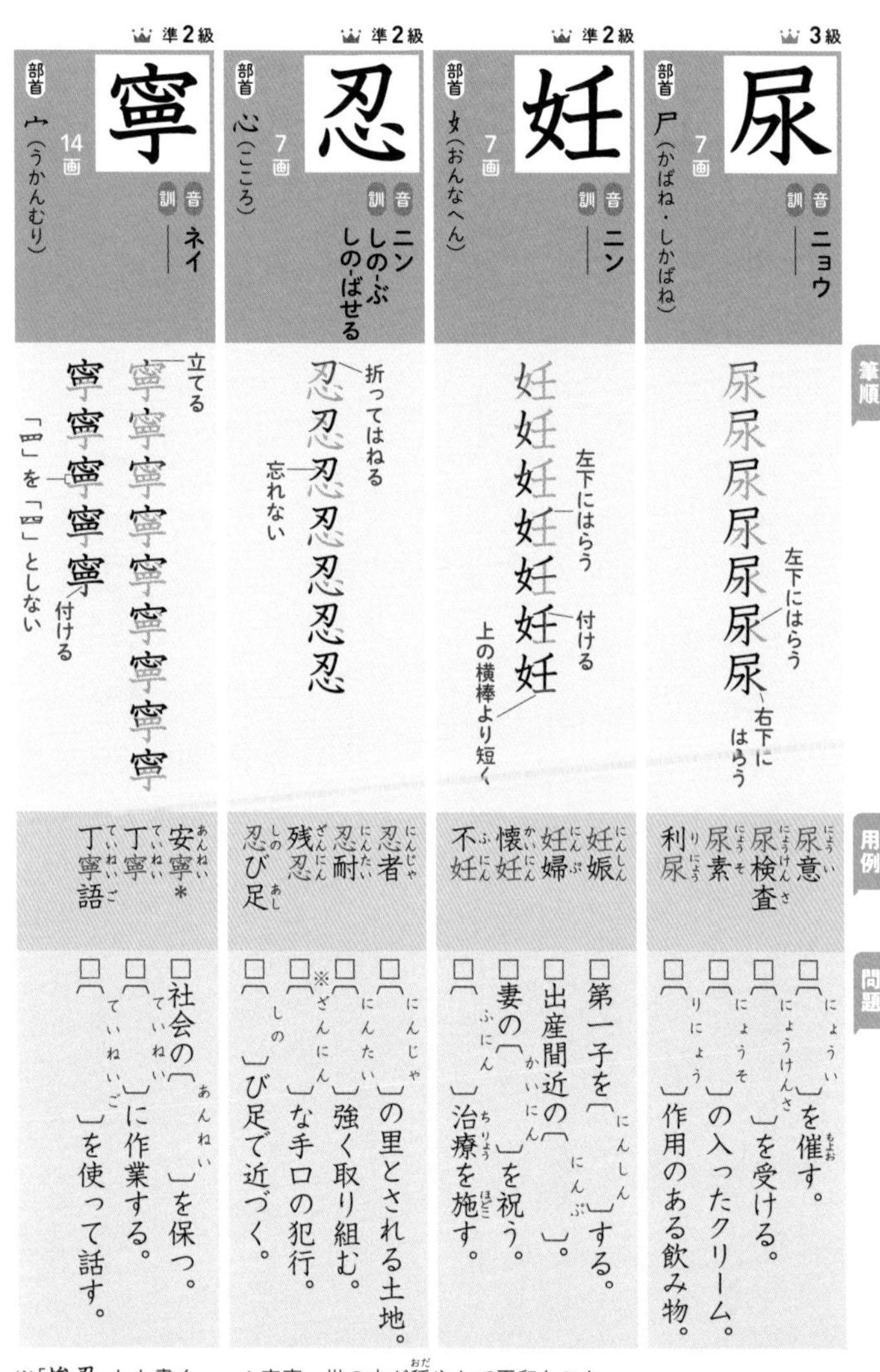

3級
尿
部首 尸（かばね・しかばね） 7画
音 ニョウ
訓 —
筆順 左下にはらう 右下にはらう
用例
尿意（にょうい）
尿検査（にょうけんさ）
尿素（にょうそ）
利尿（りにょう）
問題
□（にょうい）を催（もよお）す。
□（にょうけんさ）を受ける。
□（にょうそ）の入ったクリーム。
□（りにょう）作用のある飲み物。

準2級
妊
部首 女（おんなへん） 7画
音 ニン
訓 —
筆順 左下にはらう 付ける 上の横棒より短く
用例
妊娠（にんしん）
妊婦（にんぷ）
懐妊（かいにん）
不妊（ふにん）
問題
□第一子を（にんしん）する。
□出産間近の（にんぷ）。
□妻の（かいにん）を祝う。
□（ふにん）治療（ちりょう）を施（ほどこ）す。

準2級
忍
部首 心（こころ） 7画
音 ニン
訓 しの-ぶ しの-ばせる
筆順 折ってはねる 忘れない
用例
忍者（にんじゃ）
忍耐（にんたい）
残忍（ざんにん）
忍び足（しのびあし）
問題
□（にんじゃ）の里とされる土地。
□（にんたい）強く取り組む。
□（※ざんにん）な手口の犯行。
□（しの）び足で近づく。

準2級
寧
部首 宀（うかんむり） 14画
音 ネイ
訓 —
筆順 立てる 「罒」を「四」としない 付ける
用例
安寧（あんねい）＊
丁寧（ていねい）
丁寧語（ていねいご）
問題
□社会の（あんねい）を保つ。
□（ていねい）に作業する。
□（ていねいご）を使って話す。

※「惨忍」とも書く。　＊安寧＝世の中が穏（おだ）やかで平和なこと。

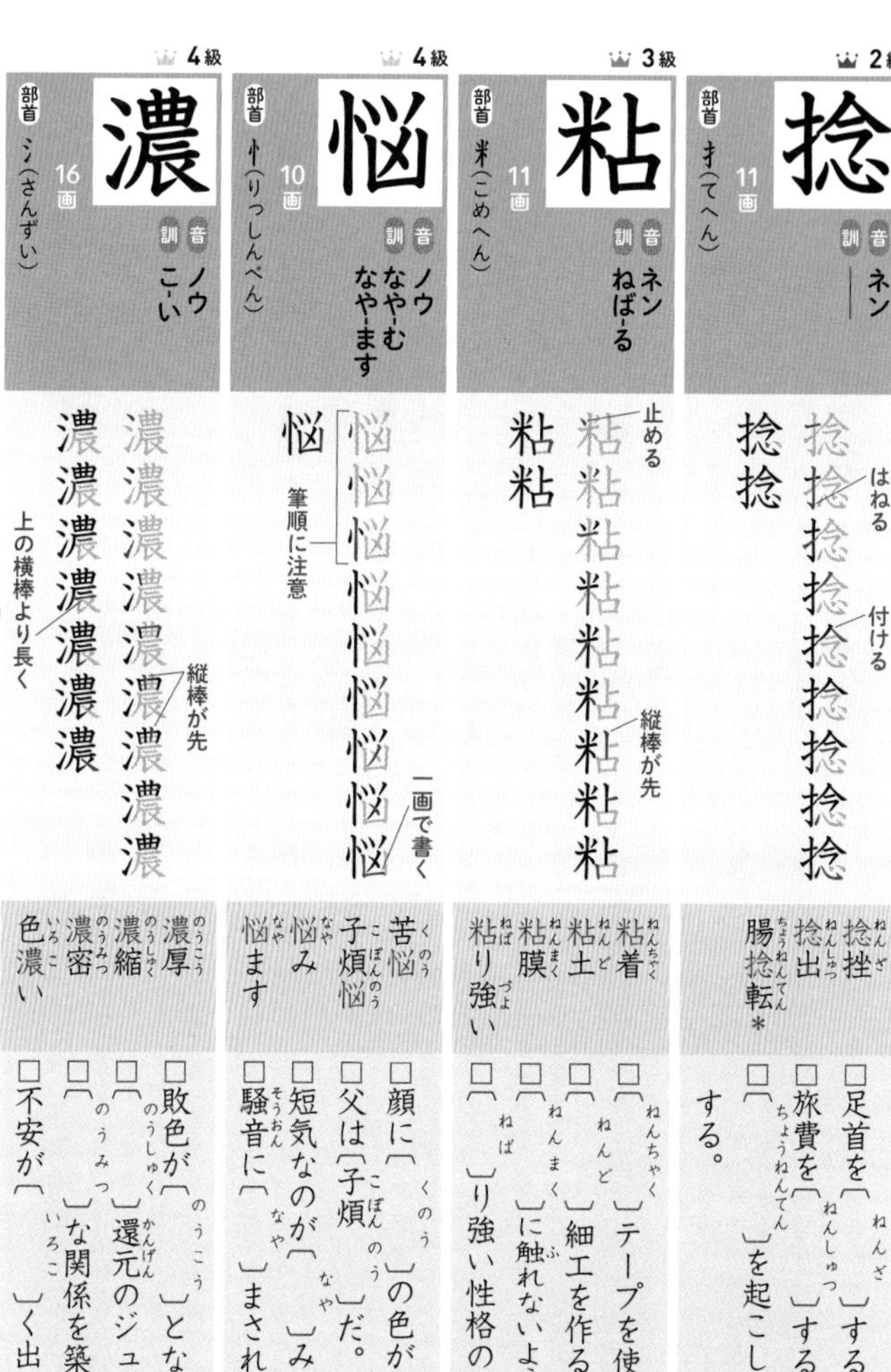

## 捻　2級
部首 扌(てへん) 11画
音 ネン
訓 —

捻挫（ねんざ）
捻出（ねんしゅつ）
腸捻転（ちょうねんてん）＊

□足首を〔ねんざ〕する。
□旅費を〔ねんしゅつ〕する。
□〔ちょうねんてん〕を起こして入院する。

## 粘　3級
部首 米(こめへん) 11画
音 ネン
訓 ねば-る

粘着（ねんちゃく）
粘土（ねんど）
粘膜（ねんまく）
粘り強い（ねばりづよい）

□〔ねんちゃく〕テープを使う。
□〔ねんど〕細工を作る。
□〔ねんまく〕に触れないようにする。
□〔ねば〕り強い性格の持ち主。

## 悩　4級
部首 忄(りっしんべん) 10画
音 ノウ
訓 なや-む　なや-ます

苦悩（くのう）
子煩悩（こぼんのう）
悩み（なやみ）
悩ます（なやます）

□顔に〔くのう〕の色がにじむ。
□父は〔子煩〕〔のう〕だ。
□短気なのが〔なや〕みの種だ。
□騒音（そうおん）に〔なや〕まされる。

## 濃　4級
部首 氵(さんずい) 16画
音 ノウ
訓 こ-い

濃厚（のうこう）
濃縮（のうしゅく）
濃密（のうみつ）
色濃い（いろこい）

□敗色が〔のうこう〕となる。
□〔のうしゅく〕還元（かんげん）のジュース。
□〔のうみつ〕な関係を築く。
□不安が〔いろこ〕く出ている。


＊腸捻転＝腸の一部がねじれる病気。激しい腹痛などを伴（ともな）う。

コラム 5

# 漢字の画数

## 画数とは

漢字はだいたい点と線で構成されています。この点や線を**点画**といいます。また、この一筆で書く点画を一画と数え、その合計を**画数**または**総画**といいます。

　画を数える際には、折れる線や曲がった線、はねる線でも、ひと続きに書く線は全て一画と数えるということに注意します。例えば、「女」の「く」、「区」の「L」、「与」の「㇉」は全て一画です。しかし、「子」の「了」や「氏」の「㇙」などは二画で数える画です。

　画数は、漢和辞典で漢字を調べるときや、新しく習う漢字を覚えたり書いたりするときに、とても役立ちます。漢字の読み方がわからなくても、正確な画数がわかれば、総画索引(さくいん)から漢字を見つけることができるからです。

　ただし、字体によっては画数を正確に数えにくい場合があります。〈「活字の字体」→P310〉

## 間違(まちが)えやすい点画

　漢字を構成する点画の基本になるもののうち、特に間違えやすい画をもつ漢字には次のようなものがあります。赤い線の部分が一画で書く箇所(かしょ)、（　）内が総画数です。

乙（一画）　九（二画）　及（三画）
比（四画）　母（五画）　糸（六画）
身（七画）　直（八画）　卸（九画）
馬（十画）　歯（十二画）

ハ
行の漢字

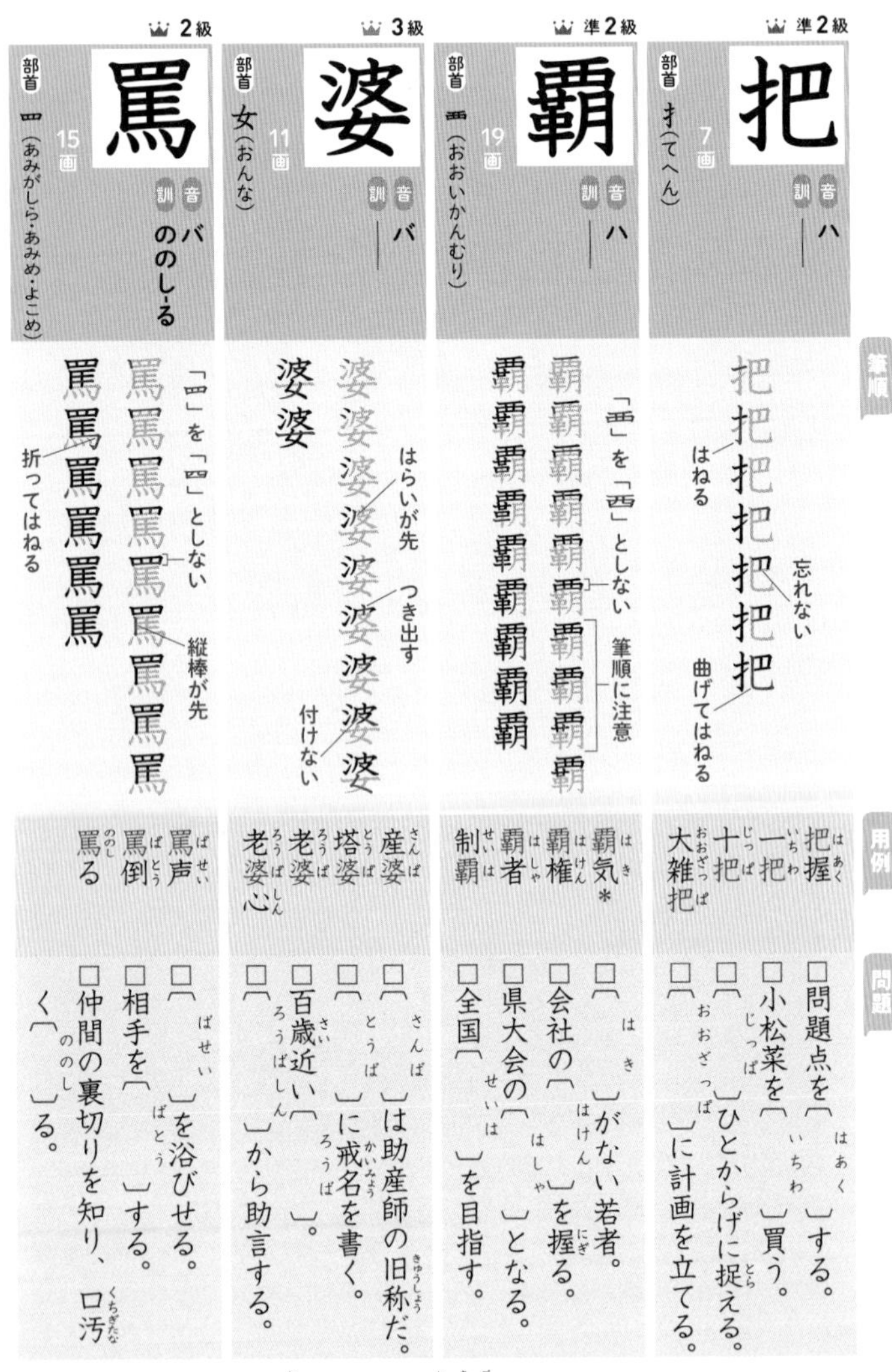

## 把　準2級

部首 扌(てへん)　7画

音 ハ　訓 ―

筆順：把（はねる／忘れない／曲げてはねる）

用例：把握(はあく)　一把(いちわ)　十把(じっぱ)　大雑把(おおざっぱ)

問題
- □問題点を〔はあく〕する。
- □小松菜を〔いちわ〕買う。
- □〔じっぱ〕ひとからげに捉(とら)える。
- □〔おおざっぱ〕に計画を立てる。

## 覇　準2級

部首 襾(おおいかんむり)　19画

音 ハ　訓 ―

筆順：覇（「襾」を「西」としない／筆順に注意）

用例：覇気(はき)＊　覇権(はけん)　覇者(はしゃ)　制覇(せいは)

問題
- □〔はき〕がない若者。
- □会社の〔はけん〕を握(にぎ)る。
- □県大会の〔はしゃ〕となる。
- □全国〔せいは〕を目指す。

## 婆　3級

部首 女(おんな)　11画

音 バ　訓 ―

筆順：婆（はらいが先／つき出す／付けない）

用例：産婆(さんば)　塔婆(とうば)　老婆(ろうば)　老婆心(ろうばしん)

問題
- □〔さんば〕は助産師の旧称(きゅうしょう)だ。
- □〔とうば〕に戒名(かいみょう)を書く。
- □百歳(さい)近い〔ろうば〕。
- □〔ろうばしん〕から助言する。

## 罵　2級

部首 罒(あみがしら・あみめ・よこめ)　15画

音 バ　訓 ののし-る

筆順：罵（「罒」を「四」としない／縦棒が先／折ってはねる）

用例：罵声(ばせい)　罵倒(ばとう)　罵(ののし)る

問題
- □〔ばせい〕を浴びせる。
- □相手を〔ばとう〕する。
- □仲間の裏切りを知り、口汚(くちぎたな)く〔ののし〕る。

＊覇気＝進んで物事をやり遂(と)げようとする意気込(いきご)み。

4級　杯　8画　部首 木（きへん）
音 ハイ　訓 さかずき
短く止める　付ける
乾杯（かんぱい）　苦杯（くはい）　祝杯（しゅくはい）　杯事（さかずきごと）
□（かんぱい）の音頭（おんど）を取る。
□赴任先（ふにんさき）で（くはい）をなめる。
□優勝の（しゅくはい）をあげる。
□夫婦（ふうふ）の（さかずきごと）を済ませる。

3級　排　11画　部首 扌（てへん）
音 ハイ　訓 ―
はらう　まっすぐ書く
排気（はいき）　排出（はいしゅつ）　排除（はいじょ）　排他（はいた）
□自動車の（はいき）ガス。
□二酸化炭素を（はいしゅつ）する。
□障害物を（はいじょ）する。
□（はいた）*的な雰囲気（ふんいき）の団体。

準2級　廃　12画　部首 广（まだれ）
音 ハイ　訓 すた-れる　すた-る
立てる　上の横棒より長く　曲げてはねる　筆順に注意
廃棄（はいき）　廃止（はいし）　荒廃（こうはい）　はやり廃（すた）り
□不用品を（はいき）処分する。
□上場を（はいし）する。
□内乱で国土が（こうはい）する。
□はやり（すた）りが激しい。

4級　輩　15画　部首 車（くるま）
音 ハイ　訓 ―
まっすぐ書く　つらぬく
輩出（はいしゅつ）　弱輩（じゃくはい）　先輩（せんぱい）　同輩（どうはい）
□優（すぐ）れた人材を（はいしゅつ）する。
□まだ（じゃくはい）※の身だ。
□人生の（せんぱい）に相談する。
□会社の（どうはい）と食事する。

ハ行　ハ～ハイ


＊排他的＝仲間以外の考えを退ける傾向（けいこう）がある様子。　※「若輩」とも書く。

＊陪席＝身分の高い人と同席すること。

準2級

# 伯

部首 亻(にんべん) 7画

音 ハク
訓 ―

伯 伯 伯 伯 伯 伯 伯（左下にはらう）

伯爵(はくしゃく)
伯仲(はくちゅう)
画伯(がはく)

□(はくしゃく)の位を授(さず)かる。
□両者の実力が(はくちゅう)する。
□有名な(がはく)が描(えが)いた自画像。

4級

# 拍

部首 扌(てへん) 8画

音 ハク ヒョウ
訓 ―

拍 拍 拍 拍 拍 拍 拍 拍（はねる／左下にはらう）

拍車(はくしゃ)
拍手(はくしゅ)
拍子抜け(ひょうしぬけ)＊
三拍子(さんびょうし)

□景気浮揚(ふよう)に(はくしゃ)をかける。
□盛大(せいだい)な(はくしゅ)を送る。
□(ひょうしぬ)けするほど簡単だ。
□(さんびょうし)のリズムで踊(おど)る。

4級

# 泊

部首 氵(さんずい) 8画

音 ハク
訓 と-まる と-める

泊 泊 泊 泊 泊 泊 泊 泊（右上にはらう／左下にはらう）

外泊(がいはく)
宿泊(しゅくはく)
二泊三日(にはくみっか)
漂泊(ひょうはく)

□病院で(がいはく)許可が出る。
□旅館に(しゅくはく)する。
□(にはくみっか)の旅行に出る。
□国中を(ひょうはく)して歩く。

4級

# 迫

部首 辶(しんにょう・しんにゅう) 8画

音 ハク
訓 せま-る

迫 迫 迫 迫 迫 迫 迫 迫（左下にはらう／一画で書く）

迫力(はくりょく)
圧迫(あっぱく)
気迫(きはく)
緊迫(きんぱく)

□(はくりょく)に欠ける映像。
□胸を(あっぱく)する。
□相手の(きはく)に押(お)される。
□(きんぱく)した雰囲気(ふんいき)が漂(ただよ)う。

＊拍子抜け＝気を張り詰(つ)めていたのに，その必要がなくなってがっかりすること。

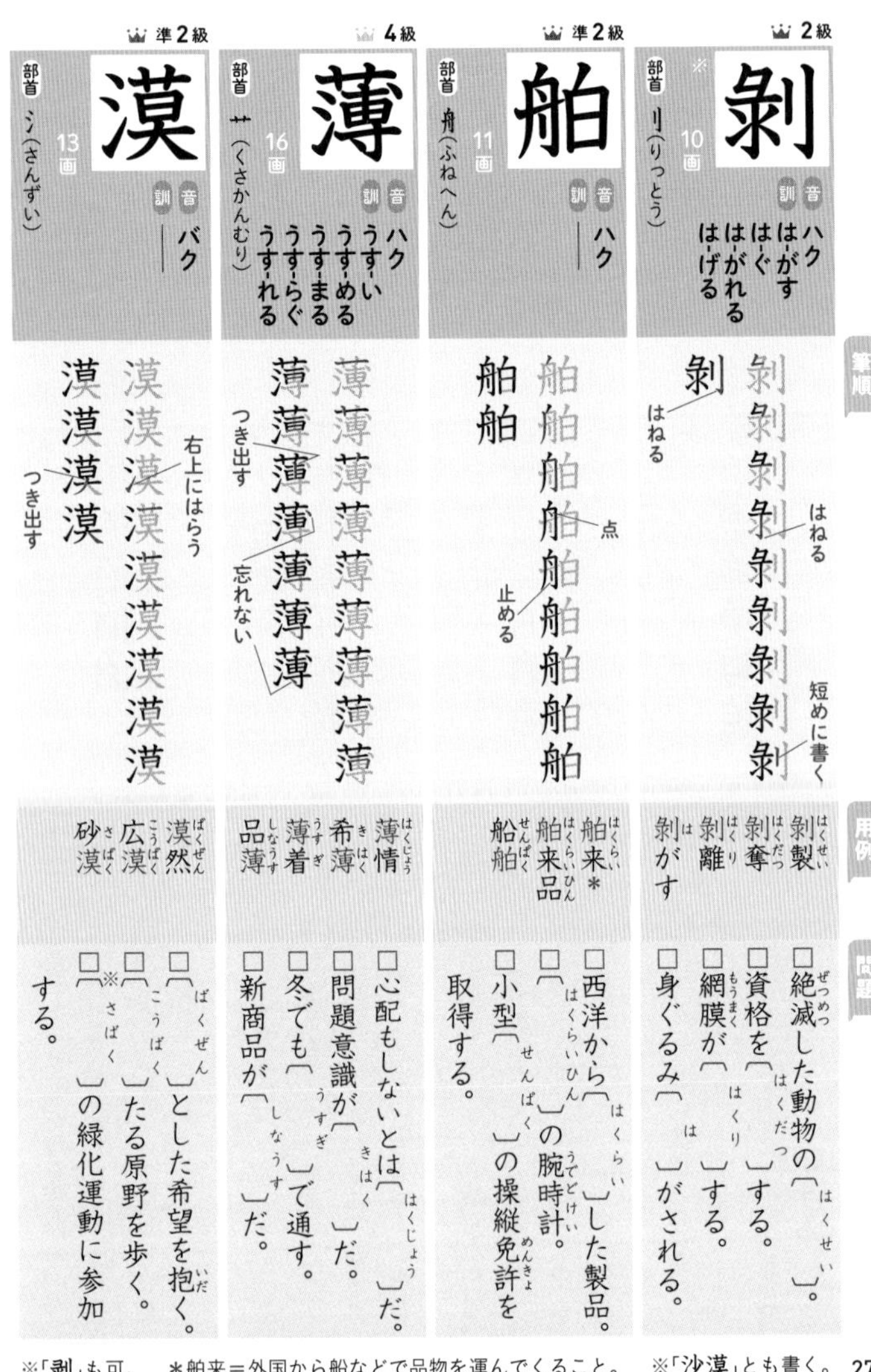

## 剥　2級

※
部首　刂（りっとう）　10画
音　ハク
訓　は-がす　は-ぐ　は-がれる　は-げる

筆順


用例
剥製（はくせい）
剥奪（はくだつ）
剥離（はくり）
剥（は）がす

問題
□絶滅（ぜつめつ）した動物の〔はくせい〕。
□資格を〔はくだつ〕する。
□網膜（もうまく）が〔はくり〕する。
□身ぐるみ〔は〕がされる。

## 舶　準2級

部首　舟（ふねへん）　11画
音　ハク
訓　―

筆順


用例
舶来（はくらい）＊
舶来品（はくらいひん）
船舶（せんぱく）

問題
□西洋から〔はくらい〕した製品。
□〔はくらいひん〕の腕時計（うでどけい）。
□小型〔せんぱく〕の操縦免許（めんきょ）を取得する。

## 薄　4級

部首　艹（くさかんむり）　16画
音　ハク
訓　うす-い　うす-める　うす-まる　うす-らぐ　うす-れる

筆順


用例
薄情（はくじょう）
希薄（きはく）
薄着（うすぎ）
品薄（しなうす）

問題
□心配もしないとは〔はくじょう〕だ。
□問題意識が〔きはく〕だ。
□冬でも〔うすぎ〕で通す。
□新商品が〔しなうす〕だ。

## 漠　準2級

部首　氵（さんずい）　13画
音　バク
訓　―

筆順


用例
漠然（ばくぜん）
広漠（こうばく）
砂漠（さばく）

問題
□〔ばくぜん〕とした希望を抱（いだ）く。
□〔こうばく〕たる原野を歩く。
□〔※さばく〕の緑化運動に参加する。

※「剝」も可。　＊舶来＝外国から船などで品物を運んでくること。　※「沙漠」とも書く。

## 縛　3級
部首　糸(いとへん)　16画
音　バク
訓　しば-る

呪縛（じゅばく）　束縛（そくばく）　自縄自縛（じじょうじばく）＊　金縛り（かなしばり）

□心の〔じゅばく〕を解く。
□行動を〔そくばく〕される。
□〔じじょうじばく〕に陥る。
□〔かなしば〕りに遭う。

## 爆　4級
部首　火(ひへん)　19画
音　バク
訓　―

爆笑（ばくしょう）　爆弾（ばくだん）　爆破（ばくは）　爆発（ばくはつ）

□会場の人々が〔ばくしょう〕する。
□〔ばくだん〕発言に驚く。
□古いビルを〔ばくは〕する。
□長年の不満が〔ばくはつ〕する。

## 箸　2級
部首　⺮(たけかんむり)　15画※
音　―
訓　はし

菜箸（さいばし）　火箸（ひばし）　取り箸（とりばし）　割り箸（わりばし）

□〔さいばし〕を使って盛り付ける。
□〔ひばし〕で炭を挟む。
□取り〔ばし〕で取り分ける。
□割り〔ばし〕を二つに割る。

## 肌　準2級
部首　月(にくづき)　6画
音　―
訓　はだ

肌着（はだぎ）　肌身（はだみ）　地肌（じはだ）

□〔はだぎ〕を取り替える。
□〔はだみ〕離さず持ち歩く。
□〔じはだ〕が荒れる。



＊自縄自縛＝自分の言動で，身動きできなくなり苦しむこと。　※「箸」(14画)も可。

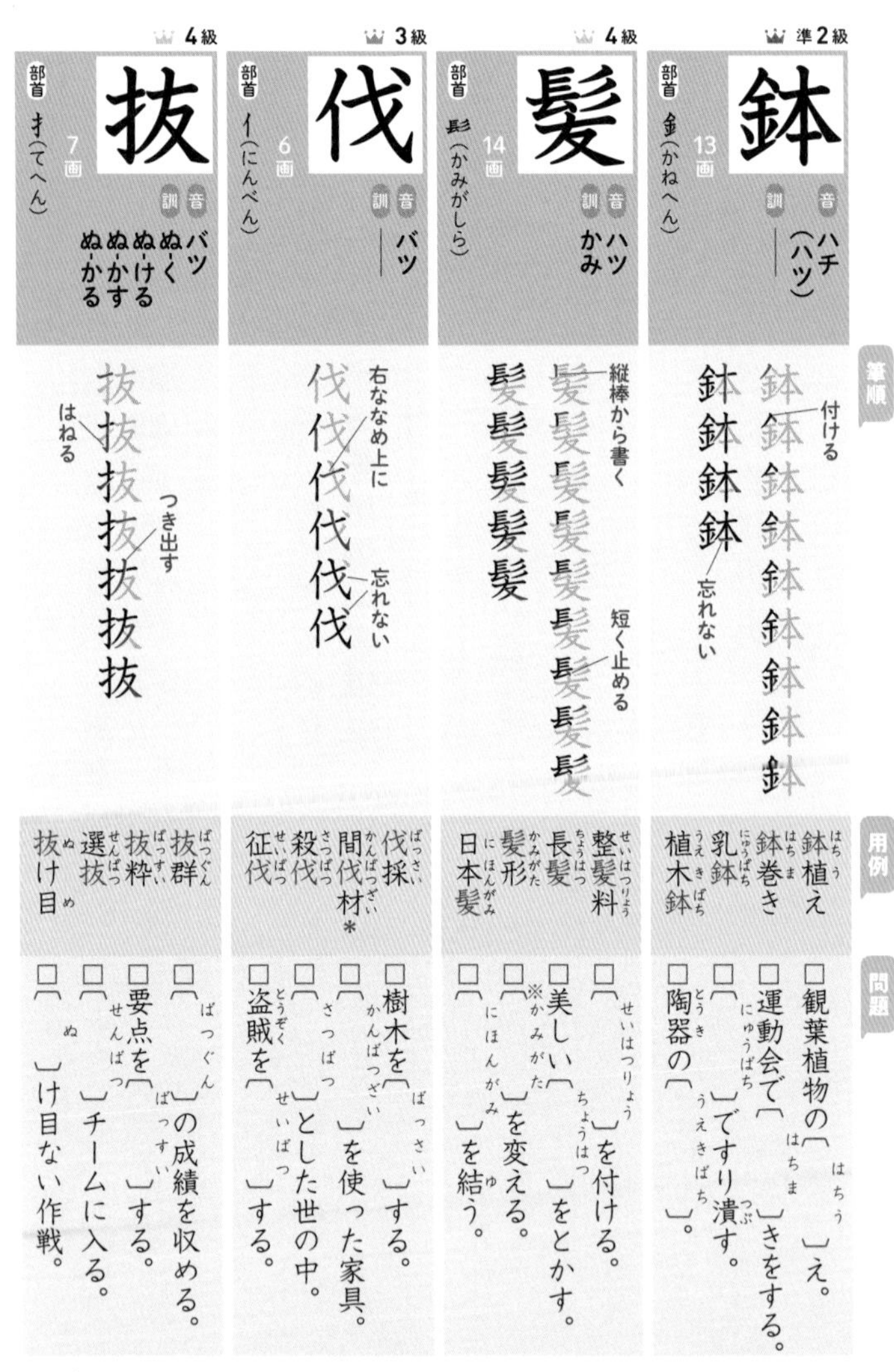

## 抜 4級

部首 扌（てへん） 7画

音 バツ
訓 ぬ-く　ぬ-ける　ぬ-かす　ぬ-かる

筆順：はねる／つき出す

用例：抜群（ばつぐん）　抜粋（ばっすい）　選抜（せんばつ）　抜け目（ぬけめ）

問題：
□〔ばつぐん〕の成績を収める。
□要点を〔ばっすい〕する。
□〔せんばつ〕チームに入る。
□〔ぬ〕け目ない作戦。

## 伐 3級

部首 亻（にんべん） 6画

音 バツ
訓 ―

筆順：右なな め上に／忘れない

用例：伐採（ばっさい）　間伐材（かんばつざい）＊　殺伐（さつばつ）　征伐（せいばつ）

問題：
□樹木を〔ばっさい〕する。
□〔かんばつざい〕を使った家具。
□〔さつばつ〕とした世の中。
□盗賊（とうぞく）を〔せいばつ〕する。

## 髪 4級

部首 髟（かみがしら） 14画

音 ハツ
訓 かみ

筆順：縦棒から書く／短く止める

用例：整髪料（せいはつりょう）　長髪（ちょうはつ）　髪形（かみがた）　日本髪（にほんがみ）

問題：
□〔せいはつりょう〕を付ける。
□美しい〔ちょうはつ〕をとかす。
□〔かみがた〕※を変える。
□〔にほんがみ〕を結（ゆ）う。

## 鉢 準2級

部首 金（かねへん） 13画

音 ハチ（ハツ）
訓 ―

筆順：付ける／忘れない

用例：鉢植え（はちうえ）　鉢巻き（はちまき）　乳鉢（にゅうばち）　植木鉢（うえきばち）

問題：
□観葉植物の〔はちう〕え。
□運動会で〔はちま〕きをする。
□〔にゅうばち〕ですり潰（つぶ）す。
□陶器（とうき）の〔うえきばち〕。

※「髪型」とも書く。　＊間伐材＝木の育ちをよくするために切られた木材。

4級

# 罰

部首 罒（あみがしら・あみめ・よこめ）14画

音 バツ・バチ
訓 ―

「罒」を「皿」としない
短めに書く
はねる

罰金（ばっきん）
処罰（しょばつ）
天罰（てんばつ）
罰当たり（ばちあたり）

□駐車違反（ちゅうしゃいはん）の〔ばっきん〕を払（はら）う。
□違法行為（いほうこうい）で〔しょばつ〕される。
□悪者に〔てんばつ〕が下る。
□〔ばちあ〕たりな発言をする。

準2級

# 閥

部首 門（もんがまえ）14画

音 バツ
訓 ―

縦棒から書く
一画で書く
忘れない

学閥（がくばつ）
財閥（ざいばつ）
派閥（はばつ）

□〔がくばつ〕を偏重（へんちょう）する企業（きぎょう）。
□〔ざいばつ〕解体が実施（じっし）された。
□政党内の〔はばつ〕争い。

2級

# 氾

部首 氵（さんずい）5画

音 ハン
訓 ―

折ってはねる
曲げてはねる

氾濫（はんらん）

□台風による豪雨（ごうう）で、川が〔はんらん〕する。

**特別な読み方**

白髪（しらが）…年をとるなどして、色素が抜（ぬ）けて白くなった髪（かみ）の毛。音読みで「はくはつ」とも読む。

**似ている漢字に注意**

伐（バツ）―代（ダイ）
忘れない

**似ている漢字に注意**

氾（ハン）―犯（ハン）
さんずい
けものへん

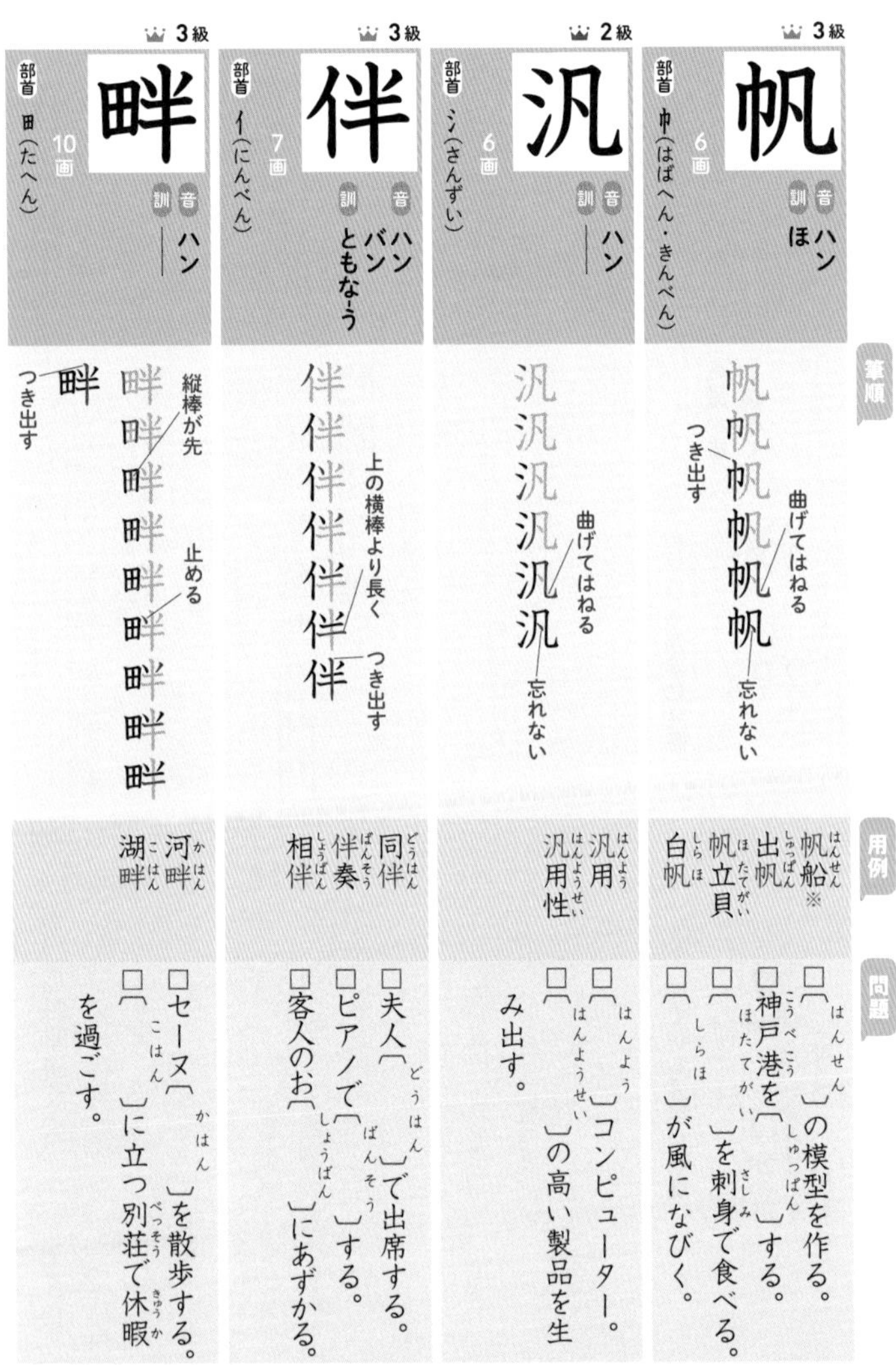
帆
3級
部首 巾（はばへん・きんべん）
6画
音 ハン
訓 ほ
筆順
つき出す
曲げてはねる
忘れない
用例
帆船（はんせん）※
出帆（しゅっぱん）
帆立貝（ほたてがい）
白帆（しらほ）
問題
□［はんせん］の模型を作る。
□神戸港（こうべこう）を［しゅっぱん］する。
□［ほたてがい］を刺身（さしみ）で食べる。
□［しらほ］が風になびく。
汎
2級
部首 氵（さんずい）
6画
音 ハン
訓 —
曲げてはねる
忘れない
汎用（はんよう）
汎用性（はんようせい）
□［はんよう］コンピューター。
□［はんようせい］の高い製品を生み出す。
伴
3級
部首 亻（にんべん）
7画
音 ハン バン
訓 ともなう
上の横棒より長く
つき出す
同伴（どうはん）
伴奏（ばんそう）
相伴（しょうばん）
□夫人［どうはん］で出席する。
□ピアノで［ばんそう］する。
□客人のお［しょうばん］にあずかる。
畔
3級
部首 田（たへん）
10画
音 ハン
訓 —
縦棒が先
止める
つき出す
河畔（かはん）
湖畔（こはん）
□セーヌ［かはん］を散歩する。
□［こはん］に立つ別荘（べっそう）で休暇（きゅうか）を過ごす。

※「ほぶね」とも読む。

 ＊諸般＝さまざま。いろいろ。　＊先般＝先頃。この間。　※「斑文」とも書く。

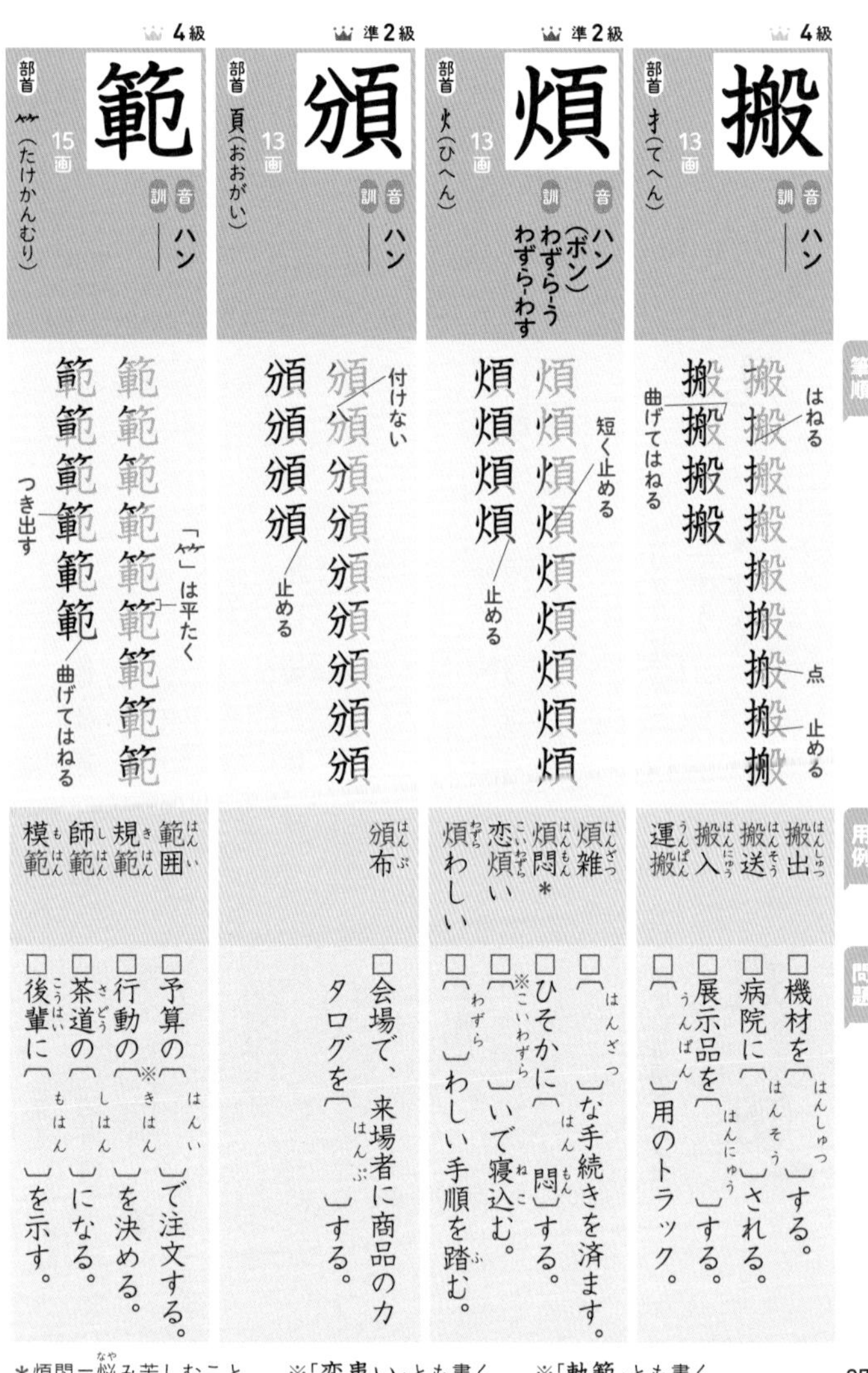

**搬** 4級
部首 扌(てへん) 13画
音 ハン
訓 —
筆順：はねる／曲げてはねる／点／止める
用例：搬出(はんしゅつ)　搬送(はんそう)　搬入(はんにゅう)　運搬(うんぱん)
問題：
□機材を〔はんしゅつ〕する。
□病院に〔はんそう〕される。
□展示品を〔はんにゅう〕する。
□〔うんぱん〕用のトラック。

**煩** 準2級
部首 火(ひへん) 13画
音 ハン (ボン)
訓 わずら-う　わずら-わす
筆順：短く止める／止める
用例：煩雑(はんざつ)　煩悶(はんもん)＊　恋煩い(こいわずらい)　煩わしい(わずらわしい)
問題：
□〔はんざつ〕な手続きを済ます。
□ひそかに〔はん問(もん)〕する。
□〔※こいわずら〕いで寝込(ねこ)む。
□〔わずら〕わしい手順を踏(ふ)む。

**頒** 準2級
部首 頁(おおがい) 13画
音 ハン
訓 —
筆順：付けない／止める
用例：頒布(はんぷ)
問題：
□会場で、来場者に商品のカタログを〔はんぷ〕する。

**範** 4級
部首 ⺮(たけかんむり) 15画
音 ハン
訓 —
筆順：「⺮」は平たく／つき出す／曲げてはねる
用例：範囲(はんい)　規範(きはん)　師範(しはん)　模範(もはん)
問題：
□予算の〔はんい〕で注文する。
□行動の〔※きはん〕を決める。
□茶道(さどう)の〔しはん〕になる。
□後輩(こうはい)に〔もはん〕を示す。

＊煩悶＝悩(なや)み苦しむこと。　※「恋患い」とも書く。　※「軌範」とも書く。

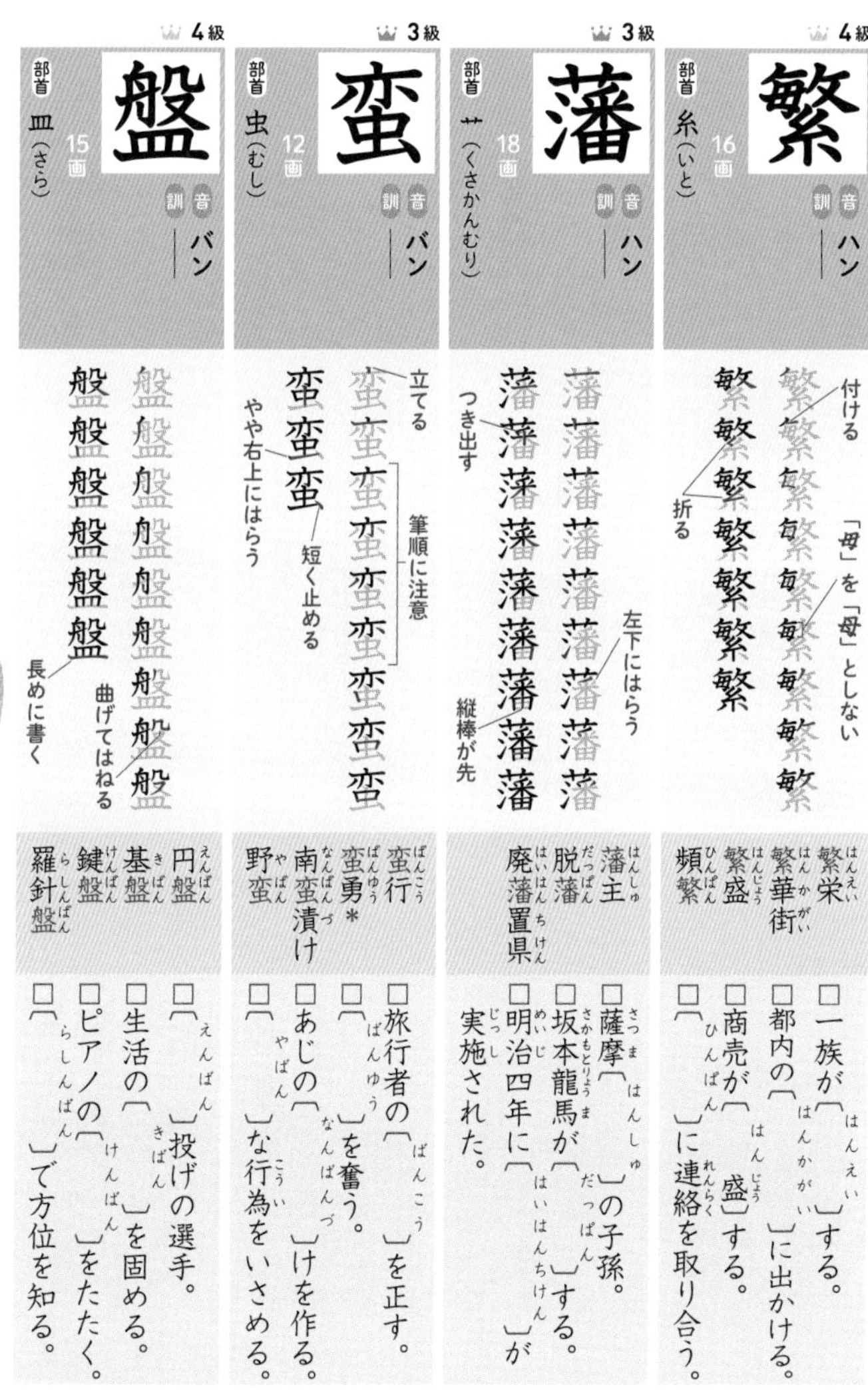

## 繁

4級

部首：糸（いと）　16画

音：ハン　訓：—



- 繁栄（はんえい）
- 繁華街（はんかがい）
- 繁盛（はんじょう）
- 頻繁（ひんぱん）

□一族が〔はんえい〕する。
□都内の〔はんかがい〕に出かける。
□商売が〔はん〕盛（じょう）する。
□〔ひんぱん〕に連絡（れんらく）を取り合う。

## 藩

3級

部首：艹（くさかんむり）　18画

音：ハン　訓：—



- 藩主（はんしゅ）
- 脱藩（だっぱん）
- 廃藩置県（はいはんちけん）

□薩摩（さつま）〔はんしゅ〕の子孫。
□坂本龍馬（さかもとりょうま）が〔だっぱん〕する。
□明治（めいじ）四年に〔はいはんちけん〕が実施（じっし）された。

## 蛮

3級

部首：虫（むし）　12画

音：バン　訓：—



- 蛮行（ばんこう）
- 蛮勇（ばんゆう）＊
- 南蛮漬け（なんばんづけ）
- 野蛮（やばん）

□旅行者の〔ばんこう〕を正す。
□〔ばんゆう〕を奮う。
□あじの〔なんばんづ〕けを作る。
□〔やばん〕な行為（こうい）をいさめる。

## 盤

4級

部首：皿（さら）　15画

音：バン　訓：—



- 円盤（えんばん）
- 基盤（きばん）
- 鍵盤（けんばん）
- 羅針盤（らしんばん）

□〔えんばん〕投げの選手。
□生活の〔きばん〕を固める。
□ピアノの〔けんばん〕をたたく。
□〔らしんばん〕で方位を知る。

＊蛮勇＝後先を考えない，向こう見ずな勇気。

## 妃

準2級

部首 女(おんなへん)　6画

音 ヒ

訓 ―

筆順：折る／曲げてはねる

用例

妃殿下(ひでんか)
王妃(おうひ)
后妃(こうひ)

問題

□皇太子〔ひでんか〕のお言葉。
□気品のある〔おうひ〕。
□かつて、歴代の〔こうひ〕を出した家柄(いえがら)。

## 彼

4級

部首 彳(ぎょうにんべん)　8画

音 ヒ

訓 かれ　かの

筆順：折ってはらう／つき出す／付ける

用例

彼岸(ひがん)
彼氏(かれし)
彼ら(かれら)
彼女(かのじょ)

問題

□暑さ寒さも〔ひがん〕まで。
□姉の〔かれし〕を紹介(しょうかい)される。
□〔かれ〕らは美術部員だ。
□〔かのじょ〕は責任感が強い。

## 披

準2級

部首 扌(てへん)　8画

音 ヒ

訓 ―

筆順：はねる／折ってはらう／つき出す／付ける

用例

披露(ひろう)
披露宴(ひろうえん)

問題

□新たな技(わざ)を〔ひろう〕する。
□結婚(けっこん)〔ひろうえん〕を催(もよお)す。

## 卑

3級

部首 十(じゅう)　9画

音 ヒ

訓 (いや-しい)　(いや-しむ)　(いや-しめる)

筆順：左下にはらう／縦棒が先／忘れない

用例

卑怯(ひきょう)
卑近(ひきん)＊
卑屈(ひくつ)
卑下(ひげ)＊

問題

□〔ひ〕怯(きょう)な手段を使う。
□〔ひきん〕な例を挙げる。
□〔ひくつ〕な笑(え)みを浮(う)かべる。
□自分を〔ひげ〕する。

＊卑近＝身近でわかりやすい様子。　＊卑下＝自分が人より劣(おと)っているとして低めること。

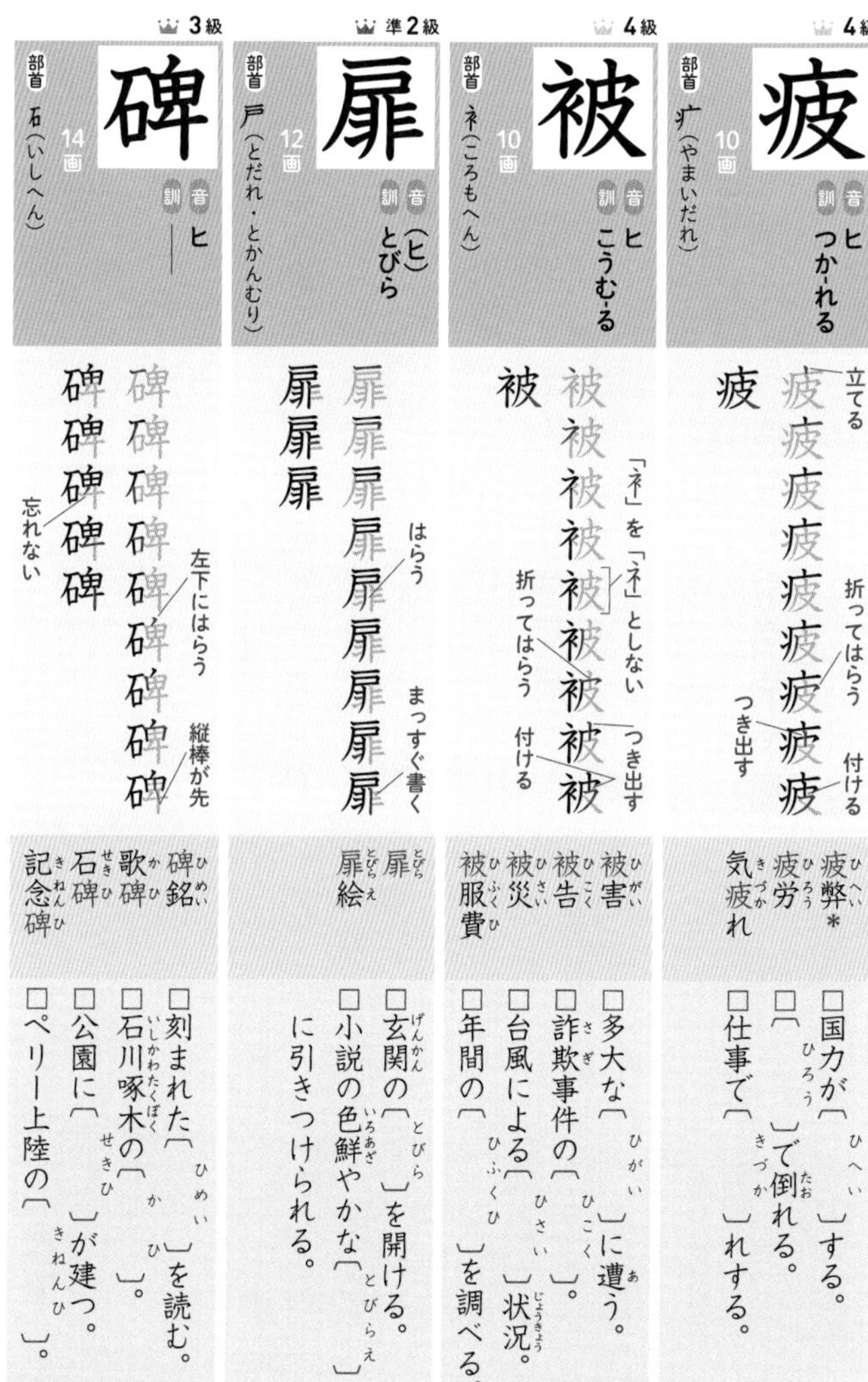

ハ行
ヒ

＊疲弊＝疲れ，弱ること。また，経済力が低下し，勢いが衰えること。

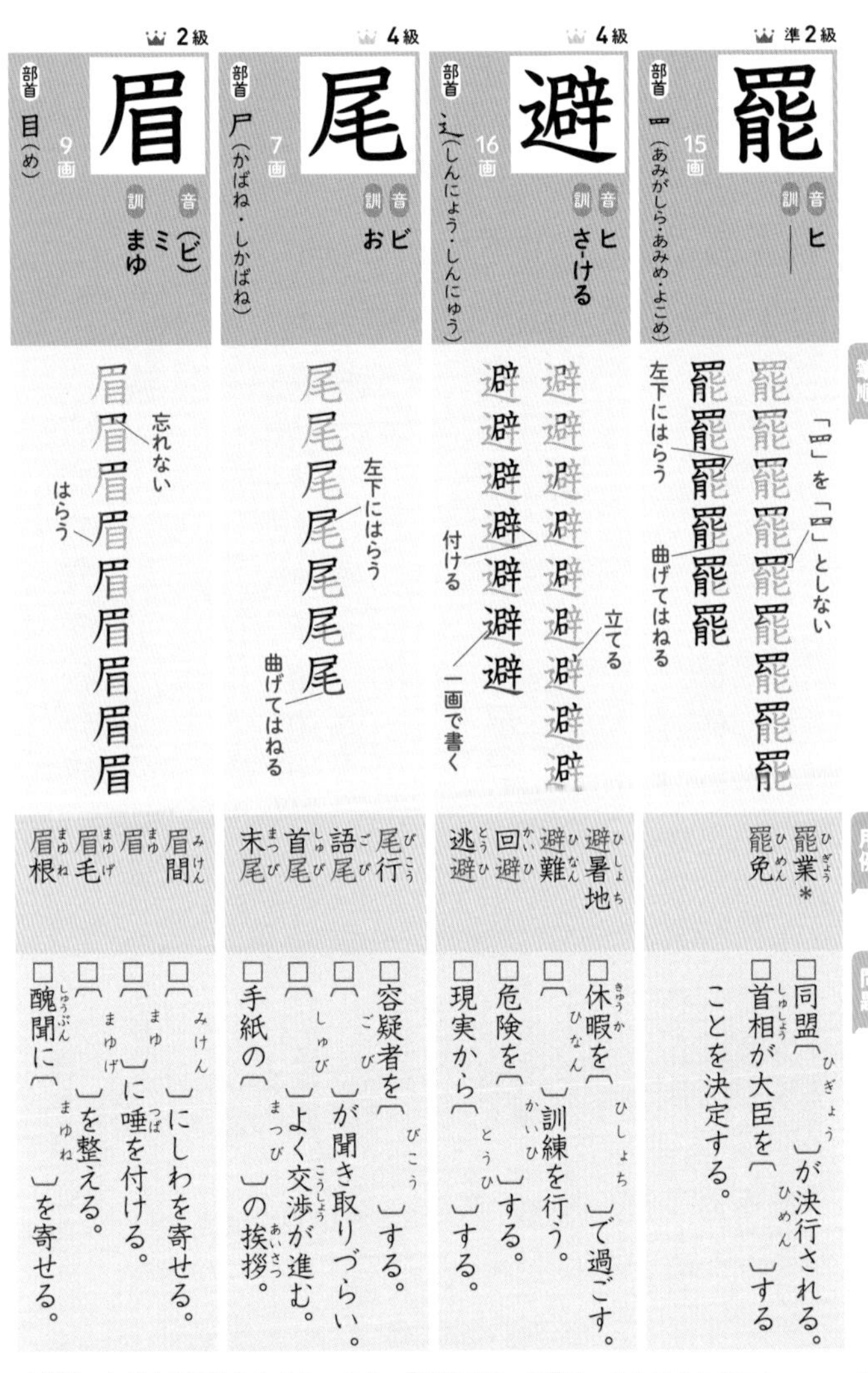

## 罷
準2級

部首　罒（あみがしら・あみめ・よこめ）　15画

音　ヒ
訓　—

**筆順**
「罒」を「四」としない
左下にはらう
曲げてはねる

**用例**
罷業（ひぎょう）＊
罷免（ひめん）

**問題**
□同盟〔ひぎょう〕が決行される。
□首相（しゅしょう）が大臣を〔ひめん〕することを決定する。

## 避
4級

部首　辶（しんにょう・しんにゅう）　16画

音　ヒ
訓　さ-ける

**筆順**
立てる
付ける
一画で書く

**用例**
避暑地（ひしょち）
避難（ひなん）
回避（かいひ）
逃避（とうひ）

**問題**
□休暇（きゅうか）を〔ひしょち〕で過ごす。
□〔ひなん〕訓練を行う。
□危険を〔かいひ〕する。
□現実から〔とうひ〕する。

## 尾
4級

部首　尸（かばね・しかばね）　7画

音　ビ
訓　お

**筆順**
左下にはらう
曲げてはねる

**用例**
尾行（びこう）
語尾（ごび）
首尾（しゅび）
末尾（まつび）

**問題**
□容疑者を〔びこう〕する。
□〔ごび〕が聞き取りづらい。
□〔しゅび〕よく交渉（こうしょう）が進む。
□手紙の〔まつび〕の挨拶（あいさつ）。

## 眉
2級

部首　目（め）　9画

音　（ビ）ミ
訓　まゆ

**筆順**
忘れない
はらう

**用例**
眉間（みけん）
眉（まゆ）
眉毛（まゆげ）
眉根（まゆね）

**問題**
□〔みけん〕にしわを寄せる。
□〔まゆ〕に唾（つば）を付ける。
□〔まゆげ〕を整える。
□醜聞（しゅうぶん）に〔まゆね〕を寄せる。

＊罷業＝わざと仕事を休むこと。また，「同盟罷業」の略で，ストライキのこと。

4級

# 微

部首 彳（ぎょうにんべん） 13画

音 ビ　訓 ―

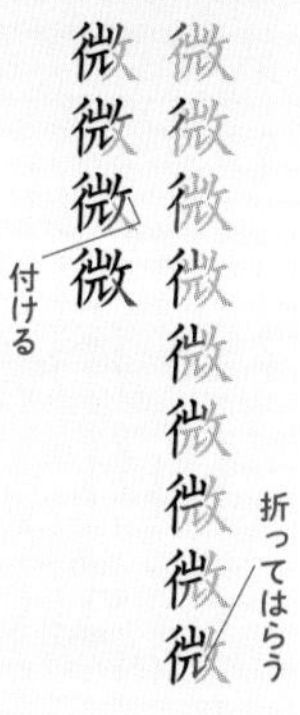

微（折ってはらう）

微笑（びしょう）　微動（びどう）*　微力（びりょく）　機微（きび）

□（びしょう）を浮かべる。
□表情が（びどう）だにしない。
□（びりょく）ながら手伝う。
□人情の（きび）に触れる。

2級

# 膝

部首 月（にくづき） 15画

音 ―　訓 ひざ

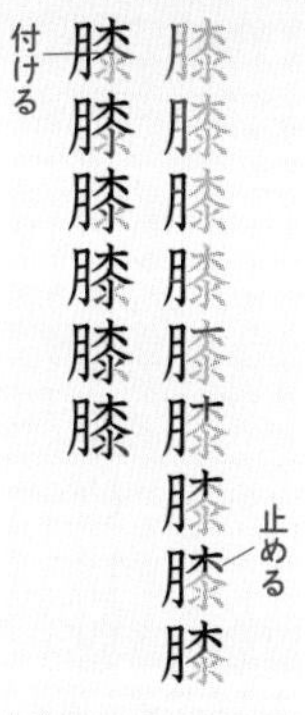

膝（付ける・止める）

膝頭（ひざがしら）　膝小僧（ひざこぞう）　膝枕（ひざまくら）　膝元（ひざもと）

□（ひざがしら）が痛む。
□（ひざこぞう）を擦りむく。
□幼子が母の（ひざまくら）で眠る。
□親の（※ひざもと）を離れる。

2級

# 肘

部首 月（にくづき） 7画

音 ―　訓 ひじ

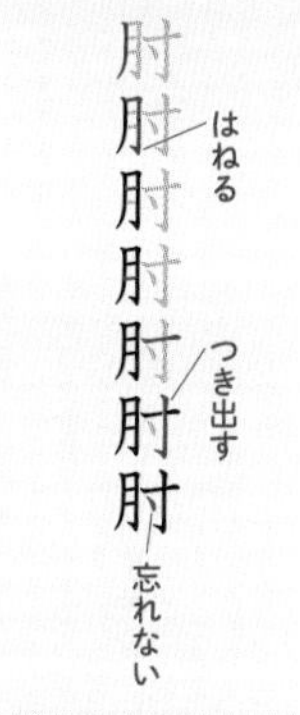

肘（はねる・つき出す・忘れない）

肘掛け（ひじかけ）　肘鉄砲（ひじでっぽう）　肘枕（ひじまくら）　肩肘張る（かたひじはる）*

□（ひじか）け椅子に座る。
□（ひじてっぽう）を食わせる。
□（ひじまくら）をして横になる。
□（かたひじは）って生きる。

### 似ている漢字に注意

避（ヒ）「辶」―壁（ヘキ）「土」―璧（ヘキ）「玉」―癖（ヘキ）「疒」

### 「首尾（しゅび）よく」の意味

首尾よく…物事が都合よく運ぶ様子。うまい具合に。（「首尾」は、「物事の成り行き・結果」の意味）

### 特別な読み方

尻尾（しっぽ）…①動物の尾。②魚の尾びれ。③糸や綱など尾に似た細長い物の端。④順位や列などのいちばん後ろ。




＊微動＝わずかに動くこと。　※「膝下」とも書く。　＊肩肘張る＝気負ったりいばったりする。

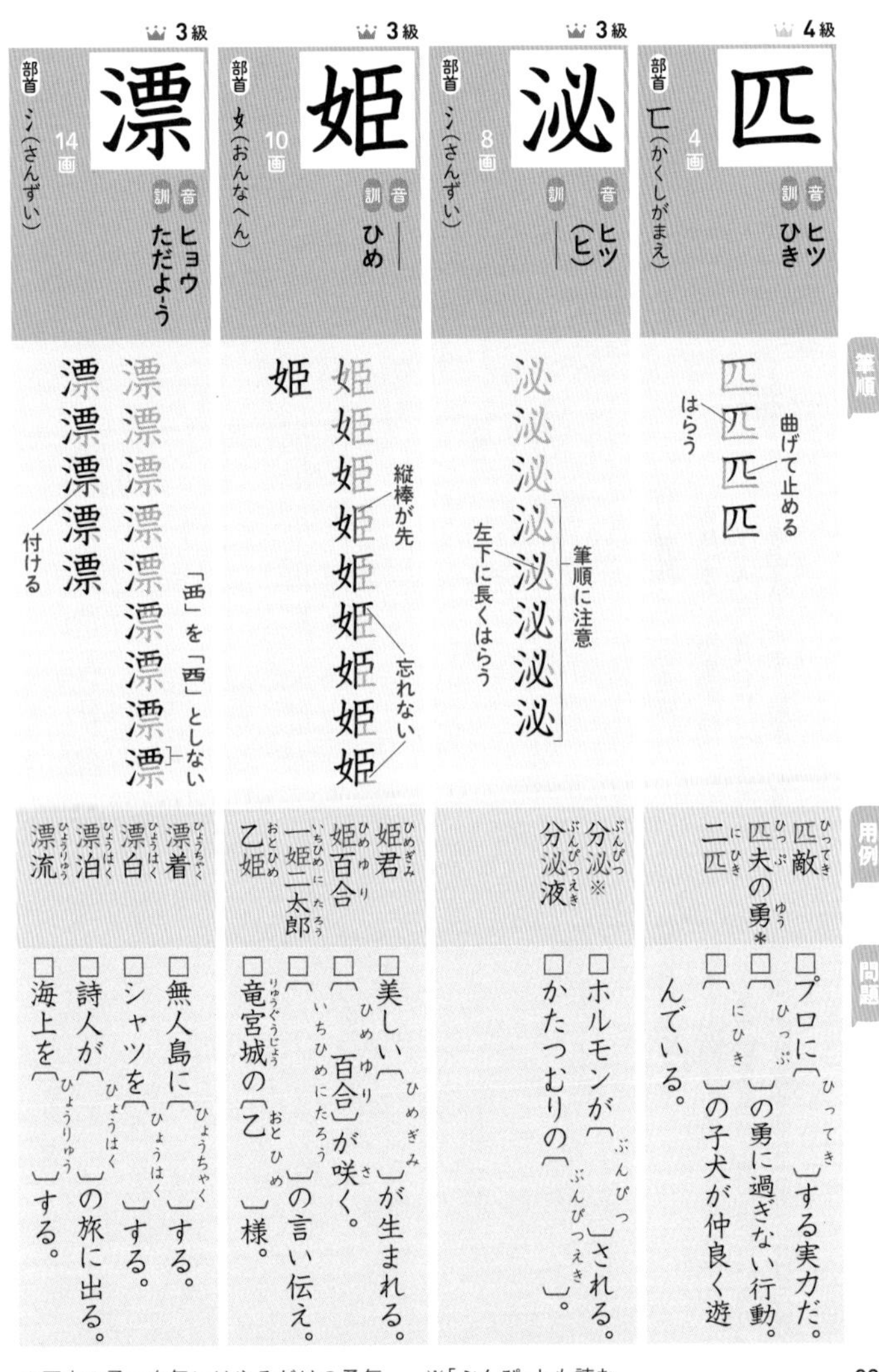

匹 4級
部首 匸（かくしがまえ） 4画
音 ヒツ 訓 ひき
筆順 匹 匹 匹 匹（曲げて止める／はらう）
用例 匹敵（ひってき） 匹夫の勇＊（ひっぷのゆう） 二匹（にひき）
問題
□プロに〔ひってき〕する実力だ。
□〔ひっぷ〕の勇に過ぎない行動。
□〔にひき〕の子犬が仲良く遊んでいる。

泌 3級
部首 氵（さんずい） 8画
音 ヒツ（ヒ） 訓 ―
筆順 泌 泌 泌 泌 泌 泌 泌 泌（筆順に注意／左下に長くはらう）
用例 分泌（ぶんぴつ）※ 分泌液（ぶんぴつえき）
問題
□ホルモンが〔ぶんぴつ〕される。
□かたつむりの〔ぶんぴつえき〕。

姫 3級
部首 女（おんなへん） 10画
音 ― 訓 ひめ
筆順 姫 姫 姫 姫 姫 姫 姫 姫 姫 姫（縦棒が先／忘れない）
用例 姫君（ひめぎみ） 姫百合（ひめゆり） 一姫二太郎（いちひめにたろう） 乙姫（おとひめ）
問題
□美しい〔ひめぎみ〕が生まれる。
□〔ひめゆり〕が咲く。
□〔いちひめにたろう〕
□竜宮城（りゅうぐうじょう）の〔おとひめ〕の言い伝え。
□〔 〕様。

漂 3級
部首 氵（さんずい） 14画
音 ヒョウ 訓 ただよ-う
筆順 漂 漂 漂 漂 漂 漂 漂 漂 漂 漂 漂 漂 漂 漂（「西」を「西」としない／付ける）
用例 漂着（ひょうちゃく） 漂白（ひょうはく） 漂泊（ひょうはく） 漂流（ひょうりゅう）
問題
□無人島に〔ひょうちゃく〕する。
□シャツを〔ひょうはく〕する。
□詩人が〔ひょうはく〕の旅に出る。
□海上を〔ひょうりゅう〕する。

＊匹夫の勇＝血気にはやるだけの勇気。　※「ぶんぴ」とも読む。

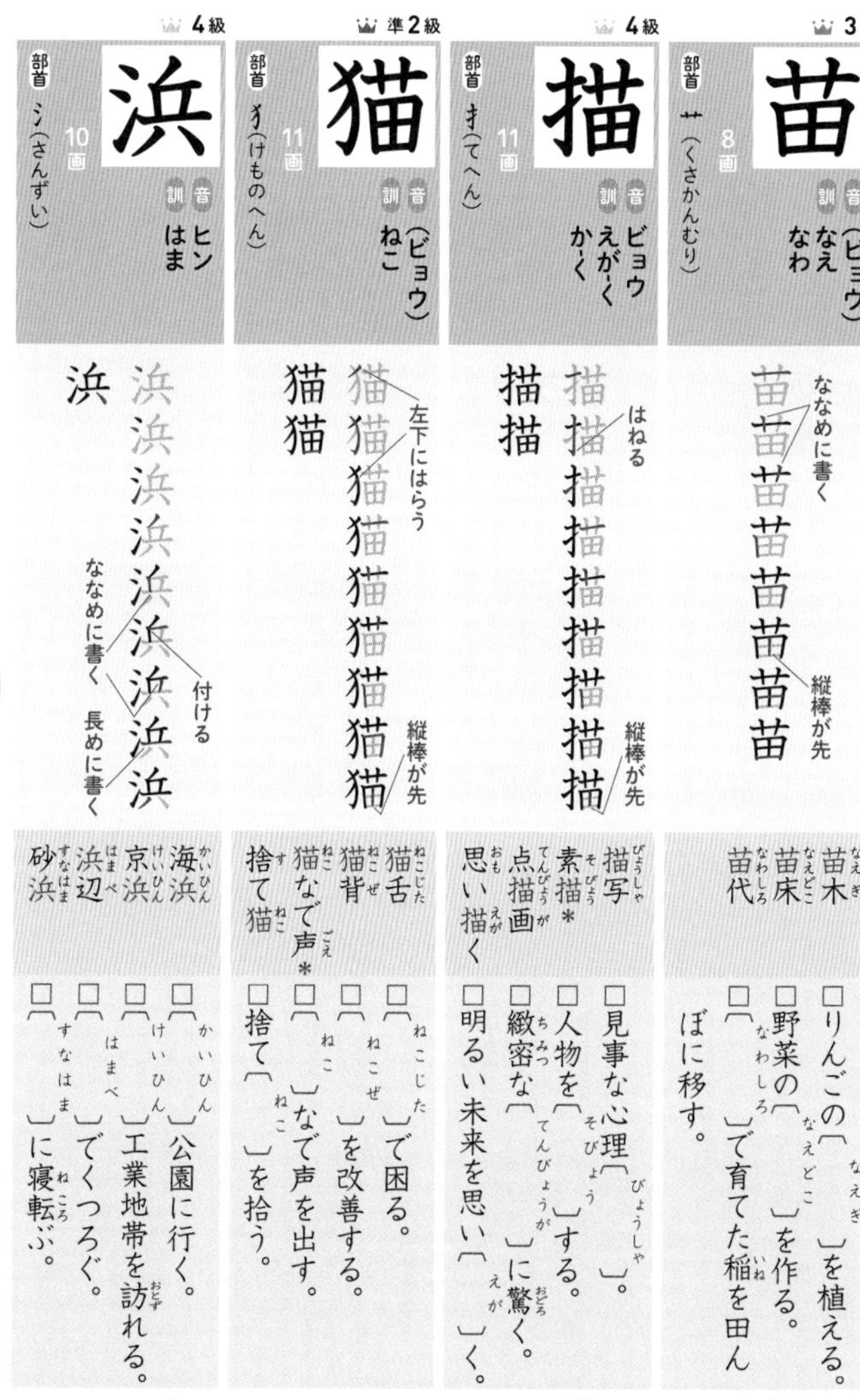

## 苗 3級
部首 艹（くさかんむり） 8画
音 （ビョウ）
訓 なえ なわ

苗木（なえぎ） 苗床（なえどこ） 苗代（なわしろ）

□りんごの〔なえぎ〕を植える。
□野菜の〔なえどこ〕を作る。
□〔なわしろ〕で育てた稲を田んぼに移す。

## 描 4級
部首 扌（てへん） 11画
音 ビョウ
訓 えが-く か-く

描写（びょうしゃ） 素描（そびょう）* 点描画（てんびょうが） 思い描く（おもいえがく）

□見事な心理〔びょうしゃ〕。
□人物を〔そびょう〕する。
□緻密な〔てんびょうが〕に驚く。
□明るい未来を思い〔えが〕く。

## 猫 準2級
部首 犭（けものへん） 11画
音 （ビョウ）
訓 ねこ

猫舌（ねこじた） 猫背（ねこぜ） 猫なで声（ねこなでごえ）* 捨て猫（すてねこ）

□〔ねこじた〕で困る。
□〔ねこぜ〕を改善する。
□〔ねこ〕なで声を出す。
□捨て〔ねこ〕を拾う。

## 浜 4級
部首 氵（さんずい） 10画
音 ヒン
訓 はま

海浜（かいひん） 京浜（けいひん） 浜辺（はまべ） 砂浜（すなはま）

□〔かいひん〕公園に行く。
□〔けいひん〕工業地帯を訪れる。
□〔はまべ〕でくつろぐ。
□〔すなはま〕に寝転ぶ。

*素描＝下絵を描くこと。デッサン。　*猫なで声＝人の機嫌を取るために出す優しい声。

## 賓

準2級

部首 貝（かい・こがい）　15画

音 ヒン　訓 —

筆順：立てる／忘れない／長くはらう

用例：迎賓館（げいひんかん）　国賓（こくひん）　主賓（しゅひん）　来賓（らいひん）

問題
- □（げいひんかん）で会談を行う。
- □（こくひん）を迎（むか）える。
- □（しゅひん）として招かれる。
- □（らいひん）の祝辞をいただく。

## 頻

準2級

部首 頁（おおがい）　17画

音 ヒン　訓 —

筆順：縦棒から書く／長くはらう

用例：頻出（ひんしゅつ）　頻度（ひんど）　頻発（ひんぱつ）　頻繁（ひんぱん）

問題
- □入試に（ひんしゅつ）の問題。
- □使用（ひんど）が高い道具。
- □交通事故が（ひんぱつ）する。
- □（ひんぱん）に行き来する。

## 敏

4級

部首 攵（のぶん・ぼくづくり）　10画

音 ビン　訓 —

筆順：付ける／「毋」を「母」としない／付ける

用例：敏感（びんかん）　敏腕（びんわん）＊　過敏（かびん）　機敏（きびん）

問題
- □刺激（しげき）に（びんかん）な肌（はだ）。
- □社長として（びんわん）を振（ふ）るう。
- □神経が（かびん）になる。
- □（きびん）な動きの職人。

## 瓶

準2級

部首 瓦（かわら）　11画

音 ビン　訓 —

筆順：まっすぐ書く／二画で書く／一画で書く／忘れない

用例：瓶詰（びんづめ）　花瓶（かびん）　鉄瓶（てつびん）　土瓶（どびん）

問題
- □季節の果物の（びんづめ）。
- □（かびん）にばらを生ける。
- □（てつびん）でお湯を沸（わ）かす。
- □まつたけの（どびん）蒸（む）し。

＊敏腕＝物事をてきぱき処理する能力があること。

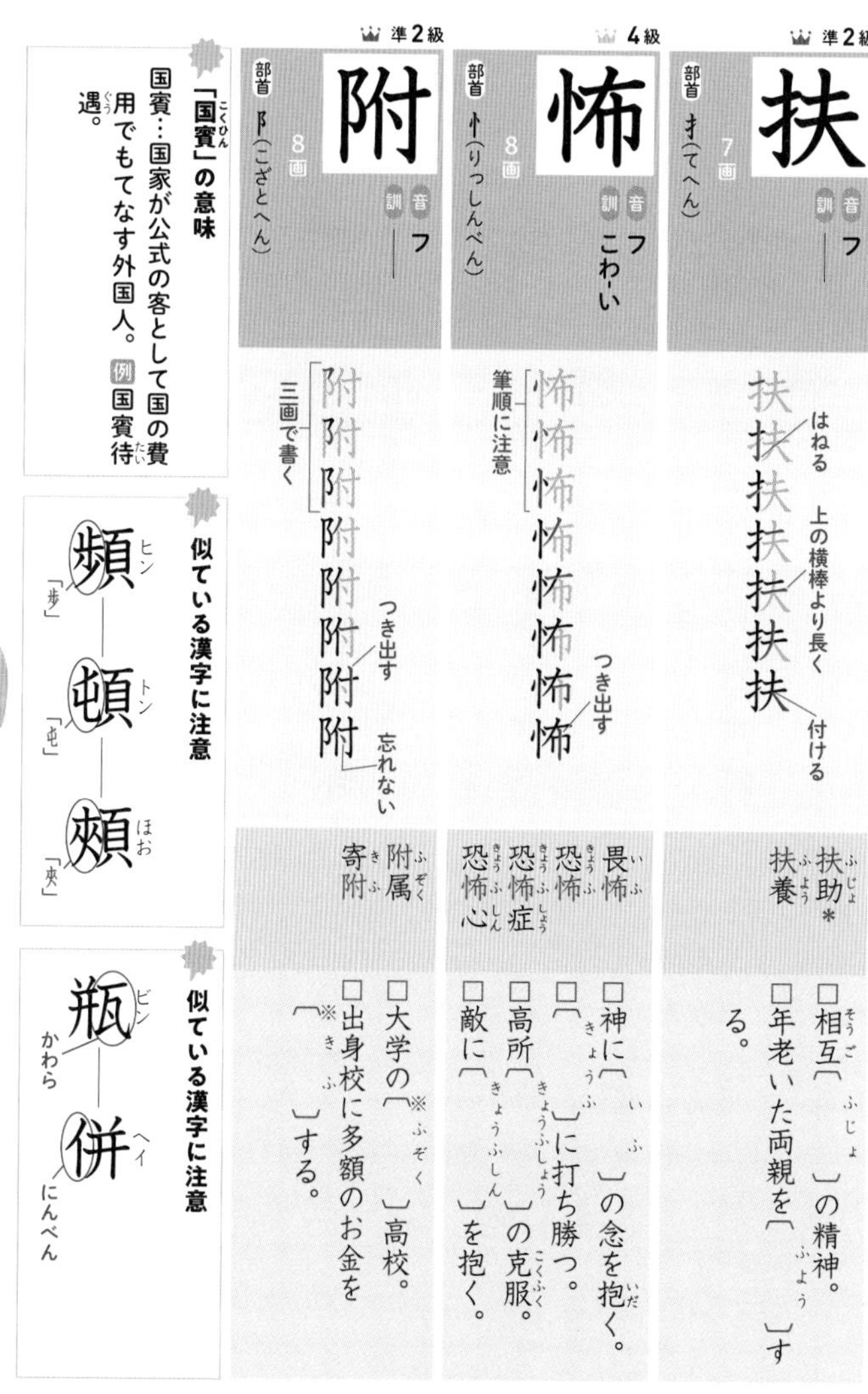




＊扶助＝(経済的に)助けること。　※「付属」とも書く。　※「寄付」とも書く。

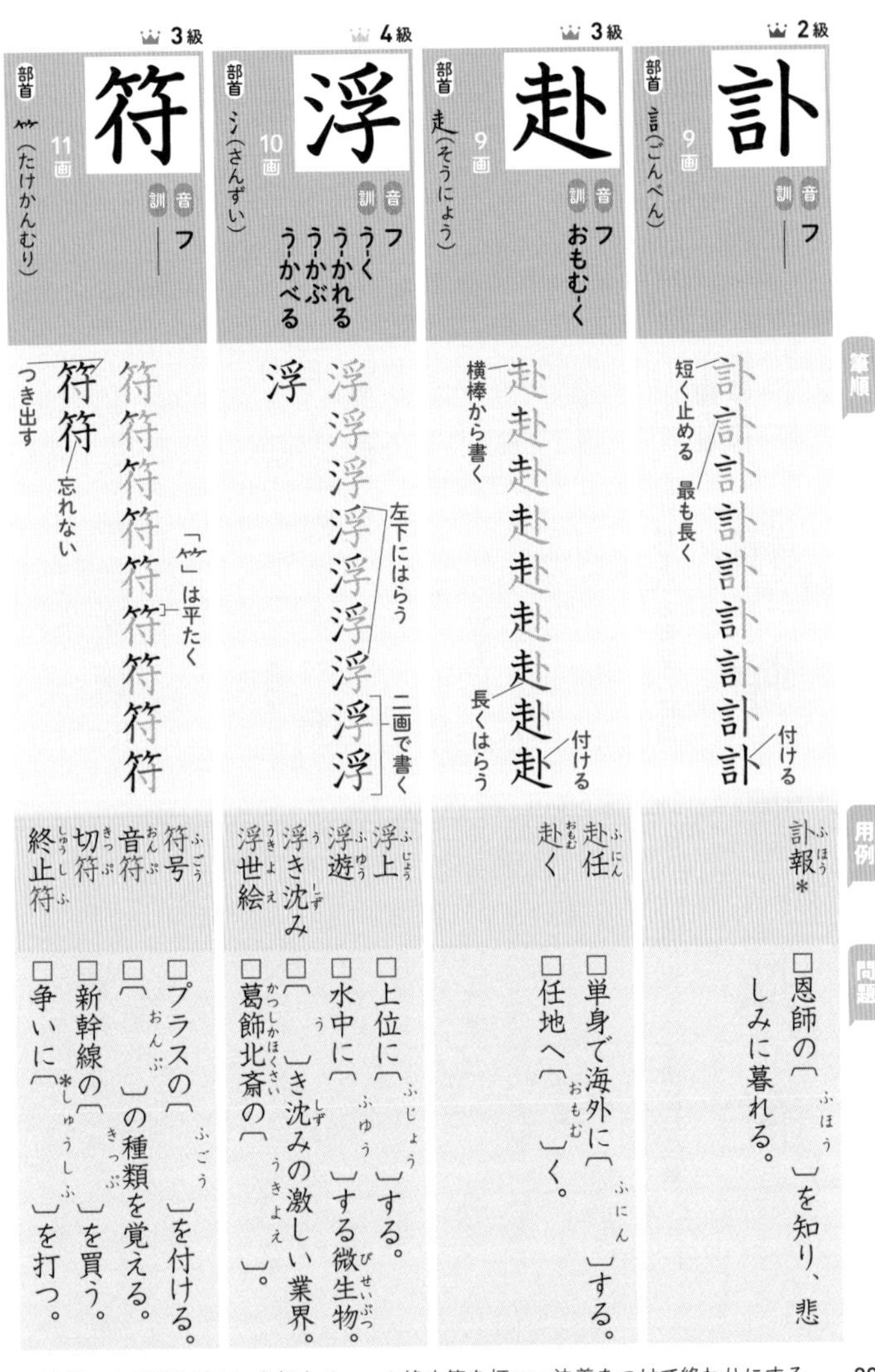


＊訃報＝人が死んだという知らせ。　＊終止符を打つ＝決着をつけて終わりにする。

ハ行
フ

## 普 4級
部首 日（ひ） 12画
音 フ
訓 —
筆順に注意
上の横棒より長く
普及（ふきゅう）
普段（ふだん）
普通（ふつう）
普遍的（ふへんてき）
□電気自動車が〔ふきゅう〕する。
□〔※ふだん〕どおりに振（ふ）る舞（ま）う。
□ごく〔ふつう〕の生活を送る。
□〔ふへんてき〕な真理を求める。

## 腐 4級
部首 肉（にく） 14画
音 フ
訓 くさ-る　くさ-れる　くさ-らす
立てる
つき出す
つき出す
点
腐心（ふしん）
腐敗（ふはい）
豆腐（とうふ）
腐（くさ）れ縁（えん）
□資金繰（ぐ）りに〔ふしん〕する。
□政治が〔ふはい〕する。
□〔とうふ〕のみそ汁（しる）を作る。
□彼（かれ）とは〔くさ〕れ縁（えん）だ。

## 敷 4級
部首 攵（のぶん・ぼくづくり） 15画
音 （フ）
訓 し-く
筆順に注意
つき出す
忘れない
立てる
敷金（しききん）
敷地（しきち）
敷物（しきもの）
屋敷（やしき）
□家主に〔しききん〕を預ける。
□病院の〔しきち〕に公園を造る。
□アウトドア用の〔しきもの〕。
□大きな〔やしき〕に住む。

## 膚 4級
部首 肉（にく） 15画
音 フ
訓 —
縦棒から書く
止める
縦棒が先
完膚（かんぷ）
皮膚（ひふ）
皮膚科（ひふか）
□〔*かんぷ〕無きまでやっつける。
□〔ひふ〕が炎症（えんしょう）を起こす。
□〔ひふか〕に通院して治療（ちりょう）を受ける。


※「不断」とも書く。　＊完膚無きまで＝徹底的（てっていてき）に。（「完膚」は傷の全くない皮膚。）

## 賦 4級
部首 貝（かいへん） 15画
音 フ
訓 ―
筆順：縦棒が先 右上にはらう 忘れない
用例：賦与（ふよ）＊ 月賦（げっぷ） 天賦（てんぷ）
問題：
□天から〔ふよ〕された才能。
□〔げっぷ〕で車を購入（こうにゅう）する。
□〔てんぷ〕の才能を生かして世間に名を広める。

## 譜 準2級
部首 言（ごんべん） 19画
音 フ
訓 ―
筆順：点 筆順に注意
用例：譜面台（ふめんだい） 楽譜（がくふ） 系譜（けいふ） 年譜（ねんぷ）
問題：
□奏者が〔ふめんだい〕を使う。
□正確に〔がくふ〕を読む。
□先祖の〔けいふ〕をたどる。
□有名作家の〔ねんぷ〕を見る。

## 侮 準2級
部首 亻（にんべん） 8画
音 ブ
訓 （あなど-る）
筆順：付ける 「毋」を「母」としない
用例：侮辱（ぶじょく） 侮蔑（ぶべつ）
問題：
□ひどい〔ぶじょく〕を受ける。
□〔ぶべつ〕のまなざしを向ける。

## 舞 4級
部首 舛（まいあし） 15画
音 ブ
訓 ま-う まい
筆順：付ける 長めに書く 忘れない つき出す
用例：舞台（ぶたい） 鼓舞（こぶ）＊ 舞い込む（まいこむ） 獅子舞（ししまい）
問題：
□初めての〔ぶたい〕に上がる。
□部員の士気を〔こぶ〕する。
□幸運が〔ま〕い込む。
□祭りで〔獅子（しし）まい〕を見る。

＊賦与＝生まれつき与（あた）えられていること。　＊鼓舞＝励（はげ）まして元気づけること。

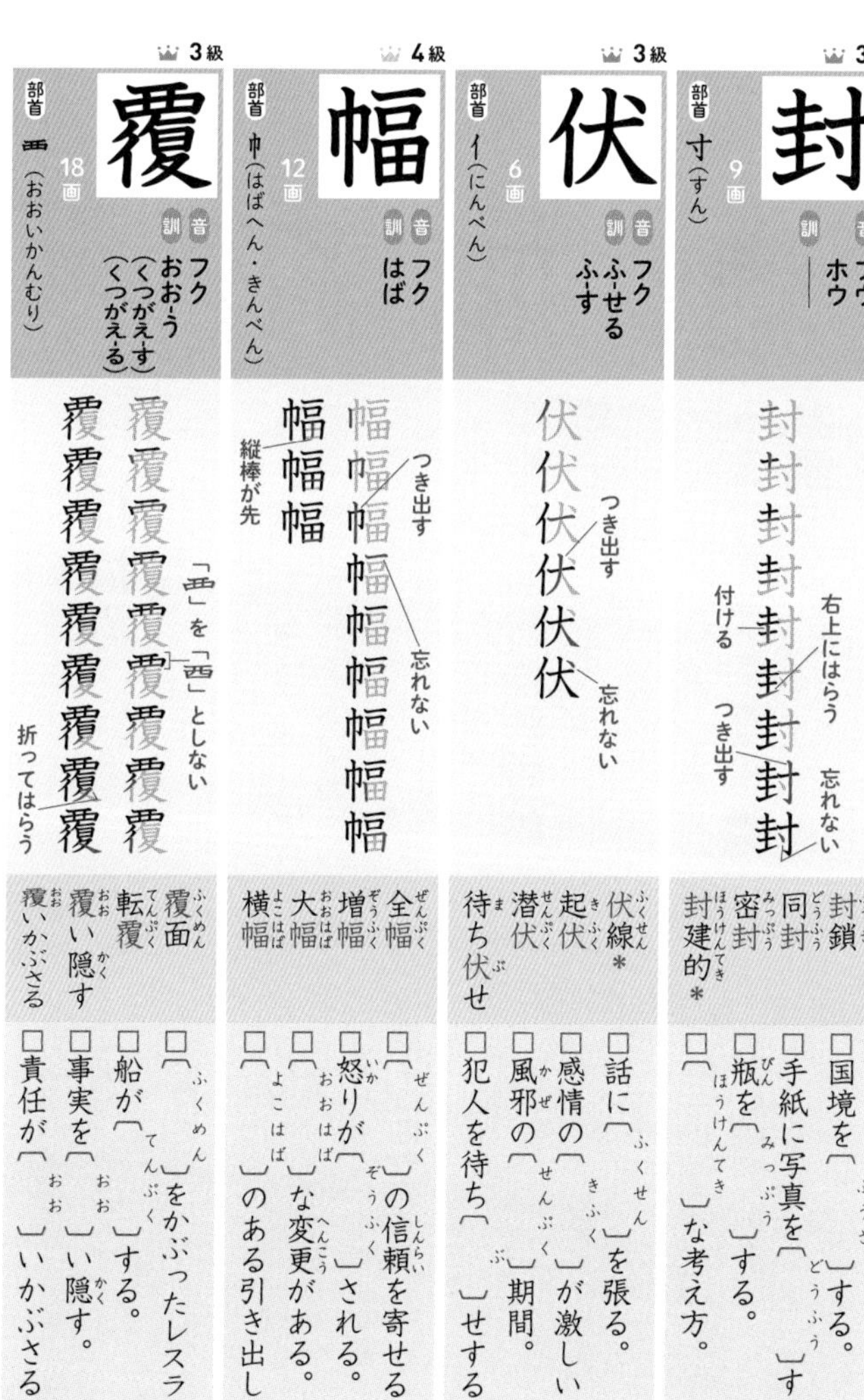

## 封
3級
部首 寸（すん） 9画
音 フウ ホウ
訓 ―
右上にはらう 付ける つき出す 忘れない
封鎖（ふうさ） 同封（どうふう） 密封（みっぷう） 封建的（ほうけんてき）＊
□国境を〔ふうさ〕する。
□手紙に写真を〔どうふう〕する。
□瓶を〔みっぷう〕する。
□〔ほうけんてき〕な考え方。

## 伏
3級
部首 亻（にんべん） 6画
音 フク
訓 ふ-せる ふ-す
つき出す 忘れない
伏線（ふくせん）＊ 起伏（きふく） 潜伏（せんぷく） 待ち伏せ（まちぶせ）
□話に〔ふくせん〕を張る。
□感情の〔きふく〕が激しい。
□風邪の〔せんぷく〕期間。
□犯人を待ち〔ぶ〕せする。

## 幅
4級
部首 巾（はばへん・きんべん） 12画
音 フク
訓 はば
つき出す 忘れない 縦棒が先
全幅（ぜんぷく） 増幅（ぞうふく） 大幅（おおはば） 横幅（よこはば）
□〔ぜんぷく〕の信頼を寄せる。
□怒りが〔ぞうふく〕される。
□〔おおはば〕な変更がある。
□〔よこはば〕のある引き出し。

## 覆
3級
部首 襾（おおいかんむり） 18画
音 フク
訓 おお-う （くつがえ-す） （くつがえ-る）
「覀」を「西」としない 折ってはらう
覆面（ふくめん） 転覆（てんぷく） 覆い隠す（おおいかくす） 覆いかぶさる（おおいかぶさる）
□〔ふくめん〕をかぶったレスラー。
□船が〔てんぷく〕する。
□事実を〔おお〕い隠す。
□責任が〔おお〕いかぶさる。

ハ行 フ～フク

＊封建的＝個人の自由や権利より，身分や階級を重んじる様子。　＊伏線＝前もってそれとなく示すこと。

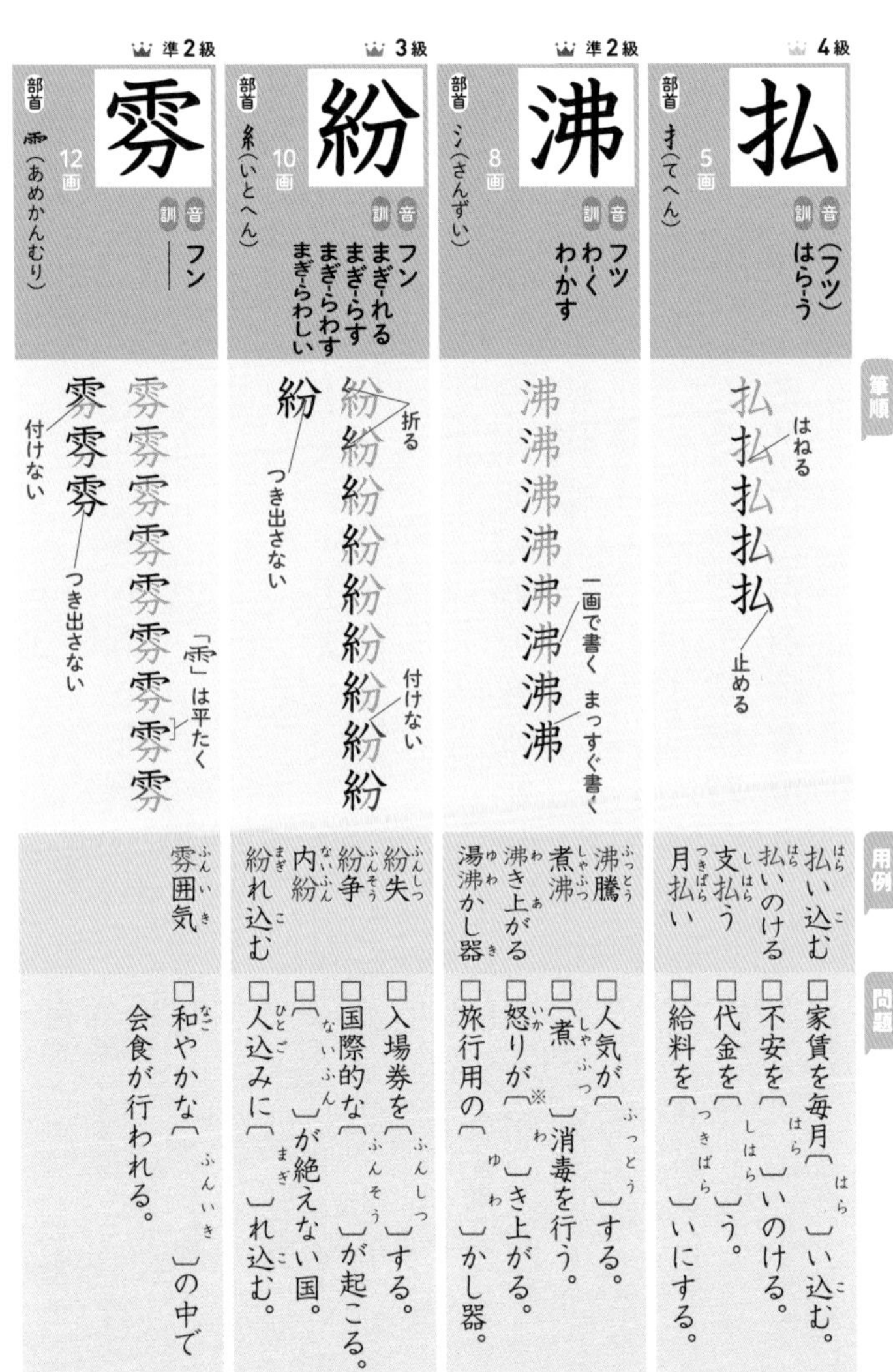

4級
# 払
部首 扌(てへん) 5画
音 (フツ)
訓 はら-う

筆順
払 払 払 払 払
はねる
止める

用例
払(はら)い込(こ)む
払(はら)いのける
支払(しはら)う
月払(つきばら)い

問題
□家賃を毎月〔はら〕い込む。
□不安を〔はら〕いのける。
□代金を〔しはら〕う。
□給料を〔つきばら〕いにする。

準2級
# 沸
部首 氵(さんずい) 8画
音 フツ
訓 わ-く　わ-かす

筆順
沸 沸 沸 沸 沸 沸 沸 沸
一画で書く
まっすぐ書く

用例
沸騰(ふっとう)
煮沸(しゃふつ)
沸(わ)き上(あ)がる
湯沸(ゆわ)かし器(き)

問題
□人気が〔ふっとう〕する。
□〔しゃふつ〕消毒を行う。
□怒(いか)りが〔わ〕き上がる。※
□旅行用の〔ゆわ〕かし器。

3級
# 紛
部首 糸(いとへん) 10画
音 フン
訓 まぎ-れる　まぎ-らす　まぎ-らわす　まぎ-らわしい

筆順
紛 紛 紛 紛 紛 紛 紛 紛 紛 紛
折る
付けない
つき出さない

用例
紛失(ふんしつ)
紛争(ふんそう)
内紛(ないふん)
紛(まぎ)れ込(こ)む

問題
□入場券を〔ふんしつ〕する。
□国際的な〔ふんそう〕が起こる。
□〔ないふん〕が絶えない国。
□人込(ひとご)みに〔まぎ〕れ込む。

準2級
# 雰
部首 雨(あめかんむり) 12画
音 フン
訓 ―

筆順
雰 雰 雰 雰 雰 雰 雰 雰 雰 雰 雰 雰
「雨」は平たく
付けない
つき出さない

用例
雰囲気(ふんいき)

問題
□和(なご)やかな〔ふんいき〕の中で会食が行われる。

※「湧き上がる」とも書く。

4級

# 噴

部首 口（くちへん） 15画

音 フン　訓 ふ-く

筆順：噴噴噴噴噴噴噴噴噴噴噴噴噴噴噴
（横棒が先／上の横棒より長く／止める）

噴火（ふんか）
噴出（ふんしゅつ）
噴水（ふんすい）
噴き出す（ふきだす）

□大規模な〔ふんか〕が起こる。
□長年の不満が〔ふんしゅつ〕する。
□公園の〔ふんすい〕を眺（なが）める。
□温泉が〔※ふ〕き出す。

3級

# 墳

部首 土（つちへん） 15画

音 フン　訓 —

筆順：墳墳墳墳墳墳墳墳墳墳墳墳墳墳墳
（横棒が先／上の横棒より長く）

墳墓の地（ふんぼのち）＊
古墳（こふん）

□〔ふんぼ〕の地を懐（なつ）かしむ。
□全国にある〔こふん〕について調べる。

準2級

# 憤

部首 忄（りっしんべん） 15画

音 フン　訓 （いきどお-る）

筆順：憤憤憤憤憤憤憤憤憤憤憤憤憤憤憤
（筆順に注意／横棒が先／上の横棒より長く）

憤慨（ふんがい）
憤然（ふんぜん）
鬱憤（うっぷん）
発憤（はっぷん）

□無礼な発言に〔ふんがい〕する。
□〔ふんぜん〕として席を立つ。
□日頃（ひごろ）の〔うっぷん〕を晴らす。
□〔※はっぷん〕して成績を上げる。

**似ている漢字に注意**

紛（フン）いとへん — 粉（フン）こめへん

**似ている漢字に注意**

噴（フン）くちへん — 墳（フン）つちへん — 憤（フン）りっしんべん

**「ふんぜん」の意味**

憤然…ひどく腹を立てる様子。
奮然…気力を奮い起こす様子。
紛然…物事があれこれ入り混じって複雑な様子。

※「吹き出す」とも書く。　＊墳墓の地＝故郷。　※「発奮」とも書く。

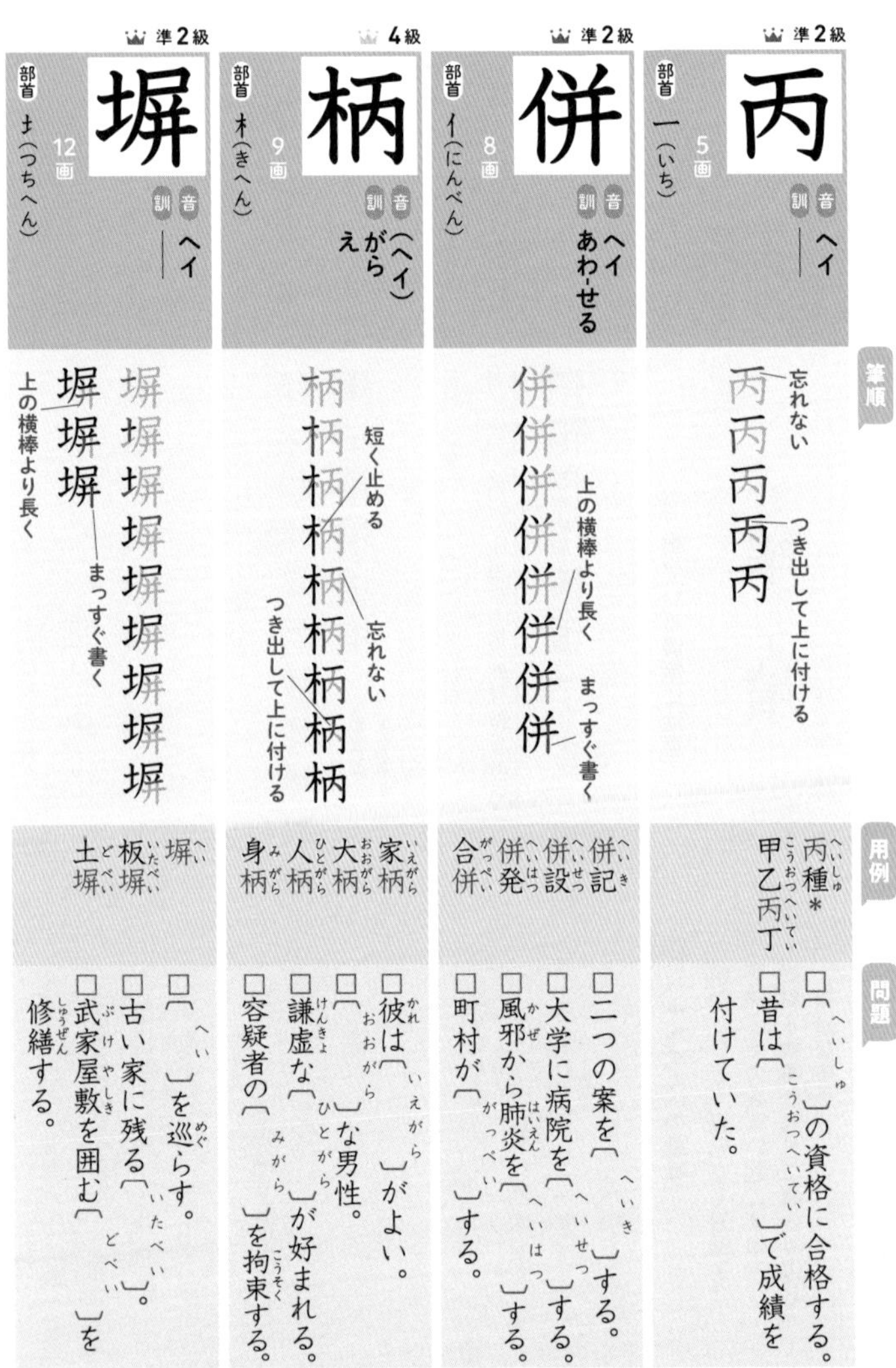

## 丙　準2級

部首　一（いち）　5画

音　ヘイ
訓　—

**筆順**　丙丙丙丙丙（忘れない／つき出して上に付ける）

**用例**　丙種（へいしゅ）＊　甲乙丙丁（こうおつへいてい）

**問題**
- □〔へいしゅ〕の資格に合格する。
- □昔は〔こうおつへいてい〕で成績を付けていた。

## 併　準2級

部首　亻（にんべん）　8画

音　ヘイ
訓　あわ-せる

**筆順**　併併併併併併併併（上の横棒より長く／まっすぐ書く）

**用例**　併記（へいき）　併設（へいせつ）　併発（へいはつ）　合併（がっぺい）

**問題**
- □二つの案を〔へいき〕する。
- □大学に病院を〔へいせつ〕する。
- □風邪（かぜ）から肺炎（はいえん）を〔へいはつ〕する。
- □町村が〔がっぺい〕する。

## 柄　4級

部首　木（きへん）　9画

音　（ヘイ）
訓　がら　え

**筆順**　柄柄柄柄柄柄柄柄柄（短く止める／忘れない／つき出して上に付ける）

**用例**　家柄（いえがら）　大柄（おおがら）　人柄（ひとがら）　身柄（みがら）

**問題**
- □彼（かれ）は〔いえがら〕がよい。
- □〔おおがら〕な男性。
- □謙虚（けんきょ）な〔ひとがら〕が好まれる。
- □容疑者の〔みがら〕を拘束（こうそく）する。

## 塀　準2級

部首　土（つちへん）　12画

音　ヘイ
訓　—

**筆順**　塀塀塀塀塀塀塀塀塀塀塀塀（上の横棒より長く／まっすぐ書く）

**用例**　塀（へい）　板塀（いたべい）　土塀（どべい）

**問題**
- □〔へい〕を巡（めぐ）らす。
- □古い家に残る〔いたべい〕。
- □武家屋敷（ぶけやしき）を囲む〔どべい〕を修繕（しゅうぜん）する。

＊丙種＝甲（こう），乙（おつ）に次ぐ第三位。または，その分類。

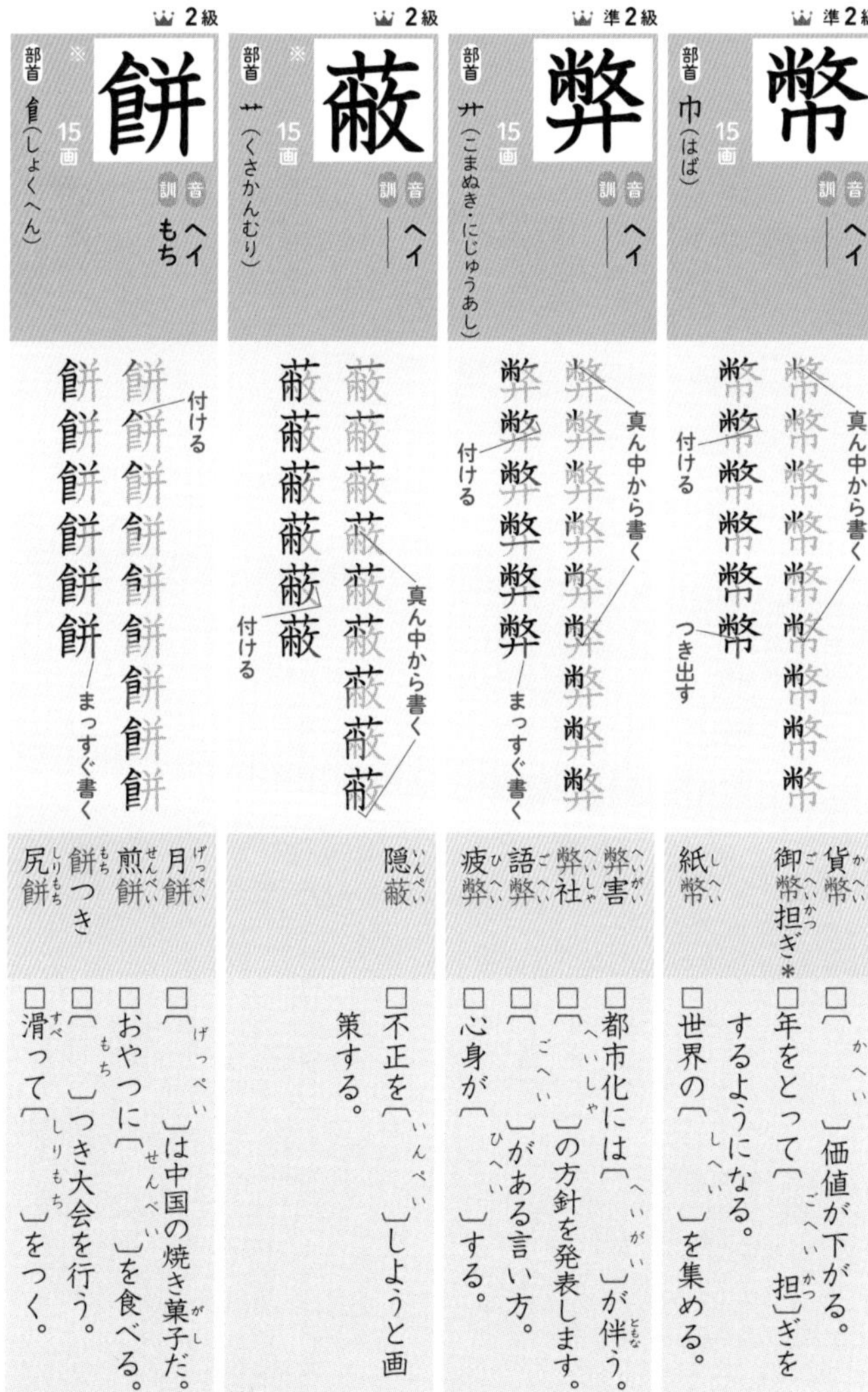



＊御幣担ぎ＝縁起（えんぎ）を気にかけること。　※「蔽」も可。　※「餅」（14画）も可。

## 壁　4級

部首　土（つち）　16画

音　ヘキ
訓　かべ

筆順　（付ける）（立てる）

用例
壁画（へきが）
城壁（じょうへき）
絶壁（ぜっぺき）
白壁（しらかべ）

問題
□洞窟（どうくつ）で発見された（へきが）。
□（じょうへき）都市の遺跡（いせき）。
□断崖（だんがい）（ぜっぺき）をよじ登る。
□美しい（しらかべ）の町並み。

## 璧　2級

部首　玉（たま）　18画

音　ヘキ
訓　—

筆順　（付ける）（立てる）（忘れない）

用例
完璧（かんぺき）
双璧（そうへき）＊

問題
□作品を（かんぺき）に仕上げる。
□画壇（がだん）の（そうへき）と呼ばれた二人の人物。

## 癖　3級

部首　疒（やまいだれ）　18画

音　ヘキ
訓　くせ

筆順　（立てる）（立てる）（付ける）

用例
悪癖（あくへき）
潔癖（けっぺき）
性癖（せいへき）
口癖（くちぐせ）

問題
□長年の（あくへき）を改める。
□金銭に（けっぺき）な性質だ。
□うそをつく（せいへき）がある。
□先生の（くちぐせ）をまねる。

## 蔑　2級

部首　艹（くさかんむり）　14画

音　ベツ
訓　さげす-む

筆順　（「罒」を「四」としない）（忘れない）（忘れない）

用例
蔑視（べっし）
軽蔑（けいべつ）
侮蔑（ぶべつ）

問題
□強い（べっし）に耐（た）えかねる。
□（けいべつ）に値（あたい）する行為（こうい）だ。
□うそつきを（ぶべつ）する。

＊双璧＝優劣（ゆうれつ）を決めにくい優（すぐ）れた二つのもの。

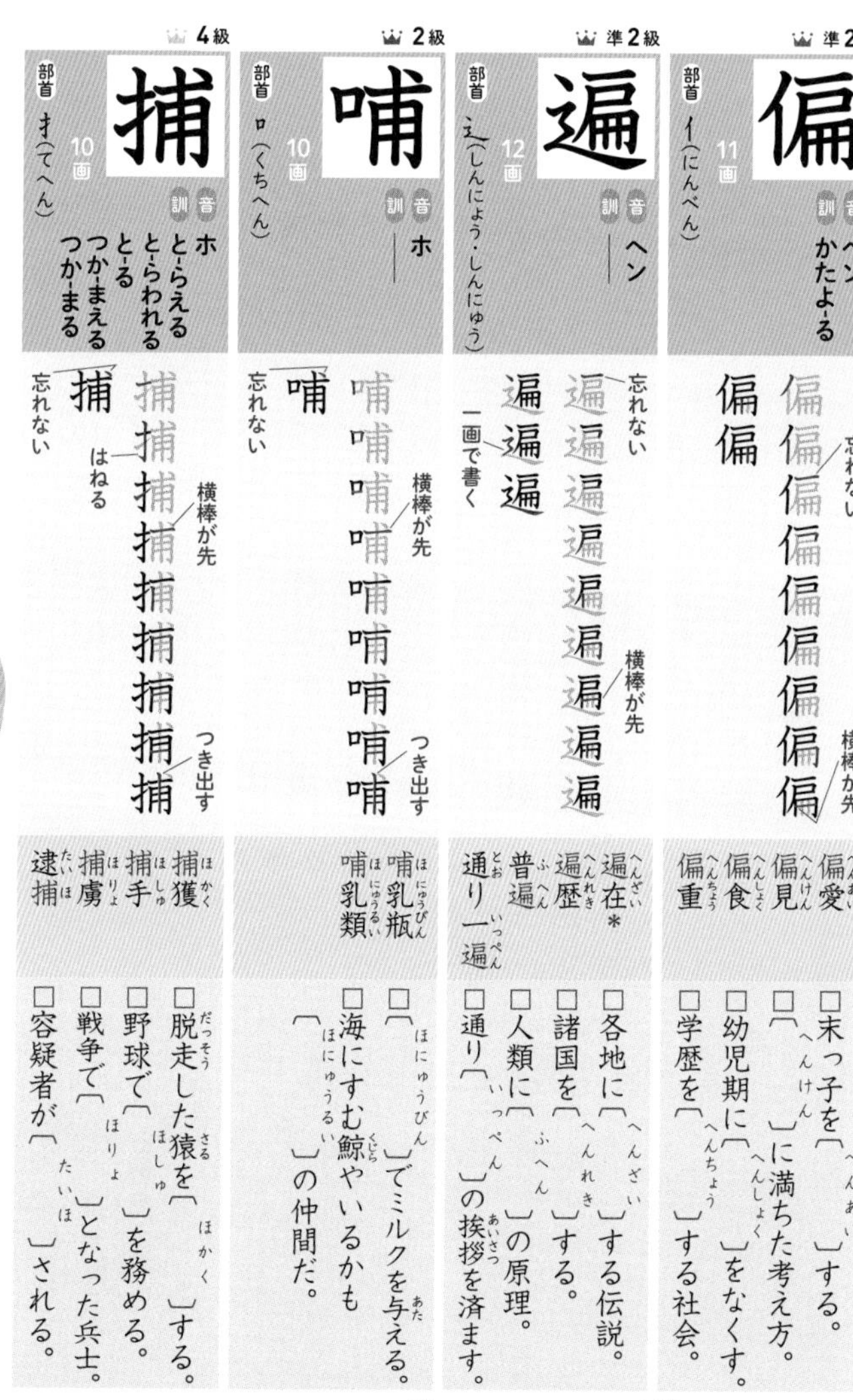

準2級
偏
部首 亻（にんべん） 11画
音 ヘン
訓 かたよ-る
忘れない 横棒が先
偏愛（へんあい） 偏見（へんけん） 偏食（へんしょく） 偏重（へんちょう）
□末っ子を［へんあい］する。
□［へんけん］に満ちた考え方。
□幼児期に［へんしょく］をなくす。
□学歴を［へんちょう］する社会。

準2級
遍
部首 辶（しんにょう・しんにゅう） 12画
音 ヘン
訓 ―
忘れない 横棒が先 一画で書く
遍在（へんざい）＊ 遍歴（へんれき） 普遍（ふへん） 通り一遍（とおりいっぺん）
□各地に［へんざい］する伝説。
□諸国を［へんれき］する。
□人類に［ふへん］の原理。
□通り［いっぺん］の挨拶（あいさつ）を済ます。

2級
哺
部首 口（くちへん） 10画
音 ホ
訓 ―
忘れない 横棒が先 つき出す
哺乳瓶（ほにゅうびん） 哺乳類（ほにゅうるい）
□［ほにゅうびん］でミルクを与（あた）える。
□海にすむ鯨（くじら）やいるかも［ほにゅうるい］の仲間だ。

4級
捕
部首 扌（てへん） 10画
音 ホ
訓 と-らえる と-らわれる と-る つか-まえる つか-まる
忘れない はねる 横棒が先 つき出す
捕獲（ほかく） 捕手（ほしゅ） 捕虜（ほりょ） 逮捕（たいほ）
□脱走（だっそう）した猿（さる）を［ほかく］する。
□野球で［ほしゅ］を務める。
□戦争で［ほりょ］となった兵士。
□容疑者が［たいほ］される。

＊遍在＝どこにでも広く存在すること。偏（かたよ）って存在する意味の「偏在（へんざい）」と区別する。

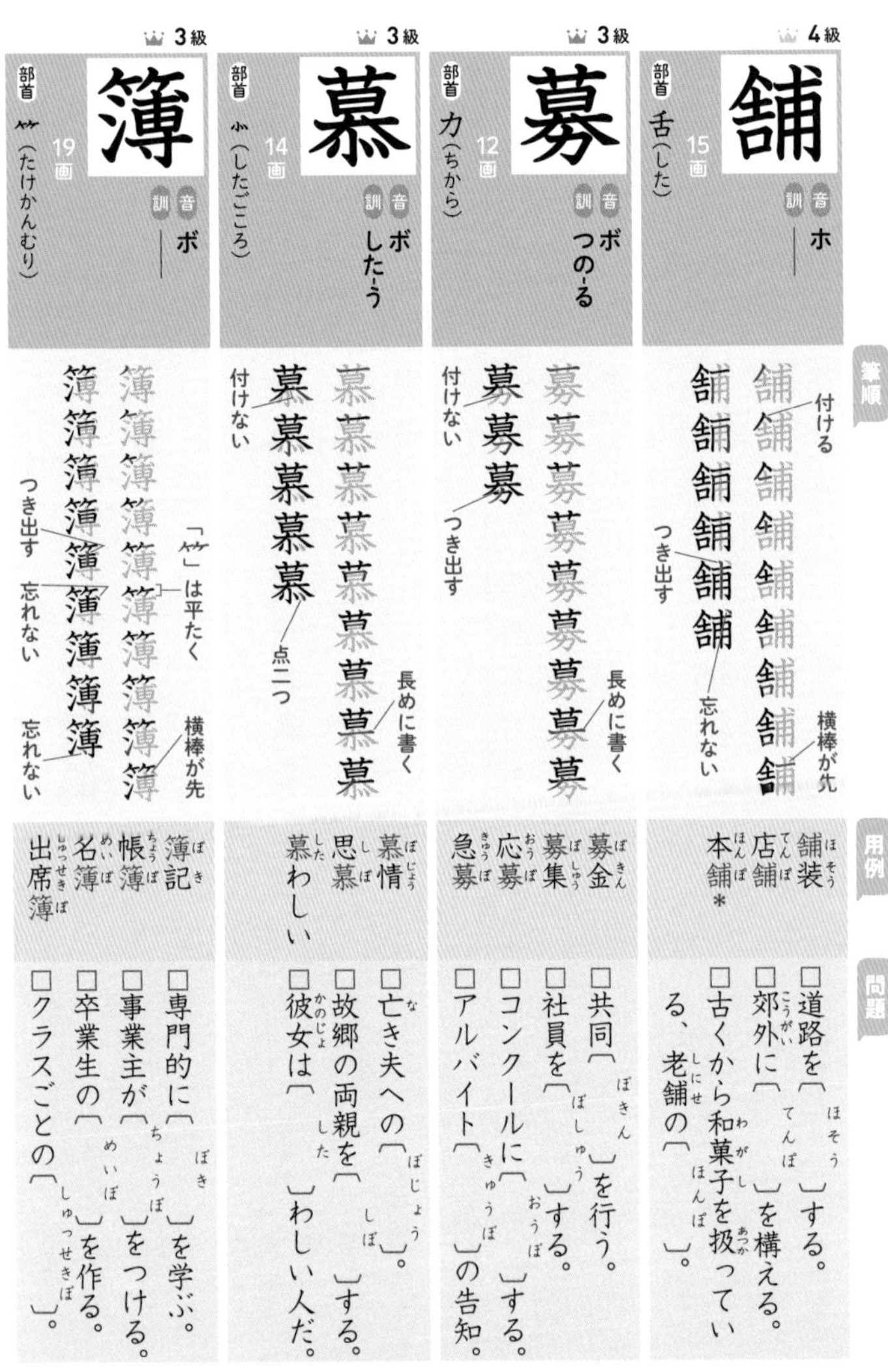

舗 4級
部首 舌（した） 15画
音 ホ
訓 ―
用例 舗装（ほそう） 店舗（てんぽ） 本舗（ほんぽ）*
問題
□道路を〔ほそう〕する。
□郊外（こうがい）に〔てんぽ〕を構える。
□古くから和菓子（わがし）を扱（あつか）っている、老舗（しにせ）の〔ほんぽ〕。

募 3級
部首 力（ちから） 12画
音 ボ
訓 つの-る
用例 募金（ぼきん） 募集（ぼしゅう） 応募（おうぼ） 急募（きゅうぼ）
問題
□共同〔ぼきん〕を行う。
□社員を〔ぼしゅう〕する。
□コンクールに〔おうぼ〕する。
□アルバイト〔きゅうぼ〕の告知。

慕 3級
部首 㣺（したごころ） 14画
音 ボ
訓 した-う
用例 慕情（ぼじょう） 思慕（しぼ） 慕（した）わしい
問題
□亡（な）き夫への〔ぼじょう〕。
□故郷の両親を〔しぼ〕する。
□彼女（かのじょ）は〔した〕わしい人だ。

簿 3級
部首 ⺮（たけかんむり） 19画
音 ボ
訓 ―
用例 簿記（ぼき） 帳簿（ちょうぼ） 名簿（めいぼ） 出席簿（しゅっせきぼ）
問題
□専門的に〔ぼき〕を学ぶ。
□事業主が〔ちょうぼ〕をつける。
□卒業生の〔めいぼ〕を作る。
□クラスごとの〔しゅっせきぼ〕。

*本舗＝特定の品物を製造・販売（はんばい）するおおもとの店。

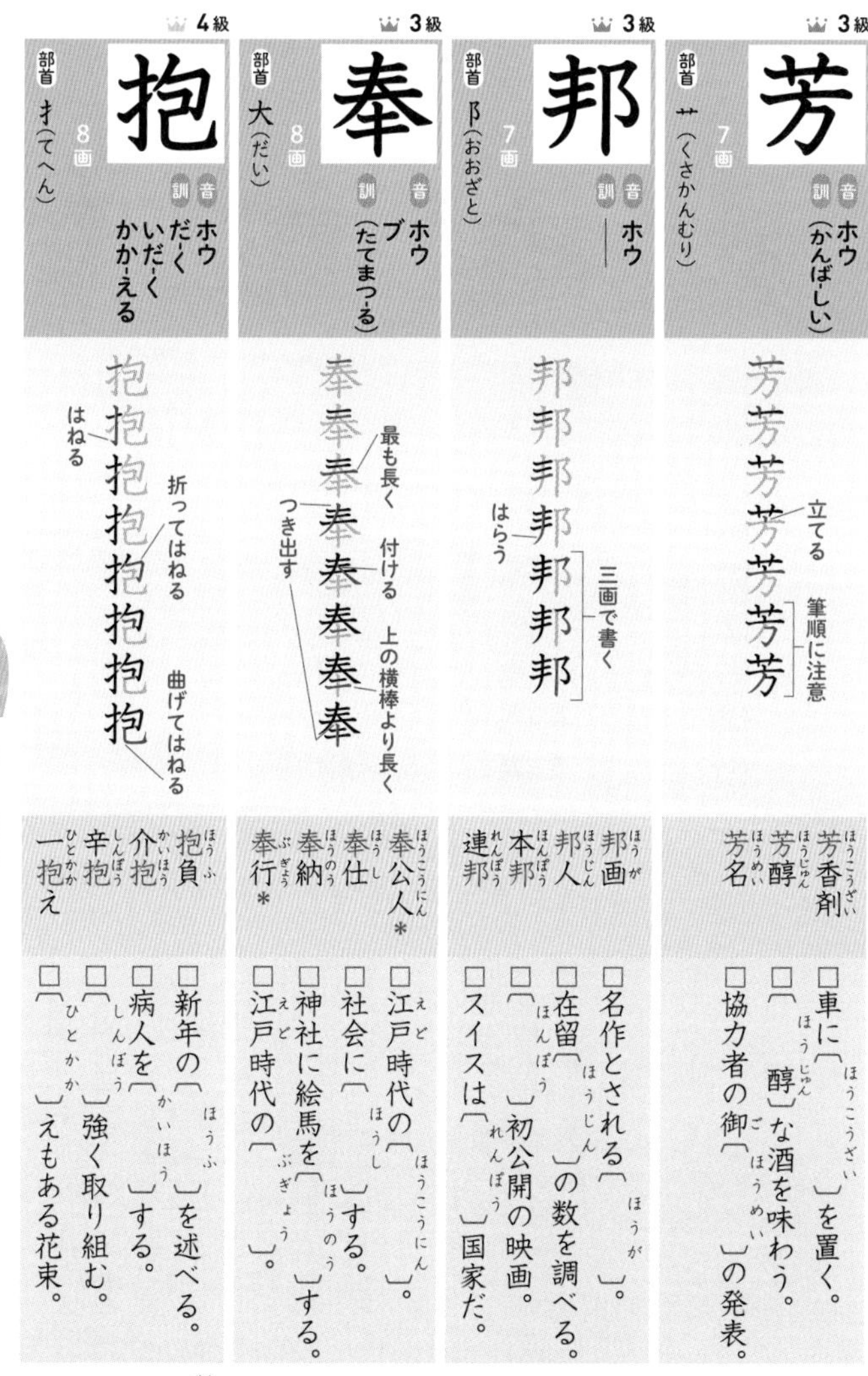

**芳** 3級 7画
部首 艹（くさかんむり）
音 ホウ
訓 （かんば-しい）
筆順: 立てる／筆順に注意
芳香剤（ほうこうざい）　芳醇（ほうじゅん）　芳名（ほうめい）
□車に〔ほうこうざい〕を置く。
□〔ほうじゅん〕な酒を味わう。
□協力者の御〔ほうめい〕の発表。

**邦** 3級 7画
部首 阝（おおざと）
音 ホウ
訓 ―
筆順: はらう／三画で書く
邦画（ほうが）　邦人（ほうじん）　本邦（ほんぽう）　連邦（れんぽう）
□名作とされる〔ほうが〕。
□在留〔ほうじん〕の数を調べる。
□〔ほんぽう〕初公開の映画。
□スイスは〔れんぽう〕国家だ。

**奉** 3級 8画
部首 大（だい）
音 ホウ・ブ
訓 （たてまつ-る）
筆順: 最も長く／つき出す／付ける／上の横棒より長く
奉公人*（ほうこうにん）　奉仕（ほうし）　奉納（ほうのう）　奉行*（ぶぎょう）
□江戸（えど）時代の〔ほうこうにん〕。
□社会に〔ほうし〕する。
□神社に絵馬を〔ほうのう〕する。
□江戸（えど）時代の〔ぶぎょう〕。

**抱** 4級 8画
部首 扌（てへん）
音 ホウ
訓 だ-く・いだ-く・かか-える
筆順: はねる／折ってはねる／曲げてはねる
抱負（ほうふ）　介抱（かいほう）　辛抱（しんぼう）　一抱え（ひとかかえ）
□新年の〔ほうふ〕を述べる。
□病人を〔かいほう〕する。
□〔しんぼう〕強く取り組む。
□〔ひとかかえ〕もある花束。

*奉公人＝他家に雇（やと）われて働く人。　*奉行＝武家時代の職名。

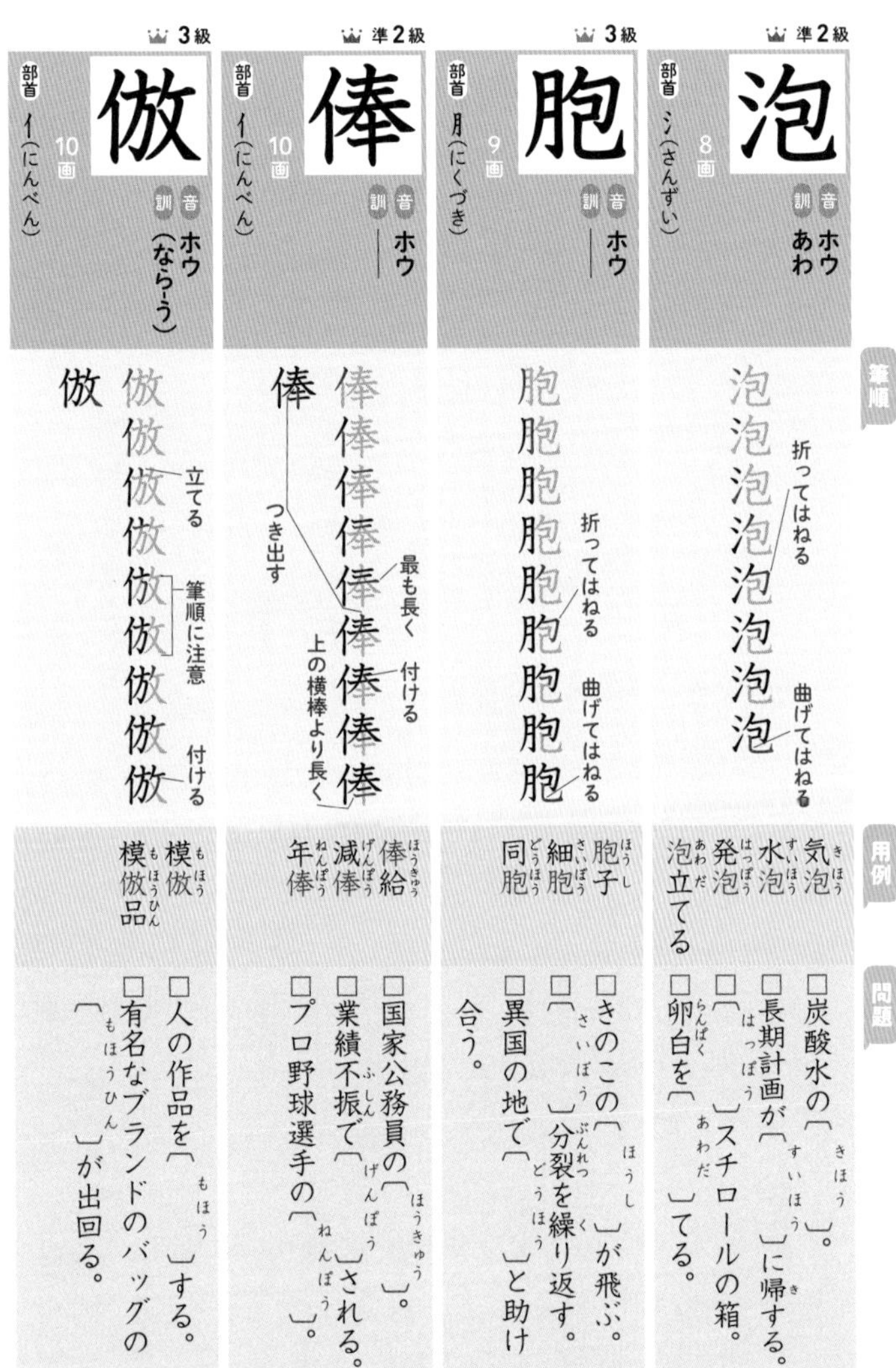

準2級

## 泡

部首 氵(さんずい) 8画

音 ホウ　訓 あわ

筆順

泡（折ってはねる／曲げてはねる）

用例

気泡(きほう)　水泡(すいほう)　発泡(はっぽう)　泡立(あわだ)てる

問題

□炭酸水の〔きほう〕。
□長期計画が〔すいほう〕に帰(き)する。
□〔はっぽう〕スチロールの箱。
□卵白(らんぱく)を〔あわだ〕てる。

3級

## 胞

部首 月(にくづき) 9画

音 ホウ　訓 ―

筆順

胞（折ってはねる／曲げてはねる）

用例

胞子(ほうし)　細胞(さいぼう)　同胞(どうほう)

問題

□きのこの〔ほうし〕が飛ぶ。
□〔さいぼう〕分裂(ぶんれつ)を繰(く)り返す。
□異国の地で〔どうほう〕と助け合う。

準2級

## 俸

部首 亻(にんべん) 10画

音 ホウ　訓 ―

筆順

俸（最も長く／付ける／上の横棒より長く／つき出す）

用例

俸給(ほうきゅう)　減俸(げんぽう)　年俸(ねんぽう)

問題

□国家公務員の〔ほうきゅう〕。
□業績不振(ふしん)で〔げんぽう〕される。
□プロ野球選手の〔ねんぽう〕。

3級

## 倣

部首 亻(にんべん) 10画

音 ホウ　訓 (なら-う)

筆順

倣（立てる／筆順に注意／付ける）

用例

模倣(もほう)　模倣品(もほうひん)

問題

□人の作品を〔もほう〕する。
□有名なブランドのバッグの〔もほうひん〕が出回る。

# 峰

4級

部首 山(やまへん) 10画

音 ホウ
訓 みね

筆順: 峰峰峰峰峰峰峰峰峰峰（つき出す／付ける／最も長く）

霊峰（れいほう）
連峰（れんぽう）
最高峰（さいこうほう）
峰続き（みねつづき）

□（れいほう）富士を仰ぎ見る。
□穂高（れんぽう）の山々。
□日本文学の（さいこうほう）。
□（みねつづ）きの山々を望む。

# 砲

4級

部首 石(いしへん) 10画

音 ホウ
訓 —

筆順: 砲砲砲砲砲砲砲砲砲砲（曲げてはねる／折ってはねる）

砲火（ほうか）
砲丸（ほうがん）
大砲（たいほう）
水鉄砲（みずでっぽう）

□隣国（りんごく）と（ほうか）を交える。
□（ほうがん）投げの選手。
□（たいほう）の音が鳴り響（ひび）く。
□（みずでっぽう）で遊ぶ。

# 崩

3級

部首 山(やま) 11画

音 ホウ
訓 くず-れる くず-す

筆順: 崩崩崩崩崩崩崩崩崩崩崩（「山」は平たく／はねる）

崩壊（ほうかい）
崩御（ほうぎょ）*
崩落（ほうらく）
値崩れ（ねくずれ）

□制度が（ほうかい）する。
□皇太后が（ほうぎょ）する。
□岩石が（ほうらく）する。
□中古車が（ねくず）れする。

**似ている漢字に注意**

泡（ホウ）さんずい ― 胞（ホウ）にくづき ― 砲（ホウ）いしへん

**似ている漢字に注意**

俸（ホウ）にんべん ― 棒（ボウ）きへん

**特別な読み方**

雪崩（なだれ）…山の斜面（しゃめん）に積もった大量の雪が、一度に崩（くず）れ落ちること。また、その雪。



*崩御＝天皇や皇后，皇太后などが亡（な）くなること。

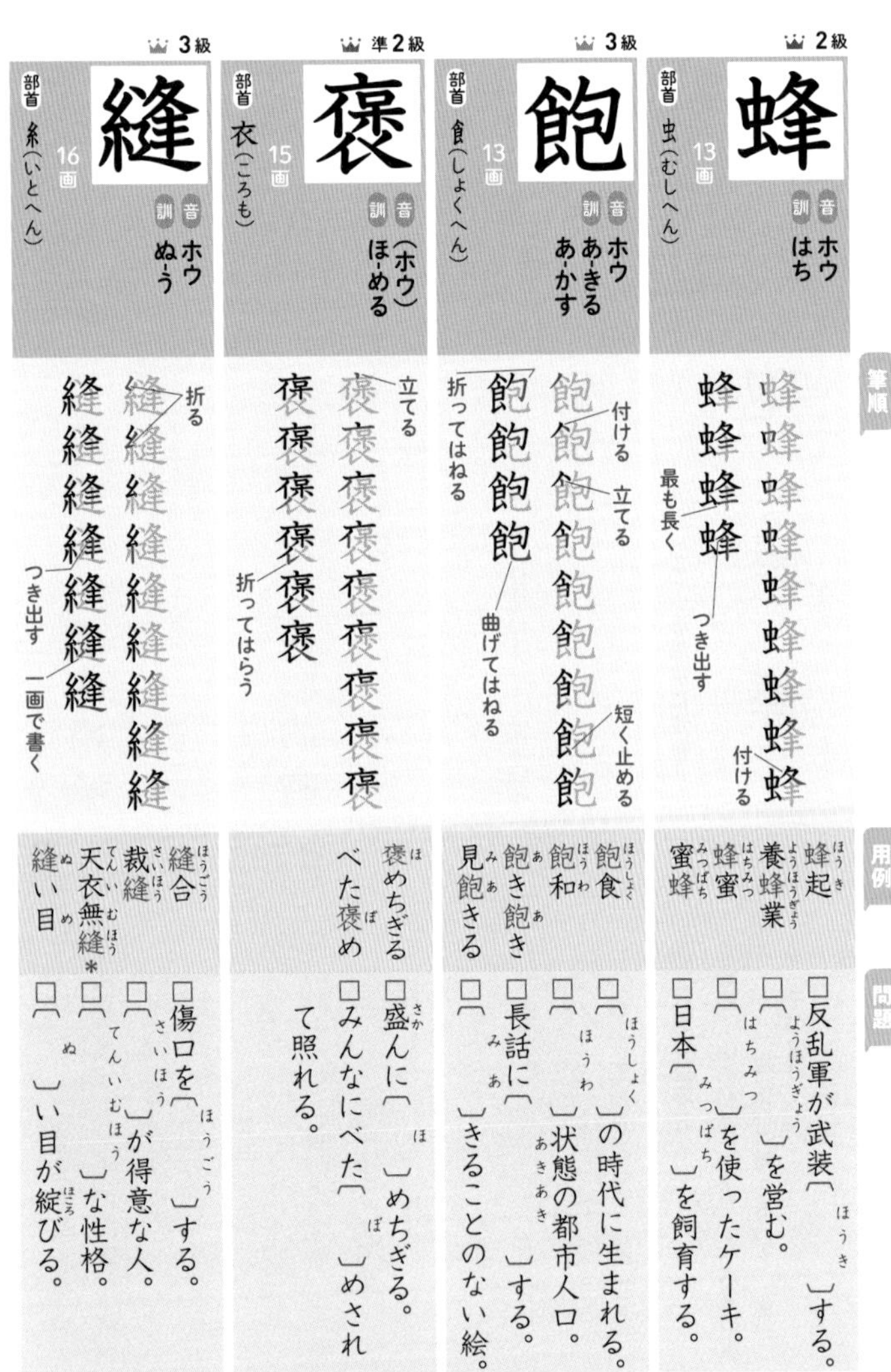

## 蜂（2級）

部首：虫（むしへん）　13画

音：ホウ　訓：はち

筆順：最も長く／つき出す／付ける

用例：蜂起（ほうき）　養蜂業（ようほうぎょう）　蜂蜜（はちみつ）　蜜蜂（みつばち）

問題：
- □反乱軍が武装［ほうき］する。
- □［ようほうぎょう］を営む。
- □［はちみつ］を使ったケーキ。
- □日本［みつばち］を飼育する。

## 飽（3級）

部首：食（しょくへん）　13画

音：ホウ　訓：あ-きる　あ-かす

筆順：付ける／立てる／短く止める／折ってはねる／曲げてはねる

用例：飽食（ほうしょく）　飽和（ほうわ）　飽き飽き（あきあき）　見飽きる（みあきる）

問題：
- □［ほうしょく］の時代に生まれる。
- □［ほうわ］状態の都市人口。
- □長話に［あきあき］する。
- □［みあ］きることのない絵。

## 褒（準2級）

部首：衣（ころも）　15画

音：（ホウ）　訓：ほ-める

筆順：立てる／折ってはらう

用例：褒めちぎる（ほ）　べた褒め（ぼ）

問題：
- □盛（さか）んに［ほ］めちぎる。
- □みんなにべた［ぼ］めされて照れる。

## 縫（3級）

部首：糸（いとへん）　16画

音：ホウ　訓：ぬ-う

筆順：折る／つき出す／一画で書く

用例：縫合（ほうごう）　裁縫（さいほう）　天衣無縫＊（てんいむほう）　縫い目（ぬいめ）

問題：
- □傷口を［ほうごう］する。
- □［さいほう］が得意な人。
- □［てんいむほう］な性格。
- □［ぬ］い目が綻（ほころ）びる。

＊天衣無縫＝思いのままに振（ふ）る舞（ま）い，無邪気（むじゃき）であること。

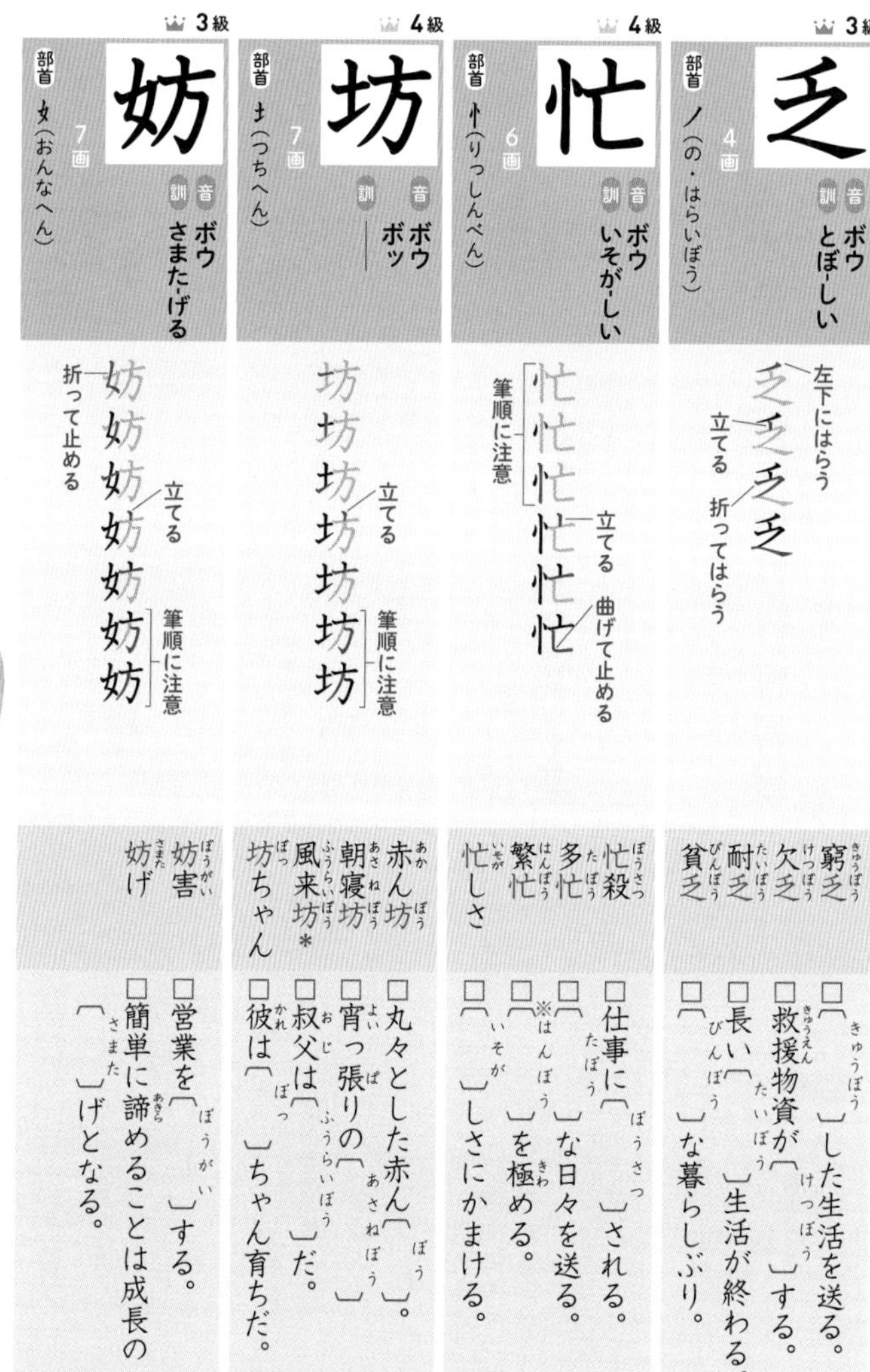

## 乏 3級
部首 ノ（の・はらいぼう） 4画
音 ボウ
訓 とぼ-しい
左下にはらう／立てる／折ってはらう

窮乏（きゅうぼう）　欠乏（けつぼう）　耐乏（たいぼう）　貧乏（びんぼう）

□（きゅうぼう）した生活を送る。
□救援物資が（けつぼう）する。
□長い（たいぼう）生活が終わる。
□（びんぼう）な暮らしぶり。

## 忙 4級
部首 忄（りっしんべん） 6画
音 ボウ
訓 いそが-しい
筆順に注意／立てる／曲げて止める

忙殺（ぼうさつ）　多忙（たぼう）　繁忙（はんぼう）　忙（いそが）しさ

□仕事に（ぼうさつ）される。
□（たぼう）な日々を送る。
□（※はんぼう）を極める。
□（いそが）しさにかまける。

## 坊 4級
部首 土（つちへん） 7画
音 ボウ　ボッ
訓 ―
立てる／筆順に注意

赤（あか）ん坊（ぼう）　朝寝坊（あさねぼう）　風来坊（ふうらいぼう）＊　坊（ぼっ）ちゃん

□丸々とした赤ん（ぼう）。
□宵っ張りの（あさねぼう）。
□叔父は（ふうらいぼう）だ。
□彼は（ぼっ）ちゃん育ちだ。

## 妨 3級
部首 女（おんなへん） 7画
音 ボウ
訓 さまた-げる
折って止める／立てる／筆順に注意

妨害（ぼうがい）　妨（さまた）げ

□営業を（ぼうがい）する。
□簡単に諦めることは成長の（さまた）げとなる。

※「煩忙」とも書く。　＊風来坊＝どこからともなく来たり去ったりする人。

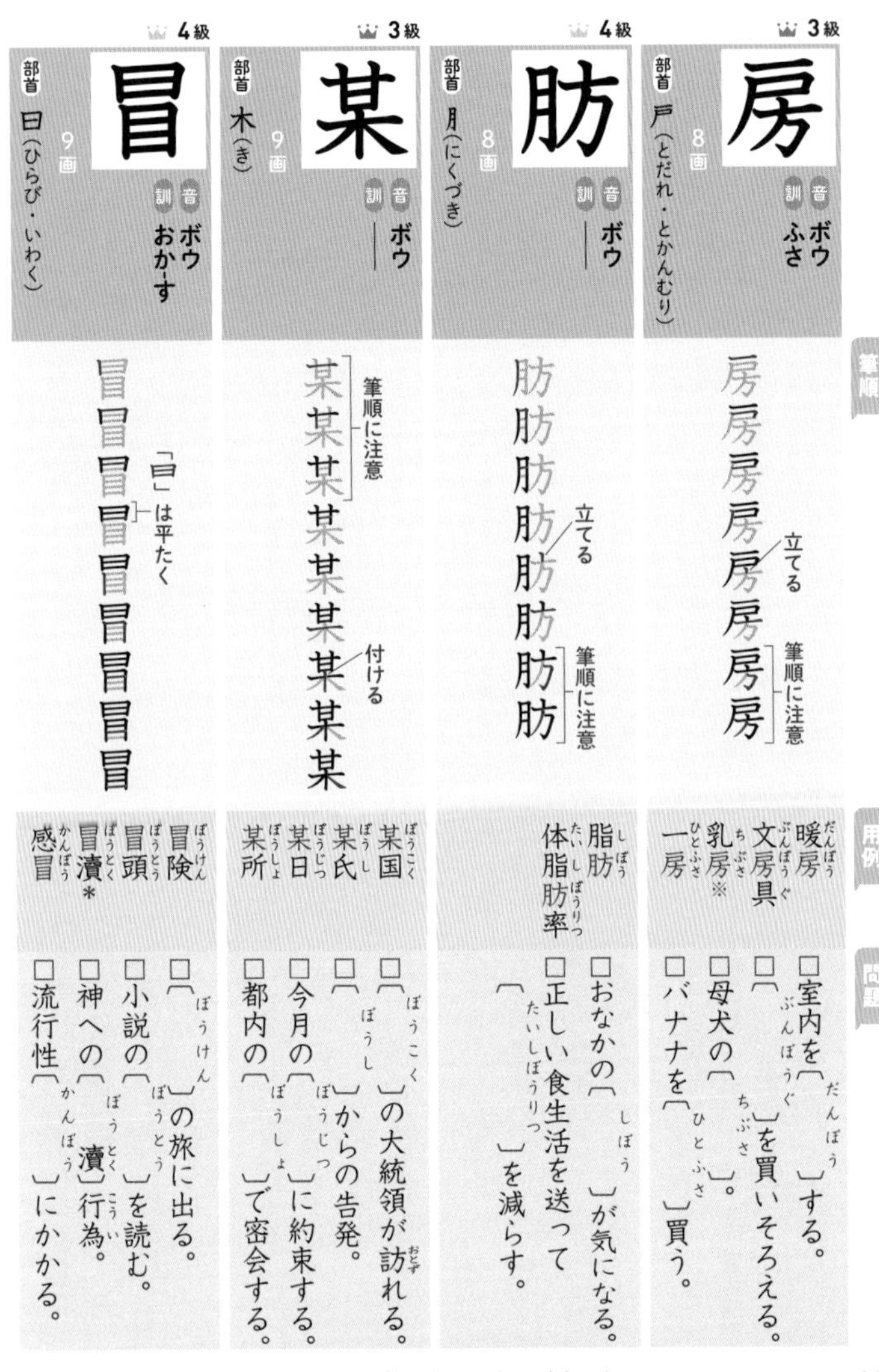

## 房　3級

部首　戸（とだれ・とかんむり）　8画

音　ボウ
訓　ふさ

筆順　立てる　筆順に注意

用例
- 暖房(だんぼう)
- 文房具(ぶんぼうぐ)
- 乳房(ちぶさ)※
- 一房(ひとふさ)

問題
- □室内を（だんぼう）する。
- □（ぶんぼうぐ）を買いそろえる。
- □母犬の（ちぶさ）。
- □バナナを（ひとふさ）買う。

## 肪　4級

部首　月（にくづき）　8画

音　ボウ
訓　―

筆順　立てる　筆順に注意

用例
- 脂肪(しぼう)
- 体脂肪率(たいしぼうりつ)

問題
- □おなかの（しぼう）が気になる。
- □正しい食生活を送って（たいしぼうりつ）を減らす。

## 某　3級

部首　木（き）　9画

音　ボウ
訓　―

筆順　筆順に注意　付ける

用例
- 某国(ぼうこく)
- 某氏(ぼうし)
- 某日(ぼうじつ)
- 某所(ぼうしょ)

問題
- □（ぼうこく）の大統領が訪(おとず)れる。
- □（ぼうし）からの告発。
- □今月の（ぼうじつ）に約束する。
- □都内の（ぼうしょ）で密会する。

## 冒　4級

部首　曰（ひらび・いわく）　9画

音　ボウ
訓　おか-す

筆順　「曰」は平たく

用例
- 冒険(ぼうけん)
- 冒頭(ぼうとう)
- 冒瀆(ぼうとく)＊
- 感冒(かんぼう)

問題
- □（ぼうけん）の旅に出る。
- □小説の（ぼうとう）を読む。
- □神への（ぼうとく　瀆）行為(こうい)。
- □流行性（かんぼう）にかかる。

※「にゅうぼう」とも読む。　＊冒瀆＝神聖なものをけがすこと。

## 剖
準2級
部首 刂（りっとう） 10画
音 ボウ
訓 —

立てる／ななめに書く／短めに止める／はねる

解剖（かいぼう）

□犯人の深層心理にメスを入れ、〔かいぼう〕を試みる。

## 紡
準2級
部首 糸（いとへん） 10画
音 ボウ
訓 （つむ-ぐ）

折る／短く止める／立てる／筆順に注意

紡織機（ぼうしょくき）※
紡績（ぼうせき）
混紡（こんぼう）

□〔ぼうしょくき〕で布を織る。
□〔ぼうせき〕工場に勤める。
□綿と麻（あさ）の〔こんぼう〕のシャツ。

## 傍
4級
部首 亻（にんべん） 12画
音 ボウ
訓 （かたわ-ら）

立てる／ななめに書く／立てる／筆順に注意

傍観（ぼうかん）
傍若無人（ぼうじゃくぶじん）＊
傍線（ぼうせん）
傍聴（ぼうちょう）

□事の成り行きを〔ぼうかん〕する。
□〔ぼうじゃくぶじん〕に振（ふ）る舞（ま）う。
□重要語句に〔ぼうせん〕を引く。
□裁判を〔ぼうちょう〕する。

## 帽
4級
部首 巾（はばへん・きんべん） 12画
音 ボウ
訓 —

折ってはねる／つき出す／「冃」は平たく

帽子（ぼうし）
制帽（せいぼう）
脱帽（だつぼう）

□毛糸の〔ぼうし〕を編む。
□警察官の〔せいぼう〕。
□彼（かれ）の熱意に〔だつぼう〕する。

ハ行 ボウ

※「ぼうしょっき」とも読む。　＊傍若無人＝人目を気にせず勝手気ままに振（ふ）る舞（ま）うこと。

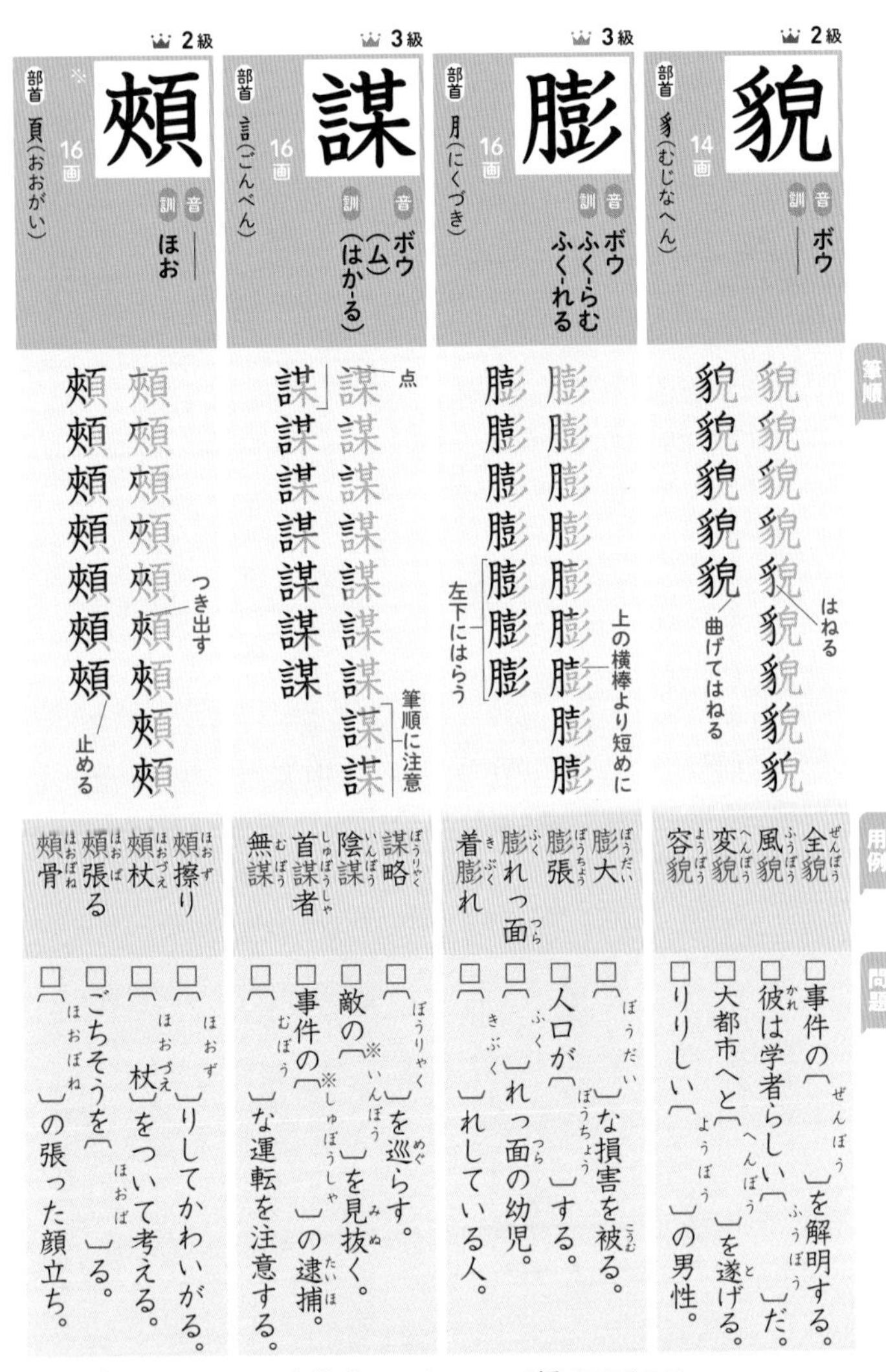

## 貌

2級

部首 豸(むじなへん) 14画

音 ボウ
訓 —

筆順：はねる／曲げてはねる

用例：全貌(ぜんぼう)　風貌(ふうぼう)　変貌(へんぼう)　容貌(ようぼう)

問題
- □事件の〔ぜんぼう〕を解明する。
- □彼(かれ)は学者らしい〔ふうぼう〕だ。
- □大都市へと〔へんぼう〕を遂(と)げる。
- □りりしい〔ようぼう〕の男性。

## 膨

3級

部首 月(にくづき) 16画

音 ボウ
訓 ふく-らむ　ふく-れる

筆順：上の横棒より短めに／左下にはらう

用例：膨大(ぼうだい)　膨張(ぼうちょう)　膨れっ面(ふくれっつら)　着膨れ(きぶくれ)

問題
- □〔ぼうだい〕な損害を被(こうむ)る。
- □人口が〔ぼうちょう〕する。
- □〔ふく〕れっ面(つら)の幼児。
- □〔きぶく〕れしている人。

## 謀

3級

部首 言(ごんべん) 16画

音 ボウ　(ム)
訓 (はか-る)

筆順：点／筆順に注意

用例：謀略(ぼうりゃく)　陰謀(いんぼう)　首謀者(しゅぼうしゃ)　無謀(むぼう)

問題
- □〔ぼうりゃく〕を巡(めぐ)らす。
- □敵の〔※いんぼう〕を見抜(みぬ)く。
- □事件の〔※しゅぼうしゃ〕の逮捕(たいほ)。
- □〔むぼう〕な運転を注意する。

## 頬

2級 ※

部首 頁(おおがい) 16画

音 —
訓 ほお

筆順：つき出す／止める

用例：頬擦り(ほおずり)　頬杖(ほおづえ)　頬張る(ほおばる)　頬骨(ほおぼね)

問題
- □〔ほおず〕りしてかわいがる。
- □〔ほお〕杖(づえ)をついて考える。
- □ごちそうを〔ほおば〕る。
- □〔ほおぼね〕の張った顔立ち。

※「隠謀」とも書く。　※「主謀者」とも書く。　※「頰」(15画)も可。

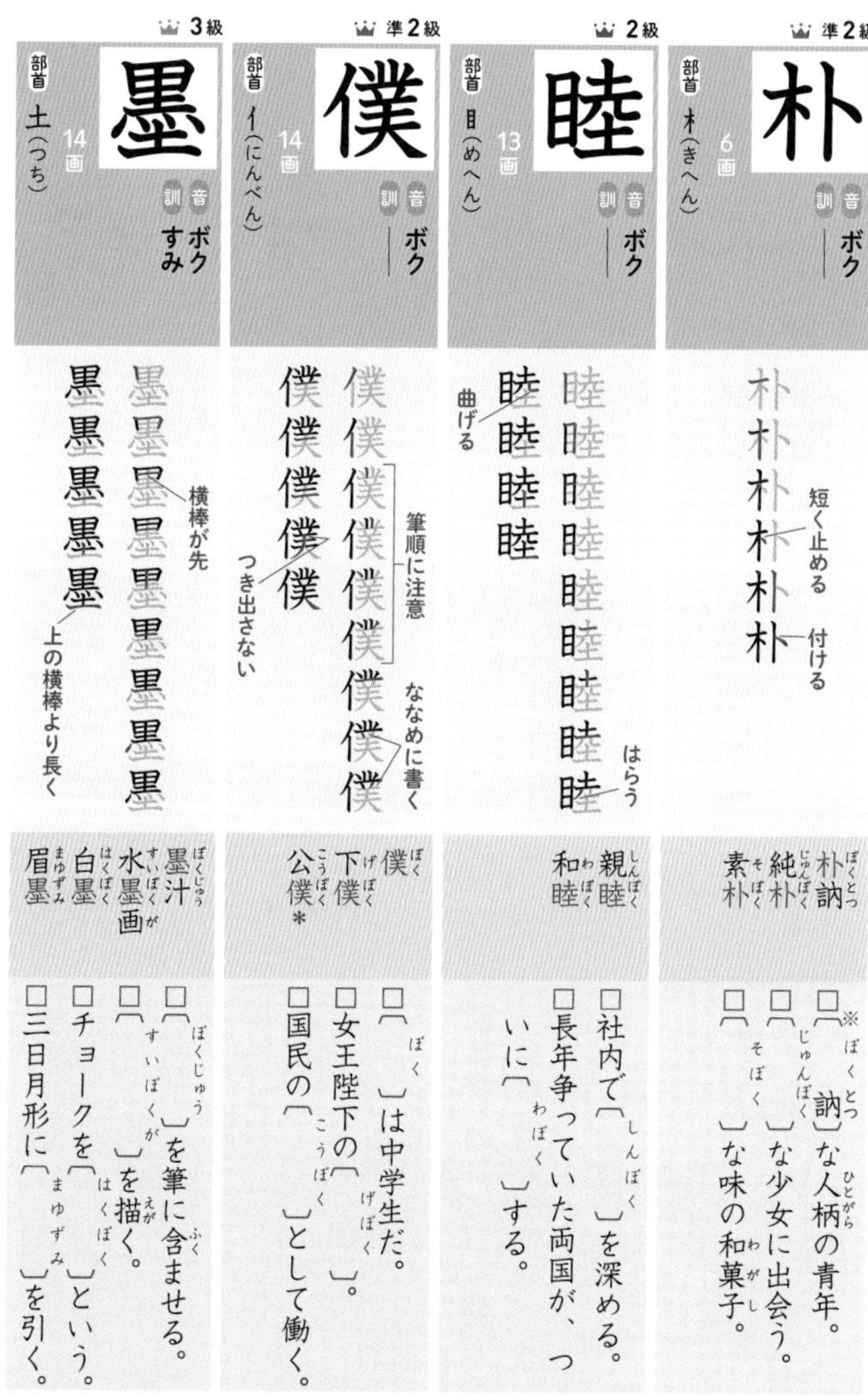


※「木訥」とも書く。　＊公僕＝公務員のこと。

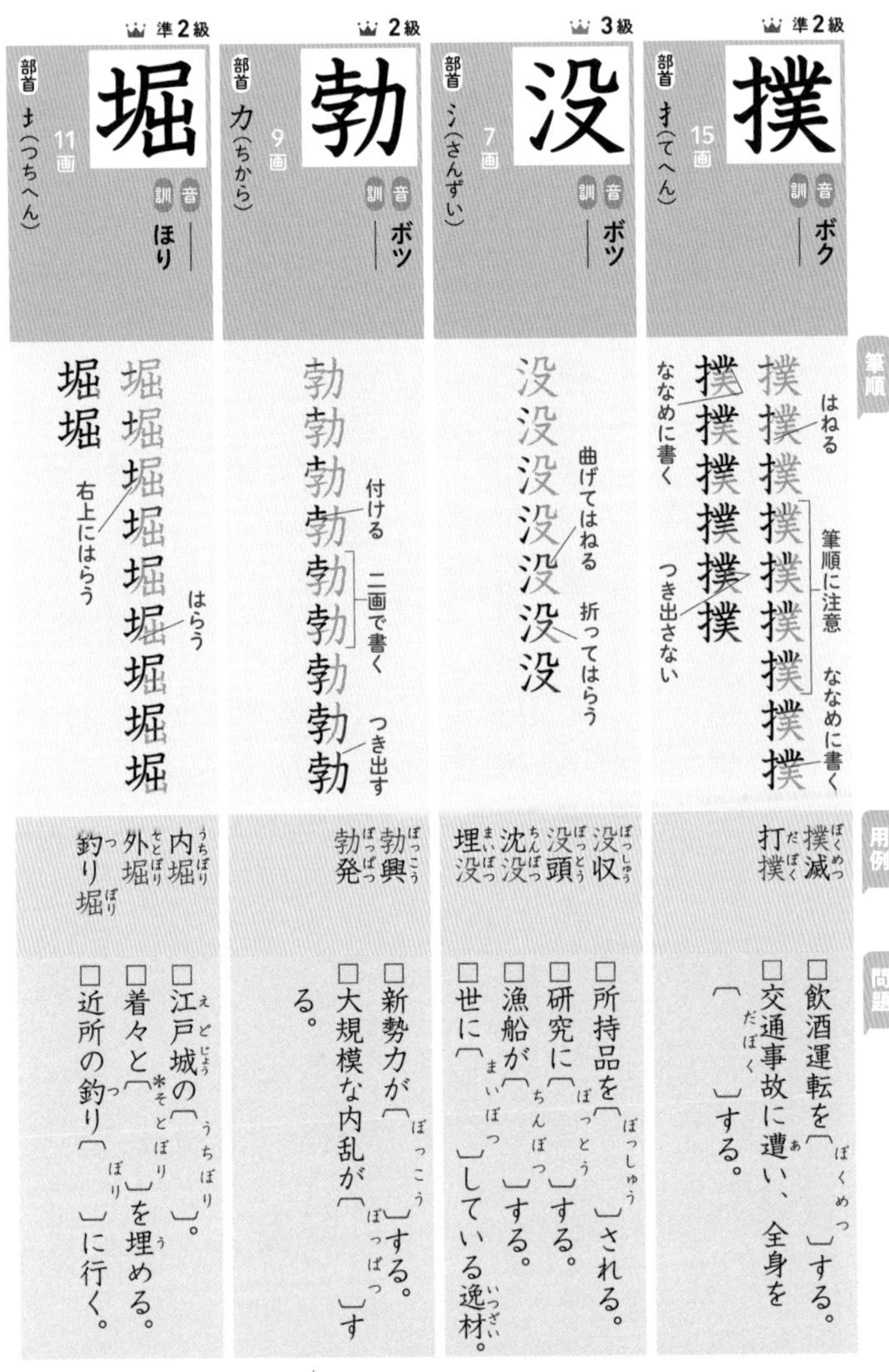


＊外堀を埋める＝ある目的を遂(と)げるため，まず周辺の問題から片付けていく。

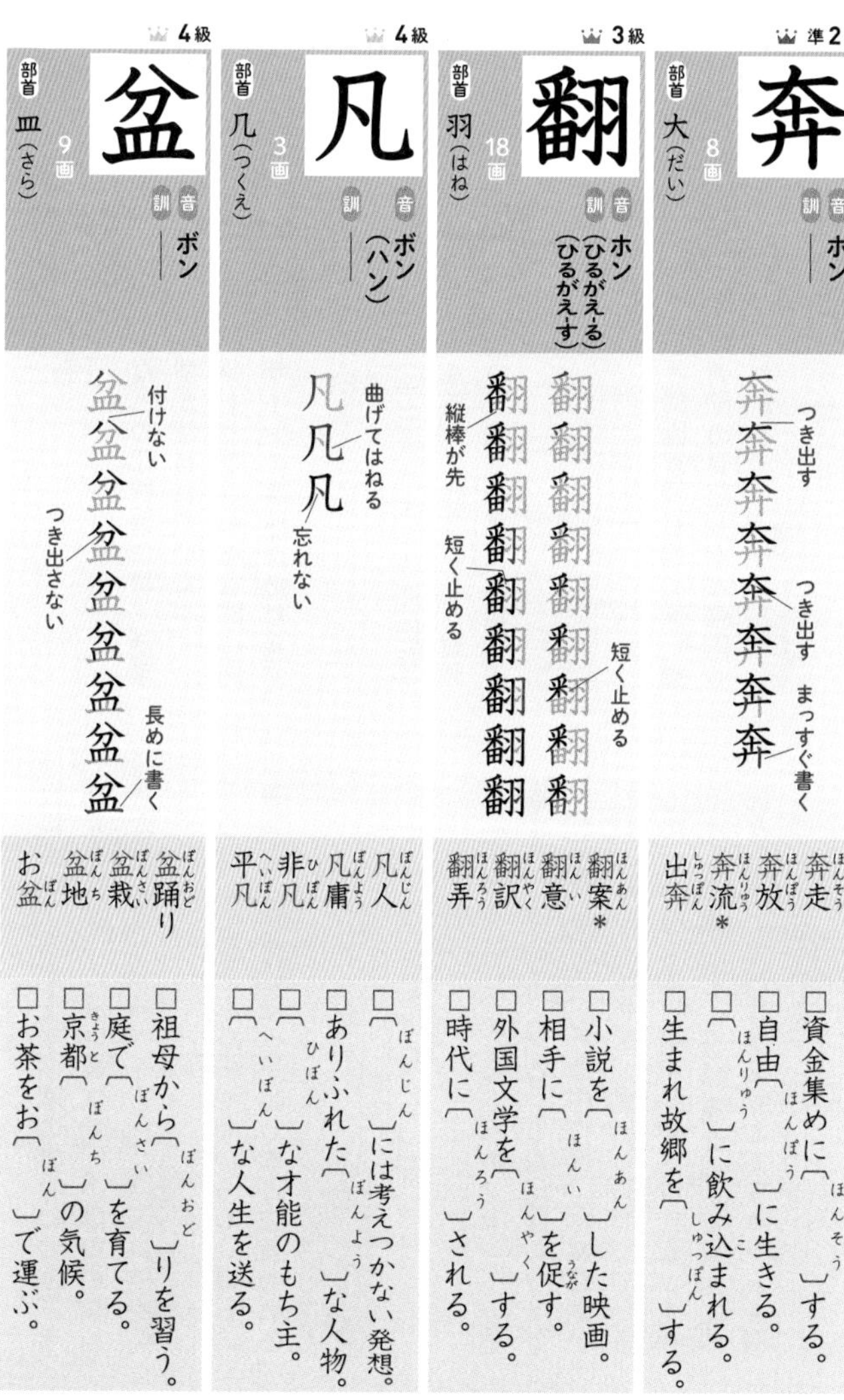

## 奔
準2級
部首 大（だい） 8画
音 ホン
訓 —

つき出す / つき出す / まっすぐ書く

奔走（ほんそう）
奔放（ほんぽう）
奔流（ほんりゅう）＊
出奔（しゅっぽん）

□資金集めに〔ほんそう〕する。
□自由〔ほんぽう〕に生きる。
□〔ほんりゅう〕に飲み込（こ）まれる。
□生まれ故郷を〔しゅっぽん〕する。

## 翻
3級
部首 羽（はね） 18画
音 ホン
訓 （ひるがえ-る） （ひるがえ-す）

縦棒が先 / 短く止める / 短く止める

翻案（ほんあん）＊
翻意（ほんい）
翻訳（ほんやく）
翻弄（ほんろう）

□小説を〔ほんあん〕した映画。
□相手に〔ほんい〕を促（うなが）す。
□外国文学を〔ほんやく〕する。
□時代に〔ほんろう〕される。

## 凡
4級
部首 几（つくえ） 3画
音 ボン （ハン）
訓 —

曲げてはねる / 忘れない

凡人（ぼんじん）
凡庸（ぼんよう）
非凡（ひぼん）
平凡（へいぼん）

□〔ぼんじん〕には考えつかない発想。
□ありふれた〔ぼんよう〕な人物。
□〔ひぼん〕な才能のもち主。
□〔へいぼん〕な人生を送る。

## 盆
4級
部首 皿（さら） 9画
音 ボン
訓 —

付けない / つき出さない / 長めに書く

盆踊（ぼんおど）り
盆栽（ぼんさい）
盆地（ぼんち）
お盆（ぼん）

□祖母から〔ぼんおど〕りを習う。
□庭で〔ぼんさい〕を育てる。
□京都（きょうと）〔ぼんち〕の気候。
□お茶をお〔ぼん〕で運ぶ。



＊奔流＝勢いの激しい流れ。　＊翻案＝原作の内容を生かして改作すること。

コラム 6

# 活字の字体

本や新聞・雑誌などの印刷物には、活字と呼ばれる文字の型が使われています。活字には、**フォント**と呼ばれる目的に応じたさまざまなデザインの字形があります。

## フォントのいろいろ

**明朝体**…中国の明（一三六八～一六四四年）の時代の印刷書体を参考に作られた。縦画が太く、横画が細い。多くの書籍や雑誌の本文で使われる。

字 衣

**ゴシック体**…縦画と横画が同じ幅の太い線でできた書体で、新聞の見出しなど強調したい部分によく使われる。

字 衣

**教科書体**…漢字を学ぶ際の参考になる、手書きの楷書体に近い書体で、小学校の教科書などに使われる。

字 衣

**ミウラ**…手書きふうのかわいらしい感じの書体で、本や雑誌の見出しなどに使われる。

字 衣

## フォントの選び方

パソコンには、たくさんのフォントが搭載されています。いろいろな印象のフォントがありますが、その中には、本文に向いているものもあれば、見出しに向いているものもあります。資料やポスターなどを作るときには、どんな印象を与えたいのか、読みやすいかどうかを考えてフォントを選ぶことが大切です。

マ
行の漢字

## 麻 準2級
部首 麻（あさ） 11画
音 マ　訓 あさ
筆順（立てる・短く止める）
用例 麻酔（ますい）　麻痺（まひ）　麻薬（まやく）　麻布（あさぬの）
問題
□全身〔ますい〕をかける。
□寒さで指先が〔まひ〕する。
□〔まやく〕を厳しく取り締まる。
□〔あさぬの〕のスカーフ。

## 摩 準2級
部首 手（て） 15画
音 マ　訓 ——
筆順（立てる・短く止める・はねる）
用例 摩擦（まさつ）　摩天楼（まてんろう）　あん摩（ま）＊
問題
□両国間に〔まさつ〕が生じる。
□ニューヨークの〔まてんろう〕。
□あん〔ま〕で体をほぐしてもらう。

## 磨 準2級
部首 石（いし） 16画
音 マ　訓 みが-く
筆順（立てる・短く止める・つき出さない）
用例 研磨（けんま）　切磋琢磨（せっさたくま）　百戦錬磨（ひゃくせんれんま）　歯磨き（はみがき）
問題
□レンズを〔けんま〕※する。
□仲間と〔切磋琢（せっさたく）ま〕する。
□〔ひゃくせんれんま〕の選手。
□〔はみが〕き粉を使う。

## 魔 3級
部首 鬼（おに） 21画
音 マ　訓 ——
筆順（立てる・短く止める・忘れない・縦棒が先）
用例 魔法使い（まほうつかい）　悪魔（あくま）　邪魔（じゃま）　睡魔（すいま）
問題
□〔まほうつか〕いのおばあさん。
□〔あくま〕の誘惑（ゆうわく）に負ける。
□通行の〔じゃま〕になる。
□急に〔すいま〕に襲（おそ）われる。

＊あん摩＝体をもんだりたたいたりして筋肉の凝（こ）りをほぐすこと。　※「研摩」とも書く。

## 昧　2級

部首　日（ひへん）　9画

音　マイ

訓　—

昧昧昧昧昧昧昧昧昧（上の横棒より長く／つき出す）

曖昧（あいまい）
曖昧模糊（あいまいもこ）
三昧（さんまい）

□（あいまい）な返事でごまかす。
□（あいまいも　糊（こ））とした説明。
□贅沢（ぜいたく）（ざんまい）の日々を送る。

## 埋　3級

部首　土（つちへん）　10画

音　マイ

訓　う-める　う-まる　う-もれる

埋埋埋埋埋埋埋埋埋埋（横棒が先／上の横棒より長く）

埋葬（まいそう）
埋蔵金（まいぞうきん）
埋没（まいぼつ）
穴埋め（あなうめ）

□墓地に（まいそう）する。
□（まいぞうきん）を発見する。
□家屋が土砂（どしゃ）に（まいぼつ）する。
□赤字の（あなう）めをする。

## 膜　3級

部首　月（にくづき）　14画

音　マク

訓　—

膜膜膜膜膜膜膜膜膜膜膜膜膜膜（はねる／つき出す）

角膜（かくまく）
結膜炎（けつまくえん）
鼓膜（こまく）
粘膜（ねんまく）

□（かくまく）を移植する。
□（けつまくえん）にかかる。
□（こまく）は耳の奥（おく）にある。
□胃の（ねんまく）が荒（あ）れる。

## 枕　2級

部首　木（きへん）　8画

音　—

訓　まくら

枕枕枕枕枕枕枕枕（短く止める／つき出す／曲げてはねる）

枕木（まくらぎ）＊
枕元（まくらもと）
氷枕（こおりまくら）
夢枕（ゆめまくら）＊

□線路の（まくらぎ）。
□（まくらもと）に時計を置く。
□（こおりまくら）で頭を冷やす。
□亡（な）き祖父が（ゆめまくら）に立つ。



＊枕木＝レールの下に敷（し）いてレールが動かないようにするもの。　＊夢枕＝夢を見ているときの枕元。

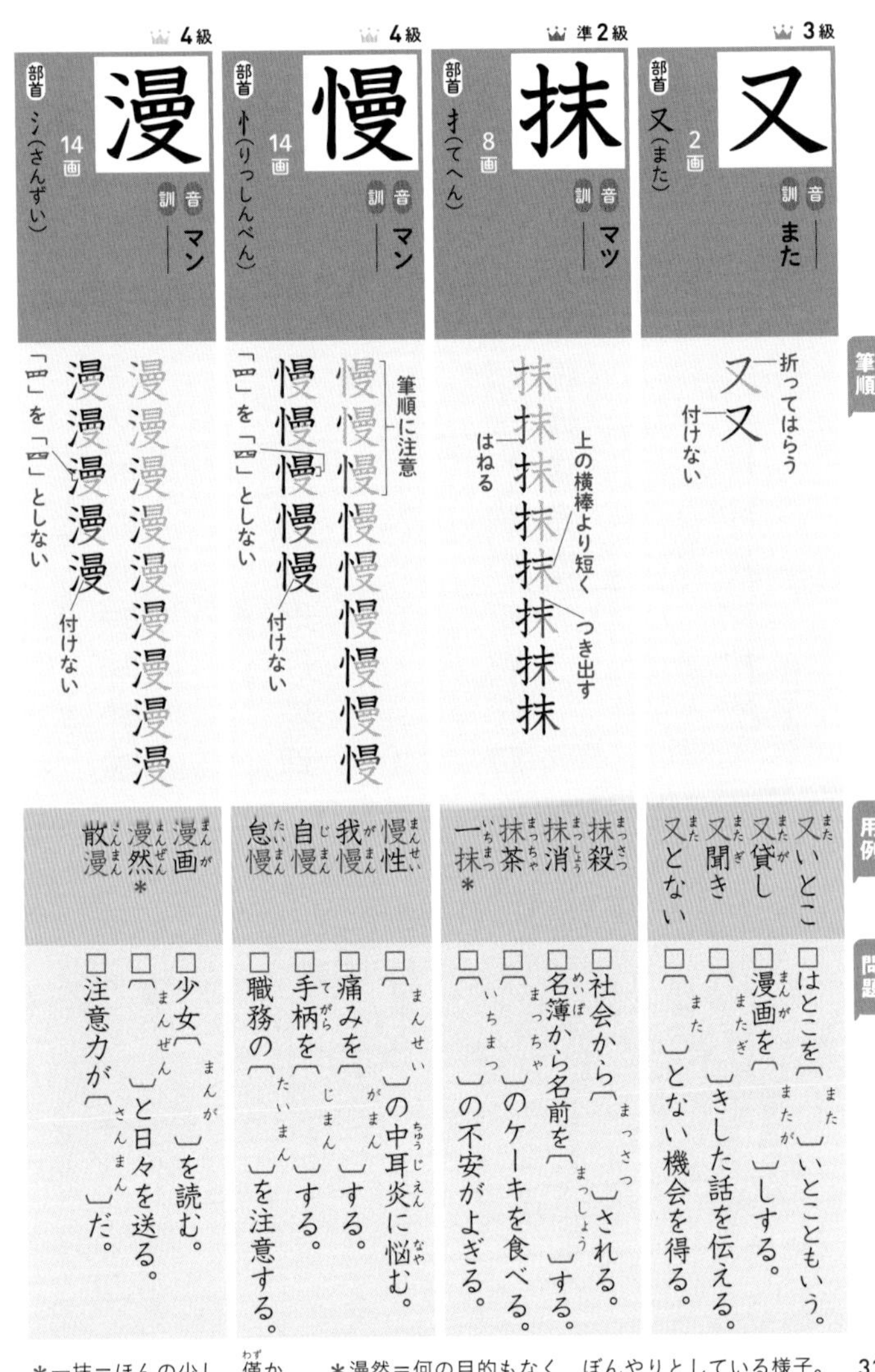

## 又（3級）
2画　部首 又（また）
音 —　訓 また

筆順：又又（折ってはらう／付けない）

用例：又いとこ（またいとこ）　又貸し（またがし）　又聞き（またぎき）　又とない（またとない）

問題：
□はとこを〔また〕いとこともいう。
□漫画を〔またが〕しする。
□〔またぎ〕きした話を伝える。
□〔また〕とない機会を得る。

## 抹（準2級）
8画　部首 扌（てへん）
音 マツ　訓 —

筆順：抹抹抹抹抹抹抹抹（はねる／上の横棒より短く／つき出す）

用例：抹殺（まっさつ）　抹消（まっしょう）　抹茶（まっちゃ）　一抹＊（いちまつ）

問題：
□社会から〔まっさつ〕される。
□名簿から名前を〔まっしょう〕する。
□〔まっちゃ〕のケーキを食べる。
□〔いちまつ〕の不安がよぎる。

## 慢（4級）
14画　部首 忄（りっしんべん）
音 マン　訓 —

筆順：慢慢慢慢慢慢慢慢慢慢慢慢慢慢（筆順に注意／付けない／「罒」を「四」としない）

用例：慢性（まんせい）　我慢（がまん）　自慢（じまん）　怠慢（たいまん）

問題：
□〔まんせい〕の中耳炎に悩む。
□痛みを〔がまん〕する。
□手柄を〔じまん〕する。
□職務の〔たいまん〕を注意する。

## 漫（4級）
14画　部首 氵（さんずい）
音 マン　訓 —

筆順：漫漫漫漫漫漫漫漫漫漫漫漫漫漫（付けない／「罒」を「四」としない）

用例：漫画（まんが）　漫然＊（まんぜん）　散漫（さんまん）

問題：
□少女〔まんが〕を読む。
□〔まんぜん〕と日々を送る。
□注意力が〔さんまん〕だ。

＊一抹＝ほんの少し。僅か。　＊漫然＝何の目的もなく，ぼんやりとしている様子。

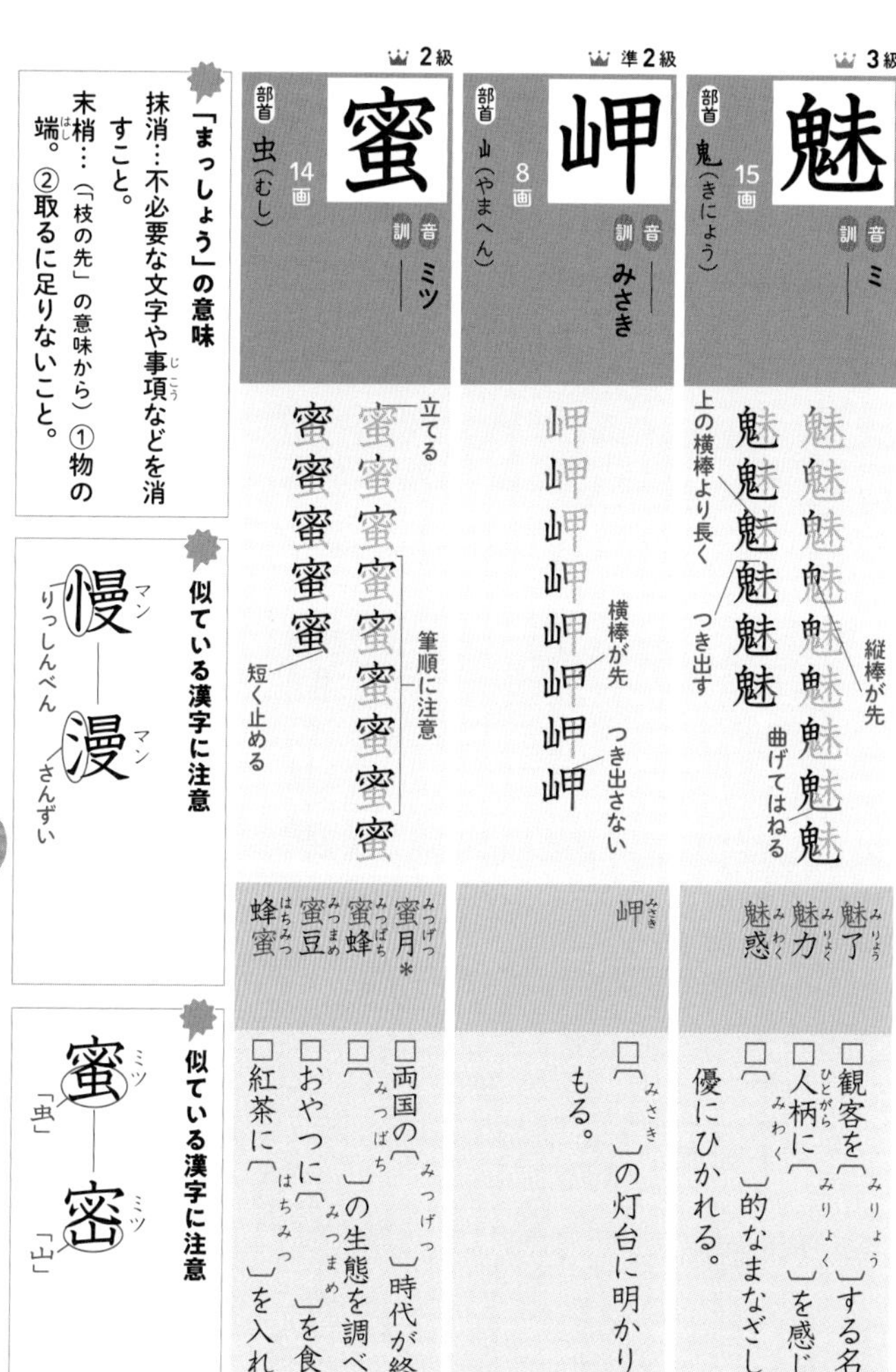


 ＊蜜月＝親密な関係にあること。

## 妙 ［4級］

部首：女（おんなへん）　7画

音：ミョウ
訓：―

筆順：折って止める／はねる

用例：妙案（みょうあん）／奇妙（きみょう）／巧妙（こうみょう）／微妙（びみょう）

問題
- □〔みょうあん〕が浮（う）かぶ。
- □〔きみょう〕な事件が起こる。
- □〔こうみょう〕な手口の犯行。
- □合格するかどうかは〔びみょう〕だ。

## 眠 ［4級］

部首：目（めへん）　10画

音：ミン
訓：ねむ-る／ねむ-い

筆順：そってはねる／忘れない

用例：永眠（えいみん）／睡眠（すいみん）／不眠不休（ふみんふきゅう）／眠気（ねむけ）

問題
- □九十三歳（さい）で〔えいみん〕する。
- □〔すいみん〕不足を解消する。
- □〔ふみんふきゅう〕で働く。
- □不意に〔ねむけ〕を催（もよお）す。

## 矛 ［4級］

部首：矛（ほこ）　5画

音：ム
訓：ほこ

筆順：短く止める／忘れない

用例：矛盾（むじゅん）／矛（ほこ）／矛先（ほこさき）

問題
- □意見の〔むじゅん〕点を指摘（してき）する。
- □〔ほこ〕を収める。
- □攻撃（こうげき）の〔ほこさき〕を世間に向ける。

## 霧 ［4級］

部首：雨（あめかんむり）　19画

音：ム
訓：きり

筆順：「雨」は平たく／忘れない／付ける／つき出す

用例：濃霧（のうむ）／五里霧中（ごりむちゅう）＊／霧雨（きりさめ）／朝霧（あさぎり）

問題
- □〔のうむ〕注意報が出る。
- □解決策がなく〔ごりむちゅう〕だ。
- □〔きりさめ〕が降りしきる。
- □〔あさぎり〕が立ちこめる。

＊五里霧中＝心が迷って，どうすべきかわからないこと。

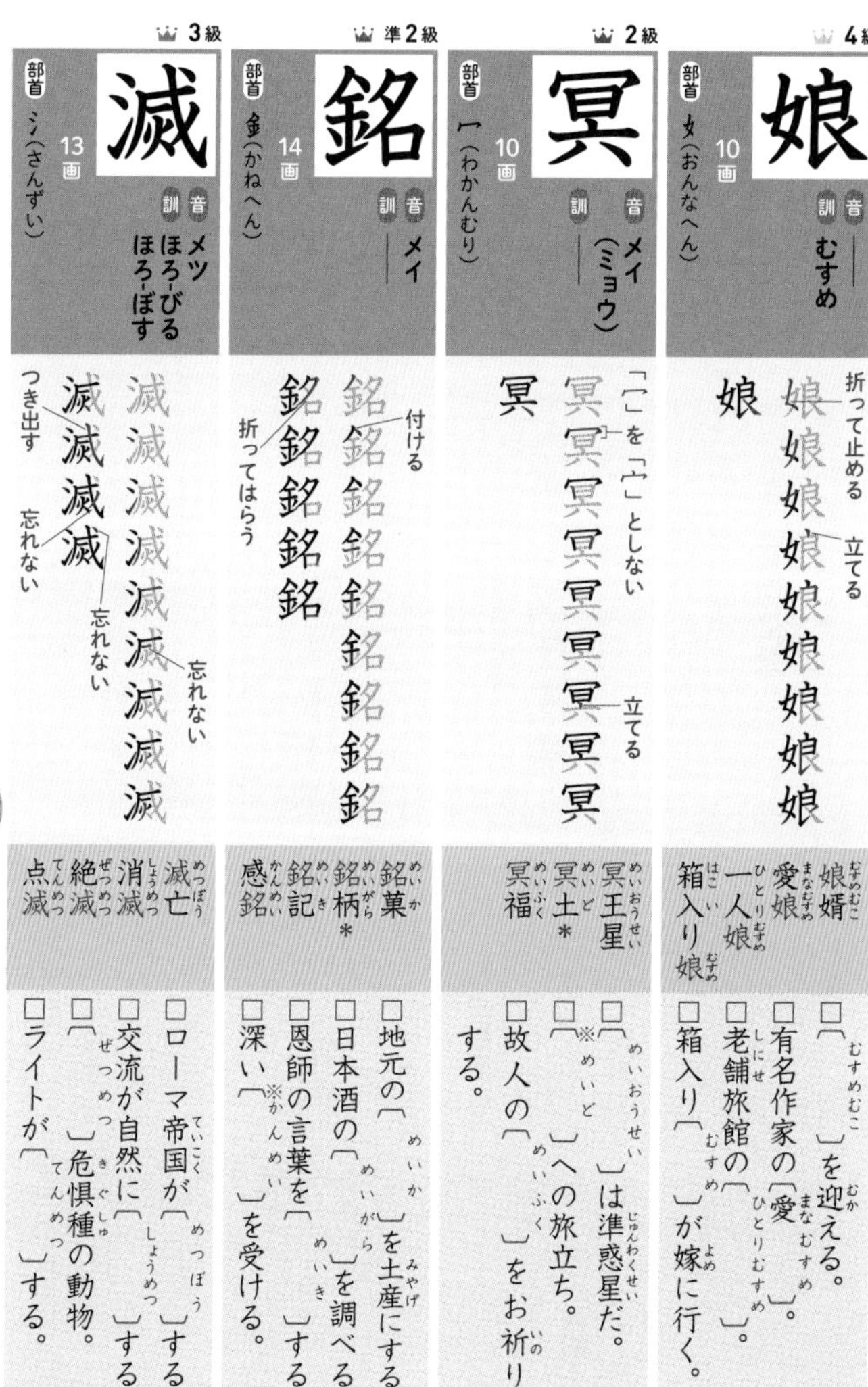

## 娘

4級

部首 女（おんなへん） 10画

音 ―
訓 むすめ



娘婿（むすめむこ）
愛娘（まなむすめ）
一人娘（ひとりむすめ）
箱入り娘（はこいりむすめ）

□〔　　〕（むすめむこ）を迎（むか）える。
□有名作家の〔愛　〕（まなむすめ）。
□老舗（しにせ）旅館の〔　　〕（ひとりむすめ）。
□箱入り〔　　〕（むすめ）が嫁（よめ）に行く。

## 冥

2級

部首 冖（わかんむり） 10画

音 メイ（ミョウ）
訓 ―



冥王星（めいおうせい）
冥土（めいど）＊
冥福（めいふく）

□〔　　〕（めいおうせい）は準惑星（じゅんわくせい）だ。
□〔　　〕（※めいど）への旅立ち。
□故人の〔　　〕（めいふく）をお祈（いの）りする。

## 銘

準2級

部首 金（かねへん） 14画

音 メイ
訓 ―



銘菓（めいか）
銘柄（めいがら）＊
銘記（めいき）
感銘（かんめい）

□地元の〔　　〕（めいか）を土産（みやげ）にする。
□日本酒の〔　　〕（めいがら）を調べる。
□恩師の言葉を〔　　〕（めいき）する。
□深い〔　　〕（※かんめい）を受ける。

## 滅

3級

部首 氵（さんずい） 13画

音 メツ
訓 ほろ-びる　ほろ-ぼす



滅亡（めつぼう）
消滅（しょうめつ）
絶滅（ぜつめつ）
点滅（てんめつ）

□ローマ帝国（ていこく）が〔　　〕（めつぼう）する。
□交流が自然に〔　　〕（しょうめつ）する。
□〔　　〕（ぜつめつ）危惧種（きぐしゅ）の動物。
□ライトが〔　　〕（てんめつ）する。

マ行　ミョウ ～ メツ

＊冥土＝あの世。　※「冥途」とも書く。　＊銘柄＝商品の名前。　※「肝銘」とも書く。

## 免

3級

8画

部首：儿（ひとあし・にんにょう）

音：メン

訓：（まぬか-れる）

筆順：折ってはらう／忘れない／曲げてはねる

用例：免疫力（めんえきりょく）　免除（めんじょ）　免税店（めんぜいてん）　放免（ほうめん）

問題

□（めんえきりょく）を高める生活。

□授業料を（めんじょ）する。

□空港内の（めんぜいてん）。

□無罪（ほうめん）となる。

## 麺

2級

16画

部首：麦（ばくにょう）

音：メン

訓：―

筆順：最も長く／長くはらう

用例：麺棒（めんぼう）　麺類（めんるい）　乾麺（かんめん）　製麺所（せいめんじょ）

問題

□（めんぼう）で生地（きじ）をのばす。

□昼食は（めんるい）で済ます。

□（かんめん）をゆでる。

□三代続く（せいめんじょ）。

## 茂

4級

8画

部首：艹（くさかんむり）

音：モ

訓：しげ-る

筆順：そってはねる／忘れない

用例：繁茂（はんも）　茂み（しげみ）　生い茂る（おいしげる）

問題

□雑草が（はんも）する。

□ばらの（しげ）み。

□草木が生（お）い（しげ）る庭園を散歩する。

## 妄

準2級

6画

部首：女（おんな）

音：モウ（ボウ）

訓：―

筆順：立てる／折って止める／曲げて止める

用例：妄想（もうそう）　虚妄（きょもう）＊　迷妄（めいもう）＊

問題

□被害（ひがい）（もうそう）が強い。

□（きょもう）の説をあばく。

□人々が（めいもう）に陥（おちい）る。

＊虚妄＝偽（いつわ）り。うそ。　＊迷妄＝道理がわからず，誤りを事実だと思い込（こ）むこと。

準2級

# 盲

部首 目（め） 8画

音 モウ
訓 ―

盲盲盲盲盲盲盲盲

（立てる／曲げて止める）

- 盲点（もうてん）
- 盲導犬（もうどうけん）
- 盲目的（もうもくてき）

□法律の（もうてん）を突く。
□（もうどうけん）を育成する。
□（もうもくてき）な愛情を注ぐ。

準2級

# 耗

部首 耒（すきへん・らいすき） 10画

音 モウ（コウ）
訓 ―

耗耗耗耗耗耗耗耗耗耗

（つき出す／短く止める／曲げてはねる）

- 消耗（しょうもう）※
- 消耗品（しょうもうひん）※
- 摩耗（まもう）

□体力を（しょうもう）する。
□（しょうもうひん）を補充する。
□コンクリートの（まもう）※を防ぐ。

4級

# 猛

部首 犭（けものへん） 11画

音 モウ
訓 ―

猛猛猛猛猛猛猛猛猛猛猛

（二画で書く／長めに書く）

- 猛威（もうい）
- 猛毒（もうどく）
- 猛烈（もうれつ）
- 勇猛果敢（ゆうもうかかん）

□伝染病が（もうい）を振るう。
□（もうどく）のきのこ。
□（もうれつ）に暑い日が続く。
□（ゆうもうかかん）に立ち向かう。

**「めんぼう」の意味**

麺棒…うどんやそばを作るとき、こねた粉を薄く押しのばすのに使う棒。
綿棒…先に脱脂綿を巻きつけた細い棒。耳や鼻などに使う。

**書き方に注意**

耗 「未」や「末」としないように。



※「しょうこう」「しょうこうひん」とも読む。　※「磨耗」とも書く。

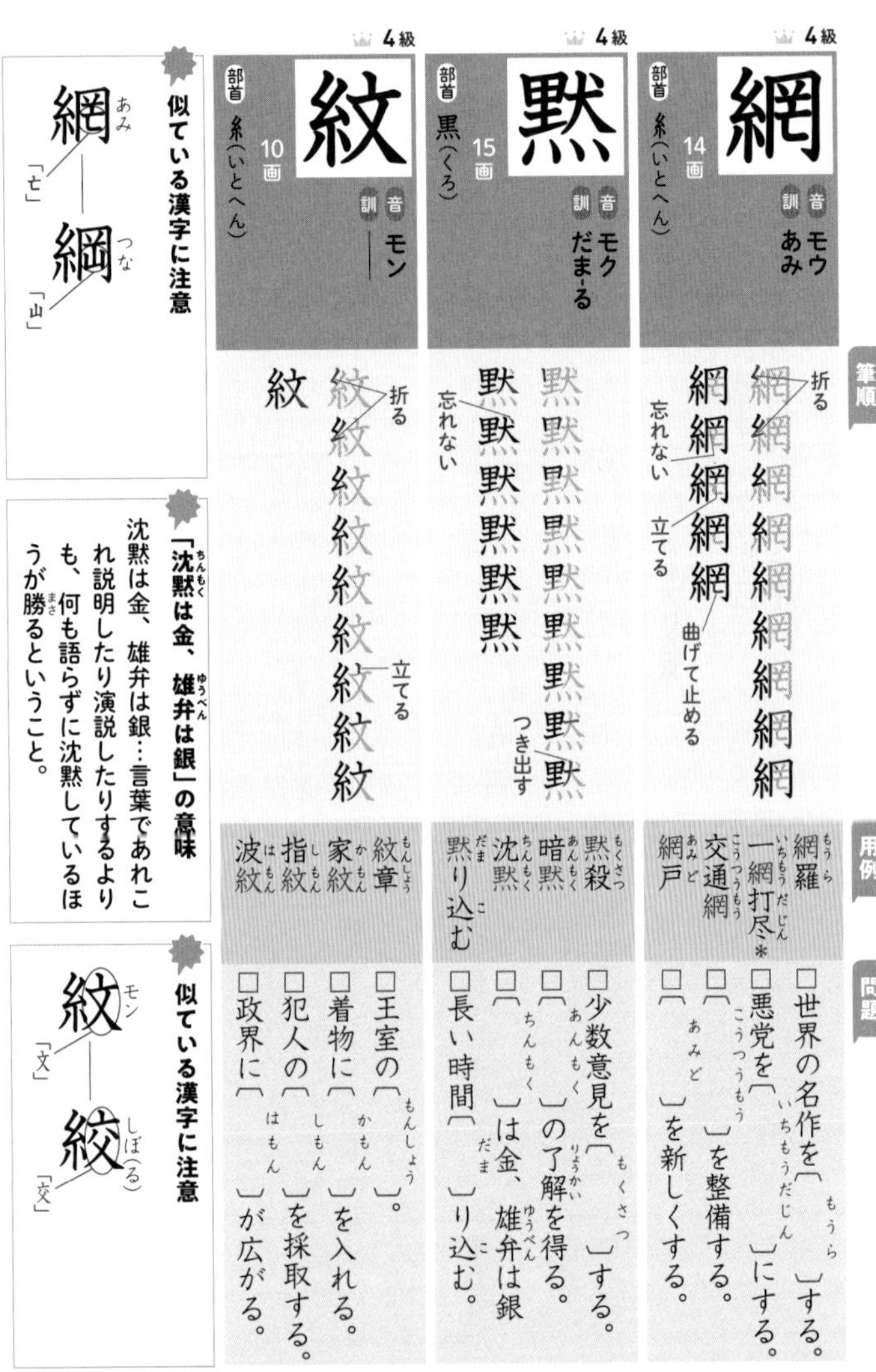

## 網　4級

部首　糸（いとへん）　14画

音　モウ
訓　あみ

筆順　折る／忘れない／立てる／曲げて止める

用例
- 網羅（もうら）
- 一網打尽（いちもうだじん）＊
- 交通網（こうつうもう）
- 網戸（あみど）

問題
- □世界の名作を［もうら］する。
- □悪党を［いちもうだじん］にする。
- □［こうつうもう］を整備する。
- □［あみど］を新しくする。

## 黙　4級

部首　黒（くろ）　15画

音　モク
訓　だま-る

筆順　忘れない／つき出す

用例
- 黙殺（もくさつ）
- 暗黙（あんもく）
- 沈黙（ちんもく）
- 黙（だま）り込（こ）む

問題
- □少数意見を［もくさつ］する。
- □［あんもく］の了解（りょうかい）を得る。
- □［ちんもく］は金、雄弁（ゆうべん）は銀
- □長い時間［だま］り込（こ）む。

## 紋　4級

部首　糸（いとへん）　10画

音　モン
訓　—

筆順　折る／立てる

用例
- 紋章（もんしょう）
- 家紋（かもん）
- 指紋（しもん）
- 波紋（はもん）

問題
- □王室の［もんしょう］。
- □着物に［かもん］を入れる。
- □犯人の［しもん］を採取する。
- □政界に［はもん］が広がる。

### 似ている漢字に注意

網（あみ）「亡」―綱（つな）「山」

### 「沈黙（ちんもく）は金、雄弁（ゆうべん）は銀」の意味

沈黙は金、雄弁は銀…言葉であれこれ説明したり演説したりするよりも、何も語らずに沈黙しているほうが勝（まさ）るということ。

### 似ている漢字に注意

紋（モン）「文」―絞（しぼ（る））「交」

＊一網打尽＝悪人などを一度に捕（と）らえること。

ヤ
行の漢字

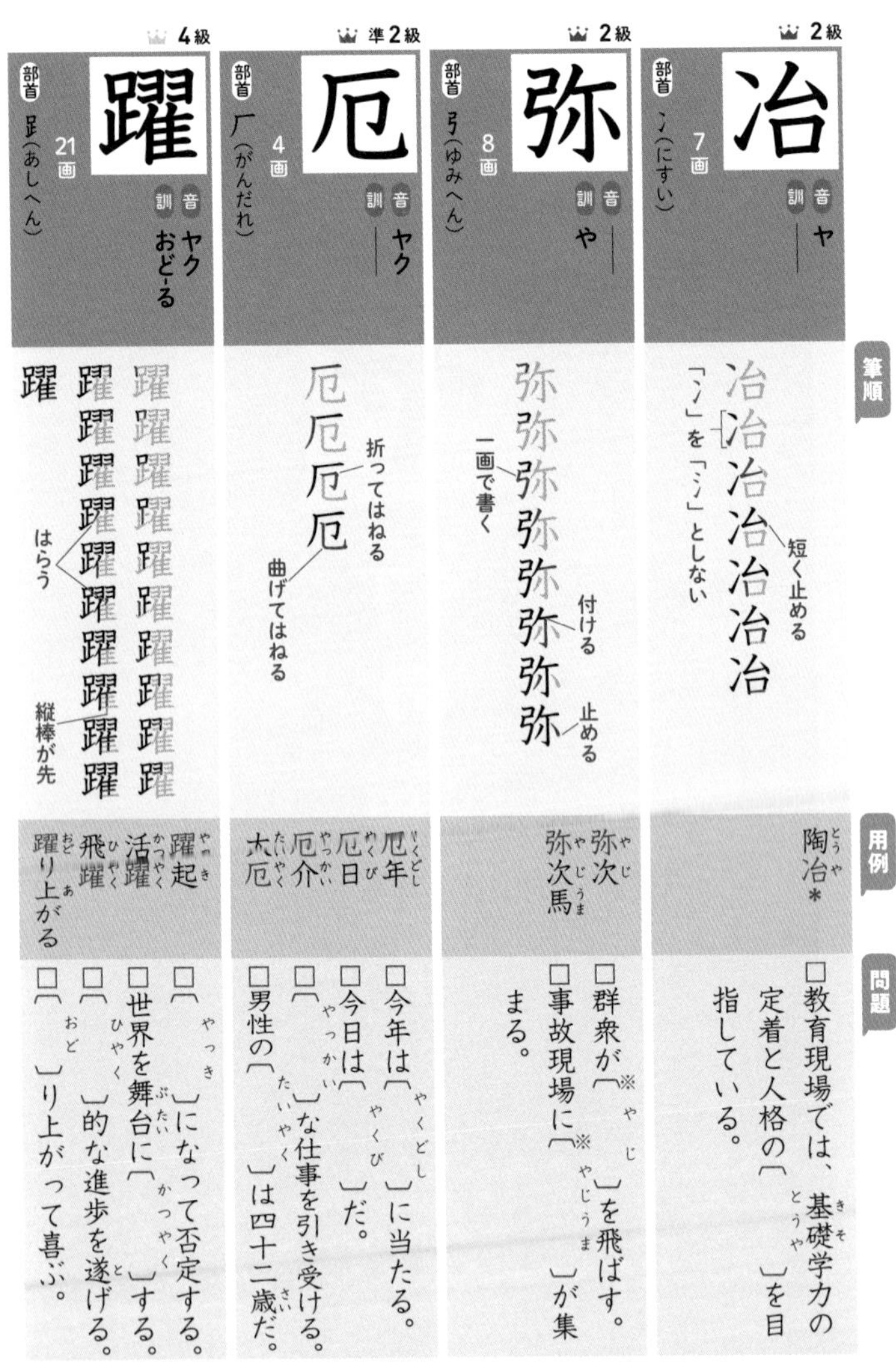


＊陶冶＝才能や性質を円満で完全なものに育て上げること。 ※「野次」「野次馬」とも書く。

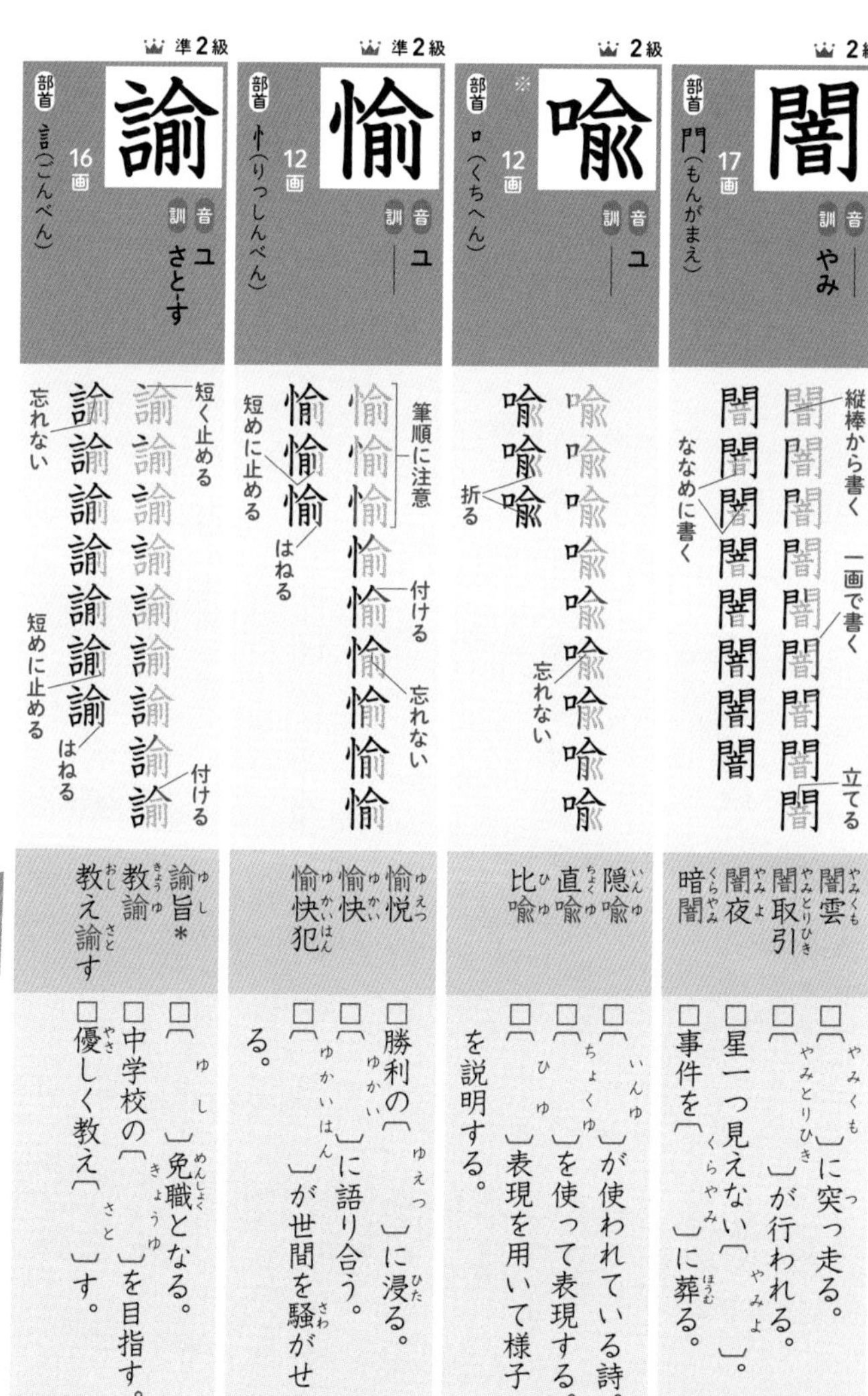


※「喩」も可。　＊諭旨＝理由や道理を言い聞かせること。

## 癒 準2級
部首 疒（やまいだれ） 18画
音 ユ
訓 い-える・い-やす

筆順 癒（立てる・付ける・忘れない・短めに止める・はねる）

用例 癒着（ゆちゃく）・快癒（かいゆ）・治癒（ちゆ）・平癒（へいゆ）

問題
□政界と財界との〔ゆちゃく〕。
□病が〔かいゆ〕する。
□傷口が〔ちゆ〕する。
□母の病気の〔へいゆ〕を願う。

## 唯 準2級
部首 口（くちへん） 11画
音 ユイ・（イ）
訓 —

筆順 唯（はらう・縦棒が先）

用例 唯一（ゆいいつ）・唯一無二（ゆいいつむに）・唯我独尊（ゆいがどくそん）＊・唯物論（ゆいぶつろん）＊

問題
□〔ゆいいつ〕の手段を用いる。
□〔ゆいいつむに〕の親友となる。
□〔ゆいがどくそん〕の態度。
□〔ゆいぶつろん〕を唱える学者。

## 幽 3級
部首 幺（よう・いとがしら） 9画
音 ユウ
訓 —

筆順 幽（縦棒から書く・「幺」を「糸」としない）

用例 幽玄（ゆうげん）・幽霊（ゆうれい）・深山幽谷（しんざんゆうこく）

問題
□〔ゆうげん〕な能の世界。
□〔ゆうれい〕が出そうな家。
□〔しんざんゆうこく〕に遊ぶ。

## 悠 準2級
部首 心（こころ） 11画
音 ユウ
訓 —

筆順 悠（忘れない・付ける）

用例 悠久（ゆうきゅう）・悠然（ゆうぜん）・悠長（ゆうちょう）・悠悠（ゆうゆう）

問題
□〔ゆうきゅう〕の歴史の流れ。
□〔ゆうぜん〕たる態度。
□〔ゆうちょう〕に構える。
□〔ゆうゆう〕と歩く。

＊唯我独尊＝自分だけが偉（えら）いとうぬぼれること。　＊唯物論＝物質のみが実在するという考え方。

2級
# 湧
部首 氵（さんずい） 12画
音 ユウ
訓 わ-く

縦棒が先　短く止める　つき出す

湧出（ゆうしゅつ）
湧き水（わきみず）
湧く（わく）

□温泉が〔ゆうしゅつ〕する。
□秘境の〔わ〕き水を飲む。
□泉が〔わ〕く。

準2級
# 猶
部首 犭（けものへん） 12画
音 ユウ
訓 —

曲げる　忘れない

猶予（ゆうよ）＊
執行猶予（しっこうゆうよ）

□一刻の〔ゆうよ〕も許されない。
□〔しっこうゆうよ〕付きの判決が下る。

準2級
# 裕
部首 衤（ころもへん） 12画
音 ユウ
訓 —

「衤」を「ネ」としない　付けない　付ける

裕福（ゆうふく）
富裕層（ふゆうそう）
余裕（よゆう）

□〔ゆうふく〕な家に生まれる。
□〔ふゆうそう〕の生活。
□時間に〔よゆう〕をもって準備を始める。

4級
# 雄
部首 隹（ふるとり） 12画
音 ユウ
訓 お　おす

横棒から書く　短く止める　縦棒が先

雄大（ゆうだい）
英雄（えいゆう）
雄雄しい（おおしい）
雄犬（おすいぬ）

□山頂からの〔ゆうだい〕な眺（なが）め。
□国民的な〔えいゆう〕となる。
□困難に〔おお〕しく立ち向かう。
□〔おすいぬ〕が三匹（びき）生まれる。



＊猶予＝迷ってぐずぐずすること。また，実行する日時を先へ延ばすこと。

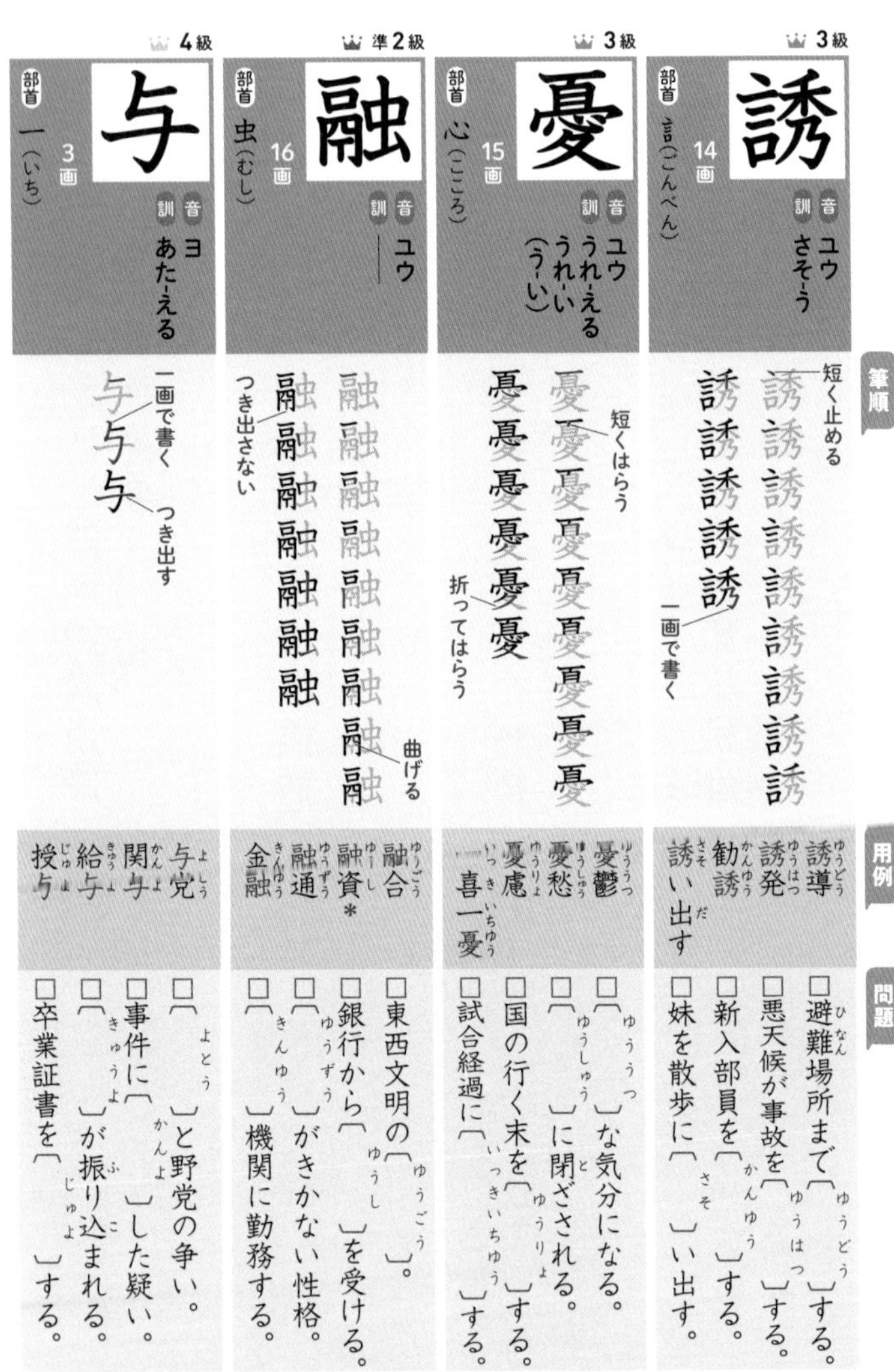

## 誘（3級）
部首 言（ごんべん） 14画
音 ユウ
訓 さそ-う

筆順 誘 誘 誘 誘 誘 誘 誘 誘 誘 誘 誘 誘 誘 誘（短く止める／一画で書く）

用例 誘導（ゆうどう） 誘発（ゆうはつ） 勧誘（かんゆう） 誘い出す（さそいだす）

問題
□避難場所まで〔ゆうどう〕する。
□悪天候が事故を〔ゆうはつ〕する。
□新入部員を〔かんゆう〕する。
□妹を散歩に〔さそ〕い出す。

## 憂（3級）
部首 心（こころ） 15画
音 ユウ
訓 うれ-える うれ-い（う-い）

筆順 憂 憂 憂 憂 憂 憂 憂 憂 憂 憂 憂 憂 憂 憂 憂（短くはらう／折ってはらう）

用例 憂鬱（ゆううつ） 憂愁（ゆうしゅう） 憂慮（ゆうりょ） 一喜一憂（いっきいちゆう）

問題
□〔ゆううつ〕な気分になる。
□〔ゆうしゅう〕に閉（と）ざされる。
□国の行く末を〔ゆうりょ〕する。
□試合経過に〔いっきいちゆう〕する。

## 融（準2級）
部首 虫（むし） 16画
音 ユウ
訓 ―

筆順 融 融 融 融 融 融 融 融 融 融 融 融 融 融 融 融（曲げる／つき出さない）

用例 融合（ゆうごう） 融資（ゆうし）＊ 融通（ゆうずう） 金融（きんゆう）

問題
□東西文明の〔ゆうごう〕。
□銀行から〔ゆうし〕を受ける。
□〔ゆうずう〕がきかない性格。
□〔きんゆう〕機関に勤務する。

## 与（4級）
部首 一（いち） 3画
音 ヨ
訓 あた-える

筆順 与 与 与（一画で書く／つき出す）

用例 与党（よとう） 関与（かんよ） 給与（きゅうよ） 授与（じゅよ）

問題
□〔よとう〕と野党の争い。
□事件に〔かんよ〕した疑い。
□〔きゅうよ〕が振（ふ）り込まれる。
□卒業証書を〔じゅよ〕する。

＊融資＝仕事に使うお金を，銀行などが貸し出すこと。

4級

# 誉

部首 言（げん） 13画

音 ヨ
訓 ほま-れ

短く止める　付ける　短く止める　最も長く

栄誉（えいよ）
毀誉褒貶（きよほうへん）＊
名誉（めいよ）
名誉毀損（めいよきそん）

□受賞の〔えいよ〕に輝く。
□〔きよほうへん〕相半ばする。
□人の〔めいよ〕を傷つける。
□〔※めいよきそん〕で訴える。

2級

# 妖

部首 女（おんなへん） 7画

音 ヨウ
訓 あや-しい

折って止める　付ける

妖艶（ようえん）
妖怪（ようかい）
妖気（ようき）
妖精（ようせい）

□女優の〔ようえん〕なほほえみ。
□〔ようかい〕変化が現れる。
□〔ようき〕が漂う。
□〔ようせい〕のようにかれんな姿。

準2級

# 庸

部首 广（まだれ） 11画

音 ヨウ
訓 —

立てる　つらぬく　つき出す

中庸（ちゅうよう）
凡庸（ぼんよう）
租調庸（そちょうよう）

□精神の〔ちゅうよう〕を得る。
□二代目の社長は〔ぼんよう〕な人物だ。
□奈良時代の〔そちょうよう〕の制度。

**似ている漢字に注意**

憂（ユウ）—優（ユウ）
にんべん

**「ゆうしゅう」の意味**

憂愁…心配して悲しむこと。
優秀…非常に優れていること。
有終…物事を最後までやり遂げること。
幽囚…捕らえられ、閉じ込められること。

**「租調庸」の意味**

租調庸…律令制時代の税制。「租」は収穫した農作物、「調」はその地方の特産物、「庸」は労役か、それに代わる布などを納めさせた。

ヤ行



＊毀誉褒貶＝悪く言うことと褒めること。　※「名誉棄損」とも書く。

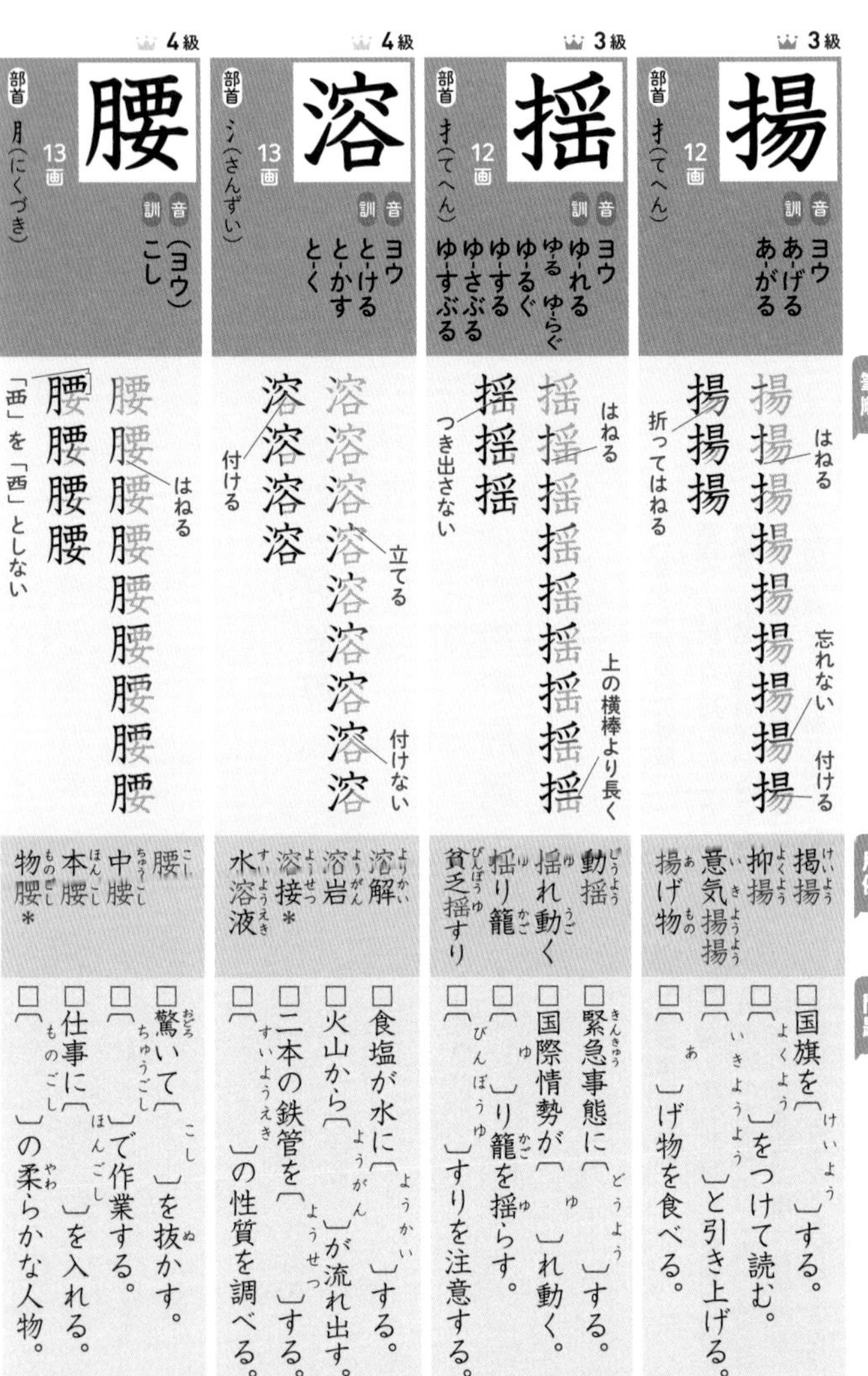

## 揚（3級）
部首 扌（てへん） 12画
音 ヨウ
訓 あ-げる あ-がる
用例：掲揚（けいよう） 抑揚（よくよう） 意気揚揚（いきようよう） 揚げ物（あげもの）
問題：
□国旗を（けいよう）する。
□（よくよう）をつけて読む。
□（いきようよう）と引き上げる。
□（あ）げ物を食べる。

## 揺（3級）
部首 扌（てへん） 12画
音 ヨウ
訓 ゆ-れる ゆ-る ゆ-らぐ ゆ-るぐ ゆ-する ゆ-さぶる ゆ-すぶる
用例：動揺（どうよう） 揺れ動く（ゆれうごく） 揺り籠（ゆりかご） 貧乏揺すり（びんぼうゆすり）
問題：
□緊急事態に（どうよう）する。
□国際情勢が（ゆ）れ動く。
□（ゆ）り籠を揺らす。
□（びんぼうゆ）すりを注意する。

## 溶（4級）
部首 氵（さんずい） 13画
音 ヨウ
訓 と-ける と-かす と-く
用例：溶解（ようかい） 溶岩（ようがん） 溶接（ようせつ）＊ 水溶液（すいようえき）
問題：
□食塩が水に（ようかい）する。
□火山から（ようがん）が流れ出す。
□二本の鉄管を（ようせつ）する。
□（すいようえき）の性質を調べる。

## 腰（4級）
部首 月（にくづき） 13画
音 （ヨウ）
訓 こし
用例：腰（こし） 中腰（ちゅうごし） 本腰（ほんごし） 物腰（ものごし）＊
問題：
□驚いて（こし）を抜かす。
□（ちゅうごし）で作業する。
□仕事に（ほんごし）を入れる。
□（ものごし）の柔らかな人物。

＊溶接＝金属を高熱で溶かしてつぎ合わせること。　＊物腰＝人に接するときの言葉遣いや態度。

## 瘍　2級

- 部首：疒（やまいだれ）　14画
- 音：ヨウ
- 訓：―

書き順のポイント：立てる／忘れない／付ける／折ってはねる

- 潰瘍（かいよう）
- 腫瘍（しゅよう）

□胃に〔かいよう〕ができる。
□脳にできた〔しゅよう〕を切除する。

## 踊　4級

- 部首：⻊（あしへん）　14画
- 音：ヨウ
- 訓：おど-る　おど-り

書き順のポイント：つき出す／短く止める

- 舞踊（ぶよう）
- 踊り子（おどりこ）
- 踊り場（おどりば）
- 盆踊り（ぼんおどり）

□日本〔ぶよう〕を習う。
□ステージに〔おど〕り子が立つ。
□校舎の階段の〔おど〕り場。
□〔ぼんおど〕りの輪。

## 窯　準2級

- 部首：穴（あなかんむり）　15画
- 音：（ヨウ）
- 訓：かま

書き順のポイント：立てる／曲げる／つき出さない

- 窯（かま）
- 窯元（かまもと）
- 炭焼き窯（すみやきがま）

□ピザを〔かま〕で焼く。
□清水焼（きよみずやき）の〔かまもと〕。
□手作りの炭焼き〔がま〕で炭を焼く。

## 擁　3級

- 部首：扌（てへん）　16画
- 音：ヨウ
- 訓：―

書き順のポイント：はねる／立てる／折る／縦棒が先

- 擁護（ようご）
- 擁立（ようりつ）
- 抱擁（ほうよう）

□人権を〔ようご〕する。
□市長候補に〔ようりつ〕する。
□熱い〔ほうよう〕を交（か）わす。

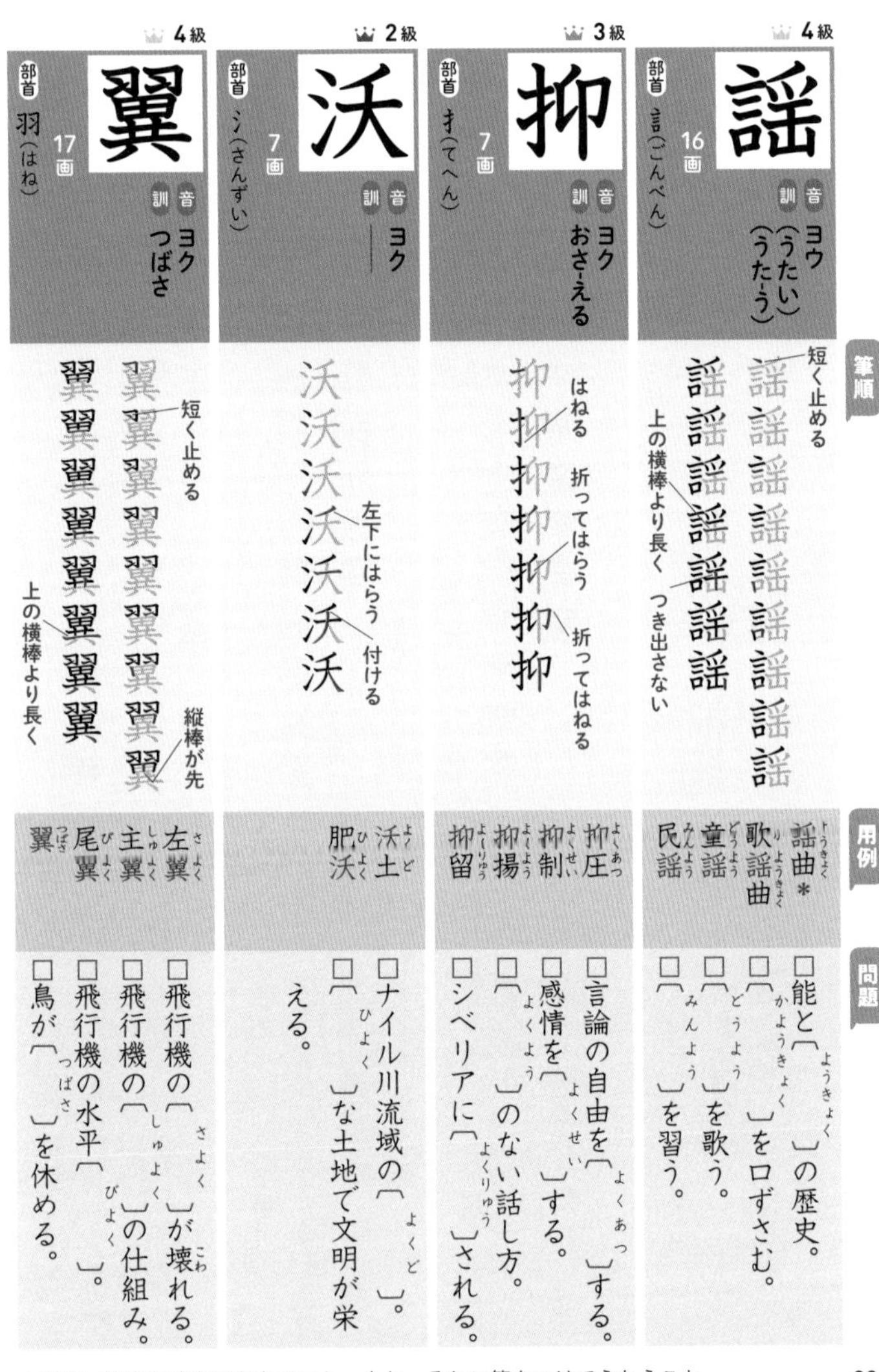

## 謡　4級

部首　言（ごんべん）　16画

音　ヨウ
訓　（うたい）（うた-う）

**筆順**　短く止める／上の横棒より長く／つき出さない

**用例**　謡曲（ようきょく）＊　歌謡曲（かようきょく）　童謡（どうよう）　民謡（みんよう）

**問題**
- □能と〔ようきょく〕の歴史。
- □〔かようきょく〕を口ずさむ。
- □〔どうよう〕を歌う。
- □〔みんよう〕を習う。

## 抑　3級

部首　扌（てへん）　7画

音　ヨク
訓　おさ-える

**筆順**　はねる／折ってはらう／折ってはねる

**用例**　抑圧（よくあつ）　抑制（よくせい）　抑揚（よくよう）　抑留（よくりゅう）

**問題**
- □言論の自由を〔よくあつ〕する。
- □感情を〔よくせい〕する。
- □〔よくよう〕のない話し方。
- □シベリアに〔よくりゅう〕される。

## 沃　2級

部首　氵（さんずい）　7画

音　ヨク
訓　―

**筆順**　左下にはらう／付ける

**用例**　沃土（よくど）　肥沃（ひよく）

**問題**
- □ナイル川流域の〔よくど〕。
- □〔ひよく〕な土地で文明が栄える。

## 翼　4級

部首　羽（はね）　17画

音　ヨク
訓　つばさ

**筆順**　短く止める／上の横棒より長く／縦棒が先

**用例**　左翼（さよく）　主翼（しゅよく）　尾翼（びよく）　翼（つばさ）

**問題**
- □飛行機の〔さよく〕が壊れる。
- □飛行機の〔しゅよく〕の仕組み。
- □飛行機の水平〔びよく〕。
- □鳥が〔つばさ〕を休める。

＊謡曲＝能楽の詩文や台本のこと。また，それに節をつけてうたうこと。

# ラ行の漢字

## 拉　2級

部首　扌（てへん）　8画

音　ラ
訓　―

筆順　拉（はねる・立てる・ななめに書く）

用例　拉致（らち）

問題
□事件の重要参考人が何者かに突然（とつぜん）〔らち〕される。

## 裸　3級

部首　衤（ころもへん）　13画

音　ラ
訓　はだか

筆順　裸（はらいが先・つき出さない）

用例　裸眼（らがん）　裸体（らたい）　赤裸裸（せきらら）＊　丸裸（まるはだか）

問題
□〔らがん〕で視力検査をする。
□〔らたい〕に布をまとう。
□〔せきらら〕な告白を聞く。
□山が〔まるはだか〕になる。

## 羅　準2級

部首　罒（あみがしら・あみめ・よこめ）　19画

音　ラ
訓　―

筆順　羅（「罒」は平たく・折る・縦棒が先）

用例　羅針盤（らしんばん）　羅列（られつ）　甲羅（こうら）　網羅（もうら）

問題
□〔らしんばん〕が指し示す方角。
□数字を〔られつ〕する。
□亀（かめ）が〔こうら〕干し（ぼし）をする。
□全ての地域を〔もうら〕する。

## 雷　4級

部首　雨（あめかんむり）　13画

音　ライ
訓　かみなり

筆順　雷（「雨」は平たく・縦棒が先）

用例　雷雨（らいう）　雷鳴（らいめい）　魚雷（ぎょらい）　雷（かみなり）

問題
□突然（とつぜん）、〔らいう〕になる。
□〔らいめい〕がとどろく。
□〔ぎょらい〕を発射する。
□〔かみなり〕が落ちる。

＊赤裸裸＝包み隠し（かく）のないこと。

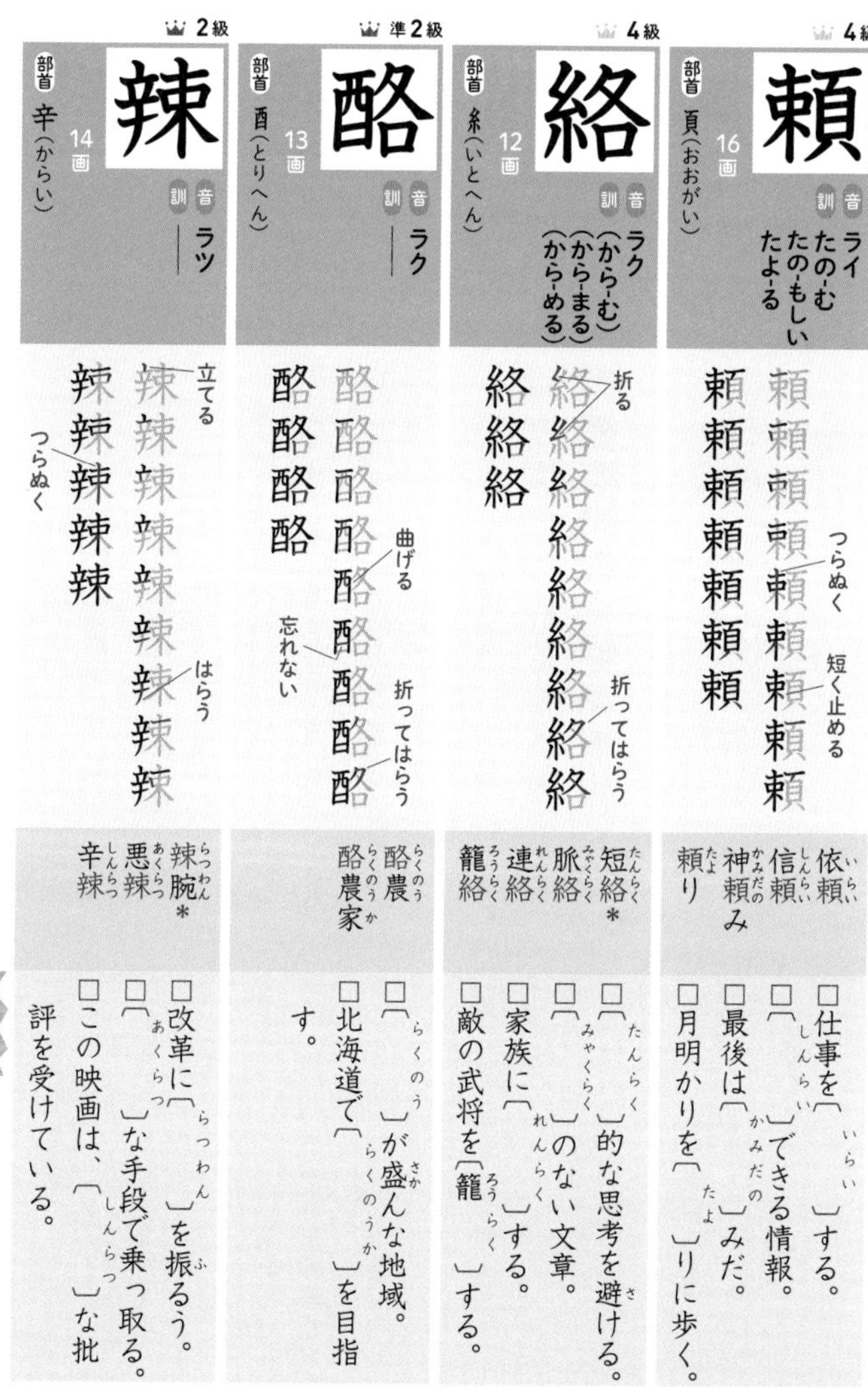

## 頼　4級

部首　頁（おおがい）　16画

音　ライ
訓　たの-む　たの-もしい　たよ-る



依頼（いらい）
信頼（しんらい）
神頼み（かみだのみ）
頼り（たより）

□仕事を〔いらい〕する。
□〔しんらい〕できる情報。
□最後は〔かみだの〕みだ。
□月明かりを〔たよ〕りに歩く。

## 絡　4級

部首　糸（いとへん）　12画

音　ラク
訓　（から-む）（から-まる）（から-める）



短絡＊（たんらく）
脈絡（みゃくらく）
連絡（れんらく）
籠絡（ろうらく）

□〔たんらく〕的な思考を避ける。
□〔みゃくらく〕のない文章。
□家族に〔れんらく〕する。
□敵の武将を〔籠　ろうらく〕する。

## 酪　準2級

部首　酉（とりへん）　13画

音　ラク
訓　―



酪農（らくのう）
酪農家（らくのうか）

□〔らくのう〕が盛んな地域。
□北海道で〔らくのうか〕を目指す。

## 辣　2級

部首　辛（からい）　14画

音　ラツ
訓　―



辣腕＊（らつわん）
悪辣（あくらつ）
辛辣（しんらつ）

□改革に〔らつわん〕を振るう。
□〔あくらつ〕な手段で乗っ取る。
□この映画は、〔しんらつ〕な批評を受けている。



＊短絡＝筋道をたどらずに物事を性急に結びつけること。　＊辣腕＝物事を的確にこなす力があること。

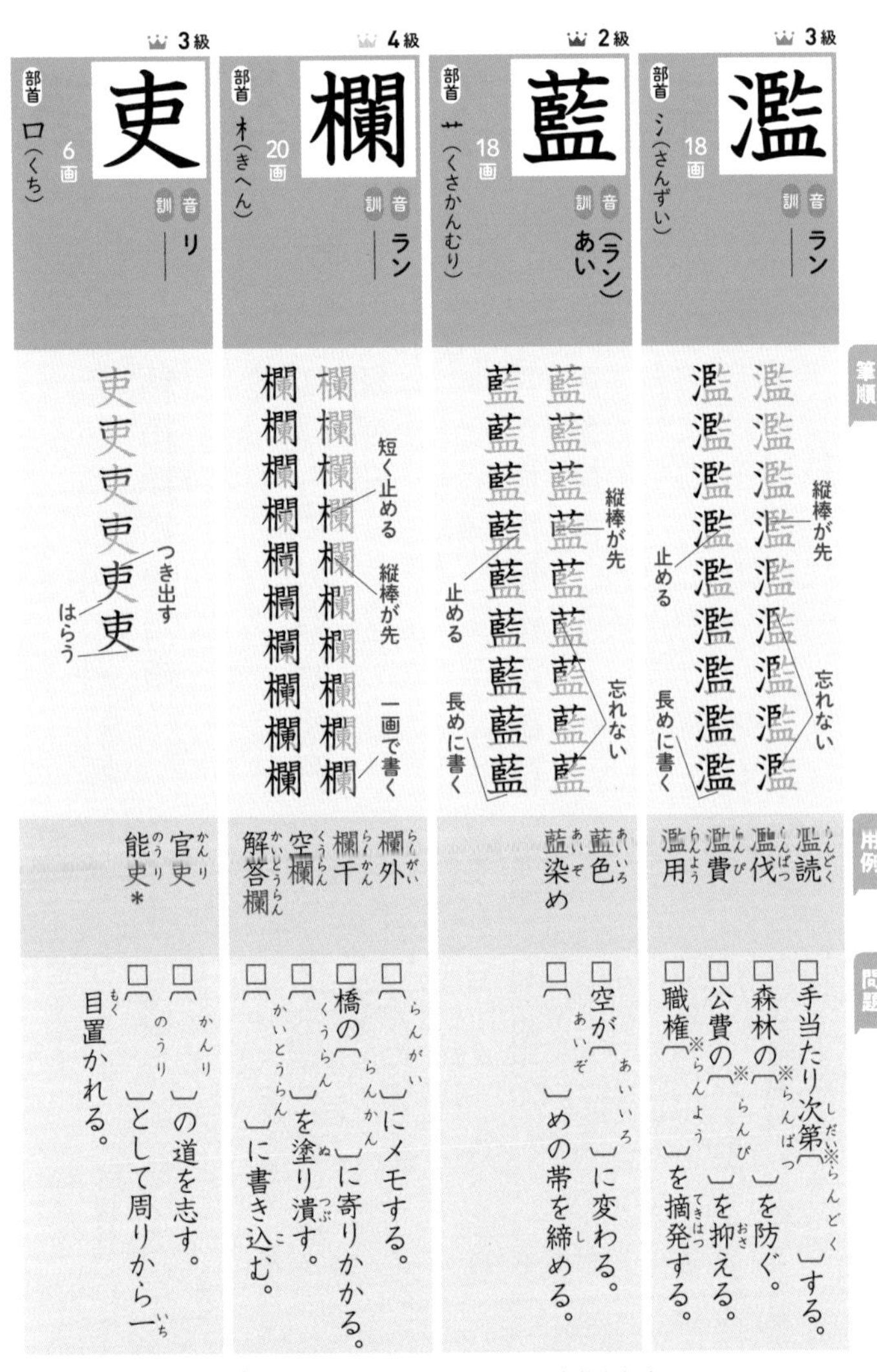


※「乱読」「乱伐」「乱費」「乱用」とも書く。　＊能吏＝有能な役人。

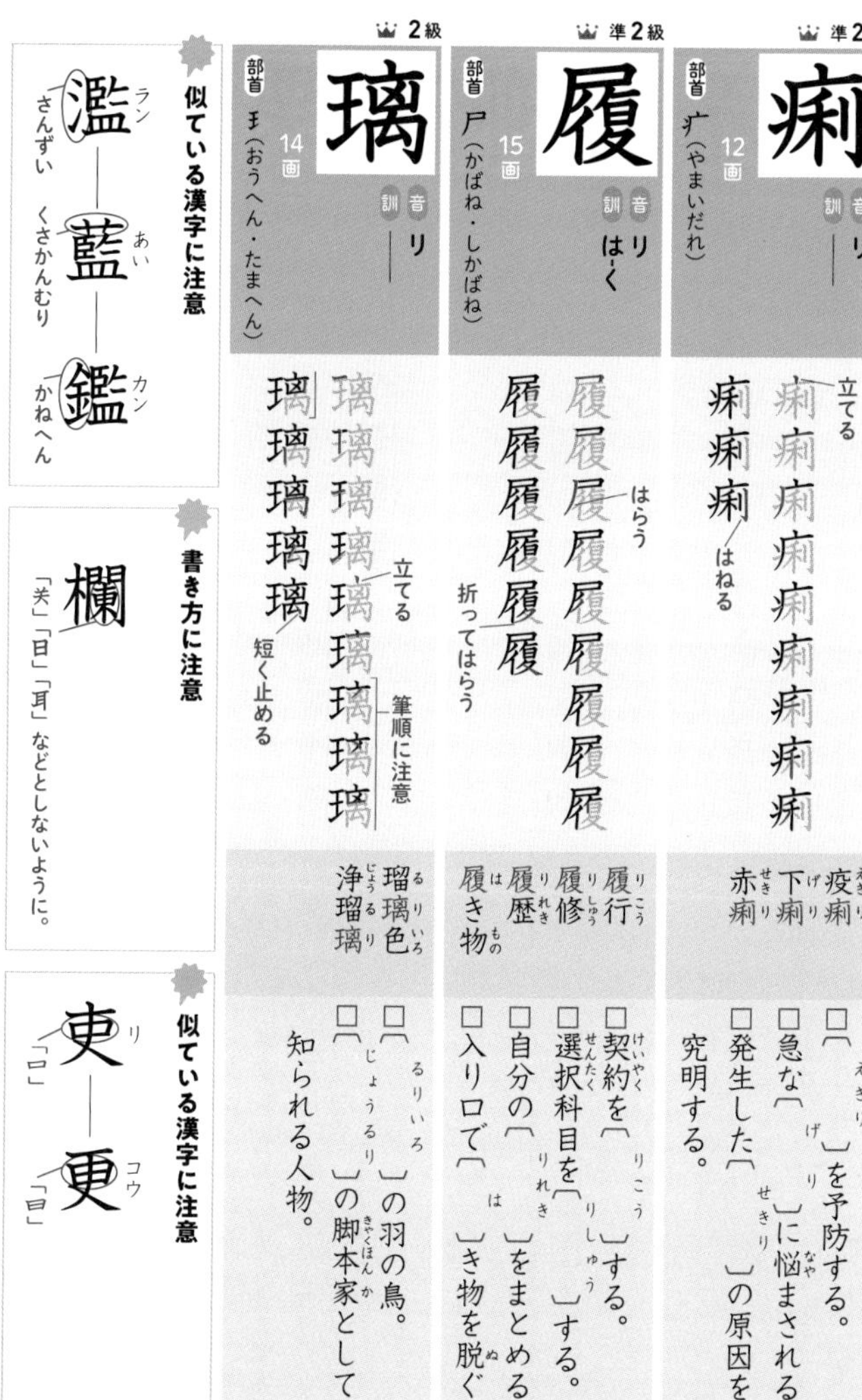

## 痢　準2級
部首　疒（やまいだれ）　12画
音　リ
訓　―

疫痢（えきり）　下痢（げり）　赤痢（せきり）

□（えきり）を予防する。
□急な（げり）に悩まされる。
□発生した（せきり）の原因を究明する。

## 履　準2級
部首　尸（かばね・しかばね）　15画
音　リ
訓　は-く

履行（りこう）　履修（りしゅう）　履歴（りれき）　履き物（はきもの）

□契約を（りこう）する。
□選択科目を（りしゅう）する。
□自分の（りれき）をまとめる。
□入り口で（は）き物を脱ぐ。

## 璃　2級
部首　王（おうへん・たまへん）　14画
音　リ
訓　―

瑠璃色（るりいろ）　浄瑠璃（じょうるり）

□（るりいろ）の羽の鳥。
□（じょうるり）の脚本家として知られる人物。

### 似ている漢字に注意
濫（ラン）さんずい ― 藍（あい）くさかんむり ― 鑑（カン）かねへん

### 書き方に注意
欄　「关」「日」「耳」などとしないように。

### 似ている漢字に注意
吏（リ）「口」 ― 更（コウ）「曰」

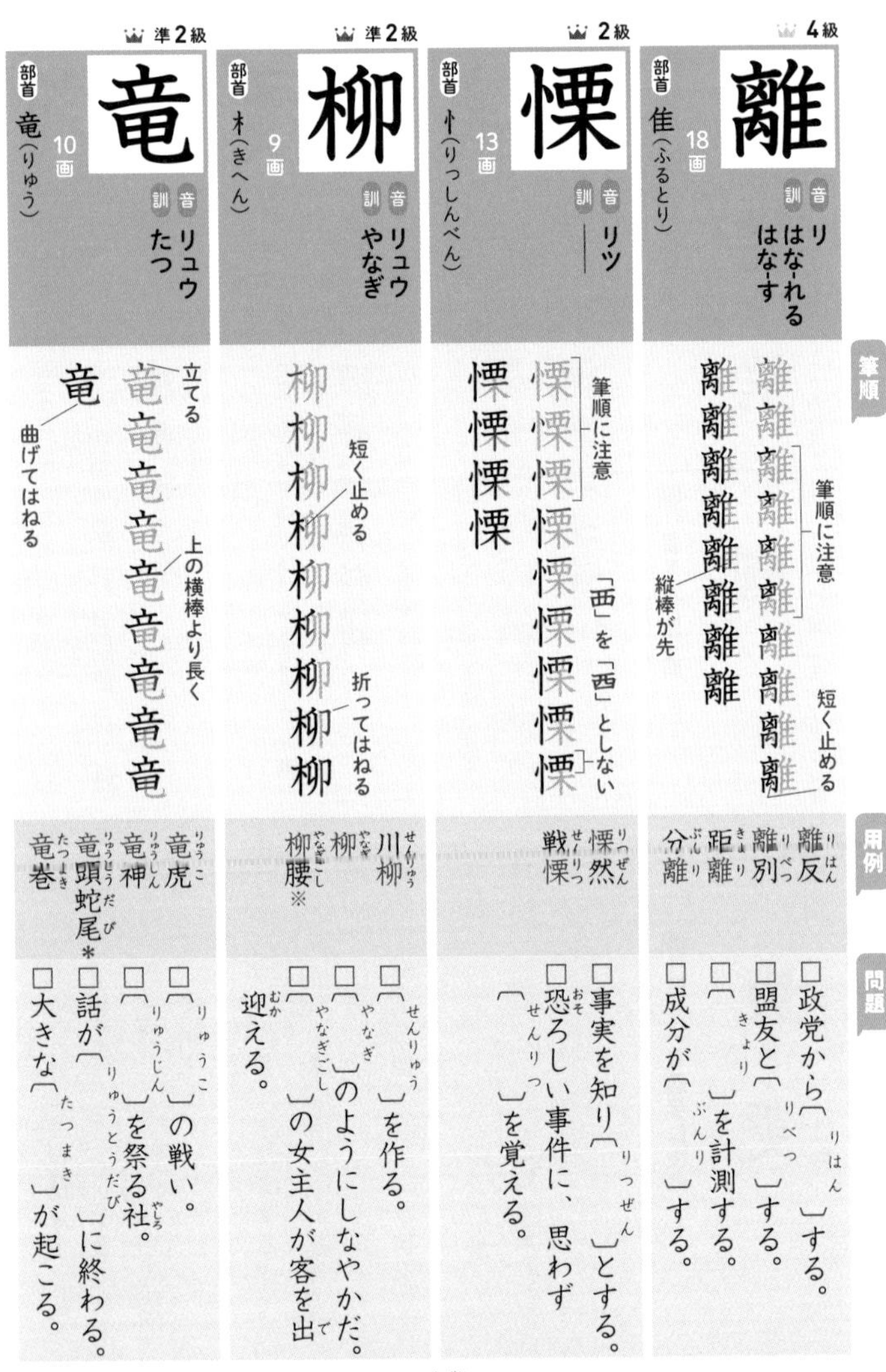


※「りゅうよう」とも読む。　＊竜頭蛇尾＝初めは威勢がよいが，終わりには勢いがなくなること。

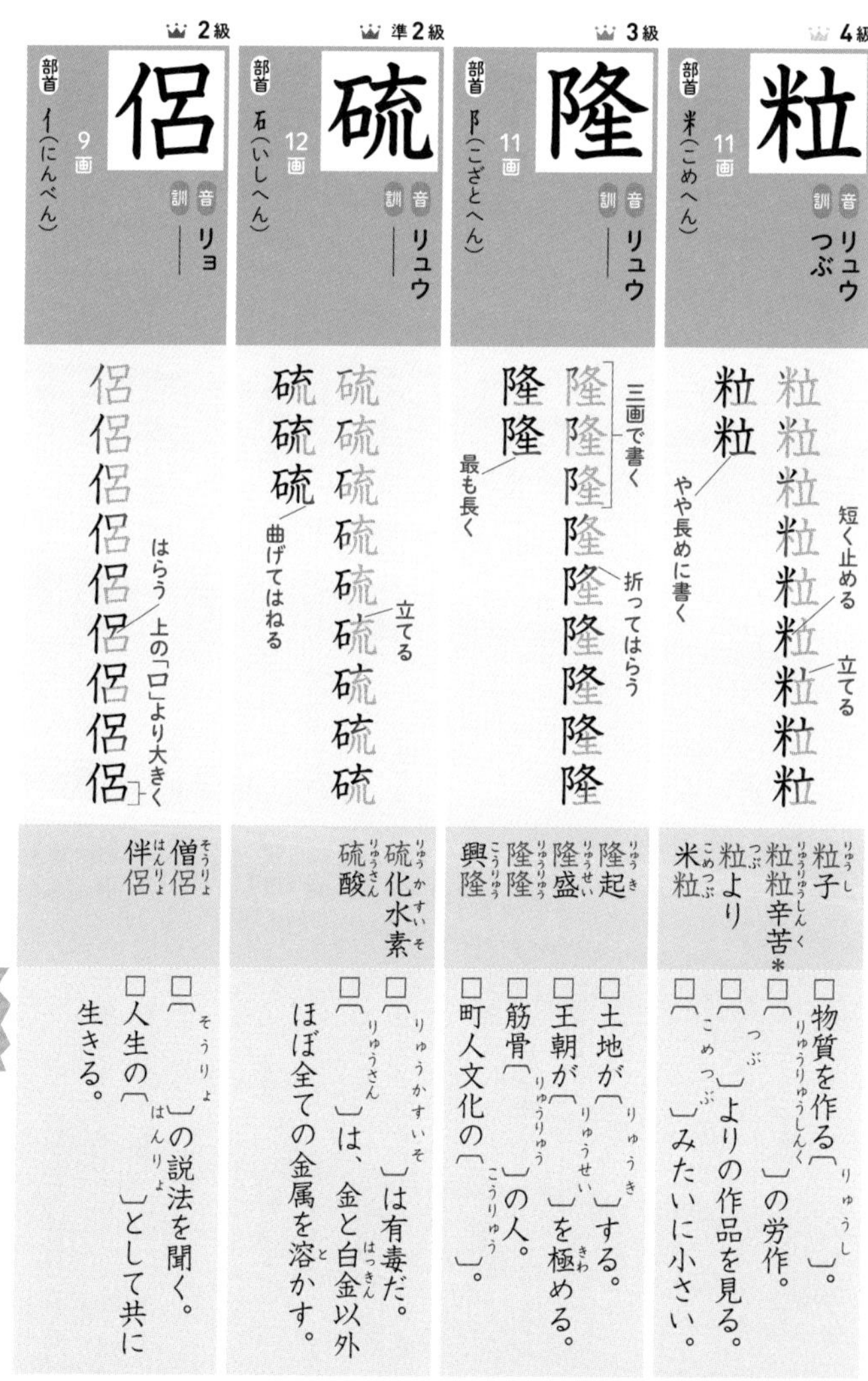

## 粒（4級）
部首 米（こめへん） 11画
音 リュウ
訓 つぶ

短く止める／立てる／やや長めに書く

粒子（りゅうし）
粒粒辛苦（りゅうりゅうしんく）＊
粒より（つぶより）
米粒（こめつぶ）

□物質を作る（りゅうし）。
□（りゅうりゅうしんく）の労作。
□（つぶ）よりの作品を見る。
□（こめつぶ）みたいに小さい。

## 隆（3級）
部首 阝（こざとへん） 11画
音 リュウ
訓 ―

三画で書く／折ってはらう／最も長く

隆起（りゅうき）
隆盛（りゅうせい）
隆隆（りゅうりゅう）
興隆（こうりゅう）

□土地が（りゅうき）する。
□王朝が（りゅうせい）を極める。
□筋骨（りゅうりゅう）の人。
□町人文化の（こうりゅう）。

## 硫（準2級）
部首 石（いしへん） 12画
音 リュウ
訓 ―

立てる／曲げてはねる

硫化水素（りゅうかすいそ）
硫酸（りゅうさん）

□（りゅうかすいそ）は有毒だ。
□（りゅうさん）は、金と白金（はっきん）以外ほぼ全ての金属を溶（と）かす。

## 侶（2級）
部首 亻（にんべん） 9画
音 リョ
訓 ―

はらう／上の「口」より大きく

僧侶（そうりょ）
伴侶（はんりょ）

□（そうりょ）の説法を聞く。
□人生の（はんりょ）として共に生きる。

ラ行 リ～リョ

＊粒粒辛苦＝物事を成就（じょうじゅ）するために地道な努力を積み重ねること。

準2級
# 虜
部首 虍（とらがしら・とらかんむり） 13画
音 リョ
訓 ―
筆順 縦棒から書く はらいが先 曲げる 縦棒が先 折ってはねる
用例 虜囚（りょしゅう） 捕虜（ほりょ）
問題
□〔りょしゅう〕として連行される。
□戦争が終わり、〔ほりょ〕が解放される。

4級
# 慮
部首 心（こころ） 15画
音 リョ
訓 ―
筆順 縦棒から書く はらいが先 曲げる 縦棒が先
用例 遠慮（えんりょ） 苦慮（くりょ） 考慮（こうりょ） 配慮（はいりょ）
問題
□何でも〔えんりょ〕なく話す。
□対応に〔くりょ〕する。
□事情を〔こうりょ〕する。
□相手の立場に〔はいりょ〕する。

3級
# 了
部首 亅（はねぼう） 2画
音 リョウ
訓 ―
筆順 はねる
用例 了解（りょうかい） 了承（りょうしょう） 完了（かんりょう） 終了（しゅうりょう）
問題
□全て〔りょうかい〕する。
□検査結果を〔りょうしょう〕する。
□充電（じゅうでん）が〔かんりょう〕する。
□番組が〔しゅうりょう〕する。

準2級
# 涼
部首 氵（さんずい） 11画
音 リョウ
訓 すず-しい すず-む
筆順 立てる はねる
用例 涼風（りょうふう）※ 清涼剤（せいりょうざい）＊ 納涼（のうりょう） 夕涼（ゆうすず）み
問題
□〔りょうふう〕が吹く。
□一服の〔せいりょうざい〕。
□〔のうりょう〕花火大会を行う。
□縁側（えんがわ）で〔ゆうすず〕みをする。

※「すずかぜ」とも読む。　＊清涼剤＝気持ちを爽（さわ）やかにさせるような物や出来事。

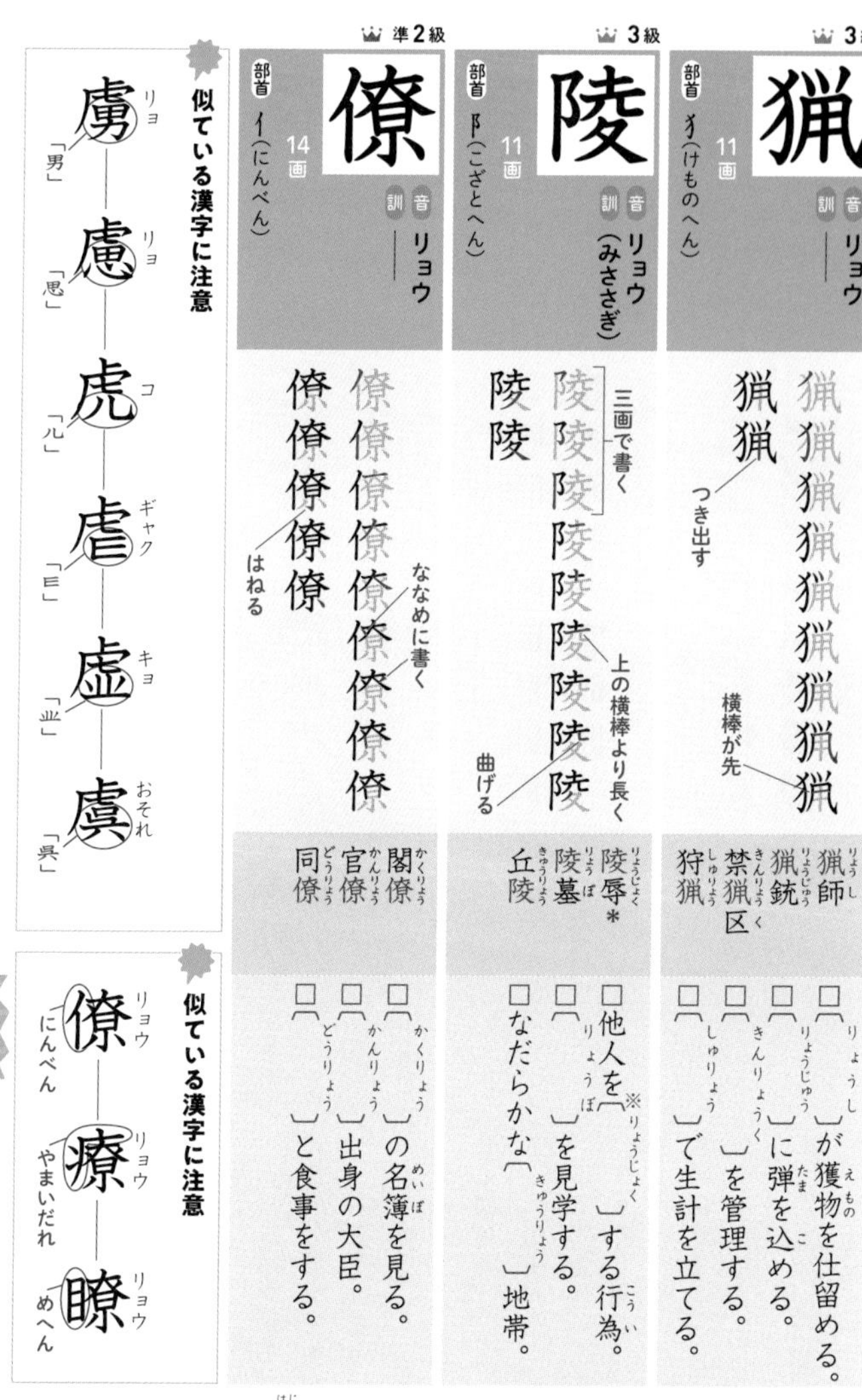

## 猟 3級

部首 犭(けものへん) 11画

音 リョウ 訓 —

つき出す　横棒が先

猟師(りょうし)　猟銃(りょうじゅう)　禁猟区(きんりょうく)　狩猟(しゅりょう)

□[りょうし]が獲物(えもの)を仕留める。
□[りょうじゅう]に弾(たま)を込(こ)める。
□[きんりょうく]を管理する。
□[しゅりょう]で生計を立てる。

## 陵 3級

部首 阝(こざとへん) 11画

音 リョウ 訓 (みささぎ)

三画で書く　上の横棒より長く　曲げる

陵辱(りょうじょく)＊　陵墓(りょうぼ)　丘陵(きゅうりょう)

□他人を[りょうじょく]※する行為(こうい)。
□[りょうぼ]を見学する。
□なだらかな[きゅうりょう]地帯。

## 僚 準2級

部首 亻(にんべん) 14画

音 リョウ 訓 —

ななめに書く　はねる

閣僚(かくりょう)　官僚(かんりょう)　同僚(どうりょう)

□[かくりょう]の名簿(めいぼ)を見る。
□[かんりょう]出身の大臣。
□[どうりょう]と食事をする。

### 似ている漢字に注意

虜(リョ)「男」―慮(リョ)「思」―虎(コ)「儿」―虐(ギャク)「E」―虚(キョ)「业」―虞(おそれ)「呉」

### 似ている漢字に注意

僚(リョウ) にんべん ― 療(リョウ) やまいだれ ― 瞭(リョウ) めへん



＊陵辱＝人をあなどって，恥(はじ)をかかせること。　※「凌辱」とも書く。

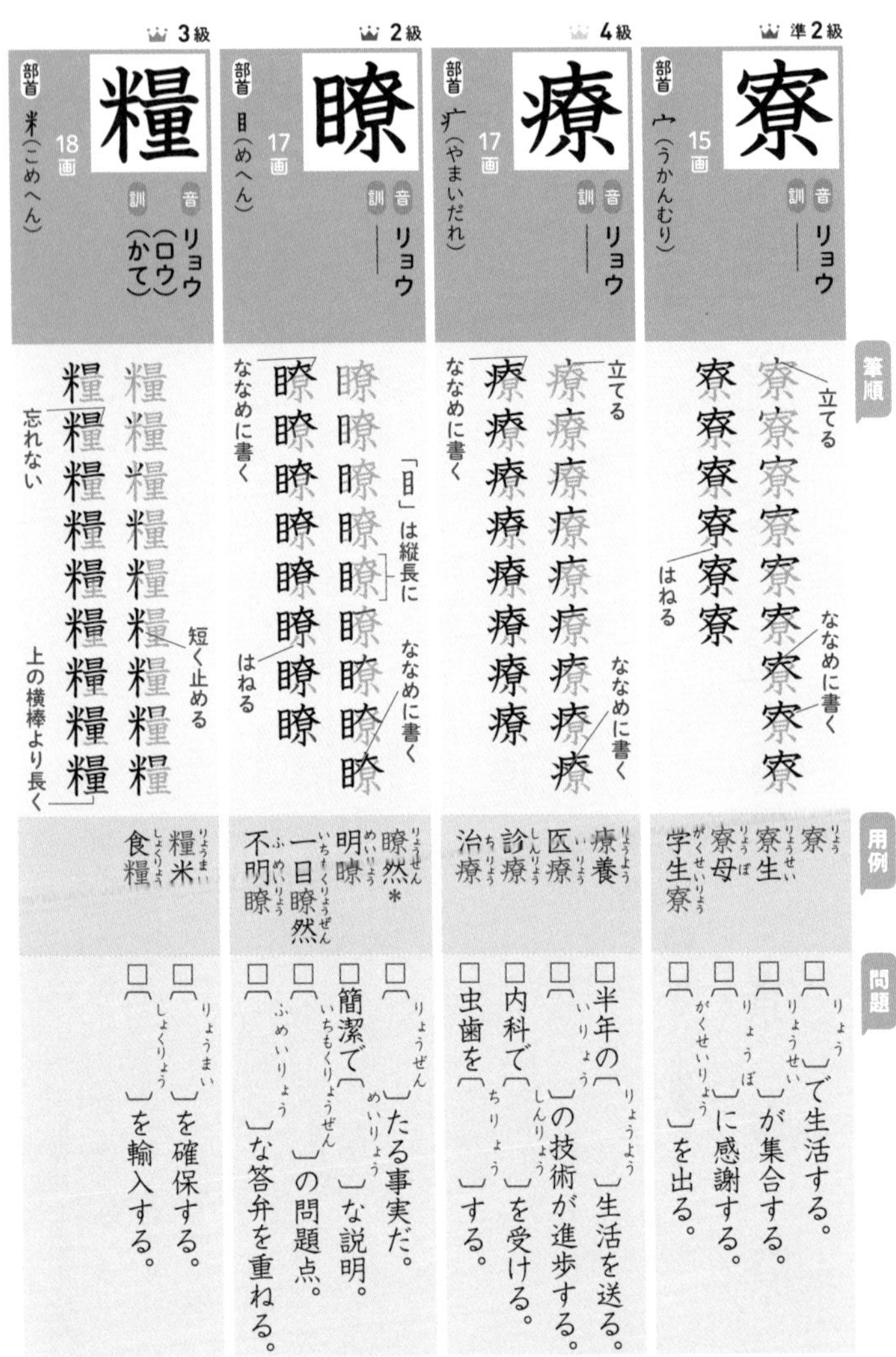

## 寮（準2級）
部首 宀（うかんむり）15画
音 リョウ 訓 ―

用例：寮（りょう） 寮生（りょうせい） 寮母（りょうぼ） 学生寮（がくせいりょう）

問題
□（りょう）で生活する。
□（りょうせい）が集合する。
□（りょうぼ）に感謝する。
□（がくせいりょう）を出る。

## 療（4級）
部首 疒（やまいだれ）17画
音 リョウ 訓 ―

用例：療養（りょうよう） 医療（いりょう） 診療（しんりょう） 治療（ちりょう）

問題
□半年の（りょうよう）生活を送る。
□（いりょう）の技術が進歩する。
□内科で（しんりょう）を受ける。
□虫歯を（ちりょう）する。

## 瞭（2級）
部首 目（めへん）17画
音 リョウ 訓 ―

用例：瞭然（りょうぜん）* 明瞭（めいりょう） 一目瞭然（いちもくりょうぜん） 不明瞭（ふめいりょう）

問題
□（りょうぜん）たる事実だ。
□簡潔で（めいりょう）な説明。
□（いちもくりょうぜん）の問題点。
□（ふめいりょう）な答弁を重ねる。

## 糧（3級）
部首 米（こめへん）18画
音 リョウ（ロウ） 訓 （かて）

用例：糧米（りょうまい） 食糧（しょくりょう）

問題
□（りょうまい）を確保する。
□（しょくりょう）を輸入する。

＊瞭然＝はっきりとしている様子。

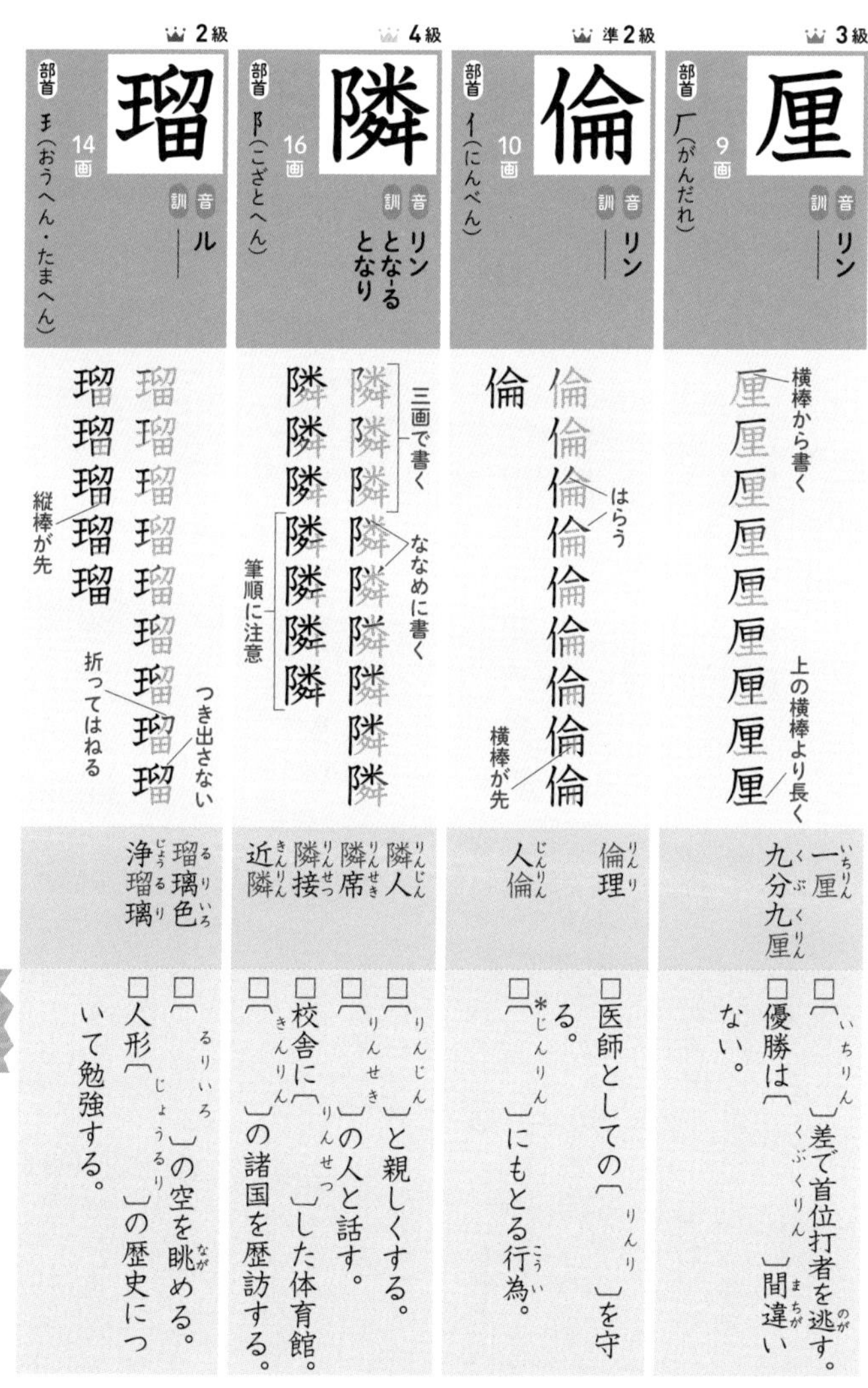

## 釐（3級）
部首：厂（がんだれ）　9画
音：リン　訓：—
一釐（いちりん）　九分九釐（くぶくりん）
□〔いちりん〕差で首位打者を逃す。
□優勝は〔くぶくりん〕間違いない。

## 倫（準2級）
部首：亻（にんべん）　10画
音：リン　訓：—
倫理（りんり）　人倫（じんりん）
□医師としての〔りんり〕を守る。
□〔*じんりん〕にもとる行為。

## 隣（4級）
部首：阝（こざとへん）　16画
音：リン　訓：となる・となり
隣人（りんじん）　隣席（りんせき）　隣接（りんせつ）　近隣（きんりん）
□〔りんじん〕と親しくする。
□〔りんせき〕の人と話す。
□校舎に〔りんせつ〕した体育館。
□〔きんりん〕の諸国を歴訪する。

## 瑠（2級）
部首：王（おうへん・たまへん）　14画
音：ル　訓：—
瑠璃色（るりいろ）　浄瑠璃（じょうるり）
□〔るりいろ〕の空を眺める。
□人形〔じょうるり〕の歴史について勉強する。



ラ行　リョウ～ル


＊人倫にもとる＝人として守るべき道徳から外れること。

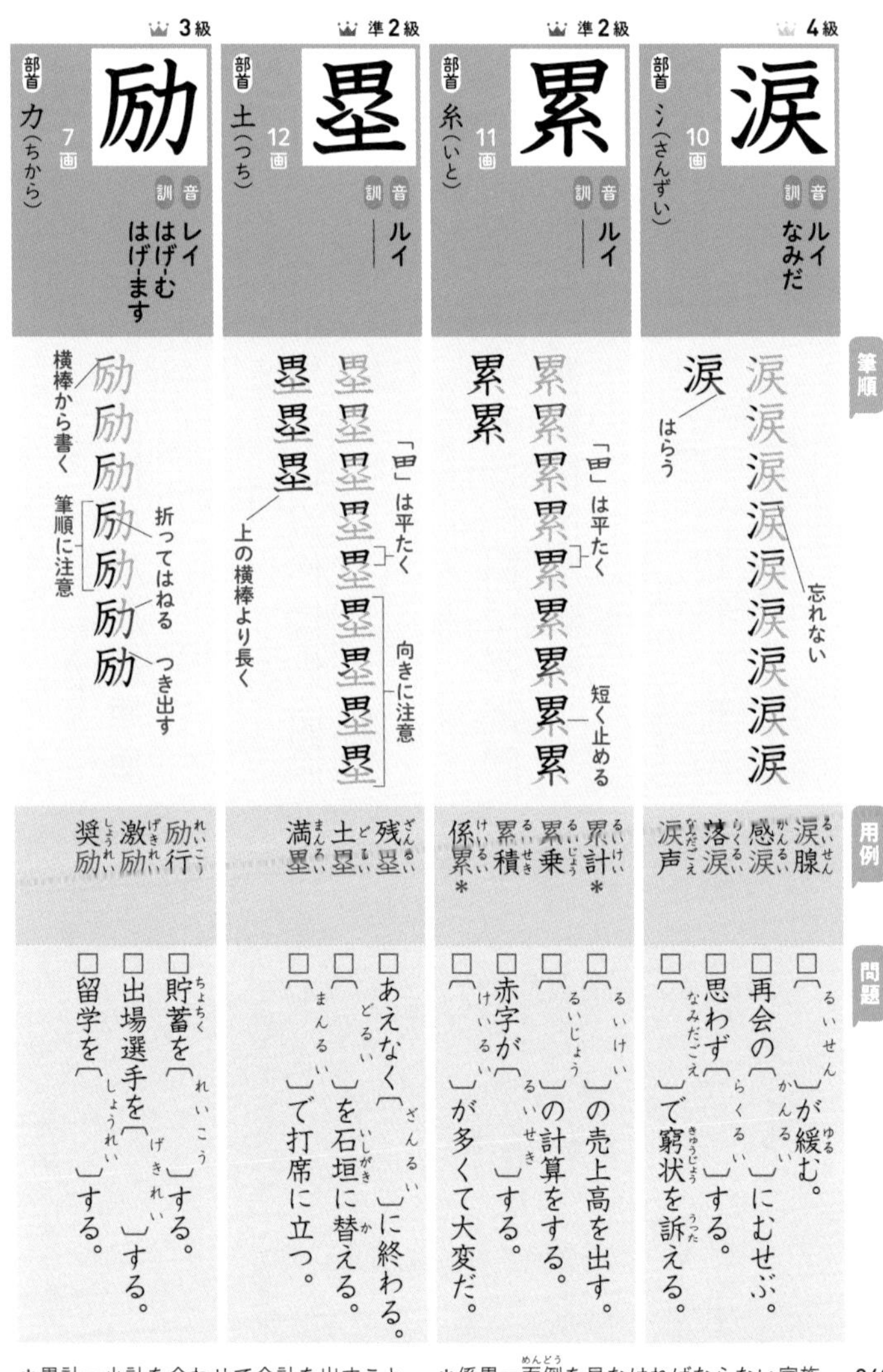

## 涙

4級

部首 氵（さんずい） 10画

音 ルイ
訓 なみだ

筆順：涙（はらう／忘れない）

用例：涙腺（るいせん）　感涙（かんるい）　落涙（らくるい）　涙声（なみだごえ）

問題
□〔るいせん〕が緩む。
□再会の〔かんるい〕にむせぶ。
□思わず〔らくるい〕する。
□〔なみだごえ〕で窮状を訴える。

## 累

準2級

部首 糸（いと） 11画

音 ルイ
訓 ―

筆順：累（「田」は平たく／短く止める）

用例：累計（るいけい）＊　累乗（るいじょう）　累積（るいせき）　係累（けいるい）＊

問題
□〔るいけい〕の売上高を出す。
□〔るいじょう〕の計算をする。
□赤字が〔るいせき〕する。
□〔けいるい〕が多くて大変だ。

## 塁

準2級

部首 土（つち） 12画

音 ルイ
訓 ―

筆順：塁（「田」は平たく／向きに注意／上の横棒より長く）

用例：残塁（ざんるい）　土塁（どるい）　満塁（まんるい）

問題
□あえなく〔ざんるい〕に終わる。
□〔どるい〕を石垣に替える。
□〔まんるい〕で打席に立つ。

## 励

3級

部首 力（ちから） 7画

音 レイ
訓 はげ-む　はげ-ます

筆順：励（横棒から書く／筆順に注意／折ってはねる／つき出す）

用例：励行（れいこう）　激励（げきれい）　奨励（しょうれい）

問題
□貯蓄を〔れいこう〕する。
□出場選手を〔げきれい〕する。
□留学を〔しょうれい〕する。

＊累計＝小計を合わせて合計を出すこと。　＊係累＝面倒（めんどう）を見なければならない家族。

準2級

## 戻

7画

部首　戸（とだれ・とかんむり）

音　（レイ）

訓　もど-す　もど-る

戻戻戻戻戻戻戻

はらう　はらう

戻す（もどす）
差し戻す（さしもどす）
後戻り（あともどり）

□本を棚（たな）に（もど）す。
□不備のある書類を差し（もど）す。
□もう（あともど）りできない。

準2級

## 鈴

13画

部首　金（かねへん）

音　レイ　リン

訓　すず

鈴鈴鈴鈴鈴鈴鈴鈴鈴鈴鈴鈴鈴

右上にはらう

短く止める

予鈴（よれい）
風鈴（ふうりん）
呼び鈴（よびりん）
鈴（すず）

□始業の（よれい）が鳴る。
□（ふうりん）の心地（ここち）よい音色。
□呼び（りん）を押（お）す。
□猫（ねこ）の首に（すず）を付ける。

3級

## 零

13画

部首　雨（あめかんむり）

音　レイ

訓　―

零零零零零零零零零零零零零

「⻗」は平たく

短く止める

零下（れいか）
零細（れいさい）
零点（れいてん）
零落（れいらく）＊

□気温が（れいか）になる。
□（れいさい）企業（きぎょう）を救済する。
□試験で（れいてん）を取る。
□（れいらく）の一途（いっと）をたどる。

**似ている漢字に注意**

累（ルイ）「糸」―塁（ルイ）「土」―異（イ）「共」

**書き方に注意**

励　「方」「刀」としないように。

**似ている漢字に注意**

鈴（レイ）かねへん―零（レイ）あめかんむり―冷（レイ）にすい





＊零落＝落ちぶれること。

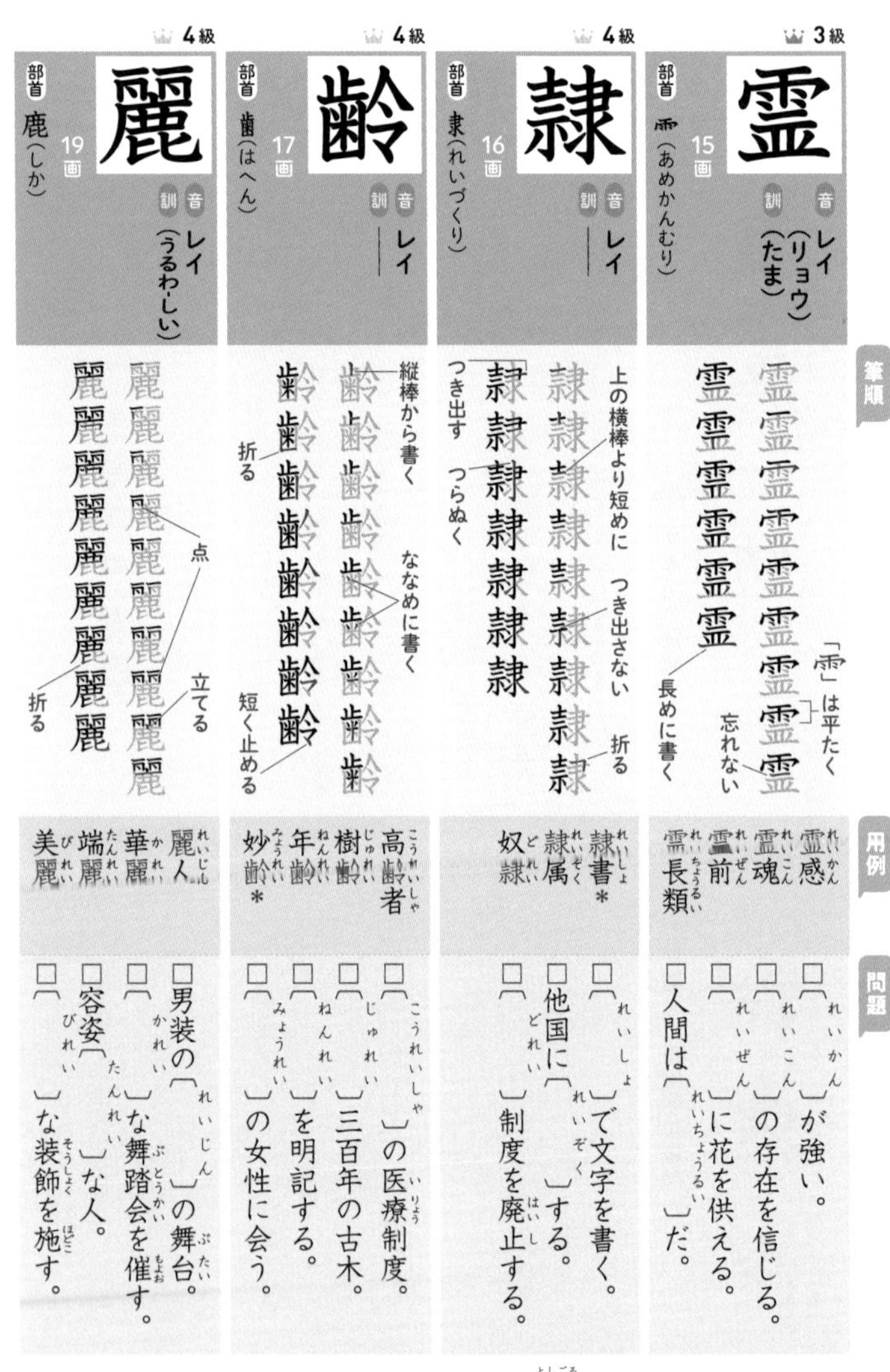


*隷書＝漢字の書体の一つ。　*妙齢＝（女性の）若い年頃。

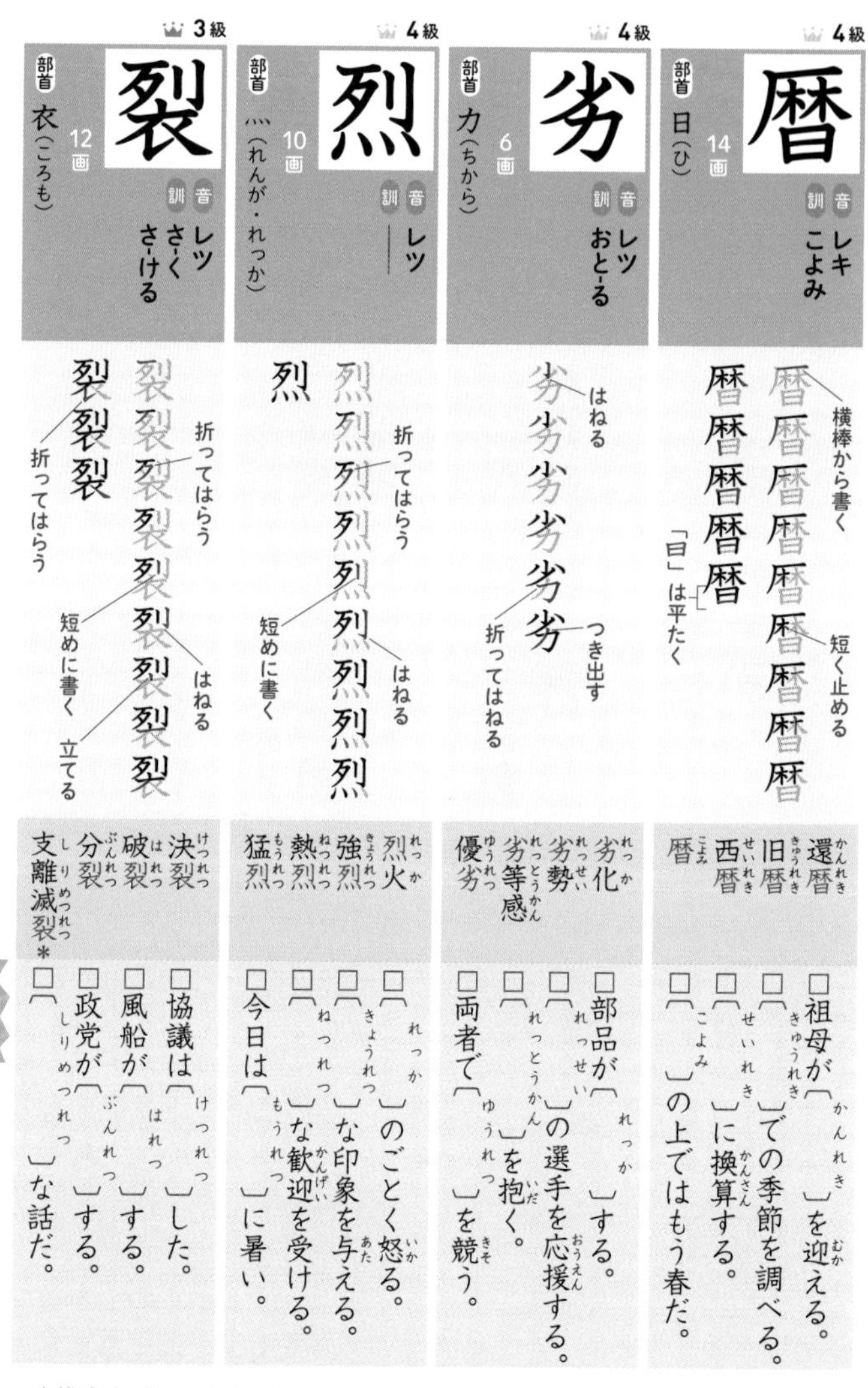

## 暦　4級
部首：日（ひ）　14画
音：レキ　訓：こよみ

- 還暦（かんれき）
- 旧暦（きゅうれき）
- 西暦（せいれき）
- 暦（こよみ）

□祖母が（かんれき）を迎える。
□（きゅうれき）での季節を調べる。
□（せいれき）に換算する。
□（こよみ）の上ではもう春だ。

## 劣　4級
部首：力（ちから）　6画
音：レツ　訓：おと-る

- 劣化（れっか）
- 劣勢（れっせい）
- 劣等感（れっとうかん）
- 優劣（ゆうれつ）

□部品が（れっか）する。
□（れっせい）の選手を応援する。
□（れっとうかん）を抱く。
□両者で（ゆうれつ）を競う。

## 烈　4級
部首：灬（れんが・れっか）　10画
音：レツ　訓：——

- 烈火（れっか）
- 強烈（きょうれつ）
- 熱烈（ねつれつ）
- 猛烈（もうれつ）

□（れっか）のごとく怒る。
□（きょうれつ）な印象を与える。
□（ねつれつ）な歓迎を受ける。
□今日は（もうれつ）に暑い。

## 裂　3級
部首：衣（ころも）　12画
音：レツ　訓：さ-く、さ-ける

- 決裂（けつれつ）
- 破裂（はれつ）
- 分裂（ぶんれつ）
- 支離滅裂（しりめつれつ）＊

□協議は（けつれつ）した。
□風船が（はれつ）する。
□政党が（ぶんれつ）する。
□（しりめつれつ）な話だ。

＊支離滅裂＝筋道も何もなく，ばらばらなこと。

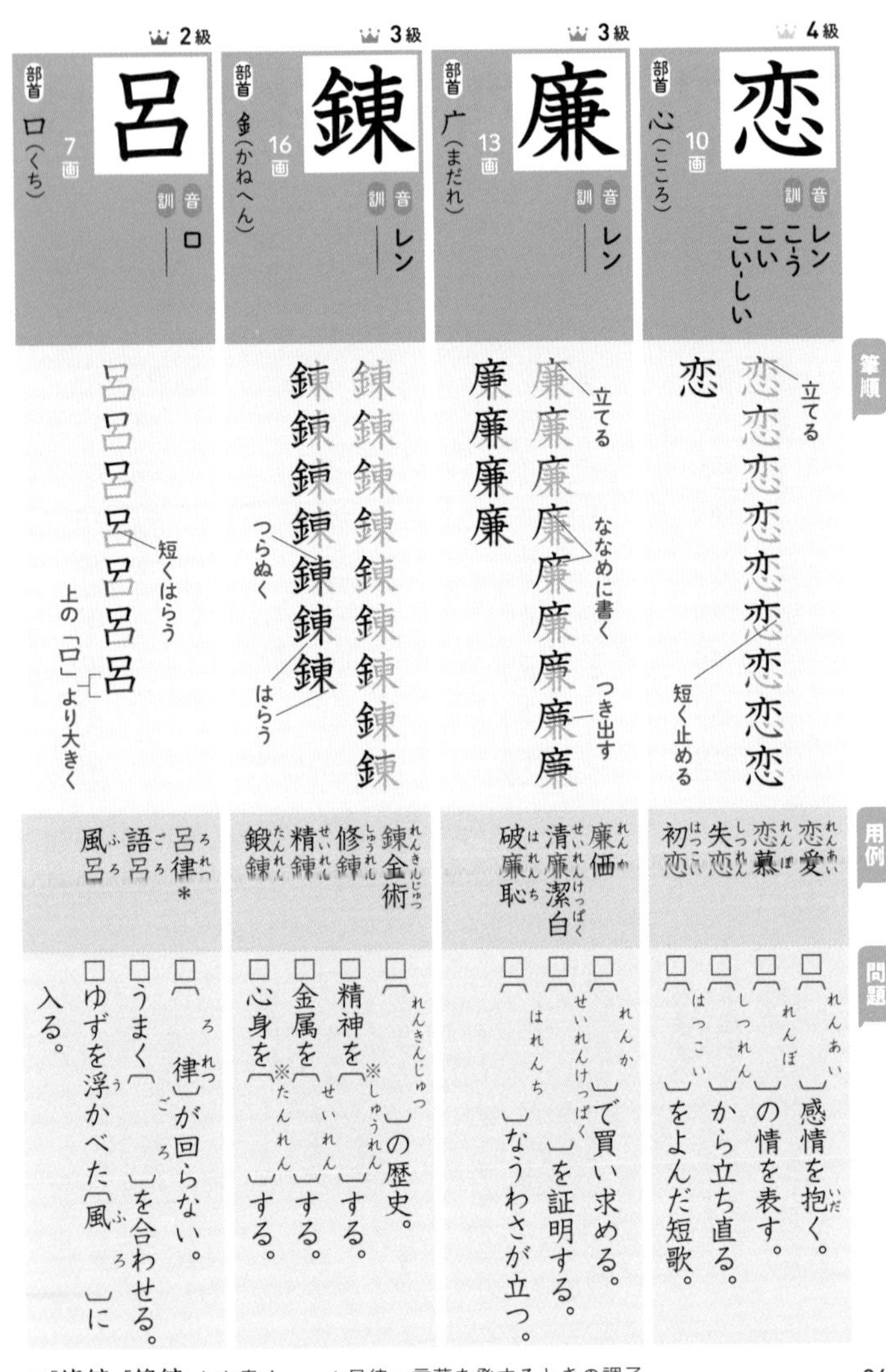

## 恋（4級）
部首：心（こころ）　10画
音：レン
訓：こ-う　こい　こい-しい

筆順：立てる／短く止める

用例：恋愛（れんあい）　恋慕（れんぼ）　失恋（しつれん）　初恋（はつこい）

問題：
□〔れんあい〕感情を抱（いだ）く。
□〔れんぼ〕の情を表す。
□〔しつれん〕から立ち直る。
□〔はつこい〕をよんだ短歌。

## 廉（3級）
部首：广（まだれ）　13画
音：レン
訓：―

筆順：立てる／ななめに書く／つき出す

用例：廉価（れんか）　清廉潔白（せいれんけっぱく）　破廉恥（はれんち）

問題：
□〔れんか〕で買い求める。
□〔せいれんけっぱく〕を証明する。
□〔はれんち〕なうわさが立つ。

## 錬（3級）
部首：金（かねへん）　16画
音：レン
訓：―

筆順：つらぬく／はらう

用例：錬金術（れんきんじゅつ）　修錬（しゅうれん）※　精錬（せいれん）　鍛錬（たんれん）※

問題：
□〔れんきんじゅつ〕の歴史。
□精神を〔しゅうれん※〕する。
□金属を〔せいれん〕する。
□心身を〔たんれん※〕する。

## 呂（2級）
部首：口（くち）　7画
音：ロ
訓：―

筆順：短くはらう／上の「口」より大きく

用例：呂律（ろれつ）＊　語呂（ごろ）　風呂（ふろ）

問題：
□〔ろれつ〕が回らない。
□うまく〔ごろ〕を合わせる。
□ゆずを浮（う）かべた〔ふろ〕に入る。

※「修練」「鍛練」とも書く。　＊呂律＝言葉を発するときの調子。

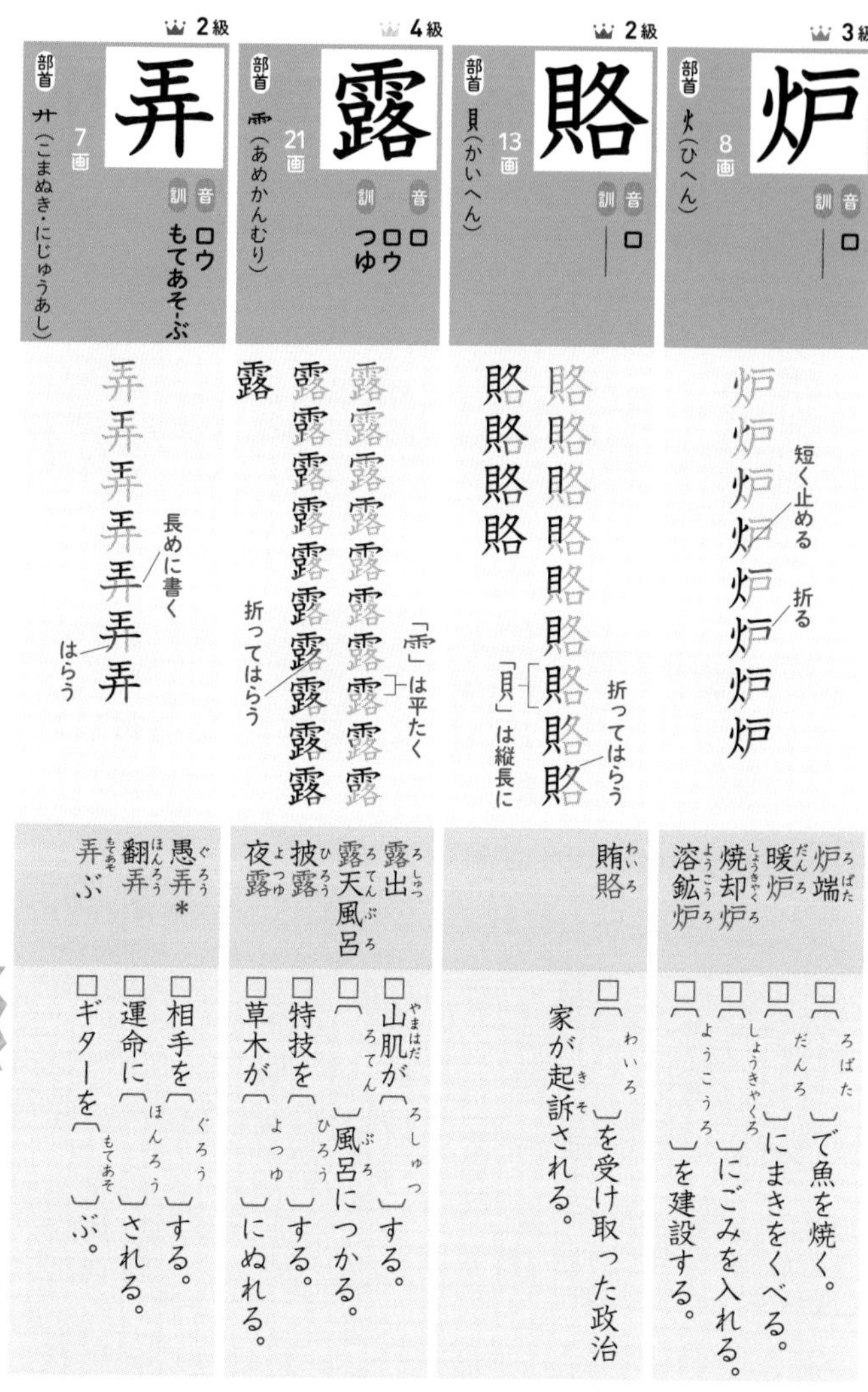

## 炉　3級

部首：火（ひへん）　8画

音：ロ
訓：―

筆順：炉（短く止める・折る）

炉端（ろばた）
暖炉（だんろ）
焼却炉（しょうきゃくろ）
溶鉱炉（ようこうろ）

□［ろばた］で魚を焼く。
□［だんろ］にまきをくべる。
□［しょうきゃくろ］にごみを入れる。
□［ようこうろ］を建設する。

## 賂　2級

部首：貝（かいへん）　13画

音：ロ
訓：―

筆順：賂（折ってはらう・「貝」は縦長に）

賄賂（わいろ）

□［わいろ］を受け取った政治家が起訴（きそ）される。

## 露　4級

部首：雨（あめかんむり）　21画

音：ロ　ロウ
訓：つゆ

筆順：露（「雨」は平たく・折ってはらう）

露出（ろしゅつ）
露天風呂（ろてんぶろ）
披露（ひろう）
夜露（よつゆ）

□山肌（やまはだ）が［ろしゅつ］する。
□［ろてん］風呂（ぶろ）につかる。
□特技を［ひろう］する。
□草木が［よつゆ］にぬれる。

## 弄　2級

部首：廾（こまぬき・にじゅうあし）　7画

音：ロウ
訓：もてあそ-ぶ

筆順：弄（長めに書く・はらう）

愚弄（ぐろう）＊
翻弄（ほんろう）
弄ぶ（もてあそぶ）

□相手を［ぐろう］する。
□運命に［ほんろう］される。
□ギターを［もてあそ］ぶ。



＊愚弄＝人をばかにしてからかうこと。

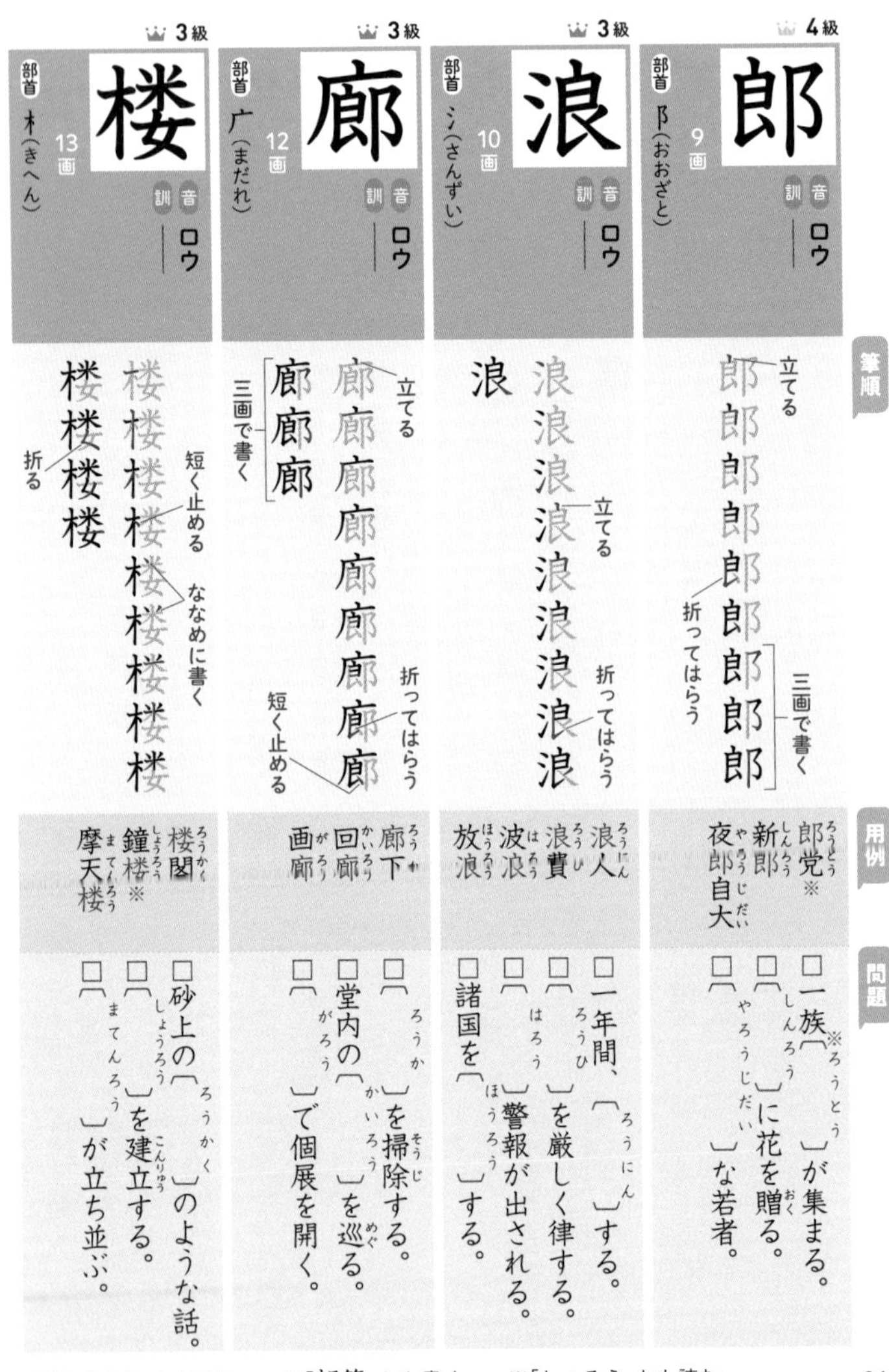

## 郎
4級　部首 阝（おおざと）　9画
音 ロウ　訓 ―

筆順：立てる／折ってはらう／三画で書く

用例：郎党（ろうとう）※　新郎（しんろう）　夜郎自大（やろうじだい）

問題
- □一族（ろうとう）※が集まる。
- □（しんろう）に花を贈（おく）る。
- □（やろうじだい）な若者。

## 浪
3級　部首 氵（さんずい）　10画
音 ロウ　訓 ―

筆順：立てる／折ってはらう

用例：浪人（ろうにん）　浪費（ろうひ）　波浪（はろう）　放浪（ほうろう）

問題
- □一年間、（ろうにん）する。
- □（ろうひ）を厳しく律する。
- □（はろう）警報が出される。
- □諸国を（ほうろう）する。

## 廊
3級　部首 广（まだれ）　12画
音 ロウ　訓 ―

筆順：立てる／三画で書く／折ってはらう／短く止める

用例：廊下（ろうか）　回廊（かいろう）　画廊（がろう）

問題
- □（ろうか）を掃除（そうじ）する。
- □堂内の（かいろう）を巡（めぐ）る。
- □（がろう）で個展を開く。

## 楼
3級　部首 木（きへん）　13画
音 ロウ　訓 ―

筆順：短く止める／ななめに書く／折る

用例：楼閣（ろうかく）　鐘楼（しょうろう）※　摩天楼（まてんろう）

問題
- □砂上の（ろうかく）のような話。
- □（しょうろう）を建立（こんりゅう）する。
- □（まてんろう）が立ち並ぶ。

※「ろうどう」とも読む。　※「郎等」とも書く。　※「しゅろう」とも読む。

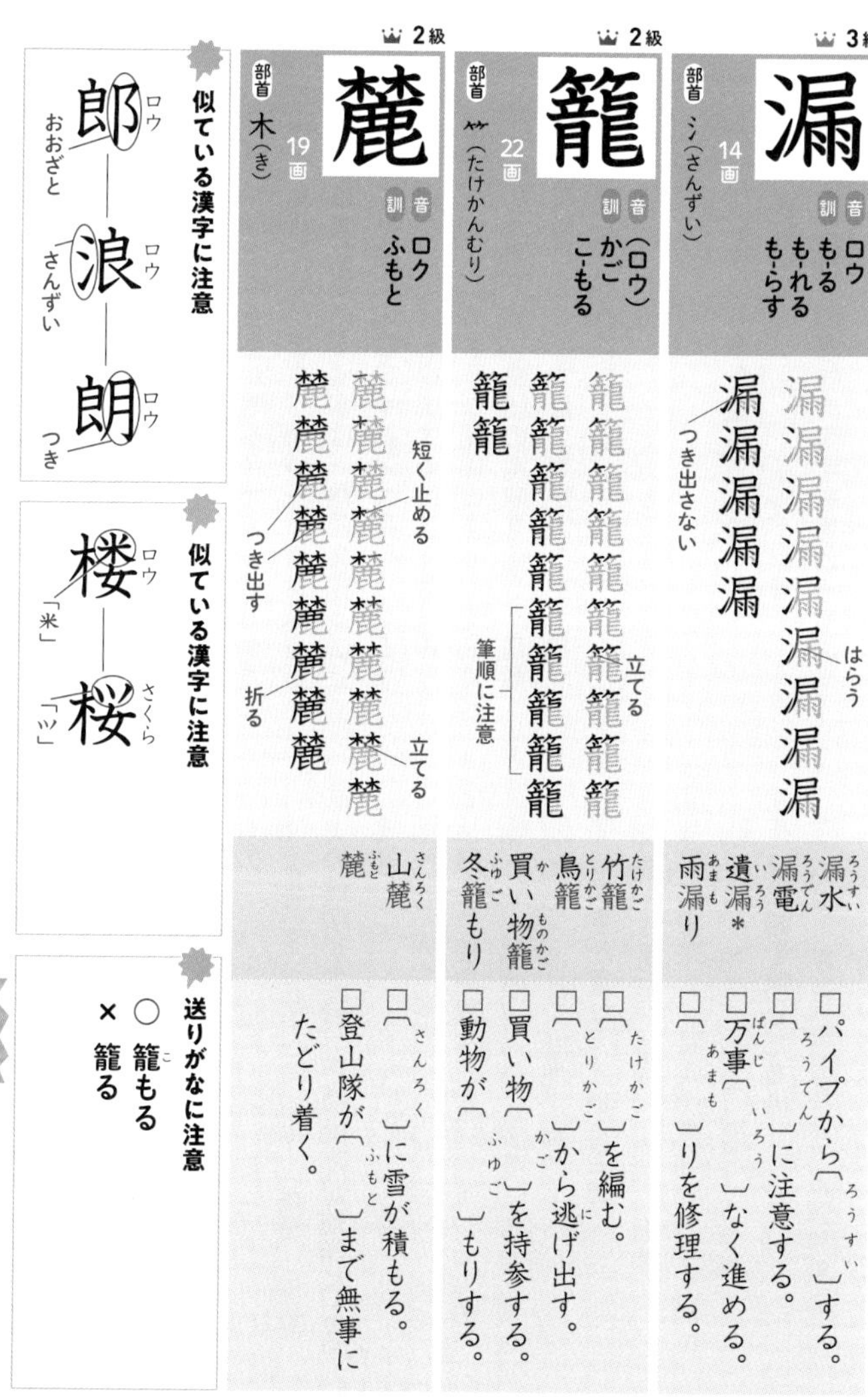


 ＊遺漏＝必要なことが漏れ落ちること。

コラム 7

# 熟語の構成

## 熟語とは

二つ以上の漢字が組み合わさってできた語を熟語といいます。一つ一つが意味をもつ表意文字である漢字は、熟語を作ることで、より多くの意味や複雑な事柄を表します。また、熟語を構成する漢字が意味のうえで互いにどのような関係にあるかを知ることが大切です。熟語の意味を正しく理解するために、ここでは二字熟語の主な構成について見てみましょう。

## 二字熟語の主な構成

**①似た意味の漢字を重ねるもの**

例 衣服・永久・睡眠・沈没・悲哀

**②反対（対）の意味の漢字を重ねるもの**

例 栄枯・兄弟・軽重・主客・濃淡

**③上の漢字が下の漢字を修飾するもの**

例 年末（年の末）・恩人・激突・予告

**④下の漢字が上の漢字の目的や対象になるもの**

例 読書（書を読む）・握手・就職・避難

**⑤上の漢字が主語、下の漢字が述語になるもの**

例 国営（国が営む）・日没・年少・腹痛

**⑥接頭語や接尾語などが付いているもの**

例 非凡・不良・未遂・無害・御社・貴校

例 美化・油性・整然・詩的

**⑦同じ漢字が重なっているもの**

例 刻刻・転転・堂堂・人人・黙黙

**⑧故事に由来し、特定の意味を表すもの**

例 圧巻・蛇足・白眉・墨守・矛盾

**⑨長い熟語を略したもの**

例 国連・万博（国際連合－万国博覧会）

ワ行の漢字

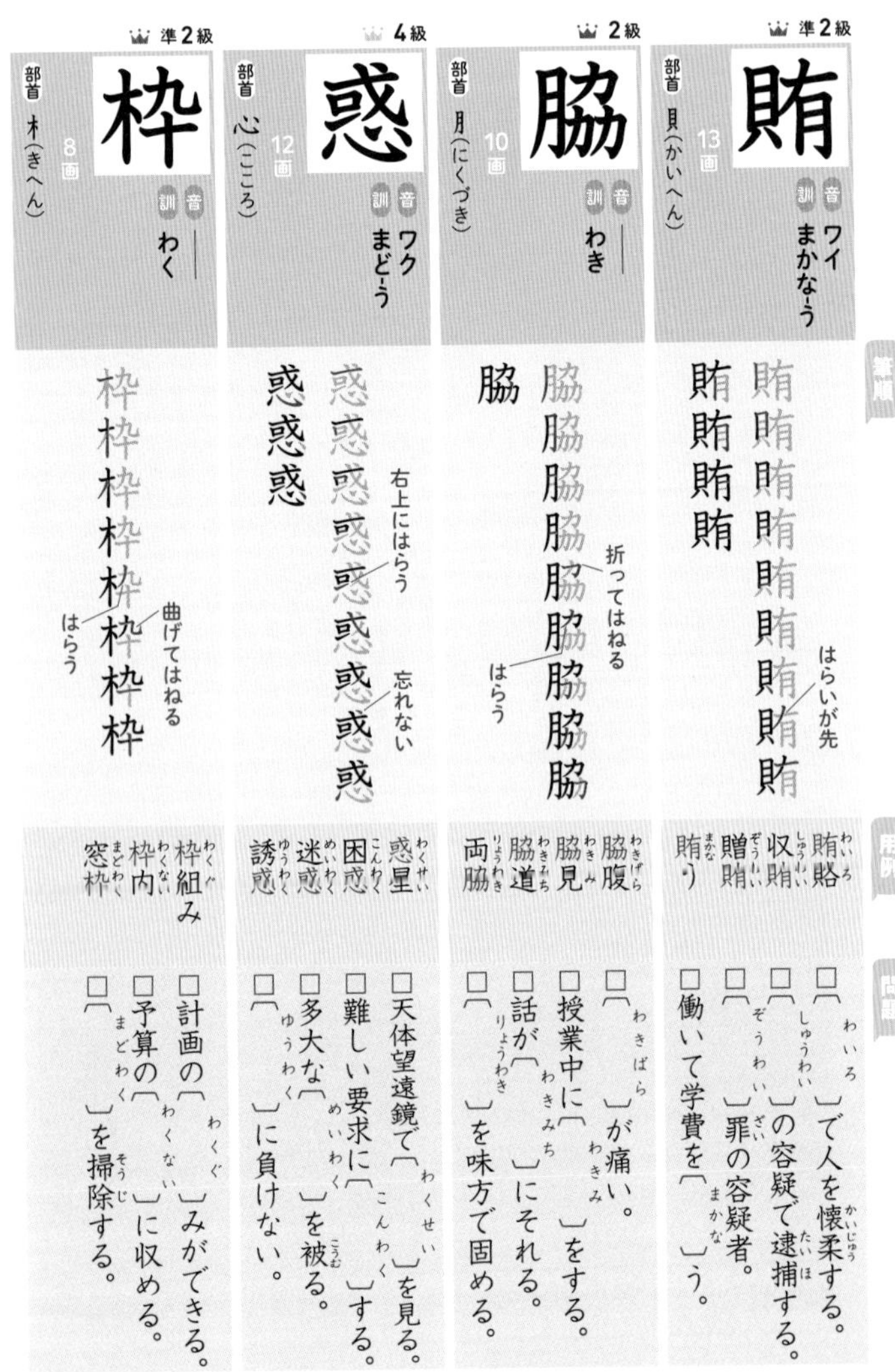

準2級

# 賄

13画 部首 貝（かいへん）

音 ワイ
訓 まかな-う

筆順：はらいが先

用例：賄賂（わいろ） 収賄（しゅうわい） 贈賄（ぞうわい） 賄う（まかなう）

問題：
□〔わいろ〕で人を懐柔（かいじゅう）する。
□〔しゅうわい〕の容疑で逮捕（たいほ）する。
□〔ぞうわい〕罪（ざい）の容疑者。
□働いて学費を〔まかな〕う。

2級

# 脇

10画 部首 月（にくづき）

音 ―
訓 わき

筆順：折ってはねる　はらう

用例：脇腹（わきばら） 脇見（わきみ） 脇道（わきみち） 両脇（りょうわき）

問題：
□〔わきばら〕が痛い。
□授業中に〔わきみ〕をする。
□話が〔わきみち〕にそれる。
□〔りょうわき〕を味方で固める。

4級

# 惑

12画 部首 心（こころ）

音 ワク
訓 まど-う

筆順：右上にはらう　忘れない

用例：惑星（わくせい） 困惑（こんわく） 迷惑（めいわく） 誘惑（ゆうわく）

問題：
□天体望遠鏡で〔わくせい〕を見る。
□難しい要求に〔こんわく〕する。
□多大な〔めいわく〕を被（こうむ）る。
□〔ゆうわく〕に負けない。

準2級

# 枠

8画 部首 木（きへん）

音 ―
訓 わく

筆順：曲げてはねる　はらう

用例：枠組み（わくぐみ） 枠内（わくない） 窓枠（まどわく）

問題：
□計画の〔わくぐ〕みができる。
□予算の〔わくない〕に収める。
□〔まどわく〕を掃除（そうじ）する。

3級

# 湾

12画

部首 氵(さんずい)

音 ワン
訓 ―

湾湾湾湾湾湾湾湾湾湾湾湾

立てる

一画で書く

湾岸(わんがん)　湾曲(わんきょく)　湾内(わんない)　港湾(こうわん)

□〔わんがん〕を警備する。
□道が大きく〔わんきょく〕する。
□〔わんない〕を船で巡(めぐ)る。
□〔こうわん〕の施設(しせつ)で働く。

4級

# 腕

12画

部首 月(にくづき)

音 ワン
訓 うで

腕腕腕腕腕腕腕腕腕腕腕腕

立てる

曲げてはねる

折ってはらう

腕章(わんしょう)　腕力(わんりょく)　敏腕(びんわん)　腕前(うでまえ)

□記者の〔わんしょう〕を巻く。
□〔わんりょく〕に物を言わせる。
□〔びんわん〕の刑事(けいじ)が来る。
□〔うでまえ〕を披露(ひろう)する。

**似ている漢字に注意**

脇(わき)「にくづき」―協(キョウ)「じゅう」

**似ている漢字に注意**

枠(わく)「きへん」―粋(スイ)「こめへん」―砕(サイ)「いしへん」

**送りがなに注意**

○ 賄う
× 賄なう

**似ている漢字に注意**

賄(ワイ)「有」―賂(ロ)「各」―貼(チョウ)「占」―賠(バイ)「咅」―賭(か(ける))「者」―賜(たまわ(る))「易」―賦(フ)「武」

コラム 8

# 特別な読み方をする漢字

## 熟字訓・当て字

さまざまな日本語を、中国で作られた漢字を使って書き表すための工夫(くふう)として、特別な読み方で使う漢字があります。

例えば、「梅雨」と書いて「つゆ」と読むことがあります。これは「梅」を「つ」、「雨」を「ゆ」と読んでいるのではありません。漢語の「梅雨」が和語の「つゆ」と同じ意味だったため、「梅雨」という二字の漢字をまとめて、訓読みで「つゆ」と読んだのです。このように、漢字一字一字の読み方とは関係なく、熟語全体に日本語の訓読みを当てて読む読み方を、**熟字訓**といいます。

熟字訓の他にも、「印度(インド)」「麦酒(ビール)」など、もともと漢字では書かない言葉に、漢字の音(おん)や意味を当てることがあります。これらの漢字の特殊(とくしゅ)な使い方を当て字といいます。

## 中学で学習する特別な読み方の語

常用漢字表の付表では、特別な読み方をする語が認められています。以下が中学で学習する特別な読み方をする語です。

小豆(あずき)　硫黄(いおう)　意気地(いくじ)　田舎(いなか)　海原(うなばら)　乳母(うば)
浮つく(うわつく)　笑顔(えがお)　叔父(おじ)　伯父(おじ)　乙女(おとめ)　叔母(おば)
伯母(おば)　お巡りさん(おまわりさん)　鍛冶(かじ)　風邪(かぜ)　固唾(かたず)
仮名(かな)　為替(かわせ)　心地(ここち)　早乙女(さおとめ)　差し支える(さしつかえる)
五月(さつき)　早苗(さなえ)　五月雨(さみだれ)　時雨(しぐれ)　尻尾(しっぽ)　竹刀(しない)
老舗(しにせ)　芝生(しばふ)　三味線(しゃみせん)　砂利(じゃり)　白髪(しらが)　相撲(すもう)
草履(ぞうり)　太刀(たち)　立ち退く(たちのく)　足袋(たび)　梅雨(つゆ)
凸凹(でこぼこ)　名残(なごり)　雪崩(なだれ)　二十(はたち)　二十歳(はたち)
波止場(はとば)　日和(ひより)　吹雪(ふぶき)　土産(みやげ)　息子(むすこ)　紅葉(もみじ)
木綿(もめん)　最寄り(もより)　大和(やまと)　弥生(やよい)　行方(ゆくえ)　若人(わこうど)

# おもな同音異義語

音が同じで、意味が違う言葉を同音異義語といいます。
ここでは間違えやすい言葉を集めました。

**イガイ**
- 意外―意外な結果。
- 以外―会員以外は入場禁止。

**イギ**
- 意義―意義のある仕事。
- 異義―同音異義語の問題。
- 異議―異議を唱える。

**イサイ**
- 異彩―異彩を放つ。
- 委細―委細は面談で話す。

**イシ**
- 意思―意思表示をする。
- 意志―意志が強い人。
- 遺志―故人の遺志を継ぐ。

**イショウ**
- 衣装―花嫁衣装を着る。
- 意匠―意匠を凝らす。
- 異称―異称で呼ぶ。

**イゼン**
- 以前―以前とは変わっていた。
- 依然―依然として同じだ。

**エイセイ**
- 衛生―衛生面に注意する。
- 衛星―月は地球の衛星だ。
- 永世―永世中立国

**カイコ**
- 回顧―幼い頃を回顧する。
- 懐古―懐古趣味に浸る。
- 解雇―従業員を解雇する。

**カイシン**
- 改心―改心して実直に働く。
- 会心―会心の作。
- 改新―大化の改新

**カイトウ**
- 回答―アンケートの回答。
- 解答―試験の解答を書く。
- 解凍―魚を解凍する。
- 怪盗―怪盗ルパン

**ガイトウ**
- 街灯―街灯がついた。
- 街頭―街頭演説を聞く。

## カイホウ

会報―会報を発行する。
解放―人質を解放する。
開放―校庭を開放する。
快方―病状が快方に向かう。
介抱―病人を介抱する。

## カクシン

革新―技術革新の成果。
確信―勝てると確信する。

## カテイ

過程―船を造る過程。
課程―専門課程で学ぶ。
仮定―災害を仮定した訓練。

## カンキ

換気―窓を開けて換気する。
喚起―皆に注意を喚起する。
歓喜―勝利に歓喜する。

## カンケツ

完結―物語が完結する。
簡潔―簡潔にまとめる。

## カンシュウ

慣習―土地の慣習に従う。
観衆―五万人の大観衆。
監修―図鑑を監修する。

## カンショウ

観賞―熱帯魚を観賞する。
鑑賞―趣味は映画鑑賞だ。
干渉―内政に干渉される。
感傷―卒業の感傷に浸る。
完勝―次回は完勝を目指す。
勧奨―農業を勧奨する。

## カンシン

関心―政治に関心を持つ。
感心―感心な仕事ぶり。
寒心―寒心に堪えない。
歓心―民衆の歓心を得る。

## キカイ

機械―電動の機械。
器械―器械体操をする。
機会―次の機会を待つ。

## キカン

機関―報道機関の仕事。
気管―気管を痛める。
器官―消化器官が弱い。
期間―期間は一週間だ。

## キコウ

機構―流通機構を調べる。
寄稿―雑誌に寄稿する。
紀行―紀行文を読む。

## キセイ

気勢―気勢を上げる。
規制―交通規制を行う。
帰省―正月に帰省する。
既成―既成の概念を破る。
既製―既製のスーツを買う。

**キョウイ**
- 驚異―大自然の驚異。
- 脅威―戦争の脅威。
- 胸囲―胸囲を測る。

**キョウソウ**
- 競走―百メートル競走に出る。
- 競争―売り上げの競争。

**ケイキ**
- 景気―景気が上向く。
- 契機―事件の契機となる。
- 刑期―裁判で刑期が決まる。

**ケイジ**
- 掲示―当選番号を掲示する。
- 啓示―神の啓示がある。
- 慶事―身内の慶事を祝う。

**ケイショウ**
- 敬称―敬称を省略する。
- 継承―王位を継承する。
- 警鐘―警鐘を鳴らす。

**ゲンショウ**
- 現象―虹は自然現象だ。
- 減少―人口が減少する。

**ケントウ**
- 検討―意見を検討する。
- 見当―見当がつかない。

**コウセイ**
- 厚生―厚生労働省
- 後世―後世に残る作品。
- 公正―公正な判定を下す。
- 更正―申告を更正する。
- 構成―五人の家族構成。

**コウミョウ**
- 光明―光明が差す。
- 功名―けがの功名
- 巧妙―巧妙な手口。

**サイカイ**
- 再会―友人と再会する。
- 再開―試合を再開する。

**シコウ**
- 思考―思考を巡らす。
- 試行―実験方法を試行する。
- 施行―条例を施行する。
- 至高―至高の芸を目指す。

**シジ**
- 支持―姉の意見を支持する。
- 指示―先生の指示に従う。
- 師事―師事する先生。
- 私事―私事で会社を休む。

**ジシン**
- 自信―自信を持つ。
- 自身―自分自身のこと。
- 地震―地震に備える。

**ジタイ**
- 自体―計画自体が問題だ。
- 事態―事態は悪化した。
- 辞退―出場を辞退する。
- 字体―字体を使い分ける。

**シュウカン**

習慣―早起きの習慣。
週間―一週間の天気予報。
週刊―週刊の雑誌。

**シュウシュウ**

収集―切手を収集する。
収拾―事態を収拾する。

**シュサイ**

主催―コンサートを主催する。
主宰―劇団を主宰する。

**ジョウタイ**

状態―健康状態を気づかう。
常体―文を常体で書く。

**ショウメイ**

証明―身元を証明する。
照明―部屋の照明。

**シンギ**

真偽―うわさの真偽。
審議―原案を審議する。

---

**セイサク**

政策―国の外交政策。
製作―家具を製作する。
制作―絵画の制作。

**セイサン**

成算―成算のある事業。
清算―借金を清算する。
精算―運賃を精算する。

**ゼッコウ**

絶好―絶好の機会。
絶交―君とは絶交だ。

**タイショウ**

対象―若者を対象とした調査。
対称―左右対称の形。
対照―文と絵を対照する。

**タイセイ**

態勢―受け入れ態勢。
体勢―体勢が崩れる。
体制―資本主義の体制。

---

**ツイキュウ**

追求―利益を追求する。
追究―真理を追究する。
追及―責任の所在を追及する。

**ハイシュツ**

排出―煙を排出する。
輩出―芸術家を輩出する。

**フキュウ**

普及―スマートフォンが普及する。
不朽―不朽の名作。

**フシン**

不審―不審な人物。
不振―暑さで食欲が不振だ。
不信―不信の念を抱く。
腐心―会社の再建に腐心する。

**ホショウ**

保証―身元を保証する。
保障―安全が保障される。
補償―労働災害を補償する。

# おもな同訓異字

訓が同じで、意味が違う漢字を同訓異字といいます。
使い分けに注意しましょう。

**あう**
- 会―人に会う。
- 合―意見が合う。

**あける**
- 明―夜が明ける。
- 開―ドアを開ける。
- 空―席を空ける。

**あたたかい**
- 温―温かいお茶。
- 暖―暖かい春の一日。

**あつい**
- 暑―暑い日だ。
- 熱―熱いスープ。
- 厚―厚い辞書を引く。

---

**あやまる**
- 誤―作り方を誤る。
- 謝―誠意をもって謝る。

**あらい**
- 荒―波が荒い。
- 粗―編み目が粗い。

**あらわす**
- 表―気持ちを言葉で表す。
- 現―はっきりと姿を現す。
- 著―童話を著す。

**うつす**
- 写―写真を写す。
- 移―住居を移す。
- 映―鏡に顔を映す。

---

**おかす**
- 犯―罪を犯す。
- 冒―危険を冒す。
- 侵―領海を侵す。

**おさめる**
- 治―国を治める。
- 修―医学を修める。
- 納―税金を納める。
- 収―成功を収める。

**かかる**
- 係―生死に係る。
- 掛―気に掛かる。
- 懸―優勝が懸かる。
- 架―橋が架かる。

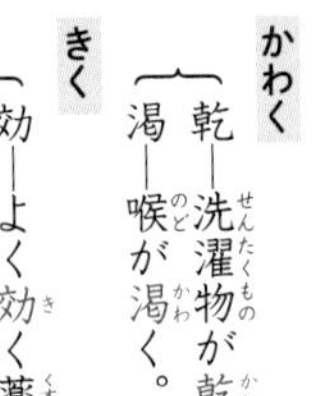

**かわく**

乾─洗濯物が乾く。
渇─喉が渇く。

**きく**

効─よく効く薬。
利─気が利く。

**きわめる**

究─真理を究める。
極─困難を極める。

**さく**

咲─桜の花が咲く。
裂─仲を裂く。
割─時間を割く。

**さす**

指─右の方を指す。
差─日の光が差す。

**さめる**

覚─目が覚める。
冷─料理が冷める。

---

**すすめる**

進─交渉を進める。
勧─入部を勧める。
薦─本を薦める。

**せめる**

責─裏切り行為を責める。
攻─敵陣を攻める。

**そなえる**

供─墓に花を供える。
備─災害に備える。

**たえる**

絶─人通りが絶える。
耐─訓練に耐える。
堪─鑑賞に堪える作品。

**たつ**

絶─消息を絶つ。
断─逃げ道を断つ。
裁─布地を裁つ。

---

**つく**

着─バスが駅に着く。
就─新しい仕事に就く。
突─相手の弱点を突く。

**つくる**

作─おもちゃを作る。
造─タンカーを造る。

**つとめる**

努─勉強に努める。
勤─会社に勤める。
務─司会を務める。

**とうとい**

尊─尊い教えを守る。
貴─貴い経験をした。

**とまる**

止─車が止まる。
留─心に留まる出来事。

**とる**

- 取—ペンを手に取る。
- 採—木の実を採る。
- 捕—川で魚を捕る。
- 撮—写真を撮る。
- 執—筆を執る。

**なおす**

- 直—言葉づかいを直す。
- 治—病気を治す。

**なく**

- 鳴—小鳥が鳴く。
- 泣—子供が泣く。

**のぞむ**

- 望—成功を望む。
- 臨—湖に臨むホテル。

**のびる**

- 伸—身長が伸びる。
- 延—日程が延びる。

---

**のぼる**

- 上—坂を上る。
- 登—山に登る。

**はえる**

- 生—ひげが生える。
- 映—夕日に映える山並み。
- 栄—栄えある優勝。

**はかる**

- 計—時間を計る。
- 測—深さを測る。
- 量—重さを量る。
- 図—解決を図る。

**はた**

- 旗—旗を立てる。
- 畑—畑作に精を出す。
- 機—機織りの音。

**はやい**

- 早—朝早い仕事。
- 速—足が速い子。

---

**へる**

- 経—長い年月を経る。
- 減—人数が減る。

**まぜる**

- 交—トランプを交ぜる。
- 混—絵の具を混ぜる。

**もと**

- 下—法の下の平等。
- 元—元のとおりにする。
- 本—政治の本を正す。
- 基—国家の基を築く。

**やさしい**

- 易—易しい問題。
- 優—優しい人。

**わざ**

- 技—スポーツの技をみがく。
- 業—弟の仕業だ。

# 小学校で習った全漢字

小学校で習った一〇二六字を、画数順に配列しています。
同じ画数の場合は、学年順に音読みの五十音順で並べています。
漢字の下の1〜6の数字はその漢字を学んだ学年を示します。

**1画**
一 1

**2画**
九 1　七 1　十 1　人 1　二 1　入 1　八 1　力 1　刀 2　丁 3

**3画**
下 1　口 1　三 1　山 1　子 1　女 1　小 1　上 1　夕 1　千 1　川 1　大 1
土 1　丸 2　弓 2　工 2　才 2　万 2　久 5　士 5　干 6　己 6　寸 6　亡 6

**4画**
円 1　王 1　火 1　月 1　犬 1　五 1　手 1　水 1　中 1　天 1　日 1　文 1
木 1　六 1　引 2　牛 2　元 2　戸 2　午 2　公 2　今 2　止 2　少 2　心 2　切 2
太 2　内 2　父 2　分 2　方 2　毛 2　友 2　化 3　区 3　反 3　予 3　欠 4　氏 4
井 4　不 4　夫 4　支 5　比 5　仏 5　尺 6　収 6　仁 6　片 6

**5画**
右 1　玉 1
左 1　四 1　出 1　正 1　生 1　石 1　田 1　白 1　本 1　目 1　立 1　外 2　兄 2
古 2　広 2　市 2　矢 2　台 2　冬 2　半 2　母 2　北 2　用 2　央 3　去 3　号 3
皿 3　仕 3　写 3　主 3　申 3　世 3　他 3　打 3　代 3　皮 3　氷 3　平 3　由 3
礼 3　以 4　加 4　功 4　札 4　司 4　失 4　必 4　付 4　辺 4　末 4　未 4

| 庁 | 処 | 冊 | 穴 | 弁 | 布 | 犯 | 示 | 史 | 句 | 旧 | 刊 | 可 | 永 | 圧 | 令 | 民 |
|---|---|---|---|---|---|---|---|---|---|---|---|---|---|---|---|---|
| 6 | 6 | 6 | 6 | 5 | 5 | 5 | 5 | 5 | 5 | 5 | 5 | 5 | 5 | 5 | 4 | 4 |
| 会 | 回 | 羽 | 名 | 百 | 年 | 虫 | 竹 | 早 | 先 | 耳 | 字 | 糸 | 休 | 気 | 6画 | 幼 |
| 2 | 2 | 2 | 1 | 1 | 1 | 1 | 1 | 1 | 1 | 1 | 1 | 1 | 1 | 1 | | 6 |
| 毎 | 米 | 肉 | 同 | 当 | 池 | 地 | 多 | 西 | 色 | 自 | 寺 | 合 | 行 | 考 | 光 | 交 |
| 2 | 2 | 2 | 2 | 2 | 2 | 2 | 2 | 2 | 2 | 2 | 2 | 2 | 2 | 2 | 2 | 2 |
| 各 | 印 | 衣 | 列 | 両 | 羊 | 有 | 全 | 州 | 守 | 式 | 次 | 死 | 向 | 血 | 曲 | 安 |
| 4 | 4 | 4 | 3 | 3 | 3 | 3 | 3 | 3 | 3 | 3 | 3 | 3 | 3 | 3 | 3 | 3 |
| 宇 | 任 | 団 | 在 | 再 | 件 | 仮 | 因 | 老 | 灯 | 伝 | 兆 | 仲 | 争 | 成 | 好 | 共 |
| 6 | 5 | 5 | 5 | 5 | 5 | 5 | 5 | 4 | 4 | 4 | 4 | 4 | 4 | 4 | 4 | 4 |
| 村 | 足 | 赤 | 車 | 見 | 貝 | 花 | 7画 | 宅 | 存 | 舌 | 至 | 后 | 吸 | 机 | 危 | 灰 |
| 1 | 1 | 1 | 1 | 1 | 1 | 1 | | 6 | 6 | 6 | 6 | 6 | 6 | 6 | 6 | 6 |
| 売 | 弟 | 体 | 走 | 声 | 図 | 社 | 作 | 谷 | 言 | 形 | 近 | 汽 | 角 | 何 | 町 | 男 |
| 2 | 2 | 2 | 2 | 2 | 2 | 2 | 2 | 2 | 2 | 2 | 2 | 2 | 2 | 2 | 1 | 1 |
| 役 | 返 | 坂 | 豆 | 投 | 対 | 身 | 助 | 住 | 決 | 君 | 局 | 究 | 医 | 里 | 来 | 麦 |
| 3 | 3 | 3 | 3 | 3 | 3 | 3 | 3 | 3 | 3 | 3 | 3 | 3 | 3 | 2 | 2 | 2 |
| 努 | 低 | 沖 | 束 | 折 | 臣 | 初 | 児 | 材 | 佐 | 芸 | 求 | 希 | 岐 | 完 | 改 | 位 |
| 4 | 4 | 4 | 4 | 4 | 4 | 4 | 4 | 4 | 4 | 4 | 4 | 4 | 4 | 4 | 4 | 4 |
| 序 | 似 | 志 | 災 | 告 | 均 | 技 | 快 | 応 | 囲 | 労 | 冷 | 良 | 利 | 別 | 兵 | 阪 |
| 5 | 5 | 5 | 5 | 5 | 5 | 5 | 5 | 5 | 5 | 4 | 4 | 4 | 4 | 4 | 4 | 4 |
| 雨 | 8画 | 卵 | 乱 | 忘 | 批 | 否 | 私 | 困 | 孝 | 系 | 我 | 余 | 防 | 判 | 状 | 条 |
| 1 | | 6 | 6 | 6 | 6 | 6 | 6 | 6 | 6 | 6 | 6 | 5 | 5 | 5 | 5 | 5 |

| 妹 | 歩 | 東 | 店 | 直 | 長 | 知 | 姉 | 国 | 京 | 岩 | 画 | 林 | 青 | 空 | 金 | 学 |
|---|---|---|---|---|---|---|---|---|---|---|---|---|---|---|---|---|
| 2 | 2 | 2 | 2 | 2 | 2 | 2 | 2 | 2 | 2 | 2 | 2 | 1 | 1 | 1 | 1 | 1 |
| 受 | 取 | 者 | 実 | 事 | 始 | 使 | 幸 | 具 | 苦 | 岸 | 泳 | 育 | 委 | 夜 | 門 | 明 |
| 3 | 3 | 3 | 3 | 3 | 3 | 3 | 3 | 3 | 3 | 3 | 3 | 3 | 3 | 2 | 2 | 2 |
| 果 | 岡 | 英 | 和 | 油 | 命 | 味 | 放 | 物 | 服 | 表 | 板 | 波 | 定 | 注 | 昔 | 所 |
| 4 | 4 | 4 | 3 | 3 | 3 | 3 | 3 | 3 | 3 | 3 | 3 | 3 | 3 | 3 | 3 | 3 |
| 奈 | 典 | 的 | 底 | 卒 | 松 | 周 | 治 | 参 | 刷 | 固 | 径 | 協 | 泣 | 季 | 官 | 芽 |
| 4 | 4 | 4 | 4 | 4 | 4 | 4 | 4 | 4 | 4 | 4 | 4 | 4 | 4 | 4 | 4 | 4 |
| 招 | 述 | 舎 | 枝 | 妻 | 効 | 居 | 河 | 価 | 往 | 易 | 例 | 牧 | 法 | 阜 | 府 | 念 |
| 5 | 5 | 5 | 5 | 5 | 5 | 5 | 5 | 5 | 5 | 5 | 4 | 4 | 4 | 4 | 4 | 4 |
| 承 | 宗 | 若 | 刻 | 呼 | 券 | 供 | 拡 | 沿 | 延 | 武 | 非 | 肥 | 版 | 毒 | 性 | 制 |
| 6 | 6 | 6 | 6 | 6 | 6 | 6 | 6 | 6 | 6 | 5 | 5 | 5 | 5 | 5 | 5 | 5 |
| 計 | 活 | 海 | 科 | 草 | 音 | 9画 | 枚 | 宝 | 並 | 拝 | 乳 | 届 | 忠 | 宙 | 担 | 垂 |
| 2 | 2 | 2 | 2 | 1 | 1 | | 6 | 6 | 6 | 6 | 6 | 6 | 6 | 6 | 6 | 6 |
| 客 | 界 | 屋 | 風 | 南 | 点 | 昼 | 茶 | 前 | 星 | 食 | 春 | 秋 | 首 | 室 | 思 | 後 |
| 3 | 3 | 3 | 2 | 2 | 2 | 2 | 2 | 2 | 2 | 2 | 2 | 2 | 2 | 2 | 2 | 2 |
| 柱 | 炭 | 待 | 送 | 相 | 神 | 乗 | 昭 | 重 | 拾 | 持 | 指 | 県 | 研 | 係 | 級 | 急 |
| 3 | 3 | 3 | 3 | 3 | 3 | 3 | 3 | 3 | 3 | 3 | 3 | 3 | 3 | 3 | 3 | 3 |
| 祝 | 昨 | 香 | 建 | 軍 | 栄 | 茨 | 洋 | 面 | 負 | 品 | 秒 | 美 | 発 | 畑 | 度 | 追 |
| 4 | 4 | 4 | 4 | 4 | 4 | 4 | 3 | 3 | 3 | 3 | 3 | 3 | 3 | 3 | 3 | 3 |
| 故 | 限 | 型 | 逆 | 紀 | 要 | 勇 | 約 | 便 | 変 | 飛 | 栃 | 単 | 浅 | 省 | 信 | 城 |
| 5 | 5 | 5 | 5 | 5 | 4 | 4 | 4 | 4 | 4 | 4 | 4 | 4 | 4 | 4 | 4 | 4 |